普及版

韓国出版発展史＝その夢と冒険

韓国の出版が歩んだ道

李斗暎 Lee Doo-young 著

舘野晳 TATENO Akira 訳

出版メディアパル

はじめに

『韓国出版発展史』発行に当たって

I われわれが過去を顧みるのは将来を考えるためである。過去を知らなければ未来はない。人類は歴史の教訓を通じて洞察力を育て、その力で現在と未来を開拓する知恵を身に付けてきた。歴史研究という追体験によって新たな知識を得ることができた。

パーティ・マトス（Pathei Mathos）は、古代ギリシアの哲学者アイスキュロスの悲劇「アガメムノーン」に初めて登場する有名な言葉であるが、「体験しなければならない」という意味である。「体験することによって知恵に到達する」という言葉は、歴史研究において二つの意味を内包している。第１は、歴史研究は単に過去の事実を再現するものではなく、現在という時代精神に立脚して解釈し再構成したときに、初めて真の意味を発見できる、との教えを通じて確かな歴史認識を要求する。透徹した歴史認識はビジョンと発展の源泉である。第２は、何かを体験したいときにも、漠然としたものでありながらも、すでに定めておいた正しい目的があればこそ、その経験がいっそう意味あるものになるとの意味がある。何ごとにも歴史認識を持たねばならないとの教訓を示しているのだ。

韓国出版の未来像を眺望するためには、まず過去の実態を正しく理解し、それが現在の出版活動にいかなる影響を与えているかを絶えず念頭に置かなければならない。その意味で最近、歴史を知ることで今日の韓国出版が経験している長期的沈滞の沼から、一日も早く抜け出すための知恵を探そうとする努力が、活発になされているのは歓迎すべきことである。

われわれには危機と試練に屈することなく、不屈の挑戦精神と熱情でこれを克服し、目覚ましい成果を挙げてきた底力がある。日本帝国主義の圧迫から脱却して、韓国語による出版を開始してから70年間、わが出版産業は絶えざる変化と発展を続けてきた。出版に必要ないかなる条件も、定かに持ち得ない不毛の地で、目覚ましい成長と発展を成し遂げ、いまや世界10位圏の出版国家として屹立(きつりつ)している。相対的に安定した時期があり、急激な発展を遂げたときもあったが、それよりも遙かに多くの逆境と試練に打ち勝ち、成し得た価値ある歴史の産物である。

それは強力な挑戦精神と新しい機軸で、古い体制を打破しようとした進取的な出版人の選択過程であり、決断の結果でもあった。短時間のあいだに出版が驚異的な発展を遂げたのは、出版人の難関に立ち向かう並外れた叡知と闘志、そして出版に対する熱情が大きく作用したからである。決定的な場面に遭遇するたびに、現実を正確に認識し未来を凝視する識見と洞察力を発揮し、国内外の環境変化に積極的に対応することで、持続的な成長を可能にしてきた。

韓国出版の歴史は、決して忘れられない国と社会を牽引した運動の先導役の連続だった。８・15の直後には祖国建設の手段として出版に対する熱情を沸き立たせ、朝鮮戦争以後には誰よりも希望を取り戻してくれる精神の支柱になった。1960年代には教育用図書の開発普及によって国家発展に必要な人材育成の要請に寄与した。また教養の時代を創造する主体にもなった。70年代になると社会科学書の出版によって、国家発展の潜在力を開発するのに必要な知識を供給する先頭に立った。

言論活動が極度に制約された80年代の出版の自由を確保するための努力は、新たな思考の地平を開き出版発展に斬新な刺激となった。こうした基盤の上に、アナログ文化商品をコンテンツに変化させているIT部門においても、堂々と先進国の隊列に突入している。グローバル時代を迎えて屈強の影響力を発揮するほど成長しているのだ。

しかし、一方で韓国出版は社会が出版を維持させる構造的・制度的基盤を具備していない。政府からこのための支援を得ることはできずに、むしろ大きな規制と干渉を受けてきた。このような歴史は何よりも安定した出版市場を形成する条件を整備し、出版の企業的経営体制を確立する産業基盤を強固にするのに、頑強な障害物となり遅滞の原因として作用してきた。

このように韓国出版は他の媒体とは異なる地位にある。世界のどこでも探し求めることのできない、出版だけの特異な歴史的状況をもたらしたのだ。われわれがこの歴史を大切にしなければならない所以がまさにここにある。

したがって、韓国出版産業の成長と発展過程を正しく理解するためには、われわれの伝統と精神、発展過程に対する正しい分析と評価が極めて重要である。

これまでの韓国出版の発展相に対して多くの研究がなされたが、部分的だったり、断片的な分析に留まったりで、それを体系的に把握するのには困難がともない物足りなさがあった。ときには誤って理解される場合もあり、韓国現代出版産業の発展状況を正しく眺望した出版物は、それほど多くはなかった。

本書執筆の動機は、これらの点に鑑み、1945年の光復以後、現在までの出版の歴史を「現代」と見なし、これまで70年間の韓国出版がいかに持続的な高度成長を遂げてきたのか、それを可能にした成長の動力は何だったのか。われわれはこうした成功要因を、いかに現在に蘇らせることが可能かについて、歴史認識を明確にすることである。また、いかなる問題点が内包されているかを、さらに理解しやすく整理分析することによって、韓国出版産業の発展過程に対する正しい評価と理解を支援したいのが本書の目的である。

この地に商業出版の種が蒔かれてから140余年、2015年は、第二次韓日条約110年、光復70周年、韓日国交正常化50周年、南北首脳会談15周年を迎える。いまこそ、より成熟した歴史意識によって、現代出版の歴史を真摯に省察し、新たな跳躍の契機にしなければならない。

Ⅱ

私は1964年に出版界に入門したので、今年で勤続51年を迎えた。

私が過ごしたこの半世紀は、ある意味では本書を執筆する準備期間だったとも言える。

過ぎた50年間、ひたすら出版団体に勤務し、現代出版の歴史的現場を体験したといっても過言ではない。たんなる現場の目撃者としてではなく、ときには直接歴史を創造する仕事に参加してきた。私が大韓出版文化協会（以下、「出協」という）に勤務したときは、出協の事業計画がすなわち政府の出版政策でもあった。出協に在職した30年間、出版の発展に必要な事業を開発し実現する仕事に従事した。それは出版先進国の発展過程と比較し、われわれが目指す目標と方法を練り上げる仕事でもあった。新しい事業を開発するためには、世界的な観点でより客観的に、韓国出版の現実を見極めねばならないため、誰よりも現代出版の歴史に精通したという自負心を持っている。

80年代までは、韓国出版創業の１、２世代の方々の多くがお元気だったので、創生期の韓国出版の歴史とともに、出版人はどうあるべきか、正しい出版の道が何であるかについて、絶えざる薫陶を受け、自分なりに出版を見る目と歴史観を養うことができた。現在の出版人からも多くのものを学んでいる。

私は出協の『25年史』(1972年)など、これまで8つの団体の歴史書12冊の編纂に当たってきた。その過程で、それらの団体の門外不出の記録を閲覧し、韓国出版の歴史発展のターニングポイントについて詳しく考えることができたのも本書の記述において大きな力となった。また、それぞれ時期を別にしながら、5回にわたり、韓国出版の歴史を本格的に整理する機会にも恵まれたため、その時々の歴史的事実が持つ意味について何度も考えることができた。

四半世紀にわたり大学で講義をしてきたことも、客観的な出版観を確立するのに絶好の機会となった。主に大学院で出版概論、流通論、産業論、政策論、国際出版論などの出版専攻科目、世界言論発達史、韓国言論史、大衆媒体と情報社会、ニューメディア論など、多様な講座を受け持ち、マルチメディア時代の出版の位相を新たに整理し、実務経験を理論化することが出来た。本書はこうした経験を基礎に、明確な執筆意図と目標を定めて記述した。

第1に、図書、雑誌、教科書、電子出版のすべてを網羅した出版通史を目指した。このように総合的に出版の歴史を扱った歴史書は本書が始めてだろう。

第2に、出版活動の産物である書籍の歴史を評価しようと努めた。書籍はいつも特別な存在だった。書籍は時代の鏡であり、時代の文化の結晶体なので、本によって形成されたその時代の出版文化は、その時代の精神を示す歴史そのものなのである。

第3に、出版をひとつの産業と見なし、韓国出版がいかなる産業化過程をたどってきたか、今後、持続的な成長を遂げるためには、何を補完しなければならないかを多角的に検討することである。市場はいつも予測できないダイナミックな動きをし、果てしない変化を遂げてきた。競争はいつも広範囲で熾烈だった。出版活動の特殊性とは関係なく、他のビジネスと同様に出版社も商業的に成功することで存続でき、今後も繁栄すべき責任がある。書籍の歴史が出版文化の歴史的表象だとすれば、ビジネスは出版産業の核心的骨幹である。

第4は、社会・経済発展がどのように出版活動を変化させたか、出版がわが社会・経済の発展に寄与したかを究明し、出版の機能と役割、責任を社会・経済史的にさぐる機会にしようとした。一例として、都市化は読み書き能力の上昇と連動し、書籍という商品を生産・流通・消費する出版活動を産業的複合体に発展させた。都市化が生産・販売活動を育成し、加速化させた最も都市化したソウルを中心に出版が発展し、集中したのは自然の帰結だった。道路網の拡充は空間収縮と均質化された国土を生み出した。交通手段の発達は低廉な費用で書籍の配布を可能にする配送の効率化をもたらし、「移動中の読書」を定着させ、携帯に適合した書籍の小型化を促進させた。出版はこうした社会・経済の発展を促す知恵を惜しみなく提供した。

第５は、出版の技術発達史である。これも重要な歴史的テーマなので、決して無視はできない対象であるが、活版印刷からデジタル革命にいたる過程で、出版・編集・制作技術の発展と流通革新、インターネットの普及に伴う文字情報の流通体制の拡散と電子ブック開発、そしてその市場の成長過程と未来展望までを注意深く探ってみた。

いかなる場合でも、歴史の主人公は人間である。輝かしい韓国出版史を飾った傑出した人物の創造的な業績を集中的に照明しようと努めたのも、この本の６番目の特徴に挙げることができるだろう。最初は現役まで含めて多くの出版人を紹介する資料を集中的に集めたが、惜しまれることに既に亡くなられたり、完全に隠退された方もいるので、1960年以前に出版の世界に入られた方だけを対象にせざるを得なかった。いくつかの越えがたい制約による限界があったからである。ここで言及できなかった方々については、別の機会にと約束したい。重要なのはここで紹介された出版人に劣らず、高い志と熱情を持っておられたにも関わらず、無言で去って行かれた大勢の出版人の高貴な精神を、決して忘れてはならないということである。

韓国出版文化のアイデンティティを究明しようとしたのも、本書を執筆するに至るもうひとつの理由だった。他の国々と比較し、韓国出版だけが持つ固有の伝統と価値を発見しようと努めた。グローバル時代において出版の先進諸国との比較を通じて、韓国の発展速度と位相を客観的に見極めてみようとした。歴史こそは「現場」であり、比較こそは自己を「発見」する効果的な方法である。しかし、本格的な比較考察は本書の目的ではないので、概略的な言及に留めざるを得なかった。自分なりに最大限の資料渉猟と、可能な限り詳細な分析評価をし、既存の説の誤謬を是正するべく努力した。そして新たな視角で初めて明らかになった事実も少なくない。もちろん、批判を受ける素地もないとはいえないが、それもまた学問の発展過程には必要なことである。活発な論議が展開されるよう期待している。

Ⅲ 『韓国出版発展史』は、開港（1876年の日朝修好条規調印を起点とする）とともに始まった商業主義出版の歴史の一部分を扱ったに過ぎない。ビジネス活動としての韓国出版の歴史を整理したいと目標を掲げて、資料収集に努めてきた。本書の前史に当たる開港から、日本の植民地支配期までの「近代編」の執筆準備はすでに終えている。

『韓国近現代出版年表』と『出版関係言論記事索引1881年～1999年』は、それだけでも膨大な分量なので別途に編纂することにしたので、本書には年表を付けなかった。『韓国近現代出版年表』は開港から、2010年までの主要事項を網羅し、当時の資料や言論報道を直接確認して相当量の誤謬を是正した。最近の年表においても、日付などの誤りが数多く発見されており、その誤謬が少なからぬ研究論文や資料集に、そのまま引用されている。この事実を確認しつつ、こうした作業の重要性を重ねて強調しておきたい。

『出版関係言論記事索引』は、光復以後の新聞雑誌に掲載された重要記事と寄稿文、約2000件を出版時評、流通、資材、人物など内容別に整理したものであるが記事索引はごく一部分に過ぎない。私は韓国出版の歴史を整理するためには、以上の二つの作業とともに『出版人名事典』編纂の必要性を以前から主張してきた。こうした作業は個人が完成させるには限界があるので、出版界の公的事業としてデータベースの構築を提案しておきたい。

現存する出版人のうち、韓国出版の流れを変えようと尽力された方々を対象に、当時の内幕を具体的に聴取する口述史的な試みを通して、現代出版の歴史を補完する作業も、本年中に終える見通しが付いている。

本書を書き終えるまでに、多くの方々からの支援を受けたことを忘れるわけにはいかない。意外にも本書は、執筆中に韓国に先んじて日本と中国で刊行出版社が決まった。光復以来70年、韓国出版産業が成し遂げた成果を整理した本書が、韓国の光復70周年と韓日修好50周年の記念日に前後し、日本で出版されるのは、とても意味深いことだと思う。この時期に出版を引き受けてくださった出版メディアパルの下村昭夫氏の熱意と、友人の舘野晳さんの翻訳で本書が日本の読者にお目見えすることになった。本書が出版関係者の方々の目にとまり、ともに出版の未来を考える際の架け橋になれば幸いである。

2015年６月22日（韓日修好50周年の記念日に）

李　斗　暎

目次
韓国出版発展史
〈1945～2010〉

第1章

現代 韓国出版をどう見るのか

本章の内容

出版市場には、産業的成功と良書出版を通じる文化創造機能のあいだに、いつも緊張関係が存在する。1945年８月から現在に至る韓国出版産業の70年は、この二つの目標の同時達成を目指した果てしない挑戦の歴史だった。

国土と民族は分断され戦禍にまみれた経済状況のもとで、不屈の闘志と自力更正の精神力で、あらゆる難関と逆境を克服する激動の歴史を歩んできた。1978年には、出版量で世界10位圏に進入する快挙を成し遂げたが、いまは長い沈滞を脱出できずに苦戦している。急変する環境変化に適切に対処し得ていないからである。したがって、出版界はいま痛烈な自己反省と構造改革が必要とされる時点にある。

歴史に無知な者は、過ぎた過去の過ちを繰り返すしかない。歴史は引き続き前進するのであり、我々もこれから進んでいかねばならない。

こうした見地から、出版の歴史と発展過程を独自の研究モデルとして開発し、時代別に６章に分けて説明している。最終章として第７章を設け、歴史的教訓を通じて今後の進路の提示をしてみた。

第1節
韓国出版の歴史的基調

1.　“誇らしい成功”の物語

光復（1945年８月15日、日本の植民地支配からの解放のこと）以後、韓国の出版産業は短期間に急速な成長を遂げて、世界でも屈指の出版国に跳躍した。現在、韓国は出版点数基準で年間４万点余りの図書を刊行している。年間の初版刊行点数が初めて４万点台に突入したのは1990年である。1971年の年間刊行点数はわずか2917点に過ぎなかったが、その後は余勢を駆って1976年にはついに１万点の壁を突破する驚異的な成長を果たした。資本も設備もない貧しい劣悪な環境のもとで、戦争まで体験したのに、年間出版量が１万点を超え、世界第９位になったのだ。純然たる出版人が不屈の精神力と自力更正の強い意志で、光復30年目にして果たした快挙だった。さらに1980年には２万点台に達し、続いて３年後には３万点を超える成功神話を創造するに至った。

これに力を得て、韓国は70年代末に出版量において世界10位圏の出版国に躍進した。『ユネスコ統計年鑑』（1981年版）によれば、1979年の韓国出版産業は年間新刊点数で世界10位、人口１万名あたり刊行点数では4.4点を記録し、世界８位に達したと分析された[*1]。これは人口比でみると、アメリカとフランス（3.9点)、そして日本（3.8点）を追い抜いている。しかも雑誌と教科書を除外した一般図書だけで算出したものである。1963年の実績順位が世界30位だったことを想起すれば、目覚ましい発展と言わざるをえない。

世界の出版界では、年間の市場規模が１億ウォン以上、または出版点数が１万点を超えた場合は、産業化に進入した時期と見ており、４万点台になれば

＊1　李斗暎『出版状況論』ソウル;　チャンハン、1991、p19

産業化が完成したと評価している*2。

産業化とは産業活動の拡大過程であり、集中化の過程をいう。機械化による量産体制を備え、大量販売を可能とする社会的・文化的変化が起きた時期を指している。この基準でみると、韓国は1万点から4万点に達した期間が、わずか15年ほどでしかなかった。フランス、日本、アメリカ、中国、イギリスなどが産業化を果たした期間に比較すれば、3～4倍もの驚くべき速度だった。オランダ、スイス、スウェーデン、カナダ、フィンランド、インド、ポーランド、東ドイツ、チェコなどは、韓国より遙かに先じて1万点に達した。しかし、いまだに1万点台に留まっていて、2万点台前半に達することができないのを見れば、韓国の成功神話に世界が注目する理由もわかる。1989年からは図書生産指数がGNPのそれを追い越すようになり、1990年には年間売り上げ規模が1兆2千億ウォンと推定された。当時の出版産業の市場規模がGNPに占める比重はアメリカと同じ0.46%だった*3（**図1-1**）。

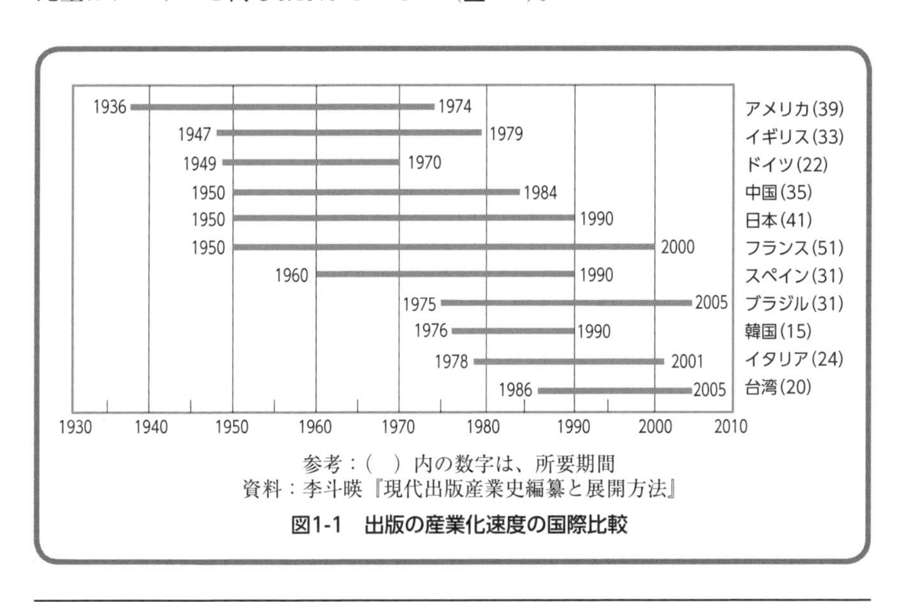

図1-1　出版の産業化速度の国際比較

＊2　①UNESCO ed.,*Cultural Industries-A challenge for the future of Culture.*, Paris; UNESCO, 1982, p31 ②出版マーケッティング研究会編『書籍出版のマーケッティング』東京、出版ニュース社、1991、p3 ③李斗暎「世界の出版産業」、『世界の出版』ソウル; 韓国言論研究院、1993、p155参照

＊3　李斗暎「世界の出版産業」前掲書p208～226

2. 成長の背景と要因

韓国の主要産業が政府主導の工業化と輸出ドライブ政策によって発展してきたのに比べると、出版産業は政府からの特別な支援もなく、ひたすら出版関係者の力だけで自力更正を果たし、今日の驚くべき業績を収めたという点で、いっそう異彩を放っている。では出版産業がこのように飛躍的な成功を果たすことのできた背景と要因は何だろうか。何よりも韓国出版人に特有の気質を重要な資産として挙げねばならない。

不屈の闘志と強靱な突破力、そして限りない変化を模索する創造的な躍動性は強力な成長の推進力となってきた。冒険と挑戦精神を発揮し、輝かしい歴史を創造した出版人の透徹した哲学と叡知、卓越した指導力と勇気がなかったら、このような誇らしい歴史を築くことはできなかっただろう。出版物の多様性、出版形態の創意性、そして知性と感性の世界的交流は、いかなる先進国と比較しても遜色のないほど大きな成功を収めた。

こうした基盤のうえに、アナログ文化製品をコンテンツとして発展させている現在のデジタル産業の領域でも、いち早く先進国の領域に入っている。また、出版関係者たちは、大韓出版文化協会（以下、「出協」と略す）をはじめ、韓国出版協同組合、韓国出版金庫、韓国雑誌協会、全国書籍商組合連合会、大韓印刷文化協会など、広義の出版業界の発展を牽引する各種団体を設立した。これらの団体を通じて旧体制を果敢に打破し、無数の新機軸と挑戦へと導き、時代が必要とする時に必要な発展戦略を練り、実現させる叡知を発揮してきた。これらの出版団体が、現代出版の歴史に貢献した業績は実に大きなものだった。

韓国出版は、さらに、国と社会を導く先導者の役割を担う輝かしい歴史と伝統をもっている。国運が風前の灯のように危うくなった大韓帝国期（1897～1910年）には、先頭に立って救国の隊列を導き、日本の植民地時代には独立運動の旗手としての伝統を守ってきた。８・15光復以後は、建国の働き手として国民の知的力量を向上させる役割を、朝鮮戦争の勃発後には誰よりも国民に希望を取り戻す精神的支柱となり、60年代には教養の時代を創造した主体だった。

70年代と80年代には歪曲された政治体系に抵抗し、これを正す民主化運動の起爆剤の役割を担った。こうした点で、出版の歴史は他の媒体とは大きく異なる地位にあると言わざるを得ない。とくに光復以後の業績は目覚ましいものがある。

こうした意味で出版の歴史は万難を克服し、逆境に打ち勝った誇るべき成功の歴史であり、絶え間ない刻苦勉励と挑戦精神の結晶体が、今日のわが出版産業の実態なのである。もちろん、出版の発展を可能にした国家の発展と社会的背景を軽視することはできない。

われわれがこのように、革命的な出版産業の発展を遂げることができたのは、(1) 人口の膨張、(2) 教育の大衆化、(3) 読書習慣を身に付ける余暇時間の拡大と所得の増加、(4) 大量生産を可能にした技術の進歩と普及システムの整備など、多様な要因が重積され、また、これらが複合的に作用したことも偽りない事実である。それとともに、民主主義的政治体制と自由主義市場経済を採択したことで、創意的で自由な出版活動が保障された点も、重要な要因として指摘されなければならない。こうした事実は、第２次世界大戦以後の社会主義諸国が、自由民主主義国家に比べて、出版活動の発展が遙かに遅滞した歴史的事実によっても証明される。

3.　速やかに進行した世代交代

出版はきわめて個性的な事業で、出版人は信念の強い理想主義者という特性をもつ。出版産業はとくに浮沈が激しく、出版人一人ひとりの生涯は栄光と悲劇に彩られた波乱のドラマである。これらのなかには、熱心に努力を重ね大出版社に成功させた出版史に燦然（さんぜん）と輝く出版人も少なくない。営利を離れて自らの志を貫徹するために献身した出版人も大勢いる。しかし、厳しい環境に打ち勝てずに全財産を使い果たし、声なく消え去った出版人は、成功した出版人よりも遙かに多い。

古今東西を問わず、“乳児死亡率” が高いのは出版産業の特徴である。韓国の出版社の寿命もその例外ではない。現在４万6000を超える出版社が登録されているが、光復直後から現在まで数えきれないほどの出版社が生まれ、そして消えていった。だから出版産業は他のどんな分野よりも、世代交代が激しいと言われる。時代の激浪のなかで新たな世代が順を追って登場し、多彩な出版の世界を彩り、さらに出版の歴史を綴ってきた。

韓国出版の世代は、おおよそ次のように区分することができる。

第１世代：光復から朝鮮戦争直前までに登場した世代。厳しい環境条件のもとで、ほとんどは教科書、学習参考書など教育用途の出版を通じて、新生独立国家の土台を築くのに献身した現代出版の創業者である。彼らは皆、その時代の先頭を走る知識人として、光復した祖国の自主独立国家の建設と民族文化を再建させるという、固い決意と熱情で出版の世界に入った共通点をもつ。

大部分の出版社は朝鮮戦争の苦痛に耐えられず、消え去る悲運の運命をたどったが、わずかに生き残った出版社が、学習参考書・教養書の出版を続け、出版産業の基礎固めの役割を果たした。したがって彼らの創業精神と業績は、われわれが大切に引き継ぎ、さらに発展させねばならない韓国出版の伝統の根なのである。

第２世代：朝鮮戦争の被害を踏みしめ復興に尽くした時期から、60年代の半ばまでに登場した世代。大型全集出版の全盛期を謳歌し、割賦割引販売という積極的な販売戦略で新たな需要を創出し、出版の産業化・企業化の基盤拡大に貢献した。この世代はまた単行本出版に集中し、割賦販売によって荒廃した書店を再生させ、出版市場の育成に努めることで、出版市場の領域拡大に大きな寄与をしている。出版第２世代は、このように出版の大衆化時代を開拓する刮目すべき成果を上げた点で高く評価される。すでに大部分が歴史の裏道に消えていった、これら第１～２世代の出版人の透徹した出版意識と高潔な心が、今日の出版文化の形成に大きな役割を果たした事実を忘れてはならない。

第３世代：60年代後半から80年代半ばまでに出版を開始した世代。最初のハングル世代に属する。彼らは80年代の出版弾圧という過酷な嵐に打ち勝ち、今では出版産業を率いる重鎮となっている。彼らによって韓国出版のアイデンティティが初めて確立されたといえる。

第４世代：第３世代に続いてIMF通貨危機以後に登場した世代。この若い出版人たちが、いつのまにか出版活動を率いる中枢勢力として成長している。

このように急速な世代交代が進行するなかで、韓国出版の内容や量的な面で目覚ましい発展を遂げ、出版大国の位置を固めるに至った。それぞれの世代によって出版観や体質も大きく異なっている。急激な世代交代とともに出版体質が大きく変わったという点で、わが出版人たちの出版精神と伝統はさらに輝きを増したように思われる。

第2節
韓国出版史の研究方法論

1.　“現代”の起点と発展段階

本書は1945年の８・15光復と、南北分断という歴史的事実を“現代”の起点としている。そうしたのは、多くの韓国史の関連書が、この時期を現代史の起点としている例に、無条件に従ったものではない。光復と分断以後、出版の歴史はそれ以前の植民地時代とは歴然と対比される、出版だけの特性を示した事実を重要視しているからである。

この間に、出版意識や行為様式の発展と質・量面で刮目すべき成長を遂げたが、光復初期に成立した出版システムの本質である性格と基本構造は、そのまま現在に引き継がれた。このため本書では光復を現代出版の起点と定めた*4。

現代の韓国出版産業は、先進国とは比較できないほど短期間に急速な成長を遂げてきた。この間に数次にわたる特徴的な発展段階をへて、意味ある屈折点をたどったため、これらの時期を区分し、それぞれの時代の出版活動の特徴と価値をさぐることで、韓国出版の成長過程を正しく把握できる。

時期別に、出版人に対する追跡をすることで、出版人の崇高な使命と現代出版産業の総体的な意味、出版物の革命的な変革と出版経営、制作環境と技術、

＊4　このような点に鑑みると、韓国出版学会が編纂した『韓国出版産業史』（ハヌル、2012）は、開化期から1950年代を「近代」と設定（第２部「韓国近代出版産業史」）し、1960年から2010年までを「現代」（第３部「韓国現代出版産業史」）と区分している。しかし、筆者はこの区分には同意できない。この本は出版の質量的成長と政治・経済・社会的環境変化を時代区分の理由と説明しているが、こうした質量の拡張は巨視的・包括的な歴史認識の枠でみると、歴史発展の過程ではあるが、出版の性格と内容という本質を変化させる歴史変換の契機になる流れをつくり出すものではなく、時代区分の根拠にはなり得ない。また、出版の質量的な拡大を示す「出版離陸」現象は、70年代初期になって初めて起こっている。（『韓国出版産業史』p157参照）

表1-1　現代韓国出版の発展段階

期	段階	期間
第１期	家内手工業の時期	1945年８月15日～1950年
第２期	試練の中の再建期	1951年～1958年
第３期	企業化模索の時期	1959年～1965年
第４期	科学化の推進期	1966年～1976年
第５期	産業化の進入期	1977年～1985年
第６期	近代化の推進期	1986年～1993年
第７期	情報化の準備期	1994年～現在

著作権、流通など、出版システムの変化発展過程を分析した。そして活動の所産として出版量と出版傾向の変化発展までも総合的に分析評価することで、光復以後、70年間の韓国出版産業が発展を遂げた実態の把握に努めた。

本書では、この発展過程を**表1-1**のように７段階に分けている。しかし、本書はこうした時代区分に基づいて執筆してはいない。第５期以後は、われわれが直接体験したり、ケースによっては現在も進行中であるため、まだ評価を下すには時期尚早なので、概括的な言及にとどめている。

2.　歴史的考察の展開方法

出版産業とは出版物を生産し、これを読者に提供する活動を通じて人間の精神的需要を充足させる出版活動を、一定の経営方式と経済手段によって管理するものである。こうした出版活動は利潤獲得を目的にしている。

ところがこれまでの韓国出版の歴史研究の内容は、主に“文化としての書籍の歴史”が主流を成してきた。今後はこれを一歩反転させ、産業組織論に基づき“文化消費”的側面の変化をうかがう産業史的立場に拡大させねばならない。なぜならば、資本主義社会での出版活動は、それが文化性を強調する産業であるにしても、本質的には収益の創出を目的にしているからである。われわれのこうした歴史は長くはなかった。商業出版の歴史は、開港とともに始まったのであり、まだ150年にも達していない。商業出版の活動の方向と性格は、企画活動によって定まってくるが、実際には読者の書籍の選択行動を先導し、追従する形式で成されてきたことを否認できない。書籍に対する読者の消費傾向はいつも可変的で、そうした読者の変化に対応した生産―流通システムの骨格を対応させる形式の歴史発展過程をたどってきた*[5]。

出版の歴史の実態は、書籍と人間の出会い―選択―購買と読書（本当の消費）が､いかなる場面でいかなる動機や文脈で成されてきたのか､それはまた誰によっていかなる体制と形態を備えてきたかを、追跡し評価する作業にほかならない。企画と執筆から制作、流通そして販売に至る連鎖的な出版行為は、それをめぐる環境と時代精神、または価値観によって合理的で効率的なメカニズムを形成しながら、絶え間ない変化・発展を遂げてきた。その意味で本書では、次のような研究モデルを開発し、４つの領域に分け、それぞれの時期別に韓国出版史への接近を試みた（**図1-2**）。

第１の領域は、出版産業を形成している内部構造が、いかに成長発展してきたかを分析する過程である。出版行為自体を直接的に成立させる過程（企画―著述―編集―制作）と、その機能の変化及び産業を形成している構成メンバーのあいだの構造と行態、成果に対する分析と評価がこれに属する。

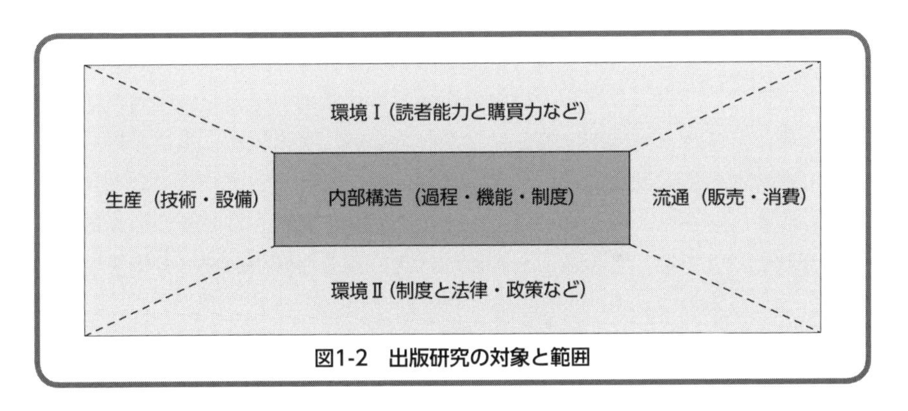

図1-2　出版研究の対象と範囲

＊５　筆者は「読者志向の出版」を出版産業の効率近代化プランの基本姿勢とすることを提唱している。これは読者の低級な興味に迎合せよというのではなく、読者に対する徹底した研究を基礎に、出版行為の各段階で読者を導き、新たな時代的価値を創出するプランを探求しようと提案するものである。

出版過程における読者志向性

フィードバック

著者 → 企画 → 編集 → 制作 → 流通 → 読者

予測・展望

第２の領域は、内部構造を取り巻く生産と流通という出版産業を形成している連結の輪に対する変化発展過程をいう。

第３の領域（環境Ⅰ）の観察対象は、生産と消費までを包括する一連の出版活動を規定する社会的環境条件をいう。ここには国内外の政治、経済的状況及び人口構造と地理的条件などが包括され、所得、文化、生活慣習、教育水準、地域社会、交通・通信網、他のメディアとの競合状態など、出版された出版物へのアクセス要因などを含めている。

第４の領域（環境Ⅱ）は、国の統治体制から出版制度と法律、政策など、主に政府の調整手段が該当する。政府の競争促進、または競争抑制政策と多様な行政介入は、出版行為を根本的に規制していることは言うまでもない。企業間の競争、協議、統合と業界内の取引制度と商取引慣行は、この領域から絶対的な影響を受ける主要変数である。

これら４つの領域は、互いに密接な依存関係にあり、有機的に相互作用をしながら出版行為を創出することになる。出版活動は４つの領域中で果てしない革新と冒険をくり返しながら、出版の媒体的・産業的競争力を強化し、新しい需要を創出してきた歴史的な流れにほかならない。どの領域に重点を置くかによって産業としての歴史になることもあり、書籍の歴史、または出版文化史になりもする。しかし、いかなる性格の出版の歴史であれ、この４つの領域を総合した歴史研究を通じてのみ、われわれは次のような歴史研究の目的を達成することができるのである。

第１に、出版産業を一つの社会体系とみて、その出版産業がもつ独自的な構造と形態、その成果に対する評価を通じて、歴史を認識する機会となる。

第２に、社会との関係から出版は社会からどのような影響を受けたのかを把握することができ、こうした歴史的経験を通じて望ましい出版発展の方向をより鮮明に定立できるようになる。一種の環境論に該当するもので、出版に対する社会的規定条件、すなわち、社会的存在様式が出版の形態をいかに規定してきたかが理解できるようになる。自由市場の経済体系を志向する国々の出版と、社会主義国家の出版形態は、追い求める目標や性格から根本的に異なる点を想起するならば、その意味がいっそう明瞭になってくる。

第３に、出版は社会の発展にいかに役立ってきたかという、出版の社会的機能と責任の変化過程を省察することで、出版がもつ本質的機能を強める契機となり得る。

第2章

文化建設の旗幟を掲げて

本章の内容

1945年８月を起点に出版の新しい歴史が開始された。３年間の米軍政期間、1948年の大韓民国政府樹立を経て、同族が争う朝鮮戦争が勃発する（1950年）までの５年間は、民族出版が新たに開拓される創業期にあたる。やっと手にした民主主義、自由、市場経済体制のもとで、自由な出版の可能性が無限に広がり、固有文字（ハングル）による韓国人のための出版活動が活発に展開された。多数の知識人が新生国家の建設と民族文化再建の旗幟を掲げ、出版の世界に飛び込んできた。

しかし、印刷施設も用紙も枯渇した貧しい状態で、新たな出発をしなければならなかった。左右両翼の理念的対立が激しく展開され、政治社会的混乱は極に達していた。識字率は全国民の21％に過ぎない厳しい状況だった。多様な形態の出版と流通体制を構築し、読者開発に懸命になった「熱情の時代」といえる。

1949年末現在の出版社数は847社、累積出版点数は4989点、雑誌は128種類で、これらが世論をリードしていた。全国525の書店は、すでに本の前払い予約代金を受け取り、出版されるのを待つだけだった。しばしば「出版革命の時代」と呼ばれもした。

第1節 激動と混乱の解放空間

1. 解放、アメリカ軍政、そして分断

1945年８月15日、ついに大韓（当時は“朝鮮”と呼ばれた）は、日本帝国主義の植民地統治の鉄鎖から脱した。８・15は解放であり同時に光復を意味した。それは韓民族に与えられた一つの歴史的転換点でもあった。

光復は新しい時代の始まりで、これまでとはまったく異なる生の可能性を保障する大きな希望であり約束だった。人々は新しい民族史の未来が開かれるという期待と夢に胸を弾ませていた。感激の歓声が国土全体に響きわたり、感激と喜びは各地で噴水のようにほとばしった。新生の祖国がどこに向かうべきか、熾烈な論争がくり広げられた。何をすべきなのか、それぞれが己の座標を求めて苦悩していた。解放がもたらした政治的熱気は津波のように押し寄せたが、その喜びと祖国建設に向けた意気込みは長くは続かなかった。

光復はわが民族の自主的な力による独立ではなく、外国勢力によってもたらされたものだった。だから韓国人は、日本からの解放と光復の喜びを味わうことはできたが、自主独立国家の国民として完全に主権を与えられはしなかった。朝鮮は戦勝国ではなかった。それでも日本のような敗戦国とは明らかに異なっていた。ただ敗戦国の占領地（植民地）に対するアメリカ・イギリス・ソ連・中国（中華民国）など、戦勝国の政治的合意によって独立が達成されたため、それがまた別の悲劇をもたらした。敗戦国日本に対する戦後処理の過程で、韓半島は北緯38度線を境に分割され、南側はアメリカ軍政、北側はソ連の統治下に置かれたため、それぞれ試練の歴史的な渦に巻き込まれたのである。

南韓でのアメリカによる軍政は、1945年９月２日に発表された「連合国陸海軍一般命令第１号」と、連合国総司令官マッカーサーが「朝鮮住民に布告」した「布告第１号」(９月７日) で開始された*1。

アメリカ陸軍中将ジョン・ホッジが指揮する第24軍は、９月８日、仁川港に上陸、阿部信行総督から統治権限を引継ぎ、軍政の開始を正式に宣言した。24軍団第７師団長アーノルド少将が軍政長官に任命された。

アメリカの軍政は、自由民主主義と資本主義を基盤とする、新生自主独立国家の誕生を準備する歴史的転換期の過度的性格が強かった。その軍政体制は、解放直後に38度線以南に３年間も存在した実際的な「南韓で唯一の政府」だった。韓半島での「国家形成過程を主導した重要な行為者」*2であり、アメリカの政策路線によって韓半島社会の各種勢力の関係を変化させ、構造化させる主管者として決定的な影響を与えた。したがってこの期間は「韓国現代政治の基本構造と統治志向、さらに、これを裏付ける政治、経済、社会、文化のあらゆる原型が新たに形成された時期」*3だった。そのため政治、経済、社会、文化、行政制度など、多方面にわたりアメリカの価値と規範が本格的に移植され、受容されざるを得なくなった。

＊１　連合軍総司令官マッカーサー元帥が発表した「布告第１号」は、「日本国天皇と日本国政府の命令及び名において、かつまた日本帝国大本営の命令及び名において署名された降伏文書の規定するところにより（略）朝鮮人民の長いあいだの奴隷状態と、やがて朝鮮は解放され独立するであろうという彼らの決意を心にとどめ、占領の目的は降伏文書を実施し、朝鮮人民の個人的・宗教的権利を守ることであることを余は保証する」と前文で明らかにした後に、次のような指針を示している。
第１条、北緯38度線以南の朝鮮領土及びその住民に対する全統治権は、当分のあいだ余の権限下に行使される。
第２条、今後命令が出されるまで、公益事業、公衆衛生を含む公共事業の有給、無給の幹部並びに従業員、国家公務員、地方公務員、名誉職員及び他の重要な任務に携わっている者はすべて、通常の機能と任務を引き続き遂行し、すべての文書と財産を守らなければならない。
第３条、すべての者は余の命令と余の権限下に出される命令に従う。占領軍に対する反抗行為及び公共の治安と安全を乱すすべての行為は厳重に処罰される。
第４条、諸君の財産権は尊重される。別に命令する場合を除き、諸君は平壌の職業を営む。
第５条、軍事支配中はすべての目的のため、英語が公用語となる。（略）第６条、今後さらに、布告、法令、規則、指示、法規が余及び余の権限下に発せられ、諸君に対する命令を明記するであろう。

＊２　李恵淑「アメリカ軍政の構造と性格－組織と資源を中心に」『韓国社会史学会』1995.12、p45

＊３　金雲泰『アメリカ軍政の韓国統治』ソウル；博英社、2002、p3

アメリカ式制度や形式が直輸入され、社会文化的にも英語が広範囲に用いられ、文化的側面でも強く西欧化の波が押し寄せてきた。現在の開放化や国際化が、即、西欧化やアメリカ化を意味することは間違いない。伝統の基礎の上に民族文化の再建に能動的に没入し、今日の繁栄への土台を準備し得なかった口惜しさは極めて大きい。軍政期間はまた東西冷戦体制に突入する時期でもあった。米・ソ間の資本主義と社会主義のイデオロギー競争で、韓国の民族社会に内在した左右両翼の激しい思想的対立と葛藤の種が蒔かれた。

アメリカの対韓政策の一貫性の欠如、国内政治勢力の理念的な分割と複雑な利害対立などで、確固とした指導力や方向感覚なしに、社会のすべてが政治化する混乱の時期だった。米ソの対立によって分断体制の固定化が進み、保守右翼政治勢力の結集によって、反共産主義を標榜する自由民主主義体制が構築される過程でもあった。国連によって「韓半島で唯一の合法政府」として、1948年８月15日に大韓民国政府が樹立したことは高く評価されねばならない。基本権レベルにおいて出版の自由は完全に保障された。

他方、38度線以北では日本軍の降伏を受けて、地域の行政権を移譲されたソ連軍が、アメリカ軍政に先行して共産主義者を中心とする咸鏡南道人民委員会を結成（1945.8.16）、いち早く以北５道に人民委員会を結成し、北韓のソビエト化政策を強化させた。

北韓では1946年初頭に、すでに金日成を委員長とする北朝鮮人民委員会が成立し土地改革を実施した（1946.3.5）。朝鮮労働党の結成（1947.2.22）、朝鮮人民軍の創設、憲法の採択（1948.4.29）の後に、最高人民会議の代議員選挙を実施（1948.8.25）し、朝鮮民主主義人民共和国が設立（1948.9.9）された。

2.　イデオロギー葛藤の渦中で

軍政の施行に先立ち、南韓では各種政治勢力が跋扈（ばっこ）するなか、初期には左翼系が機先を制した状況だった。軍政期間における左右両陣営の対立と葛藤は、新たな出発を目指す出版産業にも無視し得ない影響を与えた。社会が出版に及ぼす影響の厳しさは、これまでに経験したことがないものだった。

左右両翼の対立が日増しに激化する状況のもと、南北韓の分断状況を固定化させる兆候がいくつか現れはじめた。38度線以北に進駐したソ連軍は、共産主義の政府組織の発足を急いでいた。ソ連は1946年５月２日を期して「許可なしに38度線の往来は認めない」と禁止令を発した。同じ年の３月20日、徳寿宮で始まった米ソ共同委員会で、双方は47日にもわたり自己主張だけをくり返していたが、５月８日にはソ連の首席代表スチコフ中将が平壌に帰任してしまった。７月２日には京城（現ソウル）のソ連領事館さえ閉鎖撤収している。

さらに同年７月には、朝鮮民主主義民族統一戦線が結成され、８月には北朝鮮労働党を発足させ、南北分断をほとんど固定化してしまった。共産党による「朝鮮精版社偽造紙幣事件」「大邱暴動事件」などのテロや暴動が相次いで起こると、アメリカ軍政当局は共産党幹部の逮捕令を出し、共産党の活動を禁止した。この騒ぎに遅々として進まなかった「左右合作委員会」はついに瓦解する。

北韓は南北の物資交流や送電さえ断絶させたので、解放直後の経済的混乱期に国民の生活難はいっそう深まり、経済再建にとって致命的な障害となった。そんな中、民族主義陣営の人々が集まる右派は、親日残滓の清算と国の経済介入をめぐって二分化した。このように光復１年が経過しても、南韓では左右の対立が激化し、混乱と無秩序が回復する兆しは見られなかった。

激しい左右の対立と競争が展開する状況のもとで、双方にとって宣伝活動の重要な道具が出版活動だった。この期間は「政治宣伝パンフレット時代」と呼ばれるほど、各種印刷物やビラが乱舞した。左翼系列の言論出版活動はとくに激しかった。共産主義者らは、主に宣伝扇動を目的とする出版活動に熱を上げたのに対し、民族主義陣営の出版人たちは民族文化の再建に尽力した。

3.　光復と分断の出版史的意味

現代出版の発展過程において、光復と分断は何だったのか。

光復と分断は出版の歴史の流れを変えた巨大な転換点だった。光復と分断は互いに相反する性格と条件で出版活動を規定したのだ。

第１に、光復期以後の出版の時代精神は、植民地時代のそれとは本質的に異なった。植民地時代の出版の時代精神は、民族自強と抗日にあった。これに対し光復期以後の出版の目的は、新生祖国の建設と民族文化の再建だった。

第２に、完全に出版の自由が保障された。光復直後に開始されたアメリカ軍政が、最初にしたことの一つが、出版弾圧の道具だった植民地体制と法律を破棄することだった。分断の葛藤とイデオロギーが極度に対立した社会だったが、左右両翼を問わず自由に出版活動をすることができるようになった。

第3に、民主主義、自由市場経済体制が現在まで持続され、その体制は出版産業が飛躍的な成長を果たす土台となった。第4に、光復とともに初めて韓国語（ハングル）での出版が可能になった。植民地時代には日本語の使用が強要され、末期には韓国語抹消政策と戦時体制のもとで、出版活動は強制的に中断させられ、出版社は門を閉ざしたが、光復を契機に出版活動は再開された。

第5に、現代的教育を受けた時代の知識人が明らかな目的意識をもち、大挙、出版の新進勢力として参入、新たな出版文化の建設に向かうようになった。

光復が新たな国家建設と、民族文化の再建に献身するとの希望と熱情で、出版事業に邁進する原動力だったとすれば、分断はこれとは反対に、そうした光復の熱情を拘束する要因として作用し、出版の発展に支障と歪曲をもたらした。

国土の分断は民族の実質的な分裂を招き、南北韓相互の発展協力と補完体制を断絶させた。そうした時代状況、つまり分断と分断による対立に基づく政治的混乱は、大部分の工業基盤施設を喪失させたため、相当期間にわたる物資不足と経済的混乱の原因となった。

理念と体制が異なる二つの集団の激しい対決と葛藤、反目と嫉みは、現在も民族史の成長発展に致命的な障壁となっており、民族共同体的な生の要素を極度に異質化させる要因である。

出版においても分断は、第1に、既成及び潜在的な著述機能の多大な欠損をもたらした。植民地時代末期の北韓地域では、多くの知識人・文化人が抵抗主義的な学術や文化活動をしながら、粘り強く民族解放運動を続けてきた。分断国家の成立と朝鮮戦争で、文化界は徹底的に二分化され、文化人など多様な階層の在北著述家を失う結果になった。

第2に、著述界だけでなく、良質な読書人口の相当数を失った。光復前後の南北韓の人口は2500万超で、人口比では南66、北34だった[*4]。北韓人口は約850万名であるが、植民地時代の平壌など北韓地域の読書水準は、南韓に比べて遙かに高くて、書物は咸鏡道が最も多く売れたという。ソウルも及ばないほど咸鏡道の読書熱は高かった。南韓では主に古代小説や土亭秘訣、四柱観相な

＊4　朝鮮銀行調査部編『経済年鑑』朝鮮銀行、1949、pⅣ—18

どの本が売れたが、北韓地域では新小説が多く読まれ、売上げも大きな差があったとの証言がある*5。反面、出版は伝統的にソウルが中心になっていた。そのため分断で良質の読書人口を、一挙に大量に喪失し、市場を失うことになってしまった。

第3に、光復後は左右両翼のイデオロギー葛藤が激しいとはいえ、左右翼の出版人たちは、比較的友好的な雰囲気の中で競い合っていた。出版人の思想とは関係なしに、マルクスの『資本論』など共産主義の理論書の出版は、右翼系列の出版社でも活発だった。したがって光復初期には左右翼にこだわることはなく、出版の多様性を豊かに開拓できた側面を認めねばならない。しかし、左翼出版社のうち、力量のある出版社のメンバーの多くが、政府樹立と朝鮮戦争を経る過程で、越拉・越北したため貴重な人材が失われてしまった。もちろん、共産主義勢力を避けて越南した知識人のなかにも、出版人として立派な業績を残した者もいたが、それと出版人の越拉・越北による空白とは別の問題である。まして南韓内の出版与件は極めて劣悪な状態だっただけに、分断がもたらした状況はいっそう厳しいものだった。

当時、『読書新聞』の主筆だった楊美林は「政治、経済、社会、文化的苦悶と制約の難境の中で座礁し、著作者の問題から著作物の思想内容、用紙、印刷能力と技術（主に電力と印刷施設）、市場、販売機構の問題など、そのどれ一つとして健全な発展に有利な条件はなかった」*6と、分断による出版界の問題について指摘したことがある。彼は続いて「国土全域が完全に統一され、大韓民国の主権のもとに帰一統治されるとき、前述の市場問題とともに、その根本的解決が果たされるのであり、したがって新生独立国家の旺盛な読書欲に応じる大量の良書が刊行されること」と、統一への期待と念願を語っている。しかし、現実はそうした期待に反し、莫大な人的・物的打撃を負わせる同族相争う悲劇を体験することになった。そんな彼自身も越北してしまった。

われわれはこうした歴史の転換点で、幾多の悪条件と状況を精一杯克服しながら、解放期の出版活動の内と外を熾烈に拡張させてきた。

＊5　韓鏞善談、漢城図書編『続・本は万人のもの』ソウル；普成社、1993、p30
＊6　楊美林「出版文化の質的向上のために」『新天地』1949.11、p224～227

4. アメリカ軍政の出版政策

アメリカ軍政当局は、解放初期には朝鮮総督府の行政政策や法令などをそのまま準用したが、出版の自由に対しては当初から方針は明確だった。

ホッジ中将は、1945年９月11日の記者会見において、36年間の日本の植民地支配のもと、「出版法」「新聞紙法」などで弾圧された出版活動に対して「絶対的に言論の自由」を認めると明らかにし、干渉のない絶対的に完全な自由を保障すると約束した*7。

彼はその席で「アメリカ軍は朝鮮の人々の思想と意思表示に干渉も妨害もしない。出版に対して検閲はしない」と強調した。

翌日には、駐韓米軍の初の言論報道担当官（韓国人関係及び情報官）のヘイワード中領も「言論の自由は絶対的に保障する。連合軍に不利なもの以外は提出や検閲を受けなくてもかまわない」と明白に述べた*8。

出版の自由は保障され、連合軍の利益と一致する範囲内で保障するというのである。この発言において治安を妨害するなど、彼らの目標達成に障害となる行為に対しては、統制を加えるとの意志を明らかにしている。こうした方針はワシントン当局の意向とも一致していた。ワシントン当局はホッジ司令官に言論に関する訓令を発している。

> 「貴下は郵便、無線通信、放送、電話、有・無線情報、映画及び新聞を含む民間言論機関に対して、軍事的安全保障とこの訓令に記述された目標を達成しようとする、我々の利益に必要な最小限の統制及び検閲を実施しなければならない。こうした統制を前提とし、貴下はあらゆるチャネルと媒体を利用した国内外のニュースと情報の拡散を鼓舞・促進させねばならない」*9

アメリカ軍政当局は「軍政法令第19号第５条」（1945年10月30日公布）を制定し、

＊7　『毎日新報』1945年９月12日、１面
＊8　鄭晋錫『韓国言論史研究』ソウル；一潮閣、1983、p173
＊9　アメリカ国務省秘密外交文書（金國泰訳）『解放３年とアメリカ１：アメリカの対韓政策1945~48』ソウル; トルベゲ、1984、p92~93

これらの出版政策の基本方向を制度的に確かなものとした。この法令は“登記制”を施行することで、植民地時代の出版（その他の刊行物）及び定期刊行物の刊行を“許可制”として運用しながら、出版活動を根本的に規制し、また、原稿及び出版物の届出を受け、修正指示、押収、販売禁止などをした弾圧制度を根本から変更し、誰でも希望すれば自由に出版活動ができるようにしたのである。

「法令第19号第５条、新聞その他出版物の登記」
「言論の自由と出版の自由を維持保護し、不法または破壊目的に陥らないようにするため、北緯38度線以南の朝鮮で、自然人や法人が担当、所有、指導、支配、または処理し、書籍、パンフレット、新聞、またはその他の読み物の印刷に従事する機関を登記しようとする者に命じる。この登記は法令の施行日から10日以内に完了しなければならない。新件出版物の場合は、それの発行の10日以内に完了し、登記書類は正副本を作成するものとする。登記書類には、当該機関の名称、印刷及び発行に従事する者の氏名、その機関の担当、所有、指導、支配、処理、その他の関係ある者の氏名、機関の事業運営、または印刷物及び出版物、各種印刷物の実物大の判、種類、型の模写を含み、現在使用する、または将来に使用する印刷出版の各種形式、その機関の財政的支援、資本、資金、財産、現有総資産及び急迫状態にある必要品の現在の状況と将来に取得する本源を示さねばならない。新聞、書籍の出版事務を運営維持する機関の財政的能力を表した明細書、該機関またはその企業と競争的関係がある者の氏名、住所などを記入して書留郵便によって京城軍政庁に提出するものとする」

同時に、この法令に違反した者は、陸軍占領裁判所で裁くこととし、さらに所定の刑罰に処するという罰則条項（第６条）と、発布により即時施行する旨の施行期日（第７条）が明示された。この措置によって出版社だけでなく、新聞、雑誌が「奔流（ほんりゅう）のように」*[10]競い合って姿を現した。

これに先立ち10月９日には、軍政法令第11号が制定され、「出版法」「治安維持法」「保安法」「政治犯処罰法」「政治犯保護観察令」などはすべて廃止された。これによって日本の侵略政策を強化し、韓民族の政治的、社会的、文化的活動を圧迫した各種の弾圧法令の束縛から正式に解放されることになった。

しかし、これらの法令が公布されてわずか7か月で、アメリカ軍政当局は言論政策を変更、法令第88号「新聞その他定期刊行物の許可」（1945年5月29日）を制定し、登記制を「許可制」に変更、7月18日には新規許可制さえも、一切中断するとした。左翼紙の軍政に対する挑戦と、左右両翼の新聞の対立が激しくなったため、社会の混乱を防止するという理由だった。深刻な用紙の入手難を解決する窮余の策というのも、理由の一つに挙げられた。この措置により氾濫した定期刊行物、とくに新聞は日増しに整備されていった。これらの措置を担当したアメリカ軍政の言論出版部署は商務部だった*11。

1948年4月8日にも、法令第183号（必要としない法令の廃止）を公布し、「集会取締令」「朝鮮不穏文書臨時取締令」「保安法」「朝鮮臨時保安法」など、自由な出版活動の規制を目的とした植民地時代の法令7つをすべて廃止させてしまった*12。

こうした言論及び出版政策を施行する過程で、出版は新聞と質的に異なる待遇を与えられた。左翼系の新聞が軍政当局に挑戦する内容を報道するようになると、彼らは公衆の治安と秩序維持を理由に、左翼言論に対しては統制を、右翼言論に対しては支援と保護の差別的立場で臨んだのである。左翼紙の停刊及び廃刊と、これに従事する言論関係者の拘束も頻繁に起こった。ところが左翼書籍の出版については黙認していた。

---

*10　①姜尚雲「解放4年間の雑誌界」『出版大鑑』ソウル; 朝鮮出版文化協会、1949、p9
②当局が公式に発表したことはないが、1945年から46年までの1年間に、日刊紙は57紙が誕生し、このほか週刊誌と月刊誌などを合わせると274点の定期刊行物が発刊された。1947年のアメリカ軍政の発表によれば、日刊紙85点、週刊誌68点、隔週刊誌13点、月刊誌154点だった。日刊紙85点のうち主要日刊紙25点を政治理念によって分類すると、左翼紙が7紙、右翼紙が8紙、中立紙が10紙で、新聞の数では左翼紙が右翼紙に比べて若干少なかったが、発行部数では2倍に近い部数を占めていた。日刊紙のうち40紙はソウルで発行されていた。（崔埈『増補版、韓国新聞史』ソウル; 一潮閣、1970、p377。李相喆『コミュニケーション発達史』ソウル; 一志社、1982、p178 参照）

*11　アメリカ軍政は必要に応じて何度も組織改編をしたが、初期の鉱工局が商務局に改編（1946.2.19）され、さらに同年3月29日に商務部となった。1945年12月になると、各局長はじめ部署長にアメリカ人と韓国人を同時に任用する共同局長制を運用したため、当時の商務部長はT.ジョーンズ大領と呉禎洙だった。

*12　内務部治安局編『アメリカ軍政法令集』内務部治安局、1956/ 韓国法制研究院編『アメリカ軍政法令総覧（1945~48）』韓国語版、ソウル; 韓国法制研究会、1972、参照

当時の出版行政の特徴は、日本とは異なる待遇を受けていたことである。敗戦国に対する占領地統治の一環として軍政が実施され、軍政初期の４か月間の南韓への統治は、東京駐在の連合軍総司令官の権限によるものだった*13。

軍政当局はマッカーサー総司令官が指揮する連合軍最高司令部（GHQ）の直轄で、その傘下にありながら朝鮮に対する言論・出版政策は、日本と異なる基準と原則が適用された。すなわち、連合軍総司令部は敗戦国（敵国）日本に対しては、1945年９月10日に手交した、いわゆる「プレスコード」と称される「言論及び新聞の自由に関する覚書」に基づき、戦前の内務省が行っていた事後検閲に代えて、対敵諜報部（CIS）指揮下の民間検閲支隊（CCD）の実施する事前検閲制が導入された。この検閲制度は1948年になると事後検閲に代わり、1949年10月には検閲制度そのものが廃止された。だが、GHQは言論の自由を唱えながらも、書信の開封から電話の盗聴に至るまで、情報統制体制を強力に実施した*14。

同じGHQ傘下の軍政当局は、朝鮮で行政組織体系上の検閲部署を廃止し、また、出版及び新聞・雑誌の出版に対して、いかなる制限もしない登録制を実施した。しかし、軍政当局の出版関連業務の所管部署は、軍政庁の行政組織が改編される過程で何度となく変わった。

軍政期の出版行政機関は、図書及び雑誌と教科書行政に区別される。1945年９月12日、朝鮮総督と警務局長が免職になると、朝鮮総督府警務局の統制権は９月17日に軍政庁警務局に移管され、出版行政もそのまま引き継がれることとなった（1945年９月14日、憲兵司令官Lawrence E. Schick 准将が警務局長に兼任発令された）*15。

---

*13　アメリカ軍政布告第１号（1945.9.7）は、第１条において「北緯38度線以南の朝鮮領土及びその住民に対する全統治権は、当分のあいだ余の権限下に行使される」と明示している。

*14　佐藤卓己『現代メディア史』東京; 岩波書店、1998、p63

*15　植民地時代の日本の朝鮮支配方法は警察力の行使に拠るものだった。警察はたんに治安機能だけではなく、政治、経済活動、教育、宗教、保健、厚生（福祉）、消防機能にまで介入していた。したがって日本人官吏の免職権と朝鮮総督府警務局の統制権が、1945年９月17日にアメリカ軍政庁に移管されたことは、事実上の韓国統治権が、この日を期して軍政当局に移管されたことを意味する。行政権だけではなく立法権と司法権まですべてを管掌した軍政当局は、その後、軍政法令、行政命令などを通じて、アメリカ式の権力構造と体制を確立していくことになる。

軍政庁警務局は８・15解放当時、朝鮮総督府警務局の検閲課を含む警務課、経済警察課、保安課、衛生課及び警備課の６課をそのまま引き継いだ。「朝鮮総督府事務分掌規定（改訂）」*16によれば、検閲課の所管事項は新聞、雑誌、出版物及び映画の検閲及び取締りに関する事項、音盤の取締りに関する事項、著作権に関する事項を担当していた。ところが軍政庁警務局の検閲機能は移管されて１週間にもならない９月22日付で廃止された*17。

1946年５月29日付で軍政法令第88号が公布され、新聞その他定期刊行物に対する許可権など出版関連行政は、商務部が担当する変更措置がなされた。さらに1947年３月20日付の軍政法令第136号（法令第88号改正）によって、新聞その他刊行物の許可を始め音盤業務及び著作権に関する一切の業務を、公報部が管轄するとまたも変更された*18。

1947年12月30日付の軍政法令第158号に基づき、従前は警務部が管轄してきた各種許可権のうち一部は道知事、またはソウル市長に移管または廃止されたが、「印刷業の取締りに関する各道令のうち、印刷業に関する許可事項」だけは引き続き警務部が管掌することとなった。他方、教科書の出版普及業務は軍政の草創期から学務局が管轄した。

---

*16　朝鮮総督府訓令第18号「朝鮮総督府事務分掌規定（改訂）」第８条（1945.4.17）（朝鮮総督府官報昭和20年４月17日付号外）
*17　申相俊『アメリカ軍政期の南韓行政体制』ソウル; 韓国福祉行政研究所、1997、p274
*18　アメリカ軍政令第88号の前文の内容を参照

第2節

現代出版の創造者たち

1.　祖国建設の先頭に立つ

アメリカ軍政期と呼ばれる光復直後の時代相は、政治、経済、社会、文化の各分野で激しい混乱を示し、新しい国家建設に向けての苦悶は終わることなく続いた。

出版人たちは、こうした混乱の渦のなかでも、政治に関心を示すことはなく、ひたすら36年にわたって閉ざされていた国民の目と耳を開けようと、出版事業に没頭していた。大勢の人々が政治と思想に没入しているとき、努力実行の姿勢で、それぞれ韓国語になった出版物を通じて、新生独立国家の建設と民族精神を再起させ、民族の力量を育てる仕事に邁進した。国と民族を愛する教化事業から出発した近代出版の初期の崇高な志と伝統が、光復を迎えて新たにスタートする若い出版人の胸を熱くしたのである。新生祖国の建設に役立ちたいという熱い心の知識人で、真の愛国者たちだった。いかなる難関と障害も越えがたい障壁とはならず、彼らの歩みを留めることはできなかった。朝鮮戦争が勃発するまでの５年に満たない期間に登場した出版人が、現代出版を開拓した創業第１世代に当たる。

この創業第１世代が興した多くの出版社は、困難な条件に耐えて韓国語による各種書籍と雑誌を数多く出版した。彼らの努力によって、当時の政治・経済・社会・文化の各方面のうち、出版界が最も先頭で活躍しており、その業績は他のどんな分野よりも華やかで大きなものだった。

軍政当局が出版社登録制を実施する以前から、多くの出版人がいち早く出版

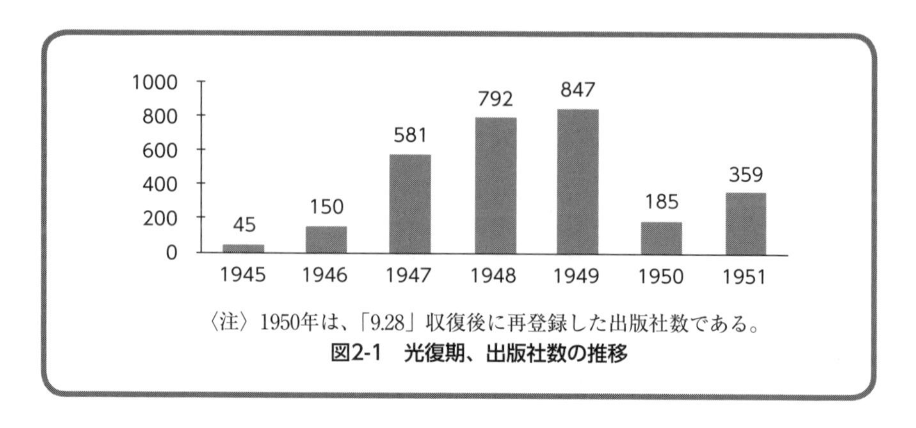

〈注〉1950年は、「9.28」収復後に再登録した出版社数である。

図2-1　光復期、出版社数の推移

活動を開始していた。年末までに「軍政法令第19号」に基づき、なんと45もの出版社が登録手続きを終えている。

出版社数は日ごとに幾何級数的に増えていった。1946年末には150余社（出協創立総会前後の調査）だったが、同年暮れには581社と飛躍的な増加を遂げた。大韓民国政府の樹立した48年には、さらに792社と急増している*19。49年３月現在の登録出版社数はじつに847社に達している（**図2-1**参照）*20。

彼らは植民地時代から出版活動をしてきた出版人、光復直後にソウルで出版を始めた者、そして同じ時期に地方で出版を手がけた人々である。

新たに出版事業を開始した先人のなかには、北韓共産政権を忌避して38度線を南下した者も少なくなかった。思想的に右翼系の出版社だけではなく、社会主義系の出版社も混在している状態だった。

これらの出版社の中には、朝鮮戦争の頃までに数十点を出版したところもあり、ただ１冊の本を出すために出版社を設立登録した場合もあった。活発に出版活動をした出版社は50社内外だったが、1949年末までに合計5000点に近い図書が出版されており、発行部数は約2500万部と推定されている*21。ただし、

*19　金昌集「出版界の４年」『出版文化７号特輯、出版大鑑』ソウル; 大韓出版文化協会、1948、p4、しかし『出版大鑑』の1949年１月15日現在の「出版社一覧表」には、798の登録された出版社の名簿が収録されている。

*20　金昌集「出版概況、出版小史」『1957年版、出版年鑑』ソウル; 大韓出版年鑑社、1957、p739

*21　年度別出版点数と発行部数を勘案し推定した数字である。金昌集は『出協会報』（1956.4.26）に寄稿した「韓国出版印刷小史」において、当時の「初版発行部数は最低5000部だった」と証言している。

写真2-1　創業第１世代の出版人たち

1945年には年末までに61点の図書が出版されたことが明らかになっているが、この期間の出版点数については、未だに信頼すべき正確な統計が存在していない。最近、光復から45年末までの４か月間に、126点の図書と45種の雑誌、合計173点の出版物が発行されたとの調査結果が発表された＊22。これは現に存在する出版物に基づいて集計したもので、実際にはこれよりも遙かに多くの出版物が刊行されたと推定されている。これに比べて北韓では解放後から48年上半期までに、500点、1000万部程度が刊行されたというから、出版の自由がどれほど重要であるか実感できるだろう。

それでは、このように偉大な業績を残したのはどんな人たちだったのか。光復初期に創業し韓国出版文化産業の礎石となった開拓者のなかから、その業績が顕著な出版人を紹介してみよう。

2.　崔暎海と正音社

「正音社」は“正音”なる社名が表しているように、日本が朝鮮語を抹殺しようとしていた時期に、延禧専門学校教授として在職中の崔鉉培が講義のために『ウリマル本』と『ソリカル』を謄写本で印刷刊行した。これを契機に1928年７月７日に創立された出版社である。創立当時の所在地はソウル市西大門区杏村洞の崔鉉培の家だった。国語国文学関係の書籍を出版してきた「正音社」は、

＊22　呉榮植編著『解放期刊行図書総目録1945~50』ソウル; ソミョン出版、2009、p17

植民地権力の弾圧で看板を降ろし、光復とともに３年ぶりに再出発した。

崔鉉培が軍政に参加するようになると、崔暎海（1912～81、号は杏村）が、「正音社」を引き継ぎ、ソウル北倉洞に事務室を設けて出版活動を始めた。

崔暎海は延禧専門学校の文科を卒業し、朝鮮日報、京城日報の記者をしながら出版の世界に足を踏み入れた。「正音社」は解放直後の９月中旬に、まず、権悳奎の『朝鮮史』を復刊した。この本は解放直後に出た最初の本として挙げられることが多い。その後、正音社から刊行された本を見ると、じつに華麗で多彩である。

『ウリマル本』を筆頭に国語学の書籍30余点、『朝鮮古代小説史』など国文学の書籍30余点、『空と風と星と詩』などの詩集20余点、『揺れ動く地軸』など創作集20余点、『子どもの歴史』など20余点、「正音文庫」35点、社会科学書籍10余点、技術科学書20余点、学校教科書40余点、その他の単行本30余点などを1950年６月までに刊行した。また、編集者洪以燮を中心とする歴史・言語・民族研究誌の月刊『郷土』を1946年に創刊し、通巻12号まで発行している。さらに『李朝実録』の影印本の出版も手がけ、朝鮮戦争開戦までに16巻を刊行したことは大きな業績に数えられるだろう。

幅広い分野にわたり格調高い書籍を出版し、「乙酉文化社」と競い合いながら、新生大韓民国を代表する出版社として出版文化界をリードした。「正音社」が光復直後の混乱期に、出版文化発展に寄与した功労は多大なものがある。

休戦（1953年）後から93年までに「世界文学全集」「中国古典文学」をはじめ、「全作代表作家選詩集」６点、「現代音楽叢書」７点、「国文学大系」８点、大学教材28点、その他単行本40点のほかに「博士学位論文集」「韓国古典文学批評集」「正統文学」など、廃業するまで2000余点もの図書を出版した。

1990年の半ばから社勢が危うくなり、出版社の版権と社屋は出版界外の人物の手に渡った。崔暎海は健康問題で60年代の初めに本人の弟の崔哲海に会社を任せて経営の第一線から退いた。崔哲海の経営手腕で第２の全盛期を享受したが、彼は81年11月になると、暎海の息子、崔東植に経営権を譲渡した。３代にわたり65年間も受け継がれた「正音社」は、1946年以来多くの優良図書の産室であり、韓国出版文化の自尊心を象徴する役目を果たしてきた会賢洞の社屋を廃して、1973年にソウル中区忠武路５街に移り、事業を継続したものの、経営難は克服できず1993年８月に出版社の門を閉ざした。

成長を重ねた「正音社」が下り坂を辿(たど)り始めたのは、先親の意志を引き継ぐために４代社長に就任した崔東植が1980年に開発したタイプライターがコンピュータの勢いに押されたためと見られている。しかし、杏村が亡くなった後、崔哲海と東植とのあいだでくり広げられた叔父と甥との経営権争いで、会社を二分する内紛が起こり、社勢はよりいっそう傾きを見せた。無計画で放漫な出版経営も倒産の理由となった。

「正音社」が韓国出版産業の発展に与えた業績と影響力について長い説明は必要としない。出版人として崔暎海は正音社の活動を通じてばかりでなく、出版の発展のために公的な仕事をいつも献身的に務めるなど、指導者としての気質と品性の持ち主だった＊23。彼は1947年、朝鮮出版文化協会（現、出協）の設立の中心だった。創立総会で副会長に選出され、以来なんと７代（1947～54）までその役職にあって、金昌集会長と草創期の出版業界の基盤構築に大きな役割を担った。出協の創立直後には、彼は社屋の２階を出協の事務室として快く提供している。

このように60余年にわたり出版文化の向上に尽くした「正音社」は、代を引き継ぐ過程で成功できずに、残念にも歴史の裏道に去ってからすでに多くの年月が経過した。しかしながら、業界の発展のために卓越した力量を発揮した出版界の指導者杏村の輝きは失われていない。

3.　徐載壽と三中堂

徐載壽（1907～78、号は亀巌）は、図書出版と雑誌、書籍卸売商と小売業で先陣を切った出版人である。彼は1931年３月に寛勲洞にあった知新堂という古書店を入手し、出版界に“正式”に足を踏み入れた。年齢が25歳のときだった。“正式”という表現を使ったのは、たとえ一時ではあれ、以前に槿花堂書店と東洋書院で働いた経験があり、本を自転車に積んで行商をしながら、出版業の要領を学んだ経歴をもつからである。知新堂は面積４坪前後の狭い店だった。彼は“古書”の販売だけでは満足できず、知新堂を開店して３か月後の５月１日に、「三中堂」の名称で『哈爾浜駅頭の銃声』（176頁、定価50銭）を処女出版した。

＊23　安春根「人間 崔暎海社長」『本と懐かしい人びと』ソウル; 汎友社、1998、p41～48

この本は安重根義士が伊藤博文を射撃した事件を素材にし、日本の『中央公論』誌に掲載された戯曲を翻訳したもので200部を印刷した。この本を最初の出版物としたことからも、徐載壽の出版精神を推し量ることができよう。

時局は暴風前夜の暗雲に覆われていた。日本帝国主義が満州事変を引き起こすわずか半年前のことだった。日本が戦時体制に突入し、さらに暴圧的な植民地統治を強化しようとした時期だったので、この本を出版してしばらくすると亀巌は警視庁に連行され、過酷な取り調べを受けた。そして書籍は"活字妨害"という曖昧な理由で発行禁止処分になった。出版によって味わった苦痛と逼迫の歴史は続いていく。

この本は出版史的にも貴重な資料的価値がある。著作兼発行人として徐載壽ではなく李泰浩*24と表示されていたからである。「三中堂」は発行所及び総販売所（京城府寛勲洞104、振替口座京城921）とだけ表示してあったので、その背景が好奇心を刺激するのである。李泰浩は「杏林書院」を経営しながら、主に韓医学の書籍を出版しており、亀巌の出版社創業を支援したことは知られていた。出版資金は全額、亀巌が拠出している。それでも発行人の氏名を明らかにした理由ははっきりしない。今後さらなる調査が必要だろう。また総販売所としては「三中堂」とともに自省堂書店（京城府光化門通り38）と文山堂書店（京城府寿松洞８）が並んで記載され、本の裏面には発売所として敬文書店から活文社まで、京城（現ソウル）市内の20書店の住所、振替口座番号がカナダラ（韓国語の発音一覧表）順で書かれていて、この名簿によって当時の京城の有力書店の実態と取引の一端を知ることができる。

「三中堂」は1945年８月まで、李光洙『春園書簡文範』、崔南善『朝鮮歴史』『故事通』、金東煥『朝鮮名作集』と紀行文集『半島山河』、盧春城『私の花環』、李箕永『処女地』など、ヒット作品を相次いで発売した。これらの本は出版されると評判になり、全国の書店には連日注文が殺到した。

＊24　李泰浩は、1923年から70年代まで斎洞で鍼灸、韓医学専門出版社の杏林書院を運営した人物で、著述と編輯だけでなく、韓医学と古書にも博学な知識の所有者である。彼は４歳若い徐載壽が知新堂を入手し、古書店と出版に投資したとき、積極的に助言をし『哈爾浜駅頭の銃声』の出版を勧め、また自分が翻訳するなど、出版に関与した関係で奥付に著作兼発行人と表示している。しかし、出版資金を拠出したわけではない。杏林書院は２代社長の李成模、３代社長の李甲燮と、代を継いで最近まで出版活動をしてきた。

1939年頃には、鍾路２街の和信百貨店の向かい側に支店を開設している＊[25]。しかし、「三中堂」は40年代の初頭に、植民地権力によって強制的に出版活動を中断させられ、しばらくの休眠状態を余儀なくされた。

８・15光復は彼にもう一度、出版人としての優れた能力を余すことなく発揮し、大きな事業をする機会を与えてくれた。解放とともに大衆出版を目指して新たに出発した「三中堂」は、最初の作品として金春光の戯曲集『安重根史記』を翌年１月に出版した。

彼は出版の時期を見極めるすべを心得た出版企画者だった。数年前に「東明社」が刊行して発行禁止になった六堂・崔南善の『朝鮮歴史』に、急いで「解放独立運動の由来」１章を追加し、序文を新たに付け『新編朝鮮歴史』刊行を勧める機敏さも示した。初版10万部は数か月で売り切れるほどだった。印刷用紙の手配が困難な時期に、渾身の努力で重版をすると、「東明社」は巨額の版権収入で、再起第１号の出版『朝鮮独立運動史』の失敗で生じた借金を返済し、次の出版物である『朝鮮常識問答』の出版費用に当てることができたという。崔漢雄は「その時のありがたさを忘れることはできません。いつも感謝しています」と述懐している＊[26]。

1946年６月、「三中堂」は株式会社組織になり、植民地時代に人気を呼んだ書籍に手入れして、再出版するだけでなく、『現代教育学』（権赫豊）、『論理学』（金基錫）などの学術書籍から文学、歴史、警察実務までの一般図書、さらには『中等朝鮮歴史』『初等模範全科』などの教科書及び学習参考書、「三中堂大衆文庫」に至るまで、分野を問わずに精力的な出版を続けた。こうして光復後の５年間に多大な出版実績を上げた。この期間に発行された出版物の点数を正確に知ることはできないが、現在までに実物確認が可能なものは目録上だけでも60点に達している。

動乱の時期には紆余曲折があったが、1953年以後には『李光洙全集』（全20巻、1963年完結）など、韓国出版史に記録される出版物を相次いで出版、さらにこの勢いは続いた。『李光洙全集』は個人全集刊行の新紀元を開いたと高く評価された。また、崔要翰のKBSラジオ放送原稿を編んだ世界の名言集『こころの泉』

＊25　沖田信悦『植民地時代の古本屋たち』札幌; 寿郎社、2007、p90~91
＊26　崔漢雄『庸軒雜記』ソウル; 東明社、1986、p132

(1964) は、出版史上最初のミリオンセラーとなった。

さらに月刊『受験研究』(1953年創刊)、全国民の娯楽雑誌として熱い支援を得た月刊『アリラン』(1955年創刊) の余勢を駆って『小説界』(1958)、『週刊春秋』(1959)、『知性』(1962)、『文学春秋』(1964) などを相次いで創刊し韓国雑誌界の王者として君臨する。とくに詩人、金奎東主幹、林真洙編集長の名前で発行された『アリラン』は、健全な大衆文化の形成と戦禍で傷ついた読者の慰労に、多大な寄与をした建国後初めての大衆的娯楽誌と評価されている。

1973年１月、２代目社長に徐健錫 (1934～85) が就任し、第２の飛躍をなし遂げた。徐健錫は延世大学を卒業した1957年から後継者修行を重ねてきた。彼の傍らには高校と大学で一緒だった盧琅煥 (1934～現在) がいた。盧琅煥はいつも編集責任者として徐健錫とコンビを組み、大型全集物と廉価版図書を刊行し、出版界を席巻しようと決心していた。

徐健錫は「正義感にあふれ洞察力が抜きんでていただけでなく、現実感覚にも優れて」「枠も容量も大きく、人品が気さくで出版者として身につけるべき素質に恵まれた人物」*27だった。彼は多数の出版物を刊行したが、とくに「三中堂文庫」(1975年２月に100点を一気に出刊し、毎月10点ずつ1990年までに500点余りを刊行) の発刊に力を入れた。文庫出版はそれまで何度か試みられてきた。しかし、長く続いたものは一つもないほど不毛の地だったのは確かである。唯一、「三中堂文庫」だけはいま40～50代の世代のなかで、中高校生時代に愛読しなかった者は一人もいないほど、長期にわたって愛読された。

徐健錫は出版界全体のために全力を尽くして働いた。彼の力がなければ、いまだに出版文化会館の建築は不可能だったろう。彼は当時、出協の総務理事で、率先して建設資金に500万ウォンを拠出して周囲を驚かせた。500万ウォンは当時、敷地90㎡の住宅一軒の価格に相当していた。そして四方を飛び回って募金活動に情熱と誠意を尽くした。これは出版界の美談として今でも多くの人々の記憶に残っている。

しかし、惜しまれることに彼は52歳の働き盛りで、突然、この世から立ち去ってしまった。1985年のことだった。「三中堂」は創業者の亀巌が享年73歳で亡くなってから、わずか７年で２代目社長まで失ってしまったのである。こうし

---

*27　金聖哉『出版現場のあれこれ』ソウル; 一志社、1999、p21

て徐健錫があっけなく世を去ると、60年の伝統を営々と築いてきた「三中堂」は、５年を待たずに経営難でついに90年末に印刷業者の手に渡り、事実上幕を降ろしてしまった。

けれども「三中堂」の真価はこれで終わりにはならなかった。「三中堂」は1945年11月に書籍卸売業を始めた、現代出版の歴史で最初の本格的な卸売業だった。各種パンフレットのほとんどは街頭販売されていたが、多少重みのある書籍は書店を通じなければ入手できないのは、適切な供給機構がないからだった。徐載壽は朝鮮戦争で消尽した書籍協同販売機構の設立を提唱し、業界世論を喚起した*28。

1973年には東京・京橋に「韓国書籍センター」という名称の支社を設置し、韓国図書の海外進出の橋頭堡を築いたのも、画期的な歴史的業績に挙げられる。韓国出版史上、正式に政府の承認を受けて海外に支社を設けたのは、これまでにないことである。

「三中堂」なる商号は亀巌が日頃考えてきた信念の表現にほかならなかった。第１は彼に合わせねばならず、第２は韓民族に合わさねばならず、第３は全人類に合わせねばならないとの出版哲学を表すものだった。また、中庸の東洋哲学からも学んでいた。「三中堂」は60余年にわたって、休むことなく熱心に多くの書籍をつくったが、こうした彼の出版哲学と夢を、どれほど達成したかは改めて確かめてみる必要もないくらいである。

徐載壽は1968年、ソウル市文化賞を受賞した際には、次のように歓喜に満ちた言葉を残している。

「1931年、三中堂の看板を自分の手で掲げて、日帝の逼迫と辛苦を味わい、出版したときの爽快さがいまみんな思い出されます。振り返ってみると、解放からの20年も決して平坦な道ではありませんでした。週月刊誌から教科書まで、分野と形態を問わず、活字で成冊になる本という本に手を出さないことはありませんでした。（中略）出版は自転車みたいに止まれば倒れる曲芸と異なるところはありません。それでも出版は国民の啓蒙と民族文化の向上に関わり、わが国、わが民族に貢献することなしには、本

*28　徐載壽①「出版界が生きる道」『ソウル新聞』1957.9.26。②「共同販売機構の提唱－出版界蘇生のための私的試論」『京郷新聞』1957.10.4

をつくる大きな意味はあり得ないのです。この道に入ってすでに40年の歳月が流れ、多くの方々と知り合いになり、それなりに出版をする道も大きく変わってきました。(中略)　いまわが出版界も黎明期を過ぎ、次第に場を固めています。確実に基礎を安定させるための陣痛の声が聞こえてきます。企業としての出版の拠点が築かれねばならないのです。極めて困難な道をさまよって来たのですが、得たものは年齢だけでした」*29

こうした所懐を一篇の詩に託したのもその頃だった。

「六十の生涯　ここまで来たが/出版報国は　困難が続く/茨の藪を　彷徨っていたら/西山は落日　日は暮れなんとしている/摂理という　波に従い/年齢どおりに　老いていくだろう」

4.　盧聖錫と博文出版社

「博文出版社」は植民地時代に出版人として成功した盧益亨(1884〜1940)が、1907年４月に京城南部の上洞68番地12号で、「博文書館」の名称で創設した出版社である。創業主の表現を借りれば、「韓国にも新文化が輸入され始めているが、冊廛(さくてん)(書店の古称)のような物も必要と思われるので」、当時、資本金200ウォンで出版と販売を開始した。

周時経が翻訳した『越南亡国史』、キム・ビョンホンの翻訳した『瑞士建国誌』、安国善の『禽獣会議録』などを出版したが、出版法(1909)が制定され、すべて販売禁止になってしまった。

李光洙の『愛』などで構成された「現代傑作長編小説全集」(全10巻)、「新選歴史小説全集」(全５巻)などの文学全集、文世榮の『朝鮮語辞典』、「博文文庫」(1939年創刊)の18点を発行し、良書報国の旗を押し立てた。また、最初の随筆専門誌『博文』を通巻23号まで発行するなど、1920〜30年代に全盛期を謳歌した。

戦時体制で物資が逼迫した40年代にも、朝鮮総督府の厳しい弾圧と厳しい用紙難に耐えながら、李光洙の文壇生活30年記念作品の『春園詩歌集』、梁柱東『朝鮮古歌研究』、方定煥『小波全集』などの出版を通じて同胞(はらから)の精神を鼓舞した。

*29　徐載壽「ソウル特別市文化賞受賞所感」『出版文化』1968.4、p25

このようにわが文化史や出版史に燦然と輝く珠玉のような作品を数多く出版した「博文書館」を、2代目社長の盧聖錫（1914～46）が譲り受けた。彼は盧益亨の唯一の血肉として生まれ、1938年に京城帝国大学を卒業した。卒業と同時に、歴史と伝統をもつ大出版社の経営権を譲られ、新しい時代を開く準備をしたのである。彼は歌を好み、酒も好きで、ユーモア感覚にあふれる秀才、交際範囲が広く活動的だったという。彼は会社を引き継ぐと、直ちに商号と会社の組織を現代的なものに改編した。それとは別に、用紙輸入を主に担当する博文商社を新設し、出版戦列を整え本格的な出版活動に入った。この貿易会社は用紙難が深まった光復直後に、マカオなどから用紙を輸入し、国内に供給する会社だった。彼が社長になることで、系列会社の日刊新聞社の『新朝鮮新報』を創刊する。この新聞は楊知厚が編集局長を務めたが、100号と短命で終わった。さらに社稷洞に聖貞女子中高等学校を設立するなど、教育事業にも力を入れた。「博文文庫」を復刊させ、「経済学全集」（全30巻）を企画、刊行を開始し、「新選傑作長編小説全集」（全14巻）も発刊した。朴啓周の『殉愛譜』と玄鎮健の『無影塔』などは話題にもなった。出版活動だけでなく、解放期の混乱のなかで、出版協会の設立に力を入れるなど、業界発展の先頭にも立った。出協の設立論議は主に彼の執務室でなされている。

しかし、惜しまれることに「博文出版社」が再興する前に盧聖錫が他界すると、首席理事だった李應奎が3代目の社長に就任する。盧聖錫の従兄弟の盧俊錫が「博文出版社」を、妻の兄弟の芮東洙が「博文書館」、妹夫の趙俊錫が「博文印刷所」の専務をそれぞれ引き継ぎ、経営の責任を負うという体制だった。再び黄金時代を復活させようと腐心するうち朝鮮戦争による爆撃で、印刷施設と紙型がことごとく焼失し、残った機材などは盗まれてしまった。避難するとき土の中に埋めて置いた莫大な量の古書と貴重品も悉く掘り出され、再起不能状態に陥ってしまった。ソウル収復後に改編された検認定教科書の発行も不振に終わり、結局、「博文出版社」という韓国出版の巨木は、1957年に50年の歴史を残したまま消えてしまった。

「博文出版社」の編集陣営には、朴啓周、崔泳柱、李元壽らの名前が挙がっている。尹石重もしばらく編集陣に加わった。「新丘文化社」を設立した李鍾翊、「春潮社」の李相五（共同印刷所兼任）などが、「博文出版社」出身の成功した出版人と目されている。

5.　李昌翼と漢城図書

「漢城図書」も、すばやく再起した。解放期の社長は李昌翼(1901～55)。「漢城図書」は植民地時代の1920年4月9日に、民族資本金30万ウォン（創立当時の払込資本金は12万5000ウォン）を集め、株式会社体制で発足した韓国最初の本格的な出版社だった。言論人であり歴史学者である張道斌の提議で、西北地域(黄海道瑞興、鳳山)出身の青年たち、李鍾駿、韓奎相、李昌翼が中心になり、「われわれの進歩と文化の増進のために、終始努力すると自任する」と宣言し、全国から株式公募をしたのである。株主の中には東亜日報を創刊した金性洙、当代の文豪李光洙、許憲など59名が参加した。設立初期の陣容を見ると、李昌翼の父、李鳳夏を社長に推戴し、専務理事に李鍾駿、取締役（理事）で、韓奎相（営業部長兼任）、張道斌（出版部長、兼月刊『ソウル』主幹）、朴太練、監査に韓潤鎬と許憲を選任した。

李鳳夏、李鍾駿、韓奎相、李昌翼は姻戚関係だった。李鍾駿は李昌翼と査頓の間柄で、韓奎相は李鍾駿の義弟、李昌翼はまた韓奎相の妹、韓英淑の夫だった。みんな血気旺盛な20代で、東京で学んだインテリだった*30。彼らは顧問として金允植、梁起鐸を推戴し、一方で10名の相談役を置いた。相談役の中には5代社長を歴任した李恒振(李昌翼の息子)など、後継家族らの名前が見えることからも、李昌翼、李鍾駿が設立資金の大部分を負担したことがわかる。

「漢城図書」は光化門通り132番地の韓奎相の父、韓昌鎬の家*31で創立準備に着手、前掲の社是とともに「現代社会の要求と有志提議の賛成で、事業を開始する」と、自信あふれる宣言*32をした。そして「漢城図書」は直ちに堅志洞32番地に社屋を用意した。

最初は、呉天錫に『学生界』の主幹を任せ、田榮澤（大韓基督教文書出版協議会代表を歴任）には東京支部長を委嘱した。そして金億（解放後、首善社主

---

*30　李鍾駿は同志社大学（京都)、李昌翼は立教大学（東京)、韓奎相は明治大学（東京）を卒業した。

*31　しばしば「清進洞の韓奎相の狭苦しい韓屋の居間で、漢城図書が成立した」と伝聞されているが、この家は敷地が647㎡（196坪）もあり、還都直後の1953年に東国文化社の申在水の書斎用に東明社が買い入れたものである。1976年まで社屋として使用していたが、1976年春に教保ビルの建築で、その敷地に編入された。（崔漢雄、前掲書、p197~202参照）

*32　『東亜日報』1920.5.3

幹歴任)、盧子泳（青鳥社経営)、金成龍ら、当代の名士たちを編集スタッフに依頼、日本の出版資本に対抗し、優れた図書を当てもなしに出版した。

当初は日刊新聞の発刊を計画していたが、許可が得られなかったので、一般の図書出版物と雑誌の発行に目的を変えた。1930年代の後半に最善の成果を収めた「1935年版、漢城図書目録」を見ると、各種辞書と哲学・宗教から一般書・古書に至るまで、38分野の1000点に近い書籍が108頁に亘って紹介されている。

1936～38年には小説の分野で、盧子泳の『永遠の夢想』『処女の花輪』『漂泊の悲嘆』などと、呉天錫翻訳の『世界文学傑作選』を刊行した。続いて金東仁、李光洙、沈熏らの作品を集めた「現代長編小説全集」を発刊し、民族的な関心を広く集めた。このような困難な時期に、すでに現在の出版社よりも活発な出版活動をくり広げていたのである。

これらの書籍は、日本軍国主義の朝鮮語抹殺政策に対する民族的反発のためか相当の部数が売れている。とくに間島（現在の中国吉林省朝鮮族自治州）を初めとする海外同胞からの注文が目立っていた。1944年には初めて株主に利益配当をした。このように韓国語で、そして民族文化を守り継承する重要な職務を引き受けた使命において、大きな役割を果たした「漢城図書」の存在価値は高く評価されている。

光復を迎えて、その伝統を引き継ぎ、さらなる雄飛を夢見る「漢城図書」は、光復初期に「朝鮮文学全集」(第１期、全10巻)、「漢図、英語叢書」を筆頭に、文学、歴史などの分野で多くを出版した。しかし、惜しまれることに植民地時代にも最新の書体施設を備えていた印刷所と社屋が、1946年１月に宿直室の漏電による火災で全施設が焼失する不幸に遭遇した。この火災は「漢城図書」の夢と意志を奪い去り、その後遺症で出版活動は大きく萎縮してしまった。創業者のひとり韓奎相が所有する鍾路２街の事務室に移り、過去に出版した書籍を重刷りして再起を試みたが、好事魔多しというか、また別の不運が訪れてきた。

1957年に「著作権法」が制定されて、その付則の「解放前の著作権の売買は無効とする」との条項が問題になった。当時「漢城図書」は200余点ものベストセラーの著作権を保有していた。その著作権は生活が混乱した文学者たちが、印税を拒んで無理に著作権を譲渡したものだった。新著作権法の施行で、これらすべての権利を一挙に喪失してしまったのである。植民地時代に活躍した出版社が、等しく強いられた難題だった。

結局「漢城図書」は1957年に門を閉ざした。植民地時代から光復期を経て戦後の混乱期まで、韓国出版の発展をリードし、名声を馳せた伝統的な出版社が廃業したことに対して、当時の出版界、文壇、学界が口を揃えて惜しんでやまなかった。

参考までに、「漢城図書」の歴代社長の在任期間をみると、初代李鳳夏（1920〜30）、２代李鍾駿（1930〜43）、３代李昌翼（1943〜55）、４代韓英淑（李昌翼の妻、1955〜56）、５代李恒進（李昌翼の息子で内科医師、1956〜57）となっている。

1930年代の営業責任者として全盛期を送った韓鏞善は、「漢城図書」が廃業になると、光化門十字路にあった「有吉書店」の場所に「崇文社」を設立、1980年代中半まで出版社と書店を経営した。

6.　崔南善・崔漢雄と東明社

1922年７月に創設された「東明社」は、六堂崔南善（1890〜1957）が1907年に創立した。韓国新文化の揺籃（ようらん）の地で近代出版文化を開拓した「新文館」の後身で、現在も出版活動をしている最長寿の出版社である。社歴はすでに100年を超えている。とくに六堂の父、崔献圭（1859〜1933）が観象監（天文、地理、測候などを司った官庁の職）を務め、月暦を創った経歴まで加えれば、その歴史はさらに延びることになる。韓国では多くの出版社が短命で終わっているが、今日まで一世紀にわたって出版の自尊心を守った唯一の商業出版社なのである。

六堂は文化救国の志を抱き、いち早く「新文館」に続いて「朝鮮光文会」を設立し、近代出版の歴史を開拓した。その業績は誰もが知るところである。しかし、彼が３・１運動（1919年３月１日に日本統治時代の朝鮮で起こった反日独立運動）に関係して投獄され、仮出獄した翌日に設立した「東明社」は、六堂の著書を出版するだけでなく、韓国最初の週刊誌『東明』（1922.9.3〜23.6.3）を創刊、40号まで出して自主廃刊した後は、『時代日報』（1924〜26）の刊行を続けたものの長期沈滞状況に陥っていた。

光復の興奮が冷めやらない1945年10月のある日、六堂は植民地時代末期の汚点（親日的言動を指す）に鑑み、家に閉じ籠もり外出しないと決心、次男の漢雄（1917〜2002、号は庸軒）に、「東明社」を再建し出版活動をすることを託した*33。こうして祖国の光復とともに「東明社」の新しい歴史が開始された。

しかし、「東明社」は当初から資金調達の困難に遭遇した。再起して最初の出版物、崔南善の『朝鮮独立運動史』を刊行したが、販売不振で苦労を重ねた。幸いにも、「三中堂」の徐載壽から植民地時代に販売禁止になった『朝鮮歴史』に、「“韓国独立運動の由来”に関する１編を付け加えて発行したら」との提議を受け、出版した『新編朝鮮歴史』の印税収入で、借金を返済することができた。さらに、これが２冊目の出版である『朝鮮常識問答』の制作費にもなったことはすでに紹介した。

『朝鮮常識問答』の販売成績は好調で、正篇に続いて続篇、風俗編、地理篇、制度篇と４冊を相次いで出版した。続いて『早わかり朝鮮歴史』『歴史日鑑』『朝鮮の山水』などを出し、一喜一憂した教科書『中等國史』も洛陽の紙価を高めてくれた。1948年には『中等東洋史』と『中等西洋史』を刊行したが、親日派(崔南善も含まれる)の著書の出版禁止をめぐる論議のさなか、文教部当局から発売中止処分を受ける悲運を味わった。その騒ぎのために、すでに出庫した数十万部の制作費の全額を弁償し、回収命令を甘受しなければならなかった。こうして「東明社」はある瞬間から、数百万圓の銀行負債をもつ立場になった。

教材販売禁止措置以後の数か月、回生策に苦悶した結果、別途に「文運堂」なる出版社を登録、文学出版を手がけることになった。その動機は新聞界の元老、李相協の生活が苦しいことを痛々しく思った春園李光洙が『愛の東明王』を出版して生活費に充てるようにと版権を譲ったからで、李相協はその出版を「東明社」に要請する。折しも、方仁根(『朝鮮文壇』創刊、『時兆』編集長を歴任)からも、『生の悲劇』『813の秘密』などの出版を依頼されたので、それにほだされ再び出版を決心したのだという。しかし、「東明社」では出版のイメージが合わないと判断し、新たな出版社を登録したのだった。廉想渉の『哀恋』などもここで出版することになる。こうした「文運堂」での出版は、意外にも「東明社」の経済力まで回復させる役割を果たしてくれた。

六堂の著書の出版に専念してきた「東明社」は、1950年、それまでの出版傾向から脱皮して、再び大きく旋回をなし遂げる。第３の社運を賭けて教科書出版へと新しい分野に挑戦したのである。ソウル大学の李暾衡＊34が翻訳した『高等大数学』『解釈幾何学』『微分学』『積分学』などを、他の出版社に持ってい

＊33　崔漢雄、前掲書、p131

こうとしたが、「東明社」に出版依頼したのがきっかけだった。続いて朴敬賛の中等数学教科書『新数学』（6巻）まで出版するようになる。

当時の事情からすれば、自然科学系の教材出版は、組版技術や資金回転の長期化などで問題があると見られていた。しかし、こうして中高校と大学の科学教材の出版を「東明社」が手掛けるようになった。このときから分野を拡大し、医学、薬学、保険学、数学、物理学、化学、生物学、建築学、土木学、機械学、金属学、船舶学、航空学、電気学、電子学など、自然科学と技術工学の大学教材を刊行することになるのである。

1977年には新文館創設70周年記念に、韓国哲学会と提携した『韓国哲学研究』（全3巻）を出し、1987年には80周年記念の『韓国哲学史』3巻を刊行し、新文館の伝統を忘れていないことを示した。1990年には『六堂生誕百周年』を、六堂崔南善先生記念事業会の名前で刊行している。

1975年からは、崔南善の孫の漢雄の次男にあたる国柱が家業を引き継いだ。世宗路にあった社屋は都市計画地区に該当し、その位置に教保生命の本社が建った（現在は、そのビルの地下1Fに大型書店教保文庫光化門店が入っている）。「漢城図書」が呱々の声をあげたのが、まさにそこにあった家だった。その後、東明社は清進洞を経て坡州出版都市に移転している。

1983年には民族固有文学の時調を近代化させるため、「六堂時調詩文学賞」を制定し、定型詩の発展復興に精進する後学の者に、活力のきっかけを与えようとしたが、残念なことにこの賞は短命に終わってしまった。

7.　植民地統治から再起した老舗

このほかに植民地時代に強制的に出版の中断を強いられ、光復とともに再開し、比較的活発な動きを見せた出版人には、「明文堂」の金赫済、「永昌書館」の姜義永、「世昌書館」の申泰三、「三文社」の申泰和、「修文館」の金明燮、「通文館」の李謙魯、「永寅書館」の姜善馨、「徳興書林」の金東縉らがいる。彼らはそれまでの経験と自信をもとに、本格的に出版事業の隊列に加わった。この

＊34　李暾衡と崔韓雄は同壻[姉妹の夫の間柄]である。李暾衡は大邱避難中に数学の教材を自分の出版社で出版したいと、東明社から文運堂を引き継ぎ代表的な理工系出版社としての地歩を固め、科学出版の発展の牽引役となった。

うち古書店の経営をしながら、暇な折に『聖雄李舜臣』（李允宰）、『青丘英語』（周王山校注）、『偉人の教訓〜西洋篇』などを出した李謙魯を除けば、姜義永、申泰三、申泰和、姜善馨、金東縉らは、光復後も依然として新小説と古代小説に力を入れていた。

したがって彼らは、高齢層と農漁村中心の地方読者の拡大という面での功績は大きかったが、新たに多彩に船出した若い出版社に比べると、その活動は相対的に劣勢だった。時代の流れと読者の欲求の変化、出版技術の発展に効率的に対応できず、植民地時代の困難な状況で示した高い文化的感覚と躍動性が、光復後は衰えている感じは否めなかった。

第3節
活動力あふれる新進勢力

1.　李大儀、白南弘と同志社

李大儀（1920～現在）は、教科書の歴史の生き証人で、現存する最高齢の出版人である。彼は白南弘（1921～？）とともに「同志社」を創業し出版の世界に飛び込んだ。日本に留学していた二人は、第２次世界大戦も終局の1945年春に、明治大学法学部に在学中（白南弘は中央大学）、学徒出陣から逃れるために、一時帰国している最中に光復を迎えた。雑然とした雰囲気のなかで二人は学業を続けるか、光復後の祖国で新国家の建設に役立つ仕事をするか、しばらく思案したあげく出版を始めることにした。

4000圓の資金を捻出し、西大門区橋北洞で、1945年11月１日に「同志社」を設立し、学校で当面必要な教材を供給することを決めた。新生出版社のなかでは、比較的素早い動きをしたことになる。二人は「同志ペンマンシップ」をガリ版で発行した。続いて李大儀が書いた『連合国の政治組織、政党と各主義主張』と、劉庚烈の『Palace English Reader』などをガリ版で発行したところ、数万部があっという間に売れた。出版社を創業してから２年のあいだに、全６点の教材を発行した。最初はすべてガリ版で制作したが、予想外に反応が良かったので、しばらくするとオフセット単式印刷に代えた。そのため当時は求めにくい製作施設まで持つことになった。1946年１月、工業新聞社で使用した活版施設を入手したのに続いて、オフセット施設まで手に入れ、印刷施設を完璧に備え、教科書をオフセット印刷して発行するようになり、出版分野を拡大したので、発行点数は引き続き増えていった。1946年から50年６月までに、中高校の教科書、大学教材と文学関係、児童図書と100点に近い実績を挙げている＊35。

このように成功を収めた二人は､資金の余裕が生まれると､1951年に避難地・大邱で李大儀の「章旺社」と白南弘の「白映社」に分離独立する。分離の過程で二人は活版とオフセット印刷施設はもちろん、紙型も籤(くじ)を引いて公平に分けたことは、戦争中の世知辛(せちがら)い時代だっただけに美談に伝えられた。

金益達は「同志社」が分離し、二つになったことを次のように伝えている。

> 「わが出版界の猛将である同志社は、白南弘氏の白映社、李大儀の章旺社に発展的分離を遂げた。8・15直後、両氏は身ひとつで同志社を発足させ、粘り強い協調精神と奮闘努力で、わが出版文化に尽くした功績は多大なものがあり、したがって韓国出版界の話題にもなったのである。いま各自の能力をさらに発揮しようと円満に分離したことは、刮目(かつもく)して慶賀すべきことで、今後の両社の活動への期待は大きい」＊36

その後、両者は検認定教科書と大学教材の開発で、善意の競争をくり広げ、著者らに並々ならぬ報酬をもたらす模範的事例を示した。「章旺社」はこのとき縁を結んだ著者らと40年を超える緊密な関係を続け、大学教材や学術専門書籍を積極的に出版し、70年代の半ばまで多くの業績を残した。

とくに1956年、第1次の教育課程改訂によって、検認定教科書が編纂されたときには、62の出版社の827点のうち56点を合格させ、断然、教科書業界でトップに立つ貫禄を示した。その後も周期的な教科書改編のたびに、ランキングの上位に立ち不動の地位を守った。しかし、1989年の改編の際には、『家庭』の1点が合格しただけだった。これを最後に「章旺社」の教科書出版の歴史は終わったが、未だに「章旺社」という出版社の名前だけは守っている。

＊35　李大儀は『私と検認定教科書』(p19~21）で、1950年までに自分の出版した書籍はプリント本まで合わせて73点と提示しているが、呉榮植の『解放期刊行図書総目録』(p100~102）では67点を紹介している。筆者がこの二つの目録を照合したところ、李大儀の目録は34点、呉榮植の本は26点の新たな図書を提示しており、二つの資料の開きは大きい。こうした現象は当時の他の出版社でも大きく異なることはない。したがって、この時期の出版目録が正確さに欠けている点を鑑みると、実物確認などによって当時の刊行書目録の作成作業を急がねばならない。

＊36　金益達「大邱消息」『出版文化』(続刊号、1952.6.5）p14

李大儀は光復以後、現在に至るまで中高校用の検認定教科書の編纂、発行、供給など、教育用図書の開発で先頭的役割を果たし、韓国の出版と教育の発展に大きく貢献したと評価された。とりわけ1960年代前後の検認定教科書発行人協会と中高校及び実業教科書会社の設立を主導するなど、検認定教科書の適時生産・供給のための運営体制の改善や共同利益の増進に大きく貢献し、検認定教科書出版の重要性を広く認識させ、社会経済的位相を向上させるためにも尽力した。

けれども「章旺社」は、中高校用教科書と大学教材だけを出版したのではなく、教科書から得た収益を基礎に多数の一般図書を刊行している。教科書部門と一般図書を担当する編集責任者を別にして総合出版を志向した。70年代中葉までに、屈指の総合出版社として実力を誇示した。教科書の著者との緊密な関係を活用し、解放直後から李丙燾の『朝鮮史大鑑』、朴鍾鴻の『一般論理学』、金俊翼の『物理学』などの学術専門図書と大学教材を開発して、先頭に立っただけでなく、原稿が確保されると分野には関係ない文学、教養書はもちろん、児童図書と雑誌までも発行した。

この当時の文学書としては、金榮勲のコント集『道』(1946)、蔡萬植の長編小説『太平天下』などがある。盧天命と李庸岳の詩集『現代詩人全集』①②の刊行途中に朝鮮戦争が勃発した。この詩人全集のように、左右両翼の文学者の作品を等しく出版し、均衡を保とうと努力したことも記憶されねばならない。

1948年には「同志社児童院」を別に設立し、児童図書出版だけを受け持つことになった。「同志社児童院」は李鍾星が編集責任者となり、小説家の鄭仁澤、漫画家として有名な時事人気漫画の金龍煥、随筆家の金素雲らを常駐顧問に招き、子どもの絵本『こどものくに』などを刊行した。李大儀が出版界の根である教科書出版に関する逸話などを整理した回顧録『私と検認定教科書』という、貴重な資料を残したことも大切な業績に数えられている。

2.　鄭鎭肅と乙酉文化社

「乙酉文化社」ぼ創立は、1945年12月１日で、30代前半の血気にあふれる４名が設立の主役だった。かつて韓国銀行の総裁だった閔丙燾が社長を、銀行員出身の鄭鎭肅（1912～2008、号は隠石）が専務になり、設立と資材・普及を引き受け、財政の管理をし、文学者で編集経験が豊富な尹石重が編集常務を、趙豊衍が出版企画及び編集という具合に、共同で責任を負った。

閔丙燾から専務に推挙され創立同人に加わった鄭鎮肅は、出版は疎い分野だとして最初は躊躇していたという。そんな彼が創業に参加したのは、国学の泰斗、鄭寅普から「出版こそは36年間の日本帝国主義に奪われていたわが歴史と文化、そして言葉を蘇生させる建国産業」であると積極的に勧誘されたことも大きく作用したという。

出版社の設立に志を合わせた４名は、最終的に1945年11月30日に、慶雲洞の閔丙燾の家で創立発起人会をもち、翌日の12月１日に「乙酉文化社」を正式に発足させた。事務室は鍾路２街82番地の永保ビルに置き、図書出版を中心に図書の販売及び輸出入や、大々的な文化運動を展開する一方、児童文化の先導的暢達にも尽力することを決めた。

創立を論議する席で、「①原稿を厳選し、民族文化の向上に寄与しよう。②校正を厳密にし、誤植のないようにしよう。③製品は心を込めてつくり、読者から愛されるようにしよう。④価格を安くし、読者に奉仕する出版をしよう」という四つの基本守則を「乙酉の目指すもの」として定めたのは、こうした「乙酉文化社」の出版理念を表したもので、乙酉が最初からどんなに緻密な計画をもち、組織的に出版を開始したかがわかる。

「乙酉文化社」は創業とともに、「朝鮮児童文化協会」(以下「児協」) を開設し、文化運動を同時に推進すると決めた。「児協」の名前で『週刊小学生』(後に月刊に変更) と児童図書出版も兼ねていた。

草創期の「乙酉文化社」の出版活動は、こうして学術及び成人向けの教養図書は「乙酉文化社」で、児童図書の発行は「児協」でという、二つの方向で展開することになった。二人の金融出身者と編集に見識をもつ二人の文学者の絶妙な組み合わせは、資金力に裏打ちされた強力な推進力で、屈指の出版社に跳躍させる原動力となった。

本格的な出版活動は創立の翌年、1946年から開始された。２月、ハングルに慣れるための書き方の本、李珏卿の『家庭書き方手帖』を手始めに、この年は35点もの本を出版し意気揚々たる出発だった。46年の全国の出版点数が1000点に達しなかったことを考えると、大きな比率を占めたと言えよう。47年は33点、48年は62点、49年は46点、50年は戦争が勃発するまでに18点と、合計194

点を読者市場に送った。このうち47年10月９日の「ハングルの日」を記念し、『朝鮮語大辞典』（全６巻）の第１巻を発行し、韓国出版史に大きな足跡を残した。また、この時期に発刊したものに『青鹿集』「朝鮮文化叢書」「乙酉文庫」など、出版文化史に輝く珠玉のタイトルが網羅されている。

単に良書を出すだけでは終わらずに、出した本を円滑に普及させるために、1947年３月には、販売部の性格をもつ書店「文章閣」を開設する。この書店は販売体系が未整備な状況を打開しようと「乙酉文化社」以外の出版物も扱い、国内図書の卸・小売業を兼ねていた。

しかし、朝鮮戦争の渦中に社屋が焼失し社勢が傾きだすと、設立同人たちも順に手を引くという試練の時期を迎えた。このときから世界的な出版社に成長する「乙酉文化社」の華麗な歴史は、鄭鎭肅独りの力によって描かれた。彼の単独経営体制で転換した乙酉は、再建作業に拍車をかけ、54年には震檀学会と共同で、最初の韓国通史である「韓国史」を企画、65年に全７巻を完結した。続いて60年代、70年代には「世界教養思想全集」（全39巻）、「韓国学百科事典」（全３巻）、「世界文学全集」（全100巻）などの大型企画を刊行し、最も優秀な図書を出版する韓国の代表的な出版社としての確固たる地位を占めた。

乙酉の成長の勢いは、80年代に入って対内外的な環境変化と、鄭会長が対外活動に力を割いたため、多少の足踏みを示したが、2000年から再び活力を取り戻している。特有の事業手腕と広い人脈を活用し、国内屈指の出版社としての地位を固めた。12年間にわたる大韓出版文化協会の会長、30年間の韓国出版金庫の理事長を務める間に、週刊『読書新聞』『出版ジャーナル』の創刊や、大型書店の元祖格の「中央図書展示館」の開設など、出版産業の発展を導いてきた。

このように長く出版団体の責任者の役割を務めてこられたのは、仕事が少しばかり遅れても、無理をしない円満主義者と評される人格者だったからである。政界や金融界など広範囲の分野の高い地位の人々との格別な付き合いが、利益団体として出協などの活動を通じて出版の発展にとって大きな力となった。優れた図書を多数出版し、国内外で韓国出版の品格を高めた業績と歴史を残し、また誰も追いつけない影響力を持った偉大な出版人と評価されている。

業界ではいまも「出版界の大夫（たいふ）」と尊敬されている。古稀を記念して出協が『出版人鄭鎭肅』（1982）を編纂し、2007年にも同名の評伝が「乙酉文化社」から刊行された。韓国文化芸術振興院でも口述採録集『鄭鎭肅』をまとめている。

『乙酉文化社50年史』とともに、創立60周年を迎えて、これまでに出版した5000点余りのうち、主要図書を一堂に集め、業績を回顧する展示会『乙酉文化社出版60年』が開催された。「乙酉文化社」と鄭鎭肅研究の資料は、比較的良く整理されているほうである。

3. 金昌集と高麗文化社

「高麗文化社」は柳韓洋行の設立者の柳明韓が創業資金を出し、日本人が運営した印刷所、大海堂（活版）と東洋オフセットを接収し、現在はソウル市庁前広場になっている場所で、1945年10月１日に創立された。柳明韓は理事長として就任したが、経営は出版界で長年の経験を積んだ金昌集（1902～66、号は青帆）と李康濂に任せ、言論界の経歴がある林炳哲が編集、経理責任者には黄碩夏らで首脳陣を構成した。朴啓周、金永寿と著名な文学者が初期の編集陣で活動している。趙豊衍と尹石重も「乙酉文化社」が創立する前には、「高麗文化社」の出版事業が本軌道に乗るまで力を貸した。1948年頃には、李相魯（『民聲』編集長）、朴榮濬、美術家の李舜在なども編集陣に加わった。

創立年の12月１日を期して総合教養誌『民聲』（週刊）を創刊しているが、翌年の１月には月刊に切り替え、1950年５月まで通巻45号を発行した。しかし、朝鮮戦争の勃発で終刊を余儀なくされている。また、『民聲』と同じ月に週刊『子ども新聞』も創刊して180号まで出し、ほかにも優秀図書を多数出版した。主要図書に『三国遺事』（現代韓国語訳）、『朝鮮独立運動の血史』、朴鍾和の『青磁賦』、安懐南の小説『田園』、そして『英文解釈研究法』『高級国語』（３巻）などがあり、少年文庫と中学校教材も手がけている。しかし戦争が起きると、印刷施設が戦禍で灰燼（かいじん）に帰し、会社は瓦解してしまった。金昌集は「高麗文化社」が傾きだした51年８月に「新郷社」を、李康濂は50年11月に「国民音楽研究会」を、それぞれ創設し大きな業績を残した。

金昌集は義明中学校を卒業し、崇実大学を中退した。「時兆社」で出版と縁を結ぶようになり、主筆と社長を歴任した。解放になると「高麗文化社」の理事兼総務局長に就任、1949年には編集局長を兼任しながら、月刊『民聲』と週刊『こども新聞』を主管した。出協の創立総会で初代会長に選出され、以来1957年10月の第11次定期総会まで10年間その席に留まり、草創期の業界発展に多大な貢献をした。対外的な活動も旺盛だった。

1954年から2年間はユネスコ韓国委員会の委員を務め、56年にはアメリカ国務省の招待で、6か月間、アメリカの出版界を視察し、帰国するとその視察内容を出版界に反映させ、新しい活路を開拓する仕事に力を尽くした。翌年には再びヨーロッパを視察し、国際出版協会（IPA）に出協を正式加入させ帰国した。韓国飜訳図書株式会社の副社長も歴任し、ソウル特別市文化委員会の出版分野委員長にも就いた。彼が亡くなったときは、その功績を称えて韓国出版史上初めて出版人葬が挙行されている。

4.　黄宗洙と研學社

黄宗洙（1907～93）は、当時の出版人のうちでは比較的年齢が高いほうに属する。彼は立命館大学を卒業した緻密な戦略家で、各種事業で孤軍奮闘した経験を持つ百折不屈の人物である。

彼の故郷は咸鏡南道豊山で、母校の仁東学校の校長をしていたが、出版の志を抱いて上京、植民地時代の1942年3月に、寛勲洞で古書店「一成堂」を創立し出版の道に入った。韓国出版協同組合（以下「組合」）創立の生みの親の一人であり、1969年までの6年間、組合の理事長を務めた。緻密な性格と豊富な出版流通の経験を生かし、草創期の組合の発展のために多大な寄与をした。出協副会長などの要職を歴任し、出版発展のために指導力を遺憾なく発揮したことでも知られる。

彼は植民地時代に日本語の古書籍を販売し、語文学と歴史分野の韓国古典文献も所蔵していたが、光復になるとこれらの書籍を研究者や一般人に提供したことを誇らしげに口にした。そんな彼は解放になると一般書出版の「一成堂」と、教育図書出版社の「研學社」を創立し、また、書籍卸売の「朝鮮書籍販売株式会社」（以下、「書販」）を設立、三位一体の出版機動部隊を形成し、出版界の一翼で影響力を発揮した。

書販は有吉書店と互角の争いをくり広げながら、光復期の出版流通体系の確立に努めた。釜山に避難中にも残してきた在庫図書を運んで販売したいと考え、危険を冒して51年3月にソウルに潜入した。だが、2階建社屋に保存した多くの在庫図書が、すべて灰燼に帰した現場を目撃して大きな挫折感を味わった。

結局、卸売業として再起することはなく、出版に専念する道を選んだ。

一方、「研學社」は1946年4月に創業し、人文学分野の専門書籍と中等教科書の開発に邁進した。「研學社」と「一成堂」を代表する出版物としては、青年向けの申瑛澈『古時調新釈』、『湖岩全集』、申采浩『朝鮮史研究草』、『朝鮮古語方言辞典』（丁泰鎮、金炳済）、『訓民正音通史』（方鍾鉉）などがある。

しかし、彼が出版発展に尽くした業績は、出版よりも書籍卸売商としての活動がより輝いている。彼は出版界で経験し目撃した事実を中心とする回顧録『私の出版小話』（普成社、1990）を残した。それは韓国出版界にとってひとつの時代の貴重な記録になっている。

5. 洪錫禹と探求堂

洪錫禹（1919～2007）は、「探求堂」を1945年11月に創立した。彼は普成専門学校を卒業し、すぐに漢城銀行に入り社会生活を始めたが、最初は古書店を手がけ、後に出版人として確固不動の地位を築いたケースに属する。

最初は出版社の名前を「探求堂書店」としたのは、こうした前歴とも関係している。韓国で最も早く数学博士号を得た崔允植の『高等代数学』が「探求堂」の処女出版である。創業から現在まで中高校の検認定教科書出版の中枢的役割を担ってきた。教科書出版を基盤に1958年には國史編纂委員会の『朝鮮王朝実録』（全49巻）を復刊し、韓国出版の歴史に新しいページを開いた。『朝鮮王朝実録』は「正音社」と「東国文化社」に続き、3番目に復刊を完結させた快挙だった。また、古典復刊の新たな方法を開発する新紀元ともなった。

すなわち、純漢文の実録を、そのまま影印すれば後代の史学徒が読むのは困難であると考え、研究を重ねた末に、漢学者の手で句読点を入れ、文章のあいだに送り仮名を付ける特殊な方法を開発し、半翻訳の効果を狙ったのである。そうして延々8年もの長い期間、刻苦心血の作業の末に、1965年にやっと大業を完成させた。引き続き國史編纂委員会とともに『承政院日記』（全146巻）、『高宗実録』（全4巻）、『光海君日記』（全3巻）なども、同じ方法で影印出版し、『韓国史』（全56巻）も編纂刊行した。続いて『韓国資料叢書』を企画、『海鶴遺書』（全3巻）、『壬戌録』（全3巻）、『修信使記録』『三峰集』『高麗時代史』（全6巻）、『大韓帝国官憲履歴書』『心山遺稿』『尹致昊日記』（全7巻）など、簡単には手の出せない貴重な文献を収益も考えずに、長い期間にわたって出版し、学界から惜しみない称賛を受けた。さらに金斗鍾博士の『韓国醫學史』及び『韓国醫學史年代表』『韓国古印刷技術史』『韓国天主教会史』などの重量感のある学術書を編纂した。

加えて、『韓人露領移住史研究』『韓民族独立運動史論集』『韓国旧石器文化』など、多くの珠玉のような国学図書を出版し、70年代の韓国学図書出版ブームをリードした。『蕙園傳神帖』『檀園風俗圖帖』『忠武公影幀』『世宗大王御真影一代記図』などの国宝級古典専門画材の復元にも並々ならぬ力を入れた。

そのほかにも、丸善（日本）の書籍売り場のコーナーを利用し、これら韓国学図書の海外市場開拓に尽力し、また、いち早く70年代にイタリアのモンダドリ（Mondadoli）、日本の講談社など海外屈指の出版社と提携、彩色版『チベット曼荼羅集成』『世界の大美術館』（全15巻）などを共同出版し、出版の世界化の先頭に立つ先駆的役割を果たした。このように国宝級の古典的影印版をはじめ、歴史、地理、古典、文学、芸術、先端科学分野の重みのある図書、数千点を出版しているが、1964年に刊行を開始した400点に近く刊行した「探求新書」、そして1983年にフランス文化院の後援で翻訳権を取得した「クセジュ文庫」を発刊したのも、見逃し得ない重要な業績に数えられている。

洪錫禹は1950年まで、もうひとつ「育生社」という出版社をもっていた。ここでは李雪舟の詩集『とんぼ』、金顕済の『敗走病院船の愛欲』などの文学作品を刊行しているが、出版点数はそれほど多くはなかった。文教部出身の李亨雨、「一潮閣」の韓萬年、「奎章文化社」の呂雲鶴らが、それぞれの時代を駆け抜けながら洪錫禹とともに金字塔を築いたのも、わが出版史にとって意味深いことといえよう。

6.　李炳俊と民衆書館

李炳俊（1920～2001）は、光復直後の1945年11月11日、寛勲洞で「民衆書館」を設立、中高校用検認定教科書と学習参考書の出版で、創業数年にして大出版社に成長させる手腕を発揮した。彼の事業家的気質と覇気、決断力が成功の大きな下地になった。「民衆書館」はもともと国語学者、方鍾鉉が運営した古書店だったが、李炳俊が入手し、出版社に看板を代えたとの説があるが定かではない＊37。「辞典なら民衆書館」と言われるほど『ポケット英韓辞典』など、コンサイス型の各種辞典と字典を編纂発行する代表的な出版社としてのイメージを確かなものにした。

彼は辞典の市場性を誰よりも先に見抜いていた。朝鮮戦争の勃発以前に、『スクール英韓辞典』を発行し、辞典出版のノウハウと妙味を知った。続いて避難地釜山で、戦争の砲火に耐えながら編纂を始めたのがインディアン紙に印刷した『ポケット英韓辞典』だった。これが韓国での本格的な語学辞典の原形となった。充実した辞典を刊行しなければならないとの方針で、絶えざる改編を続けてきた。それがいまも人気を失わない「エッセンス」というブランドの各種言語辞典シリーズである。さまざまな学校の整備と拡充に伴い、教材と参考書などの需要は急増したが、とくに辞典の需要はまさに爆発的だった。

『韓国文学全集』（全36巻）及び李熙昇「国語大辞典」は、韓国出版の歴史の輝かしい成果とされている。「韓国古典文学大系」（全24巻）、「英米文学叢書」「民衆現代叢書」「大学叢書」、そして学術書籍、大学教材に至るまで、多様な総合出版を志向した。熾烈な学習参考書の競争のなか、迅速かつ低廉な競争力を確保するために、戦争がたけなわの1952年3月から避難地釜山で印刷施設を整備して開始、還都後は鍾路区通義洞に移り、54年末にやっと一段落する。

「民衆書館」はまた、出版界に大勢の人材を送り出した。人材養成機関の役割を担ったことでも知られている。「民衆書館」を経由した人材は、700名を超えると推定されるほどである。出版界は言うまでもなく、学界、言論界、政界、実業界など、各界に著名人士が散在している。とくに辞典出版に関係している者で、「民衆書館」を経由していない者は皆無と言われるくらい辞典編集者の多くは民衆書館出身者である。出版経営、編集、印刷面での中枢としても、いま大勢が活躍している。

李炳俊の畢生の夢は、出版と教育事業を並行させることだった。1957年には「博文出版社」の盧聖錫が設立した聖貞女子中高等学校を入手したのに続き、1964年には景福初等学校を設立し、教育事業に参加の夢を果たした。1968年には民星電子を設立し、国内では誰よりも先に電子事業に手を出したが、世界市場を席巻した日本との競争に押されて失敗、民星電子の失敗は「民衆書館」倒

＊37　李璟薫『続・本は万人のもの』ソウル; 普成社、1993、p 421

産の決定的な原因となった。

これは韓国出版の歴史に大きな損失をもたらし、事業拡張に関する貴重な教訓を残した。「民衆書館」の辞典類はすべての版権が「法文社」に譲渡され、「民衆書林」の名称で現在も読者から愛されている。

7. 邊浩成と陽文社

邊浩成（1917～95）は東京工業大学の建築科を卒業し、旧制中学校の教師をしていたが、光復後の1945年12月25日に「朝鮮工業文化社出版部」という名称の出版社を設立した。この出版社を創立した当時、彼の名前は邊庚傑だった。出版社名は後に「朝文社」と変わったが、さらに「陽文社」と変更することで、出版領域の拡大と出版の方向を模索しようとした。

彼は韓国で最初に本格的な理数工系の高級図書出版を開拓したと評価されている。金鍾健の『基礎化学』『基礎無機化学』、邊庚傑の『微分積分学』、李吉相の『基礎定性分析化学』『数表』、金鍾烈の『基礎平面解析幾何』など難解な本を出し、他方、中学生用の『基礎英文法』『基礎英作文』なども刊行した。「文化新書」（全50巻）、『リンディ市民電気学』（全7巻）を刊行中に、朝鮮戦争の勃発に遭遇した。

1953年の休戦以後は、中高校生用の検認定教科書の出版をし、同時に「陽文文庫」を企画、光復直後に構想した文庫出版を現実のものとした。この文庫は、戦後の疲弊した社会の教養水準を高めるのに大きな役割を果たしている。

意欲的に大学教材及び学術出版として出版領域を拡大する過程で、予想し得ない試練も受けた。韓泰淵教授の『憲法学』が文教部から販売禁止（1955.4）となり、販売を終えたものまで、みんな回収せねばならなくなった。この事件は政府樹立以降に、著者の越北などの理由で左翼出版物の販売が禁止されたことを除けば、書籍の内容が問題となり販売中止措置を受けた最初のケースと記録されている。問題の部分は「過去の改憲波動の当時、自由党が発動した四捨五入は論理上不当である。それゆえ四捨五入式に改憲を通過させたことは、それ自体が憲法に違反する措置であり、その効力は今後にも充分に問題となり得る」と主張した部分で、それが文教部の機嫌を損ねたのだった。

この本は当時の学界で注目され、評判になり売れ行きも好調だったが、「この句節は国論統一を阻害するおそれがある」と言うのが、文教部が遅すぎた措置をした理由だった。当然、この事件は「出版の自由の侵害」の観点から国会でも争点となり、社会的にも大きな論争の対象となり、しばらくは新聞のトップ記事にもなった。幸いにも著者と出版社が問題となった部分を削除することで、文教部との合意が成立、文教部の措置があってから１か月ほど経過した４月27日に落着した。

邊浩成は「韓国検認定教科書（株）」代表理事、出協副会長などの要職を歴任し、出版界発展の一翼を担っていた。しかし、小規模な出版事業の限界を痛感し、電子産業界に飛び込み三瑩電子と城南電子を一流会社に育てあげた。出版人が異なる分野に進出し、成功した事例のひとつに数えられている。

8.　金時必と金龍図書

「金龍図書」を設立した金時必（1911～96）は、鍾路で反物商をしていた。出版に手を染めたのは、国が発展向上するには、科学振興が絶対に必要で、科学教育を建設するには、幼時から科学に対する知識と理解力を育成しなければならないとの信念からだった。彼はアメリカで絶賛されたシカゴ大学のB.M.パーカー教授の世界的名著「基礎科学教育全集」（全63巻）の翻訳出版に心血を注いだ。困難を顧みずにこの全集の『水の循環』『空』『太陽系の彼方』『電気』など、30巻ほどを出版している途中に朝鮮戦争が勃発し、完結できなかった。

一方、『植物の世の中』（李鳳徳）、『朝鮮植物図説、有害植物篇』（都逢燮、沈鶴鎮）などの科学専門書、金永基の『朝鮮美術史』、金聖泰の『朝鮮民謡曲集』などの芸術書、李仁榮の『國史要論』、金正實の『各国憲法論』、李健赫の『建国と国民経済』などの社会科学書、金東仁の『金研實傳』、鄭飛石の『城隍堂』、廉想渉の『三八線』『新婚記』、姜鏞訖の『草堂』など韓国文学史に重要な文学作品も刊行した。さらに『バボオンダル』などのマンガも多数出版した。

1953年５月まで78点を出版し、当時の刊行点数は業界３位になるほどの活躍ぶりだった。最初は「金龍図書文具」として1947年９月に登録したが、出版が本格化してからは“文具”の二文字を削除した。

もう一つ、目立った科学図書出版社に「科学振興社」がある。この出版社の代表朴林錬（1896～1980）は、1948年９月20日に「科学振興会」を発足させ、高級科学書籍と科学振興書の出版を始めた。彼はみずから『高等標準化学』（1.2）を執筆し、『高等生物』など、高等学校の検認定教科書も多数刊行した。また専門図書『化学新研究』と『人間への灯火』という倫理学の本も執筆するなど、活発な著述・出版活動を展開した。休戦以後は高齢を理由に、長男の朴生燮に事業を任せて、現在に至っている。

9. 閔壯植と民教社

閔壯植（1910～99）は中央大学（日本）を中退し、日本で10年間さまざまな仕事でまとまった資金を手にしたという。祖国が光復になると直ちに帰国、最初は金玉堂なる貴金属商を運営し、さらに多くの資金を稼いだ。しかし、歴史に残る事業をしたいとの思いから、それまでの仕事とはまったく異なる出版の世界に飛び込んだ。折良く彼が経営する貴金属商の近くにあった「同心社」の金俊秀から出版の仕事を学び、1947年に「民教社」を発足させた。それは彼が38歳のときだった。

閔壯植はそれまで出版とはまったく関係のない門外漢だったが、出版界に入るや直ちに頭角を現した。教科書なら失敗の確率が少ないとの周囲の助言をきき、英語ブームが盛んな時期だったので、金瑄基の『National English』という英語教科書から始めた。金瑄基が英語教授のうち実力派というので、訪ねて行ったのがヒットのきっかけだった。一時は英語教科書を独占するほどの勢いを見せた。たまたま1952年新学期からは、以前とは異なり教科書も掛け売り取引と代金決済方式が変わった。

教科書採択競争は戦争を彷彿（ほうふつ）とさせるほどに熾烈で、用紙の値段は１か月の利子が３割なので、集金がきちんと出来なければ、教科書出版社はみな滅びるほどの状態だった。比較的遅く始めた閔壯植は若い出版人を説得し、検認定教科書会社の設立の先頭に立った。社長になった彼は「閔統領」という言葉が気に入り、この会社の仕事に専念、過当競争を避け、取引秩序をただす仕事に指導力を発揮した。李康濂、崔相潤らと同年配で、彼よりは少し若い李炳俊、李癸河、鄭鎮肅らが、彼とともに積極的に協力した。検認定教科書会社を設立し、出版社の資金難を解消させるため、とくに鄭鎮肅は友人の韓国銀行総裁の千炳圭を通じて50億ウォンを貸し出しさせ、本の点数と実績を基礎に公正に配分し、みんな等しく危機を乗り越えた逸話は良く知られている。しかし、教科書供給秩序を確立する過程で、不可避的に一部の出版人との摩擦が生じ、訴えられるなど苦しみも少なからず味わった。

彼はこのように業界の信望を得て、出協会長を２年も務めた後に、故郷の永同から４、５代の国会議員選挙に出馬して当選した。４・19以後には２選議員の資格で文教部政務次官に任命された。主務官庁の次官として出版界のために何か効果的なことをと意欲満々だったが、５・16政変のために、就任11日でその意欲は挫折させられてしまった。彼は出版人としては初めて政界に進出し国会議員になった。彼が再選されたときには、「一心舎」の洪鳳珍も国会議員に当選している。

10.　文学者、学者が創立した出版社

植民地時代から光復期を経て朝鮮戦争に至る時期に、活躍した著名な文学者のなかで、出版界に入って多大な業績を残した場合も少なくない。前述したように、「東明社」を経営した崔南善と「三千里社」の金東煥は、植民地時代に雑誌出版で一つの時代を飾ったケースである。

解放後には李泰俊は「文章社」、崔載瑞は「人文社」、金玄松（筆名金松）は「白民文化社」、毛允淑は「文藝社」、朱耀燮は「相互出版社」をそれぞれ設立した。桂鎔黙は白麟濟が設立した「首善社」の経営責任を負い、金来成の「海王社」、柳致真の「行文社」、盧天命の「女性文化社」、田榮澤の「新人間社」、李相魯の「文学精神社」、呉相淳の「高麗文化協会」、李軒求の「中央文化協会」、そして張萬榮も「珊瑚荘」を登録した。

張萬榮は『學園』の編集長も務めた。彼は金松とともにその当時としては珍しく新聞、雑誌に出版時論をしばしば発表し、光復期の出版状況を把握するのに重要な資料を提供している。「朝鮮文学社」の池奉文もいる。『マルクス・レーニンの経済学教程』（全４巻）、『レーニンのゴーリキーへの手紙』をはじめ、李泰俊の『解放前後』（小説文庫第１巻）など、重みのある左翼系書籍を出版した。出協の創立過程では役員選出のための選考委員として活動し、創立後には理事にも選出された。「建設出版社」の代表、趙重洽も出協の創立総会で議長に選

出されたが、彼は詩、小説、文学評論家として文壇のスーパーマンと言われた。九人会のメンバーとしても活躍したが、韓国政府の成立直後に越北してしまった。

これらのうち、着実に出版実績を積んで、優れた実力を示したのは「首善社」だった。「相互出版社」と「珊瑚荘」は、主に外国文学の翻訳出版をし、発行点数では続いた。朱耀燮、張萬榮によって試みられた翻訳出版は、1948年からは「正音社」「乙酉文化社」「漢城図書」なども取り組むようになった。翻訳以外の出版実績は多いほうではなかった。

学界や言論界の著名人のうち、解放期の出版に携わった者も少なくない。李海暢、金乙漢、李在郁、崔常壽、郭福山、崔埈らがいる。金乙漢は1945年９月に「国際文化協会」を設立、世界各国と文化交流を推進すると同時に、韓国文化を広く伝える目的で出版をはじめた。彼が出した『私は自由を選択した』(上下２巻、前駐米ソ連商務官クラブチェンコ著) は、出版されると直ちにベストセラーとなり、イデオロギー葛藤が深い韓国社会に大きな影響を与えた。

11.　注目すべき新興出版社

光復から80年代まで長らく出版活動をして、これまで言及していない人物に申在永 (1917~83) がいる。彼は出版と書籍卸小売商を兼ねた「有吉書店」と「東邦文化社」を営み、出協の会長 (1958~59) を務めるなど、50年代に意欲的な活動をしている。1951年に「東国文化社」を創立し、65年までの出版が極めて困難な時期に、『朝鮮王朝実録』の影印作業に挑戦し、さらに『磻渓随録』『東国李相国集』など、古文献の影印出版と『韓国古地名沿革考』『韓国民謡集』などの韓国語文学及び韓国史研究書を採算性を無視して出版した。しかも光復初期から「有吉書店」を開設し、書籍商としての業績も際立っている。

明洞の紳士として知られる金熙鳳 (1917~83) も、書店を経営しながら出版を熱心に行った。1946年に「新人社」を設立し、その直後に明洞入り口で出版社と書店「文藝書林」を創業した。朝鮮戦争以前には出協の常務理事として精力的に活躍し、一時は出協の事務室も彼の建物の一部にあった。「文藝書林」は明洞が金融と商業の街に変わってから、周囲に「業種を換えたら」と勧められたが、それを退け、40年余り文化人らの“休憩室”としても機能してきた。

韓鏞善は、「漢城図書」の全盛期に営業部長をした経験を生かし、出版と書籍小売・卸売店をした出版社である。1947年９月15日に「有吉書店」が店を構えた場所（光化門）に「崇文社」を開いた。還都後から70年までは児童図書に集中、かなりの業績を残した。朝鮮戦争の開始までは、金東仁の『首陽大君』「歴史小説全集」（全10巻）、金億の『愛唱時調集』、金素月の『つつじの花』などを出して知られていた。

「創人社」の李癸河、「セトンム社」と「新文藝社」の金元龍、「同和出版社」の孫洪明もいる。「婦人社」を経営し、出協の事務局長をしたことのある金相徳は、当時としては唯一の婦人雑誌『婦人』を発行した。趙聖鎮も「世文社」と「朝鮮通信法政学会」を運営した。「大東文化社」の金鍾湜、「クルボッチィプ」の李永哲らも、出版を通じて祖国建設の隊列に加わった。「宣文社」の尹景燮（1916～86）、「南山少年教護相談所」を運営した権基周も、出版界に大きな足跡を残している。

青華永が設立した「国際出版社」は、大学の英文学教材と中学高校の英語教科書、参考書、辞典などの英語専門書籍出版社である。『国際英韓・英英辞典』は、ここの代表的出版物で、外国人に最も効果的で能率的な教材だった。定評あるR.J. Dixonの『Exercises in English Conversation』（３巻）も、同社が1949年に出版した。

権重輝と李仁秀の共著で、文教部の検定を受けた『中等英作文教科書』は、最高の発行部数を記録した英語教科書の一つである。この教科書がベストセラーになった理由の一つは、出版史上初めて教師用指針書をつくって無料で配布したためだった。語学教材以外の一般図書の『アメリカ留学案内』『新聞文化史』（崔埈）、朴木月詩集『石像のうた』も好評だった。月刊『Study of English』も発行した。後日「アテネ社」を設立した崔枝洙が専務兼任総務で辞典編纂室長になり、若き英文学者、梁炳鐸が編集責任者となった。

意外にも多くの人々が競って出版社の旗を揚げた。例えば「白楊堂」の裵正國、「同心社」の金俊秀、「文化堂」の金琪午、「三八社」の李北らである。みんな20代後半から30代前半で行動力のある若き知識人であり、営利を目的とせずに解放された祖国で、いわゆる「祖国建設事業」に貢献したいと、強い熱情を抱いて出版社を設立したのだった。

12. 左翼系列の出版社

国中でイデオロギー対立が激化するなか、出版系も右翼系、左翼系の出版社が併存しながら熾烈な争いをしているのは、他の分野と異なることはなかった。出版社のうち、「労農社」（李敏）、「解放出版社」（秋教哲、秋鍾洙）、「ソウル出版社」（権赫彰）、「建設出版社」（趙碧岩）、「朝鮮文学社」（池奉文）、「トンム社」（尹秉益）などが左翼系と見なされていた。

これら左翼、右翼を合わせて45の出版社が、1945年12月末までに登録を済ませている。当時、鍾路2街にあった「白楊堂」は、進歩的知識人の好む高踏的で水準高い書籍を出版し、一種の中間派文化資本グループ*38と評価されていた。裵正國は出版物の制作に関しては、内容だけでなく形式においても装幀・題字などに細やかな配慮をする出版人であり、李仲淵は書画家の立場で朝鮮伝来の文様と、本の装幀形式を近代の洋装本出版に創造的に適用しようと努めたと評価*39されるほど、格調高い書籍を出した出版社だった。

当局による販売禁止処分第1号となった林和『讃歌』のように、裵正國が発行した本は内容が左派志向的で、しかも本人が越北したため左翼系の出版社と分類されてきた。しかし、李熙昇の詩集『夕顔の花』、石宙明の『朝鮮蝶の名の由来』、李秉岐の『嘉藍時調集』など、政治的色彩を持たない書籍も何冊か出版している。進んで左翼とは名乗らず、草創期の出協の理事としても活動した。「雅文閣」の李錫重は、主に朝鮮文学家同盟会員の作品を出版したが、「左翼書籍出版協議会（左協）」の会員ではなかった。李錫重は1948年4月の出協第1次定期総会で、左協所属の役員が追放された際に、出協の副委員長を中途で辞退した趙碧岩の後任として選出されもした。彼らの多くは大韓民国政府が樹立されると越北している。

このほかに登録せずに出版活動をしたケースまで合わせると、刊行出版物が現存しているものだけでも、1950年以前の出版社は95社に達するとの調査報告がある*40。

---

*38　金允植『白鐵研究』ソウル; ソミョン出版、2008、p439
*39　李仲淵「忘れられた出版人、裵正國小伝」『本、鎖から解き放つ』ソウル; ヘアン、2005
*40　呉榮植、前掲書、p19

知識人の活動領域がほとんど無限に開放されている状況で、多くの知識人の出版への参加の目的と目標が明白だったのが、まさに光復直後だった。この時期に生まれた出版社は、一貫して名称からも、建国や民族文化の再建を通じて、新生国家の発展に尽くしたいとの熱い決意を示していた*41。

「東明社」「正音社」「漢城図書」など植民地時代に設立された出版社が、その名称によって民族的アイデンティティを表出したとすれば、光復以後の新生出版社の「乙酉文化社」「高麗文化社」「白民文化社」などは社名でも分かるように、文化事業体であることを強調している。文化は限られた出版社の志向点ではなく、この時代のすべての出版社・出版人の共通の目標だった。こうして文化企業、すなわち出版社と刻印される社会的共感帯が形成されていった。こうした傾向は韓国出版の伝統として定着して今日に至っている。

東北アジア地域の漢字文化圏でも、ただ韓国だけが出版社の名称に、「文化社」なる言葉を愛用する傾向が強いのは、光復当時の出版人の確固とした意志の表れと言えよう。もちろん、自己のアイデンティティや文化的意志を特別に表さない名称を使用した場合でも、「金龍図書」「探求堂」「創人社」「首善社」などと、進取的な気性を強調する意志を表しているケースもある。

しかし、こうした現象は80年代前後からは、ハングル世代が出版の第3世代として登場したため、出版社の名称も名詞形の厳粛さから脱皮し、自由奔放で多彩なものになった。これはたんに出版社の名称の形式的変化というよりは、出版志向や出版に臨む姿勢の変化を意味するもので、それほどに出版活動の目標が変化したことを物語っているのである。

---

*41　李仲淵は前掲書で「解放期の出版界が飛躍的に発展したのは、まさに出版が“建国”を指向したため」と書いた。彼は「解放直後の出版人たちは、出版の同時代的価値として“文化の建設”を目標に据え、解放空間の価値として“建国事業”を目標に据えた」と述べている。李仲淵、前掲書の第3章参照

第4節 地方から身を起こした出版人

1.　金益達と學園社

地方でも出版社の創業が相次いだ。地方出版は大邱で芽生え成長した。大邱は長く文化の伝統を守ってきた嶺南の中心都市であり教育都市でもあったので、いち早く地方出版の中心地になった。

1950年までの出版産業の地図を見ると、伝統的に北韓地域の読書熱が南韓よりも遙かに高かったという。出版物は咸鏡道で最も多く売れてソウルの読書熱も咸鏡道には及ばなかった。読書傾向も南側では主に『春香伝』のような古代小説や四柱観相、『土亭秘訣』などの本を求めるのに対して、北側の人々は新小説を多く読んだという*42。しかし、韓国第2の都市平壌も、出版だけは朝鮮民主主義人民共和国の首都になるまでは不毛の地だった。

釜山も避難してきた出版社が活動した時期を除けば、定着することはなかったが、大邱だけは光復直後から綺羅星のごとき出版社が雄志を抱いた地である。「大洋出版社」（金益達、學園社）、「東亜出版社」（金相文）、「玄岩社」（趙相元）、「啓蒙社」（金源大）、「文成堂」（朱仁龍、思潮社）、「文洋社」（李明徽、徽文出版社の前身）らが競って出版を開始、中央に劣らない基盤を固めていた。彼らは「慶北出版協会」（会長、金三洙）を結成し、中央の優れた出版社が大邱に集まったのを契機に、1951年12月13日を期して発展的解体を決議し、出協の慶北支部（支部長、金源大）を新たに発足させている。韓国で地域単位の出版団体の結成

---

*42　韓鏞善談「証言で編む解放直後の出版界（Ⅱ）漢城図書編」。『続・本は万人のもの』ソウル; 普成社　p300

や、出協支部の設置は現在まで見ることができない。

金益達（1916~85）は、まだ15歳の幼い身で単身日本に渡り、東京で書店の店員、新聞配達などをしながら、苦学して早稲田大学を修了した後、出版への志を抱いて36年に帰国した。しかし、最初の事業は失敗に終わり、長かった他国の生活で病気になり、黄海道海州で療養をした。ここで結婚し書店を開き出版に対する夢を広げてみたが、思うように願いを叶えることはできなかった。植民地時代末期、報国隊への動員を避け、身を隠していたところ光復を迎え帰郷してきた。

事業資金がまったくない彼が大邱で始めた出版事業とは、本と新聞の街頭販売だった。このように金益達の若き日の出版人生は、底辺から始めたとても疲れる日々の連続だった。露天商をしてある程度の資金を稼ぐようになると、彼は中央路に位置した三中井百貨店の跡地で、「大洋出版社」という名称で出版事業を開始、謄写機で英語会話集、流行歌謡集などを作り大きな成功を収めた。このように大邱からスタートした「大洋出版社」は、1947年にソウルに移転、ソウルの「大洋出版社→學園社」（1955年に商号変更登録）とつながり、韓国出版の第1世代を代表する人物と称される母体ができた。彼は逆境と試練を乗り越え、出版の歴史に記録に値する出版物を企画出版した。「韓国出版の開拓者」「出版の第1世代の代表的人物」「雑誌界の大物」と言われるほど出版の歴史に残した業績は大きい。

戦禍の傷跡の復旧に努めていた1958年に『大百科事典』（全6巻）を編纂し、出版の新しい章を開いただけでなく出版の位相を高めた。翌年になると全1巻の『新百科事典』を「東亜出版社」が刊行したことを見ても、彼の抜きんでた出版哲学と抱負を推測できる。彼は『科学大事典』『農業大事典』『家庭医学大事典』など、専門事典を相次いで出版した。金益達はこのように「出版だけのための出版はしない」真の出版人だった。割賦販売の方法を初めて導入し成功を収めたことも忘れられない。

「商業的明察力も優れ、出版プロデューサーとしての役割を思い切り発揮した文化の投機者」*43だった彼の出版哲学の底には「ナラサラン（国を愛する）」に対する透徹した意志と精神が根づいている。彼が出版を通じて果てしなく追

*43　金聖哉、前掲書、(1999)、p19

求したものは、国の未来を築いていく新世代を養成することにあった。出版人として3000点にも達する図書と、多様な雑誌を企画して刊行した彼の生涯は、児童と青少年のための夢と科学的思考の形成、50、60年代には農村近代化による国土の改革、主婦文化を通じる健康な社会の育成、事典出版によって文化立国の建設などの、火のような意志と信念が結晶していた。

こうした意志と信念は、1952年11月に大邱で『學園』を創刊し、具体的に明らかになっていく。『學園』は韓国の歴史上、最も不幸だった50年代に、青少年が失った大きな夢を探し与えようと創刊した。国全体が戦乱に覆われていた時代だったが、予想を上まわり旋風的な人気を集め、いわゆる「學園世代」という言葉を流行らせるほど、中高校生の精神的支柱の役割を果たした。人気の絶頂期には10万部に近い驚異的な販売部数を記録し、本格的な雑誌文化の門を開いた。幹部社員らが独立できるように良く売れる単行本の紙型や、雑誌の発行権を惜しみなく分かち与え、出版人として自立できるように支援した。

こうして出版界で成功した者のなかには、「一志社」の金聖哉、「創造社」の崔徳教、「博友社」の朴商漣、「郷文社」の羅末善、學窓社の孫亮三らを挙げることができ、雑誌界では『女苑』の金命燁、『進學』の趙宇済、『學園』の朴在緒らがいる。

これと共に自分が学生時代に痛切に感じた貧しい同胞に多少でも稼げる仕事を「學園奨学会」を通じて実践することにした。成績が優秀なのに家庭環境に恵まれない学生を援助するために、当時としては画期的な奨学事業を始めた。また「學園文学賞」を制定、運営し、著名な文人を発掘、養成した功労も大きい。彼が69歳で亡くなると、『東亜日報』（1985年11月２日付）は「横説堅説」欄で、次のように彼の死と業績を伝えている。

> 「（前略…）學園奨学会を通じて400名に近い人材と、いま、我こそはという社会の著名人士に活躍の場を提供した。社長らが逃げることに忙しかった６月25日（朝鮮戦争勃発の日）の朝、社員たちに米を分かち与え、草創期『主婦生活』株式の３分の２を用務員を含む全社員に分けてやった人、自分の下で働いた者に人気ある本の紙型を与えたり、何らの条件もなく家一軒を買い与え、30余名の出版社社長を育てた人（…後略）」

彼の初等学校の同級生で、ともに出版の道を歩んできた金相文は、「學園社の金益達社長、彼は出版の使命が何であるかを知っていた、この国の出版の大人であり、社会還元を原則とした企業精神を実践した企業家で、社会事業家で、ひとつの時代の開拓者だった」と高く評価している*44。

2.　金源大と啓蒙社

金源大（1922～2000）も、やはり身ひとつで出版界に入り、児童図書出版の「啓蒙社」をトップクラスの出版社に育てあげた。株式市場の上場にも成功した立志伝的な出版人で、温陽民俗博物館、吉原女子高等学校、啓蒙児童研究所、啓蒙文化センターなども設立した。何よりも彼は大きな徳を積んだ人間である。出版人のなかには困難に出くわした時に、非難することなく援助の手を差し伸べてくれた。彼に対する感謝の念が心の中に深く刻まれている者が少なくない。

彼は「満州」で親戚が経営する雑貨店の店員として働き、解放になると大邱に帰り、社会に寄与し金儲けもできる仕事を考えた末に、崔鉉培著『ハングル正書法統一案』をプリントして作り、大邱駅前で新聞とともに販売した。こうした稼いだ６万ウォンで、1946年４月、中央通りの布井洞に「啓蒙社」と称する書店を開設した。「社会全体を啓蒙しなければならない」との趣旨でこの商号を選んだという。初期には列車便でソウルに行き、本を買い背負って大邱に帰るほど、懸命な努力と誠実さで飛躍的な発展を遂げた。彼に対する信頼感から、自然に1947年末からは、安東、浦項、密陽などの地方書店に本を供給する卸売商まで兼ねるようになった。

書店経営がある程度軌道に乗り出すと、1947年に出版社登録をし、翌年９月には、李雪舟の詩集『放浪記』を刊行した。これが「啓蒙社」の名前で刊行した最初の図書だった。1954年に上京した金源大は、しばらく苦戦を免れなかったが、最終的に児童図書を出版すると志を固め、最初の作品を刊行してから62年までの４年間で「世界少年少女名作全集」（全50巻）を完結させた。これが輝かしい「啓蒙社」の歴史の一頁となった。この全集は外国の名作童話を網羅し体系化したもので、韓国で最初の記念碑的な児童図書全集に挙げられている。

---

*44　金相文『出版皇帝金相文、手ぶらでやって来て手ぶらで帰る』ソウル; 尚文閣、1992、p299～301

1969年に中学の入学試験制度が廃止されて、児童図書に対する需要が爆発的に増加するようになった。この全集は『少年少女世界文学全集』と名称を代えて全60巻に増やし、80年代末まで100もの版を重ねる空前絶後の出版物となり、「啓蒙社」の経営を盤石のものにした。時を同じくして鄭庚真の『数学1の完成』も空前の大成功を収めた。その余勢を駆って出版領域の拡大を模索し、『現代女性教養講座』(全5巻)、『料理百科』『世界短編文学全集』(全7巻)などが好評だった。『少年少女韓国伝記全集』『少年少女世界偉人全集』や、カラー放送に合わせた『カラー学習大百科』(全10巻)は、供給が間に合わないほどの売れ行きを見せた。

自社直営の全国的な外販組織を運営しつつ、一気呵成の勢いで地域販売制度、学校販売制度、電話販売制度と、新しい販売技法を開発、「児童図書は啓蒙社」という確たるイメージを全国の父兄に植えつけた。こうして金源大は誰も追いかけてくることの出来ない出版界の代表ランナーになった。1966年3月には新社屋を貫鐵洞にオープンさせ、1976年12月29日に株式会社体制に改編した。次男春植(1947～現在)に国際的な現代企業に脱皮する責任を負わせて、自分は後方に退き文化事業に専念する。児童図書出版で手にした資金を児童文化事業を通じて、社会に還元したいとの日頃の考えを実践したのだ。彼は1978年に受賞したソウル市文化賞の賞金に私財を加えて出協に寄託、「韓国児童図書賞」を制定している。

他方、2世経営体制に突入した「啓蒙社」は引き続き攻勢に出て、1989年7月には企業を公開して上場企業となり、入試の名門である鍾路學園とともに学習誌専門会社の「啓蒙社・鍾路學園」を設立、学習誌事業に本格的に参入した。続いてコンピュータ学習プログラムの「啓蒙ポス」を開発、情報化・国際化時代に備えた新たな先端メディアの開発普及に着手する。ここまでが「啓蒙社」の全盛期と言えるだろう。

「啓蒙社」は「児童の情緒涵養と知能開発に献身する」という信条のもと、韓国の代表的児童図書専門出版社として良書の刊行に尽くしてきた。しかし、いまでは先代が晩年に集中投資した文化事業も、ほとんど他人の手に渡り歴史の彼方に消え去った。実に惜しむべきことである。

金源大は1953年に、それまでの経験を基礎に大邱地方の書店に呼びかけて「韓国出版販売（株)」を設立、戦争で崩壊した出版流通構造を再建する仕事に挑戦した。諸条件が充分に成熟していない戦時中だったため、まもなく門を閉ざす結果になってしまったが、出版流通の発展過程にも特筆すべき足跡を残した。彼はこうした歴程を整理した『啓蒙社40年』をまとめ、現代出版の一面を記録した。もう一つ、児童向けの彼の伝記『本で山を作ったおじいさん』(申鉉得文、ヤン・フヨン絵）が、少年韓国日報から1994年に刊行されている。

3.　趙相元と玄岩社

趙相元（1913~2000）は、出版の本道を片時も忘れなかった人物である。他人に従って行くのではなく、孤独でもいつも独創的な発想で出版の新たな領域を開拓する企画の名手だった。出版はあらゆる文化の基礎であり、人生の基礎という信念で、営利よりは使命感という名分を押し立てる出版人だった。

彼は終始一貫、「私は私の本が良心的であることを望む。これが、つまり、この社会を良心的なものにし力になるからだ。本の良心はつまり人生の良心である」*45という姿勢を失うまいと努めてきた。だから「子どもたちに読まれても恥ずかしくない本を出すこと」を出版の原則にしてきた。

該博な法律知識をもとに、公理にいつも神経を使って出協の副会長と常務理事を10余年にわたり勤め、出版発展のために東奔西走し、出版協同組合と出版金庫の設立を導いた張本人のひとりである。こうして出版界のための活動をしながら、「文化芸術振興法」をはじめ、「出版産業振興法」など出版関連の法律案を起草したり、改正案を用意したりした。

こうした熱情と勤勉さ、透徹した出版哲学で、広く尊敬を受ける出版人の隊列において一際目立っている。

彼が出版業に入ったのは解放直後の1945年12月、大邱で月刊総合誌『建国公論』を創刊してからである。翌年４月まで３号しか発行できなかったが、その間に『民論』という新聞を姉妹紙として創刊（1946.4)、６月14日まで14号を発行し、新しい国の建設に意欲を燃え上がらせた。

そして1951年に「玄岩社」を登録した。出版は『処世七言』『玄岩文庫』(1954)

---

*45　趙相元『本と三十年』ソウル; 玄岩社、1974、p319

から始まった。本格的な出版活動を展開したい希望から、大邱での仕事を整理し1956年に上京、三清洞の韓屋を住宅兼事務所とした。大邱にあった印刷施設の一部も運んできた。

それから現在に至るまで2000点を超える図書を刊行し、韓国出版界の先頭ランナーの一人でもあった。1959年３月には「玄岩社」を象徴する会心作『法典』の初版を発刊する。40節、2000頁に達する膨大な法令集は３年にわたり、事項別に分類整理し、校正と転写を独りでやる骨の折れる孤独な作業だった。その苦労は見事に報われた。初版3000部を印刷したが、その日に卸元でみな売り切れてしまった。定価4000圜(ファン)が6000圜で闇取引される現象まで起こった。今でも毎年新しい改訂版が出ている『法典』は、「玄岩社」が韓国を代表する出版社として安定的な成長を遂げるのに、大黒柱の役割を担ったことは言うまでもない。

また、法制史的な側面からも輝かしい業績を残した。第１に、大韓民国政府が樹立されてから10年を経過するまで、政府は法令を体系的に整理することができなかったが、その仕事を一民間出版社が初めて成し遂げた。国家の最も基本的な法制整備事業の基盤を準備したのである。

第２に、植民地権力が使用した「六法全書」の用語を捨てて、「法典」という新しい用語をつくり普通名詞化させた。いうならば「法典」は民間出版社の代表ブランドを超えて、現代の「経国大典」として確固とした地位を認定されたのである。

歴代の名著を解題した『韓国の名著』は、編集と制作に多大な心労を重ねたが、韓国学ブームの前ぶれの役割を果たしたとも評価されている。韓国の文化遺産を集大成した『韓国美術五千年』や『六堂崔南善全集』（全16巻）も、特別な使命観なしには民間出版社が刊行することは難しい。また、長編小説の嚆矢である朴景利の『市場と戦争』、1970年から単行本シリーズの類型を追ってきた「玄岩新書」（86点刊行）、「玄岩文藝新書」（27点刊行）などのシリーズ物も企画出版している。

さらに韓国学分野・法典・法律書・試験書・児童図書など、広範囲に出版した。古典を現代化させた「東洋古典選集」、長く続けることは出来なかったが、文学季刊誌時代の開幕を告げた『韓国文学』を、1966年に創刊したことなど、いつも時代の先頭に立ち、時代の流れを作りだした。

彼は誰よりも引き継ぎに成功した人物だった。いち早く趙根台に経営権を譲り、20年余の出版社経営をともにし、新たな跳躍が可能なように基礎づくりをした。いまでは孫娘の趙ミヒョンが３代目の経営者として出版人の道を堅実に歩んでいる。

趙相元は亡くなる瞬間まで出版の現場を守った。生前に執筆した編著書が数点あるが、そのうち『本と30年』と『生に至る生』では、後輩の出版人に生き方を説く心遣いも見せた。

4.　金相文と東亜出版社

金相文（1915~2011）は、1942年から大邱の東亜プリント社で、印刷物を官公庁に納品をしていて解放を迎えた。同年９月中旬頃、慶尚北道庁の李孝祥学務課長（後に国会議員を歴任）と、金思燁視学官（後に大学教授）からの依頼で『新生国語読本』を出版したのが「東亜出版社」創業の基礎となった。この本は四六判、80頁の初等学校低学年用の教科書（定価3.5圓）で、謄写本にして３万部を学務課に納本し、残りは「東亜出版社」が自由に販売するという条件で制作を引き受けた。文章を書くことに卓越した能力を持つ金相文が、自ら文字を書き、夫人が挿絵を描いて、謄写版４台をフル稼働させて印刷した。彼は６週間の昼夜兼行作業で、３万部をすべて納品する特有の突破力を遺憾なく発揮した。

本の代金をいちいち数える時間がないので、1000圓を一束にまとめ、その厚さに合わせて紙幣の束をつくり、金融組合に持っていくと、先方が数えて預金をしてくれるという、夢のような日々が６か月も続いた。ちょうど光復直前に日本軍部隊から『抗戦必携』なる本の納品代金として受け取った金で大量の用紙を購入、確保しておいたので、用紙を購入できずに出版できない困難は感じなかったという＊46。

慶尚北道内の中学校の入試問題を集め、国語、算数、社会、自然など、科目別に解釈と応用問題を添えた『中学入試問題集』を出して大きな成功を収めた。

これが契機となり、「東亜出版社」は初等、中学、高校の学習参考書、辞書類、検認定教科書などの開発に専念することになった。しかし、大邱には活版施設がなく、出版活動にも限界があると判断し、1953年５月に上京、代表的な出版

＊46　金相文、前掲書（1992）p71~75

社としての成長を目指した。ソウルに出版社の所在地を移した背景には、初等学校同級生で、「大洋出版社」の金益達のソウル移転が、大きな刺激剤になったようだ。

ソウルにやってくると、「東亜印刷工業（株)」を興し、施設近代化と活字改良の先頭に立ち、印刷文化の先進化にも大きな寄与をした。1953年から「東亜全科」「東亜修練帳」を発行し、1958年に出した『東亜国語大辞典』は月賦販売を試み、20万部以上もの売り上げを記録した。1971年には「完全征服シリーズ」『東亜プライム英韓辞典』などを刊行し、辞典類と中高校検認定教科書部門でも頭角を現した。このように国内の学習参考書市場を席巻し、「出版の皇帝」と呼ばれることもあった。

金相文は1981年秋から83年１月まで、毎月２巻ずつ『原色東亜世界大百科事典』（全30巻）を刊行し、出版の歴史を大きく書き換えた。だが、彼によれば無理な投資で640億ウォンにも達する負債を抱え、それまで心血を注いで育てた「東亜出版社」を1984年11月に、「斗山グループ」に譲渡する不運に遭遇してしまった。強制譲渡させられるまでの会社の救済のための動きと、その後の過程における恨と憤り、それは彼の自叙伝『出版皇帝、金相文』に詳しく綴られている。そして読む者を痛ましい思いに駆り立てる。

その後は「尚文閣」という出版社を設立し、再起を試みたが果たせずに終わった。晩年には健康伝道師となり長寿の秘訣を収めた『百歳は自信あり』と、『起き上がり小法師（こぼうし）人生、絶望はない』という著書を残している。

第5節

光復期の印刷業界

1. 劣悪な経済環境からのスタート

光復直後はハングルになった本に対する読者の熱望は大変なものだった。しかし、こうした読者の要求にきちんと応えられる状態ではなかった。待ち望んだ光復が実現した感激、それに比べて現実はとても惨めなものだったからだ。

出版意欲が先行するだけで、読者の渇きを癒やす原稿は入手できず、本づくりの印刷施設は貧弱で、用紙の手配もままならなかった。大部分の出版社が１年に１点すらも出版できないほどだった。一気に押し寄せてきた極端な原稿入手難、印刷難、用紙難の３難に物価難までが加わった。状況は植民地時代のなかで、最も厳しかった40年代の戦時体制よりも劣悪だった。

当時の出版環境は、いうなれば「地面にヘディング」するようなものだった。なぜそうだったのか？

日本は1930年代から大陸侵略を本格的に開始し、韓半島を兵站基地にしながら植民地工業化を推進していたが、その工業化は最初から地域的偏在の問題を抱えていた。地下資源が豊富な北部地域には中国侵略のための軍需産業を集中させ、南部地域では消費財中心の軽工業化を推進していた。光復直前の南北の重工業分布は21対79と言われるほど、極端な産業構造の不均衡が生じており、発電能力は北部地域が92％を占めていた＊[47]。このように南と北の産業と資源は相互補完性が強いだけに、交易の必要性も切実だったが、光復後はソ連によ

＊47　朝鮮銀行調査部編、前掲書（1949）pⅠ-42参照

って南と北の経済交流は断絶させられてしまった。

分断は植民地時代に胚胎された産業構造の跛行性と偏在性を深化させ、生産力の極端な低下を招いた。日本の敗戦は日本中心に形成された東北アジア経済体制と分業構造を崩壊し、その枠の中で重層的位置にいた植民地朝鮮の経済の解体と再編を意味した。日本の敗退により朝鮮の経済構造は、日本との連携性が一挙に絶たれ、独自に役割を果たさねばならなくなった。日本の資本と技術の撤収で、再生産過程に大きな空白が生じ、設備の老朽化、原副資材の不足、技術不足も深刻化していた。

さらに植民地工業を主導した日本の資本と技術が圧倒的だったこともあり、朝鮮人は植民地時代の近代的設備を活用する能力を充分に蓄積していなかった。製造業をはじめ産業施設の全般的な萎縮で、産業労働力もこれに相応して減少していた。こうした工業生産の麻痺と萎縮は、光復以後に物価暴騰の悪性インフレを誘発した。解放直後の物価暴騰は殺人的なものだった。1945年８月を基準とする47年末の小売物価は17倍、卸売物価は33倍に達している。このような物価暴騰の背景には人口増加＊48、通貨量膨張＊49なども大きい要因だったが、根本的には産業体制の不備と経営の信頼性不足による生産の萎縮があった。

1939年の不変価格を基準に比較してみると、46年の工業生産額は25％にすぎなかった。生産規模は４分の１に萎縮したのだ。30年代の工業化過程で中心的な役割をした化学工業はなんと６％に留まっていた。日本の敗戦と分断によって政治的に光復は果たされたが、経済的には深刻な困難に直面していた。

2.　光復直後の印刷業界

当面はハングルを教える教科書の出版が急がれていたが、それを刷り上げる朝鮮語、つまりハングルの活字がまったく無かった。30年代末葉に露骨化した植民地権力の「朝鮮語抹殺政策」によって、全朝鮮の活版印刷所と新聞社にハ

＊48　解放直前の1944年５月の南韓の人口は1550万余名だったが、46年１月末には1937万名に急増した。通常の自然増を勘案しても、300万名以上の人口が海外または北韓から流入したと推定される。

＊49　植民地時代末期の強制的貯蓄で集積された巨額の資金が一挙に放出され、不足な財政収入を補充するため、軍政当局は通貨を増発し、光復当時、48億圓だった通貨量は、同年９月末に87億圓に急増した。

ングル活字が一つも残っていなかった。

ハングル字母を深く隠していた印刷所が、ハングル活字を取り揃えるまでには数か月が必要だった。満足に字母を用意した印刷所は多くなかったので、鋳造する鉛も高価だった。とくに北部では電力供給まで絶たれていたため、炭火で鉛を溶かし活字の鋳造をしようと、多くの時間を費やしたのである。印刷技術者も足りなかった。謄写機を扱い手で製本し、読者の要求に応えるべく悪戦苦闘しなければならなかった。ハングル組版施設が多少なりとも整ったのは、光復から１年が経過した1946年下半期の頃だった。

ここでわれわれは植民地時代末期から光復期に至る、印刷施設と生産実態を顧みる必要がある。幸いにも印刷・製本業*[50]の89％は南側にあった*[51]。

『朝鮮銀行会社組合要録』によれば、1942年当時、資本金２万圓以上の大型印刷会社は65社だった。13の新聞社と事務用品印刷施設（23社）を合算した数である*[52]。このうち日本人所有の印刷会社は南側に38社、北側に12社、都合50社だったが、朝鮮人が設立・経営する印刷会社は京城に12社で、全国的にも15社にすぎなかった。しかし、資本金２万圓以下の中小規模の個人印刷所まで含めれば、朝鮮人が経営する印刷所も決して少ない数ではなかった。

このうちハングルの印刷能力を持つのは、ソウルの漢城図書（李鍾駿）、四海公論社（金海鎮）、大同出版（李鍾萬）、新元社（崔載瑞）*[53]、朝鮮文化社（徐椿）、朝光社（方應謨）、大東亜社（金東煥）、人文社（崔載瑞）と８社を数えることができた*[54]。協進印刷公社（金慶洙）、ソウル印刷社（閔瑗植）、日新印刷所（李弘基）、秀英社（成在慶）、大東印刷所（李應奎）、朝鮮単式印刷社（呉昌根）、

*50　出版と印刷がまだ未分化状態で、この時期の産業分類では「印刷・製本業」は「出版」を含んだ概念として使用される場合が多かった。

*51　『1949年度、経済年鑑』によれば、1940年当時、南韓の「印刷・製本業」の生産額は1721万3000圓であるが、北韓地域は216万1000圓（南北合計額の11％）にすぎないと見られていた。

*52　『朝鮮銀行会社組合要録』（東亜経済時報社刊、1942）の「印刷業之部p274~284」に収録された名簿による。ここには商号、本店所在地、設立年月日、資本金及び払込金、存立期間、決算期、目的、支社所在地、役員、主要株主氏名及び出資額、配当、備考など、具体的な状況が業体別に詳しく紹介されている。「印刷業」には出版及び販売も含まれる。

*53　1937年に人文社として設立されたが、1942年５月に商号を変更したと会社沿革に紹介されている。しかし社の名簿には人文社が別に入っている。

*54　『朝鮮銀行会社組合要録』（印刷業の部）p274~284

京郷（前 根澤）、青丘舎（権泰用）、高麗文化社（柳明韓）など10社だった*55。

光復当時、各地に散在していた印刷機械の種類と台数については、ソウルに活版印刷機が447台、オフセットと石版印刷機が54台、そして特殊印刷機43台だった。機種別にみると、活版とオフセット四六全判がそれぞれ21台と10台、菊全判は55台（活版）と3台（オフセット）のほかには、大部分が小型印刷機だった。38度線以南の地方都市でも四六半裁以下のものだったが、活版印刷機824台、オフセット2台、石版印刷機12台があると報告されている。意外なことに、全国には鋳造機13台と裁断機270台があった*56。しかし、光復期の南側の印刷・製本業の生産能力は貧弱極まりないものだった（**表2-1**）。

日本への従属的関係が比較的少ない印刷・製本業だったが、ほとんどの機械は老朽化し、技術的後進性と工場経営の経験不足は、解放と同時に差し迫った問題となった。とくに帰属工場の再建運営に対する軍政当局の具体的な対策や準備の遅延から、用紙など原副資材から機械まで、旧会社の職員による闇売りが横行し、散逸するという無政府状態が続いた*57。こうして生産体制の破壊と生産力の衰退という結果を招き、企業数と従事者数も急激に減っていた。

1948年度の印刷・製本業の生産額は16億2026万3000圜で、これを40年度の南北全体の生産額1937万4000圜、さらに南側の生産額1721万3000圜と比較すると、前者の23.1％、後者の26.0％にすぎなかった。1940年の生産額を、1948年度の物価指数によって算定してみると、南北全体では70億680万1000圜、南側では62億2525万4000圜に相当する（**表2-2**）。

個人企業の生産額は、印刷・製本業全体の8.1％にすぎなかった。相対的に零細な業者の大部分は廃業状態同様と推測できる。けれども全工業生産額に占

---

*55　崔暎海「出版界の回顧と展望」『出版大鑑』朝鮮出版文化協会、1948、p5

*56　趙誠出『韓国印刷出版百年』ソウル; 寶晋斎、1997、p383～389

*57　趙誠出は「注56」で言及した光復当時の印刷施設が朝鮮戦争勃発（1950年5月）の頃まで、ほとんど変動がなかったと指摘しているが、そうではなかった。印刷企業の数、そのものが急激に減っているのは、政治的激変の中で、印刷設備の相当部分が失われたからである。軍政期の帰属財産である「朝鮮図書」の管理人だった柳澄基の回顧によれば、「管理人のいちばん面倒な問題は職員、職工たちの中に紙、機械付属品、その他を隠して持っていき道端で警察に捕まり、留置場に入った者を出させることだった」と述懐しているが、当時は各会社で職員らによる保有機材などの窃盗行為が絶えなかったことがわかる。（柳澄基『恩寵の85年回想記』ソウル; 韓国基督教文化院、1983、p139参照）

表2-1　光復前後における印刷・製本業の状況

	生産額［圓］			企業数			労働者数［人］		
	1939(A)	1946(B)	B/A[%]	1943(A)	1947(A)	B/A[%]	1943(A)	1947(A)	B/A[%]
全産業	553,193	136,862	25.0	9,068	4,410	48.6	201,913	127,682	63.2
印刷・製本業	17,340	10,186	58.7	420	143	34.0	7,370	2,655	36.0
印刷・製本業の比率［%］	3.1	7.4	—	4.6	3.2	—	3.6	2.0	−

注1　常時、従事者数5人以上の企業
注2　1939年の生産額は京畿、江原道、以南の南韓8道の生産額
注3　1946年の生産額は名目生産額を物価修正率142.2で修正した。
資料：朝鮮銀行調査部編『1949年度経済年鑑』朝鮮銀行刊（Ⅰ巻102ページ)､『朝鮮経済統計要覧』p75

める比重は3.1%で、少ないほうではなかった。品目別生産量では教科書、単行本など書籍は2060万4000部、帳簿、伝票など事務用品類は1343万7000点で、書籍の印刷比重が事務用品印刷量よりも遙かに多かった。生産活動が低調だったため、包装紙印刷などの商業印刷は微々たるものだった。

併せて指摘すべきは零細性である。朝鮮銀行発行の『1949年版、経済年鑑』によれば、印刷業72社で「5人以上29人未満」は49社と68%を占め、とくに個人企業の零細性がいっそう目立った。印刷・製本業は植民地時代から手工業的家内工業の水準という零細性が、この産業の特徴の一つと指摘されてきた。光復後は資金、施設、技術、原副資材の不足などの制約から生産不振になり、大企業が中企業化、中企業が小企業へ転落する傾向まで現れていた。

1947年8月末現在、登録された印刷所は278だった。これを地域別に見ると、ソウルが105で最も多く、次いで慶尚南道65、京畿道64、慶尚北道19、忠清北道10、残りの道は5か所未満だった*58。

ここで重要なのは、印刷施設が相対的に優秀な帰属印刷企業の処理過程である。日本人所有の印刷会社が、帰属企業として管理処分される当時の状況と過程は、韓国の現代印刷製本業の初期の事情を知ろうとする際には欠かせない。

軍政初期から軍政当局は「敗戦後の所属財産の凍結及び移転制限の件」(軍政

*58　『朝鮮年鑑』京城; 朝鮮年鑑社; 1948、p371

法令第２号、1945.9.25）を発動し、朝鮮にある日本の国公有財産をすべて凍結したが、続いて「在朝鮮日本人財産の権利帰属に関する件」（軍政法令第３号、1945.12.12）を公布し、日本人の私有財産までも、すべて帰属財産として接収管理した。

当時、帰属企業の割合は全体の21.6％だったが、従業員数では48.3％を占めていた*59。企業比率よりも従業員比率が高いのは、帰属企業の規模がそれだけ大きかったからである。

帰属企業に対する軍政当局の管理行政は、最初からかなり無原則で、また臨機応変に展開され、工業施設が現状そのままで韓国政府に引き渡され、効率的な運営がなされないなど、多くの問題を引き起こしたと見られている。軍政当局の帰属財産管理の基本は、帰属企業にアメリカ人の顧問官を任命し、さらに顧問官が韓国人管理人を再任し、実際の管理をさせる方式だった。1947年末に、帰属企業の組織を株式会社化することが決まり、自然に会社運営の権限は理事会に移行するようになった（管財令第10号）。

1948年末現在、軍政当局が指定した印刷部門の帰属企業は、中央直轄（２社）と地方管轄（35社）を合算して37社だった。これらの帰属企業の数は印刷・製本業全体の16.6％にすぎなかったが、従業員数では27.2％を占めている。つまり、個

表2-2　印刷・製本業の生産額

	1940年			1948年						
	生産額［千圓］			生産額［千圓］						
	全韓国（南北韓）	南韓	構成比	中央直轄	構成比	地方管理	構成比	私営	構成比	合計（構成比）
企業数	—	—	—	2	2.8	10	13.9	60	83.3	72（100）
生産額	7,006,801（19,374）	6,225,254（17,213）	88.9	598,522	36.9	890,818	55.0	130,923	8.1	1,620,263
企業当たり生産額	—	—	—	299,261	—	890,818.8	—	2,182.05	—	22,503.65

注１　1940年の構成比は、全国の合計生産額に対する南韓の比重
注２　1940年の生産額のうち、（　）内の数字は実質生産の物価によって再算定した修正生産額
注３　上の資料は、商工部工業局調査資料によっている。
注４　1940年の生産額は『昭和16年、17年度の朝鮮経済年報』p 147～148
注５　黄海道は北韓、京畿道は南韓で、江原道は全生産額の７％を南韓分として計算した。
資料：朝鮮銀行調査部編『1949年度経済年鑑』朝鮮銀行（1949.10）によって再作成

＊59　姜萬吉『増補韓国現代史』ソウル; 創批、2006、p399

人印刷企業の平均従業員数は29名で、全体平均の33名に及ばないのに対し、帰属企業の平均従業員数はその差が大きく54名だった。

従業員規模だけでなく、設備の機械化の水準など、各部門でも格差が大きく広がっていた。したがって前掲（**表2-2**）で見られるように、帰属企業の生産額規模は、全体の92％と断然優位に立っていた。それほど光復期の出版産業の発展過程で帰属印刷・製本企業の役割は大きかった。印刷・製本業は他産業の帰属業種とは異なり、出版関係者に管理を委ねたため、比較的合理的に運営することが可能だった。

1947年３月から開始された軍政当局による帰属財産の払い下げ（**表2-3**）は、政府樹立後に本格化し、払い下げの後はそれぞれ独立企業として成長していった。

払い下げは1951年から55年までに集中的に行われた。この期間に民間に払い下げられた印刷・出版業関連の企業数は37社に達している。全体帰属企業のわずか1.9％にすぎないが、印刷・製本業では帰属企業がすべて払い下げられている。そしてこれらの企業のうちでは、地方が管轄する帰属企業が絶対的な比重を占めていた。日本人が残していった印刷・製本業をそのまま引き継いだ過程で、最も功績の大きかった人物として崔長秀と柳瀅基がいる。そしてもう一人は柳明韓（1908～1950）だった。

表2-3　払い下げ企業のうち印刷・出版業の実数（1948～59）

	中央直轄	地方直轄						合計［％］
		ソウル・京畿	江原	忠南・北	全南・北	慶南・北	計	
帰属企業総数	225	440	65	159	392	625	1,711	1,936 (100)
製造業	141	326	31	137	274	559	1,327	1,468 (75.8)
印刷・出版	2	9	0	4	4	18	35	37 (1.9)

注１　1948.8～59年末までの払い下げ企業を対象に業種分類したもので、印刷・出版業は、製造業に含まれている。
資料：財務部管財局『払下企業名簿』（筆写本）
安秉直・中村哲『近代朝鮮工業化の研究』一潮閣（1994）から再引用

3. 用紙不足で悪戦苦闘

用紙事情は最悪だった。用紙不足は意欲的に始めた出版活動に立ちはだかる最悪の障害物だった。用紙生産がしばらく中断したというのは言い過ぎではない。在庫不足も深刻だった。光復を迎えたとき「ソウルの大から小までの印刷所が保有していた在庫を、すべて合わせても数万連（連は、当時は、用紙500枚の重さを表示し、現在では、用紙1000枚の重さを表す単位）にすぎなかった」[*60]という。これらの用紙は無数の各種団体から熱望された政治・思想関係の宣伝パンフ用に充当されたので、翌46年になると所有していた保有量はすっかり底をつき、組版をしても紙がなくて印刷できない状態になってしまった。

品薄現象に悪性インフレが追い打ちをかけ、更紙（さらかみ）価格は天井知らずになった。1945年9月初めには1連が25圓だった更紙価格は、翌年には2万2000圓でも入手できなくなった。更紙が完全に枯渇した状態で、仙花紙（せんかし）さえも1万圓を超える現象が広がるなか、1年ほどは仙花紙で出版しなければならない異変が生じた。軍政当局は非常措置として用紙配給制度を実施したが、根本的な解決策には遠かった。配給手続きと形式も難解な商工部有機化学課からの割り当てを受けようと、ドアが壊れるほど出入りし、紙を確保するために努力したが、必要量はいつも足りなかった[*61]。

軍政当局は追加で二つの非常対策を講じてきた。ひとつは定期刊行物の登録制を許可制に変更することで、新規許可を中止する極端な手段によって、用紙需要を根源から抑制し、現実の課題を解決しようとした。もうひとつは「緊急物資政府優先買い上げ制度」を導入実施したことだった。この制度は生産原料の適正配給と政府所要量の確保をするため、輸入物資のうち重要物資を指定し、優先的に政府が必要量を買い入れる制度である。1947年3月25日、中央経済委員会の貿易政策に関する建議を受け入れ、同年4月1日に発令した通達によって施行に入った。

重要物資は「最緊急物資」「緊急物資」「準緊急物資」の3種類に区分されたが、このうち紙類は「最緊急物資」に指定された。指定物資を輸入した業者は、

＊60　崔暎海、前掲文、p6
＊61　鄭鎭肅顧問古稀記念出版委員会編『出版人鄭鎭肅』大韓出版文化協会、1983、p67

その物資を処分するに先立ち、まず政府の買い入れ量を打診し、次に残った物量についてのみ、一般業者と売買契約を締結できる仕組みである。印刷用紙の政府の買い入れ量は平均50％内外だった。こうして確保した用紙を政府は教科書出版に充当するのが常だった。しかし、代金は圓貨で決済されたため、輸入業者にはこの制度が莫大な外換損を強いることになり、どうしても用紙輸入に積極的でなかった。

1947年度の紙類輸入実績は、約386万9000kg、金額では３億5206万圓と集計されている[*62]。この制度の運用で、生ゴム、綿花などは需給逼迫が多少は緩和されたので、施行９か月で除外措置となったが、紙類だけは韓国政府の樹立まで継続されている。「どんなに沢山の金を持って行っても、用紙の買い求めはできなかった」。用紙入手難は当時の出版界で厳しい苦痛で、大きな難関だった[*63]。大邱の金相文はソウルにやってきて印刷用紙を買い求める過程で、詐欺事件に遭遇し苦痛を味わってもいる[*64]。用紙難の最大原因は国内の用紙生産能力の低下にあった。

韓国で機械化された近代的製紙工場の嚆矢は、1919年に王子製紙が新義州に建設したものである。その後、会寧の龍華製紙、順天の朝鮮製紙、吉州の北鮮製紙化学工業、さらにこれらの会社の系列工場の５つで全部だった。製紙生産

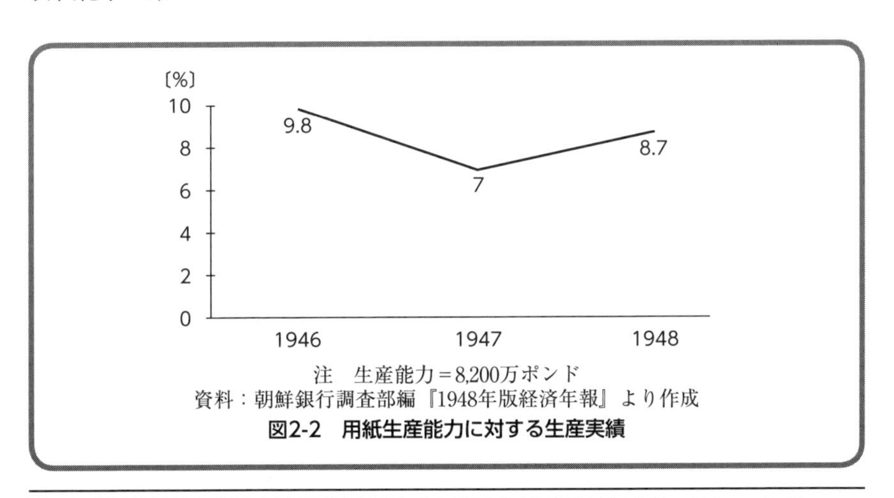

注　生産能力＝8,200万ポンド
資料：朝鮮銀行調査部編『1948年版経済年報』より作成

図2-2　用紙生産能力に対する生産実績

＊62　朝鮮銀行調査部編『朝鮮経済年報』（1948年版）朝鮮銀行調査部、1948、pⅢ-58
＊63　趙相元、前掲書、p38
＊64　金相文、前掲書、p63~79参照

施設の大部分は北側にあり、南側には北鮮製紙の群山工場と朝鮮製紙だけが残っていた。そのほかに麻浦刑務所など小規模抄紙工場などを合わせても、わずか15か所だった。とくに南側には化学パルプ工場が皆無だったので、製紙工場で必要な原料は北側に依存していた。それが断絶されてしまうと、回収廃紙に稲わらを混ぜて再生製紙を生産していた。

しかし、それすらも原料不足と極端な機械稼働率の低下で、爆発的に増えた用紙需要の根本的な解決にはならなかった。稼働可能な中小製紙工場での製品はせいぜい仙花紙だったが、品薄現象は日増しに深刻化していった。

1946～48年の生産実績推移をみると、生産能力は8200万ポンド（パウンド）だったが、1946年に805万6000ポンドとなり、生産能力の9.8％を記録、翌47年にはパルプなどの原資材が現れる波乱もあり、7％に過ぎない576万ポンドの生産にとどまった。生産量は48年に716万1000ポンドと少し増えたが、生産能力の8.7％でしかなかった。用紙需要量についての統計はないが、南部朝鮮の用紙生産量は、麻浦刑務所や群山製紙で生産する仙花紙まで含めても、とうてい不足量をカバーすることはできなかった（**図2-2**）。

輸入するにも容易ではなかった。軍政当局が用紙輸入を斡旋し、いわゆる「マカオ産更紙」が供給されたが、ドルの手持ちが足りない時代なので、出版社が更紙輸入代金を集めて貿易会社に渡すと、その資金で貿易会社は江陵でイカを買い求め、それをマカオで売った代金で用紙を買うという段取り[*65]で、用紙枯渇は頂点に達していた。

表2-4　用紙価格の推移

	価格［圓］	指数［%］	
		1936年基準	1945年8月基準
1945.8	600	4,838	100
1945.12	1,000	8,064	166
1946.12	11,000	88,709	1,833
1947.12	19,000	153,225	3,166

資料：朝鮮銀行調査部編『1948年版経済年報』により再作成

＊65　「特別対談：教科書印刷出版の生きている証人李大儀章旺社社長」『プリンテイング・コリア』2002.10、p79

「この間隙を狙って怪物のように現れたのが“マカオ”更紙である。これらの輸入品はほとんど闇商人の手を経て高価で中間商人に渡ったものを、出版社が購入するのが基本構造で、ごく一部の出版社だけがこれらの用紙を使用できるのが、その当時の実情だった」[*66]

一方、用紙（模造紙60g基準）価格の変動推移をみると（**表2-4**）、光復当時、１連の小売価格は600圓だったものが、47年末には１万9000圓と、なんと3166％も上がった。しかも製品の状態でときたま取引されるものだけが、公式報告されていた[*67]。出版用紙の使用実態を時期別に区分すると、1945年８月から翌年８月までは「更紙の時代」、46年９月から47年８月までは「仙花紙の時代」、同年９月から48年上半期までは二度目の「更紙の時代」と要約されている[*68]。

4.　印刷業を守った崔長秀と柳瀅基

崔長秀（1909～1996）は1946年２月１日に、朝鮮書籍印刷（株）（社長、野世渓閑了）の管理を任された。朝鮮総督府の専属印刷所として1923年３月に、資本金200万圓（払込金50万圓）で設立された同社は、10余台の最新活版印刷機と２色刷りオフセット施設、自動製本機などを備えた最大の総合印刷所だった。朝鮮殖産銀行、朝鮮信託、朝鮮火災海上保険、漢城銀行、朝鮮産業銀行など、屈指の金融機関が株主として加わっていた。この会社の規模は京城大島町（龍山区龍門洞）に、土地約２万坪に、建坪約1800坪、従業員数700余名に達していたという。主に朝鮮総督府編纂の教科用図書、官報、暦などのほか、朝鮮銀行券、有価証券まで各種印刷を担当していた。

解放当時、崔長秀はこの会社の販売課長兼教導課長だった。教導課長は毎年50名の印刷技術者を養成する仕事を担当する部署だった。彼は光復当時に朝鮮人としては唯一の幹部社員で、職員を説得、印刷施設を保護温存することができた。教導課長だったため、印刷技術者たちとの交わりが比較的深かったことが大きな助けになった。しかし、彼は最初からこの会社の管理人（当時は社長をそのように呼んだ）ではなかった。

＊66　朴淵禧「出版文化に対する小考」『京郷新聞』1949.3.19
＊67　『朝鮮経済年報』（1948年版）、前掲書、Ⅰ-226
＊68　崔暎海、前掲文、p6

解放になると、崔長秀はこの会社の唯一の朝鮮人役員だった方台榮*69を管理人に推薦したが、軍政庁の要求で直ちに辞任させられ、金鎬演が2代目の管理人に就任した。しかし、彼も同年の9月20日に朝鮮印刷が引き受けていた造幣機能を停止させられたので、崔長秀を3代目の管理人に任命したという。崔長秀は2年間熱心に働いたが、植民地時代に鮮光印刷所*70を経営した趙鎮周が4代目の管理人になったので、心ならずもこの会社を辞任した。彼がこの会社を辞めたとき、400余名の従業員が管理人の罷免に反対する陳情書を軍政当局に提出し、これを受け入れられなければ従業員の総意で、ストライキを断行すると言明するほど信望が厚かった*71。

この会社は大韓民国政府が樹立された後に、金泳柱に払い下げされ、「韓国印刷」と社名を代えたが、朝鮮戦争の際に国連軍の爆撃を受け、立派な施設がみな無残にも破壊されてしまった。ソウルを占領した北韓共産軍が、有価証券を乱発するのを憂慮した国連軍の事前措置で被害を負ったといわれる。

一方、管理人を解任された崔長秀は、文教部から実業系教科書会社の設立を要請され、その仕事を始めるために東奔西走、1948年に大韓教科書（株）を設立し、その会社の常務理事になり、会社組織、印刷工程、業務体系などを確立する仕事に尽力する。その後、国定教科書の前身である大韓文教書籍（1952年7月15日設立）の工場建設を担当することになる。

1955年には国定教科書印刷工場の管理責任者の資格で、FOA資金による技術援助計画に伴う研修生に文教部が選抜、アメリカで教育を受けた。1975年7月には中高等教科書印刷（株）設立を推進し、理事にも就任（社長は朴基衍）した。このように教科書出版の専門家である崔長秀は1976年に、国際出版協会総会（京都）で、韓国代表の資格で「教科書の国定化」に関する主題発表を行った。個人的には樂山文化社を経営し、亡くなる時まで教科書出版の専門家として専念した。

---

*69　『朝鮮銀行会社組合要録』（前掲書）には、取締役会長と記録されているが、常務だったとの説もある。（李璟薫『続・本は万人のもの』p405）

*70　和信商会の代表だった朴興植の平和堂印刷は創業者の李根澤と同業で、1924年に事務用品印刷のために設立した活版印刷所である。1930年代中半に二人が別れることになると、趙鎮周が入手したが、『朝鮮銀行会社組合要録』（1942、前掲書）には、代表が日本人の酒井興三吉に代わったと記録されている。

*71　『東亜日報』1946.12.26

柳澄基（1897〜1989）は新生社の創立者で、監理教の牧師だったが、朝鮮印刷（当時、社長は小杉謹八）の管理を受け持った。現在の萬里洞１街（当時は蓬莱町）62－63にあった、この会社は第一次韓日協約が締結された1904年に、朝鮮に進出した日韓書房の後身である。1919年に朝鮮印刷と社名を代えたのに続いて、1921年９月に資本金20萬圓に増資（それまで10萬圓）した。朝鮮書籍印刷に次ぐ最新活版及びオフセットと製本、活字鋳造施設を備え、洋紙卸売業も兼ねるなど、膨大な事業を展開した会社だった。政府樹立後には公報処の直営印刷所となった。1956年に蘇仁鎬らに払い下げされ、政府刊行物配給（株）印刷工場の看板を掲げたが、1961年の「５・16軍事革命」の後は、さらに李学洙に売り渡され、光明印刷公社と高麗書籍として新たに生まれ変わった。柳澄基は軍政を実施するためにアメリカ軍が進駐してきたとき、白楽濬、呉天錫、鄭一亨、河敬徳らと歓迎の辞を掲載した『コリアタイムス』を作って仁川港に迎えたのを契機に、軍政庁が発足するときまで無報酬の通訳奉仕をした縁で、志願してこの会社の管理をすることになった＊72。

朝鮮印刷は、当時二番目に大きな印刷所だったので、彼はそのときの出版社のなかで、出版条件がはるかに有利な立場で出版活動をすることができた。柳澄基は、まず自分が編者兼発行人となり、出版史上最初で本格的な『新生英韓辞典』と『韓英辞典』を出版する輝かしい業績を残した。

1946年10月に刊行した『英韓辞典』は1146頁にもなる膨大な分量となり、866頁の『韓英辞典』は翌47年７月に発行された。用紙の入手が厳しかった時期に、光復２年にもならないのに、このように膨大な辞典を２冊も出版したのである。彼はこの辞典刊行に尽力し、一方で『新生英作文』『初級小独文典』などの大学と中高校の副読本を出版した。『基督教の真髄』『家庭礼拝書』『基督教史』『旧約文学概論』『私はこのように信じる』『英韓対照、新約聖書』『単巻聖經注釈』など、意義ある宗教書籍も熱心に執筆し発行した。

現在のソウル市庁前の広場にあった大海堂印刷（株）と東洋オフセット印刷（社長：播本恒太郎）の実質的な経営者は播本精一という人物だった。1920年に設立された大海堂印刷は日本人による最初の活版専門印刷所で、東洋オフセットは1929年の創業だった。この２社は光復後に、李康濂、金昌集、柳明韓らが引

＊72　楊澄基、前掲書、p137~146

き継ぎ、高麗文化社を設立し、当時、最高の部数を誇った月刊『民聲』(1945.12〜50.5)、『子ども新聞』(週刊) などの雑誌と多くの図書を出した。最高の設備と技術を備えた印刷施設は朝鮮戦争の際に、半分ほどが破壊され、残ったものは高麗文化社が解散したので『自由新聞』に売り渡された。

朝鮮単色印刷 (社長：江口寛治) は、吉田寛二郎という人物がオフセット印刷と特殊印刷の専門印刷所として1941年に設立した会社である。活版印刷の施設はパンフレットを印刷する程度だったが、オフセット印刷だけはハイデルベルグ印刷機2台を筆頭に、多様な規模の印刷機、製版施設などを完備し、主に葉書、切符、小学校用の絵本などを印刷していた。財務面では、朝鮮印刷を凌駕したとも伝えられる。光復後は呉昌根が社長、金鍾國が専務になり引き継いで経営し、傍系会社の高麗書籍を設立、月刊『少年世界』『児童倶楽部』や中高校の美術教科書と産業経済などを発行したが解散してしまった。前述した李学洙の高麗書籍は呉昌根と金鍾國の高麗書籍を手に入れたものである。

ソウル中区の南大門市場内にあった朝鮮行政学会印刷所 (会長：大谷保) は、1922年2月に朝鮮関係法規編纂及び月刊『朝鮮行政』などを刊行するために、帝国地方行政学会朝鮮本部の名称で創設した活版印刷所だった。1934年に株式会社に改編し、38年には30万圓を増資、資本金40万圓の大会社に成長した。40年に朝鮮行政学会印刷所と商号を換えた会社であるが、解散した後には金慶洙、金顕常、梁漢錫、申鎮鉉らが引き継ぎ、協進印刷公社と改名して経営していた。朝鮮戦争の前に、朝鮮語学会編纂の『朝鮮語大辞典』を全6巻のうち3巻を、この印刷所で組版・印刷するくらい施設が優れていた。当時、活発な活動をした出版社で、この印刷所を利用しないところはないほど確かな発注先を持っていた。朝鮮戦争のさなか、避難地釜山で協進印刷公社 (金慶洙)、第一印刷所 (金顕常、梁漢錫)、大成社 (申鎮鉉) に分割分離している。

「偽札事件」を引き起こした朝鮮精版社は、植民地時代に最も大きな紙業商と印刷インク商を経営しながら、活版とオフセット印刷を行った合名会社である。近澤商店の印刷部を左翼系の大物だった朴洛鍾らが引き受け経営したものである。また、活版印刷所としては後に大韓教科書に施設を引き継いだ谷岡商店印刷部、大塚印刷所、大盛堂などがあり、平版印刷所としては佐藤、秀美、森永印刷所なども韓国人が帰属財産として引き継いだ。

第6節

解放初期の出版活動

1. 噴出する出版物─出版統計の混乱

このような困難な状況においても、出版人たちは不屈の意志で他のどんな分野よりも努力し、活発な勢いで躍進を重ねた。いち早く経験したことも、考えたこともない書籍や雑誌が一斉にあふれ出たのである。韓国語とハングルを取り戻した喜びで全国民が出版を歓迎し、刊行物が新たに耳目を集めたりしていた。今から見れば活字もきちんと整っていない、極めて不格好で綴字法も統一されていない無原則なものだったが、読者はそんなものでも気にしなかった。いったいどれほど出版されたのだろう？

左右翼の思想的対立は、無制限に近い出版の自由のもとで、政治宣伝パンフの洪水時代を招いた。国が政治思想的に複雑微妙に揺れ動くときだったので、1945年に発行された出版物のほとんどは100頁未満の薄っぺらな宣伝パンフで、とくに扇動的で宣伝的な左翼共産系の出版物が少なからぬ比重を占めていた。一般書籍はせいぜい古い紙型を利用して重刷する程度で、新刊の刊行は活発ではなかった。植民地時代に発売禁止になり、倉庫で休眠していた本なども、目覚めて飛ぶように売れていった*73。

新刊の制作が困難だったので、植民地時代の古い紙型の利用、または出版権の無秩序な譲渡や売買が盛んだった。だから発行者が任意に内容を変えたり、題名を代えて発行するなど、著作権を侵害する事例も少なからず発生した。と

*73　東明社は販売禁止措置になった『壬辰録』1000部を、この時に販売し、東明社再興のきっかけとなった。（崔漢雄『庸軒雑記』p131参照）

くに植民地時代に著作権者が著作権そのものを、出版社に譲渡するケースがよくあり、こうした著作権の帰属をめぐる論議もしばしば起きた。この種の版権を最も多く持っていた出版社は、当然ながら植民地時代に活発な出版活動をした「漢城図書」「博文出版社」「永昌書館」などだった。このうち「漢城図書」は著者に金一封を送って刊行を続け、「博文出版社」は５％の印税を追加で支給するなど、道義的にも円満に解決しようと努力していたが、多くの場合は出版社を転転とするうちに、著作権の所在が曖昧になってしまうのだった*[74]。そうした奔流のような「出版物の洪水」の中で、「単純な営利行為」を狙った「低俗な図書」出版現象に対する、批判的見解と出版の創作性回復のための自省と批判の声も高まったが、それは「一瞬」のうちに終わった。

光復後、最初の出版物が何だったのか、諸説はあるがいまだに定説はない。一説では正音社で出した権悳奎の『朝鮮史』(原題は『朝鮮留記』)との説*[75]があるが、この本は刊行日が1945年とだけ記録されているので根拠は薄弱である。しかし、書誌情報に通じた李謙魯が根拠なしに、こうした主張をするわけはないのだが、今となっては確認するすべがない。現存する光復初期に出版された書籍のうち、

*74　姜尚雲「出版界の一面と三面」『民聲』第６巻第１号、1949.1、p28～29
*75　李謙魯「積功10年、初の人物伝発刊」『出版文化』通巻218号、1982.11、p29
*76　『大韓民国統計年鑑』は、第１回（1952年版）が1953年10月に公報処統計局から発行された。第２回（1953年版）から第９回（1960年）までは内務部統計局で、その後は経済企画院（第10回、1963~）と統計庁の名義で現在まで、毎年連続して発行されている。第３回版（1954年、p276~277）には1940年及び46~48年、54年度「図書出版」統計が24の分野別に収録されている。この統計の作成者は韓国銀行調査部である。続いて第４回（1957年版）に1952~56年度統計が、第５回（1958年版）にも1952~57年度分が、それぞれ文教部によってDewey十進分類法の10分野に、韓国の実情を反映し、児童図書と学習参考書を追加した12の分野別に作成した統計が、第６回（1959年版）には58年度分だけを13分野に分けて記載されている。
*77　1961年10月６日に、文教部が発表した1948~59年の出版統計に基づいたもので、この統計は1945年の出版量について、対象期間を「1945.8.15~46.7.5」と注記している。当時は軍政庁警務部及び商務部で、出版関係の事務を担当していた文教部が作成したものではなく、温楽中（朝鮮左翼出版協議会議長）が執筆した『解放朝鮮年報』（民主主義民族前線編、文友印書館、1946）に収録された統計をそのまま引用したものと見られる。
*78　『韓国出版年鑑』の「光復以後の出版統計」は、大韓出版文化協会が毎年、その年度の出版統計を追加し更新して収録している。こうした様式の出版統計は『出版協会40年史』（1987）に初めて紹介された。その後に発掘された『出協会報』（続刊号、1956.4.26）など各資料でも、光復期５年間の統計を探し出すことができるが、これらの統計数値と『韓国出版年鑑』のそれとは一致していないので信頼性は疑わしい。

表2-5　光復期の出版実績（1940年～50年）

	①大韓民国統計年鑑*76	②文教部統計*77	③出版年鑑*78	④李斗暎調査*79
1940	60	—	—	—
1945.8～12	—	202	—	61
1946	552	708	1,000	552
1947	957	733	950	957
1948	1,176	1,157	1,157	1,176
1949	—	1,757	1,754	1,754
1950	—	—	—	458

資料：①大韓民国統計年鑑：第３回『大韓民国統計年鑑1954年版』（内務部統計局ｐ276～277）
②文教部統計：安春根『韓国出版文化史大要』（1987、ｐ489）から再引用
③出版年鑑：『韓国出版年鑑』（2012年版、ｐ118）の「光復以降の出版統計」
④李斗暎調査：上の三つの統計資料をはじめ、各文献に断片的に記述された統計を比較調査し作成した。

発行日が明示されたものでは、朝光社刊の月秋山人編『朝鮮同胞に告ぐ』が最も早い。続いて９月中に６社から10点が刊行*80されたことが、実物によって確認できる。

*79　李斗暎「類型別に見た韓国出版100年」李斗暎ほか『韓国出版100年』ソウル; 玄岩社、p97

*80　これまでは1945年９月に発行された書籍として４点の目録が『大韓出版文化協会40年史』（1987年刊）に紹介されているだけである。ところが李斗暎の調査によれば、刊行日を1945年９月５日と明示した『朝鮮同胞に告ぐ』が最も早い時期に出たと確認されており、そのほかに同年９月に出版された書籍９点を含めて、全部で10点が９月中の刊行と認められる。但し、一部の書籍は刊行日が記載されていないが、国立中央図書館が編纂した『韓国書目1945~62』の例に見られるように、所蔵先によっては書誌事項が詳細でない場合があるので、さらなる確認作業を必要とする。
1945年９月に刊行された10点の書誌情報は次の通りである。
・月秋山人編『朝鮮同胞に告ぐ－自主独立と我々の進路』1945.9.5、朝光社、B6、72頁、３圓
・朝鮮語学会『ハングル綴字法統一案（新版）』1945.9.11、朝鮮語学会、54頁、１圓
・李泰俊『王子好童』（上）1945.9.15、南昌書館、B6、180頁、30圓（李承萬装幀）
・李泰俊『王子好童』（下）1945.9.18、南昌書館、B6、374頁、22圓（李承萬装幀）
・弘文書館編『無雙 明心寶鑑』1945.9.20、弘文書館、A5
・申泰和編『朝鮮歴史』1945.9.30、三文社
・周時經『周時經先生遺稿』1945.9.30、三文社、A5、177頁、20圓
・三文社出版部編『ハングル統一朝鮮語文法』1945.9.30、三文社、B6、98頁、20圓
・アルセーヌ・ルパン（劉斗應訳）『ルパン全集①千古の秘密』1945.9、三友出版社、165頁、20圓
・李光洙『流浪』1945.9、弘文書館、205頁、50圓

光復期の出版統計によれば、1945年末までの４か月間に61点の単行本が出版された。続いて翌46年に552点、47年に957点、48年に1176点が出版されたと調査集計されている*81。政府樹立で出版環境が安定した49年には1754点と大幅に増加しているが、こうした上昇傾向は翌50年の朝鮮戦争の勃発で完全にストップする。同年の「９・28収復」までの３か月間、ソウルでの出版活動は完全に停止してしまった。

しかし、この期間の出版統計はいまだに完璧に整備されていない。**表2-5**のように、公信力のある３つの機関で、この期間の出版統計を発表した記録をみると、機関ごとに異なって記録されている。現在、最も広く活用されている「出協」の統計をはじめ、政府の公式統計資料でも不確実な資料を提示している。「未詳」と表示するなど体系的でない。

光復期の出版統計が、このように一貫性がなく信頼性に欠けるのは大きな問題である。同じ「出協」が発行した資料の中でも、数字が一致しないものがいくつか発見されている。こうした現象は1960年の初頭まで続いていたが、「出協」が納本を代行した62年から統計が体系的に整備されるようになった。だから光復直後の出版統計は、責任ある機関で確実な根拠に基づき公式的な統計を確定し、公表する必要性があると考えられる。参考まで『1949年版経済年鑑』には、『大韓民国統計年鑑』と同じ内容の1940年と46～48年の出版統計（資料、公報処）が収録されている。

2.　出版傾向の変化

出版量を見ると、1946年対比49年の年間総刊行点数は、４年間で約３倍になっている。資材の不足、生産設備の老朽化、稼働率の低下、社会的混乱、経済的沈滞など、劣悪な環境に打ち勝ち「本の革命の時代」*82と呼ばれても良いほど、出版は急速な成長を遂げたのである（**表2-6**参照）。

このように活気に満ちた出版活動が展開されるなか、出版傾向にも多くの変化が現れている。この時期の出版傾向の変化のことを、次のように整理した文

*81　李斗暎「類型的に見た韓国出版100年」前掲書、p97
*82　李仲淵、前掲書、p37
*83　崔暎海「出版界の回顧と展望」『出版大鑑』朝鮮出版文化協会、1948、p6

章がある＊[83]。

「これまでの出版傾向を回顧してみると、1946年９月までは政治思想パンフの季節、46年９月からはいわゆるマンガの季節、そして教科書の季節から参考書の季節であり、英語辞典が勝負をし、ハングル本と歴史本は依然として多数刊行された。47年からは詩集、流行歌、左翼書籍が頂点に達し、48年からは韓英辞典、英韓辞典、ハングル辞典などがブームになった。この辞典ブームは多分、今年通過しなければならないようだ」

政治思想のパンフと言っても、すべてが左翼系ばかりではなかった。右翼陣営からも民族・自主・独立国家建設、新しい時代の国と民族の進路などを論じたものも少なからず発売された。けれども1946年７月５日までの、わずか１年にも満たない期間に出版された202点の書籍のうち、左翼書籍は66点で最も多かったと明らかにした調査＊[84]が語っているように、光復初期には左翼書籍が大きな比重を占めていた。この時期に左翼書籍が数多く出版されたのは、左翼の扇動・宣伝活動が右翼に比べて相対的に活発だったからである。宣伝・扇動のための左翼書籍は「50頁前後の薄い四六判サイズの翻訳書が主流を占めていた」＊[85]といっても、言い過ぎではなかった。

けれども、政治、社会など社会科学書籍の成長の勢いは、時節の流れに沿って停滞しており、全体に占める比重も年ごとに急激に減っている。政治関連の書籍は1946年から49年までの４年間に、43点から57点に、わずか14点増えただけだった。同じ期間に全出版点数は318％も増加しているのに、政治分野はほんの32％しか増えていなかった。1946年には75点も出版されて、一時的には最も大きな比重を占めていたが、翌47年には20点に減少するなど曲折が激しかった。左翼活動に対する規制が出版に直接的な影響を与えたためと考えられる。

＊84　民主主義民族戦線編『朝鮮解放年報』文友印書館、前掲書、1946、p383。
一方、呉榮植は現存する実物をもとに集計した年度別単行本（書籍）の発行点数は、1945年128点、46年719点、47年743点、48年945点、49年876点、50年（6.25以前）440点、発行年度未詳25点で、合計3876点の目録を提示し、この期間の出版活動に関する重要な端緒を提供した。（呉榮植、前掲書参照）

＊85　鄭鎭肅「残したいお話－出版の道40年（52）」『中央日報』1985.6.14、実際に『民主主義と朝鮮建設』（朝鮮精版社）は24頁で、『日本共産党宣伝綱領規約』（ウリ文化社）は29頁だった。このように政治宣伝を主とする出版物は、ごく一部を除くと、判型が「規格小」と表記されるくらい薄っぺらなものだった。

表2-6　光復期における分野別の出版推移

	1940年	1945年	1946年	1947年	1948		1949
					統計年鑑	出版大鑑	学生年鑑
総　類	8	—	106	161	105	44	82
哲　学	1	2	7	17	30	30	20
宗　教	2	—	16	20	28	31	80
社会科学	25	33	146	168	121	126	166
純粋科学	0	—	9	20	1	1	0
技術・科学	1	—	15	21	21	24	38
藝　術	0	—	5	18	25	25	20
語　学	3	4	9	11	14	17	53
文　学	6	9	77	148	245	273	344
歴　史	9	13	59	64	52	58	73
児　童	3	—	77	75	98	105	161
学習参考書・教科書	2	—	26	234	436	423	604
総　計	60	61	552	957	1,176	1,157	1,641

注　1948年の場合、『大韓民国統計年鑑』は1776点、『出版大鑑』は1641点（25分類）と記述されている。しかし、分野別に刊行点数を記載した資料は、『学生年鑑』が唯一なので、これに基づき“韓国十進分類法”に依拠・再分類し、分野別に出版傾向を比較できるようにした。
資料：『大韓民国統計年鑑』『出版大鑑』（1948年版）などから再作成

政治思想書は次第に読者から歓迎されず関心の外に追いやられ、左翼出版社の淘汰をもたらした。政府樹立の後には政治思想書籍は根本的かつ質的変化を引き起こしている。

政治思想書籍は翻訳が多かったのに対し、「文学」では創作が断然優勢を示していたのも、この頃の出版傾向の一つと見られる。この当時も出版の主流はやはり文学だった。出版指標は文学書出版が急速に成長したことを示している。詩集も16点から66点と3.5倍に増えた。評論や随筆集まで含めて、文学書はこの期間に4.5倍も増加し、文学史に輝く名作が競って出版された。文学書出版は政治的な扇動・宣伝用の出版物とは異なり、左派「主導」にはならなかったのである＊86。

人物の伝記や回顧録なども出版点数の増加に寄与したが、1949年には歴史書も24％の伸びにとどまっている。46年には英語学習書９点（ロシア語と中国語の学習書が各１点なのに、英語は圧倒的だった）、新唱歌（流行歌を含む）６

＊86　李仲淵、前掲書、p64

点が出ているのも新しい流れと見なされる。

1949年には「漫画」が109点出版されたと記録されている。48年以前には「漫画」を分けて集計せずに「児童」に含めていた。雅文閣代表で「出協」副会長の李錫重が「解放後、洪水のようにあふれ出た児童図書のうちで、第1位を占めたのが、冒険物と漫画だった」と指摘している*87ように、漫画は早くから活発だったというが、こうした漫画出版ブームは「低質漫画出版で、営利だけを求める謀利輩」と批判された。

興味深いのは、『鄭鑑録』のような惑世誣民する本（世間を惑わす本）も目にとまることである。また『金日成将軍伝』『安重根史記』『聖雄李舜臣』などがあり、『標準語集』『歴史教本』『親日派の悲哀』『大韓独立運動史』などもかなりの読者層を確保している。

新生社（柳瀅基）、国際出版社（金乙漢）などは、英語辞典を刊行し、1948年からは大型全集の企画出版を開始した。漢城図書は『朝鮮文学全集』（全10巻）、「漢図英語叢書」（継続刊行）の刊行に着手し、博文出版社は『経済学全集』（全30巻）、雅文閣は「朝鮮民俗学叢書」（全8巻）などの全集物と、『資本論』（全8巻、ソウル出版社）、『唯物史観世界史教程』（全4巻、白楊堂）など、量的に大きな出版が続いた。こうした現象は「昔は見られなかった新しい現象と傾向」であり、「出版産業が近代的に企業化している証拠」という肯定的な評価*88を受けた。同じく48年には、乙酉文化社の『朝鮮語大辞典』とともに『標準朝鮮語辞典』が雅文閣から出版されたことも、出版の質的向上を示すものの一つだった。

出版の形態面でも多様な姿が見られた。1947年からは低廉な文庫出版ブームが起き洛陽の紙価を高めた。「博文文庫」（博文出版社）、「乙酉文庫」（乙酉文化社）、「正音文庫」（正音社）、「協同文庫」（朝鮮金融組合連合会）、「民衆文庫」（民衆書館）、「大成文庫」（大成出版社）、「研學文庫」（研學社）、「革命文庫」（革命社）、「人民文庫」（労農社）、「大衆文庫」（三中堂）などで文庫本時代の再来を告げていた。

韓国での文庫本出版は、近代的な出版産業の創造期に崔南善が「六銭小説」「十銭叢書」を刊行したことに始まるという。しかし、現代的概念での文庫は植民地時代の1937年頃に、博文出版社の「博文文庫」、學藝社の「朝鮮文庫」の出

＊87　李錫重「児童図書の出版」『出版大鑑』p7
＊88　張萬榮「1948年の文化界回顧：出版」『京郷新聞』1948.12.28

版によって本格化したが、支配権力の弾圧で希望どおりに開花させることはできなかった。解放期の文庫出版はこのように、韓国出版の歴史において恨（はん）（植民地時代の抑圧などで民衆の中に蓄積された怒りや悲哀などを表す）のように残っている文庫出版の二度目のチャレンジだった。

この頃に出版された書籍の大部分は仙花紙に印刷した100頁前後の小型本だったが、韓国語（ハングル）で書かれた本であれば、何でも刊行されると飛ぶように売れていった。光復初期の平均発行部数は１万部超だったが、46年からは5000部に減少している。

3.　思うに任せぬ出版実績

出版社と新刊発行点数は年を追って急増したが、出版実績のある出版社は多くはなかった。1949年までに登録された798の出版社のうち軍政期間に出版実績のある出版社（出版された図書を納本した実績のある出版社）は、458社だったと報告されている*89。『出版大鑑』の図書目録を根拠にしたこの調査によれば、10点未満を刊行した出版社は420社（全体の91.7%）で、３年間にただ１冊も出せなかった出版社は250社だった。

年度別に出版実績を見ると、1945年に40社、46年に216社、47年に212社、48年に165社にすぎない。つまり、登録出版社全体のうち45年には88.9%が出版活動をしていたが、47年には36.5%、48年には20.8%だけが出版実績を記録している。出版社の数は引き続き増えているが、出版活動を実際に行った出版社は徐々に減少しているのである。当時の出版社が意欲だけが先走り、激しい政治的混乱と経済破綻による資金難と購買力の減退による代金回収の不振、施設不足と用紙難などで、大部分は存立すらも危ぶまれる状況だったことがわかる。多くの出版社が門を閉ざし、また失敗した出版社も無数にあり、事業として成立する出版社は多く見ても100社程度にすぎなかった。

けれども、この大部分も家内手工業の水準に留まっていた。「出版社の規模は大きくても事務室が30㎡内外で、狭いものは12㎡程度、従業員も社長を含めて２～３名の小規模で始めた」*90軍政期間に最も活発な出版活動をした正音社

---

*89　趙大衡『米軍政期の出版研究』中央大学（韓国）新聞放送大学院修士学位論文、p97
*90　鄭鎮肅「出版の道40年（51）」『中央日報』1985.6.12

の場合でも、解放された年には社長と従業員のふたりだけで北倉洞に看板を掲げていたが、翌年の正月になって初めて社員１名を採用することができたという＊91。

少なからぬ資材を投じて努力したのに、生活資金までふいにした出版人は数百名にも達している。正常な出版経営への道はそれほど遠かった。不断の努力に資本と手腕が必要だった。そんななか朝鮮戦争勃発までの５年に満たない時期について出版実績をみると、解放期を代表する出版社の姿が浮かび上がってくる。

表2-7　光復期における出版社別出版実績

区分	出版実績
100点以上出版（２社、総342点）	乙酉文化社（175）、正音社（167）
50点以上出版（６社、総382点）	金龍図書（78）、同志社（67）、博文出版社（64）、東邦文化社（62）、三中堂（60）、朝鮮書籍印刷（51）
30点以上出版（10社、総367点）	文化堂（41）、朝鮮教學図書（41）、白楊堂（39）、漢城図書（38）、大成出版社（37）、東明社（36）、民衆書館（35）、朝鮮児童文化協会（34）、朝鮮基督教書會（33）、宣文社（33）
20点以上出版（16社、総382点）	朝鮮金融組合連合會（29）、朝鮮工業文化社出版部（28）、崇文社（27）、研學社（27）、建國社（25）、永昌書館（24）、同心社（23）、三文社（23）、ソウル出版社（23）、雅文閣（23）、中央出版社（23）、青丘文化社（23）、高麗文化社（22）、徳興書林（21）、新生社（21）、労農社（20）
10点以上出版（48社、総602点）	国際文化協會（19）、ソウル新聞社出版部（19）、首都文化社（18）、文友印書館（17）、朝光社（17）、探求堂書店（17）、国際出版社（16）、世文社（16）、新學社（16）、東文社書店（15）、正文館（15）、大洋出版社（14）、朝鮮文化研究社（14）、國民音楽研究會（13）、白民文化社（13）、白楊社出版部（13）、一成堂書店（13）、カトリック出版社（12）、大韓民國公報処（12）、モダン出版社（12）、雄辯俱樂部出版部（12）、朝鮮科學文化社（12）、青年社（12）、弘文書館（12）、国際文化館（11）、啓蒙社（11）、童文社（11）、文教社（11）、文潮社（11）、兵學研究社（11）、珊瑚荘（11）、相互出版社（11）、ソウル文化社（11）、ウリ文化社（11）、第一出版社（11）、創人社（11）、玄友社（11）、建設出版社（10）、慶北學務局（10）、京郷雑誌社（10）、京郷出版社（10）、民教社（10）、生活社（10）、永寅書館（10）、一韓図書出版社（10）、朝鮮文學社（10）、朝鮮語學會（10）、朝鮮出版社（10）

注：雑誌を除く。
資料：呉榮植編著『解放期刊行図書総目録1945～50』

＊91　鄭煥喆「オメガ時計」『歳月も江山も』崔暎海先生華甲記念頌辞集発刊会編、正音社、1974、p219

この時期に約5000点の書籍が出版されたと推定されるが、次に紹介する82社の出版点数は2075に達している（**表2-7**）。この調査は『出版大鑑』*92をはじめ国立中央図書館が調査した『韓国書目』などの目録、さらに個人所蔵図書目録を総合し、図書の実物を根拠にして作成したもので、完璧とは言えないまでも、信頼性はかなり高い。82社のうち公報処と慶尚北道学務局の二つの政府機関を除けば、残り80社は商業出版を目的にした純粋の民間出版社である。

4.　大韓出版文化協会の創立

出版人たちは熱情ひとつで困難を克服し、みずから自立の土台を築いていったが、年月が進むにつれ、一個の出版社が自社だけで解決するには難しい複雑な課題が一挙に持ち上がってきた。用紙難の解消策、卸売商の割引問題、日本書の重版と大物親日派に対する著作物の出版規制など、出版人相互に協力して解決しなければならない課題は、急を要する切実なものだった。「紙1枚でも二人で持ち上げれば軽くなる」と言われるように、力を合わせて共同歩調で進み出ようと、自前の組織の必要性に共感を寄せる出版人が多くなった。

崔暎海（正音社）、金昌集（高麗文化社）、金亨燦（建國社）、盧聖錫（博文出版社）などは、博文出版社の事務室で協会設立の意志を固め、1945年12月10

写真2-2　大韓出版文化協会の創立60周年式典

*92　最も信頼性の高い解放期の主要出版資料と評価されている本（1948年4月15日発行）には「1945~48年の出版目録」の題目で、全1720点の書籍が46の分野別に収録されている。

日、これに賛同するソウル市内の60ほどの出版・雑誌社代表が軍政庁の会議室で「朝鮮出版文化協会」(現在の大韓出版文化協会、「出協」)の設立を決議する。

「出協」は47年２月25日に、永保ビルで創立総会を開こうとするが、“建国の妨げとなる出版物に対する制裁条項”を会則に明示する問題をめぐって左翼系の強力な反対で論争ばかりが広がり、当日の出帆はできなかった。３月15日にYMCAで再び開催した創立総会には、ほぼ150社が参加し、うち123社が会員になり「出協」は正式に発足した。政府樹立に１年半も先立ち、左翼系の出版社まで引き入れる指導力を発揮し、当時、まともな出版活動をしていた出版社は漏れなく参加させ、業界団体の結合に成功したのである。

委員（理事）には、金亨燦（建國社)、崔埈（国際文化協会)、金俊秀（同心社)、李癸河（創人社)、尹石重（乙酉文化社)、池奉文（朝鮮文学社)、李敏（労農社)、成仁基（大成出版社)、李晶来（東光堂)、李琇馨（献文社)、李錫重（雅文閣)、権赫彰（ソウル出版社)、鄭玄雄（ソウル新聞社出版部)、金慶培（文建社)、盧泳根（東省社)、秋鍾洙（解放出版社)、金鏞善（研文出版社)、呉億（生活社)、金正修（學生社）らを、監査委員には金時必（金龍図書)、崔長秀（朝鮮図書文具)、李應奎（博文出版社）を選出した。

ここで彼らは直ちに委員会を開き、投票によって初代委員長（会長ではなく委員長と呼ばれた）に金昌集（高麗文化社編集理事）を、副委員長に崔暎海と趙碧岩（建設出版社）を選んだ。初代の事務局長には金鏞善が選任され、崔暎海の配慮で北倉洞の正音社社屋の一角を借りて業務を開始することになった。事務局には総務部、調査統計部、経理部を置き、出版界の実態を把握し、取引制度及び出版秩序の確立に事業を集中することになった。

政府樹立に先立ち、他の分野よりもいち早く出版界の求心体となる「出協」を創立し、みずから懸案事項を解決しようと決意したのは、さまざまな側面で重要な意味をもつものだった。「出協」の創立は日ごとに深化している当面課題を速やかに解決しなければならないという、切実感が最も大きな理由だったが、出版指導者たちの高い文化意識の発現としても見なければならない。外部では利益集団としての役割を果たしながら、内部では自律指導機能をもつ業界団体をつくり、無秩序を組織的な体制に、非公式的なものを公式的なものに、浮動から安定を図ろうとしたのである。

国全体がイデオロギーを基礎にして割れ、鋭い葛藤を示している状況でも、出版界だけは左右翼の政治的・思想的対立が激化してはいなかった。左翼系の出版社がまず「朝鮮左翼書籍出版協議会（左協）」をつくったのも、出協の設立を促す契機となった。しかし出協の基本精神は左右統合を志向した汎出版的な団体だった。

当時、出版界のリーダーたちは、左翼系出版人も「出協」に引き入れて相互協力し、共同発展を図ろうと望んでいた。他の文化芸術団体に比べると、「左協」と「出協」のあいだの軋轢や反目などは深刻化していなかったからである。思想的に左右の対立が深刻になり、個人的にも各自の路線を明らかにする必要があったので、内面的には熾烈な競争と綱引きがあっても、出版人たちは基本的に共存する姿勢を見せていた。ほとんどの左翼系出版人たちは、共産主義者というよりは大衆のために奉仕する名分をもつ知識人であり、左翼性向を帯びていた者が多かった。しかし、出協草創期の役員を引き受けた左翼系出版人のほとんどは越北してしまった。

左翼系出版人との統合の試みは6か月目に、結局、失敗に終わってしまったと見なければならない。左翼系の副委員長、趙碧岩と金鎬善事務局長は創立の年の10月にみずから席を辞した＊93。いまだに協会の基礎が固まらない前のことだった。「左協」会員らは自分たちの勢力拡張のため破壊的な宣伝攻勢に専念するだけで、最初から出版界全体の共同発展のための、課題解決には関心がなかった。それは予見できた結果だったかもしれない。

大韓民国政府樹立の1948年4月に開かれた第1次定期総会で、「出協」は左翼系出版人を全員追放し、民主主義出版理念に立脚した出版人だけの団体へと性格を明確にした。これによって大々的な役員改選がなされた。創立定期総会で任命され、任期途中で辞任した趙碧岩の補任だった金亨燦の代わりに李錫重を副委員長に選任した。新理事（委員）には柳子厚（東邦文化社）、桂鎔黙（首善社）、李大儀（同志社）、崔大鎔（法政社）、李昌翼（漢城図書）、李炳俊（民衆書館）、李建春（青丘文化社）、裵正國（白楊堂）、尹景燮（宣文社）らを選出した。左翼系の役員のなかから李敏、趙碧岩、池奉文、李琇馨、秋鍾洙、鄭

＊93　姜周鎮の証言によれば、「事務局長金鎬善は金昌集委員長とは別に親しいほうではなかった。左翼に縁のある人間だったことと正音社の2階を事務室に借りて使っていたため、自然に人間が変わったようになった」という。（李璟薫『続・本は万人のもの』前掲書、p336）

玄雄、金慶培、盧泳根、金鎬善、金俊秀らが追放された。新任の事務局長には姜周鎮（1917～94、後に中央大学教授を経て国会図書館長になる）が選ばれた。

以後、出協は懸案の課題を一つひとつ解決しようとあらゆる努力を傾注し、業界に台頭した課題に立ち向かった。用紙難克服のための対策活動、卸売商との取引制度確立及び販売構造の確立のために、業界の衆知を集めるべく努力を重ねた。金融・税務対策委員会を構成し、金融支援及び出版業（または出版物）に対する免税請願運動もくり広げた。印税率調整と出版権を尊重すること、植民地時代に出た日本語図書の重版、大物親日派の著書出版拒否運動も創立初期には重要な課題だった。

1948年２月には機関誌『出版文化』を創刊し、『出版年鑑』編纂の企画を進めたが条件が整わず、『出版文化』第７号を特集形式の『出版大鑑』*94とし、現代出版史の重要な資料を後世に残す仕事をやり遂げた。鄭鎭肅会長は、後日、アメリカの議会図書館で、韓国出版界を理解するのに基本的な資料として、この『出版大鑑』が活用されている現場を目撃し、やり甲斐を感じたと述懐している。

出協は組織がまだ安定していない創立初期から意欲的な事業に取り組んだことは高く評価される。これまでの出協の活動を振り返ってみると、第１に出版の自由の拡大、第２に出版人の権益擁護、第３に出版に有利な環境づくりをする努力をしてきた。対外的には強力な利益集団として、また内部的には自律指導機能を発揮し、説得と妥協の姿勢で出版文化発展に指導的役割を忠実に果たしてきた。

そうした活動のうち、特記すべきことの一つは、林和の詩集『讃歌』が首都警察庁から発売中止措置を受けたとき、その不当性を指摘した対応である。出協はこのときイデオロギーや政治色を離れて、出版の自由と出版権保護の次元から専門的に迫った点で、成熟さを感じさせてくれた。『讃歌』は1947年２月に5000部を印刷し、納本も終えて販売していたが、５月末頃に首都警察庁から販売中止措置を受けた。それは3500部が売れた後のことだった。

---

*94　『出版大鑑』（B5判、108頁）は、解放期の出版資料のうち、最も信頼性が高く総合的で整理の行き届いたものと認められている。この大鑑には発刊当時までに出版された図書目録をはじめ、1949年１月15日現在、政府に登録された出版社の名簿、印刷所、書店の名簿、解放以後の一般図書、雑誌、児童図書、出版界の動向、用紙事情、出版統計、出版関連法規、出協小史などが網羅されている。

『讃歌』の販売禁止処分は、解放後最初のことだった事実と、林和が南労党の幹部だった点からも、政治的影響が大きな事件だった。文学家同盟など諸団体は禁書措置を撤回し、表現の自由を保障せよと強く抗議した。出協も事件の発生直後、軍政長官に書簡を送り「善処を要望」した。その内容を見ると、第１に、法的な手続きにより正式に公報部から発行許可を得て、納本も済ませているのに、警察が販売中止を命じるのであれば、出版業者は許可を信じて出版活動はできない。第２に、許可された出版物に対する責任を問うのであれば、発行人や著者ではなく、まず処分した当局に訊ねねばならない。第３に、出版物の著作権・発行権は、著者と出版人の財産的権利に属するものなので、当局が濫りに私有財産を侵害してはならない。第４に、文学家同盟の声明書が発表されると、再び発行人を召喚し、発行人を連行し調査をしているが、これは「感情によって行動するとの印象を与える」という要旨だった＊[95]。

ここで重要なことは、禁書措置の波長が広がると、正常な出版活動が萎縮するのではないかと危機意識を持ち、創立３か月にもならない出協が、出版界の懸案問題に迅速に対処する積極的な姿勢を示したことである。特に出版人の立場で、出版の自由に対する侵害としてだけ見るのではなく、書籍を「財産権」の問題という視角から対応した点に注目しないわけにはいかない。『讃歌』は「治安を攪乱させる作品がある」との理由で、７月18日、布告令２号違反容疑で不拘束送致され、８月10日には問題となった作品「同胞よ、旗幟を掲げよ」など２篇を削除した後に、販売は容認するとの最終判決を受けた＊[96]。

出協はまた創立して２週間ほどの３月31日に、「出版の自由を保障することを要求する陳情書」を軍政長官に提出した＊[97]。軍政庁は無制限に近い出版の自由を保障した。ところが出協がこうした陳情書を出すには理由があった。左翼言論の蠢動が日増しに強まり、厳しい用紙難を解決する道が無くなると、軍政当局は定期刊行物を許可制に変更、新規許可を中断させ、難局を切り抜ける苦肉の策を動員した。けれども休刊する雑誌は増えていった。

1947年３月27日、軍政庁公報部が「定期刊行物の新規許可を全て中断し、既存の許可を受けた刊行物も、月刊、季刊、休刊などの種類別に一定期間以上休

＊95　『文化日報』1947.6.4
＊96　「出版産業の一大危機」『文化日報』1947.6.4
＊97　「出版自由の保障、出版協会が陳情」『独立新報』1947.4.2

刊すれば、自動的に許可を取り消す」と、定期刊行物に対する特別措置（公報部令第1号）を発表したのが、急いで陳情書を提出した発端になった。出協は即刻、公報部を訪問し「用紙事情が切迫している最中、用紙の購入ができずに休刊した定期刊行物の許可を取り消すことは、出版事業を保護し発展させねばならぬ責任を持つ軍政庁の方針に相反する措置」と、5項目に要求する陳情書を3月31日に提出した。出版界が苦しんでいる用紙難を解決できない政府の責任が大きい点を指摘したのだ。5項目というのは、①製紙工業を拡充させること、②用紙を迅速に輸入すること、③用紙を円滿に配給すること、④用紙と印刷事情による休刊は、これを黙認すること、⑤出版の自由を保障することだった。それから1か月も経たない4月29日にも、「確固とした用紙政策を樹立せよ」との要旨の声明書を発表し、迅速に出版用紙を発給し、出版の自由を保障せよ」と促した*[98]。

用紙難が多少なりとも解消され始めたのは、政府樹立を前後して製紙工場の稼動率が少しずつ高まってからだった。

出協のこれらの活動で、外形的な体制と秩序は整った状態になった。大韓民国政府の出帆に合わせた第2次定期総会では、名称も「朝鮮」を捨て「大韓出版文化協会」とし、懸案課題の解決と業界の親和団結のための意欲的な活動を開始していたが、朝鮮戦争の渦に巻き込まれ、協会活動はしばらく麻痺状態に陥ってしまった。

5.　左翼書籍出版協議会の性格と機能

「左協」という組織は、文字どおり左翼系書籍の出版社だけの集まりだった。前述の趙碧岩、権赫彰、李琇馨、金俊秀、盧泳根、池奉文、李敏のほかに、尹秉益（トンム社）、洪九（ウリ文化社）、林哲（人民評論社）、姜大玉（人民社）、朴鍾大（青年社）、朴漢奭（新人社）、金一出（新文化研究所）、崔昇宇（朝鮮マルクス・エンゲルス・レーニン研究所）らが会員だった。成仁基（大成出版社）と李晶来（東光堂）も会員だったという説*[99]もあるが、これに関してはさらなる確認が必要だろう。この両名は建国以後、長く活動しており、成仁基

---

*98　「危機に直面した出版界、確乎とした用紙政策を樹立せよ」『文化日報』1947.4.30
*99　趙誠出、前掲書、p447

は朝鮮日報編集局長と副社長などを歴任し、後に出協の副会長にも選出（1949）されている。

左協がいつ、いかに設立されたかは、実態が明白になっていないため、これまでに定説はなかった。光復直後から左翼の出版活動は右翼陣営よりも相対的に活発だった。そうした背景のもとに、左協は出協に先行して結成されたが、当時の左協結成の事実を知り得る記録は、どこにも探し出すことができない。ただ1946年に組織されたとの証言＊100が、定説のようになっているだけで、最近はこれよりも１年ほど前とみる見解も現れている。

すなわち、『本、鎖から解き放つ』（2005）の著者、李仲淵は「1945年10月頃が実際の出帆時期とみられる」（56頁）と主張しており、呉榮植も『解放期刊行図書総目録』（2009、19頁）で、「1945年下半期の活動実績があるので、1945年設立の可能性が認められる」と言及している。その根拠は『出版大鑑』の「図書目録」に、1946年２月に、エンゲルス『唯物弁証法とマルクス主義』（規格小、14頁、2.50ウォン）が、左協名義で発行された旨の記載があり、４月には左協が翻訳した『中国共産党最近の動向』（ウリ書院、規格小、93頁、25ウォン）が出版された事実を指摘しながら、「これらの書籍の制作期間を勘案すれば、左協の活動が開始されたのは、遅くても1945年10月頃だった」と主張するのである。

確かに左協の動きは早かった。1945年12月10日、軍政庁会議室に60余の出版社の代表が集まり、朝鮮出版文化協会の設立を決議した際に、左協の代表も発起人12名うちの一人に選出されており、左協は出版界の一翼を担う代表的機関と認められていた。けれども左協の設立日を知ることはできない。

ところで、筆者は最近、より正確にその実体を把握できる資料を発掘した＊101。

「中央新聞」の「朝鮮左翼書籍出版協議会」なる見出しの一段組記事は、「かつて日本帝国主義の圧迫に迫害を受けた左翼書籍の出版を統一系統で統制し、マルクス・レーニン主義の理論を大衆に普及させるため、過日、ソウル某所で「トンム社」「解放社」など左翼書籍出版関係者代表が集まり、協議した結果、朝鮮左翼書籍出版協議会を創立し、本部事務所はソウル安国町（安国洞）杏林書

＊100　①姜周鎮「出版の王子」『歳月も江山も』正音社、1974。②趙誠出は1946年９月に作ったと『韓国出版印刷百年』で主張（p447）している。

＊101　「朝鮮左翼書籍協議会」『中央新聞』第２号．1945.11.2

院内に置くことになった」と書き、役員名簿まで報じている*[102]。

この記事では正確な創立日を知ることはできないが、「過日」という表現は、まさに「数日前」を意味しているので、当時の報道慣行や情報の新鮮度を勘案するなら、創立日は10月30日頃と考えられる。トンム社の代表は尹秉益で、解放社は登録上の公式名称は「解放出版社」で、代表者は秋鍾洙だったが秋教哲とも呼ばれた。

左協の所在地である杏林書院は、意外にも光復直後に朝鮮共産党「再建準備事務室」の一つで、朝鮮共産党の「公開された連絡場所」でもあった。朴憲永の隠れ家としても利用された重要な場所で、ウリ書院の向かい側に位置していた。

こうした報道が出た後、「ウリ書院」(全禹鎮)は「中央新聞」(1945.11.15)に「左翼書籍出版協議会総販売所」なる説明を付け、左協と左翼書籍の広告を掲載した。「ウリ書院」が新聞広告に左協の存在を告げる字句を挿入したのは、これが最初だった。他の新聞には見られない広告である。その後、「ウリ書院」は何度も広告を出し「左協月報」と販売目録を配布し、積極的に左協活動を展開した。

ここから察して、左協は設立初期から様々な形態での会誌を定期的に発行していたようだ。しかし「左協月報」や左翼出版社の販売図書目録は、これまで1冊も発見されていない。ウリ書院が左協会員らの総販売所の役割を果たしたのなら、それは解放直後、最初の書籍卸売商である「三中堂」と同じ時期に、卸売業にも進出したことになる。左協会員社の総販売所であるウリ書院は、書店兼左翼出版社であり、杏林書院のまさに真正面の寛勲洞69番地に移転してきた。1946年6月16日には、10余名の青年たちに襲われる事件も起きている*[103]。

発足当時の左協の組織をみると、議長兼企画部長は温楽中、翻訳部長は李哲、出版部長は金陽壽、配布連絡部長は李昌勲、図書部長は李相昊で、企画部員は崔成世、崔昇宇、李哲(翻訳部長)、金順龍だった。こうした組織体制からみると、出版団体としてではなく、左翼の宣伝扇動を担当する多目的機構としてスタートしたらしい。実際に左協は前述のように、出版社登録をし、翻訳と監修、出版活動を行った事実を刊行書籍からも確認できる*[104]。『出版大鑑』の「出版

*102　『中央新聞』第2号．1945.11.2
*103　『独立新報』1946.6.18

社名簿」(1949.1.15現在) には、温樂中が代表になり登録した左協の出版社登録番号は496号で、連絡先「安国洞157番地」と記されているが、正確な登録日は記録されていない。

左協の出版活動は活発ではなく、政府樹立の頃から左翼書籍に対する読者の関心が遠退くにつれ、左翼活動も制約を受ける過程で自動的に消滅してしまった。温樂中と趙碧岩はよく知られているように、左翼政党・団体の主要人物であり、実務責任者と見られる李哲も、人民共和国と南労党で活動した点から、左翼政党と緊密な関係があったと見られる。

温樂中は金堤で生まれ、早稲田大学を卒業、中央高等普通学校 (中央高校の前身) の教師だった。1927年１月下旬頃、高麗共産党青年会 (「共青」) の会員となった。共青は朝鮮共産党が結成された翌日、薫井洞の朴憲永の家で組織されており、朝鮮共産党の指導を受けていた。1928年２月、第３次朝鮮共産党検挙事件 (ML党検挙事件) の際に、金俊淵らとともに逮捕され、「治安維持法」違反で、懲役５年６か月を宣告され、西大門刑務所に服役した。彼はこの事件の中心人物だった*105。

1945年９月、ソウル市人民委員会の委員に選任され、反ファッショ共同闘争委員会の宣伝部長を務め、46年２月に結成された左翼勢力の統一戦線組織である民主主義民族戦線の中央委員になどで活動した*106。

こうした左翼活動の背景から左協の議長に選任されたのだった。彼は南朝鮮新民党、朝鮮共産党と朝鮮人民党が３党合同したときに、朴憲永中心の南朝鮮

---

*104　左協は出版２点、翻訳と監修を各１点の出版活動をしたことが、現在確認されている。左協発行の図書を『出版大鑑』は３点、呉榮植の『解放期刊行図書総目録』は２点を収録している。両書は１点のタイトルだけは一致しているが、残りについては異なっている。一致しているのは『唯物弁証法とマルクス主義』(F.エンゲルス、B6、14頁、2.5ウォン、1946.2発行) である。『出版大鑑』が左協発行とする『中国共産党最近の動向』は、左協翻訳部が翻訳し、ウリ書院出版部発行としている。左協の翻訳したもので、『出版大鑑』に収録された『連合政府論』(1945年４月に開催された中国共産党第７次代表大会での毛沢東らの政治報告、A5、117頁、臨時定価10ウォン、1946.3.1発行) の実物を確認すると、表紙に左協監修とあり、版権欄には翻訳者は申如勳、出版社名の記載はなく、発行人は敦岩町499－1を住所とする金洪漢、総販売所はウリ書院と記載されている。呉榮植は『青年に与える演説』(レーニン、A5、31頁、3.5ウォン、1946.2.1発行) を左協発行としている。

*105　『東亜日報』1928.2.8

*106　1946年１月19日「民主主義民族戦線」が結成されたとき、左協も29の政党団体の一つとして参加した。(『中央新聞』1946.1.21の報道参照)

新民党に反発し、呂運亨の社会労働党に参加、中央委員に選出されたが、情勢が社会労働党に不利になると、47年１月、南朝鮮労働党と合党せよと主張した。『労働者政治読本』（文友印書館、1946）、『朝鮮解放の国際的経緯と美蘇共委事業』（文友社、1947）、『北朝鮮紀行』（朝鮮中央日報社、1948）、『夢中録』（朝鮮中央日報社、1948）などの著作を残している。

また、左協の中心人物の一人である李哲も、人民共和国、南労党などで活動した。彼は軍政期の検察総長、政府樹立後は初代法務部長官に就いた李仁の実弟で、京城法学専門学校と京城帝大でフランス語を専攻した。朴憲永、朴甲東の直系として知られる。

歴史学者、金聖七とは専門学校と京城大学の同級で、とても親しい友人だった。金聖七によれば、彼が左協の仕事を辞めたとき、自宅に幾日か泊まらせたことがあり、出て行くときには生活費も持たせてやったという。

金聖七は、李哲が朝鮮戦争当時のソウル人民委員会の文化宣伝部で働いた際に、出会ったときの失望と背信感を悲しげに日記に記録している。李哲はこのように解放直後は人民共和国→左協→南労党と順に活動していた。戦時中に越北したといわれるが、北で死亡したとの説もある*107。左協はこうした状況からみて、左翼政党、とりわけ南労党と緊密な関係を持ちながら、左派陣営の宣伝及び出版活動組織の一環として出発したのだった。

左協が左翼系列の出版社を代表する団体として知られるのは、1946年末頃に、会員社相互の重複出版を避け、出版販売による利潤低下を防ごうとした点と、組織によって用紙購入難を多少なりとも克服すると活動目標に掲げていたからである。当時は左翼活動に対するアメリカ軍政の規制が、しだいに強化されており、左翼出版社相互でも「重複出版」による競争が激化した現実*108を打開するために、「非民主的出版の排除」が主張され、対外活動を強化するようになっていた。

左翼書籍に対する読者の関心が薄れ、出版活動も活気を失った危機感も作用

*107　彼の朝鮮戦争当時の活動については、京城法学専門学校と京城帝大で親しい友人だった。金聖七の著書『歴史の前で』（創批社、p 128〜137）で、越北したと詳しく記録し、朴甲東は『ソウル・ピョンヤン・北京・東京』（麒麟苑、p 161）で「6.25の際、彼が中共軍の一斉射撃を受け、苦しんで死んだので、今も胸が痛む」と書いている。

*108　南韓での共産主義者に対する統制は1946年初めから開始された。（徐大粛「金日成の権力掌握過程」『韓国現代史の再照明』ソウル; トルベゲ、1982、p196）

していた。当時の左翼の重複出版事例としては、『マルクス・レーニン主義の経済教程』（全４巻）を、「労農社」と「朝鮮文学社」が刊行し、『スターリン選集』（全８巻）は、「労農社」「青年社」「朝鮮マルクス・エンゲルス・レーニン研究所」の３社が競合している状態だった。また、『毛沢東・朱徳選集』（全４巻）も、新人社と新文化研究所が出版していた。

こうした組織内の統制機能を強化した団体に拡大改編した*109のが、46年末頃だった。左協は「左翼書籍界での相互競争を生む重複出版を避け、出版に先立ち翻訳や著書を問わず現行の検討を実施し、路線が合わなければ営業利益が見込まれても、出版はしないと努力を重ねた結果、左翼図書は質的向上を示すようになり、同時に量的制限をしたので66点にとどまった」と自己評価*110している。

いずれにせよ、左協は最初から左翼出版人らが、宣伝扇動を目的に左翼勢力傘下の出版機構として組織運営しながら、左翼出版社の活動を調整する方向に活動領域を強化させたと見られる。左翼系の出版社は右翼陣営よりも一歩先んじて「左協」という団体を通じて、組織的な活動を目論んだことだけは確かである。

6.　政府樹立で安定を求める出版界

1948年５月10日、国連の監視下で南韓だけの総選挙が実施され、自由民主主義国家のアイデンティティを明示した憲法が７月17日に公布された。続いて８月15日には単独政府が樹立された。解放後３年目に軍政が撤廃され、ようやく

*109　左協の機能の拡大改編は、次のような路線に伴うものと見られる。すなわち、左翼系列の文化活動は「光復１周年を迎えて、光復直後に各分野で自発的・自主的にはじまった文化運動の目標と方向を再検討した。その過程で樹立された基本路線に基づき、統一的な機関を持つことになり、同時に民族統一態勢がその闘争の主要な一翼を担当する態勢を整えるのに１年の時間が消耗された。いま巨大な文化運動の転換点において、今後の文化運動は任務を確かに打ち立て文化を人民大衆の中に根を深く広げるために、具体的な実践と活動計画の方向のために展開するものだ」（民主主義民族戦線編『朝鮮解放年報』「第11章文化」ソウル; 文友印書館、1946参照）

*110　民主主義民族戦線編『解放朝鮮―自主的統一民族国家樹立闘争史、Ⅱ』ソウル; 科学と思想、1988、p506（この本は1946年10月に、文友印書館が刊行した『朝鮮解放年報』を２巻に分けて再刊したものである。この本の第11章のうち「出版界の１年」は温樂中が執筆したと推測されている）

完全な独立国家としての大韓民国が誕生したのである。初代大統領には李承晩が選出され、直ちにアメリカ、フランス、イギリス、自由中国(台湾)など、世界各国が相次いで韓国を承認した。しかし、これで韓国問題が完全に解決されたわけではなかった。軍事境界線の北側では、同年９月９日に、共産主義社会を標榜する金日成政権が発足し、南北分断はいっそう膠着化したからである。

大韓民国は国民の財産権と経済活動の自由を保障する、民主主義と市場経済体制を採択した。民主独立国家の成立で、アメリカ軍政期に続いて出版の自由は引き続き保障され、民主主義と市場経済という建国の基礎理念を忠実に発展させて、今日の安定と繁栄を図るための土台が準備された。

新しい大韓民国政府で出版行政を担当する部署は、文教部が一般図書、教科書、著作権を担当、公報室が定期刊行物を担当と二分された。政府は共産主義思想を容認せず、社会主義系列の書籍出版と販売を一切認めなかった。この時期を前後して左翼系出版社の大部分は越北している。李承晩大統領の頑強な排日思想を反映し、出版人たちは日本書を重版刊行しないと決議した。

済州島４・３事件、麗水反乱事件(次ページの補足注参照)など時局は相変わらず多事多難だったが、出版活動は次第に安定を取り戻した。けれども出版界の一般的状況では計画出版と言えるものはとくになかった。ハングルで原稿を書ける執筆者は少なく、依然として原稿難は解消されなかったので、ときどき原稿を入手すると出版着手したという。資金面でも企業的運営が可能な出版社は

写真2-3　中央庁広場で開かれた新政府樹立の宣布式

わずかだった。

それにもかかわらず、幸いにも一部の出版物はヒットしたが、教科書と学習参考書の出版で成功し成長する出版社が現れるようになると、これらの出版社によって出版された膨大な量の出版物が全国の書店に配置された＊111。

この頃から更紙生産量が増加し、価格も下降したので出版物の多くは更紙を使用した。このときの更紙価格は7000～8000圜（ファン）だったが、1946年の２万圜に比べればかなり落ち着きをみせた。印刷と製本施設も正常化し、制作と装幀も大きく向上した。けれども人件費、印刷費など制作費が高騰し、販売率が低下したため、平均発行部数は徐々に低下した。それでも書籍価格の引き下げはしなかった。出版社の出庫率は75％前後に固定していたが、書籍商との取引は円滑とは言えなかった。販売代金の回収はいつも悩みの種になっていた。

〈補足注〉
済州島４・３事件は、1948年４月３日にアメリカ陸軍司令部軍政庁支配下にある済州島で起こった島民の蜂起を契機に、国防警備隊、韓国軍、韓国警察、朝鮮半島本土の右翼青年団などが1954年９月21日までの期間に引き起こした一連の島民虐殺事件を指す。
麗水・順天事件は、1948年10月19日、麗水市で起こった軍隊反乱と順天市で起きた民間人集団殺傷事件。

＊111　「解放後３年のあいだに出版された国内出版物が共産主義の宣伝用パンフをはじめ５万点を超えているが、大部分がまさに内容のない雑書に属するもの」という関係当局と出版業者の対策樹立を促す趣旨の批判的メディアの報道が見られる。しかし、５万点という数字を信じることはできない。（東亜日報、1948.7.23（2）参照）

第7節
教科書から始まった現代出版

1.　学校教育の開始と教科書出版

教科書というタイプの出版開発は、歴史的に教育に対する価値の理解と関心の増大、そして教師たちの体系的訓練の契機を準備することから、いかなる教育論よりも大衆教育を実現するのに大きく貢献してきた。そのため結果的に出版市場規模を拡大させ、出版産業の基盤を安定的に率いていく機会を提供するという出版史的意義を持っている。教科書は計画出版が可能であり、教科書市場は持続的に成長してきた分野である。

東西古今を問わず出版先進国の出版の歴史をみると、初期には必ず教育用図書出版の段階があり、それが発展を遂げてきたことがわかる。韓国もその例外ではない。70年代前半までは教科書と学習参考書などの教育用図書が、出版市場の50%を超えるほどになっていた。現在のわが出版産業は教育用図書の力で基盤固めされたともいえる。出版人が教育の発展に貢献した功績はとても大きなものだった。

新生独立国家として発展するのに、最も重要な要素が人材養成という事実に着眼した出版人たちは、光復期に急増する教育需要を満たす教科書の開発を急いだ。1945年９月24日に初等学校が、翌46年10月１日には中学校が門を開いた。だが、少なからぬ学校は軍政当局が指定した日に、スタートすることができなかった。開校しても実際に授業ができない状況だった。韓国語になった教科書が皆無だったからである。

本格的な民族教育が開始されて最初にぶつかった問題は、ハングルになった教科書を急いで準備することだった。植民地時代の日本語による教科書は、8・15解放の後に、すべて回収され焼却されるか、海中に捨てられたため、教科書の確保がとても急がれていた。けれども短い期間内に、韓国語教科書の編纂作業をするのは、現実的に極めて困難で骨の折れることだった。

ハングルで教科書を執筆する者がひどく足りない状況で、施設・技術・用紙もなかった。軍政当局は「朝鮮語で相当な教育資料を活用できるときまで、外国語のものを使用しても構わない」と非常措置を発表した。日本語の教科書の使用を容認する意向を示したものだったが、それは受け入れ難いことだった。無政府状態に似た環境のもとで、出版人たちは「大学教授がどうして教科書の執筆をしないのか」と、拒絶する学者たちを説得し、苦労して臨時教材をつくり謄写版で印刷し針金で綴じた。みんな数か月間の寝食を忘れた手工業で、外出もままならない状況だった。

国の教育理念も教育課程もいまだ定まってはいない、教科書制度や政策についての論議さえ始まる遙（はる）か前のことだった。もっぱら2世の教育のために、出版社は著者と協議して課目を定め、教科書の内容を創作して刊行した。教科要目がすべて決定したのは46年12月で、翌年1月に教育要目集が本になり、教科目と科目別に教える内容の要点が提示された。

アメリカ軍政学務局が1945年9月11日から業務を開始し、最初に編纂した教科書は、国語と国史に関するものだった。朝鮮語学会が編纂した『ハングル第一歩』と『初等国語読本』は、11月15日に印刷が終わり、11月20日に軍政長官に提出し、46年3月まで各60万部が無償配布された。学務局のポール・アンダーソン陸軍大尉と兵士1名、韓国人1名が2.5トンの軍用トラックに教科書を積んで46年1月から3か月間、全国を隈なく8500kmを巡回し、その膨大な教科書を配分した。それでも45年末までは初等学校の国語教育すらもきちんと出来なかった。震檀学会（韓国の歴史、言語、文学などを研究するために、1939年5月11日に組織された学術団体。震檀は大韓民國の古めかしい表現）は『国史教本』を編纂して刊行し、軍政庁でも教科書の開発を急いだ。46年2月現在、執筆が完了した教科書は、**表2-8**のとおりである。当時、学務局編修課の韓国人責任者は、崔鉉培だった。

そのときから出版界は学術団体などと協力し、46年2月までに、初等学校10科目、中学校の国語読本、さらに教師用手引書を出版することになり、同年11月までに500余万部を全国に配布した。多くの出版社が困難な制作条件を乗り

表2-8　教科書の原稿執筆状況（1946年２月現在）

種類	対象生徒(用途)	原稿執筆完了日時	印刷日時
ハングル	国民(初等)学校	1945. 9. 1	1945.11.15
国語読本Ⅰ	国民(初等)学校	1945. 9. 1	1945.11.15
国語読本Ⅱ	国民(初等)学校	1945.12.2	
国語読本Ⅲ	国民(初等)学校	1945.12.2	
国語読本	中学校	1946. 1.28	
国語読本教師用手引書	教師用	1945.10.1	1946.1.15
公民	国民(初等)学校(１～２学年)	1945.12.16	
公民	国民(初等)学校(３～４学年)	1945.12.16	
公民	国民(初等)学校(５～６学年)	1945.12.16	
国史	中学校	1945.12.11	
音楽	国民(初等)学校(１～６学年)	1945.12.20	
書き方	国民(初等)学校(１～２学年)	1946. 2.15	
地理	国民(初等)学校(５学年)	1946. 2.15	
国史	国民(初等)学校(５～６学年)	1945.10.15	

資料：Bureau of Edu. History of Bureau of Education; From 11 September 1945 10 29 Februray 1946. Part Ⅵ. 5

越えて、献身的に教科書出版に力を入れ、短期間内に多くの教科書を供給することができた。定価も自由に決定できて販売も自由だった。

しかし、教科書不足の事態は日増しに深刻になっていた。生徒数が爆発的に増えたためである。解放とともに国外に滞在していた韓国民が引き揚げ、社会主義体制を避けて南韓に移住した北韓住民なども押し寄せ人口が急増するにつれて教育対象人口も引き続き増加した＊112。教育熱はこれまでのいつよりも高まった。解放当時136万名だった初等学校の生徒数は、１年後には216万名に増え、政府樹立の49年当時には240万名を超えた。

1948年の教科書不足状況をみると、初等学校用が41点で2338万2000部ほど必要だったが、解放後３年で実際に発行された部数は117万部に過ぎなかった。中学校での必要量は360万部ほどだったが、それの50分の１に相当する７万2000部しか発行されていないので、不足状況は極めて深刻だった。朝鮮教育連合会は不必要な出版物を統制してでも、教科書を出版してほしいとの陳情書を

＊112　当時は国語と国史の国民教育が生徒だけでなく、全国民に必要なものものとされていたので、需要がとだえることはなかった。また、識字率を向上させるための成人教育も活発に展開されていた。この多数の対象を教育させるためのあらゆるものが不足で、識字率向上のための公民教育用の教材は、まったく開発されていなかった。

48年１月16日に軍政長官、民政長官、文教部長官、商工部長官に提出するほど事態は差し迫っていた。

アメリカ軍政のもと、教育当局は30余の出版社の代表を呼び、こうした教科書難の解消策を協議したが、用紙在庫が底をついた状態で、妙案があるはずもなかった。軍政当局では日増しに悪化する用紙事情に鑑み、用紙配給権を行使し、不要不急の図書の出版を抑制した。他方、一部の出版社に対しては、用紙の輸入を斡旋し、教科書の作成などについては、必要な出版資源を活用して健全な出版社の育成に力を入れた。

政府の樹立で教科書不足の事態も困難の峠を越えようとしていた。教科書の生産供給が少しは安定しつつあった頃、朝鮮戦争が勃発し、教科書の供給はさらに深刻なつまずきを示すことになる。1950年の新学期は６月だった。新学期を迎えて手違いなく教科書を供給するために、出版社は24時間作業をし、それぞれが全力を尽くして制作したのに、それが朝鮮戦争の勃発で供給することができなくなり、すべては灰の山になってしまった。

1950年９月28日、ソウルが収復され戦況が有利になると、避難地の学生のために総合学校が門を開き、収復学校も次第に安定し授業が開始された。すると教科書印刷作業は再び目が回るほど忙しくなった。そして、いわゆる教科書波動が起こった*113。なぜか教材供給が急がれる戦争のさなかに、文教部は一部特定業者だけに教科書の発行を委嘱したのである。これは意外なことで、多くの業者が立ち上がり抗議をし、物議を醸したのは当然だった。

翌年、文教部は戦時中で物価が上がるのを見込み、教科書の定価を前年対比９倍とする公文書を送ってきた。この年には教科書の紙型を持って避難していた出版社は多くはなく、そのため競争は激しくはなかったので、教科書の紙型を持っていた数社はしっかり稼ぐことができた。その騒ぎに52年の新学期には、教科書出版の雰囲気がこれまでとはまったく違ってしまった。戦時中でありながら、ソウルからわざわざ紙型を運び、各出版社は教科書づくりに熱を上げた。しかし、教科書制作の過当競争だけでなく、無原則な外商販売による代金回収の手違いなどで、倒産する出版社が続出した。

文教当局と出版社はこれの対策会議を重ね、ついに52年11月11日、翌年の新

---

*113　鄭鎭肅「そのとき、その人々（13）」『東亜日報』1976.3.20

学期から教科書供給を公平に担当する「韓国検認定図書供給㈱」を創立した。避難のあいだ釜山妙心寺で、文教当局者と出版関係者が教科書供給体制の構築について丸一日集中討論をした末に、韓国検認定図書供給㈱を設立することを決議し、その場で夜遅く発起人総会を開いた。当時、教科書の円滑な供給は差し迫った出版政策上の課題だった。生産は各出版社が責任を負い、供給についてはこの会社に販売を任せ、全国の各市郡に指定供給所を置き、現金で販売し、出版社に対する代金の精算は5日ごとにするルールを定めた。この会社の株主は27名で、教科書の点数は420だった。初代社長は閔壯植で、李炳俊、鄭鎭肅、李康濂、白南弘、洪錫禹、邊宇景、李癸河、李大儀、崔暎海、申在永、崔相潤、朱在中、芮東洙が理事に、金明燮が監事にそれぞれ選任された。

このように供給会社が創立されると、教科書生産資金として5つの市中銀行から50億圓の融資を受け、株主の実績別に分配した*114。これに力を得て53年の新学期には、教科書供給が順調になされるようになったが、注文部数が公開されると、注文量が多い出版社とそうではない出版社とのあいだに争いが生じ、そのあげく、一部出版社の「教科書販売保留」騒ぎが起こった。販売を保留した出版社は「民衆書館」「章旺社」「白映社」「東國文化社」「一心舍」の5社だった。販売保留騒動は幸いにも5日目に収拾されたが、これによって教科書供給は一時的にではあれ、混乱を経なければならなくなった。

避難地でも出版社は万難を排して学期に合わせ教科書を供給しようと最善を尽くしたが、教科書問題は50年代末になってやっと安定した。戦後の教育条件が比較的早く正常化した背景には、教科書の適時供給に尽力した出版人の努力が大きかった。韓国の出版産業が朝鮮戦争の戦禍から回復できた背景には、教科書出版が大きな力となった。教科書出版は零細な出版社の安定に多大な役割を果たした。50年代の出版界を導いた出版社は、ほとんどが教科書販売競争で成功した会社だった。特記すべきは、このときの教科書は最初から一様に“横書き”だったことである。誰かが指示したものではないが、植民地時代の教科書や、光復当時の一般図書がすべて“縦書き”だったのと比較すれば、大きな変化で発展だったと言わざるを得ない。

*114　李大儀『私と検認定教科書』前掲書、p33

2.　教科書制度と供給体系の確立

形式的であれ検認定制度が導入されたのは、政府樹立後の1950年だった＊115。文教部はこの時までに刊行されたすべての中学・高校の教科書を提出させ、検定を受けさせることにした。そして提出された教科書のうち左翼思想が含まれているものを除いた大部分を、合格させたり修正指示を出したりした。科目ごとに合格点数の制限がない時代だったので、修正指示どおりに修正し、再び申請すればほとんどが合格になった。定価も査定してくれた。これを「検認定教科書」と呼んでいる。そして、その後は必ず文教部に教科書検認定の出願をさせた。随時検定制度である。この時に検定に合格したものは第１次教育課程が適用された1956年まで引き続き使用された。

このときは書店が本の価格をまず請け負い、制作されるとそのままに送り届ける方式だったので、本を売るための気遣いを必要としなかった。採択のための運動もしなかった。後に詳述するが、各自が自分の出版社の教科書を採択させるために過当競争をはじめたのは、1956年の第１次教育課程に伴う教科書の全面改編があってからである。科目あたり教科書の点数が制限されたのは1965年からで、これを契機に教科書の採択競争はいっそう熾烈になった。

韓国検認定教科書供給会社は1953年８月にソウルに戻ってきた。株主数は新

写真2-4　韓国検認定教科書倉庫の新築上棟式

＊115　検認定教科書制度を規定した最初の「教科用図書検認定規程」は、1950年４月29日の大統領令第336号で制定公布された。

規の19名を合わせて46名となり、教科書も48点が追加されて420点から468点に増加した。1956年１月には教育課程が全面改定されるのに伴い、検認定教科書もすべて改編された。その騒ぎに新規検認定教科書は916点に増え、株主数も66名に達した。1956年の新教科書の採択競争は激しかった。教科書の全面改編がなされると、教科書出版社数も増加して66の出版社が生死を賭けて採択運動をくり広げた。採択料の支出も莫大になった。しかし、実際に出庫した部数は注文部数の半分程度にとどまっていた。教科書を譲り渡す伝統がこうした結果をもたらした。これを予測できない出版社は在庫が山のように増え、またしても教科書出版社は倒産の境遇に陥った。

会議を重ねて生きる道を模索した。そして得られた結果は宣伝（採択）防止策として販売実績を株式に固定させるプール制で運営をする案だった。換言すれば、販売だけでなく生産までも共同にというものだった。共同生産をするようになれば、計画生産が可能で、在庫を減らすことができ、販売実績を株式に固定化させれば、経営合理化を図られるとの計算である。しかし、当年度実績だけによって株式の比率を決定する方式に、不満を爆発させる人たちがいて、合意を得られずに無差別的な採択競争は1957年にくり越された。一部の業者が拘束される事態まで起き、本当にすべての出版社が精魂を尽くす事態になった。

こうした教科書採択競争は、このときから学習参考書の採択競争に発展し、あらゆる非理と脱法が相次ぎ、出版人の矜恃と位相を低下させる要因となった。

文教部の了解のもとに、1957年７月、教科書出版社72社が新たに韓国検認定教科書会社を発足させた。社長には鄭鎭肅が選出された。さらに崔相潤と李康濂が副社長に選任され、常任監査李重南を含む理事20名と監査３名が発表された。新理事に李奎星、徐福煥、李癸河、韓萬年、白萬斗、朱仁龍、申聖生、朴海鳳などが登場し、教科書業界の版図が大きく変化したことを実感させた。この会社の設立趣意と目的は教科書の共同生産→共同販売のための一種のトラスト組織だった。1957年の販売実績を基準に株式比率を決定したが、実績60％、部数と定価30％、調整株式10％で、持分率を定めて配当させ共同生産、共同販売体制を構築した。当時の教科書は925点で、これの供給を担当する販売業者で全国の有力書店225を選定するなど、周到綿密な体制を整えた。けれども当面、悩まされている困難な資金事情を解決することは、また別の問題だった。新学期の教科書供給に手違いが生じないように、対策に腐心した結果、新学期を支払日とする支払い保証書を、検認定会社名義で発行し峠を乗り越えられるようにした。

出版社別の支払い保証書の金額は、検認定会社に入庫された在庫図書の定価対比30％を基準に算出され策定された。大部分の出版社は一種の約束手形のように、これを再び小額に分けて制作費と用紙代などに支出するのに使用した。文教部はそれでも戦争騒ぎで教科書の生産供給の手違いが生じることを憂慮し、この会社を行政的にサポートする保障策を研究した。こうして1958年３月に「韓国検認定教科書協会」が創立された。初代会長には李大儀が選出されたが、そのときの文教部長官は章旺社の著者である崔奎南だったので、文教部との関係を円満に維持して教科書の発展を期することができた。

５年ぶりの教育課程改編で、教科書改編も周期的になされるようになり、これによって教科書出版社も学校別に分かれることになった。検認定会社は中等教科書会社（1965年設立）、高等教科書会社（1967年）、実業教科書（1972年）、韓国教科書（1974年）に分割された。維新体制下なので検認定教科書の制作・供給に所要される時間、経費、人力、そして雑音を無くし、学父兄の負担を軽減させるとの理由で、検認定を国定教科書と類似した単一本化する傾向も現れるようになった。これに伴い1973年の『社会』教科書を手始めに、翌年までに『社会科付図』（検認定９点を単一化）、『科学』（14点）、『体育』（12点）、『数学』（16点）、『英語』（17点）など、６科目70点の検認定教科書が各１点に単一化されて刊行された。これで競争を終わらせることができた。このときの教科書数は875点で、うち単一本は中等７科目16点、高等６科目12点、国定国史２点だった。

維新末期の1977年２月、いわゆる「検認定教科書事件」が発生する。総額110億ウォンの税金が全株主に賦課され、すべての検認定教科書の発行権は取り消しとなった。117の出版社が一夜にして倒産の危機に陥ったのである*116。全国の243の書店も検認定教科書の供給権を喪失し、経営の危機に直面することになった。

検認定教科書事件は、当時は巨額の脱税と不法事態のように報じられたが、1990年９月に大法院で、追徴された税金は全額「無効」と判決されたため、疑

＊116　会社別株主数はそれぞれ中学58社、高校86社、実業67社、韓国教科書96社だったが、重複した会社を除けば117社だった。これらが毎年、生産・供給した検認定教科書は3500万部に達した。この事件で117社のうち96社が教科書業界から離れた。

わしい事実はないと確認されて名誉が回復し、納付した税金は還付された。なんと14年間も粘り強い闘争の末の名誉回復で、追徴された財産の一部は回収されはしたが、被害を負った出版社の心の傷が癒されることはなかった。この衝撃のために、これまでやってきた出版業を中断するケースも現れ、なかにはこの事件の衝撃で亡くなった出版人もいた。

何よりもこの事件で、韓国の出版文化は10年以上も後退したとの見解が支配的である。30余年ものあいだ蓄積してきた資本と技術、経験がある瞬間に無に帰し、教科書からの利潤で刊行してきた単行本と学術書籍など採算性の低い図書の出版が困難になった。教科書供給権を奪われた書店の経営も難しくなった。出版界は焦土化されたも同然だった。

これを契機に教科書制度にも根本的な変化が起こった。初等、中学、高校の教科書の類型は、従来の国定と検認定に代えて第１種（研究開発型）と第２種（自由競争型）に分類された。そして79年度から検認定教科書を改編使用し、国定は年次的に改版することを骨子とする教科書制度の改善案を、文教部が準備し施行に入った。民間出版社が発行する第２種の教科書の検定申請資格も厳格になった。この改善案には、さらに教科書の供給過程から書店を排除し、各市道教育庁を通じて直接供給する方針も入っていた。

3.　国定教科書、発行体制の発展

一方、国定教科書の発行体制が確立される過程を見てみよう。国定教科書は言うまでもなく、文教部が著作権を持ち発行と供給までをする責任を負っている。国定教科書の利権化を防止し、教科書発行政策の徹底した執行をするために、発行及び販売権を一元化することを原則に、一部企業に復刻発行権を委託し、普及させるようにした。1950年現在、国定教科書を復刻発行する会社は、文教書籍（初等国定）、大韓教科書（金琪午/高等国定）、大韓書籍公社（金宗奎/初等国定）、教學図書（崔相潤/初等教師用図書）の４社だった。光復から朝鮮戦争勃発までには、初等国定教科書は「朝鮮書籍印刷」（趙鏞周）が引き受け制作していた。しかし、実際にはこの会社の施設不足で、初等国定全科目の生産を担当するのは不可能で、うち一部の発行業務は民間出版社に代行させていた。そして戦争が起きると、もはやこの会社に依存するのは困難と判断した政府は、関係者を集めて入札をし、生産→供給権を与えることにした。落札して生産された国定教科書を販売するために、1952年７月に設立されたのが「大韓文教書籍会社」（文教書籍、初代社長：趙東植）である。

文教書籍は後に国務会議の議決で私学財団と政府が共同出資（政府51％、私学財団49％）した国定教科書会社と名称を変更した。1953年２月から教育課程の制定と並行して初等学校の国定教科書の改編作業が進行された。こうして54年から２年間にわたり、毎年３学年ずつ改編作業を終えた。55年、韓国再建団（UNKRA）とユネスコの援助で印刷工場を建設し、初等学校用教科書の生産を開始した。

「大韓教科書㈱」の誕生は1947年頃に、文教部の崔鉉培編修局長が出版人50余名を集め、実業系教科書を生産→供給する会社の設立を要請したことから始まった。前述のように、一般教科書は出版人の努力によって短期間に、日本式の思考方式と教育政策を脱皮した教科書の開発が、ある程度の需要を満たすことができた。しかし、需要が少ない実業系専門教科書は実業教育を通じる産業復興基盤を、速やかに準備しなければならないのに小量生産は不可避で、それの政策に伴う経営側の負担が大きかった。だから実業教科書の開発は、政府が実践しなければならない重大な責務で課題だった。崔長秀が最初からこの仕事をやり遂げるために東奔西走した。しかし、快く賛意を示す出版社は少なく難航を重ねていた。幸いにも印刷・出版に専念してきた金琪午の決断を得て、1948年９月に会社設立の登記を終えることができた。李應奎、申在永、黄宗洙、金昌集らの志を持つ発起人10名と、全国の国定教科書供給に携わる人々の協調で、150余名が大挙株主として参加した。株式を広く公募したのは、教科用図書の効率的な供給管理と教育手段としての公器的役割を重要と判断したからである。初代経営陣は、社長金琪午、副社長李應奎、専務李耉鍾、常務崔長秀だった。文教部（長官安鎬相）は、「大韓教科書」が設立されると、中学・高校の国定教科書の国語課程の生産・供給権を委任し、会社は中学・高校の国定教科書までの生産・供給を専門に担当することになった。

金琪午は早くから日本に抵抗し、３・１独立運動と新幹會の活動にも参加した経歴をもつ度胸のある勇敢な事業家だった。1936年に文化堂を設立、出版と印刷業に従事していた。雑誌『新少年』と『現代文學』を創刊し、印刷・出版分野の専門家を養成した教育者でもあった。

この会社が教育の発展と出版文化の向上に貢献した功績はとても大きい。朝鮮戦争の最中には、戦時教材４種12点を生産・普及させることにより、戦時中の教育事業に寄与した。62年からは文教部の優良翻訳図書の発行をし、韓国学術振興財団が主管する翻訳図書も復刻発行した。最近では商号を「未来Ｎ」と代え専門図書と一般図書、児童図書などと、出版活動の幅を意欲的に広げている。制作技術の発展部門でも68年に国内最初で横書体の活字を開発し、教科書の可読性の向上に貢献し、さらに87年からは全面電算版体制に転換した。これとともに、全自動製版施設、高速多色図の輪転印刷体制、全自動製本体制を構築することで、施設の近代化を実現した。99年５月には、国定教科書（株）を吸収、合弁し研究所など教科書専門施設を拡充し、教科書博物館も開館させた。こうした発展を示したのは、設立者の意志を継承、長きにわたって経営を担当した金光洙前社長の努力に負う部分が大きい。

振り返って見ると、出版界の創業第１世代は教科書出版によって困難な出版の基盤固めをすることができた。そのように培養された力で、一般図書、それも大学教材から始めて、一般出版社が手を出すことの難しい学術図書を出版し、大勢の執筆者を発掘、養成し、出版領域を拡張させた。現在の多彩で豊かな出版産業の発展をもたらした原動力は、このように教科書出版があったために可能になった。さらに国家の発展を率いた人材を養成した功労も、過小評価してはならない。

大韓民国建国の後、最初の文教部による国民学校１学年用の国語教科書。

『ぶち犬とチョルス』よりも先だって発行された。

現在、国内の残存数は数冊のとても貴重な教科書である。

（韓国教科書所蔵）

写真2-5　最初の国民学校１学年用の国語教科書

第8節
百家争鳴の雑誌界

1.　社会意識を先導した雑誌たち

百花爛漫（ひゃっからんまん）とばかりに続出する雑誌は、言論の自由を実感させてくれた*117。

雑誌界もやはり一般図書の出版と同様に新たな意欲と熱情を抱いて出発した。出版の自由が保障された中での希望の出発であり、光明でもあった。各分野で噴出する政治的野望とイデオロギーの熾烈な葛藤が日増しに深まっていく中で、新たな国家建設の意志を強く表出した活気に満ちた姿だった。刊行される種類も多様だった。光復から朝鮮戦争の勃発までには、当時の政治社会状況と同様に、あらゆる可能性の主張と実験がなされた時期だった。

出版の自由を宣言したアメリカ軍政は法令第19号によって、新聞、雑誌などの定期刊行物の登録制を実施したが、わずか7か月で許可制に変更する法令第88号を公布（1946.5.29）し、全定期刊行物の再登録の手続きを通じて整備するのに続いて、新規許可を全面的に禁止する措置を断行した。そして全定期刊行物は、登録された刊行周期を守らなければ登録を取り消すとの方針を発表した。新聞、雑誌の乱立を防止し、用紙難を解消するための不可避な措置というのが表面的な理由だったが、左翼系の扇動宣伝の規制に大きな目的があった。

だが、こうした措置は出版の自由を損なう深刻な事態でもあった。これによる副作用も少なくなかった。出協はこれに対して「この措置は優れた出版物の新規刊行を阻害し、紙価を暴騰させる動機にもなるもので、苦境に陥った出版

*117　朝鮮通信社、1946年版『朝鮮年鑑』p309

事業に対する制裁を強める過酷な措置」と規定した。続いて、(このような措置は)「納本のための刊行、あるいは命脈のない一部刊行物の延命に手を差し伸べるだけで、優れた刊行物に致命的な打撃を与える不合理な政策」と指摘する声明を発表した。同時に「定期刊行物の許可取消し要件の強化方針の緩和」及び製紙工業の拡充と紙類の輸入促進、出版の自由の保障など、５項目を入れた陳情書を公報処に提出*118し、出版界の立場を代弁した。刊行周期をきちんと守れない大きな理由の一つは、深刻な用紙購入難であることを強調したのである。

こうした過程の中でも雑誌出版は躍動的な姿を示した。

1945年10月から噴出した雑誌出版の動きは、翌年にはさらに活気を帯び、月刊誌は140点ほど、週刊誌は60点余、新聞は60紙程度と、多くの定期刊行物が覇権を争う構図となった。こうした熱気の高まりは朝鮮戦争の勃発まで全国で続いた（**表2-9**）。出版社の大部分がソウルに集中していたのに対し、雑誌は全国各地で発行されていた。政治的主張の強い政論誌的な性格の週刊誌形態のものが多かったが、国と民族の将来を案じ、格調高い内容で大衆を率いていく雑誌が幅広く発行されたのも、この時期の特徴に挙げることができる。言うなれば、雑誌の多様性とは読者の細分化と配布地域の集中性などをいうが、この

表2-9　光復期の定期刊行物登録状況

時期		1947*1	1948*2	1948.8*2	1949.5.1*2	1949.7.8*2
刊行物総計		247	248	304	276	284
通信	日刊	6	6	8	6	8
	週刊	—	—	3	3	3
新聞	日刊	56	54	64	58	55
	週刊	55	55	63	60	68
	隔日刊	—	2	2	2	2
	週２回刊	—	4	4	4	4
	週３回刊	—	2	1	1	1
雑誌	月６回刊	—	1	1	1	1
	週刊	9	14	8	6	6
	月２回刊	—	4	6	7	7
	月刊	123	105	143	127	128
	季刊	—	1	1	1	1

資料：＊１は、内務部統計局、第３回『大韓民国統計年鑑』（1954）
＊２は、金允植「出版文化育成の構想」『新天地』（1949.11）

*118　『東亜日報』1947.4.1

ときすでにその兆候は現れていた。この当時の雑誌は氾濫と混乱の中で、社会意識を高める責任者という、教養的雑誌時代を演出する政論誌的特性を示していたと評価できる。すでに総合誌、女性誌、児童誌など多様な性格の雑誌に、学生誌、専門誌から季刊誌、地方誌まで各種雑誌が発行され、発行部数も少ない量ではなかった。

2.　多様な雑誌の氾濫

解放された年に出た主要雑誌には、『建設週報』(趙碧岩、45.11～？)、『朝鮮週報』(朴鍾善、45.10～)、『漢城時報』(未詳)、『先駆』(洪鍾夏、45.10～12) があるが、さらに『先鋒』(梁在健、45.10～46.4)、『白民』(金民、45.12～50.6)、『民聲』(柳明韓、46.4～50.5)、『女性新聞』(郭夏信、45.12～？)、『新トンム』(金元龍、45.12～？)、『文化創造』(金容浩、45.12～？) など全部で22点が、**表2-9**のように創刊または復刊された。

題名からも白衣民族であることを強調した『白民』は、創刊当初には総合教養誌を目指していたが、アメリカに向けて激しい階級文化論の扇動実践をする左翼系の文学・文化誌と張り合い、民族陣営の純粋文学論を擁護代弁する文学誌の役割を担うようになる。しかし、惜しまれることに朝鮮戦争の勃発で、1950年5月号(通巻22号)が最終号になってしまった。

アメリカ軍政の法令第88号で、定期刊行物が許可制に変更されるまで、『大潮』(李弘基、46.1～48.11)、『女学院』(金正修)、『芸術部落』(趙演鉉、46.1～54.9)、『新天地』(鄭玄雄、46.1～54.9)、『學風』(閔丙燾、48.9～50.6)、『週刊小学生』(尹石重、46.2～50.5)、『革新』(姜周鎮) など、33点が新たに目録に追加された。このなかには、植民地時代に強制的に中断させられて復刊した『開闢』(金起田、46.1～49.3)、『朝光』(方應謨、46.3～48.12) も含まれている。

この法令第88号は1946年5月29日に出されたが、その前後にも多くの雑誌が創刊されている。『建国公論』(鄭泰永、46.2～49.9)、『文學』(李泰俊、46.6～48.7)、『国際情報』(金乙漢、46.6～？)、『進學』(金正修、46.6～？)、『カトリック青年』(尹亨重、46.6～？)、『郷土』(崔暎海、46.7～48.6)、『新サラム』(田榮澤、46.6～？)、『以北通信』(李北、46.6～？)、『婦人』(金正修、46.9～49.3) などである。『朝鮮出版新聞』(崔成原、編集兼発行人：楊美林、48.11創刊)、『文化時報』なども、この

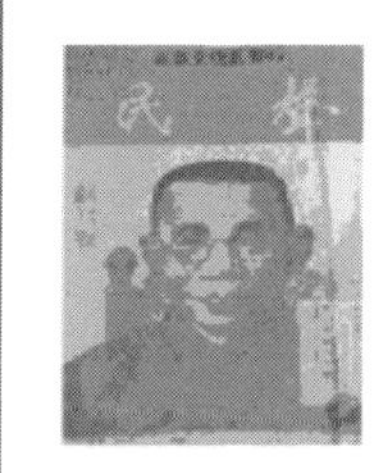

写真2-6　光復期の代表的な雑誌

時期の雑誌目録に名前が挙がっている。

総合雑誌のうちでは『新天地』と『民聲』が双璧を成していた。『新世代』がこれに続き、『開闢』『大潮』『朝光』は発行が順調ではなかった。文芸誌としては『文學』が48年８月から影をひそめ、『文章』(48.10) も復刊号を出した途端、終刊となったので、『白民』だけが孤塁を守っていた。『週刊小学生』が月刊化した後は、児童誌は『少年』『オリニ』(復刊)、『つつじ』『子どもの国』などが競い合っていた。『学風』も万難を排して学術誌の一角にあった。

この頃の雑誌は、ほとんど書店を経由せずに街頭で販売されていたが、これらの雑誌は発行されると直ちに売り切れになるほど読者の反応は強かった。しかし、雑誌の浮沈はとても激しかった。光復の感激と無制限に近い言論出版の自由は、新たな意欲がほとばしるように盛り上がったが、条件の裏付けが十分ではなく大部分が短命だった。用紙調達が困難で、印刷施設の不足によって決まった時期に発行できず欠号が生じ、創刊号が終刊号になったりして、刊行雑誌の点数すら把握できないほどだった。48年になると雑誌発行権を売買する、「版権市場」が形成される奇異な現象が起きて発行人の変動が絶えなかった。

困難な発行条件の中でも、雑誌界は10誌ほどを中心に次第に体制が整っていくが、朝鮮戦争によって無に帰してしまった。定期刊行物に対する政府の公式統計は、1947年に初めて集計されている。その程度の統計ですら朝鮮戦争で一時中断を強いられ、53年になって集計は再開したのだった。49年から52年までの定期刊行物統計に空白部分があるのはその痕跡である。雑誌の発行部数が減少しながらも点数が増加しているのは、既存雑誌が浮沈するなかで、新しい雑誌の創刊で販売部数が拡大しているからである。

第9節

出版流通システムの構築に向けて

1.　全国供給網を築いた卸売商

光復以前の出版流通システムは、大部分が出版社直営の販売（小売）所が直接、全国書店と取引する体制だった。例を挙げれば、滙東（かいとう）書館、漢城図書、博文書館、永昌書館、以文堂、徳興書林などが出版と卸売・小売商を兼ねていた。当時、全国には595の書店＊119があったが、光復を前後して大部分の書店が門を閉じ、卸小売を本業とする出版流通システムも瓦解してしまった。書籍供給が正しくなされずに大部分の地方書店が悩まされた。光復になると、雨後の筍のように、続出した出版社が競い合うように作った本は、書店に並べられることもなく（書店はほとんどなかった）、みんな街頭で販売されるのだった。直接販売が好調を示すと、いくらも経たずに書店も増えていき、一般向けの単行本が書店に並ぶようになった。

このように本がよく売れ、取引きも活発な状況で、出版社と小売書店の取引きが円滑さを欠き、多くの困難に出くわすと、これの解決を図るべく1945年11月に、「三中堂」の徐載壽が書籍卸売商をはじめた。これが現代書籍卸売商の嚆矢と記録され取引秩序が体系化されるなど、出版流通システムが構築される最初の出発点となった。「三中堂」は過去の日本出版配給会社（日配）に勤務した申章鎬（後に普文閣という出版社を創設）をスカウトし体制を強化した。直ぐにこ

＊119　日本出版配給株式会社（「日配」）の小売店名簿（1942年末現在）によれば、当時の朝鮮には京城府を筆頭に、全国14の道に全部で595書店の名前が収録されている。そのうち朝鮮人が経営する書店は91と推定される。

れに勢いを得て、寛勲洞で隣の一成堂という出版社と書店を経営していた黄宗洙も、46年１月から新刊書籍の卸売業に進出した。

一成堂書店は一歩先に卸売業をはじめた「三中堂」とともに光復直後に、書籍卸売部門において不動の基盤を確保する。1947年に入ると「三中堂」が卸売業を廃業する意向をもらすと、とうとう４月には光化門にある有吉書店（申在永）に、主要社員を引き渡した。申在永は当時、韓国で序列４位の財閥として知られた反物商の金熙俊という人物を同業者に引き入れ、書籍卸売業界の版図を塗り替えた。

申在永は鍾路１街60番地の金熙俊の布木(反物)店の場所に店舗を移し、黄宗洙はこれに合わせて京畿道高陽郡にある田畑１万坪余りを処分して準備した資金で、同年９月に、以前の朝興銀行本店の向かい側の茶洞12番地に移転し、「朝鮮書籍販売(書販)」を新たに設立し、一成堂の卸売業務を統合、会社体制を一新する。公称資本金1000万ウォンに、高級スタッフを幹部社員に確保した「書販」は、一成堂が積み重ねた信用を基盤に、一躍、新刊書籍と雑誌専門の大型書籍卸売業として浮上し、申在永が経営する有吉書店と「両大山脈」を形成した。

この二つの書籍卸売商は、当時、全国に散在した350ほどの書店と主要出版社の大部分を取引相手として確保し、出版市場を掌握し取引条件、代金決済方式などを確立し、出版流通体制を本格的に構築していった。当時の資本は、毎月２度ずつ、15日と30日に売れた金額を正確に支払うことを原則としていた。黄宗洙と申在永は営業面では一歩も譲歩しない熾烈な競争をくり広げたが、黄宗洙によれば、二人は親友の間柄で、公正な取引規則を確立するために、毎日、情報を交換し熟議するなど、とても親しい間柄だったと述懐している＊120。

このほかに文研書店（権周遠)、永昌書館（劉章烈)、青丘書店（朴商完)、漢陽閣、崇文書店（韓鏞善)、漢陽書籍卸売公社、寶文書店（崔壽煥）なども、卸売店を相次いで開設し、相互競争体制を構築していった。青丘書店は有吉書店より先に創業したが、「三中堂」と同じ時期に卸売業を閉じた。「乙酉文化社」も1947年３月から鍾路１街の鍾路ビルに、文章閣という販売部を新設し、書籍の卸小売の世界に足を踏み入れた。47年に設立された「首善社」は明洞で出版

＊120　黄宗洙『私の出版小話』ソウル; 普成社、1990、p80

と卸売（首善書林：白麟濟）兼営業をし、忠武路の漢榮書店（朴漢榮）も同じ時期に卸売に飛び込んだ。博文書館は優れた出版社の出資を得て、書籍卸売を創設したが、いくらも経たずに解散し、小売書店だけを続けた。

このように7、8か所の小規模書籍卸売商は書販と有吉書店の牙城に挑戦したが、その影響力は微々たるものだった。二大卸売商の市場占有率がこれら小規模卸売店よりも、遙かに大きかったのは、市場規模に比べて卸売商が数的に過多だったからである。なぜならば、卸売機能の能率と有効性とは、流通活動を評価する基準に基づくと、わずか525の書店が全国各地に散在している状況であるため、取引総数の最小化の原理と、全体として集中在庫の効果や在庫費用を節約する低コスト効果は、大きなものではなかった。

商的・物的機能や返品などを考えるとき、むしろ卸売マージンによる流通費用の負担だけが加重される側面もあった。しかし、書店の立場では卸売商に在庫を押しつけることによって、在庫負担を減らすことができる。とくに地方の書店としては配送システムが整っていない状況で、全体的な在庫及び物流費用の負担軽減効果は大きい。したがって当時の流通過程を見ると、具体的な数値はないが、流通迂回度（W/R比率）が高かった点に照らして、書籍卸売商の存在は必要だったといえる。

そのためにソウルの二つの大型卸売商を通じて、全国書店に書籍が円滑に供給される中央集中的な一元供給体制による現金決済方式と、固定割引率の基盤が確立された韓国固有の出版流通システムが構築された。しかし、朝鮮戦争によって取引秩序が崩壊し、流通機能は麻痺し、それまでの努力は一挙に水泡に帰してしまった。

1950年代前半までに、書籍流通システムを回復させようとしたが、すでに不可能な局面に陥っていた。黄宗洙も戦争で莫大な財産上の打撃を受け、耐えられず再起に失敗する。彼はこれまでの経験を生かし、1958年に韓国出版協同組合設立の生みの親の役割を果たし、6年にわたって理事長を務め、初期の組合の共同販売事業の基礎を固め、流通システムの再生のために大きな寄与をした。ただ、有吉書店だけは1960年の始めまで書店卸売業を続けていた。

表2-10　地域別書店分布状況（南韓）

地域	書店数	主要都市別書店数
ソウル	88	鍾路38、中区32、龍山5、麻浦4、西大門3、永登浦3、東大門2、城東1
京畿	46	開城(府)5、仁川(府/市)10、水原(邑)7
江原	18	春川(府/邑)2、江陵(邑)4、寧越(邑)3、三渉(邑)2、横城(邑)2、平昌(邑)2
忠北	30	清州(府)7、忠州(邑)7、堤川(邑)6、中坪(邑)3
忠南	42	大田(府)9、公州(邑)5、洪城(郡/邑)4、瑞山3、江景3、鳥致院3
全北	65	全州(府)18、裡里(府/邑)10、群山(府)7、金堤(邑)5、井邑(邑)5、高敞(邑)5
全南	74	木浦(府)16、光州(府)15、順天(邑)5、麗水(邑)4、長興(邑)3、康津(邑)3
慶北	63	大邱(府)21、尚州(郡/邑)6、安東(邑)5、金泉(邑)5
慶南	87	釜山(府)19、晋州(府)7、居昌(邑)7、馬山(府)6、蔚山(邑)5
済州島	12	済州7、西帰浦2、涯月1、翰林1、慕瑟浦1
合計	525	

資料：大韓出版文化協会『出版大観』（1948年）によって作成

2. 全国に布陣した525の書店

書籍小売業は、**表2-10**のように、1948年4月現在、南韓だけで525書店が把握されている＊[121]。速やかに書店網が布陣されていたのである。しかし、所在地が不確実だったり、代表者の名前すら確認できない書店が全体の半数を占めている点から見て、書店数が完璧に把握されていたとは言えない。にもかかわらず、これだけの数の書店が3年弱で存在していることは、当時の出版業がいかに躍動的だったかを示す指標の一つになるだろう。当時の人口比による書店数は、3万8000名あたり1か所である。所得水準、識字率、読書人口などを総合的に評価すると、現在の2万6500名に書店1軒があるのと比べて決して少ない数ではない。

ソウルには鍾路に38店、中区に32店と合計70店あったが、鍾路2街から6街にいたる鍾路大通りと忠武路と明洞一帯に各16店が密集し、書店街を形成していた。東和、和信、韓一など代表的な百貨店も、みな書籍部を設けていた。なかでも博文書館（書籍販売業務は盧聖錫の義弟芮東洙が担当していた）、永寅書館（姜寅永）、永昌書館（劉章烈）、文藝書林（金熙鳳）、文研書店（権周遠）、白楊堂（裵正國）などが、出版社と書籍小売業を兼業していた。光化門の有吉書店の位置では、韓鏞善が崇文社を開店、同じく出版と小売書店をやっていた。

＊121　『出版大鑑』に収録された書店名簿による。

大邱の啓蒙社（左）と天安の東邦書林（右）

写真2-7　光復期に開店した地方の書店

民教社の専務を務めた李江浩は育英書店を経営し、奨学出版社に変身した。尹時重も、忠武路４街で出版社を兼ねた東文社書店を創業した。

釜山では釜山書籍普及協会の理事長を務めた平凡社の李活愿、新生社の鄭載杓が書連副会長として活躍するなど頭角を現していた。後にソウルにやって来て太白社という出版社を経営した金慶祚も、釜山の大韓図書で活躍する前に、すでに東明書館という書店を構えており、英志文化社を設立して教師をしてから、中学高校用の検認定教科書出版で大きく成長した白萬斗も、光復初期には馬山で育英堂書店を創業し出版人の道を歩み始めた。大邱では金源大がすでに小売書店を経営していた。戦時中に書籍卸売業にも進出、釜山大韓図書と正面から真剣勝負をくり広げた。慶北出版協会の会長を歴任した申三洙も、哲也堂書店を経営した。光州では金仲寄が創業した三福書店が目につく。ほとんどの書店が出版に転業したり、戦争を経て曖昧になったのに対して、三福書店は最近まで３代にわたり忠壮路で孤軍奮闘したことは記憶に値する。京畿道の46の書店の中には、黄海道延白郡白川邑の27つの書店が含まれている。

このように全国的に書店が増加し、ソウルなどの一部地方では共同の利益を図るため、地域別に書籍商団体が結成されるようになる。ソウル書籍商組合が誕生し、ソウル組合の主導で全国の書店が糾合し、1949年８月７日、全国書籍商組合連合会（「書連」）が誕生する。書連の初代役員にはソウル組合の創立者で会長でもある李秉仁（三和書店）が会長に、副会長にはソウルの金熙律（金剛堂書店）と李聖煥（恵文堂書店）、釜山書籍普及協会会長で、新生社代表の鄭載杓、光州書籍商組合長の金昌一（金剛堂書店）らを選出し、共同の利益を追求するために教科書供給、雑誌共同購買などを模索しはじめていた。

朝鮮戦争が勃発するまでは、ソウルの大型卸売商を通じて全国の書店に円滑に供給する中央集中的な一元供給体制による現金決済方式と固定割引制の基盤が確立されていく出版流通システムが構築されていた。

3.　供給面における課題

解放直後の数か月は、販売者市場（sellers market）を形成するくらい、好況を謳歌していたため、今では想像すらできないほど正確な取引制度が定着していた。初期には書店が予め本の代金を預け置きし、必要とするたびに本が配送された。出版社と卸売商との取引は委託制だったが、卸売商と小売書店の取引は徹底して現金取引でなされていた。

卸売マージンは５％で、小売書店は書籍20％、雑誌15％の利益が正確に守られた。地方書店はこれに運賃を別途に負担した。代金決済は銀行よりも郵便局を通じる為替口座や郵便為替が主に利用された。

徐載壽、黄宗洙、申在永は、こうした取引制度の確立に功績が大きかった。交通網が正しく整備されていない時期だけに、配送体系は麻痺した状態だった。地方への配送は郵便（小包）を活用したが、それでも時間を多く必要とするので、一部地方では書店の者が直接ソウルにやってきて本を背負って運んだ。読者には定価販売が誠実に履行された。ときには表示された定価に運送費を加算して販売することもあった。それでも本は作ると驚くほど売れていった。「当時は書店も図書の供給を、建国事業の一貫と信じて汗を流した」という[*122]。

けれども市場状況は徐々にと悪化していった。販売は低調になり1946年に１万部に迫っていた平均刊行部数は、翌年には3000～5000部に低下し、48年には1000部台と大きく減少した。

漸次、金融機関の秩序が回復し、列車便を利用する配送制度が再開されると、出版界も乱立で競争が激しくなり、「前金預置制」はいつしか「代金後払い委託制」に代わった。地方書店への発送も出版社が費用と作業を負担するようになった。本の発送にも細心の注意を払わねばならなくなり、綿布を買い求め鋏で切って荷札をつくり、その荷札に受け取り先を墨で書いてから、蝋燭（ろうそく）を灯し

＊122　鄭鎭肅「出版の道40年（59）」『中央日報』1985.6.29

て発送した。小型貨物として鉄道を利用したが、ソウル→釜山は1週間も要するのが常だった。

インフレーションと品薄現象も極に達していた。天井を知らない用紙価格、印刷費の急騰に比例し、本の価格も上げざるを得なくなった。しかし、商品の特殊性から消費者物価のように上げることはできないので、経営指標は日増しに悪化していった。3年でソウルの消費者物価は10倍になり、1945年に平均37銭だった本の価格は、48年には1圓85銭と4倍にもなった。連日上昇する物価のために、本代を決めるのはとても難しかった。「物価に対する窮余の策として、当時の出版社は印刷する際には定価欄を空けて置き、本を販売する際には時勢に応じ、"臨時定価" のゴム印を捺して出庫」*[123]するほどだった。

次には、本の価格の引き上げに反比例し販売量が激減、販売された図書代金がきちんと入金されなくなり、流通秩序は次第に混乱して出版界は沈滞の局面に入った。出版点数が増えるにつれて在庫量は増加し、出版社対卸売商、卸売商対小売書店のあいだの取引金額の膨張は、卸売商の負担を増加させることになった。この事態を憂慮した黄宗洙は「小売書店に対する取引限度を定め、無制限な掛け売りを止めよう。優秀図書は注意して取り扱うこととし、迅速な資金回転を図ろう」という趣旨の提案*[124]をしたが、大勢を変えることはできなかった。

出庫率をはじめ、出版社対卸売商、卸売商対小売書店のすべての問題は、結局、自由経済体制ではとうてい解決できない困難な状況に陥っていた。

黄宗洙は先の提案で、この問題を解決しようとすれば、全出版社、書籍卸売商、小売書店を網羅し、書籍卸売を一元化した中央供給機構を構築しなければならないと政府に意見具申をしている。そうすれば、供給率はもちろん出版社に対する代金支払問題、小売書店の資金保証などの取引制度を一挙に確立できるというのである。このときに日配時代の一元供給体制を見本とすべきであるとの意識が表出されたのである。こうした発想は80年代後半までぬぐい去ることができず、一元化された大型出版流通機構の設立を出版産業発展の唯一のプランと信じ、これにしがみつくようになった。だが、それは経済統合ではない自由市場経済体制では成し遂げるのが難しい課題だった。

---

*123　鄭鎮肅、前掲連載（57）1985.6.24
*124　李璟薫『続、本は万人のもの』前掲書、p350

第10節
出版市場の基盤、教育と一般読者

1. 急成長する学校教育

光復以後、学校と生徒数は大幅に増加し、教育条件は大幅に改善された。光復当時、南韓には3542の学校（初等教育3037校、中等教育394校、高等教育21校）があったが、初等学校の就学適齢期児童（6～12歳）の55％は未就学状態に置かれていた。

それが1947年には、学校数が129％、教員が279％、生徒が154％にまで増えている。これにより光復前後45％だった初等学校の就学児童は60.5％（47年7月末）に増加した。中学校の生徒数も33.4％（16万1927名のうち5万4114名）を占めるに至った（**表2-11**）。初・中等教育を受けたハングル世代が多数誕生したため、社会が変化し大きな躍動が見られた。

表2-11　アメリカ軍政期の教育実態

時　期	学校数	伸長率[%]	教師数[人]	伸長率[%]	生徒数[人]	伸長率[%]
1945.5.31	2,964	100	14,876	100	1,701,245	100
1945.12.31	3,206	108	25,413	171	1,716,534	100
1946.9.30	3,491	118	33,774	227	2,198,114	129
1947.9.30	3,833	129	41,435	279	2,474,733	145

注：伸長率は、1945年5月を基準にした数値
資料：USAMGK,「South Korean interim Government Acitivies No.29, Feb. 1948, Part IV, Section 2, Table 4」, cited from Bureau of Research and Special Education, Department of Education

2. 成人教育、識字率、公立図書館

アメリカ軍政期の教育における主要な特性の一つは、社会教育が活性化したことである。当時の南韓８道の13歳以上の人口数1025万名のうち、77％に相当する793万名が未就学者だった[*125]。その大部分が非識字者だったことは言うまでもない[*126]。

国民の多数が植民地時代の朝鮮語抹殺政策のために、ハングルの解読ができなかった。この低い識字率は出版業の成長発展を阻害する根本要因であり、新国家建設における障害となった。

軍政庁は韓国語（ハングル）の読み書きのできない者のための成人教育の必要性を認識し、最初から学務局に成人教育課を設け社会教育に力を入れた。社会教育は、成人及び未就学児童を対象とする識字率の向上と、国文解読教育を目標とするもので、学校教育よりも活発に展開された。その社会教育は成人課程、青年課程、補修課程に分け軍政当局と民間の主導で行われた。

軍政当局が主導したといっても、実際の運営は民間で、主に公民学校が中心になる場合が多かった。成人教育施行要項に合わせて、工場でも労働者を対象にした成人教育があり、少年院や刑務所でも実施された。女性対象の職業訓練及び生活改善教育も実施された。その結果、光復当時は21％に過ぎなかった識字者の割合が、47年には71％と急激に向上した（**表2-12**）[*127]。

出版市場を形成する足場の一つが築かれたのである。非識字者は当然ながら

表2-12　アメリカ軍政期、南韓の識字率

時　期	13歳以上の推定人口［名］	識字率［%］	非識字率［%］
1945.8.31	10,255,960	21	79
1946.8.31	13,087,905	58	42
1947.8.31	13,320,913	71	29

資料：USAMGK,「South Korean interim Government Acitivies No.31, April 1948, Part IV, Section 2, Table 1」, cited from Bureau of Research and Special Education, Department of Education

＊125　朝鮮通信社編『1948年朝鮮年鑑』ソウル; 朝鮮年鑑社、1947、p304
＊126　Bureau of Edu. (History of Education; From 11 Sept. 1945 to 28 Fed. 1946) Part Seven, Appendix V.

本を読めないが、本を読むことは文章を読む能力があればできるものではない。本を買ったり借りたりするには手持ちの金が必要であり、仕事を離れる自由時間が必要となる。さらに本を読むという社会的誘因が重要である。彼らにいかに読書習慣を身につけさせるか、破綻状況に陥った経済生活をどのように克服し、購買力を増進させるかが、依然として重要な課題だった。だが光復初期にはこれらの問題に対してはあまり関心がなく、解読力を持つ人々の存在が重要だった。

一方、光復後から朝鮮戦争の勃発までの混乱した社会のなかで、図書館には植民地時代の図書館制度が残存しており、そこに西欧式図書館制度が導入された。この図書館教育制度に依拠して司書が養成され、専門団体が形成されるなど、現代的図書館運営のための規範がつくられた[*128]。

当時の南韓の図書館状況をみると、国立図書館を筆頭に、国公立図書館が19館、私立が15館、合計34館が存在していた。このうち公立図書館の場合は、大部分が植民地時代に建てられたもので、光復以後に建設されたものは５館に過ぎなかった。反面、私立図書館15館のうち13館は光復以後に建てられていた。

植民地時代末期の公立図書館が41館、学校図書館が16館、特殊図書館が８館、合計65館に比べれば、光復期における図書館の荒廃は言をまたない状態だった。

軍政庁は教化課と文化課を設立し、図書館事業を持続的に推進した。当時、盛んだったのは私立図書館の設立運動で、図書館は社会教育の中心機関としての役割を担っていた。しかし実質的内容においては、出版市場としての機能を期待される段階には達していなかった。

3.　読書階層の増大と人気図書

読者は韓国語（ハングル）になった本に飢えており、本の内容を問うことなく、本の価格にも左右されずに、どんな本であっても無条件に熱狂して買い求めてくれた。だから生産—販売部数は膨大な量に達し、本を作ると羽がついたよう

＊127　朝鮮銀行調査部編『朝鮮経済年報』（1948. p.Ⅲ－20）は、1947.7現在、南韓10市道の「国文識字者」の比率は59％としている。

＊128　李蓮玉「韓国公共図書館運動の展開―解放以後から韓国戦争までを中心に」『韓国図書館情報学会誌』第31巻２号、ソウル；韓国図書館情報学会、2000

に売れて「3日たらずで重版」になることもあった。版を重ねて数万部、多いときには数十万部になるケースも珍しくなかった。

『新版朝鮮歴史』(崔南善、三中堂、1946)は、10万部が飛ぶように売れ、『朝鮮歴史』(金聖七、朝鮮金融組合連合会、1946)は5万部と見込まれたが、1年目には6万部が売れる記録を残した。『白凡逸志』(金九、國史院、1947)は初版5000部を印刷したが、出版後1年半で7刷になった。『三一記念詩集』(朝鮮文学者同盟詩部編、建設出版社、1946)は、詩集なのにわずか3か月で3万部が完売になった。李光洙の『流浪』(弘文書館、1945)も"稲妻のように"売れて一般読者の人気が高かった。親日派著者の出版を排除する業界の雰囲気にもかかわらず、それを正すこともできないほど、出版権を獲得するための競争が熾烈だった*129。1948年になると初めて翻訳書がベストセラーの隊列に入った。国際文化協会が出した『私は自由を選択した』(上下、クラブチェンコ著、1948)は、初版3000部が1週間で売り切れになり、年末までに3刷になっている。この本の人気は翌年に持ち越されたが、日本人著者の『流れる星は生きている』(藤原てい著、首都文化社、1946)も劣らぬ人気を獲得した。

読書熱は次第に高まった。国立図書館の閲覧者数や閲覧図書数も、開館以来たゆまず増加していた。『東亜日報』は国立図書館の利用実態をしばしば報じているが、これによれば1946年3月の閲覧者数は1万1906名で、9月は2万622名に達している。このうち女性は、わずか687名で、この数すらも次第に減少の傾向にあると、「読書と逆行する女性」なる見出し(46.10.15)の紙面で、女性読書の問題点を指摘する記事を掲載した。図書館で好まれるジャンルとしては、開館初期から「文学書」が断然1位を占めていた。ところが2位に「医学」と「語学」、3位に「朝鮮、満州、蒙古、ロシア文学」が挙がっているのは、いささか意外な感じがする。こうした傾向は1年間そのまま持続された。

1946年下半期は「漫画の季節」といえるほど漫画や流行歌集が人気を集めた。47年になると「文学書」が「社会科学書」を凌駕し、読書の中心になりはじめた。扇動宣伝めいた政治書は読書界の関心からは遠退いたのである。

韓国語の読み書きができる者は増加したが、反面、書籍の発行部数は急激に

*129　漢城図書は、社屋が全焼して経営の危機に瀕したとき、出版権を持っていた「土」(李光洙)を、再び印刷すれば再起できるとの周囲の勧めにも関わらず「親日派の本を解放された祖国で刊行することはできない」と拒否した。

減少していった。光復初期の書物の値段は、他の品物に比べて安いほうだったが、物価が上がり実質労働賃金が下落するなか、書籍は生活必需品の隊列から除外されがちだった＊130。光復直後は一般単行本を最低でも、5000部から１万部を刊行していたが、1946年下半期には5000部と減っており、47年にはさらに3000部と減少している＊131。48年になると、単行本の平均刊行部数は1000〜2000部に定着してしまった。

読者の読書姿勢に変化が起こりはじめたのである。出版点数が増え、経済状況が次第に厳しくなるにつれ、読者は読むものを選ぶようになった。読者の自律的な選択は「良質な本」を指向し、48年の読書界は選択を通じる分化に向かった。どんな本であれ、良く売れた時代が過ぎ去るにつれ、新たに企画出版が試みられ、出版が質的変化する兆しが現れてきた。

4. 光復直後、本はどれほど売れたのか

出版点数、発行部数、本の値段などを根拠に、出版市場の規模を推定すると、刮目すべき急成長を遂げている。1945年の８月から12月までの生産額は180〜200万圓（ウォン）と推定される。

この時期は前述したように、主にパンフレットなど薄手で安価なものが出ていたため、発行部数は１万部ラインであり、出版市場はきちんと形成されてはいなかった。しかし、出版社が体制を整備し本格的な活動を開始した翌46年からは、用紙の品薄と価格暴騰をもたらすインフレが激化した。本の価格も前年に比べて急騰し、発行点数は大きく増加している。それでも市場規模は5000万圓を超えることはなかった。47年になると市場規模は５億圓と垂直上昇を遂げた。この頃は本をつくると驚くほど売れた。「本が読者を探して取り入るのでなく、読者が自分の足で本を訪ねてくる頼もしい時期」＊132だった。

「（書店が）出版社に先払いしておくと、その金額の限度内で本を選びだし、金が無くなれば、また先払いをしてくれるので、出版界には好都合だった。そ

＊130　李仲淵『本、鎖から解き放つ』ソウル；ヘアン、2005、p74

＊131　趙相元は『本と三十年』（前掲書、p48）で、「部数は大抵、単行本は１万部ずつ印刷し、これが1947年になると次第に5000部に下落した」と記述している。時間的に若干の時差はあるが、個人的な経験の差として理解できる。

表2-13　光復期の出版市場規模（推定）推移

	1945年	1946年		1947年		1948年	
	9～12月	上半期	下半期	上半期	下半期	上半期	下半期
平均価格	3.0	5.45	15.34	129.77	136.20	228.08	334.00
1945年基準上昇率（倍）	0	1.80	5.10	43.2	45.2	76.0	107.0
前年対比　上昇率（%）	0	81.7	181.5	745.9	49.5	67.5	46.4
一人あたり価格	0.04	0.07	0.20	1.12	1.05	3.70	−
1945年基準上昇率（倍）	0	1.60	5.0	28.0	26.0	92.5	−
前年対比　上昇率（%）	0	75.0	185.7	460.0	-6.25	152.4	−
ソウル卸売物価指数（%）*	100	688.24	1459.09	2126.10	3327.92	−	−
推定市場規模（百万ウォン）**	1.83	28.7～57.4		381.5～636.9		330.5～661.0	

注＊ソウル卸売物価指数は、朝鮮殖産銀行『殖産銀行月報』1949．第４巻第３号P.7による。
注＊＊市場規模は生産額を基準に最小と最大の差を推定した金額
資料：趙大衡「アメリカ軍政期の出版研究」により再作成

の売上金を一枚一枚数えなくても、大きさで適当に受け取る伝説のような時期」がしばらく続いた＊133。

ところが1948年は出版環境がかなり改善された（**表2-13**）のに、新刊点数は前年比23％程度しか増えなかった。刊行部数が平均2000部以下に減少した影響を受け、生産額は半分ほどになった。1949年度の市場規模は、生産額基準で５～10億圓だったと見込まれる。これは45年に比べると300倍以上も増加している。しかし、この期間に起こった激しいインフレを勘案し、1945年９月の不変価格で算出すると、実質市場規模は大きく縮小している。一人あたり平均生産額が多くはなかったことを考慮すると、出版資本の形成とはかなり距離がある。出版市場は上位10社程度の出版社に多くが集中し、現在よりも両極化現象がいっそう進んでいた。

＊132　李朱荀「その日がいつだったか」崔暎海先生華甲記念頌辞集発刊会編『歳月も江山も』正音社、1974、p219

＊133　鄭煥喆「オメガ時計」前掲書『歳月も江山も』p219

第3章

戦争の惨禍からの出発

本章の内容

３年にわたる朝鮮戦争は、南北分断に続いて新生独立国家の発展を妨げる、もうひとつの束縛だった。産業施設の被害は言うまでもなく、莫大な戦費調達、悪性インフレ、そして貨幣改革の失敗による物価暴騰で、企業活動は極度に低下し、国民は窮乏と苦境に悩まされた。

懸命に基盤造成に努めた出版産業も壊滅状況になってしまった。しかし、熱情的な出版精神やノウハウまでも喪失したわけではなかった。国は義務教育の実施、教育自治制の導入、文盲解消事業などを重点施策として推進した。出版界はこれに応じ、教科書と学習参考書など教育用図書の出版、活字改良と制作施設の拡充、「著作権法」の制定、国際舞台への進出などで、出版再建に取り組んだ。

戦時中に創刊された一部の雑誌は、爆発的な人気を博しはしたものの、出版界では全般的に厳しい販売不振が続いた。この事態を打開するため、業界の一部では書籍割引販売と教科書採択活動が恣意的に行われ、取引秩序紊乱と書籍商の連鎖倒産が生じ、流通システムは破綻状況に陥った。出版社は紙型と在庫図書を投げ売りして延命を図ろうとしたが、それはダンピング市場が猖獗（しょうけつ）する原因になった。家内手工業的で零細性を免れない出版界は、前途に希望を見いだせない状態だった。これらが出版の歴史において最悪の試練となったのである。

第1節

試練と挫折の中で

1.　1950年代の状況

1950年6月25日、北朝鮮軍の南侵によって民族最大の悲劇である朝鮮戦争が勃発した。戦争はまさに突然に起こった。韓国軍はソ連の支援と優勢な火力を前面に押し立てた北朝鮮軍の侵略を受け、交戦初期には一方的な後退を余儀なくされた。しかし国民は、政府の「黄海道の海州を占領した」式の途方もない虚偽報道に騙され、どうすることもできなかった。

だが遅ればせながら、国連を介したアメリカなど友邦国の軍事的支援を得て、戦局を立て直すことができた。朝鮮戦争は国際社会から支援を受け、共産勢力の攻勢から自由を守った戦いだった。1953年7月に休戦協定が締結されるまで、3年1か月にわたる戦争がもたらしたものは、150万名に達する人命の死傷に加えて経済社会的基盤の徹底的破壊だった。戦争による経済的被害は韓国だけでも生産施設の42%、工場建物の46%が破壊される甚大なもので、社会間接資本をはじめ産業活動の中枢部門の大部分が失われてしまった。この戦争は韓半島を廃墟に帰し、51年の国内総生産を49年に遠く及ばないものにした*1。

戦争の結果、南北韓間の敵対意識と相民族の分割互不信は、修復できない傷跡となり、南北分断を膠着させた。これによって1945年の国土分断は政権（政府）の分割（1948）を経て、民族の分割（朝鮮戦争）で固定化された。

反面、朝鮮戦争は、反共イデオロギーを強化させ、中道勢力が存続する可能

＊1　李憲昶『韓国経済通史』（第4版）ヘナム、2011、p422

性を失わせた。休戦以降の長期にわたる回復期も、国家発展に致命的な支障と試練をもたらした。朝鮮戦争はゲリラを含むすべての左翼勢力を壊滅させ、韓国の政治秩序を回復させることで、反共理念を基本とする第１共和国の基盤固めがなされた*2。

そして李承晩大統領の権威主義的政治は、各種選挙と再度の改憲を通じて独裁体制を強化させた。「国家保安法」が強化され、政府に批判的な『京郷新聞』の廃刊など、国民の基本権を侵害する行為も横行した。厳しい物資不足で貨幣改革は失敗に終わり、インフレは激化し経済は破綻してしまった。

出版もこうした状況の例外ではなかった。それは出版産業にとって乗り越えねばならない苦痛だった。政府樹立とともに「憲法」上では「出版の自由」が保障された。政府は政府樹立以前に出た左翼出版物だけでなく、戦時中に越北したり拉北された執筆者の著述物までも、無条件に発売禁止、または今後の出版を認めないと措置されたため、出版領域は大きく縮小してしまった。経営規模が零細で非常事態に苦慮していた出版業界は「営業税の免税」を政府に要請した。

しかし、政府はこれを黙殺したうえ、出版活動を規制する法令の制定を画策するなど、政府の施策と出版活動との葛藤や反目は拡大する一方だった。政府は53年からハングル正書法を推進した。それをめぐる「ハングル簡素化波動」が３年半も続いて出版に及ぼした後遺症と、57年に制定された「著作権法」は、著作物の公正な利用を保障するとは言うものの、出版社側の権利に対する配慮が十分ではなく、著作者の権益だけを強化したため出版界は大きな打撃を受けた。

著作権法の施行で、植民地時代に文学者など著作者の生活安定を図るために、便宜的に取得を認められた著作権を否認されたことが、「漢城図書」「博文出版社」「永昌書館」など、老舗出版社の倒産を早める原因にもなった。このように政府は不況に喘いでいる出版界を育成発展させる出版振興政策を講じるどころか、言論出版を規制する「出版物臨時措置法」の制定を推進し、出版された図書の販売禁止及び不実出版社の登録取消など、管理本位の行政ばかりを継続したため、「規制一辺倒の出版政策」を固守したという、否定的で偏向した評価だけを残すことになってしまった。

＊2　崔章集「過大成長国家の形成と政治亀裂の構造」『韓国社会研究』(3) ハンギル社、1985

2. 戦時期、出版空白状態に

朝鮮戦争は韓国の出版社にとって試練と挫折の桎梏(しっこく)であり、戦争の廃墟から自力で再起する努力を重ねた結果、その試練を出版産業発展のため、もう一つの変曲点に仕立てた。

すべての出版活動の中心地だった首都ソウルは、戦争勃発からわずか３日で、共産軍に占領されたため、出版界が被った被害は莫大なものだった。出版施設と資材、在庫図書と紙型などは勿論、有価証券や現金すらも保存することも、避難もさせられないまま、３か月にわたり隠して置かねばならなかった。「９・28ソウル収復」までの３か月間、出版界は完全に空白状態になった。折しも６月の新学期に備えて各出版社は全力を尽くして教科書と教材の制作に没頭し、一部は供給を終えた状態だったため、出版界が負った精神的・経済的な打撃は話にならないほど大きかった。

共産軍は在庫本などでバリケードを築き、後退するときは火を点ける騒ぎに、在庫本も建物もすべて焼け、取引帳簿など会社書類や金庫内の有価証券や現金までも、みんな焼失してしまった。847の出版社（1949年末現在）が程度の差はあるにせよ、等しく負った苦難であり苦痛であった（**表3-1**）。

釜山まで避難した政府は、３か月後の10月27日にソウルに還都した。戦争は依然として続いていたが、戦況の有利な展開に勇気を得た出版界は、一歩また一歩と再起の道を模索したのだった。10月16日には初等学校と中学校が、11月11日には大学がそれぞれソウルでの授業を再開した。公報処の出版社再登録の実

表3-1　出版関連産業の戦争被害状況

	被害額［1000ドル］			
	建物	施設	原資在・製品	合計
製造業全体	51,006	63,815	441	115,262
印　刷	908	1,537	0.3	2,444
製　紙	1,403	3,935	2	5,339
比重［%］	4.5	8.5	0.5	6.7

注１：比重は、印刷・製紙の合計額が製造業全体に占める割合［%］
注２：韓国銀行『経済年鑑』（1955）によって再作成

＊３　『出版文化』（続刊号）1952.4.25、p7

施方針に従った出版社は185社だった。政府が出版社の再登録をさせたのは、戦時中に越北した出版社を選り分ける意図もあった。出版社のうち、裵正國（白楊堂）と池奉文（朝鮮文學社）だけが、最終的に収復直前に越北したことが判明した。混乱した雰囲気と困難な条件のなかでも、12月末までに単行本18点が出版された*3。その中から『私はこう生きた—受難の記録』（乙酉文化社）、藤原てい著『私が越えた38度線』（首都文化社、日本語原書は『流れる星は生きている』）、兪鎮午の『苦難の90日』などのベストセラーが登場し、戦争で満身創痍になった出版関係者に少なからぬ慰めと再起への勇気を与えてくれた。

3.　釜山と大邱での再起の動き

中国軍の介入で戦況は再び不利になり、1951年１月にはまたしても首都を撤収する政府に従って出版社も避難をはじめた。一部を除く大部分の出版社が、多くのものを捨てて大邱と釜山に退避した。「正音社」「乙酉文化社」「文化堂」（金琪午）「朝文社」（邊庚傑）「民衆書館」「文藝書林」「東國文化社」（申在永）「民教社」「首都文化社」（邊宇景）「漢城図書」「一成堂」「弘志社」（朱在中）などは、釜山に臨時の事務室を開設した。

「三中堂」「博文出版社」「白民文化社」「大洋出版社」「章旺社」「白映社」「東明社」（崔漢雄）「探求堂」「東亜文化社」（黄俊性）「大東文化社」（金鍾湜）、「壮文社」（申台熙）「正文館」（李允成）「三志社」（李會伯）などは大邱で避難の荷を解いた。主に教科書を刊行する出版社は大邱、一般図書出版社は釜山に集まったように見受けられる。

けれども避難の初期３〜４か月間は、出版活動が停止したのも同然の空白期となった。この年の４月頃、戦況が多少有利に転換すると、やっと避難してき

＊4　戦争の直前、釜山には単行本を制作できる活版印刷所が一つもなかった。大邱では協進印刷所（朱仁龍）、青丘出版社（李亨雨、1949年創業）など４〜５社が組版や印刷施設を備えていた。「１・４後退」の際、ソウルで戦禍を免れた印刷施設の約３分の１が避難地の釜山と大邱に移転したが、これと前後して、釜山では関北印刷所（李學洙、1951.7創業）、民衆書館印刷局（李炳俊、1952.3設備着手）が、大邱では善美印刷所（空軍印刷廠、所長崔枝洙、1952に開設）、青史社など、韓国出版史に記録されるべき印刷所が誕生する。（趙誠出『韓国出版印刷百年』p455~463参照）、一方、代表的な書店としては、釜山に平凡社（李活愿）、新生社（鄭載杓）などが、大邱では啓蒙社（金源大）、文星堂（朱仁龍）などが卸小売を兼ねて活躍していた。

た出版社が出版業務を再開した。おのずから出版物の制作は大邱、販売は釜山が中心と役割分担がなされた[*4]。それまで大邱、釜山などを本拠とした出版社だけが、参考書、辞典、小説類と児童漫画などを刊行し、一方、現地書店は避難してきた出版社から放置された紙型と、搬出した書籍を安く買って相当な成果を得ていた。しかし、それは一部の現象であり、それまでの在庫書籍の販売だけをしても、供給が追いつかないため、いくらも経たずにこれらの在庫も底をついてしまった。

1951年末までに登録された出版社は359社に達しているが、実際に出版活動をしたのは126社に過ぎなかった。年間800点に近い図書が出版されているが、教科書と参考書が60%を占め、小説と流行歌謡集が15%ほど、その他の出版物は微々たるものだった。

こうした状況で、52年3月中旬頃ソウルを再奪還し、通行証を所持した者のソウルの出入りがある程度可能になると、一部の出版社はトラックや軍用車を利用し、ソウルに残してきた書籍・出版資材・印刷機などを避難地に運んできた。往復の道中の危険は言うまでもなく、何日要するか予測もできない冒険だった。あらゆる物資が不足していたので、何であれ運んできた品物は定価の2～3倍の現金売りをしても、品薄になるほど不可解な現象がくり広げられた。戦況が事実上の休戦状態になると民心も漸次安定に向かった。在庫書籍を売り尽くしたためだった。

釜山の「東國文化社」に臨時事務室を置いていた出協は、51年5月の理事会開催を手はじめに活動を再開し、こうした出版活動を支援するようになった。10月には政府との合意のもとに「戦時出版要員證」を発給し、出版社の活動を支援する機敏さを発揮した。こうして準備した資金で、一部の出版社は他社に先んじて再起の準備を終えた。出協はさらに国防献金50万ウォンと前方部隊及び傷痍軍人静養院などに、慰問図書を集め伝達し、軍の志気を高揚させる事業を行った。翌年には避難地で社団法人認可（1952.3.26）を得て、機関誌『出版文化』の続刊号を発行（52.6.5）した。

全般的に沈滞し、わびしく過ごしていた避難生活。1951年9月の新学期を前にして、文教部は教科書の供給が切迫した状況に備えるため、10社ほどの出版社を指定し、国定教科書を発行する特恵を与えた。出版社にそれぞれ1億ウォンの巨額融資を斡旋するものだった。印刷費用と用紙代が急騰し、印刷設備がひどく不足していたので、こうした特恵を得られない出版社はひどく反発し、いわゆる「教科書波動」が起こった。それでも出版界は教科書と参考書の発行に熱中し、蒸し暑い夏をどうにか過ごすことができた。こうして避難２年目である51年の書籍販売状況は、少しは上向きになり、時間が経過すれば制作費程度は回収できるようになった。出版権使用料を支払い、紙型を借りて印刷することが頻繁になった。こうした慣行を活用し新規に出版社が誕生する機会が用意された。紙型使用料は５～10％前後で、60年代から刮目するほどの成長で出版発展に貢献した出版社の中には、こうして誕生したものも少なくなかった。出版実績も一躍1393点に増えた。前年実績の786点に肉迫する607点と新刊刊行点数が増加し、出版分野も思いのほか多様化する傾向を見せた。

しかし、好況もしばらく直ぐに在庫が増加し販売秩序が乱れだした。当時、多少基盤が狭かった書店は、どこも競って卸売に手を出すようになった。卸売書店の乱立は供給過多現象をもたらした。販売不振で在庫量が増加すると、販売代金の決済が順調ではなく、割引率だけが引き続き高まった。弱り目に祟り目で、最も活発だった大型卸売書店である釜山の大韓図書供給（株）の倉庫が、釜山駅前の大火災に巻き込まれ、保存中の在庫図書を焼失する事故が発生し、さらに卸売書店の倒産も相次いだ。

第2節

破綻に瀕した出版界

1. 貨幣改革で苦境に

1953年２月の貨幣改革は、むしろ経済的不安と物価高を加重させる結果になり、出版界をいっそう苦境に追い込んだ。出版はまた空白期になると憂慮される極度の困難な状況で休戦を迎えた。それは不幸中の幸いだった。すべてが焦土化したソウルに還都し、再建の意志を整えるのに慌ただしい１年を送ることになった。大邱と釜山が出版活動の本拠地だった生え抜きの出版社と書店の中からも、上京の隊列に参加するものが少なくなかった。

ソウルは文字どおり廃墟と化していた。灰燼から再出発しなければならない現実は耐えがたいものだった。出版人の意欲は満ちていたが、様々な隘路にぶちあたり、事態の改善は遅遅として進まなかった。戦争の余波で用紙難など出版資材の不足と制作費の相次ぐ高騰、流通網の崩壊と販売不振、代金回収の遅延と書店との取引悪化などの悪循環が加わった。紙類生産統計（**表3-2**）を見ると、不振の生産実績においても騰貴現象は消えることはなく、絶えず出版社を苦しませた状況を知ることができる。販売における隘路はとくに深刻だった。

表3-2　紙類生産実績推移（指数）　(1946＝100)

	1947	1948	1949	1950	1951	1952	1953
紙類生産実績	83	84	213	150	62	266	261
平均生産指数	186	224	317	204	160	335	483

注１：韓国銀行『経済年鑑』(1955) によって再作成

振り返って見れば、対策なしに慌ただしく過ごした開戦初期の３か月を除けば、戦争の混乱の中でも不屈の精神で出版活動を止めずに活発に動いたといえる。けれども戦争の惨禍は想像を越える惨憺たるもので、再起は困難を極めた。一糸乱れぬ体制と秩序を維持してきた出版流通システムが崩壊し、取引秩序が極度に乱れたのは戦争の被害のうち最も大きなものだった。流通体制の崩壊は長い期間にわたり出版発展の足かせになった。出版量を戦前水準に回復させることが念願だったが、発行点数はなかなか上昇の気配を見せることはなく、一進一退をくり返すばかりだった。1953年に新規登録した出版社は76社だったのに対し、出版実績がなく登録抹消された出版社が89社に達したことからも、当時の状況を推測できる。出版社総数は461社で、出版実績は前年度より21％も減少した1110点に過ぎなかった。

2.　還都以後、悪化する出版状況

1953年の還都以降、出版界は再び暗澹たる局面を迎えた。還都したソウルは文字どおり廃墟で残骸だけだった。再起の堅い決意で再出発したが、現実はむしろ避難当時にも劣らなかった。出版界が難関と不振に陥った要因を整理して見ると、次のとおりである。

第１は、印刷用紙など出版資材と制作費が急激に上昇したことである。釜山避難の当時は、更紙１連の価格は最高2000ウォン前後だったが、54年春のソウルでは、3000ウォンを出しても入手できなかった。１頁あたり最高200ウォンだった組版費（四六判）も、300ウォン以上になった。印刷料金も頁あたり600～700ウォンだったものが、ソウルでは1500ウォンにもなった。製本費はほぼ２

表3-3　本の価格の推移

	1950	1951	1952	1953	1954	1955	1956
ページ単価	3.57	30.70	46.60	0.76	1.46	2.30	3.20
前年比	53.2	760	51.8	63.0	92.1	57.5	39.1
上昇率［%］	100	459	1,305	-78.7	-59.2	-35.6	-10.4

注１：1953年は、貨幣改革によって、貨幣単位が100分の１に切り下げられたが、貨幣改革以前の価格で換算し算出した。しかし、これ以後の貨幣単位は圜（フアン）。
資料：1957年版『出版年鑑』

倍である（**表3-3**）。55年にも制作費はさらに50％以上も上がったのに、本の値段に上昇分の50％を転嫁させることは不可能だった。

第2は、販売不振に加えて販売代金の回収が順調ではなかった。流通は出版の死活を賭けた問題である。読者の購買力と購買要求、販路拡充に伴う制約と隘路が例外なく悪化した。販売業者との取引はいっそう深刻な状況になった。朝鮮戦争が起こる前には、卸売業者への割引率は25％と固定されていたが、避難地釜山では35％にまで上がった。さらに還都以降は37％を超え、絶対に耐えがたい40％を要求されるまでになった。それでも低調な販売状況は改善される見通しが立たず、希望が持てないように思われた。53年に貨幣改革を断行し、100ウォンを1圜（ファン）と交換した。こうして物価は100分の1に平価切り下げがなされたが、通貨量と物価の上昇で、貨幣改革の効果は元の木阿弥になってしまった。

こうした激しいインフレにもかかわらず、1956年の本の平均価格は50年の90％の水準に留まっていた。本の価格の引き上げは、このように抑制され出版社の収益性は大きく悪化していた。販売代金の回収は順調には進まず、出版経営の瀕死状態はさらに加速化された。決済期日は次第に遅延し、未収金ばかり増加していった。例年なら夏閑期が過ぎると、秋口からは景気が多少は好転する徴候が現れるのに、そのような景気変動のサイクルは久しく見られなかった。年を追って不況の度合いが深まるばかりで、倒産する企業が続出した。

とうとう1956年からは、卸・小売書店間の取引が停滞状態に陥り、出版社と書店の取引も完全に麻痺した。廃業する卸売商が列をなし、小売書店は無責任にも、在庫図書を割引販売することで延命しようとし、出版社は定価の50％にもならない価格で投げ売りに出た。この間隙を突いて露天商が跋扈するようになり、状況はいっそう悪化し、悪循環がくり返された。出版社の多くは毎年、出版実績がないとの理由で登録抹消になった。1953年から55年までの3年間に、無実績という理由で登録抹消された出版社は374社に達した。

こうして出版社は新たな角度から活路を見いださねばならなくなったが、大部分は学習参考書にしがみ付くばかりで、検認定教科書をめぐる競争だけが熾烈になった。56年には検認定教科書の改編をめぐる物議が絶えなかった。最初に科目別に検認定教科書点数が制限されたため、競争は激化する一方だった。「乙酉文化社」「正音社」などが、この困難な時期に成長できたのは、言うまでもなく検認定教科書の後押しが幸いした。教科書に対する関心は、他方、大学教材の発展にも大きな助けともなった。大学教材は検認定教科書のように、莫大な収入をもたらしはしないが、一定期間にわたり安定して収益が得られる魅力がある。「法文社」「博英社」「一潮閣」「民衆書館」「章旺社」「進明文化社」（安鍾國）「日新社」（尹珖模）などが、大学教材の出版で急成長することができた。

とくに初等学校の学習参考書の出版は、1956年からブームとなり、各種「全科」や「修練場」の角逐の場となった。検認定教科書出版社を含む多くの出版社が学習参考書市場の争奪戦に熱中した。競争は検認定教科書の発行権を持たない出版社まで加わり激しく展開されたが、「東亜出版社」が大企業に成長したのは、まさしく学習参考書が土台になったためだった。60年代以降の学習参考書の出版は中学生用に、70年代には高校生用に競争の幅が拡大された。したがって1950年から57年に至る期間は、出版界が不振でありながらも、教科書と学習参考書に依存して、出版市場の成長を成し遂げた時代と特徴づけられる。50年代の出版構造は、これら教育用図書の活性化に力を得て、60年代出版への離陸を通じて企業化の基盤を造成した側面がある。

3.　出版行政、文教部に移管

このように出版界が苦境にあった1955年、「政府組織法」の改正で、公報処が担当してきた出版行政は著作権、映画検閲、放送管理業務とともに文教部に移管された。教科書行政を管轄してきた文教部編修局では、一般図書に関する出版業務も担当することになった。出版界はこうした政府の組織改編に対して、おおよそ歓迎する雰囲気だった。当時、出版文化の発展を主導する出版社はほとんどが教科書出版で経営基盤を固めていた。彼らは出版界の実情を良く心得ている文教部が、出版行政を担当するのを幸いなことと期待していた。

事実、公報処は定期刊行物行政だけでも、手にあまる感じだった。とはいえ出版行政の移管過程が順調だったわけではなかった。政府の意図とは関係なく、国会の審議過程で大幅に修正された政府組織の改編内容に対して、政府側は不満な面が多かった。とくに公報処が管掌していた放送、映画、出版を、文教部に移管すると改正される部分に対して、政府は国会と根本的に理解が異なるため強く反発していた。「政府組織法」は直ちに施行される定めになっていたにもかかわらず、公報処は４か月が経過しても業務引継ぎを拒否し、６か月になって放送管理を除いた出版、著作権、映画検閲の業務だけを引き継いだのだった。このため国内はしばらく騒がしかった。

新たに出版行政を担当した文教部に対して、出版界は出協を中心に出版社と書店に対する営業税の減免、融資斡旋、図書運送料の引き下げ、出版文化賞の制定と優良図書推薦制度の創設、読書週間の創設など、出版の景気を浮揚させる特段の措置を強力に要請した。文教部もこうした出版界の要求に伴い、文教部が独自に実行できるものから急いで対策を進めたが、「焼け石に水」状態だった。

第3節 廃墟から誕生した出版人たち

1. 新たな出発を主導する新進勢力

それでも出版社の数は引き続き増えていった。1950年から57年までに新たに登録した出版社は805社に達した。53年に続き54年と55年にも大規模な登録抹消がなされたが、57年現在の出版社数は717社で、50年と対比すると532社の純増である[*5]。こうした環境においても、新たな出版人が大挙登場している。実際に出版実績のある出版社はそれほど多くはなく、51年に出版活動をしたのは126社に過ぎなかった。57年までは出版社の不振がとくに甚だしかった。苛酷な不況に苦しめられたからである（**表3-4**）。

1950年から57年に出現した出版人を「出版第２世代」と呼ぶことがある。彼らは創業第１世代と交代した世代ではなく、第１世代の出版人とともに光復期の出版を通じて、建国と民族文化を興す仕事に共に参加した実務者が大部分だ

表3-4　出版社新規登録状況

	1950	1951	1952	1953	1954	1955	1956	1957
新規登録	77	97	48	62	179	130	123	89
抹　消	—	—	—	89	152	133	—	—
出版社数	185	359	387	461	584	505	594	717

資料：『出版文化』（続刊第５号）、1960.11.25.p2、韓国『出版年鑑』によって作成

＊５　しかし、これらの数字は、現在統計的に確認されている全体出版社数と一致していない。全出版社数の集計発表時期が年ごとに一定していないからである。

った。創業1世代の出版理念と伝統を引き継ぎながら、若い覇気と闘志で韓国出版の領域を新たに開拓した彼らは精神的同志といえる。戦争で廃墟と化した民族出版を再起させるべく創業し、戦後の出版再建の隊列に合流した世代だった。彼らのうち際立った業績を挙げた有能な出版人が大勢目にとまる。これら新進勢力が60年代半ばから出版界のリーディンググループを形成し、業界の発展を導いた。戦争で満身創痍となった出版産業を再建させ、出版の創造的力量をいっそう強化させ、後日の出版大国に向かう基盤を確立した主役だったのである。

この期間に登場し頭角を現した主要出版社を登録年度順に挙げてみると、次のとおりである。これらのうちには、一時は華やかに脚光を浴びたが、すでに歴史の裏側に消えた出版社も少なくない。しかし、世代交替をして現在も成長を続けているものも多く、韓国出版の歴史を物語ってくれる。

* 50年：一心舎（洪鳳珍→洪哲和）、平凡社（李活愿）、蛍雪文化社（張河麟）
* 51年：教學社（楊澈愚）、南山堂（権基周→権成徳→権賢眞）、東洋社（丁斗燮）、文研社（権周遠）、壮文社（申台熙）
* 52年：文泉社（洪淳晶）、大衆文化社（→博英社、安洹玉→安鍾萬）、東亜文化社（→新太陽社、黄俊性）、正陽社（尹瑛）、文洋社（→徽文出版社、李明徽）、希望社（金鍾琬）
* 53年：東丘出版社（李重求）、文豪社（李鍾泰）、博友社（朴商漣）、思想界社（張俊河）、葦聲文化社（→法文社、金性洙→裵孝善）、世光出版社（朴信埈→朴世源）、修學社（李在根→李泳鎬）、新丘文化社（李鍾翊→金井一）、一潮閣（韓萬年→金時妍）
* 54年：普文閣（申章鎬）、壽文社（姜壽炳）、アテネ社（崔枝洙）、英志文化社（白萬斗）、人間社（朴巨影）、正文社（尹憲）、精研社（鄭秉謨）、香隣社（→鍾路書籍、張河龜）、親友文化社（朴海鳳）
* 55年：耕智社（韓昌奎）、大東堂（李重南）、富民文化社（鄭鎭海）、女苑社（金命燁）、進明文化社（安鍾國）、好樂社（羅相信）、弘人文化社（李基玉）
* 56年：新雅社（鄭錫均→鄭玄杰）、一志社（金聖哉→金文洙）、日新社（尹珖模）、章源社（趙壽源）、電波科学社（孫永壽→孫永一）、春潮社（李相五）、弘字出版社（鄭達溶）
* 57年：教育資料社（→韓国教育出版、崔元植→崔南鎬）、成文閣（李聖雨）、

新楊社（邊泰寛）、一文書館（→中央出版公社、金俊錫）、太白社（金慶祚）、郷文社（羅末善→羅重烈）、向學社（盧鳳九）

〈注〉文中の→表記は、出版社名が変更になったり、代表者が世襲で代わった場合、出版社が第三者に引き継がれたケースは除いている。

2.　楊澈愚と教學社

楊澈愚（1926～現在）は、避難地大邱で1951年6月、図書出版教學社を創立した。創立とはいえ、彼はすでに49年に「教育研究社」の看板を掲げて、初等学校3年用の『社会生活付図』を処女出版した経験があるので、厳密にいえば創業第1世代に属する出版人である。47年から李奎星（版画家）設立の「文化教育出版社」で[*6]、出版の経歴を積んだ。大邱に避難してからは李奎星と「文化教育出版社」を再建、初等学校用教科書の開発を続けたが、生産施設の不備で制作が円滑に進まなかったので、自分で製本施設を整え運営した経歴も有している。

「教學社」と商号を変更し、再出発した初年度に、初等学校用『自然学習図鑑』を編集し、本格的に事業を開始した。続いて出版した1、2、3学年用の『書き方』『模範修練帳』が、相次いで成功した。「石橋も叩いて渡れ」は、彼の慎重な性格を表すもので、事業を成功に導いた大きな資産だった。

それから60年あまり過ぎた現在に至るまで、あせらずに誠実さでひたすら出版事業一筋に歩んできた。90歳を前にしている今も、依然として経営の第一線で、若い者に劣らぬ感覚と血気で旺盛な出版活動を展開している。教學社を指し教科書と学習参考書の専門出版社と呼んでいるが、名実ともに備えた総合出版社である。教科書と学習参考書が成功に寄与したことは確かな事実である。同社の学習参考書は、父母から児童に至るまで2代、3代にわたり教育の道案内、生徒の同伴者として第2教科書の役割を果たしてきた。彼はこれに対して大きな自負心を抱いている。

初等学校、中学校、高校の生徒向けの学習参考書をはじめ、100点を超える

＊6　文化教育出版社は筆洞1街で、1947年9月20日に登録（登録番号185）し、朝鮮戦争が勃発するまで、『初等美術、図画と工作』（1948）、H.リードの『芸術と社会』、桂鎔默創作集『青春図』、『西洋美術史――遠い国の美術の発展』などを出版した。創業者李奎星は60~80年代にソウルとパリで活発な活動をした版画家である。

中学、高校用の検認定教科書と各種辞書、児童文庫、原色図鑑、大学教材など、あらゆる分野の図書出版に心血を傾けていた。このように出版分野は実に広範囲で多様である。時代の発展とともに、絶え間ない変身を重ね、21世紀のデジタルとグローバル時代に適合する語学、コンピュータ分野の図書の開発にも熱心に取り組み、出版の領域を引き続き拡大している。最近では17年の刻苦努力と100億ウォンの巨費を投資し、『韓国史大事典』(全10巻)を編纂刊行した。これを指して「国家的な事業を一個の出版社が成し遂げた」との讃辞が各方面から寄せられた。

教學社の成長過程で重要な発展の契機になったのは、1955年にソウルに本社を移転し、翌56年から初等学校の全学年を対象とした『標準全科』と『標準修練場』を編集したことだ。"全科"とは全科目を扱うという意味で付けられた名称である。『標準全科』は53年に東亜出版社が先行した『東亜全科』、民衆書館の『国民全科』とともに、80年代まで初等学校の参考書市場を占有するべき激しい競争を展開し、遂に最後の勝利者となった。『標準全科』は『東亜全科』とは異なり、最初に科目別分類にしたことで、分冊時代のさきがけとなった。同社の代表ブランドの『標準全科』の価格が80年代までは、主要物価の指標に活用されるほど、重要で大きな人気品目でもあった。

1979年8月には、中林洞、堂山洞などに分散していた印刷工場を九老区加里峰洞に移転統合したのを契機に、大々的に施設を拡充する。84年に株式会社体制にし、91年には龍玉奨学文化財団を設立し、優秀な学生に奨学金を、教師には研究費を支給し、学術団体支援事業も行っている。2000年にはオンライン學院学習システムの「教學學院エデュベリ」事業本部を出帆させた。04年に語学学院の「ワールド・エディケーション語学院」を、09年には「数学教育研究所」をそれぞれスタートさせた。続いて「国語科教授学習研究所」「教授学習資料室」を開設運営している。

このように教學社の主要事業部門は、日増しに拡張されており、2010年現在、出版、オンライン教育、フランチャイズ、印刷、研究支援事業と奨学事業によって構成されている。奨学事業はたんなる企業利潤の社会還元の意志を超えて「他人を助けることで、自分が成功できる」という楊澈愚の哲学の表現である。彼はまた出版界で孝誠(孝行心)が人並み外れた人物としても広く知られている。

3. 安洹玉、安鍾萬と博英社

安洹玉（1924～92）は博英社の創業者である。今は彼の長男の鍾萬（1945～現在）が会社を継承し「博英社」と言えば、知らない者がいないほど誰もが認める代表的な学術出版社としての名声を轟かしている。

創業者の安洹玉は出版界に入る前は、故郷の金堤で教師生活をしていた。彼が教職を捨てて出版界に転じた動機のなかには、薄給の教職生活では本を読む楽しみも得られないし、やろうとした高試の勉強もできないので、勉強もできて文学に対する意欲もあったことから、出版社か書店の仕事をしたかったと述懐したことがある*7。彼は幼い頃から文学に天賦の素質をもつと認められ、有名な読書狂だったという。

しかし、いざ戦争中に釜山に避難してみると、経験がまったくない田舎育ちには、足がかりにする場所はなかった。折良く一韓図書の徐福煥の好意で、編集部長のポストを得たが、会社は社長と彼のただ二人で、著者交渉、編集、校正、制作から発送と集金まで引き受けなければならなかった。しかし、それがむしろ出版業務全般に短期間に習熟する機会になった。1年後に両親から譲り受けた田畑を処分し、自ら出版の事業に投身した。「大衆文化社」と登録し、釜山の富平洞に看板を掲げたのが1952年11月18日だった。

「大衆文化社」の処女出版はツルゲーネフの『初恋』である。戦時中の出版状況は劣悪そのものだった。組版施設が皆無の状態で、組版をして出版することはとても至難なことだった。資金も十分ではなかった。幸いにも詩人の金容浩に本の代金の1割に相当する使用料を支払って、紙型を借りて困難な出版に飛び込むことができた。博英社の処女出版の『初恋』はこうして誕生した。

戦争が真っ盛りのこの時には制作費がなく、出版ができないので、倉庫で埃を被っていた紙型を安値で譲ってもらった。当時は、所有者に使用料を支払い借りて出版する方法が盛んだった。しかし、困難を押し切って出版した最初の作品は完全に失敗した。本が貴重な時期だったので、ほとんどの新刊は出版さえすれば2000～3000部は1、2か月で売り切れになるのが常だったのに、「水準が高すぎる」との理由で卸売商に敬遠されたため、1年もかかってやっと売

＊7　安洹玉「やり甲斐のある出版人の告白的自伝（1）」『読書新聞』第391号、1978.8.27、p15

れた。

続けて出した3冊の運命もまったく同じだった。過大な借金がのしかかり耐えられないほどだった。そのとき安洹玉は勇気を失い、深い挫折と失意に陥り、死を考えたと告白したことがある*8。だが死ではなしに「勇気をもち生きねばならない」ともういちど気を取り直した。

そして出版の方向を変えて文学出版から社会科学系統の出版に挑戦した。このときに出版したものは、日本の法学者・我妻榮の『物権法』である。1か月で3000部を完全に売り切った。これでそれまでの赤字を埋め、余裕資金まで手にすることができた。これに勇気を得て、李英燮の『民事訴訟法』、朴一慶の『憲法』、崔大教の『刑事訴訟法』などを相次いで出版する。また、『素月詩観賞』(張萬栄、朴木月編）を出し、1年に3万部も売るヒットになった。これが基礎となり、現在まで社会科学系統の代表的な出版社として社勢は大きく発展した。

事務室はしばらく大邱市布政洞に移転（1954.2）したが、政府がソウルに還都すると、54年7月にソウル市鍾路区堅志洞に移った。同時に社名を「博英社」と変更した。それはたんなる商号変更ではなく、これまで指向した「大衆のための出版」から広く優れた才能を育成するとの意志をもち、「学術出版」に大きく方向転換したことを意味する。博英社が韓国の学問発展に寄与したことを否認する者はいないだろう。

これまでに博英社が出版した学術専門図書と大学教材は、5000点を数える。心血を注いで編纂した『経済学大事典』(1964)、『経営学大事典』(1973)、『政治学大事典』(1975) など、大小の辞典は博英社の名声を一段と高めた。こうした業績を挙げた背景には、著者や取引先に「いちどした約束は必ず守る人」と噂された創始者、安洹玉の誠実な性格が大きな力を発揮している。

彼が自分の出版の歴程を収めた自叙的な告白「執念で歩んだ30年」を、『読書新聞』に連載したことがあり、社史『博英社50年』でも畢生の業績を整理している。

＊8　安洹玉「やり甲斐のある出版人の告白的自伝（1)」前掲紙

4. 韓萬年と一潮閣

学術専門出版社として知られる一潮閣の代表者韓萬年（1925~2004）は、「韓国を代表する最も抜きんでた出版人」と認められている。一潮閣は韓国の代表的な出版社として世界の著名出版社と早くから肩を並べ社名を轟かした＊9。

彼は普成専門学校経商科とソウル大学政治学科を卒業し、1948年に探求堂に就職し出版界に入門した。53年に一潮閣を創立、最初はもっぱら大学教材の刊行だったが、まもなく方向を転換し「韓国学」関連の学術専門書の出版だけを続けた。彼は韓国学に対して格別な使命感の持ち主であり、彼がこの分野に寄与した功労は国内外で高く評価されている。「韓国学」の概念すらなかった時に、彼によって韓国学なる用語が生まれたともいえる。

李基白の『韓国史新論』、金容燮の『朝鮮後期農業史研究』、梁桂東『古歌研究』、慎鏞廈の『独立協会研究』など、韓国学関連書籍1500点余を含む2500点にも達する歴史学、社会学、法学、医学分野の専門図書を発刊、韓国学出版に関しては、最高の権威と国威と伝統を誇る出版社として知られるようになった。李丙燾（歴史学者）、李熙昇（国語学者）博士還暦記念論文集も、記念碑的な出版物としては屈指のものである。この２冊は還暦記念論文集の嚆矢とされている。

韓萬年は韓国学が世界的な理解と共感が得られるように、どんな方向に向かうべきかとの質問に対して、「韓国人だけが見る韓国学になってはならない」と、専門学者たちの視野を越える卓見を示し、自ら実践した出版人である。とくに『韓国史新論』の英語版を広く普及させることで、韓国の歴史を理解できる世界的な教材とするなど、韓国史を海外に正しく知らせることに熱中した。1987年から2012年まで25年間にわたり、半年刊の『韓国史市民講座』通巻50号を編集し、韓国史の大衆的普及にも尽力した。

彼が心血を注いだもう一つの分野は医学書だった。この分野の著述者がまだ十分に育っていなかったにもかかわらず、著者発掘の先頭に立った。たとえば、耳鼻咽喉科学分野の最新理論を紹介した『頭頸部外科学』は、赤字を顧みずに

＊9　講談社（日本）の国際部長と日本書籍出版協会の国際委員を歴任し、幅広い国際出版業務に従事してきた出川沙美雄は、著書『物語世界の書籍出版社』（日本エディタースクール出版部、1982）において、世界14か国の有名出版社のプロフィールを紹介しているが、韓国からは唯一「一潮閣」が紹介されている。

何度も増補版を出し、この分野における欠かせない名著と評価されている。彼が出した医学書はすべて収支打算を考えずに、韓国医学の進歩だけを目標にしながら、輸入書籍と翻訳一色だった医学書籍を韓国化する基盤を築いた。

彼は平生このように出版一筋に歩んできたが、本をつくることは初めから数字が合わないものと淡々としている。利潤追求を目的とする企業人ではなく、「出版人として出したい本を出すことに満足」した文化事業家の一人だった。

こうした文化、教育、出版に関する高い識見と徳性を備えた模範的な出版人だったから、ビジネスとしても終始一貫、出版人としての品位と自尊心を守る姿勢を保つことができた。出版人として卓越した専門性を発揮し、出版人の社会的位相を高めるのに寄与しただけでなく、後輩出版人の「偶像」となった。「良い本をつくり、うまくつくった後には自尊心をもって売らねばならない。ベストセラーは麻薬のようなものだから、追い求めてはならない」。これは彼の出版経営の方針で哲学であるが、後輩出版人にいつも望む指針でもあった。後輩たちが志のある事業をするのに、揺り籠の役割を果たすことも厭わなかった。『創作と批評』と『文学と知性』の両季刊文芸誌が、ともに一潮閣を通じて創刊され、両誌がそれぞれ独自的な経営基盤を築くまで刊行の責任をもち、財政的後見人の役割を果たしてもいる。

彼は出版を通じて韓国学の振興に尽力し、1975年に「月峰著作賞」を制定、毎年、韓国学分野で注目すべき業績を挙げた研究者を顕彰することで、この分野で精進する者の志気を奮い立たせた。亡父の雅号、月峰を付けたこの賞の由来は、父親の独立精神を継承し、出版業をする意志を示すものだった。亡父の韓基岳は、上海の臨時政府の法務委員を務め、1920年に『東亜日報』の創刊同人で、同紙の発行人、『朝鮮日報』の編集局長などを歴任したジャーナリストで、独立運動家でもあった。

出版人としての韓萬年の優れた業績については、何よりも出版指導者として「韓国出版の未来を開拓する仕事に最大の貢献をした出版人」として記録されるのが当然である。

人望の高さを基礎に大韓出版文化協会の会長を5期も務め、業界の発展に大きな功績を挙げた。長期的な判断力と洞察力で出版産業を発展させる体制を構築することに、人一倍の真心と力量を発揮した。彼は「出版の科学化」を韓国出版のビジョンとして提示し、自立・自強・自尊を主張し、60年代半ばの自立競争を導いた。いま韓国出版が出版大国に浮上するに至った土台は、彼によって築かれたと言っても過言ではない。彼は韓国出版金庫設立の立案者であり、設立を導いた一人だった。60年代、ユネスコが発展途上国の出版発展プログラムを立案・主導したとき、ユネスコ主催の出版専門家会議で、韓国出版金庫設立の構想を発表し、世界的な関心を呼び起こさせた。水火も辞せずに飛び出し、与党を動かし野党の後援を得て、出版業を営業税の免除業種にさせた際の張本人でもある。現在、本に対する付加価値税が免除される土台がこのときに作られたのであるが、出版営業税が免除される直前までには、出版は奢侈品目の製造業種扱いされていた。出版人が力を結集し、出版界の長い宿願だった出版文化会館を建設する際にも、リーダーシップを発揮した。彼の出版発展のための熱情は出版産業だけに向かわなかった点が、彼をさらに偉大な出版人に挙げる理由でもある。出版の発展を遂げようとするには、「書き手の養成と読書人口の拡大に力を入れねばならない」と彼は堅く信じていた。そして書き手の著述意欲を高めてこそ、出版の発展はもとより国も発展させることができるとの信念のもと、書き手に対する原稿料と印税所得税の免除を強く要請し、これを貫徹させたのである。

彼が還暦の折りに刊行した『一業一生』(1984) は、出版の道を歩んできた者として、自らの出版哲学と信念を明らかにした文章を集約したもので、彼の生涯が簡潔に圧縮されている。

5.　金聖哉と一志社

金聖哉 (1927~2005) は、ソウル大学に在学中に「學園社」に入社し、学生雑誌『學園』の初代編集長を務め、ソウル新聞社校正部次長などを経て、1956年6月に無一文で「一志社」を創立した。忠清北道木川近くで生まれ、3歳の時にソウルに移り、6歳になると再び新義州に向かい、そこで幼少年期を過ごした。再びソウルに遊学、景福中学校を卒業し、ソウル大学に進んだが経済的理由で中退し、教師生活を始めた。光復直後しばらく京畿道高陽郡碧蹄面で初等学校の教師生活をしたことは、あまり知られてはいない。教師生活の途中、中等学校教員資格試験と學園社の前身である大洋出版社の入社試験に同時に合格した。教師を続けるかどうか悩んだ末に、果敢にも編集者の道を選んだ。

こうして彼は出版との縁を結んだ。出版人の人格と本の品格を彼は誰よりも大切に考えていた。人一倍、本の品格を固執する彼は、『學園』創刊２号の表紙絵の問題で、経営者と意見が対立し、未練なく編集長のポストを退いた。「本はそれ自体の品位だけでなく、流通面でも品位を守ってこそ出版人の人格も尊重される」とこだわりをいつも曲げない原則主義者だった。彼は潔癖症に近いほど、編集と校正から制作の一つひとつに至るまで細心の神経を使った。販売においても同様だった。出庫率を５％ほど低くすれば、明らかに1000～2000部はさらに売れることを知りながらも、自分の原則を守った。

現在の「一志社」は韓国学関係の専門出版社として広く知られているが、最初の出版物は大学入試用の国語参考書など、学習参考書と教科書を出版していた。借金して始めた出版なので、危険負担の少ない学習参考書から始めたのだったという。彼の表現を借りれば、「行き止まりの路地」から「負けず嫌い」で借金を返済し、28歳で一志社を創立した。こうして始めた学習参考書出版だったが、彼が編集した『高校国語』は長期間、国語参考書業界で内容と販売成績において、他社の追従を許さなかった。参考書で資金を稼ぐと教科書の領域を拡大し、ある程度の事業基盤が固まると、ようやく日頃から念願の文学、芸術、児童などや人文学分野でさまざまな図書を刊行したのである。

学術書籍に対する大衆的な基盤が脆弱な風土のなか「出版の根は学術出版」との一貫した信念で、70年代初頭から長らく、この分野の出版に没頭してきた。韓国文学・韓国史学・美術史学・仏教史学に至るまで、韓国学分野全般にわたり学術発展と出版文化の向上に大きな貢献をした出版人と評価されている。

学術出版に関する故人の頑固な熱情は、1975年に韓国学学術季刊誌である『韓国学報』を創刊していっそう光を放った。彼が亡くなった2005年まで赤字に耐えて、韓国学研究者に論文発表の機会を提供し、韓国学研究の水準を一段階引き上げた。『韓国学報』の発行は韓国学専門出版社として不滅の名声を得る踏み石となった。従来の学説とは異なる新しい解釈や、主張をする論文だけを掲載した『韓国学報』は、韓国学の堅固な土台の構築に寄与したと評価されている。資金難で『韓国学報』の刊行が中断の危機に陥った2000年に、ある事業家が出版費用の提供を申し出てきたが、彼はこれを丁重に辞退した。「公共基金ではなく、個人事業家の金を借りて韓国学の学術誌を出すことはできない」という理由だった。そして「借金をしても引き続き出す」と自分に誓った。

誤字一つも許さない仕事、発刊を前にした本に問題が起これば、投資費用にこだわることなく、断固として破棄処分した彼の実直な出版哲学と信念、出版人としての自尊心を守った気概は、他人が真似ることのできないものだった。

世を去るまで出版人としてよりも、編集者と呼ばれることを望んだ学究的な性格の彼は、「まとめ役」という純粋韓国語を求めて、国語辞典に載せ、標準語にするという独特な業績を残しもした。韓国語を大切に考える熱意だけで消え行く韓国語を蘇らせるのは容易なことではない。

出協副会長、出版金庫理事など、出版関連団体の役員を歴任し、国際的にアジア太平洋地域児童絵本イラストレーション審査委員を長らく務め、「アジア地域共同出版プログラム企画会議」の韓国代表としても活躍するなど、ユネスコの出版専門家として、アジア地域の出版文化の発展に尽くした功労は大なるものがある。

代表的な出版物としては、鄭文基の『韓国魚図譜』、金元龍の『韓国考古学概説』『韓国美術史研究』、安輝濬の『韓国絵画史』『韓国陶磁史』などは韓国学分野の古典に数えられる。全京秀の『韓国文化論』、崔在錫の『韓国古代社会史研究』と『韓国家族制度史研究』、金允植の『近代韓国文学研究』『韓国現代文学思想史論』、金用淑の『朝鮮朝宮中風俗研究』、愼鏞廈の『韓国近代社会史研究』、姜敬淑の『粉青磁研究』、秦弘燮の『韓国の仏像』『韓国美術資料集成』(全7巻)、朱南哲の『韓国住宅建築』なども、この分野の研究を開拓、または一段階水準を高めた良書と評価されている。シリーズ物として『趙芝薫全集』(全7巻)のほかに、『韓国の寺刹』(全20巻)、「教養人のための新書」など、企画出版した本が2000点を超えている。いちいち指摘するまでもないことだろう。

晩年には自分の経験を基礎に、中央大学新聞放送大学院、延世大学言論広報大学院に出講し後進を育成し、他方、『出版の理論と実際』(1985、現在8版)、『出版現場のあれこれ』(2000)、翻訳書『編集者とは何か』(1993)などの出版専門書、さらに『分かりやすい正式ハングル綴り方』『模範古典』などの検認定教科書も執筆した。『出版の理論と実際』は修正と増補をくり返しながら、国内で著述された出版概論書の経典(canon)待遇をされている。

6.　金性洙と法文社・民衆書林

金性洙（1922～2007）は、1952年にソウル大学法学部を卒業すると、直ちに「葦聲文化社」を設立し、語学、文学分野と『葦聲文庫』などを数多くを出版したが、初期には何度も困難に遭遇した。57年からは「法文社」の名称で再出発し、50年代後半には法学系の大学教材を中心に基盤を固め、60年代初頭からは順調に成長を続けてきた。当時は軍事政権時代で憲法が改正され、非常措置法のもとで法改正が頻繁になされた。特別職試験による上級公務員の新規採用や昇進試験制度が強化され、法律書の需要が高まっていた。

その流れに乗って韓国を代表する知性を生み出すとの信念のもとに、60年以上の歴史を重ねて社会科学系専門出版社としての立場を固めてきた。法学、行政学、政治学、社会学などの分野を網羅した学術書籍と、２種教科書を合わせて刊行した約5000点は、読者から歓迎された。現在も１年に100点以上の新刊を出し、学術発展の一翼を担っている。これまで大学教材をはじめ社会科学の全分野にわたる書籍を出版し、韓国社会を支える人材輩出の一助を担ったとの自負心をもつ。

代表的な出版物としては『法律学事典』を筆頭に、『生産管理論』『政治学』『地形学』『経済学原論』『マクロ経済学』『韓国行政論』『貿易実務』『親族相続法』『微視経済学』『マーケッティング原理』『広告原論』『性格心理学』『経済学入門』『統計学』『経営革新と組織開発』『人間行動の理解』『GIS地理情報学』『憲法学原論』『行政法（Ⅰ）（Ⅱ）』『21世紀経営学』『労働経済学』などがある。

これらのうち、とくに権寧星の『憲法学原論』、李尚圭の『新行政法論』、朴東緒の『韓国行政論』、趙淳の『経済学原論』などは、70～80年代の高試を志す者にとっては無くてはならない基本図書であり、書店における最高のベストセラーだった。

70年代の後半には「民衆書館」の出版物のうち辞書類を引き継ぎ、「民衆書林」を設立、100点あまりの辞書を粘り強く改訂し、辞書出版社としての位置を不動のものにした。金性洙は69年に輸出事業が国家経済発展のために大きな役割を果たすと判断、政府の支援を得て五洋水産を設立、遠洋漁業に進出する。この分野でも先頭ランナーの一群に入り大きな成功を収め、財閥企業の一員となった。しかし、彼は他界する直前に五洋水産を思潮産業に譲渡し、舞台の背後に退いた。けれども「法文社」だけは依然として伝統を守っている。

ほとんどの出版社はオーナーが代表者を兼ねているが、金性洙は1984年末に「法文社」の会長に就任して経営の第２陣に退き、会社は裵孝善（1937～現在）に任せて現在に至っている。裵孝善は教師生活をしていたが、「法文社」の公開採用の１期生として60年に入社し、トップにまで上ったユニークな経歴を持っている。

「法文社」が指向するものは、今後も引き続き社会科学分野の基本図書を出版し、急変しているこの分野の出版方向に素早く対応し、さらに韓国社会に寄与する良書を刊行することである。

金性洙は60年代、70年代に検認定教科書会社の社長、出版協同組合の理事長職務代行などと、出版界がともに発展するために献身した。とくに出協の常務理事だった頃、出版文化会館の建設の際には、募金委員長として出版界宿願の会館建設に大きな役割を果たした。

7.　李鍾翊と新丘文化社

1990年の元旦、出版界は衝撃的なニュースを耳にし、驚きを禁じられなかった。早くから韓国出版界のリーダーの一人だった「新丘文化社」の李鍾翊（1923～90）が、江原道の峠で交通事故死したからである。

彼は出版で成功し新丘専門大学を設立した。大学の仕事に足を踏み入れてみると、自然に出版のほうは疎遠になってしまった。しかし、彼の本領はやはり出版だった。満を持して『韓国風水地理大系』なる野心作を企画し、資料収集をしようと新丘専門大学の教授ら数名と江原道の旌善に向かった学術踏査の矢先、不意の事故に遭遇してしまったのである。

李鍾翊もやはり戦乱の最中の1951年に、避難地釜山で出版事業に参入した。京畿道坡州に生まれ、善隣商業と日本の巣鴨商業を経て、48年にソウル商大の経済学科を卒業、続いて江原道の洪川農業学校で１年間の教師生活をした後に上京、「博文出版社」の編集部で出版の全般を学んだ。その後、「１・４後退」の際に第２国民兵として召集されて馬山まで行き、馬山工業学校でしばらく国語教師をしたこともあった。しかし出版への未練を捨てきれず、大勢の出版関係者が押し寄せている臨時首都釜山に向かい出版社を創立したのだった。

彼が「新丘文化社」の名義で処女出版をしたのは、李光洙の『無情』と金東仁の『若き彼ら』だった。「博文出版社」から紙型を譲り受け印刷して出版したものである。次いで彼が博文出版社時代に編集局長だった児童文学家の李元壽の童話集を刊行、他方、運営難に陥っていた児童雑誌『少年世界』を入手して発行（1952.7～55.11）したこともある。

1954年に白鐵の『文学概論』を手がけたのを契機に、彼の出版人生は一定方向に進むようになる。出版を国文学分野に定めることにしたのだ。商科系出身でありながらも、国文学を専門分野に選んだのは、彼自身が国語国文学会の創立会員だったせいでもあるが、かねての同志である鄭炳昱の影響が大きかった。国文学に方向を定めて李秉岐、白鐵の『国文学全史』、李秉岐の『伽藍文庫』、鄭秉昱の『時調文学事典』『古典詩歌論』、張徳順の『国文学通論』、李應百の『国語教育史研究』などの力作を相次いで刊行した。

「新丘文化社」の出版目録を見ると壮観である。そこから脚光を浴びたものだけを選んでも十指に余るほどだ。同社のベストセラーは小説やエッセイなどではなく、長い時間と頭をひねった企画出版物という点に特色がある。

『世界戦後文学全集』（全10巻）、『現代韓国文学全集』（全18巻）、『英米語文学叢書』（全10巻）、『韓国の人間像』（全６巻）、『韓国人名大辞典』などがある。ほかにも『韓国現代史』（全９巻）、『韓龍雲全集』（全６巻）、『世界の人間像』（全12巻）、『ノーベル文学賞全集』（全13巻）など、確かな企画力を示すものが並んでいる。このような卓越した企画力は、60～70年代に大勢の逸材が「新丘文化社」の編集陣にいたことを物語るものだ。その頃の李鍾翊を頂点とするスタッフの存在と、職場の雰囲気が進取的で溌剌としていたことが大いに関係している。20代後半の年齢で『世界戦後文学全集』の企画・編集に参加した李御寧は、李鍾翊を指して「不毛の地を耕し種を蒔いた人」と評している。李鍾翊は韓国出版金庫の理事として『読書新聞』を創刊するために、“督戦大将”の別名が付くほど、株式募集活動に並々ならぬ熱情を示したこともあった。

8.　閔泳斌と「YBM」

現在、出版と英語の専門学院を運営し、外国語試験を実施、サイバー教育、留学の斡旋などを主要事業とする外国語教育専門企業「YBM」の閔泳斌（1932

～現在）会長は卓越した人物である。彼は国内出版人のなかでビジネス感覚が最も優れた出版企業人に挙げられている。会社名の「YBM」は創業者の閔泳斌会長の英文イニシャルである。

英語出版といえば、国内外の出版界でいつも彼の名前が挙がるくらい、確かな位置を占めて久しい。彼の英語好きは宿命的なものだった。彼は黄海道海州で生まれ戦時中に越南し、高麗大学の英文科に編入した。在学中に早くも校内英字新聞の主幹になった。謄写原紙にタイプして出したという。そのようにして創刊された英字新聞が、今なお発行されているというから驚かされる。海外留学をしない英文学専攻者として、国内で最初に学位論文を英語で書き、英字新聞『コリアリパブリック（現、コリアヘラルド）』記者をしていたが、弱冠27歳で大学で英文学を講義した事実は広く知られている。韓国人で最初に英文で社説を書いたジャーナリストとしても言論史に記録されている。

そんな彼が記者兼論説委員だった1961年４月に「時事英語社」を創業し、国内最初の英語学習月刊誌の『時事英語研究』の出版権を入手、５・６月合併号を発行した。

現在に続く「YBM」の出版事業に足を踏み出した瞬間であり、事実上の再創刊だった。出版社をするに至った動機は『時事英語研究』を創刊（1959）した後輩、欧文社の裵宗浩から、雑誌を引き受けてほしいと要請されたからだった。設立初期には依然として論説委員として活動していたので、父親の閔鳳鎬に経営を託していたが、父の死去で社長に就任、本格的に出版の世界に身を投じたのが1964年４月のことだった。

このときから彼は「今は出版の企業化が要求されている。すべての出版人は経営技術を生かした賢明な方法で、良書を数多くつくり国民教育に貢献することを最も大きな使命としなければならない。利益を出さなければ良い本を続けて出すことは難しいから、出版事業も利益を出さねばならない」という出版哲学を実践してきた。また「21世紀には韓国出版界も、この狭い国土を離れて世界の舞台に飛躍すべきである。最小限、そうした野心を持たねばならない」と、韓国出版が進むべき方向を示し、自らこれを実践した。

彼は類いまれな事業手腕を発揮し、「YBM」を韓国出版産業で最初のコングロマリットを目指す出版グループに育て上げた。

「YBM」の現在の収支構造をみると、事業の多角化にもかかわらず、外部からの推測とはまったく異なり、出版が年間売り上げの50％を占めており、名実ともに出版企業の本領を堅持している。残りは學園が25％、その他が25％である。全体売り上げの半ばを占める出版事業は、『時事英語研究』を筆頭に、『英語世界』『テイトライン』『オーディオマガジン』『時事日本語』『ニューズウィーク21』『ナショナル・ジオグラフィック』（韓国版）や、日刊英字新聞『Korea Daily』などの発行によるものである。

いまでは辞典、TOEIC教材、TOEFL教材、検認定英語教科書、英語學院用専門教材、英語及び日本語学習書など多様な出版物を擁している。オーディオ、ビデオ、マルチメディアを活用した出版物を多彩に刊行し、英語教育の新たな方向を示しながら、韓国を英語強国に導いている。読み方、書き方、文法中心の英語教育が大勢だった70年代から、ヒアリングと話し方本位の英語学習法で、外国語教育の流れを変えたことは、まさしく「YBM」の功績と言っても過ぎることはない。

1970年、国内で初めてオーディオ英語学習教材の『English 900』を出し、英語教育の一大革新を果たし、世界的な出版企業に跳躍する基礎を築いた。

1982年に、YBMは株式会社となり、彼が代表取締役・会長に就任する。他方、このときに初めてアメリカ支社を設立した。続いてロスアンジェルス、バンクーバー、北京、マニラなどにも、地域學院を開設したが、事業環境の変化に対応し海外事業組織は伸縮的に運営されている。

外国語試験分野では、同じ82年に実用英語能力試験TOEICを実施し、現在はYBM傘下の韓国TOEIC委員会が、TOEICと日本語、中国語試験を主管している。82年、最初の施行当時、１年間のTOEIC受験者は1395名に過ぎなかったが、現在は230万名を超え、引き続き記録を更新し世界第１位を堅持している。日本の200万名が第２位であるが、絶対数や人口比例では明らかに開きは大きい。さらに一歩進めて試験運営の開発会社として発展してからも久しい。

學院の運営分野でも他社の追従を許していない。1983年に国内で初めて講師全員がアメリカ人で構成されたELS学院（現YBM語学院）を開設、出版と學園運営を通じて公教育を支援している。2012年現在、全国のYBM学院チェーンは、講師だけでも約2200名を擁しているが、そのうちネイティブ講師は700名（英語600名、日本語と中国語100名）にも達する。2000年には直接公教育にも参入し韓国外国人学校（KIS）を設立、これを基盤に2010年からは済州島外国人学校を受託運営、将来は海外キャンパスを設立し、東北アジアネットワークを構築するビジョンを段階的に実現させたいという。

彼は出版人として、先を見る時代感覚と飛び抜けた英語の実力で、韓国出版産業の国際化にも多大な寄与をしてきた。国際出版協会（IPA）、国際雑誌連盟（FIPP）においても、韓国の地位の格上げに大きな役割を果たした。

全体を見て判断をする単純明快な論理と判断力、そして果敢な決断力と推進力で、韓国出版の国際化をリードしてきたのだ。1968年に韓国雑誌協会は国際雑誌連盟に加入、理事国となったのは、もっぱら彼の力によるものだった。国際雑誌連盟の理事としても活躍し、2002年にはFIPPのアジア太平洋地域の雑誌人大会をソウルに誘致し、この大会の組織委員長を務め、大会の成功に貢献したことも忘れられない。

60年代から世界各地で開催される出版関係の国際会議に、韓国代表として参加し、国際的な感覚で交流の幅を広めてきた。とくに著作権関係の会議にはいつも参加し、韓国の立場を主張し、他方、国内出版界に対して今後は著作権も国際交易の重要な対象として浮上するから、世界著作権条約の加入に備えねばならないと強調してきた。彼が出協会長に在任（1981〜83）したときには、こうした出版環境の変化に対応し、国内「著作権法」改正案を準備し、公聴会を開催するなど、政府に時代環境に適合した「著作権法」体制を整えるように主張し、著作権専門家としての高い識見を示している。

韓萬年、柳益衡と幻像のコンビを組み、韓国出版の科学化を主張、出版産業の実態を調査し、長期発展計画を樹立及び推進を主導し、出版産業を世界出版の強国に跳躍する足がかりを作った功績は、韓国出版の歴史において長く記憶されるだろう。著した書籍に『The April Heroes』『高級現代英作文』と、自叙伝『英語韓国、KOREAを育てた3.8タラジ』がある。

9.　権基周・羅末善・李在根・柳國鉉

50年代に登場した出版人のなかには、自分の専攻や経験を基礎に専門分野に果敢に開拓し、出版の発展をリードした者が大勢いる。こうした人々によって50年代半ばから出版は専門化の志向性がいっそう強まった。

南山堂の権基周（1910〜88）は、1938年に朝鮮総督府が実施した普通文官試験に合格し、国立感化院（永興学校）の庶務主任と教諭を経て、光復後も軍政庁に勤務し経験を重ねた。47年1月にはそれまでの職歴を生かし、南山少年教護相談所を創設。青少年問題の解決の先頭で働きながら『児童心理学』など、更正教育分野の出版を開拓した。保健社会部の更正総務局長を辞任したのが48年10月末日だったが、2年前からすでに転職の準備をしていたのだ。51年には「図書出版南山堂」を別途に登録、薬剤師にとって必需品の指針書『薬典』をはじめ、国内最初の『東医宝鑑』の完訳にも挑戦した。保健医学図書の出版をするかたわら、70年代中葉までに農村で必ず手元に置くべき『民暦』と『土亭秘訣』を刊行、明文堂（金爀濟）と市場を分け合った。

羅末善（1919～89）は、解放後のひととき、「大洋出版社」に身を預けたが、1950年に「わが文章、われわれのもの」を標榜し、「郷文社」を設立した。最初は古典文学と大学入試問題集などを、独特の緻密な編集で出版し、7～8年間は出版市場を席巻した。戦時中には北側に拉致されたものの、九死に一生を得て南側に脱出した。その後は方向を変更し、農業関連図書の出版に専念してきた。

1958年4月の『水稲作』に始まる農学図書の出版は、亡くなるまでの30年間、園芸学、林学、畜産学、蚕糸学、農工学、そして農化学、食品学、作物学、生物学など、あらゆる農学分野に及んだ。とりわけ、こうした過程で、農学図書の著者不足の現実を克服しようと、全国の農学教授を網羅し、共同執筆させて執筆者を発掘養成したことは、著作風土の造成に寄与したものとして高く評価されている。

そのなかには、『大韓植物図鑑』『食經大典』『韓国食生活研究史』などの貴重な秀作もある。彼の農学発展に対する愛着と熱意は、開化期から1979年までの農学関係文献を集めた『韓国農学主要文献目録集』などの資料集刊行にもうかがわれる。刊行図書は関係者や機関に寄贈し、農学図書の発展に貢献した。

権基周と羅末善は、創業第1世代に属する、50年代に刮目すべき業績を示した出版人である。二人は韓国出版協同組合の設立を主導し、設立初期には組合の組織と基盤固めに貢献し、他方、業界から注視された出版流通構造の改善と供給秩序の確立にも寄与した功績は高い評価を受けている。

李在根（1922~81）も、1953年「修學社」を設立、家政学分野の学術図書の開拓者として独自の業績を残した。『家庭経済』『家庭管理学』など家庭学関連理論書の開拓に対する熱情を、西洋式生活文化に傾いていく現実の中で、『韓服生活』『韓国飲食』などを開発普及し、伝統的な韓国家庭の正しい生活規範の伝承と理論定立の先頭に立った。

柳國鉉（1925~現在）は、1958年３月、図書出版「教文社」をスタートさせた。彼は善隣商校など中学・高校の教師生活を経て、「學園社」で出版の道に入門している。

独立して最初につくった本は、學園社との競合を避けるため、彼の特技である学習参考書出版の誘惑を振り切り、学校運営に関連する校長向けの指針書だった。さらに、李相玉の『説話韓国の歴史』（全12巻）は、教文社の代表作で、英語教科書は、当時、組織と販売網が固く、綺羅星のような出版社との競争で、市場の過半を占めるなど断然トップを占めた。英語教科書の出版社はなんと21社もあったというから、その威力の大きさを想像できるだろう。他の出版社は思いもよらない教師向け指針書を提供したのが功を奏したのだった。

第4節
雑誌文化の開花と新鋭の雑誌人たち

1.　50年代初期の雑誌文化

1950年代は韓国雑誌史において特記すべき時期だった。朝鮮戦争の惨禍を経て、困難な状況に耐えながら、優れた雑誌人たちが登場、華麗な雑誌文化の花を咲かせたからである。

朝鮮戦争の勃発から「９・28ソウル収復」までは、光復直後よりもさらに社会は荒廃していたが、避難していた頃の釜山では、韓国雑誌の歴史で最も確かな位置を占めた『希望』（金鍾琬、1951.6～62.2）、『新太陽』（黄俊性、1952.8～61.2）、『學園』（金益達、1952.11～61.9/62.3～69.27 →朴在緒、69.3～78.9）、『思想界』（張俊河、1953.4～70.5）などが創刊され、雑誌出版に新たな活力をもたらした。すなわち、雑誌が啓蒙的・文化的価値からのみ認識された観点から、商品的価値ともう一つの属性を持つ点を認識するようになったのは、これらの雑誌の力によるものだった。こうした変化の先駆的役割を担当したのが､『希望』だった。この雑誌は、経営面で初めて成功しており、その部数は８万部まで引き上がった。

戦争が熾烈だった時期に、避難地で雑誌を発行するのは奇跡に近いことで、印刷施設は不足し、タブロイド判４頁の新聞を発行するのがやっとだった。雑誌の執筆者も離散していたので、原稿の受け渡しも容易ではなかった。それでもいくつかの雑誌は飛ぶように売れる異変が起こった。

光復以後から1950年までの混乱した雑誌界の雰囲気に比べて内容も充実､『新太陽』や『希望』は総合誌のような性格でありながらも、娯楽や読み物欄のスペースを増やした。この両誌は大衆娯楽誌と見なさねばならないが、創刊され

写真3-1　1950年代に創刊された雑誌

ると驚異的な販売成績を上げた。『學園』と『思想界』も読者の熱い歓迎を受け、その歴史は70年代まで続いた。一つの雑誌というよりも、韓国文化の最も創造的な実体とも言われた。

戦乱で休刊になった『新天地』（ソウル新聞社、朴鍾和、1946.1～54.6）、『文藝』（毛允淑、1949.8～54.8）なども次々に復刊された。『新思潮』（金后今、1950.5～64.3）、『女性界』（金鍾琬、1952.7～54.3）、『思想』（白楽濬、1952.8～11）と『思想界』（1953.4～70.9）、『新たな友』（大韓基督教書会、金春培、1952.1～71休刊、金永鎮が入手し、81.12に復刊）、『自由世界』（趙炳玉、1952.1～53.6）、『現代公論』（反共統一連盟、1953.10～55.1）などが相次いで創刊され、読者から熱く迎えられた。湖南地方や済州島に身を避けていた雑誌関係者もいる。こうして注意深く、雑誌の芽を再び育てようとする動きが現われ始めた。

2.　細分化される雑誌出版

1953年の春を前後した還都と休戦を契機に、雑誌はいっそう活気を帯び始める。国単体の雰囲気も戦争の廃墟からの復旧と再建が進むようになると、新たな気運が生まれ、媒体としての雑誌に対する認識も次第に高まった。

しかし、雑誌出版の持続的な流れが分かる正確な資料はない。もっぱら新聞・通信を含む1953年から58年までの、公報処に登録された定期刊行物の推移からうかがうだけだ。それさえも戦時期の1950～52年と55年の定期刊行物の登録資料は、今は残されてはいない。また、現存する統計資料すらも、登録された定期刊行物を類型別に一括集計してあるだけで、定期刊行物の形態に応じて新聞と雑誌が区分されてはいない。

表3-5によれば、1958年現在、定期刊行物の点数は558点だった。53年には411点だったものが、翌54年には299点と急激に減少し、再び増加している。58年には54年対比で259点も増えている。年次的にみると、「週刊新聞」は漸次減少する傾向なのに対し、「月刊」の新規登録が引き続き増加している。この74％に相当する414点がソウルで発行された。定期刊行物全体のうち、ソウルで刊行されたものの割合を類型別にみると、「月刊」306点（73％）、「週刊新聞」（72％）、「その他」71点（73％）で、次に「新聞」（16点）と「日刊通信」（14点）が占めている。ソウル以外で多く刊行されているのは、「慶尚南道」で36点、うち「月刊」が24点である。「江原道」（8点）と「済州道」（6点）が最も少ない。

雑誌が大部分を占めていると見込まれるが、その月刊誌は1956年から毎年40点あまりも新たに登録されている。58年の総点数のうち過半数の306点（54％）が「月刊」で、「週刊」（100点）にも、かなりの数の「雑誌」が含まれていると推定される。

還都後の雑誌の特徴として、セグメント性が明らかに現れはじめる。セグメント性とは、読者を性別、年齢、職業、興味関心、趣味、ライフスタイル、所得・財産など、特定の関心領域と関連する内容に応じて細分化することをいう。雑誌のセグメントとは「種類の多様化」、すなわち、雑誌マーケットの細分化にほかならない。これは50年代の半ばに韓国でも雑誌が進化しはじめたことを意味する。56年末現在で185点の雑誌を分野別にうかがうと、雑誌のセグメント性が画然と現れていることが分かる（**表3-6**）。

表3-5　定期刊行物の登録数（1953～58年）

		1953	1954	1955	1956	1957	1958
総計		411	299	—	465	508	558
日刊	通信	16	14	—	14	14	14
	新聞	40	45	—	43	42	42
週刊	新聞	124	130	—	119	108	100
月刊		177	179	—	224	264	306
その他		54	—	—	65	80	96

注：“その他”には、月刊以下の定期刊行物（新聞・雑誌）が全て含まれる。
資料：内務部統計局『大韓民国統計年鑑』各年度版から作成

表3-6　分野別雑誌の刊行状況（1956）

時事評論誌	15	産業経済誌	16	娯楽誌	12	映画誌	3
学術誌	8	文芸誌	8	女性誌	11	科学誌	2
音楽誌	2	体育誌	5	法律誌	5	行政機関誌	19
辞典・画報	7	医学誌	5	総合誌	20		
団体機関誌	13	その他	19	宗教誌	15	合計	185

資料：『韓国雑誌総覧』（1972年版）

『文学芸術』（呉泳鎮、1954.4～57.12）、『夜明け』（朱耀翰、1954.8～60.12）、『現代文學』（金琪午、1955.1～現在）、『女苑』（金益達、1955.10～56.5→金命燁、56.6～70.4）、『自由文學』（韓国自由文学者協会、1956.6～63.4）などが雑誌界を賑わし、当時創刊された雑誌のなかには、発行人が途中で代わったものもあったが、『學園』『新たな友』『女苑』のように70～80年代まで発行されたものも少なくない。『現代文學』は、これまでただ一度の欠号もなく発行されているので、雑誌の歴史において最長寿記録をいまだに堅持している。

この頃、各印刷所はベントン機（活字の母型を製作する彫刻機）を輸入して活字を一新、印刷機械も新たに設置し、雑誌誌面に清新さを出そうと努力していたが、内容の面でも、戦争の恐怖、不安、暗鬱で疲弊した戦後の雰囲気に、果敢に挑戦しようとする意志を発揮したのが、この時期に出た雑誌の共通した特徴だった。一方では、戦争の雰囲気がもたらした刹那主義的思考方式と、誤って輸入された西欧の実存主義思潮の横行により、国民を娯楽と享楽に誘引したりもした。娯楽と享楽性の強かった『アリラン』（1955.3～80.7）、『野談』（1955.7～66.2）、『明朗』（56.11～80.7）など大衆雑誌が黄金時代を築いたのも、この時期でひとつの潮流だった。大衆娯楽誌には扇情的な記事が氾濫するなかで、健全な教養雑誌は一様に赤字運営に喘いでいた。多くの雑誌の発行部数は5000部から１万部だった。1957年を前後して雑誌界には意外なことに、困難な出版環境なのに特異な現象といえる“ブーム”が起こった。『アリラン』は発行人が徐載壽から李月俊、そして朴世敬と三代目になったが、80年代初頭まで最長寿を記録した雑誌となった。

3.　韓国雑誌協会と書店との葛藤

戦争の渦中でも、避難地での逆境を押し切って創刊された雑誌が、国民の情報の渇望と枯渇した情緒を満たす大切な媒体として登場、脚光を浴びると、書店界からはこれに逆行する横暴が露骨になった。釜山の書店が談合し、販売手数料の引き上げを要求したのである。彼らの要求は定価の40％を販売手数料として支払うことを求めるものだった。これは雑誌社よりももっと多い利益を得ようとするものにほかならない。こうした書店側の要求が認められなければ、雑誌の販売を拒否するとの高圧的な態度だった。

さらに耐えがたいのは、アメリカの写真週刊誌『ニューズウィーク』や『タイム』のマージンは20％で現金取引をしているから、国内雑誌については40％のマージンで委託取引する悪習に固執したことだった。40％のマージンを与えることになれば、定価引き上げは不可避で、結果的に読者の負担を加重させ、発行部数の減少をもたらし、やっと活気を帯びてきた雑誌の発展を期待することは困難になるというのが雑誌界の見解だった。加えて用紙の需給事情も円滑ではなく、制作費は引き続き上昇を続けていた。

こうした急迫した状況に置かれた雑誌関係者が結束し、共同で対処する必要が切実に求められ、急遽1952年９月20日に、韓国雑誌協会の創立がなされた。希望社の金鍾琬を会長に、副会長には新太陽社の黄俊性、常務理事に學園社の金益達を選任した。協会設立と同時に雑誌界の懸案課題である用紙の配給を受け、販売割引率の引き下げ運動を展開したことは再言を要しない。委託料40％を30％に引き下げ、卸売商５％、小売書店25％制を実施すると決議し、これを正式に書店業界に通告した。

当然ながら書店業界からの反発は激しかった。取引制度を一朝にして変える雑誌協会の決定は、書店側の権益を無視していると非難の声が上がった。「書連」を中心とする書籍業界の組織力と談合の力量は頑強だった。『希望』誌に対する不売運動が展開された。さらに「書連」は『希望』と同じ性格の『新時代』誌を創刊し、『希望』の代わりに『新時代』を取り扱い、全国的に販促活動をくり広げた。『希望』は街頭販売によってこれに対抗した。『希望』が街頭販売に力を入れて対抗したのは３か月で終わったが、幸いにも影響を受けることはなく、むしろ販売部数が伸びる傾向を見せると、「書連」は結局、一歩身を引き、雑誌協会の意向が結実することになった。「書連」は人気や資金面で相手にならなかった『新時代』を、３か月目に自主廃刊する線で妥協が成立した[*10]。雑誌協会と「書連」のあいだの販売手数料率をめぐるこの紛争は、「第１次雑誌波動」と呼ばれている。

還都後の翌年12月にも、まったく同じ理由で「第２次雑誌波動」が再現された。このときは「書連」所属のソウルの大型書店がマージンの引き上げを要求し、『學園』をはじめ人気雑誌を販売しないと談合したのだった。全国の卸売商もこれに呼応した。雑誌協会は緊急理事会を開き、共同対処しなければならなくなった。そして『學園』と『希望』などの販売期日を同じ日に合わせ、「韓国雑誌特別販売週間」という懸垂幕をつくり、市内中心街の20余箇所を選定し、街頭販売を決行することを決議する。鍾を鳴らし読者の関心を誘発し、人気作家のサイン販売も並行して実施した[*11]。

たまたま「第１回學園文学賞」を発表し、その作品を掲載した『學園』1954年１月号は、先の送年号よりも１万部も多い５万部を発行したので、書店から販売拒否の主たるターゲットとなった。ところで街頭販売の初日、和信百貨店前の看板隊だけでも600部の販売実績を上げる異変が起きた。事態がこのようになると、その日の波動は一段落した。書店側が完全に屈服したのだった。後日、崔徳教は「それは『學園』を愛する中高校生の一幕の示威だった」と回顧している[*12]。これら２誌と同じく街頭販売に参加した雑誌には、『新天地』『新太陽』

*10　第１回の雑誌波動の結末については、雑誌界と書店界の話が若干曖昧で、行き違う部分がある。すなわち、雑誌側では「書籍商との販売マージン率を調整協議し、しつこい圧迫にも屈せずに、彼らの要求の４割委託制を崩し、ほとんど現行どおりに固守するのに成功したことは、協会が創設された後の最も大きな成果だった」との記録（『韓国雑誌協会45年史』p102）とあり、「ついに雑誌協会の主張の正当性を認め、われわれの意図は結実をすることとなった」（金鍾琬「乱中出版雑記」『出版文化』1986.6.p13）となっている。これに対し「書連」では、「雑誌協会は原状復帰することによって協議が成立した」（李秉仁「全国書籍商連合会小史」1957年版、『出版年鑑』1957.4.30, p372）としている。ここでその結果について注目されることは、金鍾琬は「雑誌界の宿願だった販売割引率引き下げ運動」という表現を用いており、「書連」では「原状復帰」という表現を使用している点で異なっている。もう一つは、まったく同じ理由で「第２次雑誌波動」が起きた背景と、その結果から推測して雑誌側の主張が正しいと判断される。これは当時の書店側があらゆる出版物に対し、継続して取引割引率の引き上げを要求していた時だったので、その結果は重要な意味を持っている。

*11　金鍾琬、前掲文、p13

*12　崔徳教、「30代の青年金益達大人」『學園ミルアル（種）』第18号、2005.11、p95~96

『スチューデント・ダイジェスト』『少年世界』『新たな友』などがある。しかし、一部の雑誌は協会決議に叛き「書連」側に協力したものもあったという。

雑誌協会を創立し、このように販売手数料率をめぐる連合戦線を構築し、割引率を調節し、用紙需給の難題解決、発行日、定価、頁数調整など、相互協議と協力を通じて雑誌界の共同発展を図ったのは大きな成果だった。

雑誌協会はその後、休止期に入ることになるが、軍事政権の社会団体への解散措置にともない解体される悲運に遭った。5・16軍事クーデター（1961年5月16日に発生したクーデター）以後、それまで免税だった雑誌出版に対する営業税が賦課され、用紙難や融資斡旋の必要性など、重大な懸案課題が台頭してきた。これに積極的に対処するためには、当時、力を結集して雑誌協会を復活させねばならないとの意見を入れて、1962年10月26日、金彰燁『考試界』、徐載壽『アリラン』、金益達『學園』、金鍾琬『希望』、黄俊性『新太陽』など、17名の雑誌発行人が集まり、「韓国雑誌発行人協会」の創立総会を開催し、初代会長に金益達を選出した。1966年の第5次定期総会（10.16）において現在の「韓国雑誌協会」に名称を変更し、「雑誌の日」制定、雑誌金庫設置、雑誌会館の建設と雑誌博物館の設立、『韓国雑誌100年』を編纂・発行した。国際雑誌協会（FIPP）に加入、日本や中国との交流を活発に展開するなど、多様な事業をくり広げ、雑誌文化をリードしている*13。

4.　金鍾琬と雑誌『希望』

25歳の青年金鍾琬（1925〜現在）は、新聞記者出身で制作過程での実務経験もないまま『希望』誌を創刊した。印刷施設も満足に揃っていなかった避難地で、雑誌の制作過程もきちんと知らない状態で、雑誌出版に飛び込んだのであり、創刊号の発行は超人的な努力の結果だったといえる。

当時は『東亜』『朝鮮』『ソウル新聞』などの主要日刊紙も、避難地での続刊発行は思いもよらず、むしろ、地方紙の『釜山日報』や『国際新聞』だけが、中央紙の役割を代行していた。

本の新刊は言うまでもなく、重版すらも殆どない状況で、敢えて雑誌の発

*13　『韓国雑誌協会60年史』韓国雑誌協会、2012、p84~162参照

行を志し、『希望』という雑誌の創刊のために心血を傾けてはじめたのだった。出版については基本常識すらない門外漢だったために、本の製作はもちろん、それにともなう全てについても白紙状態だった。釜山草梁洞に所在する貧弱な組版所で昼夜を問わず作業した末に、15日ぶりに四六倍判160頁あまりの『希望』創刊号を発行した。印刷工場といっても見かけだけの組版所にすぎなかった。その頃の印刷施設は四六全紙半裁の活版印刷所が３か所、表紙・画報・目次などを印刷するオフセット工場が２か所、製本所が２か所で、それらを動員して１か月でやっと創刊号5000部の発行に漕ぎ着けた。とくに定価の決定に苦心したという。

しかし、定価3000ウォンの『希望』は、発行５日で売切れとなる評判を呼んだ。彼は後日、「執筆者はもちろん、内容面においても良い反応を得た結果で、体裁の面では特に好感を与えることはできなかったが、定価については独自の認定を受けたわけだった。そして将来に対する希望を渇望し、混乱した戦争の渦中で、『希望』のタイトルが好感をもって迎えられたのかもしれない」と回顧している＊14。金鍾琬は避難暮らしをする国民に希望を与えようと雑誌を企画した。それは誰もが思いつくことではなかった。金鍾琬は1953年１月号の巻頭言「1953年の希望」で、次のように書いた。

「人間は誰もがみな希望に生き、また希望で終わる。個体の立場がそうであるように、ある社会、ある国の立場がまたそうなのである。だから人類社会の形成は、つまり希望から希望のために努力し、動かしているのである。いま我々の共通した希望は、どうすればこの苛烈で凄惨な戦争を名誉ある終末にし、自由で統一した祖国の名前で生きていけるかという問題である。(以下略)」

『希望』は号を重ねるたびに発行部数を増やした。還都から1962年まで10年を越えて発行された代表的な大衆雑誌となった。

戦争は終わる気配を見せず、避難暮らしの疲労は蓄積されたが、青年金鍾琬は『希望』だけでは満足せずに、52年７月には『女性界』(1952.7～54.3)を創刊し、さらに53年７月には『文化世界』(1953.7～54.2)を出すことで、戦時中に３大雑誌を発刊する記録を打ち立てた。彼はそれでも終わらずに、続けて『野談』(1955.7創刊)、『週刊希望』(1955.12.26創刊)を発行した。60年代以後にも、不死鳥のよう

＊14　金鍾琬、前掲文

に時事総合誌『東西春秋』(1967.5創刊）と『史談』(1986.2創刊）を発刊し、雑誌人として華麗な生涯を送った。とくに『週刊希望』は、新聞社ですら週刊誌が念頭になかった時代に、市内各所に無人街販台まで設置して販売したので、多く人々が彼の眼識と事業手腕に驚いた。また、その頃にいち早く高速書籍輪転機を導入し印刷を開始している。

彼は書籍出版においても情熱を燃え立たせた。新聞社や大規模研究所ですら思いつかない『解放20年史』を企画出版し、光復以後1970年代の半ばまでの激動の時代を完璧に整理した。さらに『韓国古典文学全集』(全５巻）を出版し、日本の出版市場に上陸させることにも成功した。書籍の日本輸出はこの時から韓国側が関心を持つようになったのであり、この面でも開拓者としての役割を果たしたのだった。

彼は出版界の共同発展のために一歩進み出た。釜山に避難した当時の「出協」を中心に、出版人たちが協会事務室に集まり、出版界再生の道を模索した時のことである。図書販売代金の回収が不振で、そのうえに領収証や手形が期日に決済されず不渡りが多発していた。大部分の出版社が販売代金として受け取った手形や小切手が不渡りになった場合、決済期限が延期されたものを新たに受け、それがまた不渡りとなれば、その時はまた延期してくれる雅量を示した。

このように取り引きの悪循環が続いていたある日、不渡りを出して債務も弁済できない不実書店員の李某と結託し、図書供給権の独占を画策している事実を知ることになった「出協」は、その対策に腐心していた。その時に金鍾琓がその首謀者と公報処主務課長を呼び寄せ直談判をし、彼らにその計画を放棄させ、事態を一段落させたという逸話を残している。

彼は避難地で韓国雑誌協会を創立、初代会長を務め、戦時中に雑誌発行の困難を打開しただけでなく、次第に崩壊しつつある取引秩序を確立するために、指導力を発揮し、雑誌発展にも大きな寄与をした。協会の設立と同時に用紙配給を受け、雑誌界の宿願である販売割引率の引き下げ運動を展開した。40％のマージン率を30％に引き下げ、卸売５％、小売書店25％制を実施し、国内雑誌の発展を図るとの趣旨の決意文を作成し、書店業界に協力を要請した。言葉巧みな協力要請であるが、じつは全面対決すると宣戦布告したのだった。

書店業界が強く反発したのは言うまでもない。書店側は集団的な不売運動でこれに対抗してきた。直接的な利益から割引率を前にして、ちょうど設立された「協会」と1949年に設立された「書連」を中心に、強固な結集力を見せている書店との先鋭な対決は激しいものだった。けれども金鍾琬は度胸と胆力で書店業界と全面対決する気概を示した。そうした真剣勝負を1952年と54年の２度にわたってくり広げ、初志を貫徹し雑誌史の一頁を飾った人間が、ほかならぬ金鍾琬だった。

5.　黄俊性と雑誌『新太陽』

黄俊性（1923～89）は、大勢の読者から熱く支持された『新太陽』を創刊し、彗星のように雑誌界に登場した。『新太陽』は1952年８月、避難地大邱で大衆誌として創刊され、54年からは本格的総合誌に内容を変えた。雑誌の性格とは関係なく、避難文化人の息の根を長らえさせた雑誌と評価されている。

小説家柳周鉉（1921～82）が創刊号から主幹を引き受け、卞榮魯、馬海松らの作品を掲載し、広範囲な読者層を獲得した。表紙はカラー印刷で、主な内容別に表題を変え、「月刊タイム」欄を設けて急変する国内外の情報を掲載したのが特徴だった。朝鮮戦争によって経済的に苦しい状況のなかでも、小説・随筆・戯曲などの文学作品のほかに、時事情報・政治・経済などの水準の高い文章と読書案内欄、「美術・音楽鑑賞」欄を設け、総合雑誌としての面貌を備えていた。A5判、350頁前後の充実した内容で、用紙の質も遜色なく、堅実に発行部数を維持した代表的な総合雑誌の一つだった。この頃『青春』という雑誌を発行し、創刊号１万部を完売する奇跡を引き起こしたこともある。しかし、戦時中で同様な雑誌がなぜか生まれて、すぐに廃刊になる苦痛も経験した。このことは黄俊性の他人よりも一歩先んじる雑誌感覚を見せてくれる事例とみられる。

『新太陽』の政治記事が国会で趙炳玉と孫道心のあいだに激論を引き起こしたとの逸話を残すほど、一時代の話題にもなったが、経営面では販売収益を全て再投資しても、いつも赤字に苦しんだ。雑誌人として黄俊性の成功は意外にも『実話』（1955.3～62.7）からいち早くやってきた。還都して唐珠洞の狭い編集室で、２度目の雑誌『実話』を誕生させたが、最も売れた時は最高７万部を印刷したという。とくに新太陽社から出した『黒幕』と『内幕』は、しばしば月刊雑誌と誤って理解されているが、これは『実話』の臨時増刊号として出たもので、単行本と雑誌の中間のムック（mook）形式である。「圧政12年に苦しまされた民主歴史」との副題が語っているように、自由党政権の事件事故の非理を暴露した内容で、発売2か月で10万部を突破する快挙だった。『内幕』は5・16以後に出た号で、「民主党政権の内幕」を扱っているが、『黒幕』のように売れはしなかった。

黄俊性は『明朗』(1957.6～68.7)、『女像』(1962.11～68.7)、『小説公園』(1965.6～68.3)などを相次いで創刊して成功を収め、大衆娯楽誌のブーム形成の中心人物となった。彼は単行本出版にも抜群の力量を発揮した。彼は24歳だった1947年に「朝鮮音楽出版社」を創設、バイエルなど基礎音楽教本を出版したが、わずか8か月で門を閉じた。1950年1月に「東亜文化社」を創立、再び出版を始めた。トルストイの『戦争と平和』の日本語版を翻訳して出版を急がせた。印刷を終えて製本所に運ぶ途中に、朝鮮戦争勃発の砲声を聞いた。結局、本は完成を見ることはなく、事務室は爆撃を受け、ソウルはたちまち血に染まっていった。

雑誌とは異なり、単行本ではこのように絶え間なく失敗する悪運が続いたが、出版に対する夢を棄てることはなかった。避難地でゲオルギュの『二十五時』(上下2巻、金松訳)で再び出版に挑戦、意外なことに大邱、釜山地域の書店で飛ぶように売れた。ベストセラーの予兆が現れたのだ。連続して10刷りをし3万部ほど売れた。後にソラボル芸術大学の学長になった金世淙から雑誌出版を勧められ、『新太陽』を発行したのもこの頃だった。

雑誌を発行して困難にぶち当たるたびに、黄俊性を助けてくれたのは単行本だった。『二十五時』のほかに、『悲しみよ、こんにちは』(サガン)、『あの空にも悲しみが』(李潤福)、『私が立つ地はどこか』(許槿旭)、『朝鮮総督府』(柳周鉉)などのベストセラーが連続して出たので、新太陽社は命脈を保つことができた。こうした単行本の成功は、雑誌出版を通じて身に付けた特有の感覚が後押ししてくれたものだった。

月刊『新太陽』を高級総合雑誌にグレードアップさせながら、文化事業の一環として「孝石文化賞」を制定した。この賞は年2回、前・後半期に分け、前半期には新人賞を、後半期には既成作家の作品を審査する独特な授賞制度を1956年春に制定した。特記すべきは、当時の他の雑誌に比べて10年という長期間発行をしたことが挙げられるが、1959年6月1日に通巻80号で廃刊となった。

さらに、もうひとつ明らかにすべきことは、『新太陽』に対する記録のうちに、創刊年代を1949年と紹介しているものが散見されるが、これは明らかに誤りである。『新太陽』は２種類存在する。黄俊性の『新太陽』に先んじて、金世淙を発行人とし、1949年３月に創刊され、朝鮮戦争の勃発で50年５月に通巻10号で終刊になった同名の雑誌がある。だが、これとは完全に別のものである。この雑誌も大衆娯楽的な読み物を数多く掲載し、一時は成功し大衆娯楽誌の新たな時代を開拓したと評価されたが、戦争によって廃刊になった。創刊号を5000部も発行し、驚くべき販売高を記録するなど、両誌は同じような成功を収め、雑誌の性格も似通っているため混同されているようだ。

黄俊性は『讀書新聞』に出版人生を回顧する「雑誌発刊に賭けた生涯」を残している[*15]。また、韓国雑誌博物館では、特別展示室を開設（2012年６月現在）し、彼の雑誌出版に関する業績を称えている。

6.　金益達と学生雑誌『學園』

砲声の最中に誕生した多数の雑誌のうち、『學園』を筆頭に11種の雑誌を創刊した雑誌王、金益達を見逃すことはできない。わけても『學園』は1952年11月に創刊された中学・高校生向けの教養誌で、61年９月号まで通巻92号を発行した後に休刊となった。だが62年３月に復刊し、69年２月号まで出し、３月号からは発行権を學園出版社の朴在緒に移譲、79年まで出した後に終刊となった。その後は再起のための方策が模索されたが、志を引き継ぐことはできずに終わった。『學園』が1952年から90年に完全に行方を消すまでの波瀾万丈の歴史は、

表3-7　雑誌『學園』の発展過程

1952.11~68.3	A5判、400頁前後、學園社発行（３回休刊）
1968.4~68.12	A5判、400頁前後、學園奨学会発行
1969.1~78.9	A5判、400頁前後、學園出版社（代表朴在緒）発行
1978.10~79.2	A5判、440頁前後、學園社で復刊
1984.5~85.3	B5判、400頁前後、知識人のための教養誌として革新、學園社発行
1985.	季刊第１号（夏季号）～第２号（秋季号）、新A5判、400頁前後、學園社発行
1987.3~88.4	B5判、280頁余、高校入学のための学習教養誌の性格に転換、學園社発行
1988.9~90.10	（通巻343号）B6判、164頁、民主日報・學園社発行

資料：筆者が資料により整理した。

＊15　黄俊性「雑誌発刊に賭けた生涯」『讀書新聞』第404号~408号、1978.11.28~12.24

韓国雑誌の歴史を象徴している。この雑誌の創刊以後の略史を整理すると、**表3-7**のとおりである。

『學園』の人気は、確かに爆発的といえるほどで、青少年学生社会に及ぼした影響力や業績は大変なものだった。最盛期には当時の最高発行部数を誇った代表的な日刊新聞よりも遙かに多く、韓国雑誌の歴史において最高の８万部を記録した。しかし、ときたま『學園』が10万部を突破したとの記録に出くわすが、これは事実ではない*16。「學園社」は『學園』の後にも、1955年10月に女性雑誌『女苑』を創刊し、1956年７月号まで出して女苑社を設立。８月号からは当時、副社長兼編集主幹だった金命燁を社長とし独立させて運営した。

そして1956年１月から大学受験雑誌『向学』を創刊する。1960年９月に初等・中学生のための日刊『セナラ新聞』、1965年３月に『向学』を改題した『進學』を創刊、編集長だった趙宇濟に発行権を引き渡し、「進学社」を創設させた。

1964年５月には、農村生活雑誌『農園』を、翌年４月には家庭雑誌『主婦生活』を、1972年３月号の中学生雑誌『中１生活』『中２生活』『中３生活』と、間断なしに創刊している。

「學園社」は雑誌を成功裏に運営すると同時に、社会的にもとても意味のある三つの業績を残している。第１は、學園奨学会を設立し奨学生を選抜したこと。この奨学会出身で韓国社会の各分野の著名な人物は数え切れない。第２に、「學園文壇」を設け、毎年「學園文学賞」を授与し、文壇を華麗に飾った作家、詩人たちを多数輩出したこと。もうひとつは、毎年「全国中高等学生美術展覧会」を主催し、「學園美術賞」を授与したことである。この展覧会は特別な事情のため３回で終了したが、第１と第２の事業は長く継続した。一方、書籍出版においても「學園社」は、『大百科事典』などの各種辞典類、歴史、文学、科学など多方面にわたる記念碑的な書籍を多数出版し、出版文化の向上と出版業の発展をリードしたことは誰もが認めている。

*16　崔徳教『韓国雑誌百年』（全３巻）ソウル; 玄岩社、2004、p526

7. 張俊河と雑誌『思想界』

『思想界』を発行した張俊河（1918～75）は、植民地時代の独立運動家で、大韓民国の政治家、宗教人、ジャーナリスト、社会運動家である。彼は釜山で1953年４月１日に、知識人雑誌『思想界』を創刊し、韓国雑誌の歴史に貴重な１頁を記録した。この雑誌は1950～60年代の大学生や知識層必携の品といわれるほど、多くの影響を及ぼした総合教養誌であり、批判的な論調と政治色が目立った。70年５月号に金芝河の譚詩「五賊」を掲載したのが問題となり、当局の処分を受け、通巻205号（1970.9）で強制的に廃刊処分を受けた。当時としては最も長寿の誌齢を数え、文化界から多くの文筆家を輩出させた功績もあった。また、50～60年代の啓蒙的民主主義と、自由民主主義に基礎を置いた理念志向的な面から、韓国雑誌史において高く評価されている。『思想界』の雑誌史的意義は、重みのある報道と論評のジャーナリズム機能を遺憾なく発揮しながら、知識人らの意見と生活情報の伝達機能からライフスタイルを示した点にある。

創刊号を発行したとき、張俊河は雑誌をリアカーに積んで引っ張り、各書店に直接配布したという。『思想界』の前身は1952年４月、避難首都の釜山で、当時、文教部長官だった白樂濬が、戦時中の混乱した国民精神を正す機構として「国民思想研究院」を発足させ、同年８月に機関紙として創刊したのが『思想』だった。当時、研究院の企画課長として『思想』の編集を担当したのが張俊河である。この『思想』が12月に第４号を出して廃刊になると、張俊河は考えを整理し『思想界』の発刊を計画した。『思想界』創刊号の「編集後記」に、彼は「『思想』続刊のために編集したものを『思想界』の名前で出すことになった。東西古今の思想を踏まえて、正しい世界観と人生観の樹立という企図に変わりはない」と、創刊の経緯と志向する目標を明らかにしている。

こうした精神に立脚した編集の基本方向は、①民族統一問題、②民主思想の涵養、③経済発展、④新しい文化の創造、⑤民族的自尊心の養成と要約される。創刊号3000部の発刊と同時に完売になり、戦後の思想的滋養として、50年代知識人と学生層に爆発的な人気を集めた。53年11月号（第７号）までは釜山で出し、ソウルでは12月号から発行した。『思想界』は光復軍出身の独立運動家である張俊河をはじめ、咸錫憲、金俊燁、安秉煜、申相楚、鮮于煇などの執筆委員と執筆陣の中には、解放後に南下した人々が圧倒的に多かったため、西北人士の雑誌と評されるほどだった。地域性、階級性だけでなく、宗教（プロテスタント）と理念（反共主義）においても強い結集力を持っている。

『思想界』は知識人の雑誌で、政治社会状況の変化にともない、反独裁闘争としての論調の段階的変化過程を重ねる。50年代には自由党独裁に対する仮借ない批判を通じて世論を結集させるのに大きく貢献した。5・16軍事政変の初期には、「危急な現実において不可避な民族主義的軍事革命」と支持し、1961年7月号から「革命公約」を掲載したが、朴正熙が民政移譲の約束を破棄し、大統領選に出馬宣言をすると、63年2月号の誌面から「革命公約」を削除し、軍事政権に対する批判を続けた。韓日会談を対日屈辱外交と規定し、反対示威の世論的橋頭堡の役割を果たした。韓日協定基本条約批准の反対闘争のための論調は、最後には反米運動にまで発展する。

このように自由言論闘争の先頭に立ち、62年にはマグサイサイ賞を授与された。幾度となく学術論争の場を提供し、学界の関心を呼び起こしたが、咸錫憲の「考える民であらねばならない」などの文章により、筆者の咸錫憲は「国家保安法」違反嫌疑で拘束され、発行人と主幹も取り調べを受ける『思想界』最初の筆禍事件が起こった。また、1959年2月号と66年6月号に、いわゆる「白紙」巻頭言を2度にわたり掲載し、社会的衝撃を与えるなど、鋭い政治・社会批判記事で、引き続き読者の関心を呼び起こした。

そのような過程で、東仁文学賞（1956年制定）*17、思想界論文賞（1956年制定）、翻訳賞、新人文学賞などを制定し、文化人らの活動舞台を広めたりもした。

政治家に変身した張俊河は、1967年に国会議員選挙に獄中から出場し、当選を果たしたが、「国会議員兼職禁止条項」に該当するとして、68年に『思想界』の発行人の席を、編集委員で前朝鮮日報主筆を務めた夫琓爀（1919～84）に委ねた。しかし、うち続く政治弾圧と経営難によって『思想界』は、不本意ながら18年の歴史の幕を閉ざした。そして張俊河は1975年8月、登山の道で疑惑の墜落死を遂げ世を去った。

---

*17　「東仁文学賞」は、代表的な文学賞として発展したが、思想界社が運営難に陥ると、1967年の第12回授賞を最後に中断された。その後、12年の空白期間を経て、1979年に東西文化社（高正一）が、これを復活させ、「東仁文学賞運営委員会」を構成、東西文化社の出資によって引き継がれ、1987年の第18回からは、朝鮮日報社がその脈を受け継いでいる。

8.　金命燁と女苑社

「學園社」編集主幹兼副社長として『女苑』のスタイルを完成させた金命燁(1915～88)は、1956年６月に月刊『女苑』を持ち独立、「女苑社」を創立した。彼は群山で生まれ、全州で中学校を終え、大邱師範大学に通った。大学を卒業すると、再び全羅北道淳昌郡の初等学校教師として社会生活の第一歩を踏み出した。光復を迎えてからは、教師生活を終え、劇作家金永寿らと柳韓洋行で新しい夢を育て、さらに學園社の前身である「大洋出版社」の専務に仕事を移した。

彼のすらりとした身に秀でた顔つき、洗練された身だしなみは主婦たちを対象とする女性誌の発行人としてうってつけだった。70年４月に通巻175号で廃刊されるまで「女苑社」を率い、60年代には韓国雑誌の歴史を主導しながら、幾多の雑誌と単行本を刊行している。

『女苑』は朝鮮戦争の直後、混乱していた社会的環境で、金益達（発行人）によって1955年10月、「學園社」が創刊した女性向けの総合教養誌である。『女苑』は50年代後半から60年代全般にわたり、「新太陽社」が発行した『女像』とともに、韓国女性教養誌として脚光を浴び、職業女性、女子大生たちから歓迎された。60年代の全盛期には雑誌の販売数でいつも第１位を独占していたが、店頭での買い手は男性が相当数を占め、話題になったこともあった。

光復直後に、『婦人』が金相徳によって発行されたが、韓国で初めて登場した本格的な女性総合雑誌という点で、『女苑』は女性の生活文化の創造と普及の先頭に立っただけでなく、体裁と制作面では、さまざまな新しい企画を試み、女性雑誌の編集パターンを確立するなど、雑誌発展と女性教養の向上に大きな影響を与えたと評価されている。創刊の頃には、A5判180頁前後だったが、67年からはB5判200頁に変更され、多様な女性像を提示した。

他方、経済、政治、統一と関連したテーマなども収め、知性を加味した女性誌としての特色を備えていた。女性の権益伸長や主体的な自覚に対する意識を標榜し、重みのある記事と特集記事、主題記事などと女性が主体的に発言できるように、女性読者たちの手記、随筆、読者投稿欄、文芸欄などとともに、教養・娯楽・生活情報・読者手記など、多様な内容で構成した。また「女流懸賞文芸作品募集」及び「女苑家庭公園」を設立し、定期的に料理・生け花の講習を開催するなど、各種女性教育にも力を入れた。金命燁は『女苑』のほかに、57年に総合誌『現代』を創刊したが6号で中断している。

次いで、韓国で最初の週刊『TVガイド』を69年に創刊したが、当時としては時代に先んじた企画だったので、長く続けることはできなかった。

そこで惜しまれるのは、その後に創刊した『女性東亜』『週刊生活』『女性中央』ともども、熾烈な販売競争に押されて経営難に陥り、結局、廃刊の悲運を避けられなかったことである。80年代に創刊された『女苑』は、金在元が新規の登録をし、同じタイトルを使用した別個の雑誌である。

単行本出版にも力を入れ、『現代女性生活全書』(全15巻)、『女性新書』など、多くの良書を刊行し、また「出協」常務理事兼雑誌分科委員長としても働いた。(社) 韓国雑誌協会の発足の実質的な生みの親の役割を果たし、発足後には常務理事兼副会長として金益達会長を補佐した。続いて64年から3、4代の会長に選出され、雑誌文化の発展のために多くの業績を残した。

彼が雑誌協会の会長に再任された期間中に、「雑誌の日」の制定をはじめ、日本雑誌の輸入品目再調整、新聞社に準じた電話料金の引き下げ、取材用の鉄道無賃乗車券の発行制度の導入、雑誌倫理委員会の設立、機関誌『韓国雑誌協会報』(月刊) の創刊など、取材と雑誌発行の社会的条件の醸成及び雑誌の位相の向上に努力した。外国製用紙の輸入推薦を受け、用紙難を解決し、用紙斡旋など懸案問題の解決にも貢献したとの評価も受けている。

9.　崔元植と李鍾均

50年代に登場した雑誌人として、崔元植 (1921~2015) は、1955年5月に「韓国教育出版」を創立した。同年12月に『教育資料』、70年6月に『教育管理技術』、88年10月に『乳児教育資料』を順に創刊しながら、教育専門雑誌の領域を続けざまに広げていった。とくに初等学校の教師向けに学年別に発行した『教育資料』は、授業研究資料が不足していた50年代、60年代の教師たちにまたとない重要な授業研究の貴重な指針の役割を果たした。

1962年、韓国雑誌協会が新たに創立 (韓国雑誌発行人協会として発足、66年に韓国雑誌協会と改称) されたことで、創設期には2年任期の会長を7回も歴任するなど、雑誌協会の基盤固めをした功労は大きい。とくに彼の在任時に用紙共同購買事業を手がけ、集めた資金で始めた雑誌会館の建設、国際雑誌連盟への加入、そして日本、中国の雑誌関係者との交流事業を開拓するなど、雑誌発展のために献身した。一方、「韓国雑誌90年展」の開催など、雑誌言論の重要性を社会的に認識させることで、雑誌出版を言論の一部門として確立させ、雑誌言論の育成に大きく寄与した。

韓国司法行政学会会長の李鍾均（1930～現在）は、1959年に月刊『司法行政』を創刊、専門誌としては稀なことに、2013年は創刊55周年を迎える長寿雑誌を発行する伝説的な人物である。

『司法行政』は全国の裁判所、弁護士事務所、法務士事務所などでは無くてはならない雑誌になっている。韓国司法行政学会は社団法人として出発したが、販路が狭い現実を克服するため、個人資金を引き続き投入するしかなく株式会社に体制を一新し今日に至っている。韓国雑誌協会の会長を歴任する間に、韓国雑誌金庫を設立した。彼は、自分の任期中の最も大きな功績が、「言論基本法」が廃止され、新たに「定期刊行物の登録に関する法律」が制定された際に、雑誌も言論の一つであり得るために努力したことだと考えている。それは一般社会からも誇るべき業績と認められている。

第5節
出版流通システムはなぜ崩壊したのか

1.　零細な地方卸売店の乱立と混乱

出版量が増え、微弱ながらも全国的な供給網が形成され、地方との取引が活発になった頃に朝鮮戦争が勃発した。

戦争はソウルを拠点とする中央集中式出版流通システムを崩壊させたが、代わって地方書店躍進の機会となった。戦争中でも大邱・釜山地域の書店だけは、正常な販売をすることができた。そして一時避難してきた出版社に活動の場を提供するなど垣根の役割を果たし、在庫書籍の販売だけを行い、新刊供給が続かず書店在庫が底をつく頃に、ソウルが収復されたからである。

ソウルの収復後、避難していた出版社が危険を冒してトラックや軍用車に便乗して上京、残っていた在庫図書を運び出し販売をした。その過程でソウルと地方の多くの書店が不十分な資本力だったにもかかわらず、誰も彼も総販形態の委託卸売を開始し、結局、卸売書店の乱立となった。

戦争が起こる前まで、地方の書籍卸売商は釜山の平凡社（李活愿）、大邱の啓蒙社（金源大）と文星堂（朱仁龍）など、僅かなものだったが、戦争でソウルから強い影響力を発揮した二つの卸売商、「書販」と有吉書店が麻痺状態に陥ったのを奇貨とし、1951年末には釜山の平凡社、普文堂（鄭外大）、文明堂が一緒になり、大韓図書供給株式会社（「大図」）という大型卸売商を発足させ（李活愿社長、林點寿、金慶祚役員など）、ソウル、大邱、光州、大田などに支店を開設、全国的な供給網を構築した。すでに釜山を圧倒し、嶺南第１の卸売商と自任していた啓蒙社は、これを重大な挑戦と受け止め、韓国出版物販売株式会社

(「韓販」、社長：李準轍、常務：金源大、黄宗勲）を設立、これに対抗した。

翌52年には釜山の三協文化社、ソウル書店（ソウル韓豊書店、白鳳儀）と大邱の大榮堂（孫重台）、文章閣、本榮堂（具本碩）なども、新たに卸売を開始した。大田でも大洋出版社が大洋書店（金益達）を設立し、釜山と大邱など嶺南地方に限って供給していた本を忠清南北道と湖南地域の読者にまで供給する。また、還都を前後して光州にも全南書店（金昌一）のほかに、三つの卸売書店が生まれており、続いて全州、水原など全国的に群小卸売書店が40社も群立し、激しい競争を展開することになった。出版市場をきちんと管理できない戦争という非常事態での卸売商の乱立は、過当競争を呼び起こし、それは無秩序の原因となった。

2.　連鎖倒産する卸売商

戦争で図書供給が円滑に進まない状態で、このように乱立した零細卸売商は、いくらも経たずに一斉に経営難に陥ったことは言うまでもない。とくに160余の出版社の出版物の委託販売を担当し、最大の大型出版流通機構になった「大図」が、1953年末に発生した釜山の大火災で、在庫図書を焼失する被害を負った。このため販売代金の支払いを受けられなかった「大図」は、出版社から棒引き、または決済猶予をされたものの、結局は倒産してしまった。「大図」の倒産は資金の逼迫と経営難に陥っている出版社に、大きな打撃を負わせる結果になった。業界の被害を軽減させるために、「大図」に代わって新たに創業された大韓図書販売株式会社（林點寿）が、営業権を入手し卸売業を継続したが、小売書店もこれを奇貨とし、尻馬に乗り支払いを延期するなど信用を守らない事例が増えた。

大邱の「韓販」も、初期には釜山、大田、ソウル支社と順に設立し、活発に活動をしたが、１年も経たずに破綻の泥沼に落ち込んでしまった。そして突然、53年末に破産してしまった。「韓販」の設立と経営を主導した金源大は、後に「混乱期に混乱だけが募るまったくの汚点だった」と、自戒を込めた心情を披瀝している。啓蒙社が自ら分析した出版の失敗の原因には*18、その当時の出版流通機構が抱えていた問題点がすべて集約されている。

1953年７月に休戦協定が成立し、還都する政府に従い、疲れ切った避難生活を送った出版界も、3年ぶりにソウルに戻ってきた。ソウルは文字どおりの廃墟で、灰燼のなかから再出発しなければならない現実は厳しいものだった。意欲だけは溢れていたが、幾多の隘路にぶち当たり、次第に不振状態に陥っていった。弱り目に祟り目で用紙価格は急騰し、組版、印刷、製本など制作費も高騰し、甚だしい打撃を受けた。販売における隘路はいっそう深刻だった。

それでもソウルでは、大凡書店（金永遠)、大洋、文章閣(乙酉文化社営業部)、學林書林、国文社書店、普文書館（崔壽煥)、文華堂書店（朴準善)、有吉書店（申在永）などが卸売を始めたが、続いて三信書籍（朴允哲）と大京、徳興書林（金駿煥)、ソウル書籍が合流した。反面、各地方で活動した卸売商が還都すると、残った残留地方卸売商は僅か2、3か月で全滅も同然になった。1954年1月、「三八社」（李北）など152の出版社が「不実」との判定を受け、登録取り消し措置をされ、これにより薄氷状態の書店業界はいっそう困難な事態になった。この年の夏が過ぎると、20余りの卸売商が淘汰され、残ったものも廃業寸前に追いやられ、流通機能は危機に瀕した。登録が取り消された出版社と廃業する卸売商の在庫書籍は、全て東大門の零細書店に捨て値で渡り、投げ売り市場を形成する副作用をもたらした。

日に日に深化される経済破綻による購買力の減退が主な原因だった。売り上げは以前の30%に減少したという。課税制度が不合理なことも書籍卸売商の存立を脅かした。5%のマージンで延命している卸売商に対する税金が、利益金を基準とはせずに、売上額に対して税金を賦課しているので、税金の負担も大きく、税目はなんと8つもあった。当時の事情を『京郷新聞』*19は、出版界が「総破滅の危機」に陥っていると苦境を伝えている。

これ以上、耐えることが不可能になった出版社が、おのおの信じられる書店

---

*18　「韓販」の失敗原因を要約すれば、第1に、経営管理が未熟だった。組織自体は大型化した法人格だったが弱点があった。たとえば売り上げは多かったが、販売代金がきちんと回収されなかった。第2に、流通秩序が問題だった。卸売商には正常に委託し、同時にダンピング業者にも捨て値で渡したため、小売書店がダンピング業者との取引を一層選んだ。第3に、採算性が低かった。当時、私債の利子は15~25%だったのに、卸売利潤は10%にしかならなかった。第4に、資金の回転が円滑ではなかった。売り切れが増加し、在庫が累積し、貨幣改革にともなう資金循環の遅滞と販売不振に小売商は現状維持に汲々とし、販売代金の決済は遅延し長期化した。(『啓蒙社四十年』1988.p39~41）参照

*19　『京郷新聞』1954.11.21

を中心に総販形態の供給網を形成、地域別に債権を確保するために自救策を講じ始めた。14の中堅出版社が1956年に「同人親睦会」*20を構成し、不実を出した卸売商との取引を中断するなど、取引原則をつくり取引秩序を回復させようと努力した。

しかし、1956年末から57年前半に渡って大部分の卸売商が連鎖的に倒産することによって、全国的な卸売商の荒廃化現象はいっそう加速化された。1963年、一文社（姜周煥）が最後に廃業すると、純粋な書店卸売商は皆無も同然の状態が長く続いた。もっぱら地域総販を兼ねた書店が卸売機能の一部を負担するだけだった*21。一文社は乙文堂という名前でソウルで創業した健全な卸売業だったが、1962年から卸売市場と競争するために、商号を変えて東大門市場のダンピング卸売商と同じ割引率で商品を供給する政策をくり広げた。

これには東大門市場の一部書店だけでも、取引を正常化させたいという目的があった。さらに出協も積極的に協力し、最初は効果を見せたようだったが、折しも始まった定価販売運動に参加した一部出版社と書店の協力が得られず、また東大門市場のダンピング攻勢まで受け、双方の挟み撃ちでお手上げになってしまった。一文社の失敗は東大門市場の一部書店によって直接出版をするようになる要因になったとの評価もある*22。

戦争の余波による長期的な不況、図書供給体系の乱脈、そして出版人の無謀で無節制な販売競争などで、出版流通は麻痺同然、満身創痍になり、出版社の経営も失速状態に陥っていった。

---

*20　大邱からやって来た羅末善（郷文社）、丁斗燮（東洋社）、李庸鎬（白潮書店）の３名が1956年10月25日に、純粋な目的の親睦会を組織することを合意し、志を同じくする出版社を会員に受け入れることにした。こうして第１期11名を迎え入れ、11月30日に同人親睦会を結成した（会長は南山堂の権基周）。57年５月までに13名を追加で加入させ、懸案の隘路を共同で打開するための事業を展開することを決議し、まず、図書供給体系を是正すべく「共同販売、共同集金」を目標に堅実ではない卸売商との取引を清算する一方、共同販売部を設置、信用事業などを通じて韓国出版協同組合設立の要件を造成する業績を挙げた（『韓国出版協同組合35年史』1993, p31~35 参照）。

*21　1963年現在、全国には全部で68の書店が総販を兼ねているが、これを地域別にみると、ソウル10、京畿道６、忠清北道３、忠清南道５、全羅北道７、全羅南道９、慶尚北道11、慶尚南道３、釜山４、江原道７、済州道３となっている。（『1963年韓国出版年鑑』p863~864、参照）

*22　R記者「ソウルの書籍ダンピング街」『出版文化』1967年12月号、ｐ８~13参照。R記者とは李斗暎のことである。

3. 崩壊する取引秩序

戦争が終わると、それまでの販売代金を集金することが焦眉の課題となった。出協は釜山避難地の臨時事務室で、1952年1月4日に緊急理事会を開催し、「従前の外商残金を短時日内に、その全額を精算することを希望する」という内容の「6・25戦争前の外商未収金の清算決議」を行い、書店の紳士道に訴えたが、特別に効果はなかった。自らの今後に追われていた書店にとっては、こだまのない叫びも同然だった。

様々な変則的な新手の取引形態が生まれた。まず、特定図書や雑誌だけを独占販売する「総販」という制度が盛んになった。「総販」とは以前にはなかった低い割引率を適用する委託取引だった。この「総販」という新しい制度による小規模卸売商の増加は益々加速度が付いた。現金取引だった小売書店との取引も、委託販売とともに買い切り制が新たに生まれた。買い切り制とは割引率だけを大きくする見せかけに過ぎなかった。委託や買い切り制は避難してきた出版社が、当面の困難な状況から逃れるために卸売商に要請して始まった。

それぞれ総版と買い切り制によって出版社別、または商品別に独占権を得た卸売商が増えると、卸売商は多様な商品の品揃えができない問題が発生した。自分が保有しない商品を確保するための手段として、卸売商だけで商品をやり取りをする交換販売方式の、いわゆる「バッティング」なるものが盛んになった。「バッティング」では代金を決済しないまま、本の定価金額だけを換算して本によって清算する取引形態なので、独占供給権を持った総販では在庫の空間が発生するために、代金決算の義務が発生するが、実質的には販売されたものではなく、別の卸売商の在庫として残っているため、資金力が弱い卸売商としては、代金の支払いができない状態が発生することになる。

これにともない出版社の立場では取引書店に自己の在庫は1冊もないのに、集金ができない状況が生じることになった。1952年頃から現れ始めた、こうした販売方式は卸売商に対する不信と連鎖倒産の芽となった。時間の経過につれバッティングは、小売書店に広がるようになり、代金回収がいっそう難しくなった。

60年代初頭になると、東大門ダンピング市場と全国の地方書店のあいだにも、こうした取引が広まった。ダンピング書籍と正常な商品のあいだの割引率すら

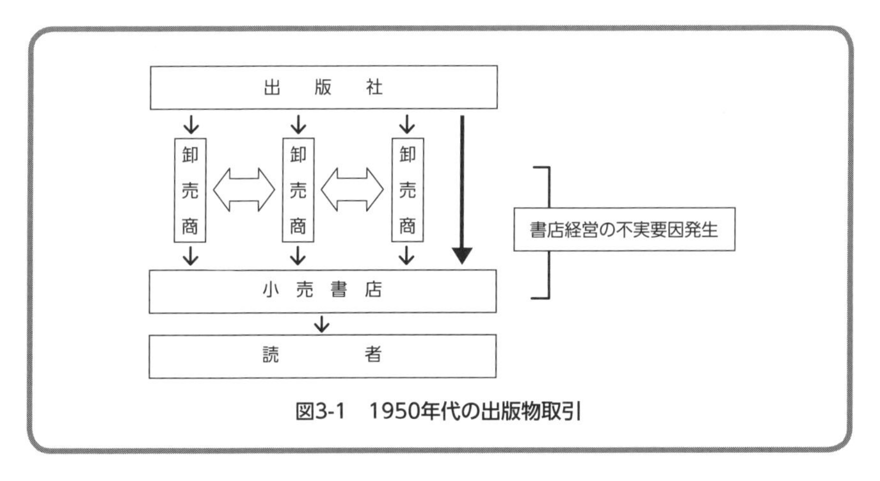

図3-1　1950年代の出版物取引

も無視し、定価だけを単純に換算した金額で交換されるまでに拡散された。すると最初からダンピングを目的に出版された不実低級図書が、全国の正常な新刊書店に流入する段階にまで波及し、出版社としても取引秩序どころか、自分の商品ですら管理できない状況が展開されていった（**図3-1**）。このように正常な軌道を外れた買切り、委託、交換（バッティング）などの仮需要によって、卸売商・小売書店には在庫だけが山積された。書店業界の買入過剰現象、跛行的な乱売行為は、出版流通秩序を攪乱させ、出版社と卸売商・小売書店の連鎖倒産を誘発させ、出版産業全体を破綻に追い込んでいった。

4.「取引規程」と定価販売制度

二つ目に現れた現象として、割引率の乱脈を指摘できる。書店との取引悪化で販売代金の回収が困難になった出版社が資金面での圧迫を受けるようになると、1952年２月10日に開いた出協理事会は、理事25名全員の出席によって、次のような内容の「出版物取引規程」と「検認定教科書販売規程」を制定し、全ての出版社と書店に通報した。

「出版物取引規程」

① 一般出版物の出版社卸売価格は３割引、検認定教科書は２割引とする。但し、発行部数の全部を現金取引、または短時日内に約束手形取引で引き受ける場合には、取引双方の合意により別途割引率を協定しても構わない。

② 委託書籍の販売代金は、毎月3回に分けて支払うものとし、同期間内の販売代金の全額を必ず現金で決済するものとする。
③ 双方の合意により発行された約束手形が不渡りとなった場合には、本協会の全会員は当該書店との取引を停止するものとする。

「検認定教科書販売規程」の内容も、取引規程とほぼ同じである。但し、教科書の特性に鑑み、(1) 出版社は原則的に書店を通じてのみ、検認定教科書を供給するものとするが、やむなく学校に直接販売するときは、書店に対する割引率以下で取引すること。(2) 書籍商は情実関係を離れ、公正に販売の均衡を図るものとする。(3) 返品は引受日から20日以内に現商品に限定する、などを追加している。

ところで、出協が検認定教科書に対してまでも、このように深く関与したのは、当時は検認定教科書も一般図書と同様に出版社が個別的に書店を通じて販売していたからである。出協は1951年末頃から「臨時販売非常対策委員会」で、このような規程を準備してきた。出協は「これに違反した者は出版文化の発展を阻害する者と規定し、厳重な制裁を加える」との強い意志を表明した。そして公報処にも積極的な支援を要請するなど、執行の意志がとても強かった。

しかし、こうした出版人らの意志と努力は、またしても試練にぶち当たることになる。すなわち、釜山書籍卸売商の集まりである釜山書籍普及協会が、同年4月5日からマージン率を35%に上げよと要求し、これに応じない出版社の委託を拒否すると宣言、深刻な紛争を引き起こしたのである。出版界は当然に30%以上のマージンを与えることはできないと拒絶し、葛藤は深まっていった。

これに対して出協は、彼ら釜山書籍普及協会の会員卸売商に対して、(1) 取引停止を宣言し、全ての委託図書を回収する。(2) 未清算図書の販売代金は委託図書回収日から10日以内に現金で決済すること。(3) 該当卸売業者は悪質書籍商と規定、全出版社に通知するなど、3項目の強硬な決意書を採択し、出版社、関連業界及び関係当局に配布した。社会世論は書籍卸売商の主張は不当だと沸き立ったが、その原因も顧みればソウルから避難してきた出版社が、運んできた書籍を総販の名目で、40～45%のマージンを与えて買い切り制にしたことから始まっている。

マージン率の引き上げをめぐって起きた最初の雑誌波動も、この頃に起こっている。書店側は出版社の困難な状況を弱点として利用し、出版産業の将来などは知ったことではないと、自分の利益ばかりを考えて血眼になっていた。

朝鮮戦争の前には25%だった卸小売マージンが、避難のときには35%にまで上がり、還都の後には再び37%を経て40%になった。45%を強要されるケース*23もあり、甚だしい場合には、投げ売りに近い50%ないし55%まで上がることもあった*24。

取引原則はルールが無いも同然だった。このように書店マージンが続けざまに上がっていったが、それによって見境なく本の価格が変更されることはなかった。ところがどんなに売れる本でも、代金回収はまるで順調ではなかった。出版社だけではなく、紙商、印刷所、製本所なども連鎖的にみな苦境に陥るようになり、取引関係における葛藤の谷間は深まっていった。

販売不振とそれにともなう出版社と書店の取引の悪化で、現金取引はいつしか掛け売りに変わった。出庫して数か月後に受け取る販売代金は、個人の支払い責任を負う者が発行する手形で決済することが、一般的な慣行になってしまった。出版界に手形制度が生まれたのは、朝鮮戦争の直後であり、その前にはこうした制度はなかった。51年からは先付小切手制度が生まれた。

購買力の低下にともなう販売不振、供給網の未整備、流通構造の乱脈で流通秩序は混乱に陥り、販売代金が遅延・不払いになった。手形の決済期日が次第に延長されると、倒産の危機に追いやられた出版社は、その対策として紙型を処分したり、在庫図書を投げ売りするようになった（**表3-8参照**）。

1953年の貨幣改革以後の経済的不安と戦争の余波に、激しいインフレまで重なり、出版活動は「希望の失せた出版文化界」*25となった。このようになると、『韓国日報』は社説において「自ら出版の質を高め、団結して販売組合を形成するとか、資本が着実な書店商を選択して育成し、一方で現金取引に転換しなければならない」と「出版界が生きる道」で忠告した。『東亜日報』も「出版産業の保護育成策を講ぜよ」と、政府当局の無関心に痛烈な批判を加えた*26。出版界の現実が社会的関心の段階を越えて、深い憂慮の対象となったのである。

＊23　黄宗洙「出版界の現況とその打開策」『出協会報』（続刊号）1956.4.26、p2
＊24　権基周「書籍業界に捧げる公開状」『出協会報』（続刊号）1956.4.26、p2
＊25　『ソウル新聞』1954.10.21
＊26　『東亜日報』社説、1958.3.19

表3-8　出版物取引条件の変化（1945~60）

区分			光復～戦争前	避難時代	1953～60
取引方法	卸売商	書籍 雑誌 教科書	委託・直取引 （単一・一元取引）	委託・買切り 出版（独占）・ 交換販売	無計画・委託 総販（独占）・ 交換販売
	小売書店	書籍 雑誌 教科書	現金 （部分的外商）	委託 （出版社～書店直取引）	全面委託 全面委託 検認定教科書供給所指定直取引
マージン率	卸売商 マージン	書籍 雑誌 教科書	5％	10％	10～12％
	小売書店 マージン	書籍 雑誌 教科書	20％（＊1） 15％ 20％	30～35％（＊2） 25～40％ 20％	30～40％、45％（＊3） 30％
代金決算 方法	卸売商	書籍 雑誌 教科書	月2回 （5、20日） 現金決済	自己負担 （3～6ヶ月）	自己手形（3～6ヶ月） 決済遅延及び 不渡り摘発

＊1：地方運賃は書店負担
＊2：運賃は出版社負担
＊3：原則としてルール崩壊（書店、雑誌不買運動2回展開）

過当競争による割引販売が無分別に横行し、1956年になると書店における定価販売が完全に崩壊してしまった。書店での割引販売は出版社の書店に対する出庫率を低めたことが発端となった。書店はまた合理的な販売戦略を講じると考えはせずに、増えたマージンくらいは読者に割引してやる方法で、読者を誘引する安易な販売戦略を駆使した。出版社も書店もみんなが定価販売制崩壊の共犯となった。

定価販売制の崩壊は取引秩序を紊乱（びんらん）させ、出版流通体系の破綻を促進させる原因となった。そしてこれの後遺症は1977年に定価販売制が施行されるまで、出版発展の障害物として作用することになる。

5.　ダンピング市場の蔓延（まんえん）とその弊害

「この数年來危機を叫んできた出版界は、今年になってから破滅状態になっている。書籍卸売業者と小売書店の商取引は麻痺し、出版業者と書籍商の取り引きは完全に沈滞状態になった。そして小売書店は割引販売を救命策とし、卸売業者は破産に直面し廃業せざるを得なくなり、出版業者は5～6割から7～8割でダンピング販売するようになった。

最近、東大門市場では以前にはなかった書籍市場が繁盛しているが、この市場は破産や負債に悩まされた出版業者と卸売業者が、書籍を捨て値で投げ売りするようになって生まれたもので、これが発展し現在では数十軒の書店になり、大きな利益を得ている。書籍を求めるお客がこのダンピング市場に押し寄せており、定価の３～４割で安く買えるという。初めは売れずに長く寝ていた本ばかりだったが、今では一流出版社の立派な本がいくらでも山積みされており、それらを安く買うことができる」*27

当時の出協会長は、書籍のダンピング販売が横行する出版界の暗い状況をこのように説明し、政府、メディア（新聞）界に訴え、その一方で出版界の覚醒を促している。

ダンピングの本来的意味は、一般的に市場での販路を開拓するために、生産原価以下で投げ売りする行為を意味している。価格差別化政策の一種であり、不当廉売ともいう。したがってダンピングは再生産を不可能にするから、望ましい行為とはいえない。しかし、50年代半ばに形成されたこの市場は、最初は既存出版社の在庫を捨て値で買い取り安く売っていたが、次第に本をまったく別の非正常的な方法で入手し販売するため、不良・低級図書を大量に量産するという点で、深刻さをいっそう広めている。最も典型的な現象は、低俗な読者の意向に迎合した低質な本が、所在不明な幽霊著作者の名前で、東大門大学川商街周辺で大量に販売されていることである。それらの本は表示定価の半額、またはそれ以下で露天や地方の零細書店において販売されているので、それが生産原価以下のものであってもどうしようもなかった。

題目だけは正常な出版社が発行した本と同じだが、まったく異なる内容の場合がいくらでもあった。もちろん、正規の出版社が処分した紙型を安く入手し、印刷した場合もあった。このように本が氾濫し、正常な出版流通秩序を乱し、本の品位を損ない良書出版を萎縮させ、健全な読書生活を阻害している。悪貨が良貨を追放する“グラシャムの法則”が出版流通においてペストのように蔓延していたのである。

現在の出版流通経路が乱れるに至った経緯や要因については、様々な側面から説明できる。しかし、光復以後、現在までの出版流通構造の歴史的背景と過

＊　27　金昌集「出版時評：登録は600社、活動は50社」『夜明け』1957.1、p75～78

写真3-2　釜山宝水洞のダンピング書店

程を分析してみると、ダンピング市場が大きく作用した事実に異議を唱える者はいない。

休戦以後、清渓川6街を中心とする東大門市場には、疲弊した経済状況のもとで、初等学校生徒から大学生までの教科書や学習参考図書を提供する古本店が多数生まれた。出版社も卸売商の倒産による破綻の危機に直面し、これら零細古本店に在庫を捨て値で処分するようになった。これが「ダンピング市場」形成の端緒だった。

俗に“東大門市場”と呼ばれる書籍のダンピング書籍街は、最初の発生地清渓川から鍾路6街の大学川に覆蓋した上の徳成ビルと、それに連なる小規模零細書店の密集地帯の“大学川商街”が本拠地の役割を果たした。それらとは異なり、清渓川5街から6街のあいだの平和市場に連鎖的に連なる書店群は、昔も今も主に古本を販売している。1966年に、この一帯でダンピング出版物を販売する書店数は、大学川商街内に約80社、東大門市場内に約15社、平和市場内に約60社、計150社ほどであり、そのうち約20社は自社出版物だけを扱う総販店だった[*28]。

一時は昌信洞などに出版社の拠点を設け、この一帯で卸小売を兼ねていた。ある報告によれば、1962年当時、東大門一帯には約2000種に達するダンピング出版物があふれ流通しており、ある業者からは1か月の用紙消費量が2000連に

＊ 28　R記者「ソウルの書籍ダンピング街」『出版文化』1967.12、p9

達したとの報告があったほどだった[29]。彼らは卸・小売書店としての足場を固め、全国的な供給網を形成し、行商・露天と連携するなど引き続き版図を拡大していった。当時は正常の書籍まで製作費以下の価格で買い入れし、取引量を増やしていった。彼らは主に手形で決済する先払い買い切り制で購入し、また高率の割引きをする方式で出版社の収益性を悪化させた。彼らがこのように膨大な規模で広がった背景には、図書供給チャネルの麻痺（まひ）に、その原因を求めることができる。「韓販」と「大図」のソウル本社がほぼ同時に廃業し、1956～57年頃に連鎖的に倒産した卸売商の在庫図書が大挙流入し、これを新刊書店に転換させる契機となった。そして、その余波は倒産の危機に追いやられた出版社が、危機を突破しようと保有在庫と紙型を投げ売りするブラックマーケット成立の口実となった。

加えて東亜出版社をはじめ印刷所が、活字改良と印刷施設の一大革新を進めたことも、こうした現象をさらに煽る契機となった。製作環境の急激な変化は、出版社が保有している紙型と在庫図書の商品性を一挙に喪失させるものだった。出版社はこれらの紙型を捨て値で処分した。その処分は東大門市場のダンピング書店が直接出版する土台の準備につながり、「ダンピング市場」は生産段階にまで広がったのだった[30]。こうして出版市場ではダンピング出版物が正常な出版物と混じって割引販売されるようになった。

1961～65年のダンピング出版物の全盛期まで、正常な書籍とダンピング出版物はそれぞれ別のチャンネルによって取引されていたが、次第に二つのチャンネルが混在するようになり、正常な書籍の販路までも大きく乱れた。60年代に割賦販売が賑わった頃には、不正に流出した全集なども、ここから全国に流れていった。

一部の無自覚な地方の学校図書館でも、東大門ダンピング市場から安く図書を購入し、規定の基準を達成しようとしたため、一般書店の疲弊は進展し、正規の出版社まで被害を負っているとの指摘[31]が絶えなかった。

1970年の調査報告[32]によれば、東大門市場と大学川商街一帯には、ダンピング書店が100軒ほどに増えており、これらが「大衆出版文化協会」なる無登

＊29　『大韓出版文化協会30年史』p218
＊30　R記者、前掲レポート、p12
＊31　朴允哲「ダンピング商の氾濫で販売体系が崩壊」『出版文化』1965.12、p10～11

録団体まで組織し、商圏を管理運営したという。そしてその販売網は釜山の宝水洞、大邱の三徳洞、光州の鶏林洞をはじめ、全州、裡里（現在の益山）、群山などにも、ダンピング書店街が形成されるに至った。出協では「ダンピング対策委員会」を設置し、対策準備に腐心したが、正常書籍の卸売商不在による、東大門市場の市場侵食に対する適切な対応策を用意する力量はなかった。

彼らのなかの一部は、70年代末頃から卸売商として確かな役割をするようになり、販売代金として自分が発行した手形は、その場で高率の割引までし、資金梗塞に悩まされている出版社の膏血を貪った。また、一部は正常な出版社に変身し、現在も堂々たる出版人として振る舞っている。彼らは当時、出版発展の阻害要因だったことは間違いない。

6.　共同販売機構の設立と挫折

破綻の危機に陥った出版界は早くから自給策を求めていたが、失敗を繰り返していた。麻痺した流通システムを再建するために、出版界が共同で模索した打開策が共同販売機構の設立だった。それは朝鮮戦争以前の体制への復帰ではなく、新しい時代に適合した新出版流通システムを建設することだった。

出協総会（第7次、1953.11.19）の決議によって、12月6日には「全国出版人大会」を開催し、「韓国出版物普及協会」を設立した。この協会の会長には書籍卸売商に長い経験と知識をあまねく備えた黄宗洙を選出した。この協会は流通システム整備のためにソウルの學林書店、文化堂、文章閣、大図と韓販のソウル支店、宝文書館と釜山の三協文化社、大邱の文星堂、大田の大洋書籍など、全国から10の卸売商を選び、販売業所に指定し、彼らと「取引規程」「販売代金精算細則」などの取引条件を成文化し、協会の会員たちの出版物を優先的に供給することにより、流通体制と取引秩序を正常化しようとした。

しかし、もはや時を失した感があった。出版社同士の販売競争は日に日に熾烈になっており、影響力の大きい出版社はすでにそれぞれの実情に合う、独自の販売組織をある程度構築している時だったので、こうした業界の共同の努力に対して傍観者的であり、折角準備されたこのプランは、正しい運営がなされ

＊32　S記者「ルポ：ダンピング市場」『出版文化』1970.6、p5〜8参照

ないまま、水泡に帰してしまった。

普及協会の失敗は、むしろ流通秩序の混乱を加速化させる副作用だけを残した。このままなら単行本出版社は最後に倒産のほかないとの危機感が広がった。どんな方法であれ、打開策は準備されなければならない。1954年、出協は総会(10.3)と12月の臨時総会を招集し、二番目に準備されたのが「韓国図書信託公社」いう単一販売機構の設立（案）だった。この設立計画は全国に20社余の卸売商を整備し、単一販売機構に編入させ、これによって全国で発行した書籍を一元的に販売しようとするものである。

その所要資金は１億圜と算定した。この機構が発足すれば、販売代金が未払いになった書店は、これを完全に清算することによって販売権を確保できるので、資金力が多少零細な小売商は、自然に淘汰されて供給構造が整備されると期待された。しかし、この公社の設立推進も容易ではなかった。出協は1955年８月まで、１年ほどの期間をこの販売機構の設立に全精力を集中させたが、１億圜という所要資金を確保できなかったので、再び挫折の悲しみを味わうことになった。けれども重要なことは、60年代、70年代にわが出版流通の絶体絶命の核心課題となった「単一」の「一元販売機構」を、この時すでに構想し推進したという点である。

また、このときから広い識見と経験をもった出版人から革新的な流通構造を構築するプランが競って出るようになった。書連でも1956年12月15日に「韓国図書信託供給公社」を発足させたが、これもやはりうやむやになってしまった。書連はその２年前の1954年にも、独自な総販機構の設立を推進したが、出版界が図書普及協会を発足させると、自発的に放棄したことがあった。

出版界が異口同音に渇望した出版流通構造革新の転機は、1958年に一段階発展を遂げた。共同販売機能をもった（社）韓国出版協同組合が設立されたのである。

7.　韓国出版協同組合の船出

日に日に無秩序な跛行を重ねる流通体制を正すため、様々な試みが間断なく続けられた。このように失敗に終わった流通構造改革の動きだったが、1958年には、47の中堅出版社が図書供給の一元化を目標に「（社）韓国出版協同組合」

を発足させた。この組合は14の出版社が共同集金を目的に組織した同人親睦会が母体となった。出版流通システムの発展に一つの里程標が印されたわけである。

組合の誕生は乱脈な出版流通システムを整備する過程で、大きな意味をもつ歴史的事実だったが、一元供給という組合理念を果たすには限界があった。組合員の数的劣勢による商品競争力及び販売力の弱体があり、組合員が市場占有率の拡大競争に駆り立てられ、組合のルールを正しく守らないため、流通市場を掌握することは根本的に困難だった。

「韓国図書出版実態調査」のために、出協の招きで1972年４月に来韓、20日間、出版・書店業界を綿密に調査したアメリカのフランクリン・ブッククラブの出版専門家M・シウォーク（Manuel Siwek）は、「韓国出版協同組合だけが、純粋な意味の卸売業をやっている。組合は創立当時、意図したような図書供給秩序を正すのに確かな可能性を示したが、不幸にも適切な成果を挙げられないでいる。出版業者の段階でこの組合の売上額（市場占有率）は、全体の3.4％に留まっている」と、その限界を指摘している*33。

組合の力だけでは複雑に多岐化した各出版流通チャネルを単純化させ、取引秩序を確立させるには韓国出版界の市場規模が遙かに大きかったのだ*34。そのため大型出版流通機構の必要性は、依然として韓国出版産業の懸案課題として残ることになった。出版界は根気強くそれの設立プランを模索していた。

こうした過程で出版流通構造革新の基本方向は、社会発展の趨勢によって少しずつ変化していく。最初は単純に出版市場で強力な影響力を行使し得る大型一元的供給機構の設立に焦点が当てられていたが、80年代にはそうした流通機

---

*33　『韓国図書出版実態調査報告書』で「協同組合会員は85社である。このうち14社は初版物の全量を組合に送付する。これらの出版社の１点あたりの平均発行部数は2000部前後である。この14社はただ組合を通じてのみ販売する。残りの71社は組合に普通出版量の30％程度を送る。出版社はまた、直接小売書店に販売もする。小売商は直接現金を支払い、さらに安く購入することもあり、担保物を設定して出版社が組合に与えるのと同じ価格で買うこともある。（略）価格の割引率は図書の種類に応じて異なる。（略）組合は72の指定供給所とだけ取引する。地方の供給所は地方の卸売商に対して卸売の役割をする。この取引で指定供給所は彼らの組合で受けた割引よりも５～10％の割引を与える（略）」と分析している。（『大韓出版文化協会30年史』1977、p486～7）

*34　M. Siwekは、上記報告書で「１冊の本が最終購入者に達するまでには、実にそれも少なく見積もっても17種類も別の道を行き来している」と、出版協同組合の複雑性と供給制度の無秩序を指摘している。（前掲書p490）

写真3-3　韓国出版協同組合がスタート

構は最小限２～３は必要だが、まず一つ造ってみようとの意見が支配的だった。こうして1954年の「韓国出版物普及協会」設立以来、96年には出版協同組合が母体になり、ついに「韓国出版流通株式会社」(現在のBooxen) を設立するまで、40余年にもわたり実に30回に近い卸売機構設立計画を樹立、推進もされたが、出版流通システムの確立という出版産業の長年の宿願は、いまだに未完状態のままである＊35。

出版・書店業界は170億ウォンという、韓国出版史上で初めての巨大な資本を集めてBooxenという大型卸売会社を設立したが、それでも期待に応じられない、遅々として進まない状態になっている。Booxenが設立されたときは、すでに主要出版社が現代的な物流センターを建設・運営中であり、配送専門会社が出現し、活発な活動をするなど、韓国出版産業の体質が大きく変化していた。

何よりも情報化の進展と新しい配送体制の確立、そして全国的にチェーン化された超大型書店が競い合って登場し、高い市場占有率を占めるなど、卸売商の利用条件が根本的に変質したため、出版流通構造改善に影響力を発揮することはできなかった。中間発展段階を経ていないBooxenの先端的物流センターの建設も、韓国の市場には余りにも先進的すぎて、出版界が容易に利用できる体制ではなく、その機能を充分に発揮できずにいる。

流通システムを確立するための、また別の根本的な変化は80年代の後半デジタル環境が急速に広がり、出版流通システムも今後は情報化時代に適合する体

＊35　林仁圭・李斗暎「報告図書流通機構」『出版文化』1978.1、p9～15

制を構築しなければならない方向に旋回したことである。すなわち、コンピュータの普及と情報処理及び通信技術を積極的に活用し、共存する出版流通システムの体制と機能を維持・補完・強化させる出版流通システムを構築すべきだとの主張*36が大勢を占めた。こうしてISBNとPOSシステムが1991年から導入・運営されることになった。

---

*36　出版流通情報システムを最初に主張したのは李斗暎である。彼は「出版流通情報システム構築案に関する研究」を修士論文として発表（1988）した。続いて『出版流通論』（チョンハン、1993）で、具体的な方案を提示した。『出版流通論』が刊行された後、韓国出版流通システムはその方向へ急速に推進され始まったが、現在では半分も成果を達成できないまま、足踏み状態を続けている。

第6節
50年代の出版、山積する課題

1.　足踏みする出版点数

これまで見てきたように、瀕死状態を彷徨う出版界の困難な状況は、出版統計から明らかに見て取れる。文教部が発表した出版統計などを総合してみると、1952年から58年までの７年間の年間発行点数は、1000点台前半を反復していた。朝鮮戦争最中の51年の年間発行点数は876点で、47年の水準にも及ばなかったのは理解できるが、その後も引き続き49年の記録（1767点）を下回っているのは、当時、１冊の本を出版することがどんなに大変だったのかを如実に示している。しかも同じ本の初・重版、特製（ハードカバー）、そして並製（ソフトカバー）を、各１点として集計してもそうだった。

ほとんどの出版社が、安全性の高い教科書と学習参考書を中心とする教育用図書の出版に、いっそう没頭するようになった。学習参考書の比重は圧倒的に高まった。1957年の出版点数は1434点であるが、学習参考書は全体の37％に相当する535点に達した。こうした傾向は年を追うにつれ目立っている。教育用出版を通じて確保された資金を元手に、大学教材出版市場を本格的に開拓・拡大して行ったのは発展的な側面である。

ところで1945年の光復以後、59年までの出版統計はこれまで正確に集計されていなかった。政府の出版統計として、いま確認できるものは２種類ある。第１は、内務部統計局が発行した『大韓民国統計年鑑』に収録されたもので、出協が現在発表している出版統計は、これに基づいている。統計年鑑の編纂と発行所は内務部統計局であるが、出版統計の原資料は韓国銀行が作成したものである。第2は、61年に当時の出版行政の主務部署だった文教部が発表した1948〜59年の出版統計である。ところでこの統計は資料ごとに統計数値が一致しておらず、相互に異なるので信頼性に欠けるという問題がある。

『出協会報』(『出版文化』続刊号)でも、1948〜55年間の出版統計を掲載*37しているが(**表3-9**)、この統計でも政府のそれとは異なる数値が発見される。こうした差異点が発生するのは、統計対象、基準、集計方法がそれぞれ相違しているのが最も大きな理由である。各種資料を取り寄せ調合する過程で、発生した誤記と錯誤を推定される部分もある。

「9・28ソウル収復」の後、3か月間の出版点数も、前述のように18点と15点という二つの主張*38が存在する。ここに提示された1950年の434点は『解

表3-9　年度別・分野別出版状況(1951〜58年)

分野(種別)	1951	1952	1953	1954	1955	1956	1957	1958
総記	45	5	8	19	33	41	35	87
哲学	4	44	56	89	92	−	149	31
宗教	11	−	−	−	−	−	−	95
歴史	29	57	28	51	35	73	48	78
社会科学	42	182	151	274	253	355	209	271
自然科学	0	188	149	147	70	88	71	−
産業・技術	5	46	34	37	11	1	−	83
芸術	20	37	30	47	31	20	19	50
語学	52	138	157	153	90	34	82	87
文学	132	239	404	578	328	257	216	280
児童	141	298	32	50	114	66	38	111
学習参考/教科書	305	159	81	117	251	499	143	291
総計	786	1,393	1,110	1,558	1,308	1,434	1,006	1,464

注1:1952年から分類方法を(Dewey)の図書十進法に変更し、これに児童物と学習参考書を別途集計している。これによって52年度の統計数値は、53年版『統計年鑑』(1,767点)に比べて大きく減っている。
注2:児童には漫画を含む。
資料:『出版文化』続刊号(52.6.5)の「書籍出版件数統計表」によって再作成。

*37　『出協会報』(続刊号)大韓出版文化協会、1956.4.26、p7
*38　①金昌集「出版概況—出版小史」『出版年鑑』(大韓出版年鑑社、1957、p736)
②金昌集「韓国出版小史」『韓国出版年鑑』(大韓出版文化協会、1963、p34)
③黄宗洙『私の出版小話』(普成社、1990、p98)は、15点と主張しているが、これらの資料よりも、先に発行された④『出協会報』(続刊号、1956.4.26、p7)の「解放後韓国出版統計表」は18点が発行されたと明らかにしている。以後の資料は、この統計を引用したものである。

放期刊行図書総目録』に記載された目録の発行日を基準に集計した416点と、『出協会報』の統計数値18点*39を合算し、ここで初めて明らかにされたものだ。しかし、『解放期刊行図書総目録』は朝鮮戦争以前に出版された目録だけを収録することを前提にしているが、ここに記載された目録のうち111点の図書は発行日が1950年とだけ記載されており、これら全てを戦争勃発以前に出版されたと見なすことはできない。ただし、『出協会報』や金昌集・黃宗洙らが主張する18点と15点は、「9・28収復」以後に発行されたものに相違ない。その間に知られていない図書が出刊された事実が次々に明らかになるなど、この時期の不明確な出版統計を整備するために、出版界と学界のいっそうの努力が求められている。

2. それでもベストセラーはある

ともあれ、出版界は不死鳥のように、再建のための執念と投資を絶やさなかった。激しい不況に悩まされたこの期間に、多くの出版社は安全性の高い教科書と学習参考書を中心とする教育用図書出版に力を入れた。教育用出版によって確保された資金を基礎に、大学教材の出版市場も本格的に開拓・拡大していった。

こうした出版界の努力に応じて年ごとにベストセラーが誕生し、出版人に多くの勇気と意欲を吹き込んでくれた。金素雲の『馬耳東風帖』（高麗書籍、1952)、方仁根の『魔都の香火』（三中堂、1952）は、砲声が轟く避難地で生まれたベストセラーだった。続いて薛義植の『乱中日記』（首都文化社、1953)、鄭飛石の『自由夫人』（正音社、1954)、趙欣披の『ヤルゲ（こましゃくれ）伝』（學園社、1954）が、社会から熱い注目を受けた。55年には韓何雲の『麦笛』（人間社)、趙炳華の『愛が去る前に』（正音社)、柳致環の『生命の序』のような詩集が評判になった。56年にも不景気は続いたが、李熙昇の『ボンネリネカスム（唖者の冷たい胸)』と兪鎭午の『憲法』（一潮閣)、鄭飛石の『洪吉童伝』（學園社）などが良く売れた。

57年のベストセラーは、金晉燮の『生活人の哲学』（徳興書林)、金東成の『失

*39 『出協会報』（続刊号)、前掲、p7

楽園の星』（正音社）などだった。金素月の『初婚』（博英社）、ノーベル文学賞受賞作品であるパステルナークの『ドクトルジバゴ』（女苑社）、『古今笑叢』（民俗学資料刊行会）が1958年のベストセラーとなったのに続いて『心の泉』（三中堂）、在日僑胞少女、安本末子の涙の手記『にあんちゃん』（新太陽社）、金素月詩集『忘れられない』（博英社）、洪性裕の『悲劇はない』（新太陽社）などが59年のベストセラー目録に題名が挙がっていて、これまで見られないほどの販売部数を記録した。

3.「営業税免除」と「所得税軽減」を訴える

破綻直前の現象を打開するため、共同販売機構の設立を模索した出協は、1956年２月「出版業に対する免税請願書」を国会に提出する。制作費の高騰と購買力の減退及び販売不振などにより担税能力はおろか存廃の危機に陥った出版の切迫した現実を訴え、「営業税」の免除と、「所得税」の軽減を要請する内容だった。

当時、すでに雑誌と新聞は営業税を免除されていただけに、一般図書と雑誌をともに発行している出版人の主張は当然のことだった。

解放直後の混乱と朝鮮戦争で、天井知らずになったインフレ現象も、56年頃にはある程度は治まり、援助に頼ってやっと維持されてきた経済も、戦前の水準を回復し、回復のきざしが見え始めたときだった。政府は経済企画の担当部署の復興部を新設（1955年）し、56年から経済発展長期計画を樹立するなど、国の状況が復興期に入ったと説明していた。54〜60年の年平均経済成長率は3.8％と推計されているが、この成長率は他の後進国に比べて良好なほうだった。そのために出版業が直面している状況や、国家的見地から政府が出版業の重要性を認識し、税制面で支援育成する段階になったと判断したのである。

出版を極度に弾圧した日本の植民地支配時代にも、創業後の３年間は課税せずに配慮してきた出版業である。こうした制度は米軍政当時にも続いていたが、政府樹立以後になると課税対象に変わってしまった。所得税の税率も売上額の1000分の９とかなり高くなった。米穀商は0.3％、肥料0.6％であり、製造業のうち電気供給業は0.3％、紡績業は0.4％であるのに対して出版業の所得税は、それより高い0.9％が適用されていた。出版界は請願書において「出版業は文化建設の基本事業であり、民主主義の社会発展の基礎である。出版業が他の産業よりも高い税率を適用されているのは、不当であり国家的にも損失」であると強調していた。

メディアも社説やコラムなどで、こうした出版界の主張を積極的に擁護してくれた。メディアの主張は映画ですらも営業税は免除されているのに、精神生活において映画よりも何倍も重要な図書出版を援助しないばかりか、高率の税を賦課し、生産の萎縮を強要しているのは「異常と考えないわけにはいかない」。学術的・思想的にも価値のある図書は、需要がひどく局限されているので、その出版で収支合わせを期待するのは難しい。これに重税を課すのは出版文化事業、いや、学術全般が萎縮し兼ねないという意見だった。

しかし、国会や政府の反応は「馬の耳に念仏」も同然だった。出版界は粘り強い免税運動をくり広げ、紆余曲折の末に60年代半ばになって、営業税免除の念願を達成することができた。77年７月からは税制が間接税に全面改編され、付加価値税（VAT）が導入されてからも、出版物は付加価値税免除商品としての待遇を受けている。出版業に対する政府の保護育成策が初めて税制面で具体化されたのだ。政府が政策を通じて出版業を支援しようとすると、ややもすると出版の自由を侵害すると憂慮する出版の特性がある。このため出版育成に細心の注意を払っている先進国でも、出版業に対する税制支援は金融支援とともに、最も重視されている出版政策の実現手段として活用されている。

考えてみれば、韓国政府において雑誌と新聞を管掌する公報処とは異なり、一般図書と教科書の出版政策を担当する文教部は、文化局出版課と編修局編修課を設けているが、出版行政を管轄して以来、出版文化産業を育成しようと具体的に努力をしたことは、一度もないと言っても言い過ぎではない。

4.　活字改良と制作システムの拡充

金相文の東亜出版社は、1955年にベントン（Benton）鋳造機を導入し、新しい字母を開発、活字改良の一大革新を成し遂げる。東亜出版社の活字改良を契機に印刷業界は新たな施設拡充競争に火花を散らすことになった。活字改良事業は56年に李壱秀の平和堂でも、ベントンの字母をつくったことでいち早く広がった。柳琦諄の三和印刷も平和堂のこの字母をそのまま使用した。続いて大韓教科書、民衆書館、弘元商社、光明印刷、三省印刷もベントン字母をつくった。こうして1883年に政府の博文局で新式鉛活字を鋳造して以来、70年間使用してきた東洋の号数活字体系に代わり、洗練されきれいな西洋式ポイント活字が韓国の印刷史に新しい章を開くことになった[*40]。宋朝体活字が徐々に消え去り、従来の明朝体にゴジック体など西洋式活字体系が導入され、書体も多様になった。

平和堂は李根澤が黄海道沙里院で1920年に設立した。鉱業と製薬業を兼業していた初期には、代書用紙の印刷・販売に力を入れていた。27年にソウルの水下洞に移転して鮮光印刷所と合併、鮮光印刷株式会社を発足させ、日本人の印刷会社に対抗したが、同業者の朴興植が和信百貨店と鮮一紙物など他の事業に専念するにつれ、鮮光印刷は解体されてしまった。李根澤は33年再び平和堂を設立、翌年、社屋を鍾路区堅志洞に移転し、活版印刷所としての基盤を築いた。54年から新たに活版印刷施設を完備し、国内の出版・雑誌社の生産の多くを受け持つようになった。

1980年には、京畿道富川市に第２工場を建設し、原色自動電子分解機のスキャナーを導入するなど、全印刷工場の先端化を実現し、印刷技術開発の先頭に立っている。45年から最近までは創業者の長男の李壱秀が代表理事として経営を担当していた。

活字改良の隠れた功労者は、崔正浩と朴禎来である。二人は書体の両大山脈

写真3-4　平和堂

写真3-5　活字改良に尽した崔正浩（左）と朴禎来（右）

＊40　ベントン鋳造機を韓国に最初に導入したのは、国定教科書（株）で1954年秋だった。しかし、一般業界にまで影響を及ぼすことはなかった。

を形成した活字書体の開拓者と呼ばれている。彼らは誰も知らせてくれない活字字母の原図の作成に半生を捧げた。崔正浩は解放後にソウルで図案事務室を創立したが、朝鮮戦争により財産の全てを失い、大邱に避難し再び図案事務室を運営した。55年に東亜出版社の金相文社長がベントン鋳造機を導入するとき、崔正浩に書体原図の製作を依頼した。続いて寶晋齋にも原図を製作してやった。崔正浩がつくった代表的な書体は明朝体とゴシックなど８種類であるが、彼は研究費をもらって日本の写真植字機会社の写研と森澤に初期に開発した数組の書体原図を渡してやった。後にこの両社の写真植字機が韓国内に供給され、崔正浩の書体も普及した。

新聞活字体の開発に功績が大きい朴禎来は平和堂の字母原図を描いた。彼は54年から印刷書体の開発のほかに、一時は字母の製造販売業もした事業家でもあった。55年度の初等学校教科書用書体の原図も製作した。91年から95年までの５か年に、世宗大王記念事業会が文化部の支援を受け、ハングル書体を開発したとき、「教科書の本文用ハングル文字体」「ハングル四角体」「昔のハングル文字体」「文章符号」などの原図を製作した。生涯をハングル書体の製作に捧げた二人の業績は、出版文化と印刷文化の発展の大きな支えとなった。

さらに、50年代半ばになると、写真製版技術の活発な開発と並行して、56年からオフセット印刷が新たに導入され、60年代中半までほぼ10年間、韓国の原色印刷の寵児の役割を果たした。韓国でオフセット印刷を最初に導入したコンビは、柳琦諄と全次勲である。柳琦諄は54年に妻の実家の平和堂から出て、ソウル鍾路区臥龍洞に三和印刷所を構え活版印刷を開始した。しかしながら、日本でオフセット印刷を学んできた全次勲を知るようになると、全財産を投入し１対１の同業条件で、彼の技術を買った。

このときのオフセット印刷の大成功が、現在の三和印刷の基礎になっただけでなく、韓国でも一躍、多色版印刷が満足にできるようになった。柳琦諄の先見の明といえるものだった。61年９月、本社をソウル乙支路２街に移転し、西独から買い入れたオフセット印刷機と写真製版施設、さらに製本施設まで備え、国内の各種雑誌・図書などを印刷するようになった。その後、ソウル市九老工団内に工場を開設、８色輪転機、スキャナー原色分解機、コンピュータ作図機、電算写植機などの最新施設を整備し、年間60万連（連：用紙の取引上の数量単位。当時は全紙500枚の重さを１連としたが、メートル法の実施に伴い、現在は、全紙1000枚の重さ）の生産能力を持つ最大の印刷工場に発展させた。彼が中小企業協同組合の理事長を経て、世界中小企業協会の会長と国会議員を歴任し、韓国の印刷界及び産業発展に寄与した功績は燦然と輝いている。

このように印刷業界は活字改良のほかに、最新印刷機械の導入、印刷製作設備の改革と技術の向上のための人材養成競争と火が点いた。

当時の制作施設の拡充と技術的発展は、60年代から開始された全集物と辞典出版ブームを支え、出版文化の水準を向上させる力となった。また、外国出版物を組版し、輸出が可能になるほど、印刷技術を世界的水準に引き上げる基礎的条件も準備された。60、70年代における印刷物の保税加工貿易は重要な輸出品目の一つとなった。

そして、この頃を前後して更紙と上質紙が国内製紙会社で生産されるようになった。しかし、その量は国内需要を満たすまでは至らず、価格と質の両面で需要者の要求とはかなりの距離があった。けれども、政府は製紙産業の保護育成という美名のもとに、外国産用紙の輸入を禁止することで、政府が先頭に立って用紙難をあおることもあった。

5. 「著作権法」の制定公布

全文５章75条と付則からなる「著作権法」が、1957年１月22日に国務会議を通過、翌年１月28日、法律第432号として正式に制定公布された。国会文教委員会が55年半ばに発議し、57年１月17日に本会議を通過するまで、ほぼ１年半を費やした。

この法律は公布された日から施行されると規定されているが、施行令（大統領令第1482号）が59年４月22日に公布されたため、公布日から２年も経過して実質的に施行された。著作権法（案）が発議された55年の12月19日には公聴会も開催され、社会的にもかなりの関心を呼び、活発な論議がなされたのに、発議から施行まで満４年を超える歳月を費やしたのは、それだけこの法律の制定に慎重だったと考えられる。しかし、実際には国会や政府の無関心と誠意不足が遅れた最も大きな理由だった。

ところでこの法律が日の目を見るまで、韓国では植民地時代の「著作権法を朝鮮で施行することに関する件」（勅令第338号）が施行されていた。光復されてから10年が経過しているのに、いまだに植民地時代の残滓（ざんし）でもある勅令が有効とされていたので、まったく遺憾といわざるを得ない状態だった。

それに加えて著作権保護の前提条件となる著作権登録がなされてもいないので、登録事務を管轄する役所もなかった。また、勅令が規定している「著作権調査会」さえも構成されたことがないので、実質的にはないも同然だった。それで文化界や学界では、早くから著作権法制定の必要性についての論議が盛んだった。第２代国会の際には、国会でも正式に論議されはしたが、特別の動きがないうちに任期が終わった＊41。国際ペンクラブ韓国本部でも、1955年11月に著作権法の制定を求めたが反応はなかった。光復から10年が経過しても著作権法制定がこのように遅滞したのは、著作者たちに著作権に関する意識が高くなく、自己の権利主張を等閑視していた点と、関係当局も誠意がなかった点が挙げられる。これによって学問的・芸術的に民族文化の向上に多くの支障が生じた。

著作権法（案）全文が明らかになると活発な論議が展開された。論議の先頭を切ったのは出版だった。民教社代表の閔壯植（当時、韓国検認定教科書（株）代表）は、メディアへの寄稿で「この法案がそのまま通過すれば、出版文化の発展にひどく悪い影響を及ばすことになる」と痛烈に批判した。彼は「出版が育成されてこそ、著作権の権利や利益を語ることができるのであり、一般的に著作権者だけ擁護すれば、出版の萎縮は不可避である」と、具体的に修正・補完すべき内容について逐条修正案を提示した＊42。

「韓国日報」は翌日の社説で、その内容に賛成している。出協も「著作権法案に対する出協の要望事項」を国会に提出した。協会の「要望事項」は、全20条項に対して修正の方向と理由を具体的に指摘し、その代案を提示している＊43。

「著作権法は著作者の権利保護に劣らず著作物の公正な利用を図らねばならない」というのが基本的立場だった。とくに著作者の死後50年となっている著作権保護期間を「死後30年」に短縮することを強く要求し、これを貫徹させた。

＊41　第２代国会（1950.5.31～54.5.30）、尹宅重議員は文教委員長に選出された直後、「著作権法、出版物法など文化関連の法律を整備し、文化的基本動力の涵養に最善を期したい」との抱負を明らかにしている。『東亜日報』1953.2.11

＊42　閔壯植「著作権法案の是非、出版人の立場からの提言」『京郷新聞』1956.1.4

＊43　『出協会報』1956.4.26、p15

この要望事項には、また、出版権の設定期間を「３年」から「５年」に延長することと、著作権審議会に出版権者も含めさせること、法的条項を調停することなども包括されていた。

すると全国文化団体總連合会第８次中央委員会（56.1.25）は、法案を全面的に支持するとともに「速やかに通過させること」を促す意思表示をした。後に開かれた公聴会のたびに、出版界と文壇は全面対決をくり広げる結果になったが、他の文化芸術団体や利用者団体は多少は微温的な態度を示した。法理的な側面でも熱を帯びた論争が紙上を通じて展開された。ソウル大の鄭光鉉教授と、法案の発議者である李恒寧専門委員は「東亜日報」において５回にわたる紙上論争を展開した。

難航の末に、制定公布された著作権法は、出版人にとってはまたとない悪法だった。この法律は出版関係者の権益を完全に無視し、小作人扱いしたものだった。とくに致命的な毒素条項が入っていた。「付則」で、「西暦1945年８月15日以前に、国語または漢文になった著作者に対する著作権譲渡契約は、これを無効とする」と規定した条項を出版界は防止できなかった。これは明らかに私有財産権を侵害する規定であるが、争点となってもそのまま通ることを防げなかったというよりは、看過した側面が大きかった。

全国文化団体總連合会はこの付則に対して、前述の決議文を通じて「倭政（植民地時代のこと）下の著作物は、(1) 財産的権利の地位に留まることはできない、(2) われわれが保護しようとする倭政下の著作物は民族意識のために貢献した。(3) とくに倭政下の不幸をいまも続けている著作者とその家族、遺族を救済しよう」と積極的に支持し進み出たため、その内容は充分に知り渡っていた。この規定によって出版界は甚大な打撃を受けることになった。とくに植民地時代から出版をしてきた出版社においては致命的なものとなった。

これらの出版社は、植民地時代に生活が苦しくなった著者たちの要請に応じて、著作権の譲渡を受けた著作物をかなり多く保有していたので、こうした著作物の著作権が、ある瞬間に全て無効となってしまったのである。漢城図書（株）の場合は、これによって倒産を早めさせる要因にまでなった*44。

著作権法が著作者などの権利だけを保護し、目的に明示されたとおりに著作物の公正な利用を図る出版など、文化産業の向上発展に役立つように配慮されなかった偏向的な法令で規定された出版界は、施行された後にも粘り強く問題を提起した＊[45]。

1982年には出協が独自的に著作権法（案）を作成し、公聴会も開催し各界の意見を確かめた後に、政府に法律の改正を求めた。

著作権法の制定公布は、その制定過程で論議が活発だったほどに直接的な関連だけでなく、一般人にも著作権意識を高揚させる契機となった。59年からは著作権の侵害事例に対する判例が出るようになり、ソウル地裁は柳津の『英語構文論』1000部を不法に出版し、韓国最初の著作権法違反事件と記録された公判（裁判長：鄭台源）で、50万圜の不当利得を得た秋徳文、張載春に対して懲役1年、執行猶予2年を言い渡した＊[46]。

一方、外国著作権は保護されないため、外国著作物の重複翻訳は益々増えていった。これにともない文化界の一角では国際著作権条約に加入しなければならないとの主張が提起され、これを主題に公聴会も開かれた。しかし、文化的水準や経済力に比して失われたものが多いので、時期尚早と判断した政府にしても、海外の著作物を保護しようという強い意志はなかった。出版界の強い反対を受け入れる側面が大きかった。

6.　国際舞台への進出

1957年4月、出協は正式に国際出版協会（IPA）に加入した。アジアでは最初、世界的には23番目の会員だった。IPAは「国際間または各国内で完全な出版の

＊44　漢城図書の第5代社長の李恒鎭は、次のように主張している。自由党の時代に「著作権法」が国会を通過したが、付則に“解放以前の著作権売買は無効とする”との条項が入っていました。当時、漢城図書は200余種の著作権を持っていました。それも実際は安く買いたくて買ったものではなく、文人たちが生活に困窮していたので、印税を受け取るよりは、むしろ著作権を売りたいと言われて買い取ったものです。そのような著作権が全て無効となってしまうので、これ以上出版する意欲が失われてしまいます。著作権も私有財産ですから、私有財産をこのように否定はできないのではないかと考えて、初めは信じませんでしたが、結局、その方案は通過してしまいました」（李恒鎭談『続・本は万人のもの』普成社、1993、p306参照）。ところで植民地時代に“書き手”は職業として成立することができなかったため、当時こうした方式で著作権を処理しながらも、出版社に対して長い間の真情に感謝している文人たちの回顧・証言を、我々は至る所で確認できる。

＊45　邊宇景「著作権法の是非、出版人の立場から矛盾した条項を提示する」『京郷新聞』1960.9.5

＊46　「著作権法違反事件、初めての判決」『京郷新聞』1959.1.20

国際出版協会（IPA）総会に参加した韓国代表団（左）と
総会会場光景（右）、円内は総会で副議長に選ばれた韓萬年氏
写真3-6　IPA総会参加

自由を確保し、図書出版業に関する権利を擁護宣揚するために」1896年に設立された世界唯一の国際出版団体である。この設立目的に応じて昔も今も、出版の自由が保障されなければ、社会主義国は会員になることが認められなかった。また国ごとに、その国を代表する一つの団体だけを会員として受け入れることを原則と定めていた。ただし、カナダやスイスのような複数の公用語を使用する国については、例外的に出版言語別の団体にそれぞれ加入資格を与えている。それゆえ、出協がIPA会員になったのは韓国も出版の自由が保障された国ということと、出協が韓国出版界を代表する唯一の団体という、二つの事実を国際的に認定されたことに意味があったといえる。

出版界が極めて困難な状況にもかかわらず、世界出版界の流れを国内の出版活動の活力素にするために、出協は創立10年目に、まさに世界の舞台に進出した。出版文化の国際交流の新たな幕を開いた意義は大きい。出協はIPA加入のために、54年４月にコペンハーゲンで開催された常任委員会に金昌集会長、申在永副会長と、邊宇景、李炳俊２人の常任理事を派遣し、加入交渉など活発な外交活動を展開、満場一致で加入の承認を認められた。出協がIPA加入を推進したのは、金昌集会長が加入の前年度にアメリカ出版界を視察した折に、会ったニューヨークのノルトン出版社のランド社長の勧誘を受けたことが契機にな

＊47　金昌集「国際出協に加入して」『東亜日報』1957.6.6

った。金会長は帰国すると、直ちにIPA加入を具体的に推進させた。

彼は「韓国出版界が国際的に多くの問題を抱えているだけでなく、最近では様々な難関に直面しているので、韓国出版の発展と世界出版文化の交流のために、国際機構に加入する必要を感じたから」と述懐したことがある[*47]。

IPA加入の目的を達成した韓国代表団は、２か月にわたり英国、フランス、スイス、イタリアなどの出版界を視察し、アメリカでは見ることのできなかった制度や活動状況を目撃し、沢山の刺激を受けた。彼らは帰国すると直ちに報告会をもち、積極的な国際交流への強い意志を固めた。

翌年のIPA総会にも、李炳俊、李大儀の出協代表２名を派遣した。４年ごとに開催される定期総会のたびに、いつも代表団を派遣し韓国出版人の地位を向上させるべく努力してきた。59年の定期総会には邊宇景、金益達、鄭鎭肅ら６名が大挙参加し、いかにして韓国が朝鮮戦争の惨禍を乗り越え、出版産業を再建させたか、その実態を紹介し、世界先進国の出版人と交流の幅を広げてきた。こうして1962年のバルセロナ総会では、韓萬年代表が副議長に選出された。

1976年に京都で開かれた第20回総会には、ドル不足で海外旅行を強く抑制されていたにもかかわらず、28名もの大規模代表団を派遣した。そればかりか、この会議では韓国代表が主題発表を行った。隣国日本で開催される利点を充分に活用し、事前に主題発表の交渉をしたのである。そして日本の出版界との交流の機会をもつなど、韓国代表団だけの独自の活動も活発に行うことができた。これを契機に80年のストックホルム総会にも、約20名の代表を送り、主題発表

写真左：第４回東京国際図書展に参加した韓国代表（1962年）
写真右：第６回東京国際図書展に参加した韓国代表（1964年）

写真3-7　広がる国際出版交流

の機会も引き続き増えていった。

1988年、ロンドン総会の国際委員会では、韓国でもIPA総会を開催する時期になったとの意見が提出されたので、遂に2008年にソウル総会を開催するに至った。ソウル総会は躍進している韓国出版産業と文化を直接、広報する機会となり、参加者に深い印象を植え付けた総会だった。ソウル総会の後、出協の白錫基会長がIPAの副会長に選出された。韓国は出版大国としてアジア太平洋出版協会（APPA）の会長国を何度も歴任するなど、国際出版界における地位が日増しに向上している。しかし、世界出版界の流れに従っていた段階から、最近は世界出版を率いていかねばならなくなり、むしろ国際会議での発表者の数が減るようになるなど、国際的な活動には消極的になっている。

1958年からは国際図書展でも、韓国出版界の名前は知られるようになった。韓国の出版関係者が自国の出版物を携え、直接、海外で開かれる図書展示会に参加したのは、第１回東京国際図書展（1958）が最初であるが、すでに54年にも、ワシントンでの世界児童図書展に10点の図書を出品したことがある。しかし、東京図書展には、金益達、鄭鎭肅、申在永、韓萬年、黄俊性の５名が参加した。これを契機に国際図書展に参加する機会は、香港、アメリカ、フランクフルトなどと広がっている。

韓国はこのように国際会議と国際図書展に積極的に参加し、海外出版界の動向を熱心に吸収し、韓国の出版物を広報し、海外出版界の動向を素早くキャッチし、国際出版の舞台で呼吸をともにし、出版発展の動力にしようと務めている。

こうした国際会議に参加した代表たちは、旅費や展示会参加費はもちろん出品図書購入費までも自己負担しなければならないため、金銭的な負担が大きい。こうした方式は80年代半ばに、財団法人韓国出版金庫で、国際図書展参加費を支援するまで続いた。そのような努力が蓄積されて、2005年のフランクフルト国際図書展の主賓国への招請をはじめ、世界の主要展示会の主賓国招請を受け大きな成果を収めた。2012年の北京、翌13年の東京国際図書展でも主賓国に選ばれている。

7. 出版大衆化の基礎づくり

1953年の休戦以後、分断が硬直化した状況で、韓国の出版産業は戦争の被害を克服していく再建過程は、事実上、第2の創業も同然だった。ある面では新しい建設よりもさらに骨の折れる「再び始める」過程だった。家内手工業の水準を超えられない出版は、破綻と危機の逆境の中で、国の安全とともに次第に気力を回復できる条件が熟していった。

自由民主主義の市場経済体制を背景に、ゆっくりと国民経済が形成されていった*48。実際に1953〜60年の期間中に、GDPは年平均3.8％ずつ成長した*49。これは当時のアジア諸国と比較すると、決して低い数値ではなく*50、60年代以後の成長率に比べると半分程度に過ぎないが、戦後の荒廃した経済条件を考えれば、決して「停滞」や「後退」と称することはできない。戦争はまた多くの人口移動とともに、社会的身分の平準化を招くなど、伝統社会の構造が解体される変化をもたらした。戦争は女性の社会的進出を促進させ、女性の地位を高める肯定的な側面もあった。

人口の増加が熾烈な競争を誘発し、教育熱を恐ろしいほど膨張させた。人々は人生の幸せと社会的成就を決定する要素として教育を最も重要に考えている。解放後に教育の機会の拡大で、教育人口は驚異的に増加した。李承晩政府は初等学校の義務教育制を施行し、政府予算の10％以上を教育に投入した。

戦争による混乱と停滞にもかかわらず、50年代の韓国社会は国民教育が飛躍的に発展し、60年代以後に本格化する「近代化革命」の基盤を固めることができた。こうした社会・文化構造の変化の中で、教育を受けたハングル世代が大規模に誕生したことは、それほど国民の基礎体力が逞しくなり、出版市場の潜在力も大きく成長する土台が準備されたことを意味する。

当然ながら文盲率も大きく低下した。1945年には77.8％だった文盲率は60年になると27.9％にまで下がった。その後も急速に下降し、66年には8.9％、70年

---

*48　教科書フォーラム『韓国近現代史』ソウル; キパラン、2008、p164〜169
*49　韓国経済60年史編纂委員会『韓国経済60年史（1）経済一般』韓国経済研究院、2010、p10
*50　1950年代のアジア主要国のGNP増加率をみると、タイ6.4％（1950〜60）、マレーシア4.1％（1955〜60）、インドネシア0.5％（1958〜60）、フィリピン5.5％（1950〜60）、インド3.7％（1950〜60）となっている。（UN、Statistical Yearbook、1967年版参照）

には７％になっている。しかし、文字解読率が高まったことと、読書の生活化とは別のものである。読書意欲を高める社会的雰囲気と読書の効用性を体得すべきなのに、当時の韓国社会はまだそうした誘引策が準備されていなかった。高い経済成長を成し遂げた60年代の韓国社会は、物質万能だけを追及したために、むしろ精神的な豊かさの重要性を考える暇さえもなかった。こうして国民生活の中で読書は依然としてかけ離れた存在だった。

50年代末まで新聞、ラジオ、テレビなど大衆媒体の普及はあまりにも低い水準だった。1959年、全国的にラジオは30万台、テレビは1000台を超えてはいなかった。

出版量の成長は遅遅として進まなかったが、教科書と学習参考書の教育用図書は、50年代の出版の内的競争力を強める力だったという点で、50年代は教育用出版の時代だったと定義することができる。戦争避難の暮らしのあいだに生まれた新たな出版世代が、創業第１世代と協力し、戦争で満身創痍となった出版界を再起させ、遂には出版大国に進む基礎を固める主体となった。彼らは勇気と自信をもち、果敢に出版の大衆化時代に挑戦していった。

第4章

出版の大衆化時代へ

本章の内容

日増しに沈滞状況が深まる産業の雰囲気を打開するためには、出版の本質的機能に忠実でなければならないと、自覚した出版界の指導者たちが心機一転し、起死回生を策した絶体絶命の時期だった。創意と冒険精神で、生産基盤の拡充と新しい体制の構築が試みられた。

政府は長期経済発展計画を本格的に推進し、韓国は産業化社会に転換していった。1965年の日韓国交正常化と対日請求権資金の導入が、経済発展の基盤を確立するきっかけになり、その波及効果は出版産業の発展にも肯定的な影響を与えた。

大型全集の出版と割賦訪問販売時代が開幕し、企画出版が本格的に企図された。50年代の年間出版量は1000点台の前半に留まっていたが、60年代に入ると3000点前後になった。日本書籍の輸入と翻訳出版が読者から熱狂的な歓迎を受け、翻訳出版が活気を帯びはじめた。他方、無節制な翻訳出版は、国際著作権条約加入に関する論議を呼び起こした。週刊誌の登場で雑誌は大衆化の道を歩むようになる。しかし、流通システムは容易に復旧することはなく、成長の第一歩を踏み出すには、依然、大きな壁が立ちはだかっていた。

第1節

革新と挑戦、突破口を開く

1.　基本に忠実であること

1958年になると、瀕死同然だった出版界に新たな変化が現れ始める。「相次ぐ隘路と破綻を打破」し、出版のための新たな革新的な方向転換や挑戦が開始された。それは不毛な競争と無計画な生産、無秩序な販売が決して出版発展を保障できない事実に対する覚醒や奮発に発するものだった。

年の初めから出版界のリーディンググループは、心機一転、姿勢を正し、企画から制作、流通、販売まですべての過程で「出版の基本に忠実であること」を、「出版界の進むべき道」と定めて実践の先頭に立った。

第1に、企画出版を企図し、精選された内容の新たな類型の商品を開発、出版の位相と本に対する関心を喚起させる必要があるとの考えである。内容が貧弱な数十点を出版するよりも、優れた書籍を1冊でも多く出版することが、より効果的という事実を明確に認識したのである。大型全集、事典などの出版が企画され、文庫出版がまたしても登場した。

第2に、出版を専門化し、出版社としての特色をもつ必要性に対する深い理解を得ることである。このときから出版社の性格が、差別化と総合化の二つの方向に分化されていった。

第3に、書店に対する期待を喪失した出版界が、流通システムの崩壊による販売不振と、取引秩序の紊乱の打開策として新たな方法を模索した。不確かな書店依存主義から脱皮し、確実な販売ルートを開発する準備に着手したのである。生活に困窮した読者に、本の購入に伴う心理的・経済的負担を軽減させる新たな普及チャネルとして、海外で盛んな割賦訪問販売制度を導入したのが、まさにそれだった。企画出版はそれを可能にすると同時に支えてくれた。

第4に、しかし、書店を完全に度外視することは不可能だった。卸・小売店の役割と機能をより明確に規定し、それに適合した利潤保障などの書店育成策にも関心を示さねばならなかった。そのためには書店側がこれに呼応できる力量を備えることが何よりも重要だったが、書店側はそれほどの力を持っていない。ただ地方の一部の都市で、その地域を代表する書店が、1、2登場したことで満足しなければならなかった。

第5に、宣伝や広報活動を強化し、読書の重要性に対する認識を高め、読書の欲求を刺激する広告活動を積極的にくり広げた。全5段広告が新聞に掲載され、読者開発を目指す業界の共同マーケッティング活動が開始された。読書週間のスタートや図書展示会の開催も、そうした活動の一つで毎年の行事として定例化していった。特に読書週間については、図書館界よりも出版界が先に提唱し、全国的に読書運動を発展させたのは世界的にも異例なことだった。

第6に、海外の出版動向に敏感に対応し、先進国の出版経営技法を導入しようと、国際出版協会（IPA）加入と国際ブックフェアへの参加など国際的な交流活動に積極的に取り組んだ。

これらに力を得て、出版界は次第に活気を取り戻し、長期間続いた販売不振から脱出できた。光復後の13年で、多くの隘路と難関を克服し、企業として成功した出版社は多いとはいえないものの、出版界はこうした活動を主導できる内的力量を充分に備えることができた。

年間1000点台前半に留まっていた出版点数は、60年代に入ると3000点前後と活性化の兆しが現れ、業界を取り巻く雰囲気が変わってきた。この頃には「変化」「整頓」なる言葉がしきりに使用されたが、62年頃からは「蘇生（そせい）」「安定」などが、当時の出版を表現する新聞記事や文章の日常語として登場してきた。出版人だけの意志と能力で自力競争する土台が用意されたのである。

2年のあいだに4・19革命（1960年、学生を中心とする政権批判デモで、李承晩大統領が辞任）と、5・16軍事政変（1961年、朴正熙少将らが軍事クーデタにより政権を奪取）を相次いで体験した。非民主的な方法によって政権が代わり、社会には緊張した雰囲気が長期間続いた。そのため出版活動は一時的に萎縮したが、すぐに安定を取り戻した。経済・社会的出版環境の変化は、しだいに出版の躍動力を強化する背景になった。

1963年に『韓国出版年鑑』を編纂発行し、活気を帯びた当時の出版事業の実態を総合的に整理する作業に着手したのも、こうした自信感と新たな時代を開拓しようとする意志の表れと評価しなければならない。「基本に忠実であろうとする姿勢」が、こうした業界の発展と成長を促したという教訓は、いまだに困難を抱え苦痛を体験している現在の出版界が、深く脳裏に刻まねばならないことだろう。

2.　5・16軍事政変と出版体制の整備

韓国経済は1958年以後、新たな沈滞局面に入った。GNP成長率は57年の8.1％を頂点に、毎年顕著に下降し、60年には2.5％を記録した。物価動向をみると、57年基準（＝100％）で、卸売物価と消費者物価の指数は、同時に下降曲線を描いていた。57年からアメリカの援助の急減に起因するものだった。それでも自由党政府は見てみないふりをし、不正・腐敗と非理を恣にし、執権ばかりに目がくらみ、国民の暮らしをいっそう辛いものにさせた。中小企業の倒産、農村の疲弊、都市の失業者と貧民の増加、加えて物価高騰で国民の挫折と不満は日ごとに高まり、社会的混乱は深まった。

正・副大統領を選んだ1960年の３・15不正選挙（李承晩政権を維持しようとする与党の不正選挙のこと）をきっかけに、国民の怒りはついに爆発した。４・19革命が勃発し、李承晩政権は崩壊した。民主党政府が成立したが、民主党は分裂し張勉政権は無力だった。政治的葛藤と社会的混乱は、国家体制すらも脅かすほどになった。政権就任10か月で2000件を超えるデモが発生したが、張勉政権はこうした社会的混乱と無秩序を抑える能力がなかった。国民は民主党の執権能力を疑い不信感を抱いた。知識人、学生、そして多くの都市住民は変化を求めていた。５・16軍事政変を招いたのは、当然の歴史的帰結だったかもしれない。

結局、1961年５月16日、朴正熙陸軍少将が率いる軍事政変が起こった。この政変は憲法の手続きによって樹立された政府を、法に反して転覆したクーデターだったため、民主化勢力から持続的に挑戦と非難を受けた。けれども朴少将は軍人特有の推進力で経済・社会・文化のあらゆる場面で、急激な改革を強力に推進していった。

出版界に対しても、大々的に出版社の登録取消と体制整備を推進し、言論浄化事業によって不健全雑誌を整理していった。こうした“断固たる改革”のせいで、当初は５・16政変を好意的に受け取らなかった国民も支持する側にまわった。画期的な社会改革を渇望していた知識人と学生らは、軍事政変を成功させた支持基盤に背を向けた。当時の軍事政権は経済の発展こそ、最も急がれる国民的課題と認識し、「自立経済」を強力に推進した。「経済開発５か年計画」の成功と1965年の韓日国交正常化にともなう対日請求権資金の導入は、経済発展の基盤を確立する契機となった。それによって韓国経済は61年以後の35年間に、年平均７～８％の高度成長を達成するに至った。その結果、61年に82ドルだった国民所得は、95年には１万ドルを突破する急成長を遂げた。

60年代初頭にも、60～62年を計画期間とする「経済開発３か年計画」を準備していた。しかし、この計画は４・19革命による自由党政府の崩壊とともに廃棄された。民主党政府も「第１次経済開発５か年改革」を用意したが、軍事政権は、再び「第１次経済開発５か年計画」を樹立、実践に入ることになった。ところで自由党時代に経済開発計画が遅れて着手されたのは、李承晩大統領の統治理念が大きく作用したためだった。徹底した自由主義市場経済主義の持ち主だった李承晩は、経済の計画化とは社会主義国家がするものとの認識が強かったため、韓国のような自由主義国家で中長期の経済発展計画を推進する必要性については、基本的に疑問を抱いていた。また、援助による従属的経済体制にあった当時の李承晩政府としては、経済を計画化しなければならないとの時代的要求に時宜適切に応じられる立場ではなかった。５・16政変は権威主義的統治に対する批判も強く受けたが、そうした点で「近代化革命」の出発点だったという肯定的な側面もあった。

産業化過程になると不平等が緩和されるようになった。所得の不平等の指標であるジニ係数（イタリアの統計学者コッラド・ジニによって考案された格差・不平等に関する指数。１に近いほど、不平等が深化していると判断する）は、60年代に0.279だったが、この水準は当時の主要先進国と比較しても良好なほうだった[*1]。不平等の緩和には、何よりも雇用好転と所得増大という、経済的要素の効果が大きく作用し

＊1　同じ時期のアメリカは0.393、日本は0.336であり、ドイツは0.275、イギリスは0.252だった。（李柱郢ほか『韓国現代史の理解』景徳出版社、2007、p232）

た。こうした所得増大と不平等の緩和は、国民の全般的な暮らしの質を向上させた。それにともない家計に占める図書購入費の比重は、緩慢にではあるが向上曲線を描き始めた。

1960年代の10年間に、韓国は全世界の各地域の都市化率を圧倒する「圧縮的」都市化を急速に進行させた。都市人口比率は49年の17.2％から60年には28％となり、70年には43.1％にまで高まった。この期間のアジア全体の都市化率は21.2％から24.2％、開発途上国全体は21.8％から25.8％に増えただけだった*2。その後にも85年の都市化率は65.4％にまで達し、急激な産業化過程を辿るようになった。都市化はソウルを中心に展開され、それは権力と富のソウル集中を加速化させた。

韓国では同時に職業別就業者数においても、農漁民など第１次産業従事者は1955年の80.2％から60年の66.0％へ、70年は50.7％へと継続して低下をみた。反面、専門的・技術的従事者や管理・事務職従事者は２倍になった。販売職及びサービス職従事者も大きく増えている。識字率の上昇に続き、都市化と職業別就業者数の変化は、出版発展の基本的条件を整えつつ、出版産業もやはりソウルを中心とする一極集中体制に発展していった。

3.　構造改革と出版社登録基準の強化

出版活動が困難な状況でも出版社数は増え続けている。名前だけの出版社も増加した。1959年には実績がないとの理由で305社が登録抹消になったが、それでも出版社総数は834社を記録している。こうした出版社の増加傾向に軍事政権からブレーキが掛かった。

軍事政府は1961年７月に、出版社の登録事務を一時中断させ整備作業を急いだ。その結果、８月には出版実績が皆無との理由で、ソウルで272社、地方で94社、計366社が一挙に登録抹消となり業界に緊張が走った。抹消基準は60年１月１

＊２　姜明求は「全世界の都市化率の変化速度や先進国、後進国、アジアなど、ほとんど全ての地域の都市化率を圧倒する都市化が1960年代に韓半島の南側部分で発生した」と評価している。（姜明求「1960年代の都市発達の類型と特徴：発展主義国家の空間操作」）、韓国精神文化研究院編『1960年代、社会変化研究：1963～1970』白山書堂、1999、参照

日から翌年６月末までの18か月間に、ただの１点も出版実績のない出版社については、登録を取り消すというものだった。そのうちには年間30～40点もの新刊図書を刊行しながら、文教部への納本義務を怠ったため、登録抹消となったケースもいくつか含まれていた。文教当局は活発に活動中の出版社と知りながらも、原則を貫くために断固そのような措置をしたのだった。こうして刷新の意志を示しながら、今後も納本義務を履行せよと注意を喚起したのである。その後も同じ理由による大々的な登録抹消がなされている。

政府がこうした強硬な措置をするに至った背景には、乱立する出版界を正常化し、出版社相互の無益な競争を抑制することで、出版文化を健全に育成発展させたいという体制整備の目的があった。ダンピングと模倣出版による過当競争の抑制という意向もあった。こうした措置は出版産業の世代交代を人為的に促進させ、他方、零細な出版産業の構造を改革させるきっかけになり、また、企業として懸命に努力する出版社が増える契機にもなった。

革命政府はこのために、これまで例規または通達で運用した出版社登録に関する基準を強化した「出版社の登録に関する規定」（文教部告示第154号）を新たに制定、1961年９月28日に公布した。全文22条と付則で構成されたこの規定は、従前の内規で運用された出版行政とは、登録制度などで大きく相違する新たな内容が含まれていた。

①登録申請の際に添付すべき金融機関の預金残高証明の限度額を、20万圜（ファン）から300万圜に引き上げ、②年間１点以上の出版実績さえあれば、登録抹消対象から除外していた基準を強化して、２点以上とし、③任意制だった登録事項の変更申請を義務化し、住所などの変更事実を発生日から15日以内に申告するものとし、④出版申告（納本）の時期は頒布または販売の７日前とし、重版以上の出版もこれに含めてその対象を拡大させ、⑤思想、風紀、または社会秩序を紊乱させる憂慮があると認められる図書を査閲するため、図書査閲委員会を構成することとし、⑥この規定とその他の出版登録、正札制販売制度（割引販売禁止）などを遵守する、との内容の「誓約書」を一斉に提出させることにした。もし、この誓約を忠実に履行できない場合には、登録を抹消できると明示し、⑦61年９月23日以前に登録した出版社は、「誓約書」と変更登録申請書を10月22日までに提出せよと定めた。この規定によって登録された出版社を、今後「出版社」として認定する、というものだった。

政府が求めた「誓約書」の内容は、①出版道徳を遵守し、著者や同業者に損害を及ぼさないこと、②社会の安寧秩序と公益を損ねるおそれが明らかな図書を出版してはならないこと、③不当な定価を記載し、割引販売はしないこと、④もし、これらを履行しなければ、登録抹消された場合でも、異議を申し立てることはできない、というものだった。実際に政府は62年３月に、誓約書を提出しなかった198社に対する登録を抹消している。

こうした文教部告示が施行されて、わずか３か月も経たないうちに、こんどは「出版社及び印刷所の登録に関する法律」が制定公布され、登録事務をソウル市と各道に委任した。新たに登録事務を管轄したソウル市教育局文化課は、同年の５月25日から31日まで登録証を一斉に更新し、出版社に実績報告書を提出させた。この際にソウル特別市長名義の登録証を新たに交付されない出版社の登録は、自動的に抹消され、またも出版社がまとまって強制退出させられる受難を経験することになった＊3。この法律は87年の民主化以後に、「出版及び印刷振興法」（法律第67号、2002.8.26公布）に代わるまで何度も改定され、維新時代と５～６共和国時代において、出版を弾圧する道具として利用された。

4.　不適正・低級図書の広がり

このような出版政策と徹底した行政指導は、究極的には出版の経営基盤を安定させる肯定的な結果をもたらしたと評価される。しかし、副作用も少なくはなく政府の思い通りにならない面もあった。

まず、出版の量的拡大を促進させた。出協が1962年から納本窓口を代行したので、出協の出版統計を集計した結果、62年の出版実績は2000点を遙かに上まわり、2966点という未曾有の大記録を達成した。これは出版の景気が好転したこととともに、納本受付窓口を出版団体に委任する納本制度の運用体制の改善が、期待した以上の効果を現したものだった。納本点数は前年比でなんと30%

＊3　この時に登録を抹消された出版社数を、具体的に明らかにした資料は現在探し出すことができない。ただし、ソウル市は更新期間中に新たに登録証の交付を受けていない出版社は50社に達しているが、交付期間を延長しないとの方針を出協に連絡してきた。合わせてソウル市は６月８日から直接、出版社を訪問し実態を調査し、登録規定に違反した出版社に対しては登録を抹消する計画を明らかにしている。（『出版文化』第18号、1962.6.20参照）

も増加した。出版社別に分析してみると、ソウルに所在する455社のうち、初・重版を合わせて21点以上の実績を記録した出版社が25社、11点～20点未満が42社、2点～10点未満が254社、1点のみの実績が70社だったのに対し、出版実績のない出版社は49社だった（62年度に新規に登録した70余社は除外）。これらのうち最も多くの出版点数を記録したのは、「東亜出版社」で225点を刊行し、全体の7.6％を占めた。出協はこうした出版社別実績を発表することで、年間2点以上の出版実績を記録できなかった119社は無実績、または規定の出版点数に到達できなかったので登録抹消を免れない、と憂慮の念を示している。

実績のない出版社の大々的な整備は、出版点数を増加させることに寄与はしたものの、量的な増加は必ずしも質的な成長を伴うものではなかった。むしろ、質の低下をもたらす結果になった。出版登録を維持するため、2点以上の実績を挙げようとするあまり、模倣・重複出版や不適正・低級な出版物が乱発するなど、出版文化の質的低下と不必要な競争を誘発させる副作用が生じた。ダンピング市場の蔓延を促進させる原因の一つにもなった。

この時期から児童漫画出版が活性化したことも、こうした政策と無関係ではなかった。児童漫画が1962年には、1318点も出版される異常肥大現象を示すようになったのである。これらの漫画は完全に貸本屋用だった。貸本屋用児童漫画の膨張で、子どもたちに及ぼす悪影響を憂慮する世論が沸き立ったが、80年代まで増加の一路を辿った。当時、漫画だけを専門に出版する出版社は14社にもなった。

1963年にも出版点数は3042点と増加したが、その翌年には2750点と急激に減少した。出版社別の実績も、年間2点以上納本した出版社は262社で、15点以上の実績をもつ出版社は26社に過ぎなかった。

このように出版活動が不振だった最大の理由は、この年に中学・高校検認定教科書の改編が一挙になされたので、資金力や執筆陣が堅実な出版社が、教科書改編作業に専念し、一般図書の出版に力を割けなかったからである。次に、学生デモの影響で新学期の出版や販売が、極めて不振だったからだった。第3の理由は、出版資材及び制作費の高騰が中小出版社の出版意欲を萎縮させた、と分析されている。

出版点数がこのように一進一退をくり返すなか、緻密な企画による全集出版と文庫本の活気は、精選された原稿の収集と丁寧な本づくりで、質・量の両面

表4-1　主要国との出版点数比較　（単位：点）

	1960	1961	1962	1963
アメリカ	25,012	18,066	21,901	25,784
イギリス	23,783	24,893	25,079	26,023
西ドイツ	21,103	21,877	21,481	—
日本	23,682	21,849	22,010	22,887
ソ連	76,064	73,999	79,140	—
韓国	1,618	2,290	4,284	5,268

資料：UNESCO『Basic Facts and Figures』1965年版

から出版発展の土台を築く鼓舞的な傾向を示すようになった。重農政策のためか農業図書の出版点数が増加し、医学と工業系専門図書も体裁と内容を整えていった。

60年代前半の年間出版点数は、国際的比較でも決して少ない数ではなかった。**表4-1**で示すように、出版先進国との格差はかなり狭まっている。最大の出版点数を記録したソ連の場合は、政府刊行物と学位論文も含めたものであるのに対し、韓国の統計は漫画の出版が活発な状況を反映し、漫画を含めているのが特徴である。それにしても、60年代初期の韓国出版統計を主要国と比較すると、韓国の出版点数は決して少ないほうではなかった。

5.　需要に縁遠い国産用紙

その当時は制作設備も引き続き改善されていた。印刷・製本技術の向上は一瞬のうちに、制作技術を国際水準にまで引き上げた。

しかし、用紙はICA資金の支援を受け更紙と上質紙が、国内の製紙会社で生産されてはいたが、国内需要を充足することはできず、価格や質の面でも需要者の欲求とはかなりの距離があった。高率関税を負担しなければならない輸入用紙よりも、８～10％も高く買わねばならなかった。輸入パルプに依存しなければならない国産用紙の価格は、輸入品よりも高いものになっていた。それでも政府は製紙産業を育成するとの理由で、1961年には用紙の輸入禁止措置をした。

この禁止措置は、①需要の盛んな時期を前にして、供給量が不足する事態を誘発、②紙質の低下、③価格を暴騰させる要因として作用し、出版を萎縮させるとの理由によって、出版界と印刷界は即刻解除を強く要望した。出版・印刷団体は教科書会社など、用紙需要の多い大型企業をも引き込んで陳情団を組織、商工部長官と文教部長官に何度も面談し、輸入禁止措置の解除、国産用紙の質と価格に対する不満を訴え、政策転換を陳情した。その結果、上質紙など一部用紙の輸入禁止措置は解除された。しかし、当時の製紙産業の水準は余りにも低く、現実の問題を短期間に解決できないため、相当期間にわたり用紙難に悩まされることになった。

政府は規制一辺倒の出版行政ばかりを推進したわけではなかった。1961年12月に、ソウル特別市文化賞に「出版部門」が新設され、「乙酉文化社」が最初の受賞社となった。次いで62年３月には文教部が「優良児童図書選定規定」を発表し、第１次優良図書27点を選定、続いて２次、３次と選定し、良書出版の意欲を鼓舞しようと努めた。62年度に文教部が選定した第１回の優良出版社は、「乙酉文化社」「民衆書館」「東亜出版社」「學園社」「文化教育出版社」「正音社」「博英社」「一潮閣」の８社と発表された。ソウル市の文化賞（出版部門）の第２回受賞出版社は「學園社」だった。韓国日報社も「韓国出版文化賞」を制定し、著作部門と制作部門に分けて授賞したが、制作部門では、最初に「民衆書館」「現代教育叢書出版社」「一潮閣」「三和出版社」が受賞した。「思想界社」の張俊河代表がマグサイサイ言論文化賞（毎年アジア地域で社会貢献などに傑出した功績を果たした個人や団体に対し、フィリピンのラモン・マグサイサイ賞財団から贈られる賞）を受賞したのもこの年のことだった。

1962年年頭からは文教部が直接行っていた納本業務は、出協を経由するように変更され、納本部数はこれまでの２部から５部へと規定が改正された。この措置は納本業務を円滑にすることを目指したものだったが、出協の機能を強化し、出版界のより発展的な団結を図ることにも目的があった。出協の納本業務代行は、出協としては内部的には自律指導機能と、利益団体としての役割を強化する基礎となり、結果的に出版発展の主導的役割を担うきっかけになった。

6.　抜け殻同然の「図書館法」

出版界と図書館界が共同で強力に主張してきた「図書館法」が、1963年に初めてお目見えした。出版界は「図書館法」が制定・公布されれば、不況打開の

表4-2　図書館の種類別実態（1955：1962）

	図書館の種類	図書館数	職員数	閲覧席	蔵書数
1955.9	公共図書館	12	113	1,784	476,844
	大学図書館	43	207	4,194	1,297,034
	特殊図書館	15	103	526	18,374
	合計	70	423	6,504	1,961,252
1962.3	公共図書館	21	211	3,908	604,231
	大学図書館	75	522	18,516	3,072,616
	特殊図書館	46	245	1,658	553,884
	学校図書館	149	335	18,065	403,528
	合計	291	1,313	42,147	4,633,259

資料：『韓国出版年鑑』1963年版

活路になる、出版の質が向上すると期待感を抱いて積極的に推進してきた。「図書館法」が公布された頃、韓国の図書館の現実は惨憺たるものだった。僅かに大学図書館があるので国の体面の維持はできる程度で、停滞状態と言えるほど発展が遅れていた。1955年の公共図書館数はわずか12館で、47万6000冊の蔵書を保有しているだけだった。それから７年が経過した62年までには、公共図書館は９館、13万冊と蔵書は増えているものの、それだけだった。学校図書館の開設が発展というなら発展である。けれども図書館の存在は出版の発展にまったくプラスにならない状況だった（**表4-2**）。

ところが、いざ制定・公布された「図書館法」は、抜け殻も同然だった。政府の義務条項によって公共図書館の設置や、設置基準に関する規定が素案とは異なるたんなる努力義務に留まっていて、「務めなければならない」という形式的なものだったので、予算の裏づけも無い文字の羅列に過ぎなかった。

いかなる実効も期待できなくなった「図書館法」は、失望をもたらしただけで、出版文化の向上には何ら助けにはならないことが明白になり、公布された翌日から改正を求める声が高まるほどだった。むしろ出版の発展に大きな役割を果たしたのは、「図書館法」よりも1969年から施行された中学入学試験制度の廃止だった。これを契機に児童書出版に前向きの動きがはじまった。しかし、外国物の翻訳や翻案物が大部分を占めている児童図書において、国内作家の養成が急務であると、かなり前から指摘されていた。児童図書の質的向上は80年代になって、やっと少しずつ果たされるようになるのである。

第2節
干渉と自立の狭間で成長に向かう

1. 企業化への模索

1958年から65年に至る期間は、現代出版史において企業化の模索期といえる。出版産業の基盤構築期でもあった。創意と冒険精神で教科書と学習参考書など教育用図書出版に頼り、生産基盤の拡充と新たな体制の構築を試みた時期だった。国家的次元でも、いわゆる開発年代と呼ばれる、この時期に政府主導で長期経済開発計画が本格的に推進され、農耕社会から輸入代替工業化を基盤とする産業化社会に転換していった。こうした政策基調のもとで、出版産業は企業化の基盤造成の側面が強くなった。

したがって出版産業はマンパワー、設備、資材の不足を克服しながら、崩壊した流通システムの復旧を図るなど、少しずつ安定基盤を固めていったが、内部的に成長動因を構築するには依然として限界があった。年間1000点台だった出版点数は、60年代に入ると3000点を超え活性化の気配を見せはじめた。しかし、いわゆる「出版離陸」が本格的に開始されるまでには、70年代の中葉を待たねばならなかった。

政局の混乱とデモによって不安定な社会情勢が、相変わらず出版の発展を妨げていたからである。外国では韓国を「静かな朝の国」と呼んだりするが、当時は国の事情も出版界の状況も決して静かで平穏なものではなかった。

1964年から翌年まで、韓日国交正常化に反対するデモによる長期間の大学休校措置は、出版市場に冷や水を浴びせる結果になり、将来への展望を困難にした。同じ時期にウォンの対ドル交換レートは、130ウォンから270ウォンと低下し、２倍以上の平価切り下げとなる騒ぎに、用紙など出版用原副資材の価格暴騰が加わり、出版社は生産原価の上昇に悩まされた。組版費と貸付金利の上昇も生産原価を急激に高騰させる要因であり、出版経営を圧迫した。

所得に比べて本の価格は高い方だったが、実質的には外国の場合や他の物価に比較すれば低い方で、これは供給過剰による割引販売やダンピング販売が横行したためと分析されている。本は郵送料や鉄道料金などについて雑誌とは異なり、政策的な優待措置を受けていなかった。60年代初頭の出版体制と状況は肯定と否定的な要素、希望と難関がひとつに混じり合い、極度に混乱した状態だったと言えるが、こうした状況はしだいに整備されていった。66年を頂点に出版産業の体質は、それ以前と以後では画然と区別できるほど、大きな変化を遂げるようになった。

2.　大型企画出版時代の開幕

ほとんど瀕死状態に陥っていた出版界は、1958年からは、その雰囲気が反転し、急に活気を見せはじめる。

厳しい沈滞状態を脱出するため、最終的挑戦の性格が強かったが、教育用出版を通じて確保した資本力を基礎に、創意と冒険精神を発揮し、緻密な計画を樹立して大型企画出版を企てたのである。全集と文庫などの大型企画出版物は、体裁や内容が世界的水準に迫るほど優れたもので、宣伝と販売活動は果敢で、読者の関心を引き起こし、出版界に活気をもたらすきっかけとなり、資本力とアイデア競争が熾烈になった。採算面では多分に冒険気味だったが、これを主導する出版社は経営の概念を導入した新しい体制とマーケッティング基盤を拡充し、企業化の模索に進み出た。

まず、様々な形態の各種辞典（事典）が出版された。記念碑的出版物としては、ハングル学会が編纂し、「乙酉文化社」が刊行した『朝鮮語大辞典』（全６巻）を筆頭に挙げねばならない。この『朝鮮語大辞典』は1947年10月９日のハングルの日に、第１巻を刊行してから満10年目の57年に最終巻を出して完結した。ハングル学会が編纂を開始してから数えて30年を費やしており、その間には多くの紆余曲折があった。

『朝鮮語大辞典』はＢ5判、総３万6000頁で、収録した語彙はなんと18万余に達している。名実ともに韓国最大の著作物であり、民族の輝かしい文化財と言わねばならない。ある民族の言語は、その民族の思想・感情の投影であり、あたかもその民族の生活の全て、すなわち文化全体を収めている器でもあり、辞典はそうした言語を盛り込んだ、もうひとつの器である。

『朝鮮語大辞典』の完結は韓国語の真の姿を探し整理するのに役立った。この辞典をきっかけに、「乙酉文化社」の『標準國語辞典』、「東亜出版社」の『新国語辞典』（国語国文学会編）など、大型国語辞典が編纂されしのぎを削った。このときの語学辞典出版ブームに火を点けたのは「民衆書館」だった。「民衆書館」は『ポケット辞典』を言語別に出し始めた。これまでの辞典よりも収録語彙数では倍を超える『ポケット辞典』は、初めてインディアン紙を使用した上質な印刷と、皮革装幀をした高級感、しかも堅牢で携帯にも便利とあって爆発的な旋風を巻き起こした。

「民衆書館」は『ポケット辞典』によって売上額ランキングでも、第５位に入る大型出版社に成長する。その余勢を駆って23万語彙を収録した『国語大辞典』（李熙昇編、A5判、3462頁、1962）を刊行し、辞典出版において確固不動の地位を獲得しただけでなく、出版の水準を一段階高めたと評価された。

語学辞典の出版競争は百科事典にまで広がった。「學園社」は『科学大事典』に続いて、全６巻もの巨編、『大百科事典』を企画し、翌59年までの２年を費やして完結させる快挙を成し遂げ、その名声は広まった。「東亜出版社」も１巻物の大型百科事典で競争に加わり、『百万人の医学』などの百科事典を刊行した。

当時の出版界を導いた代表的な出版社として競い合った「乙酉文化社」「正

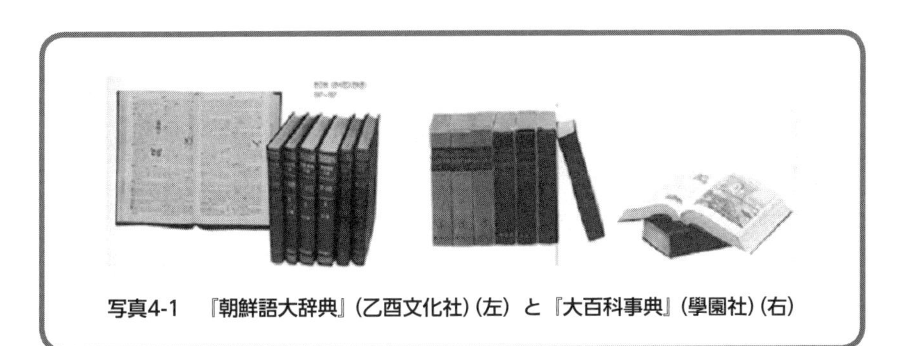

写真4-1　『朝鮮語大辞典』（乙酉文化社）（左）と『大百科事典』（學園社）（右）

大百科事典

李光洙全集

写真4-2　事典・全集の広報誌（紙）

音社」「東亜出版社」は、ほとんど同時に『世界文学全集』を企画、激しい販売競争をくり広げたのもこの頃だった。その規模において最初に着手した「正音社」と「乙酉文化社」の『世界文学全集』は、それぞれ前後期50巻と60巻を目標に出版し、東亜出版社版も20巻の膨大な企画物だった。前の２つの出版社が刊行した『世界文学全集』は、後に全100巻で完結したが、規模の大きさだけでなく、韓国的視角で作品選定をしたため、初めて紹介される作品が多かったという点で、企画出版の新しい地平を開いたと評価された。

乙酉文化社版は、小説のほかに、随筆・評論などの非小説と教養物を数多く含むという特色を示した。また、それまで日本語翻訳版を種本とし、重訳もあった世界の名作・古典類が、初めて完全に原典に基づいて翻訳がなされ、翻訳文学の質を一段と高めた点で、出版史的意味も加えてくれた。

これに対して民衆書館は、全36巻の『韓国文学全集』の刊行で応酬し、『金東仁全集』（全10巻、東洋出版社）、「生活叢書」（全７巻、學園社）、『戦後世界文学全集』（全10巻、新丘文化社）など、各種全集やシリーズ物が相次ぎ、大型出版のブームを形成した。これら全集を中心とした大型企画出版は、70年代の半ばで全盛期を迎える。震檀学会の『韓国史』（全７巻、乙酉文化社）、三中堂の『李光洙全集』（全20巻）、『韓国詩人全集』（全10巻、新丘文化社）、『孝石全集』（全５巻、春潮社）なども、この頃に出版されて注目された。光復以後、最初の通史として編纂された乙酉版『韓国史』に対しては、「東国文化社」が『全韓国史』（全５巻）で挑戦状を突きつけ、『説話韓国の歴史』（全10巻、教文社）と「學園社」の『世界文化史体系』（全６巻）なども加わり、大型歴史全集の競争が起こり、出版活動の多様性を示してくれた。

このような重装本の大型全集が競い合い、他方では文庫出版も試みられ、新たな需要を創出、全集出版一辺倒に傾いた出版傾向を別の極にも導いた。

「陽文文庫」(陽文社)、「教養新書」(新楊社)、「博英文庫」(博英社)、「韋聲文庫」(法文社)、「耕智文庫」(耕智社)、「教養思想文庫」(尚久文化社)、女苑社の「現代文庫」と「教養新書」、「世界名作文庫」(東国文化社) などが活気にあふれて目録内容を充実させていった。光復直後に文庫出版に取り組んだ「正音社」と「乙酉文化社」も、この隊列に加わり、「日新社」なども後を追い、再び文庫ブームを演出し、出版大衆化時代の道を開いていった。

こうした全集、叢書、文庫の盛況は多方面に影響し、出版界に大きな期待を抱かせてくれた。販売成績が良好だっただけに、出版社側も長期間にわたり一貫した出版活動を多少の余裕を持って続け、混乱した取引秩序もしだいに回復する兆しを見せはじめた。全集や文庫出版の全盛時代を迎えると、本に対する読者の認識と関心が変化し、市場規模は拡大していった。

何よりもこうした企画出版が文化界に及ぼした功績は、内外文化に対する再検討ないしは再整理の機会になった点である。その意味では著述と翻訳が初めて本格的に開始されたとも言える。だが、そこには限界が露呈する面もあった。全集や文庫出版が増えたとはいえ、重複出版による出血競争になる事例も多く、一部では読者が本を装飾品扱いしているとして、読書力低下をもたらす可能性について憂慮する意見もあった。

この全集と文庫の活性化は、一般の単行本の刊行と書店経営にも波及した。韓国人筆者による思索的な教養書が根気強い人気を獲得した。「三中堂」では国内著者による随筆集の出版を大々的に開始した。さらに小規模の新進出版社も非小説類、教養図書の出版に熱を上げるようになった。『永遠と愛の対話』(金亨錫、三中堂)、『青春を燃やす』(金一葉、文宣閣)、『思索人の饗宴』(安秉煜、三中堂)、『文庫版人生』(崔臣海、正音社)、『意味で読む韓国史』(咸錫煜、一宇社) などは、長期間ベストセラー・リストに入った。金亨錫、安秉煜、咸錫憲、崔臣海などは3万部前後の固定読者をもち、新刊を出すたびに良好な販売成績を上げるベストセラーの著者として名声を確保することになった。

この数年間の読書の流れを見ると、初期は文学全集で始まり個人全集に、さらに短編全集から思索的な教養図書と人物伝記へと移り変わる傾向を見せた。文学者たちの現実認識は分断問題に拡大していった。1960年に月刊誌『夜明け』に初めて発表された崔仁勲の『広場』(1960) は、四月革命が起きなければ書かれなかった作品である。金承鈺の『ソウル、1964年冬』(1963)、李清俊の諸作品などは文体や感受性において、それ以前とは明らかな相違点を示すものだった。

3.　割賦販売方式の導入

この頃に、もうひとつ積極的に割賦で分割販売する割賦訪問販売時代が開幕した。この販売方法を最初に取り入れたのは「學園社」だった。「學園社」は『大百科事典』の発刊を手始めに、これまでには無かった訪問販売による割賦制度という新たな販売方法を導入して成功を収め、出版販売の歴史を書き換えた。

この制度の成功は、長く販売不振に悩まされてきた出版界に新たな希望と受けとられた。逼迫した経済事情で高価な本を買うことが困難な読者にとっては、まず本を受け取り代金の月払いすることが可能であり、出版社としては数十巻の全集でも、ワンタイトルとして発行・普及させることが可能で、制作費の負担を分散できる。このため読者、出版社の双方から歓迎された。

ところで販売状況を見ると、事典や大型全集などは、その頃の新しい文化住宅や書斎を持った知識人、事業家らの蔵書用に良く売れ、文庫は主に学生たちに歓迎された。1959年10月現在、出版社別に主要出版物の割賦販売比率を見ると、次のとおりである*4。

◇　學園社：大百科事典70％、家庭医学全書50％
◇　民衆書館：韓国文学全集70％
◇　正音社：世界文学全集20％
◇　東亜出版社：世界文学全集30％
◇　乙酉文化社：世界文学全集20％、韓国史30％

こうした傾向は割賦販売という新しい販売方法が、定着しつつあることを示すものだった。この方法はすでにヨーロッパ各国では普遍化したものになっていた。国際出版協会（IPA）が当時、調査発表したデータを見ると、世界で割賦販売が盛んな国はスカンジナビア諸国で、スウェーデンは出版市場の40％、フィンランドは25～33％、スイスは30％を占めていた。

＊4　『東亜日報』1959.10.21

オーストラリアも辞典や医学書籍の50％が割賦販売で、アメリカは20％、イギリスとイタリアは各10％前後となっている。ドイツでも高価な書籍や何巻にも達するシリーズ物は、割賦販売でなければ出版は難しいのが実情だという。この販売制度の最大の問題点は、中途解約者の管理であるが、実際に問題となった実例は多くはないとIPAは見ている。

韓国も一般書店だけを相手にしてきた出版界が、割賦販売という新たな販売方法で新規市場を開拓し、読書人口の底辺拡大と教養の時代を演出したのだった。そして再び蘇生できるとの自信と期待をもつことができた。しかし、依然として構造的な問題点を抱えている。現実的に活動している出版社は全体のごく一部に過ぎない点である。僅か数十社の出版社が出版界を主導している実情なので、前途の楽観視は許されない現実があった。

その主たる要因は、第１に、資本規模が零細な点であり、第２に、市場が狭小なことである。小資本と狭い市場で、ほとんど同じ内容の商品によって、宣伝と市場拡大のために激しい闘いをくり広げていたのである。資本力と企画力の激烈な競争の果てに、出版の質や体制革新を成し遂げた出版社だけが生き延びられたのであり、それらの出版社が出版の企業化を先導すると見込まれていた。

4.　日本書の輸入と翻訳書の氾濫

第２共和国（1960.8～61.5、尹潽善大統領時代、62.3からは朴正熙が最高会議議長を兼任）の出現で韓日関係が緩和すると、それまで出版・販売ができなかった日本書が輸入され、無批判的な翻訳出版が盛況を呈した。『戦後日本文学全集』『挽歌』『君の名は』『輪唱』『人間の条件』などの日本書籍が競って無断翻訳された。日本の小説は出版されるたびに売れ行きが良かった。ある雑誌社では日本小説の翻訳特集号を刊行し、10日後に２刷を出すほど、日本の大衆小説は人気が高かった。すべてが著作者の許諾を得ていない無断翻訳出版だった。それも一つの作品を複数の出版社が、同時に出版する競合出版の事例もままあり、社会的批判の対象にもなった。

こうした日本書の翻訳出版は民族の自尊心を傷つけ、ようやく定着しようとした出版倫理と販売秩序を混乱させると指摘された。一方、日本の書籍（原著）も怒濤のように押し寄せてきた。日本の書籍が正式に輸入されたのは50年代以降である。当時は学術研究に必要な書籍たけが許可されていたが、その後は大衆娯楽書まで書店に満ち溢れる状態になった。

西洋書は1954年から正式に信用状によって輸入されるようになり、56年からICA（アメリカ国際開発局、アメリカ国務省の非軍事部門で対外援助を担当する機関）資金で、60年まで170万ドルが割り当てられ輸入全盛期を形成した。この資金により大略、アメリカ書籍50％、イギリス35％、ドイツ８％、フランス７％の比率で西洋書籍が輸入された。この当時、ICA資金では日本書の輸入は認められず、もっぱら政府の輸入ドルだけが日本書の輸入を認めていたので、56年の日本書輸入額は10万ドルにも達しなかった。

ICA資金による洋書輸入は60年８月に中止された。その後は書籍も他の輸入品目と同様に、政府ドルの公売に応札が可能となったので、外書輸入の様相は大きく変化する（**表4-3**）。外書輸入のために落札を受けた外貨の約70％が、日本書輸入に仕向けられ、輸入量は増加し、洋書は減少することとなった。それまで最も多くの比重を占めていたアメリカ書籍は急激に減少した。61年に対ドル交換レートが650対１から130対１に引き上げられると、ウォン貨積み立てだけで随時に使用できるようになり、日本書輸入はいっそう活気を帯びるようになった。

数量基準で見ると、日本はアメリカの倍を超える圧倒的優位（70年代20％）になった。ウォンでは高くて需要者が制限されている洋書、それとは反対に、ウォンだと安く買い求めることが可能で、需要者も多い日本書が氾濫するようになった。しかし、こうした統計は政府の推薦を得て公式に輸入された数値であり、

表4-3　50～60年代の海外図書輸入状況

	人文系［冊］	自然系［冊］	合計［冊］
1956年	100,000	57,471	157,771
1957年	200,000	140,122	340,697
1958年	459,986	287,711	747,697
1959年	207,542	358,288	565,820
1960年	450,560	394,044	844,604
1961年	584,242	314,413	898,655
1962年	704,915	775,115	1,482,040

資料：『出版文化』（1962.9.10）、『1963韓国出版年鑑』

ソウルをはじめ大都市の日本書専門店に流通している数量から判断しても、旅行者の携帯品や船員らによる非公式に搬入される量は、膨大なものと推定されている。

価格、装幀や制作水準において、日本との競争で勝ち目のない韓国出版界にすれば、ただちに売り上げが減少し、弊害はとてつもなく大きかった。韓日国交正常化を前にして予想される日本文化の浸透も、深刻に憂慮しなければならなかった。61年当時の日本出版界は、すでに２万1847点、２億部を超える実績を維持していた。

日本市場規模だけでも約１億2423万ドルで、輸出規模は830万ドルに迫る水準であり、このうち76％を超える630万ドル程度は、アジア地域に輸出されていた。出協と雑誌協会は、援助資金による日本書輸入を原則的に反対し、研究・参考図書に限って輸入を認めることを、政府当局に要請していた。日本出版界は韓国内での日本書販売市場の拡大を意図し、展示会の開催などで販路拡張を企図したが、出版界はこれに断固反対し阻止に成功した。

こうした外書輸入の動きは、外国書籍を求める読者が世代交代をした結果、76年からは再び洋書需要が急増することになる。日本語ではなく英語を第一外国語として学んだ若いエリートたちが、社会的進出を果たしたため、読者層の変化が現れたのである。輸入図書の種類も教養、大衆文化関連、また雑誌に対する外国依存度が弱まり、専門書の輸入が増大した。さらに82年頃からは、各大学で使用される外国原書の教材と複写版書籍が対決をくり広げることになった。

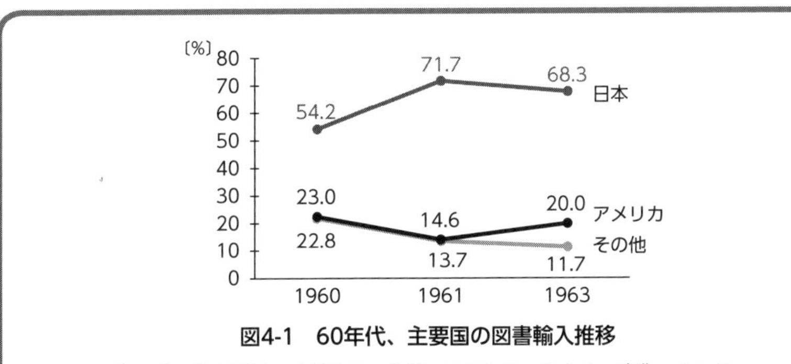

図4-1　60年代、主要国の図書輸入推移

注：その他の国は、イギリス、台湾、フランス、ドイツ、香港、インド、フィンランドの順である。
資料：『出版文化』（1963.9.10）

5.　翻訳出版と国際著作権条約への加入

日本作品の重複出版が火種となり、この頃から読者の人気を集める作品を模倣した類似作品の出版が盛んになった。類似作品の模倣や重複出版は、特に販売成績が良好な翻訳出版の場合にいっそう目立ったが、これは企画力の貧困と力量のある作家と作品の供給が、きちんとなされていないための現象と解釈された。その頃の模倣・重複出版の事例としては、同一作品を複数の出版社が、以前に出た本を字句修正程度の手入れをし、出版するケースがいくつかあり、甚だしい場合には、そのままオフセット印刷する複写版まであった。こうした醜態が発見され問題になると、翻訳者は同名異人だと恥ずかしい弁明をすることもあった。

当時、模倣出版の代表的な事例に『三国志』の訳者で、自由文人協会から文学賞を授与された中堅詩人の李仁石の名前を盗用し、文壇と出版界で物議を醸した事件がある。こうした行為をした「百忍社」の代表者張某なる男は、訳者が同名の人物だと主張するのだった。ところでこの“出版社”は、その頃、跋扈していたダンピング書籍を主に出版しながら、鍾路６街で書店を兼ねていた。

他方では、無秩序な翻訳出版は国家的イメージを損失させるとして、国際著作権条約に早急に加入すべきとの声も高まった。国際著作権条約への加入問題が社会的争点になると、文教部は公聴会を開催して意見を求め、ユネスコ韓国委員会は文化人、学者、言論界、出版界など文化関係者245名を対象に、アンケート調査を実施した。回答者116名のうち106名が加入に賛成し、反対は９名だけ（棄権１名）という予想外の結果になった。出版界はメディアの論調や知識人社会の時期尚早論をバックに、強力に反対の意向を貫徹させた。

6.　定価販売制、推進と失速

軍事政権は販売制度においても大きな進展を目指した。商業道徳の向上が主張され、全流通業界における正札制の実施が強力に推進された。この施策に歩調を合わせ、出版界も「正札制」という名の定価販売制の推進に努めた。

前述のように、政府はすでに定価販売制実施の事前準備のために、これを約束する「誓約書」を出版社から入手していた。こうした一連の措置をもとに、出協と全国書店の集合体である全国書籍商組合連合会（「書連」）は、共同で「定価販売の実施」に関する宣言をした。

まず、書連が「政府の施策に応じ商業道徳を向上させるため、出版物（書籍）の定価販売（正札制）を実施する」旨を宣言し、出協がこれに呼応した。出協は「①全国書籍商組合連合会の図書定価販売の実施運動を全幅的に支持する。②各会員は出版界の発展のために、この運動に積極的に協調することを希望する」との決議文を採択し、定価販売の実施を全面的に支援すると発表した。図書の定価販売制が実施されてこそ、長いあいだ不況に苦しんでいる出版界も、景気を好転させられると判断したのである。

正常な発展を期するために、販売秩序の回復と供給網の整備が急を要する切実な課題だった。それだけに書籍商が定価制を実施するのは、余りにも当然なことで、また、そうしなければならなかった。その頃、人気のある出版物を模倣したり、そのまま切り貼りして出版する行為と、不当に高い定価を付けて割引率を多く見せかけて読者を欺く不良図書がかなり出回っていた。したがって出版倫理的の側面からの批判が出ていたのである。

しかし、政府が強力に推進したにもかかわらず、定価販売制の実施は失敗に終わった。書籍だけでなく他の商品も、正札制を成功させることはできなかった。通貨改革（1962.6）と換率改定（1964.5）という緊縮経済措置と、これにともなう物価上昇は、それでなくても零細な出版・書店業界を、いっそう苦境に追い込んだ。特に換率改定はいまだに輸入依存の用紙価格の高騰をもたらした。これに加えて韓日会談反対のデモと、戒厳令宣布による大学の休校措置は図書に対する需要を減退させた。出版活動は大きく萎縮し、図書市場は凍りつく激しい出版不況となり、せっかく取り組んだ定価販売運動は、実効を上げられずに挫折してしまった。

この間隙を縫って悪質なダンピング行為が猛威を振るった。これまでのダンピング販売は、通常の形で出版された在庫図書を処分する手段とされていたが、この頃からは最初から良く売れそうな本を選び、もっぱらダンピング目的に粗雑につくり、市場秩序を混乱させるものになった。ソウル鍾路6街の徳成ビルを中心とする、いわゆる「大学川商街」は、こうしたダンピング出版の最大の温床だった。ここで作成されたダンピング図書が全国の書店で正常ルートの図書と互角に交換され、本物の出版物でさえも大幅に割引販売される悪循環がしばらく続いた。これらのうちのある業者は、1か月の用紙使用量だけでも2000連と推定されるほどだった。彼らは全国的な取引網までもち、正常な出版流通に大きな打撃を与えていた。当時の出版界は「悪貨は良貨を駆逐する」グレシャムの法則がそのまま通用している状況だった。これに対し出協は、62年2月に「ダンピング販売対策委員会」を設け、対策を樹立するために協議した。

そんななか目立った出版状況としては、重農政策推進の影響で営農技術の関連図書が増加し、60年代前半は農業書籍の全盛期になったことだった。また、技術工学図書の量的成長も見られた。玄岩社の『法典』が重要な商品として脚光を浴びたのも、この頃のことだった。革命政府が相次ぎ制定する多数の法律に対する情報を正確に把握し、即時、活用しなければならない司法機関や、判事・検事・弁護士・司法書士から司法高試受験生まで、『法典』は無くてはならぬ必需品となった。また高級読者を狙った「探求新書」は、輝きを失った文庫出版に対する関心を再起させる先駆けとなった。

ユネスコが勧告した基準に合わせて出版統計体系を整備し、出版統計が国際的に認められるようになったのも1968年のことである。

7.　新たな出版世代の登場

1958年から64年までに、毎年300社前後の新規出版社が生まれた。しかし、全体的に出版社数の変動はさほど大きくはなかった。軍事革命政府の社会・文化分野に対する果敢な刷新政策は、出版界にも激しく押し寄せたため、過去の出版社の増加傾向と比較すると、多少は緩慢な増加に代わった。

この期間に出版界整備を目標に、3回にわたる大々的な登録抹消措置があった。この際に「不適正」と判定され、登録抹消になった出版社は869社に達した。2度の実態調査によって登録が自動消滅になった数は、ここに含まれておらず、その数は具体的に公表されたことはない。ただし状況から判断して、5か年のあいだに1000社に近い出版社が登録抹消になったと推定される。登録要件を強化し、新規登録を抑制したため、62年から64年にかけては新規登録は従前に比べて比較的少なかった。新規登録数が例年の水準に回復したのは65年からのことである（**図4-2**）。

政府のこうした人為的な出版構造の強化は、一方で出版界の世代交代を促進

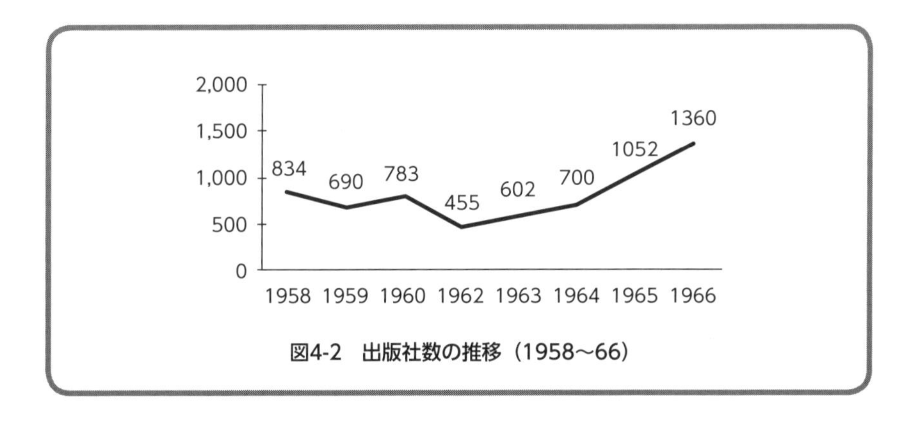

図4-2　出版社数の推移（1958〜66）

させた。この時期に登場した新しい出版人は、ほぼ二つのタイプに分けることができる。出版界出身者もいたが、初めて出版の世界に入門した人々もいたからである。彼らは出版の専門化を指向し、既存の出版人に比べて企業としての出版社を経営しようとする意識が強い特性を持っていた。新規出版社の大部分は独自の出版意識をもち、体質的に全集形態の一般図書の出版に強い意志を示すなど、前の世代が教育用図書を重視したのとは異なり、多分に商業主義的な性格が強かった。

高学歴者が進出し出版活動のレベルも高まっていた。特に光復以後の民主主義市場経済体制のもとで、正常な民族教育を受け、社会に進出した世代が出版界の新進勢力として台頭したので、そのような傾向はいっそう歴然となった。彼らのうちには、いまでも活発な出版活動を展開している者もいる。1958年の１社あたり平均発行点数は1.5点に過ぎなかったが、66年にはそれが2.3点にまで増えた。

8.　孫永壽と電波科学社

科学図書出版の先駆者孫永壽（1926〜2007）は、1956年に「電波科学社」を設立した。彼の経歴は多彩かつ華麗である。植民地時代の1941年に官立朝鮮無線通信学校を卒業し専門技術者となり、日本で海難救助会社と海軍船舶救難本部の通信長として活動していたが、光復の翌年46年11月に帰国した。帰国直後に故郷の浦項近くの初等学校と中学校での教師生活を経て、本領の逓信部電波局に入った後に朝鮮戦争を迎え、ただちに軍隊に入隊した。特技を生かし陸軍綜合士官学校と通信学校士官科を卒業し、少尉に任官、通信学校の教官、陸軍本部の通信官、行政室長などを経て大尉に昇進、予備役になると同時に、まったく見知らぬ世界である出版に飛び込んだのだった。

創業初期には自分の専門分野の無線通信に関する本を主に出版したが、「科学の振興を図ろうとするには、科学書籍の出版を活発にして科学人口の底辺を拡大しなければならない」と考え、出版の範囲を広げさせた。出版活動は教養科学図書出版と月刊『電子科学』など、科学専門雑誌の発行を２大支柱とし、韓国の科学後進性からの脱皮に貢献しただけでなく、科学書の著述家を発掘・養成し、科学者と一般大衆を接近させた功績が大きい。

教材や専門図書ばかりでなく、一般人を対象に科学知識の啓蒙、普及、生活化のための科学図書出版は不毛の地だったので、同伴者のいない寂しさがあったが、やり甲斐のための種を蒔いたのだった。５・16以後の６年間は国家再建最高会議副議長の広報秘書官、監査院長の秘書室長などに就いたが、会社経営を手放すことはしなかった。狭い市場、執筆者不足、特異な制作条件など、様々な隘路と逆境のなかでも、①きっと無ければならない本、②きっと読まねばならない本、③きっと読ませたい本を出版するという一途さ、根気、節制で30余の星霜を見守ってきたのである。

一般図書とは異なり、科学書出版は２～３年後には、紙型を廃棄しなければならなくなる。内容を変更しなければならないため、約800点の単行本を出しても、現に流通する点数は、いつも150点前後で販売には時間的制約があった。そんななかでも科学図書出版の先駆者として、彼の真骨頂を際立たせたのは、「科学の大衆化、生活化」の旗印を掲げた「現代科学新書」で、73年から本格的に教養科学図書の出版を開始したことである。

73年３月、第１巻の『宇宙、物質、生命』でスタートし、月に２、３冊ずつ休むことなく、基礎科学知識、科学史、医学、環境汚染、エネルギー問題など、実生活と関係する事物と現象を、平易に興味ぶかく説明した最初の科学文庫139冊を出版し、わが国の出版の歴史を塗り替えた。最初から予想外の関心を集めた「現代科学新書」が５年目に100巻を突破すると、周囲はみんな驚きメディアはこれを特筆大書してくれた。

孫永壽が出版社を引き渡し、出版から引退した頃に、「初版を2000部しか刷らなくても、５～６年が経過しても全部を売り切っていない本が18点もあった」と述べていることからも分かるように、分野の特殊性から経営の難しさは大変なものだった。最も多く売れたのは『２重螺旋』で、８刷に留まり、４刷以上は25点だったという。それでも彼は、日本の講談社と著作権契約を締結した「ブルーバックス」の韓国語版（全30巻）を78年から、「科学文庫」も30巻ほど出版し、「電波科学社」の伝統と名声を高めた。

雑誌の発行は1959年５月に『電波科学』と称する月刊誌を創刊、科学専門誌読者の底辺拡大に尽力した。その後、この雑誌は科学技術が革新され、従来の電波科学が電子科学に吸収されるにつれ、69年１月からは題名を『電子科学』と変更、79年12月までの20年間、ただの１冊の欠号も出すことなく着実に発行を続け、通巻346号を記録した。

とはいえ、創刊号を3000部発行した雑誌が、全盛期にもわずか１万部を超えられないほど孤独な道を歩んだのだった。そのあいだに週刊『電波新聞』（60年７月創刊）、週刊『科学新聞』（60年創刊）、月刊『科学と生活』（60年創刊）、月刊『電波界』（69年11月創刊）などと相次いで出したが、これらは長くは続くことはなかった。

科学雑誌は細分化されていったが、それは『学生科学』などが刊行される80年代からのことだった。韓国にコンピュータが普及すると、関連雑誌の種類はしだいに増えていったが、いまだに浮沈を続けている。

『電子科学』は79年に第三者に版権譲渡をし、89年５月には孫永壽が畢生の大業として育てた「電波科学社」を、従兄弟の孫永一に引き渡し、これまでの科学出版の歴史に終止符を打った。孫永壽は永一を職員として採用し、科学出版の要領を習得させ、書店経営の経験を積ませた。長い期間にわたり後継者として育て上げ、科学出版の種を蒔いたのだった。

出版人としての孫永壽の業績は、雑誌協会副会長（２期）、出協副会長（３期）、出版協同組合、出版金庫の理事、図書雑誌週刊新聞倫理委員、社会浄化国民運動出版界推進委員、平和統一諮問委員（職能代表）などの要職を歴任したことからも立証される。科学知識の普及のために著述活動にも尽力し、著書に『科学の起源』など13点がある。韓国科学史学会評議員、科学著述人協会監査と、出版関連の科学振興活動にも積極的に関わった。

9.　文鍾誠と国民書館

文鍾誠（1924～90）は、55年から月刊誌『法政』の出版部長として活動したが、61年に図書出版「法通社」を設立した。慶尚北道清道生まれの彼は横浜で小学校を終え、日本の文部省が施行する専門学校の入学検定試験に合格する底力を見せた。光復を迎えると帰国し、普通高試（第２回）と高等高試予備高試（第３回）に相次ぎ合格した。そうした実力を元手に、最初は法律書の出版に集中した。折しも５・16軍事政権が新しい法令を休みなしに制定したが、これを体系的に理解する解説書が不足している現実を見て、『民法通覧』『司法行政学』『高等高試用六法』『商法通覧』などを出版する。当時はすでに「一韓図書」（徐福煥）、「博英社」「法文社」「一潮閣」などの出版第１、２世代が確固たる基盤を築いていたが、彼は特有の根気と粘り強さによって新たな市場を開拓し、立地を固めることができた。

出版に自信が生じると、彼は篤実な佛教信者らしく『佛教事典』『禪家亀鑑』『普照国師法語』『韓国語八萬大蔵經』など、1000頁を超える大冊を続けざまに出版した。しかし、韓国に佛教信者は多かったが、佛教書籍の市場はまだ整備されていない状態だったので、無理な投資をして当てが外れてしまった。しばらくは資金難で苦労したが、やがて心機一転、67年に「国民書館」を新たに設立、訪問販売用の児童書出版の世界に飛び込んだ。最初は初期教育の重要性に鑑み、『ディズニー・グリム童話』（全12巻）、『子ども生活学習』（全６巻）など、主に海外で開発された生活適用と知能開発に必要な図書を、韓国の実情に合わせて翻訳し年齢別、技能別、ジャンル別に編纂した。

さらに、韓国の児童絵本が外国の物を踏襲している現実を打破しなければ、児童書の発展を期待できないと痛感し、児童書開発を率先垂範した。国内著者とイラストレーターを果敢に発掘、養成し、『児童情緒教育』（全13巻）、『韓国伝来童話』（全20巻、テープ付き）や、『カラー学習大百科』（全13巻）、「学習事典シリーズ」（全14巻）、『お話科学全集』（全12巻）、「少年少女世界文学全集」（全60巻）などで幅を広げ、500余点を出版し、児童書を世界的な水準に引き上げた。月刊『自然と子ども』という水準の高い高級児童雑誌を発行し、子どもの探求精神を涵養し、現場学習効果の増大に寄与した業績は高く評価される。

事業領域を拡大し、不毛の地だった乳児用教具材の開発にも寄与した。業界の共同発展にも献身的で、出協副会長、出版協同組合の理事、児童図書出版協議会の初代会長などを歴任し、出版産業の発展に大きな貢献をしている。出版協同組合の職員たちのために、奨学金を快く拠出、資質の向上の契機をつくる美談も残した。

1982年に、株式会社に改編された「国民書館」は、文鍾誠が逝去した後に、李唯光、李唯淑社長時代を経て、現在は文鍾誠の息子の相洙が代を継いでたゆまぬ成長を続けている。

10.　崔徳教と學園社、そして創造社

創造社の代表者崔徳教（1927～2008）は、出版編集の元老で大家として定評のある人物である。彼はもっぱら独りで研究と創意で優秀な技量を開発し、新しい境地を開き、独立独歩で編集者の位相を固めた。

彼は朝鮮戦争がたけなわの52年12月に、編集者の公開採用試験に合格し、「學園社」に入社する。「學園社」の代表的な業績に挙げられ、韓国雑誌史の神話になっている、月刊『學園』は創刊号1万部が完全に売り切れになり、次の12月号がまさに発行される寸前の入社だった。それからわずか4か月、弱冠26歳で彼は『學園』の第3代編集長（創刊号の編集長は後日、一志社社長になった金聖哉、第2代は南素姫）を命じられた。綺羅星のような前任者だっただけに責任はいっそう重くなった。

彼は後に「新米が編集長の重責を負ってみると、寝てはいられなくなった」と述懐している*5。

「その頃、有名雑誌の編集長をみると、釜山で発行される『希望』は詩人の孔仲仁、『女性界』は随筆家の趙敬姫、『文化世界』は小説家の郭夏信、『夜明け』は児童文学家の李鍾恒、『自由世界』は文学評論家の林肯載、『思想界』は発行人の張俊河が兼ねており、大邱で発行される『少年世界』は児童文学家の李元壽、『新太陽』は小説家の柳周鉉という具合に、すべて錚々

＊5　崔徳教「30代の青年金益達大人」『学園種（ミルアル）』（通巻18号）、学園奨学財団、2005、p68～104

たる面々であり、わたしだけが白面(はくめん)の新米だった。全国をざっと見回しても、雑誌の“編集長”は10名いるかどうかだった」という。

そんな新米編集長が毎号発行部数の記録を更新、創刊１年目に３万5000部という驚異的な記録を打ち立てた。もちろん、その後にも発行部数は続けて増えていき、国内最高の権威を誇る日刊新聞を凌駕する神話を作り出したことは、雑誌の歴史において、前にも後にも皆無のことだった。彼の回顧によれば、最盛時の最高発行部数は８万5000部に達したという。彼は自らを「白面の新米編集長」と呼んだが、入社４か月目に編集長に抜擢した金益達の洞察力についても驚かないわけにはいかない。

編集長として彼が真骨頂を遺憾なく発揮した業績としては、57年に韓国で最初の６巻物の膨大な規模の『大百科事典』を編纂したことが挙げられる。事典編纂の不毛の地で新境地を開拓、後進に絶大な影響を与えた彼の編集スタイルは、後輩編集者が追い求める一つの流れを形成した。

10年間、「學園社」で多大な業績を挙げた後、副社長兼編集主幹を最後に63年、「學園社」を離れ、「創造社」を設立した。「創造社」を運営しながら卓越した編集技術を基礎に、『韓国姓氏大観』（崔徳教、李勝羽編）を編纂し、『黎明80年』（金起八、全５巻）、100冊に達する「百科全書」などを出した。創造社設立の初期に刊行した『生活英語』（全３巻）は、彼が世を去るまで長くロングセラーになり、創造社の経営の大黒柱の役目を果たしてくれた。

彼は「創造社」を経営する一方、『農園』『主婦生活』など「學園社」が発行する雑誌の編集顧問を引き受け、その関係は30年以上も続いた。特に「學園社」が「學園奨学会」を設立した当時から、直接、奨学生の選抜に関わり、彼のこの奨学会に対する愛情が並々ならぬものを感じさせてくれた。奨学生たちとの交流は生涯にわたり続いており、2005年には夫妻の名前ではなく、「順徳会」名義で學園奨学会に１億ウォンを寄付したのを手始めに、毎年1000万ウォンずつを寄金してきた。

彼の没後、家族は生前のこうした志を継承し、遺産として残された「創造社」の社屋（当時の評価額15億ウォン）を寄付し、社会から称賛された。しかし、彼は自分が行ったことを世間には知られまいと気遣ったのだった。また、生前には世界各国で発行された代表的な百科事典を収集し、某大学に寄贈、百科事典研究の中心となるように努めたが、この事実はそのことに協力したごく一部の者だけが知っている。出版界内外の隠れた逸話に精通し、「生きている出版の歴史」と称されもした。彼は晩年に『韓国雑誌百年』（全３巻、玄岩社）を執筆しているが、それは韓国雑誌の歴史を整理した不朽の業績となった。

11.　柳益衡と汎文社

柳益衡（1930~98）は光復後の海外留学生のうち、最も先んじて出版界に身を投じた人物である。彼は英国人も認める流暢な英語の実力と、該博な海外出版に関する識見、幅広い海外出版関係者との交わりを活用し、韓国出版界の国際的位相を高めるために、貴重な役割を遺憾なく発揮した。

彼は1954年９月に、ソウル大学社会学科を卒業すると、ただちにボストン大学経済学部への留学に旅立った。帰国すると『思想界』の編集副局長となり、出版と縁を結んだ。張俊河がマグサイサイ賞を受賞した直後、月刊『思想界』の人気が最終段階にさしかかっているときだった。彼が『思想界』の執筆陣を中心に、韓国社会に影響力の大きいオピニオンリーダーたちとの幅広い人的ネットワークを形成したのは、後日に出版界リーダーとして、躍動的な活動を展開するのに大きな資源となった。しかし『思想界』編集副局長は、彼が長く留まらねばならないポストではなかった。彼は61年６月に「汎文社」の理事に就任、家業を受け継いだ。初めて彼がいるべき席に定着し、出版人としての本格的な活動を開始したのである。

「汎文社」は彼の父親である柳榮國が55年に設立した書籍輸出入会社である。主に西洋書を専門に輸入した。60年からは国内図書の海外普及事業も手がけ、汎文社60年の歴史が、すなわち韓国出版物輸出入の歴史と言ってもいいほど、歴史の長い会社である。会社経営に自信を持つようになった頃、彼はイギリス政府の招きでイギリス出版界を視察する。それを手始めに活動範囲は広く国際舞台に進み出た。イギリス視察から帰ると、代表理事に正式に就任する時まで、先代の事業を引き継ぎ、４～５年間は会社を成長させる仕事に専念した。

そんな彼を出版界の前面に押し出したのは韓萬年だった。1966年東京で、ユネスコ主催のアジア地域の出版専門家会議にともに参加し、挨拶だけをという彼を説得したという。尻込みする彼に、第１に、出版人として国際会議を一度は経験してみて、第2に、韓国の出版社も開化期と植民地時代から脱して、外国で学んで帰国した2世が育ったことを見せるためである。この機会に自分(韓萬年）が築いてきた日本出版関係者との交わりが深まれば、今後、国際取引にも好都合ではないかというのを第3の理由として説得したという＊6。

この会議への参加をきっかけに2人は意気投合、閔泳斌を交えた3人は、アジア開発資金(AID)を誘致し、出版の実態を調査して、長期発展のプランを作成するなど、60〜70年代の韓国出版近代化を導く役割を果たすようになった。長きにわたって出協の国際担当常務理事(1969〜78)、副会長(79〜80)などを歴任し、出版の位相を高めてくれた。出協が歴史上初めて「図書と国家発展」とのテーマで、国際会議を開催する際に、そのテーマを提案したのはまさに彼だった。30余年が過ぎて韓萬年はその時のことを次のように回顧している。

> 「彼が会議のテーマに“図書と国家発展”を提案すると、誰もが時宜適切だと賛同した。すべての問題を包括し、いつも斬新なテーマを提起することに、そして、彼の卓越した識見と表現に驚き、即座に決定した。いま考えても、いつも新しく今後も指標となり得るテーマだった。このように柳社長は出版の歴史に大きな区切りを付けたのだ」

柳益衡は譲り受けた企業をうまく育て、その事業の経営を1997年からは再び息子の成権に託した。「汎文社」はいまグローバル時代に相応しく社名を「e－パブリックコリア」と変更し、会社の規模も何倍か大きくなった。

12.　林仁秀と翰林出版社

「翰林出版社」を設立した林仁秀(1933〜96)は、誰よりも先んじて韓国出版の国際化を夢見た出版人である。ソウル大学校の師範大学(学部)を卒業すると、教育関係には行かずに、ただちに兄が経営する釜山の書籍卸売商「大韓図書」で、出版との縁を結んだ。1958年から4年間、出版の世界に馴染んだ後に上京、「翰林出版社」を設立したのが61年1月だった。創生期には『太平洋戦争』(全5巻)、

＊6　韓萬年「汎文社柳益衡社長を送って」『出版文化』1999.2、p34〜37参照。

『世界の大回顧録全集』（全25巻）、詩画集『永遠なる世界の名詩』（全30巻）などを出版し、読者から熱く歓迎され会社の基盤を固めた。一時は朴正熙大統領の演説文集『零時のかがり火』など、第３共和国の業績を広報する出版を手がけている。

しかし、「翰林出版社」の出版史的業績は、『Lets Learn Korean with Record』を手始めに現在まで、1000点に達する韓国文化と伝統を世界に知らせるための英文版図書を出版している点が挙げられる。『5000年パノラマ』『韓国学叢書』（全６巻）、『韓国の無形文化財』（全３巻）、「韓国文化シリーズ」（全９巻）、『韓国文化の根』『韓国音楽大鑑』（全６巻）などの韓国文化入門書から、『韓国の作家事典』『キムチ』『跆拳道』『韓国旅行案内』『板門店』『写真で見るソウル・慶州・南山』などを外国語版として出し、韓国文化の普及の先導者の役割を果たした。児童図書の出版にも力を入れ、81年に「トイブックシリーズ」を出版し、88年には日本の福音館書店と契約を結び、60冊余りの児童向け絵本を刊行した。また、在来童話の韓英対訳版、ドイツ語版などを刊行し、対外普及にも尽力した。

彼は韓国出版を世界的な事業に広めようと、75年にロスアンジェルス支店を開設した。翌年にはこれを拡大し、「大韓出版海外販売会社」を設立したのに続き、ロス支店をニュージャージーに移転させ、現地法人「翰林（Hollym）インターナショナル」を設立、韓国図書出版の現地化を図る最初の試みだった。このように海外出版市場の開拓に熱を上げたが、他方、出協の常務理事（73～79）を受け持つ間に「出版文化会館建築分科」を担当し、「美しい十大建築」に選ばれるほど立派な会館を建てるために熱意と誠意を尽くした。彼が働き盛りの年齢で、アメリカ現地で出版事業を推進中に突然死した際には、わが出版界が大きな損失を負ったと惜しむ声が絶えなかった。それからしばらくは、専門の経営者が彼の意志を継いで会社の伝統を守ったが、現在は長男の相柏が会社の発展に努めている。

13.　李載英と培英社

李載英（1925～84）は、仁川教育研究所研究部長を最後に教師生活を清算し、1960年３月に「培英社」を設立し、教育図書だけを専門に出版した。彼は『新教育学全書』（全10巻）のような専門理論書も出したが、教師の経験を生かし『教育用語辞典』『教育現場全書』（全10巻）、『乳児教育全書』（全10巻）、初等学校１、２、３学年用『読書教室』（学年別各10巻、全30巻）など、教育の現実を分析し、進路を提示した教師用教養図書を主に出版した。特に200冊近く刊行した文庫版の「教育新書」は、培英社の声価を高めた企画物だった。李載英は困難な事業基盤を確かにしようとしていたが、突然、事務室で倒れた。日頃、高血圧に悩まされた彼が亡くなった後には、専門経営人の権泰徳を招き、故人の遺志を継承しようと試みたが、専門出版のノウハウを生かすことはできず、最終的には看板を降ろしてしまった。

少し時代が下がると、田炳晳（1937～現在、文藝出版社）、尹炯斗（1935～現在、汎友社）、朴孟浩（1936～現在、民音社）らの出版人が、新しい感覚で単行本時代の幕を開きはじめる。

14.　出版情報紙（誌）の変遷

出版情報誌の発行は、光復直後から様々な形態で幾度となく試みられているが、これまでに根を降ろしたと見ることはできない。

いちばん最初に発行された『朝鮮出版新聞』は、1947年９月１日に、半月刊で創刊（タブロイド判、４頁、発行人鄭鍾甲）されたが、48年11月から崔成原（朝洋社、主幹楊美林）が入手し、旬刊『読書新聞』と題号及び刊行間隔を変え、朝鮮戦争勃発の直前まで発行された。

大韓出版文化協会の機関誌『出版文化』（1948.2 創刊、Ｂ５判、８頁）のスタートは順調だった。第７号の特集は「出版大鑑」で貴重なものだったが、第８号の発行直前に朝鮮戦争が勃発し、以後の刊行は中断となった。1952年６月に続刊第１号（Ｂ５判、14頁）を発行したものの、またしても中断、４年目の56年４月に『出協会報』（Ｂ５判、16頁）として復刊したが、制作上の困難と財政事情などで継続はできなかった。1960年９月に従前のタイトル『出版文化』を蘇らせ、タブロイド判新聞で、続刊第２号から41号（64.11）まで約５年間発行、65年３・４月号からは雑誌形態になり現在に至っている。

月刊『読書界』（発行人：李教範、主幹：金昌洙、編集局長：趙誠出）は、58年７月号から意欲的に発行を開始したが、それほど長くは続かなかった。

『韓国雑誌会報』は、雑誌協会がタブロイド判、４頁の新聞形式で1962年12

月に創刊された。67年７月からは『雑誌界』とし雑誌形態になり、『韓国雑誌界』(68.3)、『雑誌新報』(80.5)、『雑誌ニュース』(89.6)と名称変更して発行を続け、2008年からは、またも『マガジン・ジャーナル』と変更、現在に至っている。

50年代後半から60年代前半までは、これという出版情報紙（誌）はなかった。出版団体の機関誌ですらも、維持するのが明らかに困難になると、「學園社」「三中堂」「乙酉文化社」は、大型企画出版物の発刊に足並みを揃え、社報形態の出版情報誌を“月報”形式で発行し、空白を埋めようとした。「學園社」は月報の発行を終えた後に、『學園社出版通信』（A５判、42頁）を月刊で出したが、これはいつまで発行されたかは詳らかではない。筆者は1959年４月号と61年11号を所蔵している。

このように、出版情報紙（誌）の刊行が難航を重ねたため、新聞広告料は耐えがたいほど上昇した。新刊広報の難しさが加重されるのを打開するために、出版業界は1970年11月に、週刊『読書新聞』を共同で発行し、新刊情報、書評、業界動向、トレンド分析などによって記録性と方向性を確保することになった。３代目社長：金奉圭（三省出版社）の最盛期には、15万部まで発行部数が上がったという。『読書新聞』の大株主である業界の指導者らが、この新聞の私有化をおそれ、急に発行人を変更したのは判断ミスだった。その後『読書新聞』は不振を続け採算が困難になり、発行人は何度も変更、創刊の意図は薄れてしまった。

第3節
進化する雑誌出版

1.　50年代後半の雑誌

60年代を送るまで韓国雑誌の歴史は、受難といばらで覆われていた。「３号雑誌」という言葉が日常化されており、ほとんどの雑誌は短命の不毛の地でも、新しい芽はひっきりなしに芽生え続けた。まだ育つことのできない地で、埋もれた芽は、後に芽生える新芽を育てる肥やしになってくれた。雑誌出版は焼失した芝生にも新芽が生えてくるように、活気に満ちて戻ってきた。戦乱の廃墟の上でも雑誌界は『希望』『新太陽』『思想界』『學園』などを相次いで創刊、旋風的な人気を博し、戦時中の沈滞した社会の雰囲気に活気を吹き込んだのは、そうした多くの雑誌の犠牲があったので可能になった。

50年代後半からは、雑誌の編集体制も整い、内容も充実していった。印刷設備の改善と用紙の質が向上し、頁数も増加していくなかで、新しい雑誌が相次いで誕生した。

そこには『夜明け』(朱耀翰、1954.9～60.12)、『現代文學』(金琪午、1955.1～現在)、『女苑』（金益達→金命燁、1955.10～70.4)、『自由文學』（韓国自由文學者協会、1956.6～63.4)、『読書界』（李教範、1957.7～?)、『人物界』（1958～?)、文藝季刊誌『知性』（鄭鎭肅、1958.6～12)、『新文藝』（尹瑛、1958.7～59.10)、『時事英語研究』（裵宗鎬→閔泳斌、1959.4～2000.4）などがあり、続々と創刊された。

けれども雑誌出版の条件が本格的に改善されたわけではなかった。安定的な基盤が準備されるまでは、いまだに道のりが遠かった。粘り強い挑戦と冒険で、少しずつ条件改善の糸口を求める程度だった。雑誌の点数が増え、発行部数も増加するにつれ競争が激しくなった。加えてアメリカの援助が大幅に減った1957年からは、国の経済が沈滞局面に入り、雑誌経営はしだいに困難になった。最高の発行部数を誇った大衆雑誌ですらも不振を免れなかった。『學園』さえも57年に12月号を出して、以後５か月にわたり休刊し、58年５月にやっと復刊号を出した。雑誌経営がどれほど困難だったかを推測することができよう。編集方針の変更、雑誌の性格の変化、判型の変更などで再生の道を求める動きが続いた。発行人が代わったり、自然淘汰される雑誌も増えるなど、不振は極に達していた。

危機の要因は何よりも、購買力の減退による販売代金の回収が不確実という点にあった。前述のように、卸売商が機能していないため、出版社は彼らを忌避する代わりに多くの小売書店との直取引に活路を求めた。おのずから流通費用の負担が増大し、経営はいっそう困難になった。共同販売会社の設立を推進したが、成立の一歩手前で瓦解してしまった。

雑誌社間の相互不信を克服することが、共同利益を追求するよりも難しいためだった。根本的には定期購読者の不在であり、浮動読者への依存度が高いことが、試行錯誤と返品の要因となった。熾烈な過当競争が雑誌経営を圧迫する、もうひとつの要因だった。

雑誌同士の競争は、大きく二つがあると指摘された。第１は発行日競争で、競争誌より先に発行しようとするあまり、２か月も先んじて発行されていた。これによって様々な副作用が生まれた。行き過ぎた発行日競争は公報室の強い警告で、多少は鎮まったが、１か月前の発行までを防ぐことはできなかった。

第２に、価格面での出血競争が激しかった。その頃の雑誌価格を調べて見ると、『女苑』だけが400圜、一部は300圜前後で、ほとんどの雑誌は制作費が急騰したにもかかわらず、何年ものあいだ200圜を固持していた。

第３に、内容の低俗化が急速に広がっていた。わいせつ是非で騒がしかった『実話』（新太陽社）の58年１月号は一部削除になり、『興味』（興味社）はわいせつ低俗な記事で、２月号の販売禁止とともに、３～５月号まで販売禁止になる不祥事が発生した。『野談と実話』（崔象徳）は58年12月号で自主廃刊している。

2.　申告制が再び許可制に

状況がこうだったにもかかわらず４・19革命で民主党政権が成立すると、定期刊行物は許可制から申告制に変わり、雨後の筍のように多くの雑誌が姿を現した。当時、雑誌をはじめ定期刊行物は「檀君以来最大の言論自由時代」と言われるほど無秩序な創刊が相次いでいた。４・19から５・16のあいだに発刊された定期刊行物の総数は1400点に達した。似非（えせ）言論メディアが跋扈（ばっこ）するなど、極度に荒廃した雑誌倫理を高めることが、急を要する社会的課題になっていた。

こうした社会世論を反映し、５・16軍事政変で発足した国家再建最高会議は、900点あまりの雑誌を強制的に廃刊処分とした。政府は雑誌発行を許可制に戻すと同時に、阻害要因だった似非（えせ）雑誌を一掃するなど、無秩序な雑誌発行に対する整備を断行した。こうして1961年に229点、62年に224点、63年に206点の雑誌だけが発行を続けた。この折に雑誌協会も強制的に解散させられた。

民主党政権の雑誌を含むメディア政策は、自由党政府の規制的な政策に対する反動で自由放任に近かったが、軍政期間は出版の自由が極度に制約、縮小される受難期であり、新たな改革を模索する試練の時期だった。

この成り行きは軍政が終わり、第３共和国が樹立されると、1964年６月３日、ソウル一帯に宣布された非常戒厳令のもと、事前検閲の実施となった。戒厳令が解除された後には、言論規制立法化の政策に直面することになる。新たに制定された法律と「自律的規制強化対策」による倫理委員会の設立など、いわゆる「言論波動」の渦に巻かれはしたが、雑誌の創刊がまたしても増えはじめた。こうして64年には月刊誌だけで326点と大幅に増加した後も、引き続き増える趨勢（すうせい）になった。66年末には400余点もの雑誌が発行されていたが、機関誌や非売品を除いた市販雑誌は200点程度と見込まれる。

５・16軍事政変による軍政期間は、韓国雑誌の歴史において画期的な転換点となった。この頃に新たに登場し雑誌文化を先導した雑誌をうかがってみると、総合誌の『知性』（三中堂、1962.7～10）、『新世界』（1962）、『世代』（世代社、1963.6～79.12）、『新思潮』（1963）などと、復刊した『新東亜』（1964.9～現在）を挙げることができる。女性誌では『女苑』の牙城に『女像』（新太陽社、1962.11～67.11）と、『主婦生活』（學園社、1965.4～現在）が、生活情報と娯楽を提供し、雑誌界を華麗に彩った。女性誌の発行部数は他の雑誌に比べて遙かに多かった。書店で女性誌を購入する読者のうち男性もかなりの比率を占めていた。

専門誌では『視聴覚教育』(1964)、『空間』(1966.11～現在)、『演劇評論』(季刊、1970.4～81)、『月刊音楽』(1970.7～) も芸術専門誌として声価を高め、『時事英語研究』(欧文社、1959.4創刊) は、1961年からは時事英語社（現在のYBM）が入手し、独自の英語雑誌に育てる余勢を駆って『英語研究』(1965) を創刊した。『電気技術』(1964) も技術雑誌分野で大きな足跡を残した。1959年に創刊された『司法行政』が独走する法律誌分野には、1964年に『高試界』と『法政』が挑戦状を突きつけ競い合った。

『企業経営』(韓国能率協会、1964)、『銀行界』(1966) などの経営誌が新しい雑誌の可能性を開き、『現代文學』(1955創刊) が一時は『自由文學』と競争をくり広げており、72年9月に『文学思想』が創刊されるまで、格別に競争誌に出会わずに順調な活動を続けた。『學園』と『進學』(1965) の学生誌分野では『女學生』(1965) と『少女時代』(1966) が創刊され、女学生専門雑誌を分化させ、50年代の『學園』が享受した栄光の再現を意図した。『新少年』は語文閣が1964年に創刊し、『新ともだち』とともに児童雑誌分野を掌握していた。

『写真』(1966)、『囲碁』(1967)、『山』(1970) などの趣味生活の情報誌も順に姿を現し、雑誌の種類が豊富になった。大衆娯楽誌としては『アリラン』(1957) に続き、『ロマンス』(1964)、『明朗』(1964) も刊行されている。

この時期から雑誌の流れは個人的志向による発行から脱皮し、経営の合理化、市場開拓の努力、販売網の構築、自己PRなどを通じて、丁寧に作った雑誌は良く売れるとの自信感を身に付けることができた。商業雑誌としての意識が開発されたともいえる。

表4-4　1960年代の定期刊行物登録状況（1964.8現在）

	日刊新聞	通信	週刊		月刊	季刊	その他	合計
			新聞	雑誌				
登録済	34	8	34	1	131	26	56	290
新規登録	1	1	25	5	139	8	16	195
合計	35	9	59	6	270	34	72	485

資料：『韓国新聞年鑑』1968、韓国新聞協会、1968、p644

3. 週刊誌の登場と雑誌大衆化時代

この時期の特記すべきことは週刊誌の成功である。1964年は資本力が弱体な雑誌界が、困難を排して開拓してきた雑誌市場に、巨大な資本力と情報力を擁する新聞社が本格的に参入した年である。『新東亜』の復刊に次いで、『週刊韓国』(1964)の成功を筆頭に、68年だけでも『女性週刊』『サンデーソウル』『週刊京郷』と3誌が創刊され、週刊誌は11点になった。新聞社系の雑誌は組織と機動力を発揮し、多大な発行部数を誇り、週刊誌時代の開幕を告げた。

1969年7月現在、週刊誌の総販売部数は前年の4倍、約120万部と推定された。67年頃には、ソウルで週刊誌を全部を集めても、30万部ほどにしか売れなかっただけに、とてつもない量になったことになる。

70年代になると、放送会社まで合わせたメディア系の週刊誌、総合誌、女性誌、学生誌も含めて「メディアの雑誌兼業時代」が開幕し、雑誌文化を大きく変えた。

雑誌界はもちろん出版業界でさえ、新聞社が発行する週刊誌のために、大衆向けの本は売れなくなったと悲鳴を上げていた。都市化とサラリーマンの増加で、国民の生活様式が週単位に変わった状況を反映したものである。しかし、週刊誌ブームは長期的な観点から、多くの一般大衆が活字文化(出版)と親しくなるきっかけとなり、しだいに高級な書籍に移動し、結果的に出版産業の発展に肯定的な影響を与えたと見られる。

日本でも1950年代の後半に始まる週刊誌ブームが、それまで読書とはほとんど無関係だった大衆に、読書の習慣を植え付けた事実を想起する必要がある。

しかし、メディア系の週刊誌は、ひどく卑わいで退廃的との批判が強まった。週刊誌時代は1995年の『週刊京郷』の参入を最後に峠を越し、やがて安定期に入った。

現在、週刊誌は『週刊朝鮮』『時事ジャーナル』『ハンギョレ21』などが競い合っている。一方、雑誌協会は雑誌の風格を高め、質の向上を図る目的で、67年7月に「韓国雑誌倫理委員会」が発足させた。

この時期は放送媒体が広がりを示し、大衆文化が登場している。特に公共放送KBSが、1961年にテレビ放送を開始し、テレビ時代を開幕させたのに続き、MBCラジオ(1961)、DBS東亜放送(1963)、TBCラジオソウル(1964)が相次いで開局した。『大韓民国統計年鑑』によれば、このようにテレビと民営ラジオ放送局が開局するにつれ、1959年は約15万台だったラジオの普及台数は、65年には178万3000台、69年には300万台になり、大衆文化を先導する役割を果たした。

70年代以降、最も影響力のある媒体はテレビだった。61年12月のKBS-TVの開局で、61年に２万台だったテレビ受像器は、69年には22万3695台に急速に普及し、雑誌出版に影響を与えていた。特に65年の韓日国交正常化と対日請求権資金の導入は、経済発展の基盤を確立する契機となり、雑誌広告市場を大きく拡散させることになった。いわゆる開発年代と称される、この時期の大衆媒体発達の波及効果は、出版市場規模の拡大など出版の大衆化にも影響を与えた。

4.　雑誌発展の阻害要因

60年代に入ると、自分なりに確かな基盤を固めた雑誌のうち、誌齢が100号を超えるものも現れ始めた。その最初のテープを切ったのは『學園』で、1962年10月号を記念号として発行した。その翌月には『思想界』が100号を迎え、63年４月には、文芸誌の『現代文學』と『アリラン』が100号の記録を打ち立てた。『女苑』も63年12月号で100号雑誌の隊列に合流した。このようにいくつもの雑誌が100号を超えているのは、広範な読者の支持を得て、雑誌の伝統を確立した証拠にほかならない。制作技術面でも活字の改良とともに原色印刷が可能になり、新たにニクロム銅版印刷が使用された。これで雑誌のイメージが明らかに改善された。また、読者の雑誌に対する批判が旺盛になり、編集への参加意識も強くなった。

こうして雑誌は「読者とともにある雑誌」とのスローガンを掲げるようになり、読者向けに作品募集などの方法で編集の門戸を開放するようになった。また、固定読者を確保するために、各種の教養講座を競って手がけてもいる。

雑誌も一つのマスメディアとしての地位を確保していった。むしろ新聞や放送よりも時間的持続性が長い広告媒体だけに、雑誌の公益的機能の強化とともに、新たな商品知識を提供しようとする広告主と編集者の努力で、雑誌広告市場が急速に広がっていったのである。雑誌広告の比重が増加すると、従来の文化意識ではじまった雑誌発行事業が、営利追求とともに企業化の道を模索するようになった。投機性が減り、緻密な企画と調査に基盤を置いた合理的な雑誌発行の機能性を期待できる基礎的条件が、60年代前半にやっと築かれたと言えるだろう。

とりわけ、雑誌発展の深刻な阻害要因として指摘された、いわゆる３大懸案事項の、①営業税免税の復活、②用紙需給、③融資斡旋問題を克服し、発展の土台を構築できたことは、こうした雑誌出版の新気運を培う起爆剤となった。

雑誌界は、これら３大懸案事項を解決するために尽力した。解決の具体的な方法として、「韓国雑誌発行人協会（現：韓国雑誌協会）」を1962年10月に設立する（会長：金益達、1963.1.28、公報部設立認可）。懸案事項に積極的に対処するべく、學園社の事務室に集まり、雑誌発行人は再び力を合わせ、雑誌協会を復活させようと意見を統一した。その後、１か月で創立総会を開催し、正式に出帆することになるが、当時の雑誌界が懸案事項の解決を、どれほど切実に考えていたかを知ることができる。

雑誌協会は設立されると「雑誌界の緊急を要する様々な要望事項」という題目で、３大懸案事項の解決プランを公報部に建議した。さらに青瓦台（大統領府）、財務部、商工部などに対しても、説得作業をくり広げた。用紙需給問題は製紙業界との交渉が決裂すると、方向を変え、禁輸措置になっている上質紙の輸入促進を強力に要求し、適切価格で適正な量を輸入することができた。しかし、営業税免除は容易ではなかった。雑誌営業税はもともと免税になっていた。だが1961年８月29日の臨時閣議は、経済開発５か年計画など政府の方針を網羅した、62年度運営計画による税制改革要綱によって「営業税法」が改正され、第９条第２項を「日刊と週刊新聞及び通信業」に限って免税措置とし、月刊以下の雑誌は除外されたからである。

雑誌関係者の努力で、営業税免税対象から除外されて２年半になる1964年３月28日の第41回国会の本会議で、「雑誌の新聞及び通信と異なることのない言論の使命を有する公益性に鑑み、政府に対して免税措置とすることを要望する」と、満場一致で決議したので、初めて免税の道が開かれることとなった。そして64年に公布された「営業税法のうち改正法律」で、「日刊、週刊新聞、定期刊行の雑誌と通信業」（第９条第２項）が正式に公布された。２年余を超える期間を辛苦と努力を重ねた結果、雑誌が社会の公益媒体として認められたのである。

雑誌に対する営業税の免税措置は、1971年の「営業税法改正法律」により第９条第５項が「定期刊行物の発行と図書出版の営業」に再び改正された。これによって従来の同法第10条「免税営業」だったものが、第９条「非課税営業」に改正され、雑誌も図書も免税申請という厄介な手続きを踏まなくても、自動的に完全に免税業種として確定された。

他方、雑誌協会は1965年10月に開催された第４回定期総会で、六堂（崔南善）が発行した『少年』の創刊日の「11月１日」を「雑誌の日」と定め、翌年から雑誌界の最も大きな祭典を実施することになった。最初の雑誌の日、記念式典では「韓国雑誌文化賞」を設けることを決議し、今日までそれを実行している。68年には国際雑誌協会（FIPP）にも正式に加入した。

5.　雑誌筆禍事件の特徴

またしても筆禍事件が起こった。こんどは文学評論家、任重彬（1939～2005）が、月刊『タリ』誌９月号に寄稿した「社会参与を通じる学生運動」が、「北韓の活動を鼓舞、讃揚、同調し、北傀を有利にした内容」という理由で、雑誌編集人の尹炯斗（現：汎友社会長）、発行人、尹在植の３名を反共法第４条第１項違反嫌疑で拘束される、いわゆる「タリ誌筆禍事件」が起こったのだ。「五賊筆禍事件」の衝撃が、まだ消え去らぬ前の1971年２月12日のことだった。この雑誌の実質的な運営者である金大中の核心的参謀の金相賢も取り調べを受けた。それも雑誌が発行されてから３か月も経過してからで、第７代大統領選挙（4.27）が、最終段階に達したときだった。人々からは新民党の大統領候補である金大中陣営の気をくじき、圧迫するための一種の「DJ（金大中）攪乱作戦」と受け取られた。当時、任重彬は金大中候補の回顧録を執筆中で、尹炯斗が運営する汎友社は選挙用の広報パンフを刊行しており、一方、発行人の尹在植は大統領候補の広報秘書だったため、検察の措置は政治的底意が明らかだった。

この事件は、同年７月16日、ソウル地方法院の睦堯相判事によって全員無罪の判決を受けて終わった。反共法に抵触すれば、無罪になるのは困難な軍事政権の時節に、無罪判決は異例ともいえるものだった。検察側の控訴は棄却され、大法院でも無罪が確定し、反共法対言論自由の争いは、言論自由の勝利で終結した[*7]。

月刊『タリ』誌は「五賊筆禍事件」の余波で、『思想界』廃刊直後の1970年９月に創刊し、72年10月に維新が宣布されるまで、民衆の代弁誌の役割を果たした批判的雑誌だった。こうした雑誌の性格上、『タリ』誌は、1年間に印刷所を27回も変えねばならないほど幾多の試練を味わった。創刊からいくらも経たずに、発行部数は6万部を超えるほどの人気を集め、世論をリードした。72年1月号には「沈黙だけを強要する、この厳しい現実において、さらに卑屈になることはできない」と、休刊の辞を巻頭言に掲載、2か月の自主休刊をしたが、同年4月に復刊した。その後10月号まで刊行したものの、維新宣布を契機に自主的廃刊をする。さらに89年9月号（通巻23号）で、またも復刊したが、90年6月号（通巻32号）を刊行してからは、現在まで休刊中である。

韓国では新聞、雑誌などに掲載された記事や論説が、執権者や政府、または社会の不正を暴くと、その筆者や発行者が法的・社会的に制裁を受ける筆禍事件がしばしば起こり、多くの雑誌がひどい目に遭っていた。維新体制のもとでは筆禍事件がとくに深刻だった。

「筆禍はあって不幸なこともなく、なくても幸いなこともない。前者が当然ならば、批判と抵抗が生きていることの証拠なのであり、その反面、後者は圧政の前に降伏した沈黙と屈従の反射的現象でもある」*8という、二重の性格を帯びているからだ。

解放後、世間の沈黙を集中させた雑誌筆禍事件は、1952年1月、金光洲の創作小説『私はお前を嫌いだ』を掲載した月刊『自由世界』誌を公報処（処長、李哲源）が、釜山と大邱で全量を押収したのが最初だった。法的な根拠はないとの「弘文社」の抗議を受け、公報処は小説に登場する主人公「宣伝部長官の夫人」のうち「宣伝部長官」の五文字を削除して販売するように措置した後、メディアに報道資料まで配ったにもかかわらず、突然、全文（16頁）を削除せよと命令する、今では想像もできないことが起こった。

また、自由党独裁が末期に迫った折に、咸錫憲は『思想界』58年8月号に書いた「考える民として生きる」が、「国家保安法」違反嫌疑で拘束され、20日目に釈放された。59年には月刊『夜話』7月号に湖南人の気質を評する「ハワイ根性是非」の記事が掲載されると、全羅道の人々が大きく反発、雑誌発行人

＊7　韓勝憲「司法正義を引き起こした『タリ』筆禍事件」（『ハンギョレ』2009.2.1）、この事件ついては、韓勝憲先生還暦記念文集『分断時代の被告人たち』（汎友社、1994）に関係した人々の証言を通じて詳しく紹介されている。

＊8　韓勝憲『権力と筆禍』ソウル; 文学トンネ、2013、p13

の崔象徳と編集責任者の李鍾烈、筆者の趙霊岩（筆名、金昌健で発表）が拘束されるまでになった。光州市民５万余名が糾弾決意大会を開き、全南・全北道議会は糾弾決議案を採択した。湖南出身の国会議員50余名も公報処長の責任を追及するなど、ことは深刻な事態に発展した。

雑誌は即刻、販売禁止になり回収され、発行人と編集人、筆者が名誉毀損の嫌疑で拘束された。第一審では編集人と筆者は２年の刑が言い渡され、発行人は無罪で釈放されたが、編集人と筆者は上告審でも６か月の刑を受け、雑誌社自身が自主的に廃刊することで終息した。筆禍によって雑誌自体が無くなる最初の事例を残したのである。

柳周鉉の「臨津江」（『思想界』62.7）は、知らない間に、日本の朝鮮総連系の雑誌に転載されたため審問を受け、具常の戯曲「羞恥」（『自由文學』63.2）も、演劇で上演された時、反共法に抵触する部分があるとされ問題となった。

1969年には「『新東亜』筆禍事件」が起きた。『新東亜』12月号は、原稿用紙200枚を超える膨大な分量の特集記事「借款」を掲載した。借款の導入実態、借款配分過程、借款導入の功過などについて深層報道しながら、借款の一部が政治資金に流れていく状況を暴露し、朴正熙政権の道徳性に一撃を加えた記事だった。

中央情報部は執筆陣と編集者を「反共法」違反嫌疑で強制連行し、この記事が「機密事項であり、当時、世間の“借款亡国論”（借款経済がアメリカ・日本に対する経済的隷属を加重させ、究極的には貧富の格差が深まるという理論）を広めて結果的に北韓を有利にした」と主張した。

しかし、「借款」の内容はすでに報道によって公開された事実だったので、処罰が難しくなると、10月号に掲載の「北傀と中ソ分裂」のうち、「南満州パルチザン運動の指導者金日成」というタイトルを問題にした。これによって副社長（社主）の金相万、編集人兼主筆の千寛宇を連行した。社主まで弾圧されると、東亜日報は当局と密室談判をして誤訳を認め、謝罪社告を掲載した。当局も刑事訴訟を取りやめ、その代わりに千寛宇、洪承勉、孫世一を退陣させることで結末をつけた。

金芝河は政治と社会の現実を辛辣に風刺した譚詩（たんし）「五賊」（『思想界』70.5）と、「長詩卑語」（『創造』72.4）を発表して２度も拘束された。「五賊」を掲載した『思想界』は、５月号をこれ以上は販売しないとの条件で、けりを付けるつもりだったが、この作品が再び新民党の機関誌『民主前線』６月号に掲載されると、金芝河、「思想界社」代表の夫琓爀、編集長の金承均、『民主前線』編集長の金容誠らが、反共法違反で中央情報部に連行され、国内外の文化人たちが金芝河救命運動を展開し、世界的な文学者弾圧事件として広まった。この事件は「階級意識を広め、北韓の宣伝資料に利用されるので有罪と認められ、懲役１年、資格停止１年を宣告するところだが、情状を酌量し刑の宣告を猶予する」と利敵嫌疑を認める判決をくだした。「五賊事件」当時、中央情報部は3000万ウォンを与え、雑誌の所有権を奪おうとしたが、夫琬爀は「死刑になるよりは安楽死にさせることが望ましい」と3000万ウォンを受け取らなかった。

しかし、「五賊」を載せた『思想界』は、その余波で1970年９月29日付による登録抹消処分を受けた。文化公報部の公式的な抹消理由は、印刷所の変更登録を怠ったというものだった。これに対し「思想界社」は、文公部を相手に登録抹消処分取り消し請求訴訟を提起、71年10月26日、ソウル高等法院特別部から勝訴判決を受けた。

「卑語」と千寛宇（前東亜日報理事）と吉玄模（西江大教授）の４・19特集対談記事を掲載した天主教機関誌『創造』（1972年４月号）が刊行されると、中央情報部は「国家総力安保を妨げることはもちろん、天主教信者たちを親野党的な方向に誘導する内容を掲載した嫌疑」が認められるとし、３名の筆者はじめ金壽煥枢機卿、金哲珪副主教、カトリック出版社社長兼『創造』の編集責任者の兪鳳俊、主幹だった具仲書など、関連者を召喚調査し、すでに配布した雑誌を回収した*9。これに関連し、金壽煥枢機卿と金哲珪副主教には「編集がずさんだった」ことを是認させ、「純粋なカトリック機関誌に転換することを誓約」させる一方、謝罪と今後の協調を約束させた。編集責任者の兪鳳俊は解任された後に、金澤龜神父を社長代理に任命するようにしたが、金芝河と千寛宇に対しては、反共法などで立件できる具証方法が困難な点を考慮し、今後はこれと類似した行為をしないように強力な制裁を加える、今後の動向を引き続き監視するとの捜査担当官の意見どおりに処理された。枢機卿が反省文形式の誓約書を提出させら

＊９　中央情報部は全国の市道単位の警察を動員し、また、天主教全国教区を通じて、４月号の強力回収をし、全発行部数5500部（配布部数は4788部）のうち、2274部を回収し、3226部は回収できなかった。（国情院過去史真実究明を通じる発展委員会、『過去と対話、未来の省察（Ⅴ）言論・労働篇』国家情報院、2007、p102）

れた筆禍事件は、世界的にも類例のないものだった。この事件は維新体制宣布の以前に、政権に批判的だった言論はもちろん、宗教界までも統制したという事実を見せてくれた事例に属する。

国家情報院の過去の事件について真実究明をする、発展委員会（真実委）が発刊した『過去と対話、未来の省察（V）言論・労働篇』は、上記の①『新東亜』（借款、1968）、②『思想界』（五賊、1970）、③『タリ』誌筆禍事件（1971）、④『創造』筆禍事件（1972）、⑤『新東亜』『月刊朝鮮』制作妨害事件（1987）を、中央情報部やその後身である安全企画部が恐怖感を助長するために不法な捜査と工作をした事件と規定した*10。これを『記者協会報』は「当時、記者が実定法にまったく違反しないにもかかわらず、「反共法」（82.12.31廃止）と「言論基本法」（87.11.11廃止）違反嫌疑を押し付けるため、違法な捜査と物理力を動員した不法捜査を恣行」した不法行為と認定したものと評価した*11。

『新東亜』と『月刊朝鮮』制作妨害事件は、金大中拉致事件に対する「李厚洛証言」内容の掲載を阻止するために、中央情報部の捜査官10名が、10月20日の午後9時頃に、東亜印刷工業（株）の輪転室を占拠、強圧的に印刷・製本を中断させた事件を指している。記者たちの強い抵抗が起きて、事態発生の後に日刊新聞に報道されて批判的な世論が沸き立つと、事件発生8日にして政府が屈服したのだった。

70年代前半は、このように雑誌の発行がじつに困難な時代だった。社会の雰囲気も不安もはかりしれなかった。「五賊」事件が起きた70年代には全泰壱が焚身自殺し、『タリ』誌筆禍事件が起きた年には司法部波動、衛戍令発動、国家非常事態宣言、「国家保安法」改定案変則（国会）通過、ソウル大と全南大生の内乱陰謀事件など、知性人としては到底受け入れられない時局事件が、1年のうちに続出した。南北共同宣言と南北調節委員会の共同委員長会議が開かれもしたが、10月17日には「10月維新」が宣布され、緊急措置が相次いで発動された。1974年には拷問で操作された民青学連・人民革命党事件が起きて関連者8名が死刑に処せられる最悪の司法殺人も起きた。政権はこうした措置を利用し、批判の鋭鋒を削ぐため、巧みに“利敵”の罠を仕掛け、こうした筆禍事件は6・29以後、出版の民主化措置がなされるまで続いた。そのたびに、それが

---

*10　国情院過去史真実究明を通じる発展委員会、前掲書、p66～113
*11　『記者協会報』2007.10.26

投げかける意味は極めて深刻であり、世の中に大きな関心を呼び起こした。

筆禍事件といえば、外国ではほとんどが名誉毀損、プライバシー侵害、わいせつなどが問題の火種となっているのに対し、韓国では権力が政治的意図により容共利敵の安保関係法を押し立て、権力掌握及び安全に利用した時局事犯の性格が強い事例が多いのが特徴である。こうして筆者はもちろん、発行人、編集者までもが受難し、出版社登録が取り消されたり、販売禁止による二重三重の被害が甚だしかった。もう一つの特徴は、最初発表されたときは別に問題にならなかったものが、異なる媒体を通じて、再び発表されたときに、事件化する場合が多かったという点である。すでに見たように、金芝河、柳周鉉、具常らもそうで、『現代文學』誌に掲載された南廷賢の短篇小説「糞地」が、北韓の機関誌『統一前線』に再録されて、反共法違反という罪で、処罰されたのも代表的事例だった。

韓国的性倫理と合わさり、わいせつを理由に筆者が裁判を受けたり、販売禁止になり、焼却される筆禍事件になった雑誌は意外にも多く、数えるのが難しいほどあった。

第5章

出版産業化を目指して

本章の内容

量的な面での本格的な「出版離陸」が開始された。しかし、本の需給不均衡による販売代金の回収不振と収益性の悪化で、出版社は厳しい経営難に悩まされていた。こうした難題を解決するため、「出版の科学化」を唱え、アマチュアリズムの克服と構造改革を通じる出版体質の改善活動が目立った時期だった。

業界自身が、長期的な出版発展の総合戦略を準備し、政策当局の支援を要請した。しかし、政府支援が得られなくなると、出版人は自立・自強の精神で、宿願の課題を着実に解決し、今日の繁栄を遂げる体制構築に成功する。この時期は、混沌とした出版体制の整備作業に業界の力量を凝集させ、80年代に出版産業が急速な成長を果たす、基盤構築に取り組んだことが評価される。

レコードブック、カセットブックなどの視聴覚機材と結合した新しい出版形態も出現している。組版加工輸出が活気を帯び、印刷・製本施設が急速に拡充された。コンピュータの普及とデーターベースの構築など、新しい技術が出版と慎重に接ぎ木されたのも、この時期からのことだった。

第1節
改革戦略による自力更正へ

1.　躍進する60年代後半の出版産業

韓国の出版産業は1960年の後半になると、出版構造の改革を通じてさらなる跳躍を遂げる。1966年から76年にいたる10年は出版の発展において極めて重要な時期である。1962年から66年までに推進された第１次経済開発計画の成功は、韓国の経済・社会・文化など各部門における構造改革への転機を準備する力量となった。

1962〜64年の国民総生産の成長率は年７％に過ぎなかったが、65年は8.1％、67年は13.4％と高度成長を成し遂げ、産業構造の近代化と社会間接資本の成長は刮目すべき結果をもたらした。家計貯蓄額は少しずつ増え、インフレも鎮まった。1962年に3000万ドルだった輸出額は、66年に３億5800万ドルと10倍以上になった。国の経済はこうした躍進を続けていたが、零細な出版業は相変わらず不安定な状態から脱出できずにいた。国の経済と他の産業が躍進しているのに比べると、相対的に産業規模がしだいに狭まっている状況だった。

分断された国土と少ない人口、低い読書率と容易に改善されない購買力、そして高金利と資金梗塞による資金調達の困難など、これまで出版界の発展を抑制してきた桎梏と障害は続いていた。依然、零細性に基づく多くの問題点を内包している限界状況と、希望的な可能性が混在した乱脈を示したのが、60年代半ばの出版の自画像だったといえる。

初等学校（当時は国民学校）の入学生の数は、適齢期児童の95％となり先進国水準に達し、中学・高校や大学への進学率も、開発途上国においては最高の水準になった。こうした教育熱の高さは非識字率の解消に大きな寄与をし、識字率は90％を超えた。

専門労働力の養成が第２次経済開発の目標の一つに選定されるにつれ、労働力開発に必要な新たな知識を普及させる手段として、出版の発展が急を要する課題として浮上した。特に農・工・鉱業などの産業分野の発展には、それに適合する技術や社会経済部門での専門図書に対する社会的要求が、いっそう増加すると展望され、出版に対する景気予測も希望の輝きを濃くしていた。

工業化を追求する第２次経済開発５か年計画の期間には、知識はまさに情報であり、生産力の独立的要素として情報資源は国家発展の極めて重要な部分という事実が、幅広く認識されたのである。こうして生産力のうち、最も重要な要素である人間の作用する過程を通じて、その機能を発揮するようになった。

「近代化」を旗幟に掲げた政府の意欲的な国家発展計画の推進と、社会・経済全般にわたる活気あふれる雰囲気のなかで、出版の発展を可能にする社会的インフラの蓄積を背景に、「暗くて日陰の片隅にも、近代化の光が射すこと」を望みながら、起死回生の可能性に対する熱望と希望が次第にみなぎっていった。しかし、そうした発展の可能性はうかがえただけで、実際に成長を裏づける能力は、いまだに不足した状況だった。

折しも「経済開発に劣らず社会的精神開発、社会道義と倫理の再建が必要」との反省の念が唱えられるようになり、経済開発と均衡した精神文化の向上を強調した政府の「第２経済」施策を積極的に活用すべきとの意志が強まった。

こうした気流に乗り、新規登録出版社は引き続き増えた。1963年に602社だった出版社数は、69年に1962社となり、70年にはまた1016社に減った。それでも初・重版を合算した年間図書発行点数は、一時は3000点台を突破する勢いを見せたが、またも2000点台に落ち、安定感を欠いていた。1966年の刊行点数は3104点になったが、翌年には2216点（前年比71.4％）と激減している。68年には再び2528点（66年比81.4％）と、多少は回復傾向を示したが、69年にはまたしても2482点（66年比79.9％）に低落した。

このように一進一退をくり返しながら、足踏み状態を続けた出版量は、70年代になると急成長し、1976年には、ついに年間発行点数１万点台を記録する。本格的な「出版離陸」の軌道に乗ったのである。76年は72年との対比で、2.4倍になる3700万部を超える大躍進を遂げている。

表5-1　出版社数と出版点数の推移

	1963年	1966年	1969年	1971年	1973年	1976年
出版社数	602	1,360	1,962	1,171	936	1,145
出版点数	3,042	3,102	2,522	2,917	7,123	13,334
1社あたり平均点数	5.05	2.28	1.29	2.49	7.6	11.6
発行部数	—	7,490,000	6,666,000	6,429,000	15,761,000	37,636,000
平均発行部数	—	2,413	2,643	2,204	2,212	2,822

資料：『出版白書』（大韓出版文化協会、1970.12）
『韓国出版年鑑』（大韓出版文化協会、2013）

こうして1点あたりの発行部数は1966年の2413部から、71年には2204部へと5年間に9％も減少するにいたった。1976年には発行部数の集計を開始して以来の最高を記録した。63年度に5.05点だった1社あたりの出版点数は、零細出版社が多数乱立したため、69年まではむしろ大幅な後退を余儀なくされ、1.29点にまで減少してしまったが、70年から反転し、73年には7.6点、76年には11.6点と増大した。これは政府の不実出版社に対する果敢な整理をしたためだった（**表5-1**）。

平均発行部数は本の価格政策に決定的な影響を与え、出版市場の規模を示すバロメーターである。1社あたり発行点数は、個別出版社の企業化水準を推定する指標であるだけに、この出版実績の好転は出版市場の成長に対する希望的観測と自信感を抱かせてくれた。

60年代後半の出版経営の実態は、他の製造業の成長に比較すると、相対的に不均衡状態で矮小性を克服できずにいた。しかし、潜在成長力は強いものがあり、アジア各国平均との格差どころか、世界の成長指数との格差を引き続き狭

表5-2　図書出版点数の推移

	1955年		1960年		1965年		1966年	
	点数〔点〕	指数	点数〔点〕	指数	点数〔点〕	指数	点数〔点〕	指数
全世界	28,500	100.0	364,000	127.7	450,000	157.9	460,000	161.4
アジア	70,000	100.0	83,000	118.6	85,000	121.4	95,000	135.7
韓　国	1,308	100.0	1,618	123.7	3,188	243.7	3,102	237.2

資料：『ユネスコ統計年鑑』『韓国出版年鑑』各年版によって作成

表5-3　出版量の成長推移（指数）

	全世界	アジア	韓国
1955	100.0	100.0	100.0
1960	127.7	118.6	123.7
1964	143.2	121.4	210.2
1965	157.9	121.4	243.7
1966	161.4	135.7	237.2

資料：『ユネスコ統計年鑑』『韓国出版年鑑』各年版によって作成

めていった。

ロベール・エスカルピ（Robert Escarpit）は、『出版革命』において世界の出版点数は1952年に約25万点だったが、62年には35万点と10年で約40％増加したと分析しているが、韓国の出版点数（出版量）は同じ期間に1393点から3720点へと167％も増加し、成長率においては大きく追い越している。これを再び現在比較が可能な資料によって分析してみると、**表5-2**及び**表5-3**が示すように、アジア地域の増加率35.7％と、全世界の増加率61.4％も上まわる137.2％の成長率だった。しかし、１点あたりの発行部数は、韓国の場合、比較できないほど低い位置にある。

すなわち、先進国の平均発行部数[*1]は、イギリス１万5200部、アメリカ１万3900部、フランス9700部、西ドイツ7700部である。このほかの国々も、3000～6000部であるのに対し、韓国は67年現在、2248部に留まっている。このように世界各国と比較しても、１点あたりの発行部数は少ないため、図書価格が相対的に高くなるのであり、これは韓国出版産業の採算性が先進国に比べると困難を抱えている背景でもある。韓国出版産業が零細性を脱出できずにいる理由は、結局、平均発行部数が劣勢であり、それは読書人口と購買力の問題に帰結するのである。

＊１　Robert Escarpit、林文榮訳『出版革命』普成社、1985、p80
（日本語版『出版革命』清水英夫訳、日本エディタースクール出版部、1979）

2.　出版経営の実態

60年代半ばの韓国出版産業は、経済開発計画の成功による経済成長とは正反対に、萎縮一路にあったことは、政府の統計資料によっても確認できる。

当時、経済企画院及び韓国産業銀行の鉱工業センサスは、1966年から信頼しうる資料の提供を開始した。

このセンサスは大規模な資本を必要とする装置産業である印刷業と合算した調査報告書を作成している*2。報告書によれば66年の製造業の生産額は、60年の6.99倍に増加しているが、同じ期間の出版・印刷業の生産額は5.64倍で、製造業全般とは大きな開きがある。出版・印刷業の製造業に対する生産額構成比は、55年の4.4％から続けて減少し、66年には2.9％に留まり、その比重は相対的に低下傾向を示している。

『鉱工業センサス報告書』によれば、出版・印刷業の事業所数の増加傾向は、製造業全般と同じ趨勢にあるが、従業員及び生産額規模は製造業全体に比べると矮小性が現れている。１事業所、または従業員１人あたりの生産額及び出荷額も、製造業全般に比べると実績は少ない。しかし、63年までは出版物の形態別構成比では、「教科書」が最も大きな比重を占めており、66年からは「図書」「教科書」「雑誌」の出荷額構成比が、それぞれ48：38：14と概算される。初めて「図書」が出版の中心に位置したのである。

＊２　韓国の『鉱工業センサス』は統計法施行例第７条に基づき、1963年３月12日付の経済企画院告示第10号で制定公布され、63年３月１日から施行された「韓国標準産業分類（鉱業及び製造業編）」により、業種別に調査集計してはじまった。「韓国標準産業分類（鉱業及び製造業編）」は、出版業を業種の性格が異なる印刷業とともに「印刷、出版及び同類業」（中分類；28類）で包括的に分類されている、その範囲業種の分類項目に「書籍及び定期刊行物出版業」（細分類、2820類）を設け、あらゆる統計調査の標準とすることとしたが、出版業だけの統計はもちろん「書籍及び定期刊行物出版業」の統計さえも詳しいものではなかった。『鉱工業センサス報告書』（韓国産業銀行編）と『企業経営分析』（韓国銀行）においては、「書籍及び定期刊行物出版業」に対する政府の公式的な調査が初めて実施されたのは1966年からである。「書籍販売業」と「定期刊行物出版業」が分離（細細分類）され、別々に調査集計されたのは、「韓国標準産業分類」第四次改定があった1975年12月３日以後である。したがって出版産業に対する政府の調査統計は、1976年からさらに正確に把握するようになった。このときの標準産業分類によれば、「出版社は自分が印刷しなくても発行出版の業務に忠実ならば製造業」と規定された。

3.　単行本の比重の高まり

1966年度の出荷額は26億4170万ウォンとなっているが、このうち「教科書」は９億9126万ウォン（37.5％）だった。「雑誌」などの定期刊行物３億7792万ウォン（14.3％）を除いた、純粋に図書出版だけの出荷額は12億7252万ウォン（48.2％）である（**表5-4**参照）。

１人あたり出荷額は2400万ウォンにも達していない。しかし、金額とはまったく異なる様相を示している部数で見た出荷量は、出版業の困難を実証的に示す、もう一つの指標ともいえる。

1966年の場合、全体出荷部数7086万1132部のうち「図書」は728万部（10.3％）、「雑誌」は500万部（7.1％）に過ぎなかったが、残りは「教科書」で5857万部だった。それでも**表5-4**のように、「教科書」の出荷金額比重は多少なりとも減っていて、「図書」の比重が48.2％に伸びているのは、一般図書の価格が相対的に高騰したことを意味する。

66年度の一般図書の平均価格は公式的に集計されていないので、具体的な資料は存在していない。しかし、韓国出版協同組合の資料を分析してみると、65年に組合に入荷された新刊図書の平均価格は140.72ウォンで、67年にはそれが267.23ウォンと90％ほど上昇したと分析されている。これは同じ期間のソウル消費者物価指数の24.2％を遥かに上まわるもので、こうした出荷動向の推移を反証している。

この期間に用紙価格は、国際市況の1.5倍以上に高騰しているので、図書価格上昇の最たる理由は、用紙価格の騰貴によるものとみられる。また、全集など装幀の品質向上傾向と、書店の割引販売競争に対応して、出版社が高い価格設定をしたことも、騰貴の要因として挙げることができる。さらに大幅に値上

表5-4　出版物別の出荷額構成比推移

	1963	1966	成長率
図　書	14.8	48.2	333.4
雑　誌	45.0	14.3	99.3
教科書	40.2	37.5	165.4
合　計	100	100	194.0

資料：韓国産業銀行の『鉱工業センサス報告書』各年度版によって作成

がりした新聞広告料も影響している。

こうした図書価格の急激な引き上げは購買力を萎縮させ、販売不振と流通秩序の混乱を深め、出版社経営の不安定要因になるなど悪循環が続いた。

出版業の零細性は企業規模からも知ることができる。韓国産業銀行の『鉱工業センサス報告書』は、常時従業員５名以上の企業を対象に調査している。これによれば、68年の図書出版業（この時の標準産業分類で、出版業は印刷業を含む）の従業員数別の経営規模は、調査対象89社の半数を超える61.8％が５～19名の事業所で、20～49名は20.2％、50～99名と100名以上はそれぞれ9.0％だった。100名以上の従業員を雇用する９％の事業所の大部分は印刷業である。

出協の68年度会員企業が789社である点を考慮すれば、センサスに含まれない５名未満（705社）の全ては出版社と推定される。当時、20名以上の出協会員のほとんどは印刷施設を備えた出版社だった。こうした正常な企業の形態す

表5-5　図書出版業の経営推移

	業種・区別		1960年	1966年	1967年	1968年
事業所数	(A) 製造業	事業所数	15,204	22,718	23,833	24,109
		指数	66.9	100.0	104.9	106.1
	(B) 図書及び定期刊行物	事業所数	—	114	77	89
		指数	—	100.0	57.4	79.4
		B/A	—	0.5	0.3	0.4
従業員数	(A) 製造業	従業員数［人］	275,254	566,665	648,811	748,307
		指数	48.6	100.0	145.1	132.1
	(B) 図書及び定期刊行物	従業員数［人］	—	4,511	3,307	4,321
		指数	—	100	73.3	0.8
		B/A	—	0.8	0.6	0.8
生産額	(A) 製造業	生産額［ウォン］	59,374,866	417,370,292	550,989,210	769,076,529
		指数	14.2	100.0	132.0	184.2
	(B) 図書及び定期刊行物	生産額［ウォン］	—	2,687,771	2,893,395	4,986,600
		指数	—	100.0	107.7	186
		B/A	—	0.6	0.7	1.2
出荷額	(A) 製造業	出荷額［ウォン］	59,305,485	408,306,347	538,753,880	753,420,938
		指数	14.5	100.0	132	185
	(B) 図書及び定期刊行物	出荷額［ウォン］	—	2,641,704	2,914,347	4,635,091
		指数	—	100.0	110.3	175.4
		B/A	—	0.6	0.7	1.1

注：「図書及び定期刊行物」は、教科書を含む。
資料：韓国産業銀行『鉱工業センサス』各年度版によって作成

ら持たない、零細で財務構造が脆弱な事業所が乱立している出版業は、資金梗塞と購買力の不足などによる経営難で企業的には破綻状態に陥っていた。

長期的に見れば、第２次経済開発５か年計画の期間（1965～69）の製造業全体の生産額は、2.65倍も増加したが、出版・印刷業は1.82倍の成長に過ぎなかった。これは当時の出版業の経営状態が、どんなに劣悪だったかを示すものである。韓国銀行の『企業経営分析』を見ても、出版社の財務構造が極めて悪化していることが、如実に現れている。常時従業員数５名未満のなかの出版・印刷業の資本構成を見ると、全出版・印刷業平均水準を大きく下回っていることが分かる。

売上利益率は66年の5.6％から、毎年急激な下降曲線を見せている。67年には3.4％、68年には2.0％と続けざまに低下している。低い本の価格と営業費の加重負担が、こうした低い経済性の要因になっているのである。

流通システムの未整備と取引秩序の混乱、書店での行き過ぎた割引販売競争、販売代金回収期間の長期化など、その頃の出版流通状況を示す指標なのである。

中小規模の出版・印刷業経営の資本活動性を販売債権の回転率、すなわち売上額対比販売債権（受取手形＋代金売上金）の比率でみると、67年に7.55回、68年には5.93回と、大企業の水準を遙かに下回っている。販売債権の回転率の低下は、代金回収の遅延による所要資金の梗塞を招き、資本効率を引き下げ、さらには手形割引による利子負担による収益性の悪化を引き起こす要因となっている。こうした現実があるだけに出版界は一元供給機構の設立を主張するのである。販売構造の改善と販売方法及び代金支給条件を合理化し、販売債権回転率（資本活動性）を引き上げなければ、資金ショートによる経営難を打開するのは難しい。

このように低い収益性による経営難を打開するため、他人資本への依存度が高まるのは当然の帰結ともいえる。出版社は書店から本の代金を90～120日の手形や先付小切手で受け取る。これによって出版社は経営を続けるために編集、制作、流通費用などを融通するためだけでなく、長期間の未収金を抱えて、高利の資金を借り入れして使わざるを得なくなる。

『企業経営分析』によれば、中小出版・印刷業の負債比率は289.1％に達し、その利子額の負担は全体経費の27％にもなり、経営の安定性はひどく損なわれているという。したがって零細な出版経営を脅かす核心的な要因は金利なのである。銀行貸し付けを利用することが有利とは知りながらも、融資条件が厳しくて銀行が求める水準の担保能力が弱い出版業は、銀行融資を利用することができないのだ。当時は経済開発に必要な資金調達のために、政府は高金利政策を強力に推進していたので、銀行金利は年26～30％まで上がっていた。

不動産のような完全な担保が無ければ、貸付金利は30％を超えていた。中小企業銀行で貸し付ける中小企業向け融資は、利子が比較的安く15％くらいだった。しかし、それは出版業者には「絵に描いた餅」にすぎなかった。業種別に資金割り当て順位を定めて、資金事情に応じて割り当てられていたが、出版業の順位は30位以下に追いやられ、順番が上がりはしなかった。高利の私金融を使わない出版社は皆無だった。私金融の金利は年36～48％なら低いほうで、月に1割の場合すらもあり、特段の措置が必要な状況だった。

第2節
出版の科学化と長期発展戦略

1.　新たな模索と挑戦

1965年11月に開かれた出協第19回定期総会は、「韓国出版倫理綱領」を採択し、前任者の李炳俊会長の後任に鄭鎭肅を選出した。第16〜17代（1962.11〜64.10）会長を務めた鄭会長がカムバックしたのである。副会長には黄宗洙、朴商璉がそれぞれ選出された。

会長に選ばれた鄭鎭肅は、今こそ出版の長期的な発展に必要な体制整備を急がねばならないとの強い意志を示した。最初の常務理事会の席で、鄭会長は「財源調達の可能な範囲で、これまでとは異なるレベルで、より積極的に協会を運営したい」と述べた。そして常務理事に新しい事業を積極的に開発、推進することを依頼する。定期総会で緊急案件として議決された「新聞の出版広告料の値上げ阻止対策」「中小企業協同組合法施行令の改定推進」「用紙対策」「図書出版倫理委員会設立」などの懸案課題を急いで仕上げ、翌年３月からは本格的に長期的な綜合出版振興対策の準備に着手した。慢性的な不況構造を克服し安定への転機を用意するためには、総合的で長期的な観点からの発展戦略と座標を設定し、推進すべき点に着眼したのである。

まず、出版の実態を科学的に綿密に把握し、問題点を導き出し、改善策を準備する必要があった。乱脈を極めている出版産業の構造を体系的に整備する事業を急がねばならなかった。出版社の経営合理化を導く必要性が強調された。

出協はこのとき「出版の科学化」を韓国出版のビジョンとして提示した。「出版の科学化」というビジョンは、二つの方向に具体化される。一つは大ざっぱなアマチュアリズムから脱皮し、経営の合理化を図るように誘導することだった。これは家内手工業的な出版の枠からいち早く脱出するという決意の表明でもあった。本をつくる事業を通じて新しい祖国の建設に貢献するとの熱情をもち、素手で始めた出版産業だったが、成年を迎えたいまからは、企業として成長させねばならないとの意志を固めるほど、わが出版業も成長したのである。

もう一つは、長期的で総合的な観点から出版産業の発展目標と戦略を樹立し、推進するというものだった。何よりも塗炭の苦しみから脱出できずにいる出版業の育成を率いる機構を設立し、体制と構造を整備し、出版の体質を改善する必要があると判断した。

出版科学化の旗幟は、業界の現実を専門家の観点から科学的に分析し、問題点を導き出し、業界発展のプランを用意することから着手された。海外の専門家を招き、出版産業の状態に対して科学的な調査研究を実施する。他の製造業分野ではこうしたことまでは、着目していない頃だったが、かなり先駆的だったといえよう。1966年からは出版統計体制の改善を行った。新しい出版統計体制は韓国十進分類法によって出版点数と発行部数、そして頁数及び価格を分類・集計したので、具体的で現実的な出版動向の把握が可能になった。現在、我々が活用している出版統計は、この頃から骨格が整ったのである。68年には出版統計に関するユネスコの勧告を受け入れ、国際的な水準に適合させた。

2.　出版産業実態調査

先進国の出版専門家による科学的な調査研究事業は、1966年に最初にはじめて以来、70年代の初めまで3回にわたり実施された。

最初の実態調査は、66年6月、AID（アメリカ国際開発調査団）の支援を受け、アメリカのウルフ経営研究所の「韓国図書開発事業現況調査団」を招聘（しょうへい）し、出版産業の実態と発展プランを調査したものだった。調査の目的は、①図書開発事業の現況調査、②韓国出版界の当面する問題点の抽出、③問題点を解決するための現実的なプラン及びAID極東開発局が支援し得る事業の提示だった。経済学者、図書開発の専門家、図書館関係者、出版関係者の4者で構成された、この調査団は3週間にわたり韓国の出版産業を広範囲に調査した。

これはわが出版界としては専門家による最初の科学的、かつ総合的な実態調査で、多くの問題点と政策案が提案された。その内容を韓国サイドで補完し、政府に出版振興策として建議をする運びだった。

しかし、出協はこれに満足せず、同年10月にはアジア財団の財政支援を受け、国民大学国民経済研究所に「韓国出版の販売実態調査」を委嘱した。６か月の現場調査を実施した結果、図書普及状況、マーケッティングの実態及び財務状況を分析し、図書産業振興のために、何よりも図書供給機構の設立が必要という点が強調された。そして①政府は国家次元の図書開発目標を設定し推進すること、②出版業に対する財政支援及び保護育成策を行うことが建議された。

こうした一連の科学的な調査研究を通じて宿願の課題を解決しようと努力したが、政府の理解不足と財政的困難により所期の目的を達成できなくなった。そこで1972年４月、またもアメリカフランクリン図書財団（Franklin Book Foundation）を動かし、財団の出版専門家M.Siwek氏による20日間の出版及び書籍商界の実態を調査するように依頼した。この調査も、①図書供給実態とこれに関連する問題点の抽出、②出版金庫の役割と事業方向、③図書一元供給機構の可能性打診、④出版の発展に関する綜合的な建議事項を提示する報告書を作成するためのものだった。フランクリン図書財団は、アジア・アフリカと中南米地域の出版産業に対して財政及び技術支援を目的にアメリカ出版協会と図書館協会が設立した非営利民間機構である。1952年に設立され78年まで113万ドル規模の事業費をこれらの地域に投資した。

これらの報告書の内容はすべて『大韓出版文化協会30年史』に収録されている。だが、調査費用の支援を受けられず調査計画を断念しなければならな

写真5-1　AID調査団による聞き取り調査

い場合もあった。68年３月には「韓国図書開発水準調査」の計画書を作成し、USOM（駐韓米国経済協助処）の「信託基金」による財政支援を要請したが、受け入れられなかった。４月に迫った「図書と国家発展」に関する国際会議の準備関係で、充分に事業の趣旨と必要性を説得できなかったためと推測される。

韓国出版産業は諸外国と比較して、いかなる水準にあるのか、補完を急がねばならない部分は何で、今後、力を入れて推進すべき政策課題は何であるかを引き出そうと企図した、この調査が実施されたならば、出版振興戦略を樹立するのに画期的な契機になったと推測される。この調査計画書を見ると、①国民１人あたり、現在の図書供給量の分析及び目標設定、②図書開発機構の現況と活動動向、③読書人口の構造分析及び読書人口開発方向、④図書開発計画の基本方向と方法の開発、⑤国際著作権対策などを対象に据えている。

この頃から、海外出版専門家たちの個人的な訪韓が増えた。特にアメリカの出版界が韓国を注目していた。アメリカ最大のマグローヒル出版社の会長コーディス・G・ベンジャミン氏が、アメリカの図書開発計画の顧問の資格で韓国を訪ねてきた。ジョージ・ボール経済使節団の一員として、1967年３月に来韓、対韓民間投資の可能性を調査する目的だった。彼は出版関係者との懇談会の席で「韓国を助けるためにやってきた」と述べ、「高い教育水準と教育熱、広範囲な潜在読者層、優れた出版技術などを持つ韓国出版界の未来は明るい」と前提し、「長期援助計画」を研究したいと約束した。これにわが出版関係者は、すでに出協を中心に推進している長期低利の借款が必要な状況を説明した。アメリカ教科書株式会社の常務理事オースティン・J・マッカーフレイ博士は、韓国出版界及び教科書出版の実態を調査し助言をしてくれた。ユネスコの出版専門家も２度にわたりやってきた。

他方、海外で国際機関が開催する国際出版会議にも熱心に参加し、国際的な出版振興活動の動向に関心を深めた。こうした一連の研究活動は具体的で、実践的な韓国の出版発展戦略を開発、推進する理論的基盤となった。

これら一連の報告書で共通して強調された韓国出版金庫の設立など、出版産業の発展戦略の大部分は、「出版の科学化」を旗印に掲げた韓国出版関係者が開発し提案したものだった。

いずれにせよ、これらの報告書で提示されたり、強調された発展戦略に関するアイデアは、出版関係者によって開発されたものであっても、それらの戦略が専門家の検討を経て、その実効性が客観的に認められ、彼らによって重ねて必要性が強調された。それでいっそう高い説得力を持つことになった。当時の協会トップの洞察力と哲学がいかなるものだったかを知ることができよう。

3.「出版産業綜合発展計画」を建議

出協は1966年６月、ついに大統領への面談要請と「大統領閣下に捧げる陳情書」によって４部門８項目にわたる長短期綜合発展戦略を、青瓦台（大統領官邸）に提出した。たとえ大統領に直接面談する機会は得られなかったにせよ、青瓦台はこの建議を黙殺することなく、出版界のリーダーたちを招致し、数回の意見交換の場を設けるなど関心を示した。

この建議には具体的な出版振興政策が盛り込まれ、最初の民間団体による綜合的な出版政策案を政府に提示した文書という点で、また、現在の韓国出版産業の先進化への枠がそのときから定まったといえる。これらの点でこの建議は歴史的に重要な意味を持つもので、その内容を詳しく見ていく必要がある。出版の発展のために短長期の対策を全４部に分けて示した、この建議の内容には、今日の出版のあるべき発展モデルが、既に具体的に設計されており、時間差を置いてこの建議書が提示した方向に発展したことがわかる。

第１部の「祖国近代化課業に寄与する出版文化の育成案」では、①文化企画院の創設、②出版研究所の設置、③国民読書運動の奨励案、④読書気風の振興対策を具体的に提示している。出版政策を樹立執行する機構として大統領直属の国家図書開発委員会の設置と、出版文化行政を専門に担当する政府機関としての文化企画院または文化部の新設などをその核心に据えている。

第２部の「出版企業の育成案」では、①出版社の運営資金を支援する案として、政府の投資または長期低利融資による出版金庫の設立、②出版助成金の支給制度の創設運営を要請している。

第３部にあたる「出版文化会館建設の緊要性とその支援の必要性」では、会館の運営計画に重点を置き、その必要性を述べながら財政的支援を要請している。しかし、この夢は周知のように出版関係者だけの力で成し遂げている。

第４部の「当面する課題」では、①定期刊行物と同様に営業税の全面免税、②図書郵送料及び鉄道運賃の減額など、出版物運送に対する優待措置を要請するものだった。

こうした建議内容は、韓国の出版育成政策の基本資料として採択され、主務当局の文化公報部で推進することになったが、最初は順調には進まなかった。しかし、いま振り返って見れば、発展プランはすべて達成されたことがわかる。

たとえ文化政策を総括し調整する機能を持つ、副総理クラスの文化企画院の設置は果たされなかったにせよ、出版行政などの文化芸術を専門に担当する政府機構として、文化公報部が1968年に開庁している。出版助成金制度は文公部のスタートで、出版行政が文教部から移管されると同時に、推薦図書制度という方式で実現された。しかし学術図書に対する本格的な支援は、ごく最近になってやっと施行されたものである。

文教部は出版行政の諮問組織として「国家図書開発委員会」の設置を推進したが、政府案は各種委員会があまりにも多すぎるとの総務処の反対で挫折した。また、文教部は68年度の政府予算として、出版金庫設置のための３億ウォンの財政融資を要求したが、経済企画院の予算編成過程で全額削減された。68年５月、政府与党の審議会では、出版金庫設置について合意したとの新聞報道があったが誤報だった。出版金庫は我々も良く知っているように、69年になって初めて社団法人として設立された。それも看板だけでもと懇願されたので、69年度の政府補助金として500万ウォンを確保することで、業界から集めた資金を合わせて社団法人として設立することができた。出版界が最初に要請した設立基金の規模は３億ウォンだった。当時は、京釜高速道路の建設が最盛期であり、高速道路の建設費は１㎞あたり１億ウォンだったという。出版産業全体の育成事業に３㎞の工事費相当の財政支援すらも惜しむほど、政府は出版産業の重要性を理解できなかったのである。

折しもユネスコなど国際機構と海外援助団体も、出版が国家発展に欠かせないと認識を同じくし、各国政府に対して国家的次元での出版発展戦略を求めて積極的な勧告をしていた。こうした国際的な潮流が出版リーダーたちをいっそう奮起させた。

韓国出版の力量を集中し、長期的で綜合的な発展戦略を樹立したことや、不屈の執念と闘志で、混沌とした出版体制を革新・整備することで、80年代の出版産業が急速な成長を遂げる基盤構築に成功した。出版指導者たちの知恵と経綸、業績は高く評価しなければならない。

4.　「図書と国家発展」に関する国際会議

大統領に建議した1966年の長期的な綜合育成案の実現が遅々として進まないため、68年４月、「図書と国家発展」に関する国際会議を開催した。

図書が国家発展の道具であると強調し、業界が提示した出版産業振興策の推進を図るために開催されたこの会議には、アメリカ、日本、タイ、インドネシア、台湾から出版専門家と国際図書開発機構の代表13名、それに国内のオピニオンリーダーたちが大挙加わった。

この会議は何よりも韓国で開催された図書出版に関する最初の国際会議だった。参加者は政策当局に対して図書の重要性と、出版界の当面課題を認識させることに努めた。そこでは経済開発計画に図書開発部門を含めさせる政策の必要性が提起され、国家図書開発委員会の構成と出版金庫の設置を提言した。これらの論議内容は、直ちにメディアのニュース、社説、コラムなどで大々的に報道された。そして出版に対する社会と国の関心を高め、出版人の地位を向上させる効果をもたらした。対外的には国際著作権保護は時期尚早との韓国の立場を、アメリカなど先進国から了解を得る機会にもなった。また、外国代表に対しては長い伝統と歴史をもつ韓国出版界を、広く紹介するのに成功した国際会議だった。また、韓国出版界の力量がこうした大規模な国際会議を開催できるほど、成長したことを確認する場にもなった。

1965年４月27日～29日、アカデミーハウス

写真5-2　「図書と国家発展」に関する国際フォーラム

5.「韓国出版金庫」の設立

多くの出版関係者が口を揃えて要望してきた「韓国出版金庫」が、69年７月、加入出版社106社と、文化公報部の補助金500万ウォン、会員加入金（1社５万ウォン）計418万ウォンを集め、社団法人として創立された。韓国出版金庫は、発足当時は定款に「“出版金庫法”が制定公布され、その法律により出版金庫が設立されれば、社団法人出版金庫は自動的に解散し、これに吸収される」と明示し、究極の目標を政府投融資による法定機関を設立することを明らかにしていた*3。

この機構が必要とした創立当時の基金目標額は３億ウォンだった。基金を政府の財政投融資、またはAID資金やトラストファンドなどの外援や借款で調達することを予定していた。しかし、この基金目標額の算定基準は、年間国内図書の総売上高を12億ウォンと想定し、１年に４回転するとしたものだった。機構が基金を完全に調達し、機能を発揮するようになれば、零細性に苦しむ出版社の資金回転は円滑になり、高金利の負担から逃れることができ、ひいては良書出版が促進される。乱脈な流通経路が整備され、新しい販売機構を通じて全国供給網が形成され、円滑な図書の普及が促進されると期待されていた。

出版金庫は文公部から70年に1300万ウォン、71年に1710万ウォンの補助を得て、会員加入金まで合わせて4600万ウォンを調達し、一元化供給機構の設置を

1969年７月７日、YMCA

写真5-3　「韓国出版金庫」創立総会

＊3　『韓国出版文化振興財団40年史』（2010）参照

第１次事業として推進した。以後、出版金庫は周知のように公益資金90億ウォンの支援を受け、86年には財団法人に改編したが、続いて2002年からは、韓国出版文化振興財団と名称を変更、今日にいたっている。この間、250億ウォンを超える基金を調達し、創立40周年を迎えた2009年現在、6406件、約2525億ウォンの一般出版資金と企画融資103件、81億3500万ウォンの低利融資を実行し、出版産業の経営基盤の確立に寄与してきた。また、基金運用収入金として、本格的な書評誌『出版ジャーナル』(半月刊)を発行し、モデル書店である「中央図書展示館」を開設運営し、定価販売の実施及び書店の大型化と経営の近代化を促進している。出版産業発展のための調査研究、良書普及、読書運動、出版の国際化など、多彩な事業を通じて出版の質的・量的な成長発展に寄与してきた。

6.「出版産業振興法」の推進

韓国出版金庫が設立された直後、出版界は出版金庫の設立をめぐり論議してきた「出版金庫法」及び「出版産業振興法」の制定作業など新たな事業に取り組んだ[*4]。「出版金庫法（案)」は金庫を法定団体にするための法的根拠を準備するのが直接的な目標だったが、「出版産業振興法（案)」は、出版金庫とともに推進した国家図書開発委員会の設置が、霧散化した対応策の推進という背景があった。この法律の制定を推進した当時の韓国は、経済開発の成功を背景に国家発展に必要な事業支援法と「住宅金庫」の設立など、支援法がいくつもつくられていた。

出版文化振興策全般にわたる制度化を目標にした「出版産業振興法（案)」は、二つの試案を同時につくり推進した。その内容はいま読んでみても、現行の「出版文化産業振興法」よりも遙かに斬新で進歩的なものだったといえる。出版振興の方向に対する幅広い識見と、アイデアが豊富に盛り込まれている。もし当時、これらの法令が制定施行されていたら、現在の出版環境は画期的に変わっていただろう。

＊4　前掲書、p301～304

7. 月賦販売方式の効果

60年代後半は、大型全集物の割賦販売が最高の繁栄を謳歌したといえるほど、外形上では出版業は上昇気流に乗っていた。

巨額の制作費と宣伝費を投入、積極的なマーケッティングを展開し、従来の消極的で小規模経営から脱皮しようと努めたのである。満足することはできなかったにせよ、それでも文化企業としての踏み台の準備と、出版界の努力は根気強く続けられた。

大型企画出版は60年代半ばになると新たな様相を見せはじめる。何巻かで構成し全巻予約を受け、各巻を順番に発行し、割賦販売するこれまでの方式は一変した。以前には見られなかった豪華な装幀の大型全集がまとまって出版され、代金は割賦で受け取る方式が一般化された。莫大な制作費と宣伝費を一挙に投入する積極的な戦略が開始されたのだ。企画、編集、装幀、制作などの技術は益々向上していった。高価な豪華本出版が果敢に試みられ、カラー版の出版も本軌道に乗った。広告宣伝用のパンフは、単行本よりもいっそう豪華なものになっていった。

「探求堂」の『原色韓国名人肖像大鑑』と『韓国美術』(全3巻)、「同和出版公社」の『韓国美術全集』(全15巻)、『韓国の思想大全集』(全18巻)、「光明出版社」の『韓国の古美術』などの原色豪華出版物をはじめ、「三中堂」と「三省出版社」が発行した『世界の旅行』(全6巻)、『六堂崔南善全集』(全16巻、玄岩社)、「一志社」の『徐廷柱全集』(全5巻)と『趙芝熏全集』(全7巻)、『韓龍雲全集』(全5巻、新丘文化社)、『韓国史大系』(全12巻、三進社)、『大韓国史』(全12巻、新太陽社)などは、全集形態でなければ出版が難しい水準高いものだった。「省音社」がレコード付きの『レコード三国志』を初めて発行し、“読んで聴く本”として形態革命の先鞭をつけたのも、この頃のことだった。これまでの販売本位の装飾用全集出版からの脱皮は、一段階上がった新たな出版形態と評価されるにふさわしかった。出版形態は究極的に文化類型の表現という前提に立つなら、出版に臨む出版人の姿勢は変化したが、これを受け入れる読者の文化意識、または水準を反映したものともいえる。こうした傾向は韓国出版産業が正常な軌道に移行していることを物語るものである。

これに伴い一部の出版物は企業的にも成功を収め、出版文化の質的水準の向上に寄与することができた。折しも経済開発計画の成功で、経済環境が好転し、本に対する読者の関心が高まる社会雰囲気が醸成されていた。

アイデア競争は出版社同士が類似した企画で、熾烈な競合をくり広げなければならない状況を頻発させた。競合出版としては､「博友社」の『人物韓国史』(全5巻) と「新丘文化社」の『韓国の人間像』(全6巻) が最初の事例になった。この両シリーズは、編集発行と収録人物が大同小異だったこともあり、激しく火花を散らす販売競争をくり広げた。『007シリーズ』は7つの出版社から、なんと70巻も量産されている。

膨大な規模の全集物の全巻を一挙に出版するのが盛んになると、印刷所の仕事の輻輳(ふくそう)現象さえ起こった。多大な投資に対して完全販売または資金回収の不振は、次なる出版活動に支障をきたすほどで、零細な業界の脆弱性は変わらなかったが、以前のようにその難しさの程度は出版の意欲を弱めるほどではなかった。

本の販売方式も、いわゆる「待ちの商い」から「攻撃的な販売」への転換が本格化した。これは“出版の産業化”、まさにそれだった。割賦販売を専門に担当する「外販センター」が競って誕生した。これらのなかには全国的な販売網を持つものも少なからずあり、販売と集金管理を分離し専門化させた。外販センターが一定の数量を買い占めると同時に、販売員には販売手数料のほかに、高額の奨励金を支給する訪問販売制度が導入され、販売スタッフ相互の競争を煽(あお)った。書籍外販スタッフはそれぞれ縁故を求め、全国を隈なくしらみつぶしに訪ね歩いた。豪華な大型全集物の割賦販売は新たな需要を創出し、新刊の迅速な回転と、読書人口の増加及び出版市場規模を急速に拡大させ、出版の産業化と企業化を促進させた。また、全国の書店からダンピング出版物を追放する付随的効果もあった。

しかし、販売促進策として導入された割賦販売には、矛盾と欠陥も少なくなかった。何よりも見逃せないのは資金調達の自主性だった。割賦販売だけに依存した企業のなかには、資金面で零細な業界の脆弱性をそのまま現すものもあった。多大な投資に比べて販売成績や資金回収は遅れがちで、運営に手違いをきたす例も少なくなかった。それだけに出版社が販売スタッフを直接管理する方式を導入する出版社が増え、不渡りで倒産する出版社や外販センターが増加した。目前の売上げに執着するあまり、無原則に全集や大型企画出版物を乱発する安易な手法は、類似内容の競合出版を増やし、書籍出版本来の姿を堕落させた。企画と制作に身を入れることなく、形だけを真似たいかさま全集も現れた。また、外販業者は主に縁故販売に依存しており、セールスマンの質的向上と販売モラルの確立が切実な課題だった。これらの問題の発生によって割賦販売が盛んになればなるほど、社会的指弾の声も高まっていった。

一方、割賦販売が繁盛すると、出版社も読者も書店を軽視する傾向が現れはじめた。出版流通システムの根幹といえる書店の機能を弱化させ、書店の志気を低下させるなど、書店の荒廃化を招来したのだった。

堅固な基盤の一部の地方書店も、外販部をつくり販売競争に飛び込んだが、書店数は相対的に減少した。66年の全国書店数は852店だったのに対し、外販センターはソウルだけでも72社が営業しているほどで、外販センターがどれほど賑わっていたかを推測できよう。そして、これは書店の相対的な沈滞を加速化させた。加えて書店の利益率は益々低下し、書店の核心商品である学習参考書すらも、出版社から採択学校への直納が大幅に伸びていった。教科書の供給まで書店を排除する方向に向かったため、書店の萎縮はいっそう加速化された。こうして長い歴史を持ち、伝統を誇る大型書店の廃業が相次いだ。30〜40年の歴史と伝統を誇る大型書店が、この当時にかなり姿を消した。「乙酉文化社」の直売部もこの折に門を閉じている。ソウルの一文社書店、東光書店、有吉書店、平和堂書店、徳興書林、三信書籍、大田の文邦堂書店、馬山の文藝書林と朝陽書店、原州の人文書館、原州書店、仁川の三中書店など、各地の代表的な書店が65年中に閉店し、出版社に大きな影響を与えた。春川のソウル書店もこの年に経営者が替わった。論山、金堤、尚州、扶安などの書店の主人たちは、夜逃げをしたり[*5]自殺する衝撃的な事件[*6]もあった。

全国各地の書店が閉店する事態が70年代初頭まで続いた。それまで努力して積み重ねてきた書店の歴史が、一塊の歴史すらも残さずに消えてしまう厳しい現実だった。それほど単行本の出版は不振と言わざるを得ない状況だった。外販センターの乱立と経営不振、集金の不振などは、最終的に出版社の倒産を招き、外販制度に対する反省と懐疑が生じるようになった。

＊5　『大韓出版文化協会25年史』大韓出版文化協会、1972、p245
＊6　前掲『25年史』p252によれば、群山の文学書苑（代表：鄭正山）は負債に追われ1970年に自殺した。

8.　単行本に回帰する出版界

大型出版物の割賦販売に対する社会的批判は、出版社にとって何が割賦販売に適する書籍であるか、そうした書籍をいかにつくり、どのような方法で販売しなければならないか、読者は何を望むのかを探求し、反省するように導いた。結局、大型全集物の割賦販売は70年代の調整期をへて、安定的な出版物の販売チャネルの一つを占めるようになり、単行本出版と書物の軽装化ブームを呼び起こした。

こうした出版状態の新しい流れのなかから、「文藝出版社」(田炳晳)、「汎友社」(尹炯斗) らが登場してくる。これらの動きに最初に成功したのは「文藝出版社」だった。66年の秋、ヘッセの『デミアン』を出版し、書店街で爆発的な人気を集めて以来、相次いでベストセラーを世に送った。しばらくすると「民音社」(朴孟浩) も、この隊列に合流する。これら３つの出版社は同じ66年の創業で、単行本出版の新しい潮流をリードした。これまで割賦販売に熱を上げていた出版社のなかから、「三中堂」は小説と非小説を区分し、「ライオンノベルス」「ライオンブックス」なる名称で新書版出版に着手した。「三省出版社」もやはり「ミニブックス」でこれに加わった。66年には新聞配達少年の手記『あの空にも悲しみが』(新太陽社) を筆頭に、特別な体験談や手記などの販売成績が上向きになる傾向が見られた。この頃、金芝河は『譚詩五賊』(1970) と『卑語』(1972) を発表したが、反共法違反で、２度にわたり投獄される筆禍事件の主人公になった。彼はこの作品を通じて韓国の伝統的な民謡、歌辞 (カサ)、パンソリなどの形式を現代感覚に合わせて生かしただけでなく、パンソリや仮面劇に出てくる諧謔と風刺を参与・抵抗文学に昇華させたと評価された。

その後、黄晳暎の故郷を失った渡り者の人生を描いた『森浦に行く道』(1970)、工事場労働者の苦痛と闘いの過程を生き生きと表現した『客地』(1971)、趙世熙の『こびとが打ち上げた小さなボール』(1978) も、生きる基盤が破壊された都市貧民の暮らしを描写し、この時代の否定的側面を告発する作品で、多くの読者から愛された。

単行本出版のムードに乗り、文庫版が再登場したのは、69年に「乙酉文庫」が現れてからのことだった。一度に10冊ずつ、スタート年だけでも50冊を刊行した「乙酉文庫」は、これまで何度も試みられながら中断した文庫出版定着の可能性に対する自信感を植えつけてくれた。続いて1972年、単行本中心の文藝出版社が「文藝文庫」を、瑞文堂（崔錫老、1935〜現在）が「瑞文文庫」を出刊し、こうして単行本と文庫版の出版が活気を帯びはじめた。「三中堂」は２回の軽装本出版の経験を生かし、72年からは本格的に「三中堂文庫」を刊行する。文庫出版は76年頃になると、なんと30もの出版社から合計1000点になるなどの活気をみせた。そのうち300点を突破した「三中堂文庫」（500点に増刊）は、年間販売部数が250万部を超えるほどで、中学・高校生にとって必読書となった。

「電波科学社」の「電波科学新書」、「悦話堂」（李起雄）の「美術文庫」のように専門分野だけに特化した文庫が成功事例となり、他方、「玄岩新書」などユニークなものも出て、まさに「文庫時代」を語ることが出来るようになった。従来の文庫が古典的作品中心の企画だったとすれば、この時期に出た文庫は新しい知識の迅速な伝達と廉価提供をモットーにしたもので、読者から大いに歓迎された。文庫は読者の好みに直接依存しなければならないので、個性をより明確にし、読者対象を限定させ、読者層を深く掘り下げることが重要だった。しかし、類似した企画ゆえの行き過ぎた競合が、文庫出版でも払拭されないことは、企画力の脆弱性を現した結果とも指摘されている。

80年代は、ハングル世代がこうした変化を促進させ、ただちに彼らが出版の中心勢力として前面に登場するようになった。韓国出版はこうして質的に大きな成長を遂げるようになったのである。こうした文庫出版は軽装化された単行本とともに、これまでの外販本位の販売方式から脱皮し、店頭販売への流通構造改善に重要な役割を担ったと高く評価されている。

9.　学術出版の活性化

この頃の韓国学ブームに乗り、韓国学研究資料の影印出版から新たな史観に立脚した韓国史の著述、そして韓国学図書の外国語翻訳出版が活発に展開された。折しも、第37回世界作家大会（国際PEN、1970）がソウルで開催されたのを契機に、文学作品集の英訳をはじめ、英文版の韓国学紹介書と「韓国通史」の英文書、ユネスコの英文『韓国史』なども、すべてこの年の収穫だった。

リゾート・ラード神父の『韓国民族史』（英文版）と『韓国図書解題』（全６巻、高麗大学民族文化研究所）、『韓国学大百科事典』（全３巻、乙酉文化社）、『韓国の名著』（朴鍾鴻ほか、玄岩社）、『韓国人名大事典』（新丘文化社）、『韓国動物名集』（全３巻、郷文社）、『申在孝パンソリ全集』（民衆書館）、『韓国巫歌集』（創又社）、『韓国教育目録』（全３巻、中央大学出版部）などの資料集とともに、『韓国開港期の商業研究』（一潮閣）、『朝鮮後期農業史研究』（一潮閣）、『韓国姓氏大観』（創造社）、『日帝下の韓国文化叢書』（全５巻、民衆書館）、『高麗政治制度史研究』（邊太燮）、『韓国現代史』（全９巻、新丘文化社）、『韓国服飾史』（寶晋齋）、『丹斎申采浩全集』（全２巻、同刊行委）、『韓国女性史』（全３巻、梨花女子大学出版部）、『韓国学』（玄岩社）、『韓国金融百年』（創造社）、『韓国の思想大全集』（全18巻、同和出版公社）などと、兪吉濬、韓龍雲、徐廷柱、趙芝薫らの個人全集も編纂刊行された。

他方、国内学者たちの権威ある研究著述が比較的数多く出版され、出版の質的水準が急速度に向上した。このうち「探求堂」「博英社」「法文社」「一潮閣」などは、人文・社会科学分野の学術書・専門書の出版によって確固たる地盤を築いた。「玄岩社」は古典の現代化という趣旨のもとに、東洋古典の翻訳出版に注力した。

こうした傾向の変化は読者の好みが外見の華麗さよりも、内容の充実した本を渇望している証拠で、韓国出版界の進路や指標を示す新たな傾向といえるだろう。したがって新たな様相の読者層を組織育成、潜在読者層を開発し、読者人口の底辺拡大を図ろうとする意志は強かった。

彼らに新しい新刊情報を提供したいと目標を掲げ、1970年11月、週刊『読書新聞』が創刊された。この新聞の発行のために、出版業界の有志出版社が協力し、株式会社としてスタートを切った。文化公報部は週刊誌を発行しようとするには、自己施設を持たねばならないと規定した基準があったが、例外的に登録を認めてくれた。

10.　韓国図書の海外進出

韓国図書の輸出は70年代になると活気を帯び始める。それまでは注文により少量を輸出する程度だったが、「徽文出版社」は72年に、在日僑胞の図書供給拠点である「高麗書林」（朴光洙）と『日韓辞典』『韓日辞典』を、「希望出版社」は日本語版の『韓国古典文学選集』（全６巻）を同じく高麗書林と共同出版し、著作権を輸出する形式で、日本の出版市場への上陸を試みた。「三省出版社」

は81年に講談社と柳周鉉の『朝鮮総督府』(全3巻)を、「探求堂」は丸善に特設販売コーナーを設置し、同社が刊行した韓国学関係図書と、市場性を持つ国内図書を常設展示販売する契約を締結した。

政府も海外への図書普及を支援するプランを検討し実施もしたが、期待に応えることはできなかった。70年に政府の斡旋でアメリカ、日本、ベトナムなど韓国人が大勢進出した地域の書店に「韓国図書コーナー」を設置したが、見本図書の発送だけで終わってしまった。73年には海外への旅行者に広報用に選定した図書を携帯して出国するよう義務づけ、韓国関係の外国語での出版を刺激しようとしたが、長く続くことはできなかった。「三中堂」は、1973年5月30日に「韓国書籍センター」の名称で東京支社(支社長　盧琅煥)を開設、韓国図書の販売を開始し、図書輸出の拠点を確保する快挙を成し遂げた。純粋な国内出版資本による日本上陸が初めてなされたのである。

これに先立ち、出協は1968年から60万の韓国僑胞が居住している日本には、北朝鮮、中国、ソ連など共産圏国家が刊行した図書の専門店がある点を重視し、韓国図書の海外普及だけでなく、政策的見地からも「韓国専門書店」の設置は、ぜひ必要であると政府当局に支援を要請していた。

こうして75年度の対日輸出実績は63万冊、2億6000万ウォン(同年11月現在)に達し、輸入量の83万冊、3億4000万ウォンに迫るまでになり、過去の日本から輸入一辺倒だった両国図書貿易に、方向転換の兆しが見られるようになった。

日本で最初の韓国図書専門書店三中堂がオープン

写真5-4　韓国書籍センターの開設

1973年当時、日本では「韓国書籍センター」と「高麗書林」が、韓国図書の日本地域販売の主導権を握っていた（韓国書籍センターは、その後、三中堂と書店名を変え、現在は佐倉市に所在）。両者は全国的な販売網を構築し、韓国研究書、各種古典の影印本、韓国語教本、英韓・日韓辞典類などを店頭販売、または図書館、大学研究室などに納本している。当時の単一品目の輸出で首位を占めたのは、「同和出版公社」の日本語版『韓国美術全集』（全15巻）で、74年には2000セット、27万ドルの販売実績を挙げた。この全集はスイスのド・リブル出版社とフランス語版3000冊の共同出版契約（76年6月）を締結し、スイスでも出版販売された。『韓国美術全集』の対日輸出はこのように成功を収めたが、続いて「光明出版社」では『韓国古美術』を、エミレ美術館は民画収集集『韓虎の美術』を各1000部ずつ日本に輸出した。同和出版公社は『韓国美術全集』に先立ち、冬樹社（日本）と日本語版『現代韓国文学全集』（全5巻）を制作し輸出した。これは73年から順次各巻を共同出版し、企画によっては韓国図書の海外市場が拡大する可能性を示す見本となった。

欧米地域での図書輸出は、「汎文社」が各国の著名図書館との供給契約を締結し取引をしていた。「汎文社」はアメリカの議会図書館、ハーバード大学、カリフォルニア大学、ハワイ大学図書館及びイギリスのロンドン大学図書館、ドイツ国立図書館、オーストラリア国立図書館などに、韓国学関係研究書と古典影印本などの新刊と新聞、雑誌、各種定期刊行物を供給している。

国内で長きにわたり英文版図書を熱心に出版した「翰林出版社」の代表　林仁秀は、1976年1月に、「大韓海外出版販売（株）」をロスアンジェルスに設置し、アメリカ、カナダ、ブラジルなど韓国僑胞の多い地域での韓国書籍販売網の拡張を図っていたが、突然、林代表が逝去する事態になり、いまだに業績を出せないまま解体を余儀なくされた。この会社が目標にする販路はアメリカ内の公共図書館8000と、韓国学研究者及び研究所2000余り、そしてカナダ、ブラジルなどの僑胞たちだった。英文版の韓国学関係の研究書、各種古典影印本、辞典類及び定期刊行物を販売し、絵本と図版中心の僑胞子女用の児童図書の現地出版も計画中だった。このほかに国内にある「東南図書」「韓国書院」などが各種統計資料と論文集、新聞、雑誌など、散発的な輸出を行っていた。

こうした韓国図書の輸出増加は、世界各国の韓国学及び韓国文化の研究熱が増加したことによるもので、今後の国力の伸張と世界的な東北アジア圏に対する関心が高まるにつれ、増加傾向はいっそう加速されると展望されている。

他方、文化公報部は1975年度の外書輸入推定額は750万ドルで、74年対比で約84万ドル増えたと発表した。部数にすると239万2524部が輸入された。このうち日本図書は75万2352部、洋書は164万172部で、74年の日本図書80万2084部、洋書103万373部と比較すると、日本書は4万9732部の減少、洋書は6万部ほどの増加だった。この頃から日本図書の輸入量は鈍化したが、洋書は高い伸長率を示している。

11. 出版マンパワーの精鋭化戦略

出版界は「出版の科学化」によるアマチュアリズムの克服という旗幟を掲げ、70年代からは多様な形態の出版マンパワー研修事業を開発、これを続けて発展させた。政府の支援による出版産業構造改革の志が果たされなくなると、こんどは自力で改革の主体となる人材養成の方向に戦略を変更したのである。

最初は公教育機関での専門家養成を希望した。1968年には新設されたソウル大学校新聞大学院に、出版学科を設置してほしいと、政府と国会に陳情したが、反応は微々たるものだった。

1973年に韓国出版の歴史上で初めて業界が直接編集実務者のための「編集研修講座」という研修教育をはじめた。出版従事者としての専門性と、姿勢を備える目的の理論と実務中心の1週間の短期コースだった。現役向けの再教育だったこともあって、毎回の受講生は予想した定員を超える盛況を見せた。講座は80年まで918名の修了者を送り出した。81年になると、この短期研修講座は教育内容、期間、受講対象者などを拡大し、「編集人大学」に発展させた。86年には「営業スタッフ講座」まで新設した「出版人大学」は、またも発展的改編を成し遂げた。

さらに1989年からは「出版大学」の名称で出協の付設機関に昇格させ、出版人の士官学校を標榜し、6か月課程の本格的な常設の出版人養成事業に独立させた。このように改編されるたびに教育内容を拡大し体系化させ、正式に教材も開発し、新人養成に重点を置いた。しかし、「出版大学」を模倣した私設編集デザイン学院が各地に出現すると、これらと競合できない協会の役割は終わったと判断、94年には自主的に門を閉鎖した。これらの過程の修了者のうち、

「編集研修講座」の受講者たち（1973年）

写真5-5　出版マンパワーの精鋭化戦略

現在、優れた力量を発揮している出版関係者は少なくない。

研修事業は実務者の教育に留まらずに、経営者にも広範な知識と国際的な動向に対する理解を通じて変化する出版環境の本質を究明し、出版の政策方向や経営戦略の基礎資料とするために、「出版経営者セミナー」を78年に開発、最近まで定例事業として開催してきた。このセミナーは経営者の相互親睦を兼ねて、２泊３日の宿泊を含めて運営するもので、出版状況に合わせて時宜適切なテーマを選択し、その方面の国内外の専門家を招き、深みのある内容で運営された。毎回論議された内容をメディアが報道したこともあり、社会的にも注目された。また、あるときは１主題だけを集中的に教育する「１ポイント実務講座」を随時に開催した。海外主要研修コースにも積極的に受講生を派遣し、外国の先進的な出版技法を国内に導入することに努めた。ユネスコアジア文化センター（東京所在）が、毎年開いている「アジア・太平洋地域出版研修コース」には、初期から特別に韓国だけは参加枠を拡大させる渉外力も発揮してきた。

こうした活動は出版学に対する関心を刺激し、この地に世界最初の出版学会が誕生する土壌を準備する。韓国出版学会は1969年３月に公式に発足した。出版に対する学問的な研究の雰囲気が熟したところで、公教育においても体系的な出版専門教育を活性化させる必要性が高まった。

1980年に中央大学が新聞放送大学院を設立したことで、初めて「出版雑誌専攻課程」が開設され、82年には彗田専門大学（短大）が最初の出版学科を、新丘大学は印刷学科を設置した。こうして公教育機関における出版人材養成の歴史が本格化したのである。専門大学から大学院課程にいたる出版専攻課程は全国的に20を超えるほど広まったが、現在、出版教育はいずれも不振を免れずにいる。マルチメディア相互の覇権競争が熾烈になり、出版専門教育の必要性は重要な世界的イッシュとして浮上している。韓国も産学協同の呼びかけを生かし、公教育としての出版教育をもう一度活性化させねばならない。

1987年には出協は創立40周年記念事業として、協会の調査研究部の機能を拡大改編し、韓国出版研究所を独立法人として発足させた。出版界唯一のシンクタンクであるこの研究所の設立で、宿願の課題がまた一つ、20年ぶりに解決されることになった。

12.　成長過程における苦悶と葛藤

70年代は出版が活性化する過程で、出版界は美風良俗を損なうわいせつ出版、気恥ずかしい剽窃、ダンピング販売など、取引秩序の破壊行為が頻繁に発生している。一種の成長痛ともいえるこうした事態は、出版界に大きな傷跡を残したが、他方、出版の水準をさらに一段階高めるきっかけにもなった。

こうした事例を一つ挙げると、文化事業にかこつけた非営利団体の出版産業への進出がもたらした出版界の衝撃と抵抗がある。

文庫出版が安定した基盤を固めていた頃、1972年の新年が明けると、文庫出版社は強力な挑戦に直面することになった。非営利団体の「三省文化財団」が「実費普及」の美名のもとに、普通の文庫価格の３分の１にも満たない１冊70ウォンの破格的な価格（一般商業出版社の文庫は200ウォン前後）で文庫を販売したからである。その衝撃は言うまでもなく大きかった。

文庫発行の出版社だけでなく、一般出版社の受けた衝撃は驚きと怒り、まさにそのものだった。財閥が零細出版界を掌握するための宣戦布告だとの非難が沸き起こった。ついに出版界は「三省文化文庫事態に対する非常対策委員会」を組織し、三省文化財団側に即刻中断を求め、他方、政府が財団に対して制裁を加えるように強く要求した。

折しも、パリで開催された国際出版協会（IPA）総会の議題に、「商業出版社対非営利機関の出版問題」が提起されたので、この機会を活用し、国際世論づくりに積極的にうって出た。IPA総会はこうした事例が大衆の利益に害を与え、純粋な商業出版の発展を阻害するばかりか、最終的には企業出版の存立すらも脅かす点を指摘する決議文を採択した。この決議は政府の財政支援を受け、免税などの特恵を受けている組織が、公開市場で商業出版との価格競争をするのは不当だとする点を強調しつつ、政府の強力な対策を促す内容を含んでいた。出版界はこうしたIPAの決議を、政府とこの財団に対抗する手段として有効適切に活用した。

６か月続いた紛争は、政府の仲裁で財団側が「商業出版社で出版することが困難な国内著述物の出版だけに重点を置く」という線で収拾された。これは完全な解決というよりは、「商業出版社がとても相手にできない価格による出版活動は、出版対象から除外する」との線で同意したものだった。財団側は後にこの文庫の価格を商業出版社の文庫価格に近い線にまで引き上げて、出版市場に進入する底意があったことを明白にした。映画やレコードなど他産業が出版業に進出する例はあったが、この財団のようなケースはこれまでにはなかった。この衝撃的な事態は出版界の自衛策によって、経営合理化と体質強化の必要性が強調される契機となった。

このほかに、剽窃、企画の模倣、取引秩序を破壊する非公正取引行為、紙型の二重売買行為など、出版界内部で惹起（じゃっき）された深刻な問題も終止符が打たれることはなかった。

本の定価の低廉化と読者の関心が文庫や単行本に集中すると、出版物の流通秩序はひどい状態に陥った。全集は「定価」と「普及特別価格」という形式の読者を眩惑させる欺瞞（ぎまん）的な二重価格を表示し、排他的な割引販売が横行するかと思えば、「抱き合わせ販売」が激しくなったのである（70年代の全集物は定価を高く定めて置き、「普及特価」との表現で書店と同じ水準で、割賦の割引販売する手法が一般化されていた）。

1974年、『世界文学全集』（全30巻／端本不売）のうち20巻を予約すれば、残りの10巻は無料提供すると大々的な広告をし、予約注文を始めると、出版界は大きな波乱に巻き込まれた。世界文学全集は出版市場の人気商品の一つで、10もの出版社が販売競争をくり広げていたので、出版界に与えた衝撃はとても大きかった。別の出版社がまったく同じ方法で、これに対抗し、死に物狂いの販売競争が燃え上がった。割賦販売に頼って世界文学全集を販売していた残りの出版社の営業部長らは、こうした販売競争に反発し、集団行動をするかのようだった。だが、結局は出協会長が進み出て仲裁調停をし、事態はようやく収拾された。

最初『世界文学全集』のダンピング販売をした出版社は、その後も、世界文学全集から「代表作品だけを精選した」との触れ込みで、『世界文学全集』(全20巻、定価6万4000ウォン) を別につくり、ほぼ半値の3万3600ウォンで販売した。これに留まらず『世界文学思想100選全集Great Books』(全100巻) は、「会員に限って」との名分 (会員は申請書だけ書くという形式的なものだった) により、平均700頁前後の本を制作費にも満たない399ウォンで頒布、と大々的に宣伝し読者を幻惑した。

児童図書の販売でもまったく同じ方法が動員された。『Great Books 少年少女世界文学思想100選全集』(全100巻) は、1巻あたり199ウォンで販売した。その頃、同じような児童図書の価格は800～1000ウォンだっただけに、事態の深刻さは極まった感じだった。こうした秩序破壊的な行為は『パスカル世界大百科事典』(全30巻) を集中的に販売した90年代末まで敢行された。商業道徳から外れたこうした行為は、出版流通秩序を攪乱させ、出版界を萎縮させる衝撃波となった。本の価格に対する読者の否定的イメージを植え付ける結果になったのである。

70年代には、他社の出版物の内容を剽窃する例も頻繁に現れた。代表的な剽窃事例を見てみよう。韓国図書雑誌倫理委員会(以下「倫理委」)は、1973年8月に「汎亜書館」が出した『韓国姓氏大観』が、「創造社」の同名の本 (崔徳教・李承雨編、1971) の姓氏配列順序、叙述内容をそのまま剽窃しているとの提訴を受けて審議した結果、提訴内容をすべて認定、当局に「制裁」を建議した (当時の"当局"は出版社の登録庁である文化公報部で、倫理委の「制裁建議」は大部分登録抹消だった)。

「韓振出版社」(韓甲振) は、『世界名作探偵シリーズ』(全50巻、1979.5) を発行し、「桂林出版社」(林義欽) の『少年少女世界推理名作短篇シリーズ』(全50巻、1978.6) を、企画、編集、装幀から判型と内容まで模倣出版し、物議を引き起こした。桂林側の主張によれば、主にコナン・ドイルの短篇を中心に制作した、このシリーズ50巻のうち、45巻が同一の作品であるばかりか、独創的に変えたタイトルまでも、ほとんど同じものに不法使用し、誰が見ても模倣したことは明白だというのである。桂林側は「同一のタイトル、または類似した内容を2社以上で、競争出版してはならない」という「出版倫理実践要綱」に基づき、倫理委に提訴し、両出版社が熾烈な攻防をくり広げた。60年代には偶然に同じ内容の類似企画出版の場合でも、激しい倫理論争を広げたのに比べれば、倫理意識がひどく貧弱で露骨な不正競争の事例だったといえよう。60年代半ばは、「博友社」の『人物韓国史』(全５巻)と「新丘文化社」の『韓国の人間像』(全６巻)が、ほとんど同時に出版されたとき、両出版社は偶然に企画が重複したものだったにもかかわらず、類似企画を巡って論争が起こった。

1979年は剽窃の是非騒ぎが例年よりも多かった。最も衝撃的な事実は「人物研究所」(任重彬)が、「青藍社」が原書の作者から独占翻訳権を得て出版した『モモ』(ミカエル・エンデ、車京雅訳、1977.10)の解説と誤植まで、そっくりそのままコピーして出版したことだった。この事件で出協は「人物研究所」を除名、会員資格を剥奪し、倫理委は文化公報部に制裁を申し出た。

『モモ』の剽窃事件とほぼ同じ時期に、こんどは「青潮社」と「桂苑出版社」が、ガルブレイスの『不確実性の時代』を同じ紙型で印刷し、同時に販売する事件が発生し、社会的物議をかもした。出版界はまたもあっけに取られ、世論は一斉に読者を愚弄する無責任な行為と批判をした。両社の本が異なる点は、翻訳者と出版社の名前、版型、定価、そして一方は活版印刷で、他方はオフセット印刷である点だけ、句読点すらも違っていなかった。

状況を調べてみると、「東西文化社」が同じ紙型をつくり、両出版社に同時に売り渡したことから起こったものだった。『不確実性の時代』は同じ本がいくつかの出版社から翻訳出版されて競合することは望ましくはないこと(当時、５つの出版社から、ほとんど同時に出版販売された)であり、このたびのことは同じ紙型を二つの出版社に売り渡した「東西文化社」の責任が大きく、両出版社は被害者と見なすこともできる。しかし、両出版社も出版秩序を混乱させるとは知りながらも、ともに紙型を入手した責任は負わねばならない。他の競争出版社の立場からみれば、この両出版社の行為は制作費を削減し、販売に有利な位置を占めようとした下心そのものだった。また、出版方法の浅薄さを表したもので非難の的となった。さらにメディアは、これは新しいものではなく、出版界の不条理現象として批判したが、東亜日報(1979.3.9)は関連記事において、10余年前の日本の歴史小説『大望』(山岡荘八著、原題は『徳川家康』)が、同じ翻訳者の名前で二つの出版社から同時刊行され、業界や識者らは出版風土の無秩序を慨嘆したと、過去の事例まで持ち出して、出版の健全性を求める批判を加えた。

この事態に出協は緊急理事会を開き、業界の指導級10名で内部の倫理委員会を構成し、この問題を論議した末に「人物研究所」を除名。『不確実性の時代』関連の3社は、すでに提出した辞退願を受理する方法で、該当する全出版社を懲戒に付すと同時に、出版界と読書界に自覚を促す出版界の「見解」を発表し、社会的了解を求めた。

倫理委も「人物研究所」の制裁を建議し、3社に対して警告措置を行った*7。それまでには販売状態と関連し、問題が発生してもほとんど無言で解決するのが通例だったが、今回は公開の場で討論し、除名などの強い制裁がなされた。それは事案の深刻性による点もあったが、出版界がそれなりに成熟したことを示したとも言える。

1979年には、多くの図書、雑誌、漫画などが倫理委から制裁を受けた。出版が量的に広がる過程での不可避な「成長痛」と見るには、出版界が負った傷は余りにも大きかった。こうした行為は企画の貧困による競合出版物の増加でいっそう激しくなった。経済発展に伴う所得増大に比例して、図書購買力は拡大しなかったからである。当時は石油ショックなどの余波で、需要が大きく減退し、在庫が累積、資本の回転が悪化していたため、たやすく出版の良識を破る行為が広がったと分析された。

＊7　「出版の倫理、学者の良心」『京郷新聞』1979.3.14社説。『読書新聞』1979.3.4（417号）、3.25（420号）、4.1（421号）、4.15（423号）、4.22（424号）を参照

第3節

文化公報部の新設と出版政策

1.　出版行政の文化公報部移管

政府組織法の改正で、それまで論議されてきた文化公報部が、1968年７月24日、ついに開庁した。これにより文教部編修局発行課の業務から、著作権とともに不定期刊行物及び出版社に関する業務が、12年ぶりに再び、定期刊行物だけを扱う文化公報部に移管され、文化公報部は文化局内に不定期刊行物及び著作権を担当する出版係と定期刊行物及び言論政策を扱う発行係を含む出版課を置き、出版行政に対する強い意欲を示した。

文化公報部は開庁の当時に、(1) 文化・芸術行政を通じて企業として出版社の成長と自律的な倫理活動を支援することで、自由で健全な出版文化の発展と

文化公報部がスタートした（1968.7.25）

写真5-6　文化公報部の開庁

民主的な言論の伸長に寄与し、(2) 著作権秩序を確立することで、創作活動を保障し、(3) 段階的な印刷文化の向上によって、文化発展の基礎を準備するとの基本目標を設定した。

さらに、主要事業として推進する事項を次のように発表した。

1. 出版文化の支援育成のため、

①出版金庫の設置、②出版賞の検討、③優秀出版物の選定、普及及び支援、④文庫出版の勧奨、⑤図書展示会の開催、⑥図書供給体制の確立支援、⑦用紙斡旋

2. 出版文化の自律的規制及び不健全な出版社の整備のためのプランとして、

①出版倫理委員会の設置、運営、②不法出版物に対する取り締まりの強化、③著作権者の権利保護

3. 著作権審議会の運営を強化し、

①国際著作権機構加入に関する検討、②印税調停事業の推進

4. 出版文化の国際交流事業としては、

①国際図書展示会への参加、②海外（東京）に韓国書店の開設、③自由友邦国との図書の交換

最初の事業として、１日に約50点も大量に出されている児童漫画の浄化と質的向上のために、８月31日に「韓国児童漫画倫理委員会」を発足させた。これまでの漫画業界は業者が二つのグループに分かれて対立していた。これにともない漫画家たちも二つに分かれ、互いに自律審議機構を持っていたが、審議は形式的なものに過ぎなかった。これに対し、文化公報部は新たな出版政策によって、厳格な事前審査を通じて児童漫画の質的向上と秩序維持に努めることにしたのである。

10月には「青少年のための優秀図書」を選定発表した。各界の専門家で構成された審査委員の綿密な審査をへて全国の出版社が自薦した362点、837冊のなかから、43点、276冊が選定された。また、良書出版の意欲を高めるプランとして「第12回全国図書展示会」の開幕式典において政府表彰式も併せて挙行した。

(1) 大統領表彰：乙酉文化社（鄭鎭肅）

(2) 国務総理表彰：學園社（金益達）、語文閣（金光洙）

(3) 文化公報部長官表彰：正音社（崔暎海）、一潮閣（韓萬年）
大韓出版文化協会事務局長（李璟薫）

2.　1970年を「出版振興の年」に

長い準備の末に、1969年3月3日、「韓国図書出版倫理委員会」(「図倫」)が発足した。図倫は発足当時、「荒廃しつつある精神世界を純化し、第2経済の具現と民族文化中興の基盤」を目指すと方針を明らかにし、著作者はさらに立派な著作を、出版人はそうした精神的資産の結晶を信義と誠実で保護し、文化の伝達者としての認識を新たにすることを誓った。大韓出版文化協会が1965年に自ら「出版倫理綱領」を制定宣布して5年目のことだった。

出版倫理委員会設立の必要性は以前から主張されてきた。漫画以外にも雑誌、新聞の倫理委員会はいち早く設立され活動をしていた。それでも業界は倫理委員会の発足を延期しながら、出版の自由を侵害したり、政府の不当な干渉を排除できるプランをまとめるのに苦心してきた。そのプランの核心は倫理委員会が財政的に自立できる基礎を築くことと、委員会の決定事項が忠実に守られるように、権威と制度的装置を用意することだった。そうした対策で出版社から会費を徴収し、決定事項を遵守するとの意志を示す意味で、版権欄に「倫」という記号を挿入、表示するとの合意を得てからスタートした。

こうした意味で、1969年から70年までは混沌から定着への移行期だったといえるだろう。1969年は、強力な出版施策の執行で、出版産業は表面上、大きく活気を帯びたように見えたが、企業経営としては激浪に揉まれた年だった。1970年は、企画面では同一の出版物が競合し混乱も起きたが、外販制度に対する反省とともに、図書の質的な競争が開始された安定への転換期だった。

この頃に明らかになった出版傾向は、ときあたかも新文学60年を迎えた記念出版物として、「正音社」の『新文学代表文学全集』(全6巻)、「乙酉文化社」の『韓国新小説全集』(全10巻)、「三中堂」の『韓国長編文学大系』(全18巻)、「一潮閣」の『韓国詩選』などの文学全集が多彩に出版されたことである。しかし、これらの文学全集は同じ作家の同じ作品の収録権利を巡って著作権所有論争が起こり、また目に余る販売競争をくり広げもした。

また、韓国の再発見や韓国学研究熱を反映した「探求堂」の『朝鮮王朝実録』(全49巻)が影印出版され、政府の古典国訳刊行事業を推進するため組織された民族文化推進会が、『古典国訳叢書』の第1巻を刊行した。「汎文社」の『韓国美術史』、「高麗大学校民族文化研究所」の『韓国文化史体系』(全7巻)など、研究書も慎重に出版されるようになった。また、「時事英語社」から出た「英語会話レコードブック」の初巻も異彩を放った。このレコードブックは韓国の図書産業が視聴覚時代を開く端緒となり、また外国語教育方法に革新をもたらした。これはもともと1966年頃に、洪順豊が『日本語会話レコードブック』など、外国語会話と『歌謡半世紀』などを手掛けて始まったものだった。

こうした傾向に合わせて文化公報部では、1970年を「出版振興の年」と定め、次のような支援事業を打ち出した。政府がこうした全国的に大規模の出版業支援をしたのは初めてのことであり、出版界の呼応も大きく、したがって順調に推進することができた。主要事業の内容は次のとおりである。

① 「新たに出た本」の常設展示：国立中央広報館に「新たに出た本」の常設展示場を開設し、納本図書を30日ずつ展示し、新刊の案内をするもので、２月11日に開館した。

② 「共通図書券」の発行：図書を贈り物としてやり取りする気風を造成するため、３種類の共通図書券（100ウォン券、300ウォン券、500ウォン券）を発行。まず、ソウル市内一帯で通用するようにし、国内最初の図書商品券が生まれた。３月１日から出版金庫で発行し、19の加盟書店で販売を開始した。この「共通図書券」の加盟書店は鍾路書籍センター、良友堂、光化門書林、東洋書林、東西書林、崇文社、文藝書林、長安書林、中央書林、大都書林、三志書林、ソウル書店などで、地域を均等に案配して指定した。これらの書店は割引販売が横行している状況のなかで、当時としては図書販売が正常になされている代表的な書店だった。

③ 海外宣伝用の英文版『選定図書目録』制作、配布：韓国図書のうち海外需要が予測されるものの海外市場開拓を支援するため、初めて発刊するものである。この事業のため、文公部が制作費100万ウォンを補助し、出版文化協会が制作を担当、収録図書選定委員会をつくり、専門家らで構成し目録を作成した。

④ 海外に国内図書販売センターを設置：英文版図書目録の発行とともに、韓国図書の海外進出を促進させ、国威を高めるために韓国図書販売センターを確保するように、海外公報館に示達した。こうして西ドイツ、アメリカ、ベトナムなどに書店を確保し、見本図書を発送した。

⑤ 不実出版社の整理：不実・不良出版社の整備のため、所在不明、出版実

績の無い出版社、納本不履行出版社などを調査し、登録抹消する措置。
⑥　出版金庫の育成：基金の拡充のための国庫補助金を増額する。
⑦　全国成人読書推進大会の開催：国民読書生活化の手段として読書推進大会を開催する。
⑧　全国図書展示会の支援
⑨　母校と縁故の地に本を送る運動の展開
⑩　海外旅行者に国内図書携帯を義務化
⑪　国際図書展示会参加の積極化
⑫　読書キャンペーン運動の展開

3.　出版営業税と著者印税の完全撤廃

1971年度の定期国会では「営業税法」のうち、第９条の「非課税営業」に「定期刊行物の発行と図書出版の営業」という条項を挿入し、出版業を営業税の賦課対象から除外すると改定した。出版界積年の宿願だった出版業に対する営業税が、紆余曲折をへて免除されたのである。まさに出版税制の画期的な措置といえよう。これによって破綻寸前のあった出版業が、やっと蘇生のための足掛かりを得られた。それは文字どおり一つの革新であり、出版関係者の粘り強い努力が勝ち取った貴重な産物だった。

税制上の優待措置は、金融支援策とともに最も基本的な出版育成策の出発点である。政府の出版政策は多少なりとも出版の自由を侵害する素地があったため、先進国では未熟な振興策を実施してはいなかった。なかでも、重要で普遍的な振興策として活用されているのは、税制と金融部門における優遇措置である。出版業は国家の競争力を高める基幹産業だから、税制面で政策的支援をすることが、出版振興の実効性を強める制度であり、政策なのだという信念と哲学をもち、イギリス、スイス、スウェーデン、オーストラリア、ブラジルなどでは、以前から税金を免除する制度が施行されてきた。

出版界が出協を中心に、免税請願運動をはじめたのは創立直後からだった。新聞・雑誌などの定期刊行物は、すでに免税営業になっていた。出協は「営業税免除推進委員会」を設置し、たゆまず要求していたが、戦後復旧事業に汲々し、さほどの成果を得られずにいた。５・16以後には経済開発の必要な内資調達のために各種財源の発掘に腐心していたときであり、こうした財源を返上するのは困難だった。むしろ出版業に対する営業税率は、1963年には1000分の４から７と、２倍近くも引き上げられた。このあいだ遅々として進まない「出版業に対する営業税免除」を獲得することがいっそう切実なものになっていた。出版界は相も変わらず深刻な運営難に苦しんでおり、営業税免除と所得税率の引き下げを、さらに強く要求していた。

1965年に初めて執権党となった共和党の支援を受けることができた。頑強に反対する財務当局と政党間の難しい協議を重ねた結果、同年12月１日、深夜の年末国会で「営業税法」第９条第２項に「大統領が定める出版物以外の営業」という文字を挿入するのに成功した。つまり、「官報発行の代行、定期刊行物の発行と“大統領が定める出版物”以外の出版の営業」との条件付きの免税を規定する改正案が定期国会の本会議を通過したのである。

しかし、これで出版界の切実な希望が叶えられたわけではなかった。出版業に対する営業税を免税する意志のない政府は、「施行令」を改訂する過程で法律の改正趣旨とは、まったく反対の形態に変えて表現したのだった。これを見ても、政府の反対意志がどんなに強いものだったかがわかる。「営業税法施行令」第６条の２で、政府は課税対象となる出版業に対する「法律第９条第１項第２で規定する免税営業以外の営業は、国定または検認定教科書、聖書と“文教部長官が認定する優良図書以外の出版の営業”とする」と規定し、免税範囲は公序良俗を損なう不実低級な図書を除外した、すべての図書出版の営業を免除しようとする改正趣旨を歪曲させてしまった。

こうして「営業税法」を改正した趣旨は失われることになった。ここでは特に「優良図書」の基準が問題だった。大統領が定める出版物が、どのようなものなのか、具体的に羅列すれば簡単に解決されると、多少抽象的な「優良図書」だけを免除対象にするというのだった。文教部は「優良図書」を規定するため、「優良図書認定規定」を何度も起草した。しかし「優良図書」の基準をどのように具体的に定めるという問題を解決することはできず、せっかく準備された「条件部分の免税」改正案は死文化してしまった。

1967年２月、出協はまたも全面免税の立法趣旨を生かし、関連条項を再び改正することを国会に請願した。そして広範囲に関連部署への陳情活動を展開した。こんどは初めから「出版営業税免税条項の不履行に対する請願」で、目標を定めて、その対象範囲も出版業及び販売業に拡大させ、書店業も免税対象に含ませることを要求した。すると今度は「免税申請をし、免税を受けよ」と、内容が改正されたが、販売業は依然として免税申請対象から除外された。しばらく新たに改正された規定によって、煩わしかったが免税申請をするしかなかった。しかしながら、申告免税は実質的に助けとならないとの理由を入れて、出版界は引き続き完全免税にすることを要求した。

こうした過程をへて出版営業税を条件なしに、全面免除営業と規定する「営業税法改正法律案」が、1971年の国会を通過し、25年を超える粘り強い免税推進運動は、出版界が望んだとおりに落着した。出版業は営業税の免税に続き、出版物取引きにおいても、源泉徴収義務指定の対象からも除外される特例を受けた。

しかし、書店営業税は出版業が免税になっているのに比べて、当然に非課税営業に変更すべきであり、最小限米穀商のような待遇を受けねばならないというのが、出版・書籍商界の一致した主張だった。書店営業税の税率は1000分の20から15に引き下げられた。書店営業税率の引き下げによる国民の精神的良識である図書を普及する書店網の拡張と既存書店の保護育成という方向で、出版業振興に多少なりとも寄与したのである。

だが、新聞・雑誌などは、すでに50年代半ばから免税業種の待遇を受けてきたのと比較すれば、かなり遅い感じは否めなかった。それでもこのような税制上の保護措置が認められたため、営業税が廃止され付加価値税（VAT）が導入される税制の根本的な改編過程でも、本は付加価値税の免税商品（零細率適用）に指定され、今日に至っているのは少しばかり幸いと言わねばならない。そして、こうした優待措置は韓国の出版業が成長する過程に、直接的かつ実質的な効果をもたらしてきた。

一方、著作者の養成の次元については、出版界の根気強い説得で、1975年から施行する税制改革で著作者の印税（royalty）に対しても、原稿料と同じく全面非課税所得と規定された。原稿料に対しては1961年の朴正熙最高会議議長の決断により、いち早く所得税は免除されていた。75年当時、政府は「所得税法」を改正し、それまで免税になっていた原稿料と印税所得に対しても、むしろ課税する方針を定めていたが、反対に所得税の免除対象とするのに成功したのである。原稿料と印税所得に対する非課税は、著者の開発が急がれる際に、著述意欲を鼓舞し、研究活動を支援する見地から象徴的な意味が大きい。また、著作者の印税所得に対する免税運動を、出版関係者が先頭に立って展開した点で大きな意味があった。

4.「文藝振興５か年計画」と出版産業支援

第３次経済開発計画期間のこの時期に、政府の主たる図書開発の目標は、図書の質的な面と制作技術において、さらに企業的な側面において互いに均衡と調和を保ちながら、向上発展できるように体制を整備し、出版産業が置かれている脆弱性と構造的矛盾を改善するため、行政的な支援で支えようとする点を基礎に据えていた。

しかし、1972年10月17日、朴正熙大統領は維新体制を宣布し、憲法を改正した。維新憲法は国政全般にわたる緊急措置[*8]を発動できる権限が含まれていたため、命令による行政が支配する行政国家が全面に登場したのだった。維新体制により大統領に与えられた絶対権力は、根本的に国民の自発的同意に基づいた適法性を確保してはいなかったため、最初から国民的抵抗が手強いものだった。したがって命令による行政が支配する維新体制のもとでは、出版界に対しても、実質的な支援よりは規制がいっそう拡大した。

こうした折に発表された「文藝振興５か年計画」は、これまでこうした面で政策的支援を受けたことがなかっただけに、出版産業としては期待する向きが少なくなかった。

「文化芸術振興法」を制定、1972年８月14日に公布した政府は、同年10月11日に「韓国文化芸術振興委員会」を設立し、10月17日に「第１次文化芸術中興５か年計画」を発表し、翌日には「文藝中興宣言」を発表した。文化芸術振興

＊8　緊急措置は1972年10月17日から７年間存続するあいだ、全９回も発動された。そのうちで出版の自由を直接的に制約した緊急措置の決定版といえるものは、1975年５月13日に発動された第９号だった。この措置は維新体制を批判や誹謗する一切の行為に対して裁判官の令状なしに逮捕、拘禁、押収、捜索できる権限を含んだものだった。その内容のうち出版と関連する部分をみると、集会・示威または新聞、放送、通信など公衆伝播手段や文書、図画、音盤などの表現物によって大韓民国憲法を否定・反対・歪曲または批判や改正または廃止を主張・請願・扇動または宣伝する行為と、これらの内容の表現物を制作・配布・販売・所持または展示する一切の行為が禁じられた。

法の制定と韓国文化芸術振興院の設立は、出版界が韓国出版金庫の設立を推進する過程で、アイデアを出し文公部を説得し推進してきたものであり、韓国文藝振興院が発足するまで、設立基金を出版金庫が負担するなど、主導的な役割を果たしてきた。それだけに鄭鎮肅、韓萬年の両氏が出版界を代表する文藝振興委員会に選任されて、文藝中興５か年計画に出版支援事業が含まれたのは至極当然なことだった。

この５か年計画は、まず、出版産業の懸案問題を次のように指摘している。

1973年４月末現在、韓国の出版社数は1266社である。これは政府が1972年２月と73年３月の２回にわたり、実施した出版社実態調査の結果によって登録抹消された不実出版社1064社を除外しており、次のように数種の資料によって、国内図書産業の脆弱な経営実態を知ることができる。

・　他人資本で運営されている出版社は全体の３分の２
・　従業員４名未満の出版社は88％
・　年間10点未満の刊行の出版社は80％

次に、不実出版社によるダンピング、低俗図書の出版、外販行為の横行などで、図書の供給体系が紊乱している点である。良書の出版支援、図書一元化供給体系の確立を目標に発足した出版金庫の基金目標額３億ウォンのうち、73年現在5000万ウォンしか達成されていないので、その機能を発揮できずにいると指摘されている。さらに憂慮されるのは、国民の読書気風が造成されることなく、低級な外来文化の浸潤で最小限の読書人口すらも確保するのが困難になっていることである。

当時の政府はこうした判断に立ち、1972年以来の急激な成長の道を辿っている図書発行実績の安定的な成長と出版産業の均衡ある発展のために、意欲的な事業を文藝振興５か年計画に含めさせた。

〈文藝振興５か年計画の図書産業振興事業計画〉

①　出版金庫基金で、５億ウォンを確保し、計画期間中に文藝振興基金から毎年１億ウォンずつ支援積み立てする。
②　国内外に図書展示館を設置し、図書の普及を促進する。

③　「出版大賞」を新たに制定し、表彰することにより良書出版の意欲を高める。
④　印刷技術者の海外派遣訓練
⑤　優良図書を選定・普及させることにより読書の気風を高め、良書出版の意欲を向上させる。
⑥　韓国図書雑誌倫理委員会の運営支援
⑦　国際図書博覧会への参加支援
⑧　１面（村）１書店の設置促進

出版産業の内実を拡充し、乱脈を極めている図書供給体系を改編一元化し、読書の気風を高めさせ、良書出版を促進し、出版産業を育成するという意志を表明したものである。振り返って見ると、政府樹立以来、出版産業施策は皆無といえるほど消極的で、微温的なものだったことを想起してみれば、極めて発展的なものといえよう。しかし、計画期間中、総投資規模約249億ウォンのうち、出版文化振興のための予算額を、７億5000万ウォンだけを割り当てたのは、出版振興は形式に過ぎないとの出版界から強い批判を受けた。それでも施行段階では支援規模が大きく縮小された。出版金庫基金の支援は総額５億ウォンが３億ウォンに削減されて執行され、優良図書普及事業では74年に30点を選定し、1500万ウォン相当の図書を購入した。75年には29点、147冊を選定したが、1000万ウォン相当の図書だけを購入し、事業規模は前年比30％も縮小された。さらに76年には、35点、62冊に対して1000万ウォンを購入費に策定執行したが、これすらも77年からは中断する方針で、出版界に失望を与えてしまった。そのほか国際図書博覧会への参加は、年300万ウォン程度の支援金が執行されただけである。結局、文藝振興５か年計画の出版振興事業は名目だけのものに終わってしまった。

5.　「出版界浄化３段階対策」

1972年10月の維新宣布以後、政府は同年12月26日に出版社の登録抹消条項と罰則条項を強化する内容の「出版社及び印刷所の登録に関する法律」を改定した。また1973年５月に、不法、不良出版物を一斉に取り調べ、出版界浄化３段階対策を強力に執行した。政府の出版育成策は形式的なものだったが、相変わらず強圧的な規制一辺倒の政策基調が維持されていたのである。

この対策によりソウル市内一帯で、押収した出版物は国内刊行物1万621冊、外国刊行物3093冊、合計1万3714冊に達する膨大な量だった。これを分析検討した内容を、文公部は次のように発表している。

① 取締刊行物の類型

(a)わいせつ低俗70％、(b)写真・コピー・海賊版9％、(c)剽窃・変造7％、(d)架空の著者6％、(e)図書の名称変更5％、(f)各種盗用など著作権侵害3％

② 類型別、取締、出版社の実態

(a)登録された不実出版社75％、(b)登録抹消出版社15％、(c)幽霊出版社10％

この調査を通じて幽霊出版社、登録抹消出版社が地下販売網をもち、わいせつ低俗刊行物などの不良図書を常習的に発行しており、また、一部不実出版社は国内刊行物を無断複製、剽窃、変造する事例が多いと明らかにしている。大きな出版社が紙型または版権などを無責任に譲渡・転売することで、タイトルを変更して出版し、販売秩序を混乱させる素地があることも指摘された。また、一部の出版社が、ダンピングの本拠地である東大門大学川商街に店舗を確保、ダンピングに加担したことで、図書供給の秩序を混乱させていることも判明した。

このような調査の結果を基礎に、政府は（1）自律浄化期間（6月1日～8月31日)、(2) 指導啓蒙期間（8月2日から1か月間)、(3) 集中取締り及び法的措置期間（10月1日~12月31日）の3段階に分け、出版業界を浄化させる計画を発表した。第1段階では出協と書連の指導のもとで自律的に、上記のような類型の出版物を出版普及させないように指導啓蒙し、第2段階では出版社の実態調査と内務部と共同の不法・不良出版物の取り締まり、これを是正に誘導する。第3段階では、不法・不良出版物を発行した出版社は登録を抹消し、常習的にこうした出版物を執筆・出版・販売した著者・出版社・書店主に対しては、法によって措置することで不法・不良出版物の本拠地を浄化し、段階的に出版秩序を回復させるというのが、その内容の骨子である。

この浄化事業計画によって、74年5月には全国出版社の実態調査を実施し、不実出版社を整理することにより、同年6月には成人漫画出版社に、一斉に注意を喚起する一方、不良出版物を発行した「仁昌書館」に対しては、登録抹消とする断固たる措置がくだされた。

その後、緊急措置9号が1975年5月13日に発効した。この措置に依拠し「国家保安を妨げる憂慮」という漠然とした基準により出版と販売に対する新たな規制が開始された。政府は今後、緊急措置9号が解除されるのに備え、緊急措置を強化する内容の「出版社及び印刷所の登録に関する法律」改正案を国会に提出した。

この改正案は、納本義務規定を守らなかったり、法律に規定した文公部長官の命令に違反した出版社に対して登録抹消ができるようにし、他方、当局が出版物の内容のうち一部を削除したり、留置できる法的根拠を設け、罰則も大幅に強化したものだった。幸いにも、この改正案はあまりにも出版活動を萎縮させるとの言論・出版界の批判と強い反対で、国会での審議が保留された。

6.　自立・自存・自強の自力更正精神

政府は文化公報部を設立し、出版振興を制度的に裏付けようとする意志を示した。維新体制を背景に度が過ぎた干渉は、出版の自由を制約し、自由な出版活動を萎縮させる危機的状況を招いた。しかし、出版産業はいっそう強い自力更正の意志を発揮し、躍進を続けていく。旧習を打破し新しい機軸を創造しようと努力した出版関係者の挑戦精神によって、出版の歴史は一歩ずつ前進していった。

1976年の韓国出版産業の市場規模は、年間出版量が1万点を突破し、1万3334点、約3700万部に達し、出荷額は462億ウォンと大きく成長した。これは10年前の66年対比で出版点数は4.3倍、発行部数は11倍に増えている。出荷額はなんと16倍になった。

出版産業がこのように短期間に急速な成長を遂げたのは、社会・政治・経済・文化的発展と関係しているが、韓国出版に特有の猪突的な気質を基礎にした闘志と突破力、共同精神がこれを可能にした。こうした底力を発揮するように時宜適切に導いた出版指導者たちの指導力も優れたものだった。重要な局面に臨むたびに、正しい選択と決断を下したリーダーたちの献身と、事態を正しく認識する識見と未来を見つめる洞察力が、こうした我々のチャレンジ精神を導いてくれた。当時、出版界のリーダーたちは、根本的な構造改革なくしては出版産業の、成長発展を期することは難しいとの緊張した危機意識と強い自立意志を抱いていた。

振り返って見れば、われわれ出版産業は平和に育った幸せな道程の成年ではなく、孤児のように寂しく苦闘し自力成長したのだ。そうしてわれわれは、いま社会と国家のさらに正しい評価を得るために、さらに努力すると同時に、事業の安全のために現在の基盤をさらに固めなければならない*9。

出版界がこうした意志を実現する過程で、特に韓萬年、閔泳斌、柳益衡の３氏が発揮した行動力は高く評価しなければならない。３氏は歴史的洞察力と強力な推進力、国内外にわたる広範囲な人的ネットワークを基礎に、誰もが共感できるビジョンと長期的で綜合的な発展戦略を開発し、これを強い意志を持って推進した。ユネスコをはじめ国際機構が目指す出版発展戦略を理解し、それを韓国の現実に適用させるプランを求めようと苦心した。こうして出協を中心に組織的に、こうした目標を達成することができた。その頃の出協の状況では、こうした活動に必要な費用の調達は不可能だったが、外部の援助機関の支援と政府と政界の協調を引き出す政治力を発揮したのだった。

そして最終的に、「政府の文化政策的な保護の対象圏外から、自力だけで発展してきたものであることを、出版人すべてが自負」*10することができ、「われわれが図書出版につぎ込んだ精力をひと言で表現すれば、自立、自存、自強のためのものだった。出版文化協会に集い、出版文化の暢達のために尽力し、今日のような国力の伸張にも、大きく役立ってきた。(略) 会員出版社の自立・自存・自強が、出版文化協会と、さらには国の自立・自存・自強につながり、また精神文化開発に至る近道であると信じる」*11と、堂々と宣言するようになったのである。

このように、韓国の出版発展に寄与した大勢の出版関係者の、透徹した哲学とビジョン、卓越した業績を高く評価し、賢察するとき我々の望ましい出版精神が高揚され、伝統が継承されるのである。

＊9　鄭鎭肅『出版文化』(1967.1) の巻頭言
＊10　韓萬年「もう少し光を」『ソウル新聞』(1967.1.21)
＊11　韓萬年「大韓出版文化協会第32回総会の開会の辞」『出版文化』(1979.1)

第6章

商業出版時代の開幕

本章の内容

この章は他の章に比べて、比較的長い期間（1977～2010年）を扱っている。この時期に出版規模は世界10位圏に浮上したが、いちいち取り上げることも困難なくらい内外の変化が多かった。

急激な環境変化への対応過程で、成功したものも多々あったが、残念ながら、長期的な未来ビジョンや戦略によって、計画的かつ賢明に対処したと見ることはできない。マルチメディア相互の覇権競争のなかで、売上げ至上主義に没入したり、台頭した課題の解決にのみ汲々し後進的な行態を示したり、世界の出版秩序に編入されながらも、グローバル化のマインドが未成熟な姿を見せた場合も少なくなかった。こうして80年代には、いち早く、これまで経験できなかった黄金期を過ごすことができた。しかし、蓄積された力量を十分に発揮できる体制革新は成し遂げられず、90年代中半からは構造的な長期不況で成長が停滞している。

この時期は、いま我々の「生きている歴史」で、大部分「現在進行形」という特性を持っている。したがって評価の対象とするよりは、これまでの経験を歴史的教訓と見なす必要がある点からも、今後の進路を提示することに主眼点を置いて、展開過程を整理してみた。

第1節
“離陸”する出版産業

1.　成長軌道に乗る

経済開発と近代化革命は韓国人の暮らしの質を大きく改善させた。特に70年代の重化学中心の工業化と中東建設ブームなどにより、経済は高度成長を遂げ、セマウル運動（朴大統領が推進した農村地域改善運動のことで、セは「新しい」、マウルは「村落」を表す）で国民の暮らしは質的な向上を実感することになった。

都市と農村のあいだの経済的格差を縮小するため、全国的に推進されたセマウル運動は、次第に都市と農村の区別なしに所得の増大、生産基盤の造成、福祉厚生の拡充とともに、精神啓発分野にまで拡大された。経済開発本位の国家発展戦略が精神文化を軽視し、物質万能の誤った風潮をもたらしたとの反省のうえに立ち、精神啓発にも政策的関心を寄せた「第２経済運動」の拡大により、文化を享受する機会が広がり、出版発展の社会的雰囲気も好転しはじめた。

1973～79年の製造業成長率は、年平均16.6％と記録に残る高度成長を達成し、所得の増大をもたらした。地下室つきの単層、または２階建て洋式家屋が、都市の中産層の家屋として普及し、居住環境は大きく改善された。出版の発展を牽引する要素の一つである都市化も活発に進行した。1960年に30％だった都市人口は70年に41％となり、とりわけソウルの人口は爆発的に増えた。教育水準も大きく改善された。1961～87年に中学校進学率は38％から100％に高まり、初等学校卒業生の全員が中学校に進学するようになった。同じ期間に、高校進学率は21％から80％に、大学進学率は６％から29％へと上昇した。

こうした社会環境の改善は、出版活動活性化の基礎となった。とりわけ、出版産業での重要な変化は、光復の年に生まれた解放っ子が、ハングルで自分の考えを表現する能力を持つようになり、出版の創造または需要の主要階層として登場してきたことである。

当時、女子労働者の読書量が女子大生を上まわった、との調査報告もあるくらい読書人口の拡大が目覚ましく、その結果、光復後の作家、崔仁浩の『星たちの故郷』が7万部、韓水山の『浮草』が4万部も売れてベストセラーとなった[*1]。

年間出版点数は2000点台には達しなかったが、1972年には4469点（前年比53％増）、発行部数は1000万部を超え（前年比69％増）、それまで経験しなかった急成長を記録した。この頃の発行部数は出版点数の増加率の2倍もの速度で増加している。例えば1974年に比べて78年には、点数は2.15倍だったが、部数は4.28倍と大きく増えている。それによって1点あたり発行部数も、同じ期間に1945部から3864部と2倍近くになった。出版量は引き続き垂直上昇し、質的な向上も現れた。ついに韓国でも出版学者らがいう「出版離陸現象」が本格的に開始されたのである。

出版離陸とは、出版点数の拡大現象など計量的な手法を用いて出版発展の過程を、より説得力をもって解明する社会史的用語である。箕輪成男は出版離陸現象の背景として学問の興隆、経済発展、技術革新、経営技術と制度、教育の普及などの関係を分析して説明している[*2]。しかし、出版離陸現象は、第2次世界大戦以後に各国で出現し、情報時代に突入しているが、その始発点は国によって一定していない。イギリスとアメリカの出版離陸は、経済的離陸の後であるが、ドイツとフランスでは経済的離陸が先行している。日本の出版離陸は経済離陸よりも若干先行しているが、ほとんど近接している。

出版市場規模も急激に成長軌道に乗りはじめた。1970年から続いて上昇傾向にあり、77年に垂直上昇をとげた。70年の出荷額（51億8000万ウォン）に対し、77年は9倍近くまで増加し、約492億ウォンと集計された。8年間に毎年、70年の出荷額程度ぐらい成長したのである。出荷額成長率はGNI成長率と軌を一にしている。ただし、同じ期間の1人あたりの生産額増加推移は、出版産業全体の出荷額よりはやや低い水準の7倍と見られている。

これは小規模零細出版社が絶対多数を占めていたためで、出版産業が“規模

＊1　『大韓出版文化協会40年史』ソウル、大韓出版文化協会、1987、p171
＊2　箕輪成男（安春根訳）『国際出版開発論』汎友社、1989、p23～48参照

表6-1　出版産業の成長指数（1970〜1977）

	図書総出荷額	1社あたりの生産額	1名あたりのGNI	1名あたりの生産額
1970	100.0	100.0	100.0	100.0
1973	247.8	182.5	158.4	179.2
1975	428.7	432.6	238.0	307.3
1977	891.8	705.6	462.7	486.6

資料：筆者作成

の経済”を実現できずにいることを示している。それほど出版社の企業化は容易なことではない。73年までは1人あたりの生産額は、1社あたりの生産額と同じ趨勢（すうせい）を維持していたが、その後は両者の差が大きく広がった。労働生産性が出版産業の成長率に比べて低下しているのである（**表6-1**）。

2. 量産体制と業界版図の変化

こうした出版の拡張趨勢とともに、しだいに大規模出版社の役割が高まり、両極化現象が深まることになる。1978年の場合、出版社1920のうち年間1点以上を刊行したのは798社で、このうち企業化過程にあると見られる年間16点以上の出版実績を持つものは、全体の9.2%（177社）にすぎない。この177社がその年の全刊行点数の77%を占めており、とりわけ200点以上の10社（0.5%）が30%を、16〜50点を刊行した119社（6.2%）が20%を占めている。しかし、15点以下の621社（32%）は、全体の19%を刊行しただけだった。

このように出版量に格差が生じ、出版界の版図が変化している時に、企業化過程にある比較的安定した出版社は、出版分野を総合化・専門化の方向に、性格を差別化する傾向が明らかに見られる。新生出版社の台頭が目立つが、代わりに、20年以上の歴史をもつ出版社の活動は、相対的に成長の沈滞または鈍化傾向を示した。こうした背景には1977年のいわゆる「検認定教科書事件」の余波があると見られている。これまで教科書本位だった出版社も、一般図書の出版に手を出すなど方向転換をはじめた。

新規出版社増加の勢いも目覚ましかった。1971年に1171社だった出版社数は、翌年には1778社と急増した。73年には不実出版社との理由で、登録抹消される騒ぎがあり、936社と大幅に減った。それでも新規出版社の登録は急増しており、再び2597社にまで増えた。

出版の専門化は、出版分野別、業態別に組織をつくり、情報交換及び自分の問題を自己解決する動きとして発展した。特に政府組織の改編により出版分野別に関連部署も多様化してきたので、これら行政機関との円滑な関係を維持し共同の利益を得るためには、出協とは別途の団体活動が不可避になった面もあった。

こうした理由で、1976年に「学習参考書発行自律協議会（現在の学習資料協会）」が設立された。この団体は設立の過程から機能と役割に関して文教部と緊密な協議をし、初期には出版社間の学習参考書発行・普及過程での過熱競争を防ぎ、授業時間中でも学習参考書を使用できることとするため、参考書の内容についての自律的審議と価格の調停管理を目的に定めた*3。

翌年には、単行本出版社を中心に「韓国図書流通協議会」が組織され、書籍の定価販売制を定着させるために尽力した*4。1978年3月には、割賦外販用の全集出版社が「韓国出版経営協議会」を、6月には「科学技術図書協議会」が発足した。特定の目的を遂行する旨の名分を掲げ、競って結成されたこれらの出版分野別団体は、2010年現在13団体に達しており、それぞれ社団法人格をもち、名称も協会となり、初期の設立目的と性格から大きく変わった。

このように70年代後半は、出版団体が細分化し、機能的にも専門化され、それぞれ躍進を遂げた時期であり、自身の存立基盤を固め、活動方向を模索する開拓期だったと規定される。

こうした団体のなかには、国内で刊行された科学技術図書だけを展示販売する専門書店「科学技術図書の家」を開設運営したり、専門分野の図書目録を制作頒布するなど、特定活動で出版産業の発展に寄与したケースもあった。しか

＊3　大韓出版文化協会、前掲『40年史』p175

＊4　「韓国図書流通協議会」は、1973年6月にも設立されたことがある。この協会は一部の出版社が、自社の全集出版物を抱き合わせ販売、または半値で割引販売し、出版秩序を紊乱させる行為を正常化させる目的で、主に、全集物を出版する19社を集めて設立された。会長は趙相元（玄岩社）だった。協議会は共同出庫プランなどの流通秩序確立方法を集中的に推進したが、特段の成果を挙げることなく満1年で解散してしまった。全集出版社は後に「韓国出版経営協議会」を結成している。

写真6-1　科学技術図書出版協議会が開設した専門書店「科学技術図書の家」

し、現在では、大部分が休眠状態となり、出版発展に必要な個別事業に取り組んではいない。むしろ団体の群雄割拠的な分化は、出版分野別にセクト化を進め、業界の分裂と葛藤を引き起こし、出版産業の求心的役割をすべき核心的な機関団体の機能と位相を弱化させるなど、様々な逆機能や副作用を生んでいると問題点を指摘されている。

3.　制作費の急騰と“設備近代化論”

1977年度末からの組版費、印刷費、制作費などの高騰は、その後１年も続き、翌年末には２倍前後の上昇を記録した。実際には制作費の急騰は、それ以前から始まっていた。

３次にわたる経済開発計画の成功と、輸出ドライブ政策に力を得て、70年代後半の経済状況は目覚ましいものだった。高度成長を遂げた他の産業分野では、高賃金を武器に有能な労働力を吸収していたが、低賃金で労働集約型の手工業的生産方式から脱皮できない出版・印刷・制作業界からは、多くの技能労働力が高賃金の産業に流出した。有能な編集スタッフは折から発行ブームになった企業の社報分野に流れ、営業部門の労働力も、これらの企業のマーケティング部門に奪われるブラックホール現象が発生し、求人難に悩まされた。特に、これらの現象は、制作設備の老朽化が進んだ制作部門においては深刻だった。当然に制作費の急騰と制作難という形で、出版界への影響が拡大した。1974年以来、組版費は300～500％、制作費は250～500％と上昇し、書籍の直接生産費比重は5年間の36.5%から46.9%へと10.4%も高まった。

加えて1977年から導入された付加価値税制のために、出版社は在庫図書と返品分についてまで、直接制作費総額の10%を負担することになり、制作原価の負担率はさらに高まった。ここで初版3000部の定価構成費を例にとると、74年には3.6%の利益を生んだ文芸物が、77年になると6.9%もの赤字になったという*5。こうした赤字構造を黒字構造に転換するには、制作費の節減と重刷の比率を高め、発行部数を増やすマーケッティング戦略と流通システムの開発が急を要する。ところが77年の平均発行部数は2634部だったものが、翌年には3864部と47%の増加を示したものの、定価対比原価率は、依然として前年度と同じ水準の赤字と分析されている。初版と重刷の比率（部数基準）は、7対3と変化は見られない。

印刷工の賃金の上昇は、組版の写真植字化を促進させた。これまでの活字組版は、字母彫刻、鋳字、文選、組版、紙型、鉛版など、一連の工程を経由するため、広い工場面積と多くの人員、そして様々な設備投資の規模が多いだけでなく、資金の回転率も早いとは言えなかった。さらに熟練した印刷技能工を養成するには、7～8年を必要とし、就業希望者すらも迎え入れる余地がない状況だった。こうした時に写真植字機が導入され、出版のオフセット化を促進させることになった。

写真植字機は小資本でも導入でき、技能労働者も短時間に養成できる利点を持つので脚光を浴びた。多くの出版社がこれを導入して使用するようになり、80年代初頭には、早くも2000台余が国内に導入され、その組版能力は大きく改善された。普及初期にはハングル書体と文字受容能力などの点で問題もあったが、まもなく自動校正に編集機能まで備えた第3世代の写植機が登場し、出版社が直接組版する時代が到来するに至った。しかし、それだけで制作難の解決にはならない。オフセット化で質的要求が一段と高まり、印刷施設の老朽化と手作業依存の現状から、製本設備の機械化もいっそう急を要するものになった。

こうした状況を迎えて、出版界は制作費の節減対策として、折しも開発普及したコンピュータ組版システム（CTS）の導入が急務との判断が下った。制作施設の自動化・機械化など、制作設備の根本的改善の必要性が叫ばれ、業界は

＊5　『韓国出版年鑑』大韓出版文化協会、1979、p49

「出版産業近代化事業」に対する政府の政策的支援を要請した。具体的には制作施設の前近代性、既存印刷施設の老朽化と極度の不足現象を改善したいというものだった。制作費の急上昇と出版活動の萎縮を防ぐため、出版産業及び隣接分野の近代化に基金150億ウォンを、政府特恵資金から長期低利の融資を希望していた＊6。

制作設備の近代化という課題は、出版産業だけに限られるものではなく、活字媒体全般の問題として政策的次元でコンピュータ組版システムの導入と流通近代化などを包括し、財政及び行政的次元で取り組む必要があった。

80年代にはコンピュータ技術の普及で、ニューメディアに対する関心が高まった。ニューメディアの出現は、出版をオールドメディア時代の代表的な産物に押しやり、出版は斜陽産業に転落するという、メディアコンプレックスが全世界的に広がっていた。先進国ではコンピュータ技術を出版の世界に活用するプランがいろいろと模索されていた。そのなかの一つが、コンピュータ組版システムである。このシステム導入の必要性は制作設備の近代化との関連で、1978年から提起されていたが、韓国ではアカペ出版社が1982年にコンピュータで『聖典成句大典』(全７巻) を編纂・発行したのが皮切りとなった。

1983年、東亜出版社、金星出版社、三和印刷などがコンピュータ組版システムを導入し、新時代は開幕を告げた。1958年、東亜出版社はベントン鋳造機を導入し、洗練された字体で活字の一大革新を成し遂げた。これが印刷業界の施

写真6-2　出協が開催した「組版の自動化と入力技術」に関する研修会 (1981.10.28)

＊6　大韓出版文化協会、前掲『40年史』p177

設と技術革新を促進させたため、60年代の旺盛な全集出版物の制作を担うことができた。こうして出版工程のコンピュータ化が実現されたため、80年代以降は急増する印刷需要に応じることができた。

また、制作期間の短縮と本の価格の低廉化という効果も生んだ。組版施設のコンピュータ化は、ハングル世代が読書の中心勢力になって開始された「横書き、表現のハングル化」と相まって、制作・編集技術面における革命的な変化をもたらした。

パーソナル・コンピュータ（PC）が開発され、コンピュータの小型化・低廉化・使用の簡便化、さらに原稿の執筆から組版、印刷にいたる出版の制作環境の変化は、本格的なデスクトップ出版（DTP）という電子時代に発展した。1987年には「ソウルシステム」と「韓国コンピュータ技術」の技術スタッフが、電算編集システムを開発した[*7]。89年、マッキントッシュに編集用ソフトウェアQuarkXpressを装着したシステムが紹介され、本格的にDTP時代に突入した。

DTPは、ヒューマン・コンピュータ、コア技術、トオルシステムなどの国内コンピュータ会社が、競って編集専用ソフトウェアを開発、外国の技術とともに急速に普及し、電算写植市場を瞬く間に席巻した。鉛活字をまったく使わずに本づくりが可能になった。韓国に新式鉛活字が入ってきて、近代出版の幕が開かれて100年余にして、出版はもういちど制作革命を遂げたことになる。

一方、コンピュータ技術の発展は、複写機の大量普及を促進させ、普及にともない企業と研究所では著作権を無視し、出版物を複写する行為が横行するようになった。最終的には、大学周辺に専門的な複写代行業者まで現れ、大学教材や専門図書を安く大量に複写・販売するに至ったため、大学教材の販売に大きな影響が現れた。複写・複製技術及び機器の普及の大衆化により、図書購買力の減退と市場蚕食の被害は、日を追って深刻化していった。これに耐えられず、出版界は「無断複写対策委員会」を組織し、83年から取り締まりを開始する自力防衛策を講じ、「著作権法」に「版面権」を推究するなと、さらに合理的で長期的な対策を要求している。

＊7　『情報化白書』韓国電算院、1994、p288

4.　語文政策の変化とハングル化の促進

ハングル世代の登場は出版において、本を書く人、つくる人、読む人すべてに変化への対応が求められることになり、こうした変化は組版システムのコンピュータ化とともに、出版のハングル化を促進させるきっかけとなった。80年代初頭から一斉に開始された出版でのハングル化は、たんに本文から漢字が消滅したことを意味するものではない。長らく続いていた縦書き組版体制が横組みに変わったため、多数の本に新たに組版しなければならない負担を負わせた。さらに表現のハングル化と長い題目の本の登場を促し、編集・レイアウトの斬新的な試みを刺激し、多様な編集体制を定着させた。

出版のハングル化は、語文政策の変化でまたしても広がった。長らく改定云々で論議を重ねてきた「ハングル正書法」と「標準語規定」が改訂され、89年３月１日から施行に入ったからである。すべての出版物のフィルムを外して組み直す作業が始まった。国語事典や児童図書、学習参考書類はとくに急いで修正しなければならなくなった。当時、流通していた約13万点の図書を新しい正書法に合わせて修正する作業であるが、所要費用だけでも350～400億ウォンと推定された。この膨大な書籍在庫を残して置いたまま、一斉に修正することは不可能なので、絶版処理した書籍が非常に多くなった。結果的に、ハングル正書法と標準語規定の改定、そして、その後に出た「外来語表記法」の変更は、ハングル化の趨勢に追いつけない書籍の追放を加速化させ、今後の完全なハングル化を促すことになった。

5.　流通秩序の確立と供給機構

流通構造の悪化と販売秩序の混乱は、出版界の正常な成長に最も大きな阻害要因となっていた。

こうした流通構造の整備の遅れと供給体系の乱脈は、外販センターや書籍商からの過重な値引き要請を受けざるを得なくし、果ては営業費の過大支出を招来し、収益性まで低下させていた。

韓国出版金庫が設置されて「出版物供給機構」設置に関する論議が積極化し、1972年には出版界の衆知を集めて「図書一元供給機構設立試案」を作成した。

71年、この案をめぐって出版・書店業界の代表らが懇談会を開催、意見の統一を期したが、所要資金の財源準備能力の不足で、この努力は水泡に帰してしまった。しかし、出版金庫直営のモデル書店を全国的に設置し、図書一元供給機構の基幹組織にするとのアイデアは現実のものとなり、ソウルの「中央図書展示館」の設置については、漸次これを地方に拡大する計画のもとに、1972年9月5日に開館した。

この展示館は、常態化している割引販売を止揚させ、書籍業界に新たな風を吹き込み、出版物流通秩序の正常化のために設置したが、定価販売制は期待以上の成果をあげた。

何度にもわたった単一供給機構設置案は失敗に終わった。次に、図書の形態別・分野別・販売方法別に市場を組織しようと、既存の供給網を系列化するプランが持ち上がった。流通秩序の確立と定価販売制の実施を可能にすると判断し、営業実務者たちが中軸となり、74年には文庫だけでも定価販売を実施することを決議した。これが文庫販売に新しい気運を吹き込むことになった。

1973年7月には、外販用の全集物専門出版社19社が中心となり、外販制度の合理的な運営を模索するために、「韓国図書流通協議会」を組織し、体制改編を通じて体質強化策を模索した。しかし、共販機構の設立を究極の目標にしたこの組織も、1年あまりで解体を余儀なくされた。

一方、出版界と書店業界は公式的な懇談会を定例化し、定価販売制の実施、マージンの統一、図書流通秩序確立など、具体的な案を求めて論議を活発に展

写真6-3　韓国出版金庫がモデル書店として開設した「中央図書展示館」(左)(1972.9.5)
大型卸売機構設立に対し出版・書店業界の意見を聞く公聴会(右)(1982.4.20)

開した。けれども、政府の警告を無視し、一部の出版社では依然として「特価」なる形式の欺瞞的な二重価格表記制度を悪用し、こうした努力に逆行する行為をしたため、図書価格に対する信頼は大きく損なわれてしまった。

読者を眩惑させ、図書の品位と図書価格に対する読者の信頼を失わせる「抱き合わせ」「特別」「破格」などの修飾語付きの割引販売や、二重価格を表示した広告が急増すると、出協は「図書広告倫理に関する遵守事項」を定め、73年３月５日から施行に移った。また、75年に登録抹消建議や第一線書店での割引販売の中止警告など、断乎とした措置を求める自浄努力を続けた。

割引販売や景品付き販売などの不正規な販売行為は、企画の貧困と不況の余波による需要減退で在庫が累積し、投下資本回収が不調のため、自分だけが生き延びようとする非倫理的な思考方式から起きたものだった。

第2節
世界10位圏の出版大国に

1.　3万点、1億部を達成

80年代は肯定的な側面と、憂慮すべき面が混在した混沌の事態から、歴史上、最も活気に満ちた躍動的な発展を遂げた時期だった。80年代は出版の全盛期を謳歌することができた。

1983年の年間出版量は、ついに３万点を突破した。70年にわずか2591点に過ぎなかった出版点数は、76年には１万点の峠を超えていた。解放以後に韓国語による出版を開始して、実に30余年目のことだった。１万点台の壁を突破すると、出版量の増加傾向に加速度がついた。76年からは年平均48％の成長率を示し、80年代に２万点を超えた。２万点を記録するまで４年を要したが、３万点までに必要としたのは３年だった。

発行部数の成長はいっそう速かった。70年度に484万部だったものが１億部になり、平均発行部数も1883部から3134部と規模が拡大した。80年代の出版は、カラー放送の開始と課外禁止措置、大学定員の拡大、大学教育の大衆化などで、量的な増大が急速に進行した。80年代の出版産業は有史以来最大の好況期と見なされるほど逞しく成長している。

年間発行点数の１万点突破は、たんに量的な成就だけを意味するものではなかった。これをきっかけに、出版産業は創意的で独創的な出版文化を創出する新たな領域に踏み込み、安定的な成長軌道に乗った。ハングル世代の登場が本格化するにつれ、これまでの縦書きは横書きに変わり、日本式の出版用語を追放し、企画と編集面においても、韓国としての独自的な観点と力量を示すようになった。代表的な事例として『世界文学全集』を挙げることができる。全集はいつも人気商品だったが、この頃から韓国的視角で選定した作品を新たに編集し、原典から直接翻訳するようになり、重訳の水準から脱出した。概論書レベルにとどまっていた学術出版も、本格的な専門研究書が競って刊行され、韓国学に対する研究成果が噴出した。特に日本の出版物をただ書き写していた児童用絵本が、80年代半ばになると、新たに養成されたイラストレーターの手で、韓国創作の絵本として面貌を一新する。制作においてはブックデザインの概念が導入された。このように外国の影響を脱し得なかった出版産業は、過去のフレームと断絶・脱皮し、70年代半ばからは、内容や形式において真の近代性と主体性を確立し、新しい秩序を確立していく。80年代の半ばになると、独創的で画期的作業は完成段階に入る。こうして我々なりの独創的な出版の世界を確立し、光復30年で初めて真の出版の独立を成し遂げることができた。しかし、依然として翻訳出版の比重が大きいという限界がある。

教科書、雑誌、漫画などを除いても、毎年、全世界の出版量の５％に迫る量を発行しながら、フランスやスペインと出版量の順位を争う世界10位圏の出版大国に並んだのだった。

世界各国の出版統計を集計した『ユネスコ統計年鑑』(1981年版)によれば、1979年現在、韓国の年間発行点数は世界10位、人口１万名あたりの発行点数は世界８位を占めている。

１万名あたり4.4点を発行した韓国は、人口比でみると驚くべきことにアメリカとフランス(3.9点)、日本(3.8点)に先んじている。わずか15年前の1963年には、世界29位に過ぎなかったのに、じつに目覚ましい発展と言わざるを得ない。年間出版３万点、１億部を突破したのが近代出版を開始し、せいぜい100年でしかない事実も象徴的意味が大きいと言えよう。

それから８年後の1991年10月２日には、ソウルのオリンピック公園で「韓国図書50万点出版大祭典」が華やかに幕を上げた。光復から90年まで韓国で出版された図書の総点数が50万点を超えたことを記念するもので、自信を深めた出版業界が、読書風土をいっそう高めるために開いたイベントだったが、業界が大同団結し、出版産業の位相を高め、出版界の長い宿縁の課題を解決する意志を結集する意図もあった。

鄭元植国務総理と李御寧文化部長官、そして出版界内外から500余名が参加した。この席では20世紀内に良書出版100万点突破を約束するとともに、出版文化産業団地の建設の意志を強調する映像ショーを公開、参加者から熱い喝采を受けた。

60年代の半ば以降、出版産業の発展速度は経済成長率を上まわってきた。当然ながら、出版産業が国家経済において占める比重も高くなった。国内総生産に出版産業の占める比率は、比較対象国のうちで最も高くなっている（**表6-2**参照）。通貨危機で国家経済が極めて憂慮される時期だったので、出版産業も前年対比ではマイナス成長を記録し、推定の市場規模は23億ドルに縮小したときを基準にしている。

このように出版が短期間に、旺盛な活動で刮目すべき成長を達成できた力の源泉は、①先進国水準を凌駕する教育の普及と高い文章の解読力（literacy）、②購買力を保障する所得水準の形成と経済力、③読み書き能力を備えた豊かな人的資源、④都市化と運送及び通信網の形成、⑤ハングルという単一言語と文字の使用、⑥文化を崇拝する民族性と出版の長い歴史と輝かしい伝統などが、その背景にあったと分析されている。

著述家の枯渇による原稿入手難を解決しようと、文学書出版社は文学季刊誌を発行して作家に誌面を提供し、その作品を出版しようとし、一方では文学性を高め新人の発掘に努めた。人文系の出版社はアマチュア著者の作品を積極的に発掘、読者を著者に近づける本づくりが一つの流れとなった。89年に出た鄭明勲、京和、明和の３名の子を世界的な音楽家に育てた李元叔の『私の夢を広げよ』（金寧社）、李季振アナウンサーの『ニュースをお知らせします』（宇石）などが、こうした背景のなかで読者から歓迎された本である。

90年代初頭に発行された金宇中の『世界は広くすることは多い』は、史上最初のミリオンセラーになった。百科事典競争も激しくくり広げられた。70年代

表6-2　国内総生産（GDP）対比出版産業比重（1999）

	イギリス	フランス	ドイツ	アメリカ	日本	韓国
GDP構成率［%］	0.356	0.297	0.424	0.351	0.203	0.532
前年対比変動率［%］	1.9	-0.1	0.9	0.6	0.0	-1.1

資料：各国出版協会

の「學園社」の『世界大百科事典』と､「太極出版社」の『大百科事典』の争いは、10余年後に選手交代があり､「東亜出版社」発行の『原色世界百科事典』(全30巻)と、「東西文化社」の『パスカル世界百科事典』(全30巻) が社運を賭けた一戦をくり広げた。結局、「東亜出版社」の経営権が「斗山グループ」に移るに至った原因は、この事典制作に無理な多額の資金投資をしたことも、１つの要因と見られている。

書籍の形態にも大きな変化が起こった。外形的にはカラー化・大型化の傾向がはっきりと現れた。カラーテレビ放送が開始された81年以降、本文の中の写真やイラストが重要な位置を占めるようになり、こうしたビジュアル化の比重が高まり、紙面はカラー化競争を繰り広げた。活字本位の編集方法から脱皮し、単行本が多色刷りの目立つ姿で、読者の美的感覚に訴えるようになったのだ。これまで国内では数社だけが持っていたカラースキャナーの導入が活発になったのも、この頃からだった。こうした傾向は教養図書や児童図書だけでなく、漫画の可能性にも目を向けさせる契機となった。

80年代の半ばには、本の形態的な変化がいっそう明らかになった。カセットテープを添付した音響図書が、語学や学習参考書分野で脚光を浴びるようになったのだ。これは課外禁止措置によって、学習参考書が個人教師の役割を代行する方法の発展とも言えるが、全科目をセット化し割賦販売することで、沈滞の沼に落ち込んでいた外販業界が生き返らせた。「熊津出版社」はこうした学習参考書の開発に力を入れ、売上げ規模で出版界の先頭グループに入ることができた。国際化ブームに乗り、英語を中心とする語学教材についても同じことが言える。『English 900』(全６巻) など、海外で開発した英会話教材の国内復刻発行権を独占した「時事英語社」(現、YBM) などが、当時、カセットテープ英語教材ブームをリードした。

判型も多様化し、大型化を指向する傾向が顕著になった。80年代までは、学術専門書や大学教材はA5判、文学書はB6判と定形化のようになっていたが､80年代末からはそのような区分はなくなった。81年には､A5判 (菊判) とB6判 (四六判) が主流を成したが、89年にはA5判とその二倍の大きさのA4判とB4判が、全体の82%を超えている。その代わりに、B6判と文庫サイズはほとんど名目だけ維持している状態になった。

初版と重版の構成比において、重版の比率が急速に伸長する趨勢を示しているのも、もう一つの特徴ということができる。初・重版の比率は６対４（発行部数は78対22）だったものが、90年度には５対５（発行部数は54対46）とほぼ同じになった。重版の比重は集計を開始した70年代から終始一貫、増加傾向を示してきた。重版の割合が増えたのは新刊発行が微弱だったことを物語るものよりは、その指標になる息の長い本が多数刊行されたことを意味する。それはまた出版の質が向上し、出版社が経営安定を目指した事実を確認させてくれる指標でもある。

しかし、一方では、人口比や絶対的出版量の基準でみると、外見的には世界10位圏の出版大国になりはしても、果たしてこうした地位に相応しい出版の格を備えているか、出版先進国の役割を担当しているかなどの点で、「外華内貧」との批判もあった。出版大国が出版強国に成長するために、出版人の認識と態度、出版体制と制度などに関しては、いまだに前途遼遠なのである。

2.　制作技術の進歩とCD-ROM

コンピュータ技術の普及は、組版から出版工程の電算化、出版媒体の電子化、流通システムの情報化の３つの方向で開始された。

ニューメディアの出現で、出版は時代に先駆けてオールドメディアの代表格に分類される誤った認識が植え付けられた。こうした認識によって、出版が直ちに斜陽産業に転落するというメディア・コンプレックスが広まった。

出版行為が最初から機械可読型でなされる、まったく新しい方式の出現で、コンピュータは出版産業の新しい局面を作り出した。CD-ROM、CD-Ｉなどのコンパクトディスク型と、磁気テープ、光ディスクなどに代表されるパッケージ系の媒体、そして通信系メディアであるデータベースなど、多様な電子出版物がいち早くその市場を拡大させた。海外では電子出版物が80年代初頭にすでに普及していた。

韓国におけるCD-ROMの歴史は、91年にキューニックスが『聖典ライブラリー』を開発してからである。同じ年に、三星電子が出した英語会話教育用『ダイナミック・イングリッシュ』と『アクティブ・イングリッシュ』が加わり、この３種類がお目見えした。翌年６月、電子出版協会が創立されたが、CD-ROMは出版社よりは、コンピュータソフト業界が開発を主導していくかのようだった。しかし、直ぐに「世光出版社」（朴世源）、「啓蒙社」（金俊植）

表6-3　CD-ROM発行現況

（単位：点）

	1991	1992	1993	1994	1995	1996	1997	1998	1999	2000	合計
教　養	1	1	4	13	45	60	30	23	21	33	238
実　用	−	−	2	19	61	89	65	35	43	27	351
教　育	1	2	15	62	102	224	165	110	120	70	871
芸　能	−	−	3	10	23	74	25	6	7	6	154
コンピュータ	−	−	4	22	58	69	43	36	17	74	323
定期刊行物	−	−	−	1	5	3	3	5	12	12	41
合　計	2	3	28	127	294	519	338	215	230	222	1,978

資料：『韓国出版年鑑』（2001年版）

などが隊列に合流した。

CD-ROMの出版は2000年現在までに、ほぼ1978点が開発されたことを勘案すれば、決して活発に進行したと見ることはできない。むしろ、年間製作件数は96年を頂点に、徐々に減少する傾向すら見せている（**表6-3**）。したがってこれらのうち、現在も市販されているものは極めて少ない。コンピュータ関連書籍や統計資料集など可変データを扱う本が、その内容を収めたCD-ROMを付録形式で添付するケースが一般化している。販売は、主に、一部大型書店とコンピュータ機器販売店でなされている。CD-ROMのような電子出版物に対しても、選別的に本と同様に付加価値税が免除されるように、1996年末に関係法が改正された。

3.　ブックデザイン概念の展開

70年代半ばから、ブックデザインの概念が出版の１つの領域と見なされるようになり、本づくりの新たな現象として定着した。これまでの図案はデザインに、装幀はブックデザインに、カットはまたは挿絵はイラストレーションへと、概念が変わり、本という物体が文字（内容）と芸術的造形の結合に発展する。本の装飾的要素に対する関心が高まることで、編集デザイン（editorial design）のパラダイムが変わったのである。その後、ブックデザインは出版産業の飛躍的な成長とかみ合い、この30余年間、素早い速度で成熟してきた。

月刊『根の深い木』は、創刊（1976.3）のときから、韓国の雑誌としては最も早くから、アートディレクターとグラフィックデザイナー、そして写真記者らで構成された美術チームで運営し、ハングル専用化、横書き方式を採用した。美術チームはハングル字形の再解釈とクリードシステムを適用して雑誌を編集・デザインし、雑誌の視覚的質を高め、本格的にブックデザインの歴史を開拓する。

『根の深い木』は、最も影響力のある編集スタイルとの評価を受けた。デザイナーを指定し、新たな役割を与えることは、これまでのシステムに画期的な変化の波を引き起こす１つの出来事だった。こうした新しい試みは、発行人の韓彰琪が先頭になって行った。

これより少し前、単行本も「読みたい本から持ちたい本」にシフトすることで、表紙装幀及び判型は芸術品、または工芸品的な価値を追及しはじめた。「悦話堂」「民音社」「文藝出版社」「弘盛社」「平民社」「知識産業社」などの出版物は、すでにその出版社なりの固有の色合いとイメージを表現していた。73年から『世界詩人選』を発行した「民音社」は、韓国での詩集判型の典型である規格外判型を用い、続いて89年頃には、国内で初めて編集部から美術部を分離独立させた。

出協は、ブックデザインの概念が定まっていない70年から85年にかけて、全国図書展示会の企画行事に、「優秀装幀コンテスト」を開催し、入賞作品を特別展示し、装幀と本の製作技術の発展を促した。その頃、国内出版社の多くはデザインにあまり神経を使っていなかった。装幀といえば編集部や印刷所の図案室で、活字と絵を適当に配置する程度の認識だった。いまではブックデザインによる本の造形的装いを重視し、実際に本のデザインやエディティアルデザインを専門とするデザイナーが多くなった。比較的最近までは本の顔である表紙の構成や装画（挿絵）は、画家や版画家の領域で、本文は編集者の仕事と考えるのが一般的だった。

そうした本の芸術的造形性に対する旧態依然とした固定観念に、風穴を開けたのは、いまだに“図案師”と呼ばれていたグラフィックデザイナーたちだった。彼らの本づくりへの参入過程で注目されるのは、ほとんどが無報酬で作業をし、謝礼の受け取りを謝絶することだった。つくった本にデザイナーの名前が入ることもあまりなかった。あくまでも創造の喜びだけで、それらの成果を達成したのだった。彼らは表紙を飾り、文字やレタリング、文人趣味のようなイラストや写真、幾何学的な形象で、長く馴染んだものとは絶縁し、デザインに取り組んでいった。外観から本文にいたるまで、本を構成するあらゆる要素（文字組版、用紙、印刷、判型、製本など）を徹底的に吟味し、本を一つの小宇宙として創造する姿勢は、これまでのブックデザイナー認識の枠を根本的に覆した。

ブックデザインへの関心が高まった70年代半ばから、デザインを専業とするデザイナーが出現し、そのなかから脚光を浴びるスターたちも生まれた。そのなかには、鄭丙圭（1946～現在）、安尚秀（1952～現在）、金熒允（1946～現在）、徐基欣（1953～現在）らがおり、それぞれ個性的な作品活動によって新しい流れを創造した。こうして出版物とブックデザインの関係は次第に深まっていった。文学者のなかにも、金承鈺、呉圭原、李祭夏らが特有の才知と感覚で本づくりの水準を高めるべく尽力した。

専門職業人としてのブックデザイナーの存在が、本格的に認められたのは80年代だった。年間発行量が１万点を超えた76年から、３万点が日常化した80年代初頭のベストセラーにおいては、ブックデザインの優れた本が頭角を現し、ブックデザインに対する社会的認識はいっそう高まった。ブックデザインの善し悪しが本の売れ行きを左右するくらい重要になったのである。このときからデザイナーを採用する出版社が増え、外部にデザインを依頼し、差別化を求めるなど出版界の雰囲気は変化した。しかし、草創期にはまだ用語さえも確立していない状態だったため、出版デザイン、編集デザインなど様々な言葉が混用されていた。81年、出協が出版専門家養成用に開設して好評だった「編集人大学」は、「レイアウト入門」という講座を設け、本格的なブックデザインの教育に乗り出した。

韓国ブックデザインの開拓者と目されている鄭丙圭は、パリのエコール・エスティエンでタイポグラフィックを学んで84年に帰国し、国内最初のデザイン工房「鄭丙圭出版デザイン」を設立する。翌年には『根の深い木』と『泉の深い水』の編集を担当した金熒充も、デザイン中心の編集会社を開設した。教保文庫は89年から91年まで「ブックデザイン賞」を設けたが、わずか３回で終わってしまった。ハングル書体研究家の金振平（1949～98）は、ハングル“型”の歴史的整理とハングルデザイン教育に大きな寄与をした。彼はソウル大学応用美術科で、碩・博士学位を受け、合同通信社の広告企画室に勤務し、韓国語版『リーダーズダイジェスト』のアートディレクターを務めた。81年から98年に突然の死を迎えるまでソウル女子大教授に在職し、ハングルデザイン分野で、最も活発な実務と研究を続け、目覚ましい活躍をしていた。90年代初頭には、安尚秀も弘益大学の教授に任用され、徐基欣も慶元大学の視角デザイン科教授に就任したことで、コミュニケーションデザインは本格的に社会に位置づけられた。

95年頃になると、国内で活動中のブックデザイナーは、300名前後と推定されるくらい層が厚くなった。彼らは出版社の美術チームに所属するか、専門プロダクション、またはフリーランスとして働いており、表紙デザインから本文の編集まで活動領域を拡げるようになった。最近のブックデザインはタイポグラフィ、エディタリアルデザインなどに細分化され発展を示している。しかし、一方では、マンネリズムに陥り、学校の課題に似ているとの厳しい批判も見られる。

現代の出版において、ブックデザインは主要な役割を果たすようになった。ブックデザインは絵や写真などを整理、配列、編集、または計画し、本の内容の視角化を図り、内容に合わせて意匠で独自の興味を触発させているが、内容それ自体については、ここでは触れない。しかし、ブックデザインという美しい本を創造する作業が加わることで、本には新しい価値が加味される。ブックデザインは調和・リズム・均衡・対称・対比・アクセント・比率など、美的形式原理を応用し、見やすく読みやすくし理解がスムースになるように、可読性と利読性を高めさせる役割をいう。こうした美的効果と統一感で、著者と読者をつなぐ媒介の役割を果たすのである。ブックデザインは触覚的感覚との一体感で、読者にとって愉悦を感じさせ、「もう一つのメディア」の役目を果たす。

読者が本と出会うとき、まず目につき手で触れるのは、ジャケット（カバー）であり、ときには箱（ケース）である。90年代後半になるとこれに帯が加わった。このように、ブックデザインは視覚に作用し、同時に身体的な接触感が販売にも影響を与えている。出版物の洪水のなかで、1冊の本を他の本と識別させる効果的な手段であり、販売の最前線でとても重要な戦略的位置を占めている。ブックデザインが気に入り、本を買い求める読者はますます増えているのである。

ブックデザインは可能性とともに時代的制約も多くなってきた。本にはそれぞれの時代の文化が凝縮されている。タイトルの書体、選ばれた色彩、使用された写真・イラスト・図、表紙やジャケット、本文の紙質、印刷技術水準など、ブックデザインほど時代の空気と文化の変化を体現するものは珍しい。

ポール・ヴァレリーは、本の持つこうした物体性を「本の容姿」と定義している。本の容姿を見れば、奥付を確認しなくても、発行年度をほぼ推測できるのはそのためである。60〜70年代に流行したカバーケースは、いまは美装本や事典など、特別なものに限って使用され、代わりにジャケットの比重が高まっている。人件費の引き上げと技術者不足などによる制作原価の上昇が、ケースの使用が少なくなった原因だろう。

韓国では近代的出版様式が導入された草創期から、こうした本の美術的要素と造形美はブックデザインではなく、「装幀」という形式で重要なものと認識され、たゆまぬ発展が見られた。原初的な表現手段も活字による活版印刷の全盛期から、写真植字によるオフセット印刷、そして今ではデジタル技術を媒介とする印刷と大きな発展を重ねてきた。

解放期には、植民地時代から装幀家として活動してきた金煥基、金溶俊、李周洪、鄭玄雄らが、量と質の両面で抜きんでた業績を残した。閑常眞、金浩顕、裵正國、金榮注、朴峠賢、張萬榮、南寛、李大源らも、装幀に優れた才能を発揮した。この時期の装幀で代表的な出版社には、「乙酉文化社」「正音社」「白楊堂」「博文出版社」などがある。

朝鮮戦争の最中にも、白榮洙、全聖輔、卞鍾夏、禹慶熙、李順石らが挿絵や装幀の品格を高めてくれた。東京上野の美術学校（現在の東京芸術大学）図案科を卒業した李順石は、当時の韓国で装幀を体系的に学んだ唯一の人物である。彼らは戦争が最盛期の1952年１月初旬、釜山で大韓出版美術協会を創設、「出版美術」なる独特の分野を構築し、装幀の質的向上のために協会展示会の開催などの活動を展開した*8。

出版美術協会の会長は趙能植、副会長は白榮洙で、朴鍾和（小説家、文総委員長）、金昌集（出協会長）が顧問と名誉会長に推戴された。出版美術協会を結成したことは、当時の出版美術が占める領域の重要性を象徴的に物語るものだ。

装幀家と出版社そして印刷所の手厚い努力で、ブックデザインは多角的に向

＊8　「出美協結成」『京郷新聞』1952.1.13
＊9　『出版年鑑』大韓出版年鑑社、1957、p710

上している。物資が貴重だったこの時期に、表紙の紙質は模造紙、アート紙、マニラ紙に限られ、印刷もオフセットと銅版が一般的であり、石版が最も多く活用された。しかし、原書の美しさを再現できない物足りなさが残った*9。

50年代後半には、ビニロン（vinylon）が装幀材料として辞典などに多く使用されたが、出版景気の沈滞で、装幀の発展は遅遅として進まない状態が、70年代初めまで続いた。その頃は経費節減から編集部や一部図案室のある印刷所で、イラストと文字を適当に配列し、表紙を構成する方式が主流だった。文字は活字よりレタリングや書道作品（毛筆）が主に活用された。こうした方法と慣習のために、ブックデザインが本格的に導入された初期には、デザイナーの名前を表示しないことが多かったのである。当時のこうした通例に、画家の金薫は「解放直後に比べれば、あらゆる悪条件のなかでも、出版人たちは旺盛な意欲とたゆみない努力で（装幀は）飛躍的な発展を遂げている」と評価しながらも、「内容は良いのだから模様をどうにかすれば、よく売れるとの考えに立ってつくるのは、出版文化の意味を少しも考えていない悪徳商人みたいな行為」と、出版関係者に図書装幀についての覚醒（かくせい）を促している*10。

一方、挿絵家たちの世界も換骨奪胎した。86年から90年まで出協は世界的なイラストレーターを招き、児童図書編集者と美術大学生らを対象とするワークショップを開催し、世界の権威ある絵本コンクール入賞作家を中心に、優秀絵本原書展示会を開いて、絵本出版の新気運を造成する。既成の挿絵家たちには、海外イラストレーターとの交流の機会も提供し、児童絵本の世界的な流れを体験できるようにした。出協はこうした過程を通じてイラストレーターを中心に、89年には韓国出版美術協会の創立と展示会の開催、作品図録発行を支援する。こうして絵本の水準は急速度に向上し、国際大会で入賞するイラストレーターが多数輩出した。

4.『出版ジャーナル』創刊と書評活動

出版量が増えて読者の立場からは、希望する本の選択に困難を感じるようになった。出版社として販売図書目録の点数は年ごとに増加したが、売上げ規模

*10　金薫「印刷文化と装幀美術」『東亜日報』1959.1.30

は予想どおりにはいかない「豊かさの中の飢饉現象」が起こり始めた。新刊図書に対する情報提供と書評活動の重要性が新たな課題に浮上してきたのである。

出協は1979年から新刊図書情報誌『今日の新刊』を月刊で発行し、全国書店と各図書館に無料で配布する事業を開始した。出協の創立32周年記念日を期して発行した『今日の新刊』は、納本された新刊図書に20字程度の解題をつけて紹介した。こうした定期刊行物の発行配布は初めてのことだった。メディアも新刊紹介と読書記事を積極的に取り上げてくれた。放送局は図書展示会の共催者に加わり、大型読書特集プログラムを用意するなど関心を示しはじめると、新聞も競って出版読書関連ページを定例化するようになった。

出版界内部でも書評作業が展開された。良書出版で比較的評価の高い単行本出版の10社が、1984年8月末に共同で「今日の本選定委員会」を組織し、1年に3回ずつ30点程度の図書を選定、この図書を共同でPRする事業に着手した。

1987年7月には、隔週刊誌『出版ジャーナル』創刊号が顔を見せた。70年に韓国出版金庫の支援で創刊した週刊『読書新聞』が失敗に帰してから、約20年ぶりの試みだった。新鮮な感じの判型、精錬された編集、充実した内容に対して学界や読者たちの反応は熱いものだった。これまで出版界に出版情報誌が無かったわけではないが、すべて機関誌や社外報形式で発行されたものだった。このように本に関するニュースを綜合的に扱った本格的な出版情報誌は、これが初めてだった。

『出版ジャーナル』は、韓国出版金庫という非営利法人が直接発行することで、営利を追求せずに公正中立で高いレベルの書評のほかに、出版関連の主要イッシュとトレンド、様々な形の新刊紹介、海外出版現況と出版の歴史まで、斬新な企画と格調高く広範囲な内容で、影響力をもつ出版界発信のオピニオン媒体で、その権威と専門誌としての声価を高めていった。斬新な内容の企画記事はメディアや図書館の確かな情報源としても有効だった。

15年間、商業主義に恋々としない独立的で公正な姿勢で、書評活動を通じてこの時代の学術と出版文化の聴診器の役割を果たし、出版ジャーナリズムの新しい地平を開いた。しかし、出版金庫は赤字が続いているとの理由で、出協に発行権を譲渡する形式で発行を停止、2002年6月20日付の通巻326号が事実上

＊11　『韓国出版文化振興財団40年史』p193

の終刊号となった。その当時、出版金庫が明らかにした雑誌発行資金のうち、年間不足額は約２億7000万ウォンで、15年間金庫の純投資額は39億ウォンに達してはいなかった。参考までに、このときの金庫の基金は249億ウォンだった[*11]。

約250億ウォンの基金で、出版産業振興を主導したいと設立された出版金庫だったが、年間３億ウォンにも達しない小額の投資をはばかり、「市場性に縛られることなく、もっぱら時代とともにある公論誌として出版情報誌・書評誌としての生命を誠実に遂行するべく積極的に後援したい」との創刊当時の約束を自ら破棄してしまったのだ。出版産業の規模からみても、こうした媒体一つすら存続させられなかった点が惜しまれる。そのため学界や文化界から強い批判を受けた。出版金庫と業界は共同責任を免れることはできない。

5.　出版社急増と両極化現象

６・29民主化宣言（1987年６月29日に、盧泰愚大統領候補が発表した宣言で、「国民の大団結と偉大な国家への前進のための特別宣言」のこと）による政府の出版活性化措置(1987.10.19)の一つに新規出版社の登録制がある。それまで規制されていた新規登録が転換した当時、出版社数は約3000社だったが、措置以降は爆発的に増加し、わずか10年ほどのあいだに10倍以上になり、2010年末現在では３万5626社を記録した。「出版社４万の時代」が秒読み段階に入った感じである。

出版活性化措置の翌88年には、新規出版社数が前年比46.4％、1393社も増加したのを皮切りに、年ごとに平均27.8％の増加をみせた。

出版界に新しい勢力が、このように数多く押し寄せてくる背景には、知識の大衆化と高学歴社会の実現、文化を崇め尊び、出版活動に対する比較優位の伝統などが、出版の魅力と結合して現れた現象と解釈される。自己主張に対する発言欲求が強くなり、読者の関心が多様化・個性化されることで、出版の機能に対する期待値が高まったことも、重要な要因として作用したと考えられる。

しかし、出版産業の経営状態が悪化一路にある零細出版社が主流となっている構造では、単純に出版社の数の増加は誇るべきことよりも、むしろ憂慮すべき側面が大きい。出版社数が増えれば増えるほど、出版活動の内容が質量の両面で保障されなければ、決して歓迎されることではない。そうした面からも新規出版社の爆発的増加は、単純には肯定できないのである。

出版社の増加は、むしろ無秩序と過大競争を煽り立て、規模の零細性を加重させ、不実出版社を量産するなど、乱立の弊害だけを加速化させる側面があることは否定できない。零細な資本と企画力不足な出版社の乱立で、同種類似の重複出版が盛行し、出版の質の低下を招く結果になった。出版社がみな活発な活動を続けるわけではないからだ。

無実績出版社の大量出現の速度は、新規出版社の増加傾向を遙かに上まわった。休眠状態の出版社がそれほど多かった。出版社の首都圏集中が極端に激しくなったのも、望ましくないことだった。全出版社の77％がソウルに所在し、出版量では98％を占めていた。

こうした状況からも分かるように、出版界は新規参入は自由ではあるが、経営基盤が脆弱なため、多くの出版社は短命で終わっている。大型ベストセラーを出し、一時は羨望の的となった出版社が、声なく去った例は枚挙にいとまがない。

しかし、企業化に成功した出版社も少なくない。「三省出版社」が文化産業企業としては初めて1984年に企業公開をすると、「啓蒙社」「熊津出版」などが株式市場に上場、資本調達の新たな道を開いた。出版社が企業公開をした時期は、日本よりも韓国が先だった。韓国の2010年度、全産業売上げ順位1000社のうちには、「大教」「熊津」「東亜出版社」など６つの出版社が入っている。これら上場企業はメディア各社の売上高を上まわる実績を挙げている。大型出版社に対する集中度が高いため、大型対零細出版社間の両極分化現象がしだいに深化し、一部の大型出版社の位相は固定化している。ここから中下位圏出版社の健全な発展を支援し、出版産業の体質を強化させることが切実な課題と指摘されている。

6.　定価制の実施と書店経営

1977年は、機能の跛行性と零細性から逃れられなかった書店業界が、新たな変身を予告した年と記録される。同年の６月には、鍾路２街に近代的経営体制を備えた７階建ての同和書籍（林仁圭）が登場した。付加価値税の導入を契機に、12月１日からは全国の書店で、一斉に定価販売を実施する歴史的な事件が

写真6-4　定価販売制の実施後の書店

起こった。

「同和書籍」の出現は書店大型化に点火した新鮮な動きで、書店業界を深い眠りから目覚めさせる契機となり、文化的にも衝撃的な事件だった。「同和書籍」の開店前には、鍾路書籍（張河麟）や中央図書展示館だけが、代表的な大型書店とされてきたが、それよりも遙かに大規模の７階建ての建物全体を書店売り場にし、韓国では最初の会員制、電話注文など画期的な経営技法を導入したのである。これに刺激され鍾路書籍は同年末に、売り場面積を2300㎡に拡大した。

年間発行点数が２万点を突破した当時、韓国書店の現実をみると、全国2954の書店の売り場面積の平均は20㎡にも達しなかった＊12。新刊すらもまともに陳列できなかったので、出版社は書店の陳列売り場の確保を巡って激しい争いをくり広げていた。読者側としても、欲しい本を心置きなく選ぶことのできる機会を端から奪われているので、出版社や読者が等しく味わった「豊かさの中の飢饉」現象が日増しに深まっていた。とてつもない質量で創出されている出版文化が、正しく評価されない惜しまれる現実だった。

大型化の必要性が強調されているなか、教保生命保険会社は売り場面積3000㎡、保有図書100万冊の史上最初の大型書店、教保文庫（李道先）を1981年に開店し、韓国書店の歴史に新たな頁を開いた。ワンフロアーの売り場面積では、

＊12　「図書流通近代化のための経過報告」大韓出版文化協会、1987、p1。この報告書は『卸小売業センサス報告書』を根拠に、当時「書店の総売り場面積は、いまの流通図書の陳列に必要な面積の２％に過ぎなかった」と指摘している。

当時、東洋一の大きさだった。このように大規模書店が果たして採算が合うのかと憂慮されはしたが、毎年20％以上の売上げ増を記録、ソウルの文化的名所としての地位を固め、書店大型化の可能性に対する確信を持たせてくれた。

教保文庫開店の翌年には、全州の弘志書店（千炳魯）が130㎡の売り場を330㎡に拡張し、常住人口40万の中規模都市でも大型総合書店が可能という事実を示してくれた。1985年６月、教保文庫は仁川、大田、全州、光州、釜山の６都市に支店開設をすると発表。当該地域をはじめ全国の中小書店が生存権を主張し、無制限休業などで頑強に反発する騒ぎが起きたが、途中で挫折した。87年にも、地方店舗開設を試みたが、依然として強い反対で開店１日で、門を閉ざす事態になってしまった。

２度にわたる教保文庫支店開設の動きは、既存の書店業界に大きな刺激を与え、これを契機に全国規模で売り場大型化の動きが見られた。こうして330㎡以上の書店だけでも、1994年には、永豊文庫、ソウル文庫など、ソウルの28か所をはじめ、全国に85か所を数えることができる。このうち19か所は94年度の開店だった。この頃から大型書店は全国的にチェーン化・複合化による市場掌握を目指すようになる。書店の大型化はこれまで安逸に運営されてきた書店経営を革新させるきっかけになった。82年５月、韓国出版販売（呂丞九）は創立20周年記念の「ソウルブックフェア」を開催、教保文庫、鍾路書籍、中央図書展示館などで、店内展示会、著者との対話、サイン会などの文化行事を競って準備し、読者と書店の距離を短縮するのに大きな役割を果たした。大型書店が『書店消息』（韓国海外出版販売）、月刊『教保文庫』、月刊『永豊文庫』など、PR誌を発行し始めたのもこの頃である。

このように書店が長い沈滞から脱出できたのは、定価販売制の定着が決定的だった。果てしない割引き競争でほとんど共倒れ状態になっていた書店が、77年12月１日を期して全国で一斉に定価販売制を実施したからである。各書店の積極的な参加と、一部出版社が定価を引き下げるなど、出版界からの協調と支援を受け、定価販売制は予想を上まわる速度で定着をみた。「独占規制及び公正取引に関する法律」が施行（1981）され、図書は「再販売価格維持行為」が例外的に認められ、法的な保障も受けられるようになった。

第3節
民主化時代、雑誌の役割

1.　新軍部の登場と雑誌廃刊措置

「10・26事件」(1979年10月26日、朴正熙大統領が腹心の部下に殺害された事件) の発生で、にわかに権力の空白が生じ、これによる政治的混乱は、経済・社会全般にわたる激しい影響を与えた。全斗煥を頂点とする新しい軍部が政権を掌握、いわゆる「新軍部」が登場したのだ。1980年５月31日、「混乱を克服し、国家を防衛する」の美名のもとに設置された「国家保衛非常対策委員会」は、強圧的で非民主的な措置を拡大した。雑誌を含むメディアとジャーナリストに対しても、大々的な弾圧が開始された。雑誌が新軍部の言論掌握計画の直撃弾を受け、言論弾圧の最初の犠牲者となった。

文化公報部は1980年７月31日、「社会浄化」という理由で172点の定期刊行物に対する登録を抹消した。登録抹消された刊行物は有価誌が120点、無価誌が52点で、日刊と通信を除外した全刊行物1434点の12％に該当していた。登録を抹消された刊行物のなかには、『アリラン』(金三龍)、『明朗』(権又) などの大衆雑誌も入っていたが、『根の深い木』(韓彰琪、月刊)、『シアルソリ』(咸錫憲、月刊)、中央日報社の『月刊中央』、それに『創作と批評』(丁海廉)、『文学と知性』(金炳翼) などの季刊誌も含まれていて衝撃を与えた。

とくに1965年と70年に創刊された『創作と批評』と『文学と知性』は、解放後の世代によって編集され、またその世代に読まれた最初の成功した「エコール化 (流派)」という業績まで残した当代の知性を代表する雑誌だった。韓国雑誌の歴史を輝かした格調高いこれらの雑誌が、強制的に看板を降ろさねばならない悲運を迎えたのは、文化的にも大きな損失だった（**表6-4**）。

文化公報部は登録抹消に際して、①各種非理、不正、不条理など社会腐敗要因になっている、②淫乱（いんらん）、低俗、わいせつな内容で青少年の健全な情緒に有害な内容を掲載し、③発行目的に違反し法定発行実績を維持できないため「新聞通信等の登録に関する法律」第８条（発行実績維持）に依拠した措置だったと明らかにした。しかし、こうした理由は名分でしかなく、実際は明らかに言論を掌握するための強圧的な措置だった。創刊10周年記念号を準備していて廃刊措置を受け茫然自失となった『文学と知性』は、翌日になって公文書によって「発行目的違反」と通報されたが、「政府が発行したある白書を通じて一部不穏な知識人集団の活動根拠となる雑誌だったという、真の理由を確認することができた」*13。

政府はその年11月28日、再び新聞・通信を除く66点の雑誌登録を抹消し、週刊誌２誌は性格が類似するものと統合させ、同時に10誌に対しては登録事項を変更せよと、「第２次定期刊行物整備」を断行した。今回は有価誌（28点、全有価誌の８％）よりも、無価誌（51点、全無価誌の5.4％）が数の上では多かった。こうして社会浄化レベルで措置された雑誌は、全登録刊行物の19％にあたる251点に達した。しかし、これにとどまることなく、11月末までに、全国で64の新聞・通信社のうち44紙も統合または廃刊措置を受けた。

こうした「言論統廃合」は、形式的には新聞と放送協会の自律決議によって推進されたように装われたが、内容的には疑いもなく政権の強制的で非民主主

表6-4　新軍部による定期刊行物の登録抹消措置

（単位：点）

	総数	登録抹消			
		有価誌	無価誌	合計	比率［%］
週刊誌	121	15	0	15	12.3
月刊誌	771	80	24	104	13.5
隔月刊誌	150	3	10	13	8.7
季刊誌	223	8	8	16	7.1
年刊誌	167	14	10	24	14.4
合計	1,434	120	52	172	12.0

注：1980.7.31現在

*13　金炳翼「本で書く自叙伝19、『文学と知性』廃刊させられる」『出版ジャーナル』2001.6.1

義的な措置だった。

新軍部による第５共和国政権のメディア掌握計画は、1980年12月に通過した「言論基本法」の制定で一段落した。この法律は定期刊行物の登録制を規定したものだったが、文公部長官の発行停止命令権及び登録抹消権を行使できる条項を含み、言論出版の自由を抑制するために利用されたが、６・29民主化宣言以後にようやく廃止（1987.11）された。とても長い暗黒期が続いたのだった。

雑誌界は大きく畏縮してしまった。こうした一連の強圧的な措置を受けて、雑誌界は驚きと緊張を隠せなかったが、自救策として自主的な浄化を申し出ねばならなくなった。児童雑誌は７点もあって付録競争を繰り広げていたが、その数を２種に減らし、女性雑誌は単行本に似た付録競争をしていたのが、１年にいちど家計簿だけを付けることで合意した。学生誌はもともと付録がなかった。雑誌は、毎月、暦日よりも30日から45日も先行して発行されていた。それを調整して当該月の１日に発行することになった。

雑誌の登録抹消措置に続いて政府は「言論基本法」が定めた雑誌の新規登録制度を悪用、許可制のように運営し、新たな雑誌の登場を人為的に妨害した。これによって出版社と同様に、雑誌発行権が一つの大きな利権になり、数千万ウォンで取引されるようになった。雑誌の創刊が不可能になったため、mook（雑誌と書籍の性格を併せ持つ刊行物のことでmagazineとbookからくる混成語）発行のブームが訪れた。

雑誌登録が緩和されたのは、第６共和国がスタートし、民主化措置が断行された1987年だった。これにより多数の雑誌が一斉に発売され、その先を憂慮す

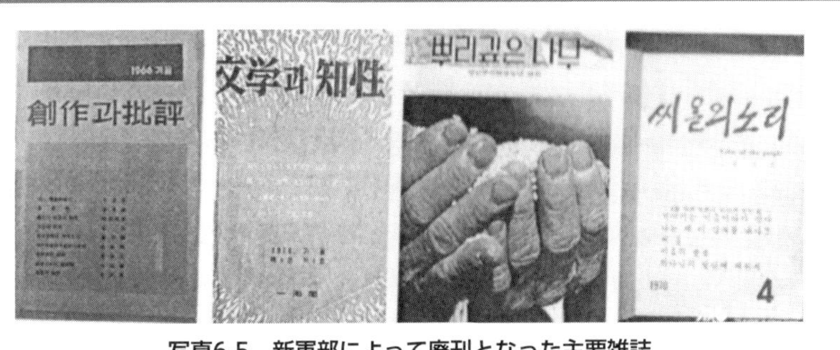

写真6-5　新軍部によって廃刊となった主要雑誌

る声も少なくなかった。ムック誌の大部分はこのときに月刊誌や季刊誌に変身している。

2. 専門化・企業化の段階に

強圧的言論統制のなかでも、80年代の雑誌界は量的に大きく発展し、雑誌の歴史の上で意味のある変化と成長をたゆみなく続けた。

強制廃刊と事実上の許可制の運営で、一時は減った雑誌がいち早く増加し、1983年には80年の大規模登録抹消措置以前の水準に回復していた。雑誌協会の公式発表によれば、商業誌は月刊244点、隔月刊誌22点、季刊誌38点など全317点で、無価誌は1049点、1983年時点で合計1366点が発行されていた。

このように増えた雑誌の特徴の一つは、専門誌の大挙登場である。80年代後半から大衆誌が後退する気配を見せると、代わって本格的な専門誌時代に入っていった。『語文研究』『電子科学』『現代海洋』などの学術専門誌や宗教・趣味から国際問題を扱ったものまで多彩だった。金融・保険・医学など高度の専門性を持った雑誌から、登山・スポーツ・レコード・釣・盆栽・水石・囲碁・切手から趣味生活全般に至るまで、実に多様な分野の専門誌が続出した。高度経済成長を背景に、企業や各種団体の社報や会誌も発行され、専門化の流れはより加速化された。88年度に新規登録された定期刊行物の78%を専門誌が占めており、まさに90年代は「専門誌の時代」の全盛期だったといえる。

産業社会の発展、職業の多様化、職種の細分化は、専門知識を必要とする読者層の希望に応じるため、雑誌出版の専門化は当然の時代的要請だった。しかし、読者及び執筆者の開発は消極的で努力も足りなかった。特定分野の雑誌が成功すれば、類似の雑誌を追いかけてつくる。こうしたリスク回避傾向から同種の雑誌の販売競争が激しくなり、さらに、コンテンツの画一化を招き、経営悪化をいっそう促す悪循環がくり返された。また、大衆雑誌出版本位のメディアと競争するためには、専門誌の媒体競争力を強化しなければならないとも強調された。

言論媒体の発展過程は、最初、エリート段階から大衆化段階、次に専門化段階へと発展するのが一般的な傾向である。これを言論学では「EPS曲線理論」と呼ぶ。EPS曲線理論を韓国の雑誌発展過程に代入すれば、すでに植民地時代にエリート段階を体験した。光復当時に大衆化段階に進入したと見ることができ、雑誌は70年代までが大衆化の開花期だった。個性を生かした内容で、編集傾向も細分化され、多彩で水準も高かった。そうした進歩と変化の先頭に立った雑誌として『セムト（源泉）』（1970.4～現在）、『根の深い木』（1973.3～80.8）、『空間』（1966.11～2013.3）が代表的なものに挙げられる。

『泉』は携帯が便利なポケット版のB6判150頁前後の「小さな雑誌」だったが、「平凡な人々の幸せのための教養誌」のスローガンを掲げ、生活と密接した斬新な読み物を収めて読者をとりこにした。この雑誌は何よりもコンテンツの構成方式に優れた模範を示すことで、大衆誌の発展に寄与してきた。

『根の深い木』も、水準高い記事と編集で、韓国雑誌のパターンを画期的に変化させ雑誌の品格を高めた。漢字を完全に排除したハングル専用と全編横書きで、韓国語駆使の新たな用例を示したことや、韓国の雑誌としては初めて専門のアートディレクター制度を導入し、雑誌編集体制とデザインの側面から、新しい座標を提示した記念碑的な雑誌と評価された。

建築家、金壽根（1931～86）が創刊した『空間』は、草創期には伝統文化と伝統建築を集中して紹介したが、1997年11月号から建築専門雑誌に性格転換をした。しかし、建築専門誌としての領域を超えて、美術・音楽・演劇など文化全般の総合芸術専門誌として、伝統文化の再発見と継承及び現代の芸術活動全般を論評・記録する作業に邁進してきた。

1968年１月号からA4判から規格外サイズに判型を変え、2004年アートディレクターシステムを導入、雑誌におけるデザインの概念をさらに深めさせた。とくに表紙デザインは革新を重ねており、2007年から表紙に出していた立派な建築物の写真がなくなり、「SPACE」というタイトルだけで装飾した。2008年からは「A」の字一つだけを大きく表したA4変形の正四角形の判型とともに、特有のアイデンティティを構築した。また、雑誌の品位を高めるため、広告をまったく掲載しなかったことでも注目される。

雑誌編集上の最も大きな変化は、80年代に縦書きの漢文・ハングル混用体制がハングル専用、横書き体制に完全に変わった点である。横書きになることで、自ずからレイアウト体制も変わり、雑誌の視覚化・カラー化が急速に進行した。

一方、経済の急速な伸長に伴い、雑誌広告市場は驚くべき成長を果たした。70年代から拡大を始めた雑誌広告市場は、80年代に入るとさらに拡大し、広告は雑誌の最も大きな収入源になった。広告市場の拡大は雑誌界の盛衰を分ける最も重要な要素となった。70年から80年まで雑誌広告収入は、8億ウォンから108億ウォンと13倍に伸長し、84年には242億ウォンにまで大幅に増えた*14。

競争の激しい総合雑誌と女性誌の市場に、大型メディアが割り込んできたのも、雑誌広告市場の拡大と雑誌が企業として成立し得る条件が成熟したことを物語っている。商業誌は販売不振と制作費の上昇による資金市場の悪化を、積極的な広告収入の増大と市場開拓で、漸次、企業基盤を安定させていった。『主婦生活』『進學』など、一部の雑誌社は経営合理化に成功し、70年代後半には自前の社屋を持ち、『現代文學』『文学思想』なども、企業として成功したと評価された。雑誌広告市場の拡大は、広告の効果が新聞、放送よりも持続するという点で、広告媒体としての地位と役割を確保することになった。

しかし、取引制度の乱脈と供給体制の無秩序、これによる返品の増加など、雑誌経営を圧迫する要因は変わることはなかった。雑誌の共同販売機構の設立についても、活発な論議があったものの、相互の理解が相反し、実質的な進展を見るには至らなかった。ただ、雑誌金庫がスタートし、資金難に陥っている雑誌経営を支援する体制が整ったことは歓迎されるが、基金不足で所期の目的を達成するには不十分だった。

1997年の国際金融危機（通貨危機）以後の雑誌界では、大幅な広告収入の減少で、多数の雑誌が廃刊になった。文化観光部の資料によれば、98年、雑誌社は750社、有価誌は2200点、年間販売額6800億ウォン、広告売上げ2400億ウォン（全広告市場の5％）、合計9200億ウォンの市場を形成していた。

3.　雑誌発行ブームの到来

1980年以後、雑誌界の最も目立つ現象としては、メディア各社の雑誌発行ブームがある。88年9月末現在、メディアのうち25社が週刊から年刊にいたる合計86種の雑誌を発行していた。新聞・放送・通信などのメディア各社のうち、雑誌を発行していないところは皆無だった。

メディアの雑誌参入で、商業雑誌が負った被害はとても深刻だった。情報の

*14　申寅燮『韓国広告史』ソウル; ナナム、1986、p324

独占はもとより、群小雑誌社が骨を折って養成してきた人材を、無慈悲にスカウトしていき、限られた雑誌広告を奪い取り、雑誌社の存立を脅かす存在になったので、雑誌界は強く反発した。雑誌協会は新聞社の雑誌登録規制を要求する声明書を発表した。続いて86年には、国会に雑誌発行業を中小企業の固有業種に指定し、新聞社と大企業の無分別な雑誌、出版、印刷業への進入を防止してほしいと請願書を提出した。1987年８月にも「言論活性化に対する建議文」によって、メディアの雑誌発行は、別の事業体に分離させることを要請した。雑誌業界のこれらの要求にもかかわらず、新聞社などの雑誌業界への参入は続いており、ただでさえ困難な環境に直面した雑誌界にとっては発展の障害となった。しかし、持続的な規制緩和と、総合情報企業化を志向している新聞社の経営戦略を考えれば、雑誌参入は、今後も続くものと展望される。

1887年、世界著作権条約（UCC）に加入し、海外雑誌との著作権契約によるライセンス雑誌が創刊され始めた。同年９月に月刊『幸せいっぱいの家』を創刊し、アメリカの『Better Homes & Garden』と版権を提携したが、続いて90年代半ばからは市場開放の波に乗り、海外の有名雑誌とのライセンス契約による「韓国語版」が競って刊行されるようになった。週刊誌『ニューズウィーク』（1991.10）、隔月刊誌『ジオ』（1992.9/10）、月刊『エル』（1992.11）、『フィガロ』（1999.3）、『メゾン・マリークレール』（1994.11）、『エスクァイア』（1995.4）など、ライセンス雑誌が相次いで創刊された。

雨後の筍（たけのこ）のように増えているライセンス雑誌は、1999年現在、アメリカ系17点、フランス系６点、日本４点、イギリス１点と全体で28点を数える。にもかかわらず、読者の海外雑誌を好む傾向と、長い期間に蓄積された海外雑誌の制作技術やノウハウなどが、ライセンス雑誌の発行を煽（あお）っているため、今後も増えると見込まれている＊15。

さらに、外国との合資会社も登場している。デザインハウス（李英恵）は、2000年10月、国内雑誌業界で最初にドイツ屈指のメディア企業のBurdaとジョイントベンチャーを構築することで、グローバル企業としての発展基盤を確保した。伽耶メディアもフランスのマリークレール本社から50％の資本を呼び込

＊15　2009年12月現在、ライセンス雑誌の数は全部で12か国、87点と集計されている。『定期刊行物の現況、2009』（文化体育観光部）と『2010 韓国雑誌総覧』（韓国雑誌協会）p88～91を参照

み、社名まで「MCK出版会社」と変えた。

1996年からウェブ（web）を活用したインターネット雑誌「ウェブジン（web＋magazine）」も、『ウェブジンスキッヅ』が創刊され、同じ年に『Image』『ハンカム・オンラインマガジン』などが続々と出て、本格的に刊行がなされた。最初は、主にコンピュータやインターネット通信社で発刊したが、次第に専門的な情報を扱うウェブジンの内容が多様になり、99年には40点を超えるほど急激に増加した。個人でもインターネット雑誌を発行するようになり、社報も人気を集めた。すべて無料だった。インターネット雑誌は既存の雑誌をインターネット雑誌に変更させたもの、純粋にインターネット雑誌として創刊されたもの、インターネット雑誌を発行し、印刷した雑誌も同時に発行するもの、と三つのタイプがある。

一時、パッケージ型のCD－ROM雑誌として、『Click』（電子新聞社）、『Xピープル』（イレメディア）、『サイバータイムス』（CIDI）などが創刊されたが、読者の呼応がなく直ぐに消えてしまった。このほかにE-mailマガジンも伝統的な雑誌の領域に入り込もうとし、既存雑誌業界は、座視傍観は許されない新たな電子時代に直面している。

4.　雑誌100年の整理作業

1996年は韓国に雑誌という媒体が登場して100年になる年である。「雑誌の日」は、1908年、六堂崔南善が『少年』を発行したことを記念して制定されたが、雑誌100年は『大朝鮮独立協会会報』と『親睦会会報』が初めて刊行されて雑誌の歴史が開始された1896年を起点としている。『大朝鮮独立協会会報』は、1896年７月に設立された「独立協会」が、自主独立についての公論をあまねく展開するために、11月30日に創刊した雑誌である。半月刊で翌年の８月15日まで、全18号が発行された。『親睦会会報』は1896年に、朝鮮留学生が東京で創刊した。その後、日本の支配者に国が強制的併合をされる1910年まで、40点ほどの雑誌が発刊されたというが、この半世紀間、多くの紆余曲折を重ねて、いま見るように百花爛漫（ひゃっからんまん）の雑誌の歴史を創造してきた。

雑誌界はこうした歴史について、久しく粘り強い整理作業を推進してきた。「韓国雑誌博物館」を開館したことが、最も意味深い成果だった。雑誌博物館は雑誌協会が１年半にわたり準備し、貴重な雑誌108点、植民地時代の言論弾圧の関連資料50点、雑誌創刊号約700点、雑誌関連研究及び参考資料170点、雑誌付録などを収集し、雑誌会館の２階で1992年12月１日に開館した。

その後、貴重な歴史的価値の高い雑誌の実物を熱心に確保しており、2010年現在、所蔵雑誌を対象に「古雑誌デジタル化事業」に取り組み、研究資料のデータベースを構築している。雑誌協会は2002年に、汝矣島に会館を移し「韓国雑誌情報館」という名称で、現代雑誌を集めた「韓国雑誌総合展示館」(1995年開館)と「雑誌博物館」を運営している。

韓国雑誌100年を記念する、もう一つの事業は『韓国雑誌100年』(韓国雑誌協会、1995)を編纂したことである。『韓国雑誌100年』は、100年の歴史を一目で見ることができるように、大型新B5判、320頁の全面カラーの良質本として刊行した新しいスタイルの歴史書である。崔元植、閔泳斌、金炳哲前任会長の諮問を受け、鄭晋錫、具賢書らが整理を担当した。これに先立ち、雑誌協会は雑誌の足跡を整理し、今後のビジョンを提示する「韓国雑誌90年展」(1986、ソウル、大邱)と「100年展」(1993、釜山)を相次いで開催した。

このように雑誌の歴史を整理するための一連の活動は、韓国雑誌70年を迎えて雑誌協会が『韓国雑誌総覧』(1967)を発刊した時から始まっている。最初の『韓国雑誌総覧』は、A5判66頁の薄っぺらなパンフレットに過ぎなかったが、当代の雑誌界の動向を整理した最初の資料集という点で、大きな意味を持ってい

写真6-6　韓国雑誌博物館の開館式（左）（1992.12.2）
『韓国雑誌100年』出版記念会（右）（1995.3.13）

た。当時、刊行されていた雑誌の目録とともに、「韓国雑誌の発達」（白淳在）、「66年の雑誌界」（閔泳斌）らの論文を収録している。この『雑誌総覧』は内容の充実を期して、1972年、82年、89年、94年、2005年と11年にも発刊されていて、韓国雑誌の発達過程が一目瞭然となる歴史的資料になっている。さらに雑誌協会は、雑誌界の動向と協会活動を知らせる『韓国雑誌協会報』を、1964年12月に創刊、現在は『マガジン・ジャーナル（Magazine Journal）』の誌名で発行している。これまで7回もタイトルを変更し、内容と面貌を一新してきた。

5.　雑誌出版の未来像

雑誌は困難な条件のなかでも、テレビ、新聞、ラジオとともに、4大媒体としての地位をたゆまず拡大してきたが、最近インターネットの浮上と雑誌市場の沈滞で、第5の媒体に転落しつつある。販売部数の減少と売上げ下落、広告収入の減少など、全般的な雑誌出版市場の状況が、雑誌の立場を弱化させている。これに応じて同種の雑誌相互の競争が激化し、経営条件が苦しい雑誌が続々と淘汰される市場での自律調整機能の影響を受けはじめた。

主要雑誌245点を対象に調査した韓国言論研究院の研究報告書『韓国の月刊雑誌』（1993.12）によれば、80年代の雑誌の流れが、90年代の体制を準備したと読み取ることができる。ここから創刊年度を確かめると、100点（40.8％）が80～89年に創刊されたのに対し、80年以前の雑誌は43点（17.6％）にとどまっており、102点（42.2％）は90年以後に創刊されたものだった。これらの雑誌のうち10年以上になるものは、56点（22.9％）だけだった。152点（62％）の雑誌は創刊して6年に達していない。これは多くの雑誌が創刊されはしても、すぐに廃刊となる厳しい状況を物語るものだろう。内容上であれ、機能的効率であれ、雑誌が自分の特性を貫くことができないばかりか、媒体変化という流れから、自己の位相と存在感が微弱な状況から逃れることができずにいる。

グローバル時代を迎えて、海外の雑誌だけでなく、他のメディアとの競争が不可避な状況で、国際競争力を持った専門人材の養成が急がれているが、全出版業において雑誌産業の従事者の構成比は、2005年以来、減少傾向が続いている。

それでも、文化体育観光部と各市道に登録された月刊以下の雑誌の数は、

表6-5　雑誌新規登録及び廃刊状況

（単位：点）

	新規登録					廃刊				
年度	月刊	隔月刊	季刊	年２回刊	計	月刊	隔月刊	季刊	年２回刊	計
2010	574	77	127	57	835	1,900	205	480	159	2,744
2009	1,665	192	411	164	2,432	273	26	55	33	387
2008	600	62	204	65	387	2	13	15	5	35
2007	562	71	118	35	786	320	43	67	16	446
2006	608	67	114	40	829	311	42	56	14	423
2000	286	27	51	15	379	256	33	59	13	361

資料：『定期刊行物現況』文化体育観光部、2010.12

2006年の4661点から2009年には7958点と大きく増加した。2009年３月から一部の雑誌の登録業務が市と道に移管されたこともあり、同年の新規登録数は一時的に急増したが、2010年には大きく反転し6047点と、2000点近くの雑誌が廃刊の不運に遭っている。景気の悪化で購買力が弱まったとも言えるが、デジタル情報流通の発達による有・無料情報の氾濫で、雑誌に対するニーズが基本的に減退する構造的な変化に直面しているからである。

2010年12月現在、6047点の雑誌のうち、月刊が3936点で最も多い。次いで季刊の1161点、隔月刊の542点、年２回刊行が408点となっている。

最近の雑誌の傾向を概括すると、いくつかの特徴が見られる。

①かつてはB5判、B5変形判が主流を成していたが、今ではA4判、またはその変形判に変わった。②オフセット化による判型の拡大で、雑誌の視覚的要素が強化され、写真、イラスト中心にカラー化され、用紙も高級化した。③ライセンス雑誌の増加とともに、誌面に外国語の使用が増えた。外国語のタイトルは読者に洗練さや魅力的なイメージを強く植えつけ、読者の感性への訴求力が強い特性をもつ。④記事はもちろん、広告においても消費志向的で、娯楽、実利志向的な内容が豊富になった。ライセンス雑誌が伸びたのも、そうした現象を促進させた。

120年の歴史を見渡す韓国雑誌界は、この時代の重要な媒体としてこれまでの業績と栄誉をさらに輝かせるための変化が求められている。

「雑誌等定期刊行物の振興に関する法律」（法律第9098号）が、2008年６月に制定され、同年12月に施行されたことで、今後これらの雑誌出版産業の構造的な脆弱点が改善されると期待されている。この法律は雑誌の健全な発展と振興のため、政府が5年ごとに雑誌産業育成の基本施策を樹立、施行するように義務化しており、今後の施設及び流通近代化、優秀雑誌の宣伝普及、専門人材の養成など、生産性向上及び産業競争力を高めさせるために、政府が直接支援できる土台が準備された。また、専門家らによる「定期刊行物諮問委員会」を設置運営することで、雑誌産業の振興基盤が造成されるものと期待される。

しかし、デジタルとネットワーク時代を迎えて低調なデジタル化を雑誌産業発展の課題と認識し、読者の鑑識力に合うデジタルメディアに発展を志向しなければならない。世界の雑誌産業は、モバイルを活用したユビキタス・マガジンに発展し、メディア間の障壁を崩している。デジタルネットワーク社会の特性に見合う新たな雑誌産業に対するパラダイムの転換が要求されている。さらに根本的な問題は雑誌という紙の媒体が、遠からず消滅するとの未来学者たちの予測に、いかに対応するのかという点である。

第4節
出版産業の転換期

1.　急がれる懸案課題への対応

90年代は80年代以上に、社会・経済・文化面で変化が多い時期だった。コンピュータの普及と情報技術（IT）革命が経済・社会構造と人間の生活様式を根本的に変えたばかりか、出版の様相を根本から変化させた。

このように急激な変化に遭遇してみると、80年代のように長期的な観点から潜在的に対応するのではなく、当面の課題解決に力を入れねばならなくなった。当面する課題に対応する過程でも、専門的な識見と洞察力の不足による試行錯誤を重ねたり、敗着する場合もなくはなかった。

政府は1993年を「本の年」と定めた。出版界は本の年が待望の21世紀を前にして跳躍の契機となることを期待した。これまでの「文化の年」事業のうちでは最も成功だったと讃辞を受けた。にもかかわらず、出版産業発展のための基盤整備と構造改革の機会にすることはできず、一過性のイベントに終わってみると、「空(から)の器に声がけが賑わった行事」となってしまった。皮肉にも本の年が終わり、その翌年から出版の景気は長期の沈滞局面に陥った。加えて「貸与店（貸本屋）」とインターネット書店の出現で深刻な事態になった。ひと頃は１万2000軒を超えていた貸与店は、価格策定と編集体制の変化を招き、ベストセラーと月刊雑誌の出版、販売に大きな打撃を与えた。また、割引販売を競争の武器とするインターネット書店は、辛うじて維持されていた「出版物再販売価格維持制度」（「再販制」）を崩壊に追いやった。特にインターネット書店での割引販売は、リアル書店の存立基盤を瓦解させる結果を招いた。インターネット書店を牽制(けんせい)し、再販制を維持させるため、書店業界は「図書定価法」の制定を推進したが、本の消費者である読者大衆の強硬な反対に遭い、念願を達成することはかなわなかった。そして通貨危機を迎えた。有史以来最大の経済危機は、卸小売書店の連鎖倒産を呼び、出版流通システムは崩壊直前の危機を迎えた。総体的難局のなかで、呻吟(しんぎん)する出版産業の切迫した状況を打開するために、大統領の特別指示で500億ウォンが緊急支援された。だが、高金利と貸し付け条件がシビアだったため、いつも資金難に陥っていた出版社にとっては、「絵に描いた餅」でしかなく、いくつかの大型企業の運営資金に活用されただけで、出版産業構造改善には生かせず失敗してしまった*16。

大学街での不正複写行為は、講義用教材までも複写するため底本だけ売れる程度で極に達した。開放化の趨勢に合わせて1995年には出版流通市場が開放されたが、追って97年には出版部門も開放された。

アメリカで開発されたオープン・イーブック（open e-book）という新たな電子ブックが投げかけた衝撃は韓国にもやってきた。イーブックを紹介するセミナーには、500名を超える聴衆が押しかけてきた。2000年度の韓国出版界は、これまでの伝統的な出版物は直ぐにも終末を告げ、電子ブックがすべてを支配するようになると恐怖感にとらわれ、行き過ぎた危機意識が支配するメディア・コンプレックスに包まれて彷徨(ほうこう)を強いられた。

このように複合的な変化の渦の中で、長期不況におそれを抱いた出版産業を育成するため、政府は1999年から「出版産業振興法」の制定を急いだが、その推進さえも容易ではなかった。この法律は「出版及び印刷振興法」という名称で2003年に公布施行された。すでに「図書館及び読書振興法」で出版を活性化させる方案は準備されていたので、これを活用する近道を捨て、遠い道から帰ろうとしたので、時間だけ浪費する結果に終わった。

2000年になると出版産業には、さらに困難が幾重にも重なってきた。出版産業は流通情報化の失敗などで、徐々に活力を失っていった。新しい業態が競い合って出現した90年代の後半以後、出版流通部門での競争は、リアル書店相互の競争から、業態間の競争に広がり、売上げ至上主義に陥った出版社は、新しい業態との合理的な取引制度を定立できずに、不道徳な取引形態や不毛な過当

---

*16　『大韓出版文化協会60周年記念10年史』大韓出版文化協会、2007、p60～62

競争を続けていた。出版流通情報化を近代化の道と痛感し、政府から巨額の支援を受けて推進した出版流通情報システムの構築事業は、実務推進チームの構成さえ専門知識を備えた人材確保対策を後方に押しやり、出版団体のトップを中心に推進したが失敗してしまった。出版流通情報システムの構築事業が失敗すると、出版界はこれ以上、この仕事を推進する意欲が湧かなくなり、現在まで放棄状態になっている。

環境変化に適切に対応できる21世紀の韓国型出版モデルを開発し、新しい需要を創出すべき絶体絶命の切迫した状況だったが、出版団体は構造的な長期不況の沼に陥り、出版産業を回生させる気力がなくなった。有能なリーディンググループの不在で「出版危機論」が広まっているが、長期的なビジョンと総合的な発展戦略を追究しなければならない出版界が、自ら解決する方途を求めようと努力をせずに、むしろ政府に「出版産業振興機構」を設立させ、出版産業の発展を導いてくれるよう促すという愚かなことさえもした*17。

振興機構の設立プランは、一見、斬新なアイデアであるように思われるが、これは業界が自立・自強の精神で出版産業を興してきた60〜70年代の伝統を忘却し、政府に干渉と束縛を願い出たことにほかならない。外国の出版事業が意識的に政府や政治と距離を置いているのとは対照的である。自ら産業基盤を強固に固める自助努力をすることなく、政府に度を越して依存し、無責任な態度を捨てずにいると批判を受けた。こうした出版人の姿勢と態度は、３回にわたって政府が用意した「長期出版振興政策」すらも成功に引き入れることはできずに曖昧（あいまい）のままで終わってしまった。政府主導で出版振興策を樹立し、出版振興機構を設立、出版産業の発展を促すという発想は、現在、中国やベトナムのように出版産業を国営で運営する社会主義諸国で実施しているだけである。西欧先進国の出版政策がややもすれば、出版の自由を侵害する恐れがあると判断

*17　出協など13の出版関係団体長らは、2009年10月26日、「出版振興機構出版界推進委員会」を発足させた。次いで12月30日には「出版振興機構設立を促す汎出版界からの提案」を、文化部に提出している。この提案によれば、出版振興機構の機能及び事業は、①出版産業の基盤造成、②出版産業の活性化支援、③出版知識・資源の発掘と育成、④読書振興、⑤出版専門人材の養成、⑥グローバル化を提起しているが、これに対する業界の発展計画は皆無だった。13団体とは大韓出版文化協会、韓国出版人会議、出版流通振興院、学習資料協会、韓国科学技術出版協会、韓国キリスト教出版協会、韓国書店組合連合会、韓国電子出版協会、韓国出版経営者協会、韓国出版文化振興財団、韓国出版研究所、韓国出版協同組合、韓国学術出版協会である。

し、税制と金融面での支援策だけを用心深く執行しているのとは対照的である。

「出版文化産業振興法」の「図書定価販売制」(制度的には「公正取引法」上の“再販売価格維持行為”)に関する規定も、その内容をただしてみれば、立法趣旨とは正反対の効果を現している。現行(2014年の改正前)規定は、国家が前に出て「出版社が策定した新刊の定価は最大19%まで膨らみのある価格なので、それくらいは割り引いて購入できる」と国民に教えたことにほかならない。この規定は刊行後18か月が経過した「旧刊」に対しては割引率についての制限のない無制限な割引きを認める制度だった。それゆえ「出版文化産業振興法」は、むしろ「本は割引きして買う商品という認識」だけを強める結果になってしまった。こうした制度は結果的に、出版物に対する再販維持行為を事実上廃棄させる措置で、業界をいっそう荒廃化させる結果になってしまった。そのため立法趣旨に両手を挙げて歓迎した業界は、施行1年にもならないのに憲法訴願など、連合して共同闘争だけに没入するばかりで、自ら制度を合理的な方向に補完しようという努力はおざなりな矛盾した形態だけを表していた。

こうした制度変更で、書店業界に収益が低減する実質的な経営威嚇要因が発生しているのは*18、火を見るように明らかである。しかし、新たな体制に合わせて取引条件などで出版業界と折衝を試みようとする努力は全くなかった。新たな制度の施行による衝撃を緩和・保全し、ともに成長しようとの出版・書籍商界の共同の努力が伴わねばならなかった。それでもこうした努力が全くなかったというのは、出版界が環境変化にどれほど無知で、安易な姿勢で対処したかを示すものである。こうした現実は出版産業界が専門的な識見を持った人材を養成しなかったことにも起因するものだろう。

90年以後から現在までの約20年、随時に提起される当面課題を解決することに汲々するだけで、こうした対処療法的な短期的な対策すらも、きちんとした成果を挙げることができなかった。哲学と歴史認識の貧困は、提起された複雑な問題に対して合理的で思考することができず、集団意識に覆われた単細胞的な反応だけを示した。歴史的転換期に直面した出版産業が、長期的なビジョン

---

*18　改定された「出版文化産業振興法」(2000.3.25)の施行後6か月になる同年10月に、中堅書店の組織「韓国書店経営協議会」の月例会で筆者が確認したことによれば、この会の会員書店は「6～8%の収益減が見られ、読者からの割引要求は日増しに高まっていた」と話した。

と総合的発展戦略を提示できなかった。最も重要な激変の時期を有効適切に対応するように体制革新ができなかったので、現実的に構造的な長期不況を克服する機会を失ってしまった。売上げ至上主義に陥り、「買い占め」など、出版倫理に背く跛行的行為ばかりが起きたこの時期は、現代出版産業史において最も失敗した時期だったと記録されている。ただ、坡州出版都市の建設事業を成功させたことだけが、この期間の唯一の成功事例だったといえるのである。

2.　イデオロギー図書から実用書へ

東ヨーロッパ諸国の崩壊と６・29宣言以後、第６共和国の民主化措置で、イデオロギー出版が急に輝きを失ってしまった。80年代は理念図書を中心とする社会科学書出版の時代だったと言われるほど、これが韓国知性史に大きな影響を与えた。左傾イデオロギー出版物が民主化運動の理論的土台を提供し、メディアが自らの役割を果たしていない時に、社会啓発機能を出版が代行したのである。出版の自由の大切さを覚醒させる企画もあった。しかし、80年代の出版運動に対する評価は食い違っている。左派商業主義の勢いが強すぎたとの批判がそれである。

イデオロギー出版が衰退するにつれ、その空席を実用書が埋め、本の機能変化が見られるようになったのも、90年代に現れた新しい傾向だった。1988年７月19日、越北文学者に対する解禁措置が発表された。当時の鄭漢模文化公報部長官は、この日、旧刊の出版が禁止されてきた越北作家120余名の解放前の作

写真6-7　1987年イデオロギー書が解禁された。

品に対して出版を認めると明らかにした。しかし、北韓の共産体制構築に、積極的に協力したり、顕著な活動してきた洪命憙（最高人民会議代議員、69年死亡）、李箕永（文学芸術総連盟委員長、84年死亡）、韓雪野（文学芸術同盟委員長）、趙霊出（朝鮮文学芸術総連盟副委員長）、白仁俊（朝鮮文学芸術総連盟委員長）の5名は除外、引き続き制限すると発表した。

拉致・越北作家の解禁措置は、図書出版「深い泉」の朴玄淑（1947～現在）の努力によって糸口が解け始めた。鄭芝溶が近代文学で占める重要性を認識した「深い泉社」は、80年代初頭から強制的に拉北されたことを証明する資料を集め、鄭芝溶の遺家族を先立たせて、関係当局に解禁するよう根気強く懇願してきた。折しも国土統一院の政策諮問会議で、拉北者たちの解禁の必要性が論じられたのを契機に、『鄭芝溶—詩と散文』をつくり、納本を済ませ、さらに解禁促進活動を展開していたところ、3か月ほど経過した1988年1月18日に納本畢証（納本済証明証）が発給された。当時の納本畢証は、販売許可証と同様な役割を果たしていた。文公部は納本畢証を発給し、「司法的措置は執らない方針」を明らかにし、実質的な解禁をしたのだった。鄭芝溶とともに「金起林についても解禁の建議があれば、同様な手続きにより処理する」ことが付け加えられた。

こうして88年末までに「深い泉社」の『金起林—詩と散文』を筆頭に、『北に行った作家選集』（全10巻・乙酉文化社）、『韓国解禁文学全集』（全18巻・三省出版社）など、50人もの作家の約100点の作品集などが競い合って出版された。『李箕永全集』の出版契約を締結した「プルピット」（洪石）と、李箕永の『豆満江』を任意で刊行した「四季節」（姜マクシル、1956～現在）のあいだでは、著作権問題の争いが起こるなど、拉致・越北作家の出版競争は著作権紛争を呼び起こしもした。朴泰遠の『甲午農民戦争』の著作権を巡って「深い泉社」は、「共同体」（金道淵）と法廷闘争を展開し、裁判部は1989年12月、「共同体」に罰金500万ウォンを宣告することで、遺家族と出版契約を結んで出版した「深い泉社」に有利な判断をした。

この判決はこれまで論議の対象となってきた拉致・越北文学者を含む北韓出版物の韓国内での出版において、著作権の帰属問題に対する裁判所の判決という点で注目された。裁判所は「憲法第3条には大韓民国の領土が韓半島となっており、北韓地域も韓半島の一部であるため、憲法によって制定された民法、著作権法の効力も当然に北韓に及ぶ」と前提し、「死亡した朴泰遠氏の著作権についても、南韓にいる遺族に相続される」と判断した。

こうした雰囲気に乗り、禁忌となっていた北韓訪問記の出版も相次いだ。さらに北韓書籍を原典とした『北韓朝鮮労働党大会主要文献集』が出たのに続き、『朝鮮通史』『朝鮮近代歴史』などが、出版社の名前を明示しながら、公然と刊行された。『赤トンボ』『朝鮮語辞典』のように、発行元が明らかでないものも含まれ、北韓書籍の韓国内での出版は、88年だけで23点に達したと調査されている。こうした出版の禁域の崩壊をもたらしたのは、「７・７民主化宣言」が直接的なきっかけになった点から、民主化運動の成功による出版の自由の成就と受け取られた。『南部軍』に代表されるパルチザン関連のノンフィクション及び小説類、済州島４・３事件を素材とした作品、『資本論』などのマルクス、レーニン主義の原典の翻訳書、在中・在日の韓国人作家の作品などが、社会的な関心を集め、これらのジャンルの出版にいっそう拍車がかかった。

これは民主化運動とともに、統一意志の拡散という観点から出版活動が発展したものと評価される。北韓理解の客観的資料が提供されたと肯定的な評価があり、多方、政治扇動に偏った北韓出版物まで濾過せずにそのまま伝達されたり、恣意的な添削を加えて出版されたり、かけもち重複出版があったりもした。また、政府は北韓資料の公開的な出版行為に対する確固としたガイドラインを提示せずに、ただ黙認する曖昧な態度だったため、出版関係者が拘束される事態がしばしば発生した。無節制な商業主義的出版行為に由来して、民主化闘争の過程で、出版の自由を拡大させる努力が批判されることもあった。実際に、理念図書を含めて政府から販売禁止措置を受けたと噂が広まると、いっそう多く売れる現象が起き、これを利用しようとする出版社も少なからずあった。これらとともに、第５共和国の非理や光州抗争を扱った文学作品と資料集、政治の生態を風刺したコント集まで、時代の状況変化を敏感に反映した書物が書店の店頭で大きなスペースを占めた。ところで、こうした瞬発力を発揮した出版形態が内包した問題点を挙げて、出版の自由の拡大に比例する出版の社会的責任論が提起されたりもした。

90年代の出版環境とトレンドは、読書目的が教養主義から実用主義に変わったことだった。読者が本を通じて追求してきた読書の精神的・教育的機能は弱まり、情報入手及び娯楽の道具と見る傾向が強まった。これは女性よりも男性、20、30代よりも40代、そして学歴が高いほど目立つ傾向である。

90年代初頭の読書志向は、経済エッセイ、企業経営や未来情報社会の診断書、環境問題を分かりやすく説いた経済・科学教養書などの人気が高まり、80年代を風靡した理念図書は急激に力を失い、消滅の道を歩むようになった。折しもソ連をはじめ東欧社会主義諸国の体制崩壊は、理念図書に対する関心を弱めさせる促進剤となった。これに代わり、コンピュータ・語学・証券・財テク・健康・趣味・娯楽に関連する実用書の勢いは、育児・料理・胎教・性生活などの女性用実用書にまで領域を広げていった。2000年代の劈頭まで長期間にわたり、こうした本たちが出版市場をリードした。その内容も初期の入門書レベルから、次第に各分野のマニアを狙う細分化・専門化の段階へと、多様に深化・発展していった。

こうした読書目的の変化を反映し、編集体制も変わっていった。学術専門書の場合も、本の中間にテーマと関連する事例や用語解説、参考事項などを挿入し、より多角的に多くの情報を提供する雑誌スタイルの編集方式が、徐々に幅を効かせた。本文面の多色彩化も進んだ。多元化された社会の多様な要望は、出版活動の様式を大量生産・大量販売から、多品種少量生産、多頻度少量消費体制への転換を促進させた。

何よりも解放以後、引き続き大きな比重を占めてきた学習参考書が、量的に縮小し、漫画がその後を埋めたことも特徴的な傾向の一つとなった。学習参考書の減少は、発行点数と部数に同時に現れている。

すなわち、90年にピークを成した学習参考書の出版量は、翌年からは急激に低下したが、徐々に上昇に転じ、94年からはまたも大きく下降曲線を描いている。こうして90年対比で2000年の発行点数と発行部数の比重は、それぞれ22.9％と70.5％だったものが、2000年には6.2％と20.6％と低くなった。このように学習参考書が急激な変化を見せた背景には、試験成績重視の大学入試制度の影響もあるが、学習参考書の出版形態と普及方法が革新的に変わった点も見逃すことはできない。会員制による添削指導型学習誌が90年代になると急速に普及した。「大教グループ」の「ヌンノピ」、「熊津グループ」の「シンクビック」が、こうした添削指導型学習誌を定期刊行物形態で発行し、学習誌市場を席巻している。「金星出版社」「才能教育」「教苑」なども追撃する気配を見せている。こうした添削指導型学習誌の市場規模は、いま一般図書出版全体に比べて、もっと大きいと推定されるほど成長してきた。

3.　漫画出版への新たな可能性

90年代に刮目すべき成長を示したのは漫画出版である。漫画出版は70年代末から着実に変化していた。スポーツ新聞などに連載された成人用漫画が、79年に単行本になって書店に登場、関心を募らせる新しいジャンルとして注目された。「宇石出版社」（金石中）と「百済」（白祐榮）は、『三国志』（高羽榮）、『コインドル（支石墓）』（朴水東）、『純悪質女史』（吉昌悳）などの漫画を出版、新しい出版分野の開拓の先頭に立った。漫画といえば60年代から貸本屋用の児童漫画のイメージと、70年代の低質な日本漫画の不法複製という否定的な認識から脱皮、漫画出版も一般教養図書と同じ成人読者を対象にする単行本の一分野に格上げされ、書店用漫画市場が認められたのだった。貸本屋用児童漫画の沈滞に代わり、青少年用の日本漫画が不法複写され、密かに流通し悶着を起こしていたので、日本漫画は学校前の文房具店などが供給元の役を果たしてきた。こうして貸本屋中心に形成されていた既存の漫画流通構造も、次第に一般単行本の流通システムに編入されていった[*19]。

1987年、ヨーロッパの歴史を面白く分かりやすく書いた李元馥の『遠い国、隣の国』（全6巻、高麗苑メディア、再刊は金寧社）が、300万部以上とヒットしたのは、こうした流れに沿ったものだった。

映像時代を迎えて、漫画が情報伝達と判断力の形成に効果的な表現手段になるとの認識が広まり、娯楽性を重視する読書傾向が高まると、有名出版社が漫画市場に新たに参入、漫画出版は1996年頃から急成長した。

書店販売を対象とする漫画出版は、二つの流れを形成した。漫画雑誌と単行本を併せて発行する「ソウル文化社」（沈相基）、「テーウォン」（鄭旭）をはじめ、「クルノンクリムパッ」「イトゥ」などの漫画専門出版社と、教養学術漫画を出す一般出版社である。一般出版社のうち「桂林出版社」「金星出版社」「啓蒙社」などは、主に児童対象の学習漫画を、「三省出版社」「斗山東亜」「時空社」「金

＊19　60年代から80年代までは、いわゆる「マンガ房（部屋）」と呼ばれる貸本屋向け漫画が賑わっていた。マンガ房は全盛期には2万店に達するほどだったが、80年代半ばからは「漫画も買って見る時代」になり、4000店台に減ってしまった。しかし、マンガ房は漫画出版の産室で、唯一の流通チャネルの役目を果たした。この全盛時代を率いた代表的な作品には、『母を訪ねて3万里』（金鍾来）、『洪吉童』（申東雨）、『テンイ』（林創）、『恐怖の外人球団』（李賢世）などがあった。

表6-6　最近の漫画出版推移

	1991	1995	2000	2003	2006	2010
図書刊行点数	26,919	32,106	34,961	35,371	45,521	40,291
漫画刊行点数	4,149	4,699	9,329	9,081	7,486	4,776
漫画構成比［%］	15.4	14.6	26.6	25.6	16.4	11.9
図書発行部数［千部］	140,436	157,543	112,945	111,450	113,140	106,310
漫画発行部数［千部］	5,820	13,359	11,537	33,359	20,732	9,477
漫画構成比［%］	4.1	8.4	39.4	29.0	18.3	8.9

資料：『韓国出版年鑑』（2011）から作成

寧社」などは、成人対象の大型漫画シリーズの企画に力を入れた。貸本屋の広がりで単行本市場が限界に達し、97年の出版市場は開放が予想されるなか、漫画によって事業を多角化しようとする出版社が引き続き増えていった。

こうして漫画出版は2000年現在、全出版量に対して発行点数の26.6％、発行部数の39.4％を占める、最も大きな分野に成長した。それ以後は徐々に落ち着きを示しているが、2010年でも点数で11.9％、部数で8.9％と確固たる位置を占めている。世界市場に広がる潜在力の大きい漫画は、これからもなお発展が見込まれる。漫画産業はそれ自体が莫大な経済的効果を持つだけでなく、電子ゲーム、キャラクターファンシー商品、広告、そして観光産業まで、関係する産業的連関効果がとても大きい。

政府が未来戦略産業と認識し、漫画産業に積極的に足を踏み込んだことも、こうした流れに拍車をかけた。文化体育観光部は漫画産業を、21世紀の戦略産業として育成する目標を掲げ、95年を「漫画に対する認識転換の年」と定め、①企画・創作力の高揚及び優秀人力の養成、②韓国漫画の国際化、③関連法律・制度の整備、④漫画産業の基盤構築に焦点を合わせ、漫画産業の総合振興計画を用意した。そして、大韓民国映像漫画大賞の制定、大韓民国キャラクター公募展、ソウル国際マンガフェスティバル・アニメーション公募展を開催、大学に漫画関連学科の開設・推進などの事業を展開した。

4.　電子ブックの出現

過ぎた半世紀にわたるデジタル技術の発展は、マルチメディア・多チャンネルの競争体制を拡大させ、他方、伝統的な書物は新しい媒体から挑戦を受ける不安定な関係が続いている。

コンピュータの普及と情報通信技術の発展で、台頭した「コンピュータによる出版（CAP）」という意味の電子出版（EP; electronic publishing）なる用語が、初めて使用されたのは1980年、国際出版協会（IPA: International Publishers Association）が、電子出版委員会（EPC; Electronic Publishing Committee）を設置してからである。1982年にイギリスで、世界電子出版研究センター（IEPRC; International Electronic Publishing Research Center）が設置された後には、電子出版という用語が広がった。その後1985年にアップル（Apple）が高解像度のレーザープリンターを発表して、DTP（Desk top publishing）が可能になり、アドビ（Adobe）社がPagemakerという出版編集ソフトを開発し、本格的なDTP時代が開幕した*20。

韓国では2003年から施行された「出版及び印刷振興法」で、初めて「電子出版物」に対する法律的な定義が規定された。しかし、アメリカでは電子的コンテンツだけでなく、その電子ブックを読むために開発された端末機（device）も、電子ブックの範疇に包括させている*21。

1960年代に学術雑誌や研究論文の書誌情報データベース（DB）が出現し、「コンピュータによる出版」はコンピュータによる「電子出版物（Electronic publication）」と、意味が拡大された。このときから80年代まで電子的に学術デ

---

*20　韓国最初のDTP方式で刊行された本は、1987年に出た永進出版社の『やさしいBASIC集』である。同じ年に、300DPIレーザープリンターで、ハングルフォントが開発されると、「宝石文」ワードプロセッサーで組版し、10MBハードディスクが異なる16ビートパーソナルコンピュータ（PC）のIBM-XTが既存のレイザープリンターに印刷した。（李起盛『電子出版』永進出版社、1988参照）

*21　「出版及び印刷振興法」第2条第6号は、「電子出版物とは、この法に基づいて申告した出版社が、著作物などの内容を電子的媒体に収めて、利用者がコンピュータなど情報処理装置を利用して読んだり、聞いたりできるように発行した電子ブックなどの刊行物をいう」と定義、他方、アメリカの国立標準技術研究所は「本を読むことと類似した形態で表現するように画面に表示される電子的コンテンツ、または電子的コンテンツを表示する端末システムそれ自体」と定義した。IDPF（International Digital Publishing Forum）の前身のOeBF（Open e-book Forum）は、「文字著作物が含まれデジタル形態で出版され、閲覧できるコンテンツで、一つの位相を固有する識別者、メタデータ、コンテンツ部門で構成される物、またはその電子ブックを読むために開発されたハードウェア－デバイスそれ自体」と定義している。つまり、この二つの機関の定義によれば、電子ブックとはコンテンツはもちろん、電子ブックコンテンツを使用するためのハードウェアまでを意味するという。したがって欧米で電子ブックという場合には、こうした二つの機関の定義に基づき、すべての統計などを作成している。

ータベースを構築した時期として電子出版の歴史で黎明期に該当する。電子出版の台頭で出版の世界は本格的な変化の渦に巻き込まれた。出版社は本をつくり、その本を書店を通じて販売して得た収益を土台に、また別の出版物をつくる活動を通じて多種多様な出版物と高い水準の出版文化を創造してきた。こうした伝統的出版システムが根本的に変革されていく姿を見ながら、人々はグーテンベルク以後500年目の出版革命が到来したと思った。データベースは言うならば、大型コンピュータに書籍の内容を記憶させたもので、必要とするたびに取り出し活用する壮大な電子図書館の発想に発展していった。そして、それは情報通信技術の発展のお陰で、遠隔地でも読むことができるようになった。

続いて、1980年代後半になると、「記憶させる」ことに力点を置いたCD-ROM（compact disc read only memory）*22、DVD（digital video disc）*23のような新たな電子出版物が本格的に出現し、ニューメディア時代が目前に開かれた。韓国で最初のCD-ROM出版物は、キュニックスが1991年に制作した『聖経ライブラリー』である。

伝統的な書籍に比べて利便性と長所を多く持つCD-ROMは、大きな期待を集めた。これとともに、CD-ROMも今後、伝統的な本の代替物として出版産業の未来を脅かすと憂慮されてきた。しかし、90年代初頭の市場形成期から90年代半ばに頂点に達したCD-ROM出版は、予想とは異なり、徐々に減少傾向を見せ始めた。現在は語学教習など教育用の実用書や百科事典類、コンピュータSW、統計資料集の付録など、添え物として命脈を保っている。その代わりにCD-ROMが出現して10年ぶりに、ワールドワイド（www）を基盤とするe-bookという電子出版媒体が、「電子本（electronic book）」の名称で登場し、出版の新たなジャンルの位置を占めた。やがて90年代は、文字と画像及び音声情報が一つに統合したマルチメディア時代が到来した。インターネットブームが起

---

*22　CD-ROMの歴史は、アメリカのグロリア（Grolier）社が1985年に百科事典に利用したのが嚆矢である。その後1991年５月に、アメリカでCD-WORMが開発され、出版が紙とインクという素材から脱皮し、電子記録装置とデジタル電子信号に拡大された。

*23　1996年秋からDVDプレイヤーとほとんど同時に発売されたDVDは、最初はdigital video discの意味で知られていたが、現在は多媒体にも活用できるデジタル多機能ディスク（digital versatile disc）の意味で通用している。当時DVD１枚の記録容量は、普通のCDの６～８倍程度だった。

こり、オンライン情報流通が開始された95年以降には、インターネット社会となった。韓国でオンライン電子出版の先駆者は高永秀である。「青林出版」は1991年から韓国法律情報システムを設立し、約3万件に達する判例情報と法律関連ニュース、法曹界の人名資料などの法律情報をデータベース化のうえ提供してきた。その後を「エイン情報企画」(オンラインPC図書館)、「エンタープライス」(スクーリング・ブック書店)、「ソウン館」(電子図書館トッケビの棒)などが続いた。

デジタル技術がユビキタス時代に突入したことで登場したe-bookという新しい形態の電子ブックは、98年にアメリカで開発された*24。e-bookが世の中で大きな関心の対象として注目されたのは、スティヴン・キングの『ライディング・ザ・ブレット(Riding the Bullet)』(2000年)が爆発的な反応を起こしてからだった。この作品が発表されると、わずか数時間で200万名以上ものダウンロードがあり、サイトが麻痺(まひ)する事件が発生、e-bookの可能性が新たに浮き彫りになった*25。

韓国はIT強国らしく、草創期から電子ブック出版の先頭ランナーになろうと努力してきた。1988年に若い出版人を中心に「電子出版研究会」結成し出版物の製作と流通分野でコンピュータを活用するための実験が活発に行われてきた。1992年には、出版社とCDドライバーメーカー、ソフトウェア開発会社などが共同で「韓国電子出版協会」(会長、許昌成)を設立し、電子ブックの発

---

*24　e-bookの嚆矢はアメリカのハート(Michael S. Hart(1947～2011)が、人類の資料を集めて電子情報に定着させるとの趣旨で始めたグーテンベルク・プロジェクト(Project Gutenberg Literary Archive Foundation)である。このプロジェクトはインターネットに電子化された文書(e-text)を貯蔵して置き、誰でも無料で本を受け取り、読むことができる仮想図書館をつくることを目標とする。ボランティアによって著作権が時効になり、著作権者の同意を得た本、3万4000余点が貯蔵(2010年末現在)されており、PDF、e-PUBなど、多様なフォーマットで提供されている。しかし、e-ink displayerを使用した個人用端末機を電子ブック(e-book)の最初と見るなら、最初の電子ブックは1998年10月末にベンチャー企業のノボメディア(Nuvomedia)が、スーパーチェーン書店(Barnes & Nobles)で公開した「ロケットe-book」である。続いて、同じ時期に、Soft BookがHTML基盤の同名の電子ブックリーダーを販売し、インターネットで連結されたSoft Bookstoreを通じて、図書と雑誌をサービスが本格化することになった。

*25　『ライディング・ザ・ブレット』は、オンライン上だけで読まれるように、発表された初日、アマゾンは1.5秒あたり1回、バネス・アンド・ノベルスでは、2.5秒に1回ずつ注文が殺到し、1日目に40万部が販売される記録を打ち立てた。反面、発売2日目にハッキングされ、セキュリティが脅かされる著作権管理の問題点も同時に提起された。

展に有効適切な対応をしてきた。

2000年は韓国でe-book出版が本格化した年である（初期には「デジタルブック」と呼ばれた）。国内の電子ブック市場は、90年代半ばのPC通信の登場がその起源だった。1994年、エイン情報システムが、テキスト本位のオンライン書籍をサービスし始めると、それを追って「スクリーンブック」「チョロクベ」などもPC通信、電子ブック市場に合流した。しかし、これら初期の電子ブック会社は通信環境がインターネットに変わると大部分が消滅してしまった。

1999年からは、インターネット基盤の電子商取引を基礎に、「バロブックタッコム」が業界最初の武侠小説とファンタジー小説の電子ブックサービスを開始した。端末機の開発も本格化された。以後「バロブックタッコム」「ブックトピア」「ワイズブック」「エバーブックタッコム」「トゥリムブック」「ハンメ」などの電子ブック製作・サービス会社が、リードするなか、その後を「韓国電子ブック」「ノーベル21」などが後発として参加し、草創期の電子ブック市場を開拓していった。これらはインターネットによるダウンロード方式で、電子ブックを販売し、専用ビュアーを用いて読む方式になっている＊[26]。

2000年代に入ると、超高速インターネット及びモバイルインターネット技術の高度化と、移動性を高める端末機が開発普及され、電子ブックに対する接近性は一段と高まった。

2000年９月には、24の出版社と36のIT会社（ソリューション・サービス・端末機製造）など、合計60社が「韓国電子ブックコンソシアム（EBK; Electronic Book Korea)」（会長 金京熙）を設立、編集、製作、教育、広報活動とともに、電子ブックフォーマットの標準化（EBKS 1.0）制定、認証制度の導入、電子ブック産業展の開催などの事業を通じて、電子ブックブームをつくり出そうと努力した。文化体育観光部も資金援助などで、それらの事業を支援した。2004年からは認証を受けた電子出版物についても、一般図書と同様に付加価値税免税の対象に含めさせた。

電子ブックの生産・流通方式は、技術力と生産基盤を持たない出版社が制作からサービスまでの全課程を、電子ブック開発会社に委託する形態が主流を成していた。一部の著者のなかには、直接、電子ブック制作会社と契約する場合

＊26　「出版界の３の市場電子ブック出版」韓国電子ブックコンソシアム、2001、p16～18参照

もあった。e-bookソリューションを保有している「バロブックタッコム」「ワイズブック」「韓国電子ブック」などは、追って手数料（ロイヤルティ）を手にする戦略で、自社のソリューションを無償公開し、出版社を自社制作に誘導し収益性を高め、市場占有競争を繰り広げていった。

韓国出版人会議を中心に、出版社75社が共同出資し、1999年５月に設立された電子ブックの製作、販売会社の「ブックトピア」（2000.3に正式サービス開始、株主は120の出版社）は、草創期の国内最大の電子ブック企業だったが、頭角を現すことはできなかった。この会社は、経営が不実化し、創業10年を超えないうちに、58億ウォンに達する出版社未払い著作権料と、95億ウォンの負債を出した。2009年から法定管理されているが、2010年９月２日に、正式に破産宣告を受け、歴史の彼方に消えていった＊27。この事態は多数の出版社に経済的被害を負わせたばかりでなく、もともと保守的で電子ブック出版に消極的だった出版界に、e-bookの可能性に対する失望と不信感を増幅する結果になった。これは過去の出版界が共同出資して設立した出版流通情報会社BNK（Book Net Korea）の倒産が、情報ネットワーク型の出版流通システム構築事業に対する意欲を喪失させる要因になったように、電子ブック産業の発展に多大な悪影響を及ぼした。その頃、別の電子ブック、制作・流通会社も、多くが業種を変更したり淘汰されたりした。

その後、出版社としては「韓国出版コンテンツ」（KPC、代表申教烈、トナン出版社代表）、「韓国イーパブ」（代表曺裕植アラディン代表）などの電子出版会社を共同で設立したが、市販されている電子出版コンテンツ数は、いまだ市場の流れを主導する段階までには成長し得ないでいる。KPCは2009年７月に「金寧社」「トナン出版社」「文学と知性社」「時空社」「創批」など60余の出版社（提携出

＊27　ブックトピアは資産競売手続きを経て、2010年10月12日、熊津系列の電子ブック企業のオーピエムエス（OPMS、代表尹世雄）が、12万件に達するブックトピアのコンテンツを入手し、サービスし始めたが、ほぼ１年経過した翌年11月28日、独自のサービスを終了し、自社のe-bookサービスである「メキア」に統合運営すると発表し、１世代e-bookサービスであるブックトピアは完全に消えることになった。OPMSがブックトピアのサービスを終えたのは、ブックトピアの不透明な処理で膨大な被害を受け、失望した出版社が著作権の延長契約に応じなかった点が最も大きく、サービスの権利移転が不可能な場合もあったためだという。一部の使用者たちもサービスの持続的な保障を受けられない状況で、著作権コンテンツの購入を避けたことも理由に挙げられている。

版社は株主社を含み180余社）が中軸となり、２次著作物管理会社としてスタートしたコンテンツ供給会社として、ネオロックスの「ニュートブックタッコム」（www.nuutbook.com）と提携しサービスをしている。「韓国イーパブ」（Korea Electronic Publishing Hub）は、2009年９月、「YES24」「アラディン」「永豊文庫」「バンディ＆ルニス」「リブロ」「ブックセン（Booxen）」などの大型書店と「ハンギル社」「ビリョンソ」「ブック21世紀」「ナナム」「民音社」などの国内主要出版社、そして「中央日報」が中心になって設立した。最近では、個人出版社（self publishing）による電子ブック創業者が急増し、独自のビジネスモデルを追求している。こうした動きは電子ブック産業の源泉コンテンツを保有する出版社が、単なるコンテンツ提供者の立場を離れて、電子ブック市場の主導的主体としての役割を確保しようとする意志の現れと解釈される。

現在、電子ブック市場への参加企業は、大きく三つに分けられる。①コンテンツを保有している出版社が電子ブックを直接、生産・提供するケース。一部の著者と新聞社もこれに賛同している。②「教保文庫」「YES24」「インターパーク図書」などの大型オン・オフ書店、インターネットポータル、通信社がデジタルコンテンツを流通させる役割を受け持つケース。③電子ブック専用端末機の製作会社の場合。

流通している電子ブック（コンテンツ）は、市場の性格に応じて基本的に異なる様相を示している。B2B市場は興味本位の、いわゆるジャンル文学が最も大きな比重を占めている。ジャンル文学とはファンタジー小説やロマンス、武侠小説などを指しているが、そのうちで、ロマンス＞武侠＞ファンタジーの順で、多くの量がつくられており、その次に、文学＞経営・経済＞エッセイ＞散文の順になっている[*28]。純粋文学の作家には、李文烈が『バイオレット』を紙の本で出す前に、先行して電子ブックで発表し手応えを感じたという。朴範信、李舜源、孔枝泳、孔柄淏など第一級の作家たちも、ポータルにしきりに名前が挙がった。しかし、アメリカのように新刊の発売と同時に、電子ブックも発売されて、販売のシナジー効果を狙ったり、紙の本のベストセラーを電子ブックに提供されるケースは極めて少ない。たまには電子ブック市場でも、スター作家が登場した。クィヨニの『あいつ、かっこよかった』が、韓国社会を熱く

＊28　「新たに注目されるe-book市場、集中分析」『電子新聞』2009.10.26

し、ロマンス小説『蝶地雷』、武侠小説『拳王無敵』、ファンタジー小説『The Log』、恐怖小説『死の森』など、人気ロマンス作家の新作が出れば、1日のダウンロード数が数万件を記録するほどネチズンたちの反応が熱いときもあった。

電子ブックの端末機市場も事情は同じである。「三星電子（SNE-80）」「インターパーク（ビスケット）」「アイリバー（ストーリー）」「YES24（クレーマータッチ）」「ネオワックス（ヌート）」「ブックキューブ（ブックキューブ）」などが、電子ブック端末機（読書リーダー）の販売をしたが、1年間の各社別販売数は1万台を超えられなかったという*29。このように端末機が初期の市場形成に失敗した理由は、機能に比べて価格が高かったことが、第1に指摘されている。読むに値するコンテンツの不足が市場形成を不可能にしたとの指摘も多い。だが、アメリカやヨーロッパは、主にタブレットPCや専用端末機が使用されているのに対し、韓国ではスマートフォンが大勢を占めている点を無視することはできない。今後、端末機、流通、コンテンツを統合した電子ブック専用の端末機の発売が活発になるものと予想される。

1995年には、国立中央図書館が中心になり、国家電子図書館の構築事業が開始された*30。2002年になると、大学での電子図書館の開設が活発に進行するなか、国立及び国会図書館、法院図書館、産業技術情報院、韓国教育学術情報院、韓国科学技術院科学図書館などが、国の主要図書館に拡大された。2009年5月には、国立デジタル図書館が開館された。新たにスタートした、これらの電子図書館を対象とする電子ブックのB2B市場が少しずつ開かれている。

5.　電子ブック市場の拡大

韓国の電子ブック市場の規模については、二つの統計資料が発表されている。

＊29　「岐路に立つe-book市場／5万台販売止む」『毎日経済』2010.8.9

＊30　国家電子図書館の構築事業は、1995年度に超高速公共運用サービス事業の一環として、「国内学術仮想情報サービス」ウェブサイトを開設し、国内文献目録情報と学術資料200種の本文をデータベースに構築し、1996年3月からインターネットによるサービスを実施したことを基盤に、1997年度に「電子図書館モデル事業」から6次にわたって推進されてきた。

文化体育観光部は、2010年現在の市場規模を6908億ウォンと発表*31している。これに対し世界的な市場調査機関のPWC（Price Waterhouse Coopers）*32の発表では、２億5500万ドル（当該年度の12月末現在の対米売買基準率で換算すれば、約2904億1950万ウォン）、国内出版市場の6.17％に相当すると明らかにし、政府発表と大きな違いを示している。

両統計に、このように大きな差が出た理由は、調査方法と対象が異なっている点もあるが、企業ごとに営業秘密を守ろうとする意志が強く、信用のおけない情報によって売上高を算出し、実際よりも過大に発表する場合が多かったためと見られる。

PWC資料をより具体的に見ると、韓国の出版市場は一般図書15億8700万ドル、雑誌１億4600万ドル（広告収入を除く）で構成され*33、うち電子ブックだけで２億5500万ドルになるという。

これによれば、全世界の電子ブック市場（27億8700万ドル）において、韓国の比重は9.16％で、アメリカ、日本に次いで３位に位置している。PWCが2010年の韓国出版市場規模を中心に産出した結果である。この報告書は図書と雑誌市場の規模を、それぞれ世界13位と記録しているが、その比重は図書が1.26％、雑誌が0.5％になるという*34。

しかし、PWCが　2013年に発表した2017年までの展望は、**図6-1**に見るとおりである。2017年の韓国の出版市場規模（雑誌を除く）は、23億8900万ドルと推定されていて、そのうち電子ブックは７億7500ドル（32.4％）になるという。出版市場全体の３分の１になる大きな比重を占めるとの予測である。2010年対比で、全図書市場は25.3％しか成長しないのに対して、電子ブックはなんと2.3倍を超えるほど増加すると見込まれている。

ところでこの電子ブックの市場規模には、コンテンツ販売額だけでなく、電子手帳、端末機販売分、流通額なども、すべて合算したもので、そのなかから

---

*31　「2008年度、国内デジタルコンテンツ産業市場報告書」韓国ソフトウェア振興院、2008
*32　1998年、ロンドンで設立（現在、本社はニューヨーク、150か国に支社）、会計、監査、コンサルティングなど、専門サービス企業、「グローバルエンターティンメント&メディア市場」に対する10年間（過去５年間、未来５年間）の統計を毎年発表
*33　韓国コンテンツ振興院「グローバルエンターティンメント＆メディア産業　現況分析と展望」『KOCCAフォーカス』2011年14号（通巻42号）p7
*34　前掲文、p25

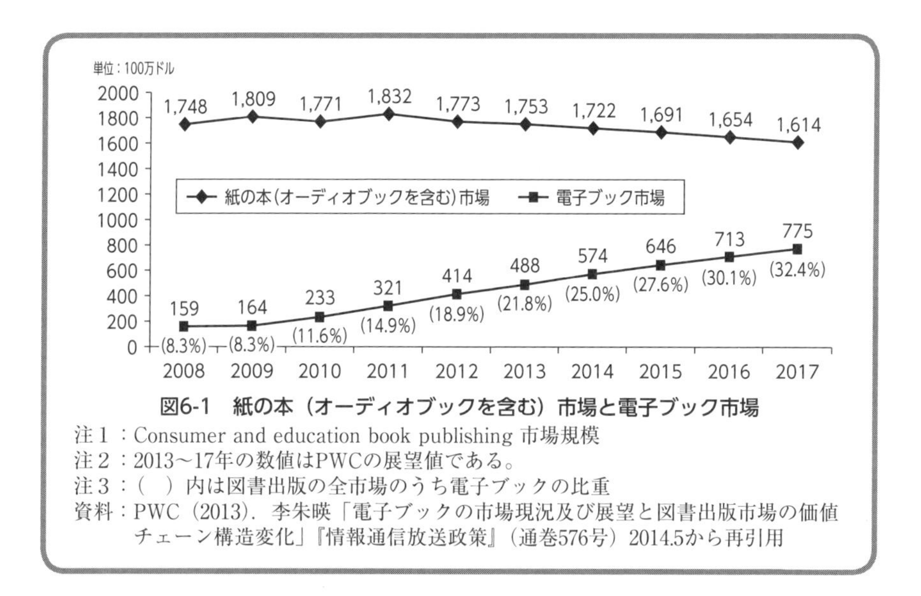

図6-1　紙の本（オーディオブックを含む）市場と電子ブック市場

注１：Consumer and education book publishing 市場規模
注２：2013〜17年の数値はPWCの展望値である。
注３：（　）内は図書出版の全市場のうち電子ブックの比重
資料：PWC（2013）．李朱暎「電子ブックの市場現況及び展望と図書出版市場の価値チェーン構造変化」『情報通信放送政策』（通巻576号）2014.5から再引用

純粋なコンテンツ市場規模だけはどれほどになるのかは、明確に明らかにされてはいない。ただ、2004〜12年末まで、韓国電子出版協議会に認証を受けた約325万点の電子出版物のなかで、紙の単行本が電子ブックに出版されたものは、ほぼ５％（約16万2500点）にすぎない＊35ことから推定し、その比重はそれほど大きくはないと推測するだけだ。残りの95％は電子辞典、デジタル学術論文、ジャーナル、教育用電子出版物、アプリケーション電子ブックなどが占めていると見られる。

電子ブック市場は期待と憂慮が共存しており、今後も慎重な対応戦略が必要とされている。市場が成長し、HIW企業、通信社の参加が増加していて、アマゾンキンドルの成果要因をベンチマーケッティングしたモデルも紹介された。電子ブックの制作ツール（tool）が増えて、個人出版が次第に活性化している点も、発展の可能性を肯定的に見る要素になっている。

政府の政策も、電子ブック産業の育成をバックアップしている。教育部はスマート教育導入政策とともに、e-ラーニングの活性化を推進し、教科書のデジタル化を進めているが、この事業が計画どおりに推進されれば、電子ブック活

＊35　文化体育観光部『2012 コンテンツ産業白書』2013

性化の起爆剤になると見込まれる。文化体育観光部は2010年４月、今後５年間に600億ウォンを投入し、2014年には7000億ウォンの電子ブック市場を造成する内容の「電子出版産業育成方案」を公表している。

依然、解決を迫られている課題は山積している。電子ブックはいまも産業化を模索する段階にある。電子ブック市場が成立されるなら、コンテンツ、ビュアー（viewer、reader）、フォーマット（format）、端末機（device）の４種類の要素が具備されねばならないが、現在でも、こうした条件はまだ完璧ではない問題点と限界がある。不足がちな読書量、コンテンツの貧困と非互換性問題、高性能機器の普及とともに、増加している不法複製、競争の激化など、電子ブック産業の活性化を阻害する否定的要因も少なくない。これまではオリジナルと全く似通った複製物を短時間につくり、内容を任意に変更できるデジタル環境を考慮し、コンテンツに対する著作権管理（DRM）をはじめ収益モデルを保障できるシステムの構築に没入してきた。

電子ブック市場は、今後も成長することは確かなので、不法複製の防止策、合理的な収益構造と印税率など、ビジネスモデルを速やかに確立しなければならない。しかし、これよりもいっそう重大な課題は、根本的に性格の異なる伝統的な出版流通システムと電子ブックのそれを、いかに調停・共存させるかである。伝統的な出版行為は出版物をつくっておけば、読者がそれを書店や図書館のような場所まで行って所有することで、物理的に消費が完結される「購読原則」の構造である。その結果、伝統的な本は価値の鎖をなしている、出版社→卸売→書店が、それぞれ独立した単位として存在することで、同等な位置で「水平的分業モデル」が運用されてきた。

読者も地理的に利用するのが便利な書店があっても、自分の意思によって全国に散在する書店のなかから、自由に選択する権利を保障されてきた。電子出版はこうした構造を一変させている。読むためには必ず端末機が必要で、どの端末機で読むかを決めなければならない。そしてテレビやラジオのように、読み手が実在している場所までコンテンツを持っていく「送達システム」を原則としている。産業組織論的観点からみれば、電子ブックはこれまで長らく維持されてきた伝統的な伝達体制を崩壊させ、出版産業の存立を脅かす面を無視することはできない。

また、別の側面は、国内外での電子ブック出版市場の発展状況によると、アマゾンやアップルの例でも見られるように、端末機メーカーや配信企業別に、「垂直統合モデル」が固定化している。これらがコンテンツ配給サイトも運営しつつ、そこで読者を呼び集め、流通まで「垂直統合」をするならば、端末機メーカーが電子ブック市場をコントロールする体制となる。そのようになれば、電子ブックメーカーの出版社は彼らに隷属し、価格決定権すらも彼ら端末機製造及びコンテンツ配給会社に奪われるおそれが大きくなる。それは出版市場を他の業界に侵食されるレベルを超え、出版産業の根本的機能の弱化ないし縮小という、さらなる源泉的な問題を惹起させることを意味している。

6. 新「著作権法」と「国際著作権条約」

ソウルで開催された第3次韓米経済協議会の共同発表（1984年2月24日）には、「韓国側は著作権を含む知的所有権を保護するため、政策方向に関する説明をした」との表現があった。この漠然とした文言は「韓国は国際著作権などに関する保護措置を漸進的に検討する」と約束したもので、交渉のテーブルでの具体的内容として「外国人の著作権を保護するために、上半期に著作権法の改正案を作成する予定」と著作権制度改革のスケジュールに関して、相互了解に達したことを明らかにした。憂慮された事態がついに目前に迫ってきたのだ。翌朝の新聞は、一斉に外国人の著作権保護が国内出版産業に及ぼす影響、その深刻性と外国、特にアメリカのこれまでの対応と現在の姿勢、韓国が今後検討す

写真6-8　韓国出版の発展の転機になった世界著作権条約への加入（1987.10.1）

表6-7　国際著作権条約加入以後の翻訳出版状況（1980〜2010）

	1980	1985	1990	1995	2000	2005	2007	2008	2009	2010
総発行点数	13,062	19,756	20,903	26,207	25,632	35,992	33,804	36,558	36,456	35,515
翻訳点数	2,159	4,981	3,366	4,335	4,891	7,703	9,675	10,919	9,293	8,523
構成費［%］	10.3	25.2	16.1	16.5	19.1	21.4	28.6	29.9	25.4	23.9
前年対比増加率［%］	23.5	23.4	8.2	-14.4	21.3	10.4	34.8	12.9	-15.0	-8.2

注：漫画を除く。
資料：『韓国出版年鑑』各年度版から作成

べき行動などを一面トップで報じた。著作権問題が文化界における焦眉の関心事として登場したのである。

著作権法改正の内容をめぐる著作者側と利用者側の熱っぽい議論の結果、「新著作権法」は1986年末に制定された。翌87年7月1日の施行、著作権保護期間を著作者の死後30年から50年に延長する、外国著作物の保護規定の新設など、新たな制度が導入され、罰則の強化と内容が一新された。この著作権制度は出版環境を大きく変化させ、また、新法の施行とともに政府は「世界著作権条約（UCC)」と「レコードの無断複製からレコード製作者の権利を保護する国際条約（ジュネーブ条約）」に加入し、同年10月1日から条約は自動的発効となった。

こうして、これまで自由に利用されてきた外国人著作物のうち、1987年10月1日以後に発表された著作物に関しては、著作者の許諾なしには国内での利用が認められなくなった。海賊出版国の汚名が消えて著作権の世界で市民権を獲得したのである。代わって、経済的負担と海外知識受容の面で多くの制約を受けることになった。国際著作権条約への加入問題は、すでに1961年から公式に論議されてきた。70年代以後には海外からの加入圧力が激しくなっていたが、時期尚早との判断から、これまで延期してきたのである。

ウルグアイラウンド協議によって誕生した世界貿易機構WTO（World Trade Organization）の新たな経済体制のもとで、1996年に「ベルヌ条約」が発効し、同時に、外国人著作権の遡及保護など著作権制度は、またしても大きな変化を遂げることになった。

著作権法の制定と国際条約加入という著作権状況の変化は、出版物の企画・編集・制作技術を向上させ、韓国出版産業の根本的な体質変化を促す決定的な契機となった。そして3つの新しい状況が台頭した。

第1は、海外図書の国内翻訳出版をめぐる競争の形の変化である。海外の著作権者と正式に契約を締結し、出版することになったので「海賊国家」の汚名は消えた。無資格者による低質な翻訳や、剽窃的な翻訳出版はなくなったが、翻訳出版権獲得のための出版社相互の過当競争で、海外著作権者の財布だけを膨らませる結果を招いてしまった。韓国出版界は海外著作権者の「ご機嫌とり」ばかりで、国内著述者の養成はおざなりと批判された。そのような指摘は、翻訳書の比率が高い現実によるものだ。全出版物に占める翻訳書の比率は、**表6-7**に見るように、国際著作権条約とWTOに加入し、海外著作物の遡及保護を開始した1986～89年と93～96年に、一時的に減少したものの、すぐにそのショックから回復し、またしても海外出版物への依存度が高まった。

むしろ2000年代には、条約加入以前の80年代前半よりも翻訳出版の比率が高まり、いまでは翻訳出版は全出版量の25％前後を占めている。こうした翻訳出版状況は世界各国と比べても高い水準にある。特に学術専門図書よりも文学書での割合が高い。海外の最新学術情報や理論の導入は弱い側に属し、翻訳書の著者の国籍は、アメリカと日本が過半数を占める特定国偏重が見られ、問題点として指摘されている。したがって、韓国の出版状況は翻訳書と漫画出版が全体の半ばを占めており、2000年以降には質的に低下したとの批判から免れることは難しい。

こうして海外著作権の獲得をめぐり、出版社相互の過当競争を避ける道が模索された。しかし、著作権アドバンス（前払金）が急上昇する傾向が現れた。たとえば、3000ドル以上の契約件数は、88年の21件から93年には141件と、５年間に７倍になった。最近、ある出版物は210万ドルを支払って翻訳権を獲得、出版界に大きな衝撃を与えた。それは前年のアドバンス最高額を上まわる国内で最高額の事例となった。これを契機に出版社の行き過ぎた競争で、韓国の否定的なイメージを広める行為は、自制すべきだと反省論が続出している。

第２の変化は、韓国図書の海外普及に関する強い意志が表明されたことだ。著作権輸出の実績は毎年増加しており、海外市場開拓の可能性が高いと見込まれる児童向け絵本分野では、UCC加盟前後に集中的な努力が傾注された。事例を挙げると、1986年から外国の著名イラストレーターを招聘、ワークショップと海外優秀イラストレーション作品の展示会を相次いで開催した。これは若くて有能なイラストレーターを養成し、挿絵レベルにとどまっていた児童用絵本の質的向上を意図したものである。そしてこれは、韓国出版の成熟度を示す模範的事業と高く評価された。

第3の課題は、新しい制度と体制に見合う慣行の確立への対応である。高性能複写機の大量普及で、野放図に横行している不法複写・複製から出版者の権利を保護するため、80年代後半から「版面権」(著作隣接権の一種)の新設が認められなければならない。賦課金制度と複製権を集中管理する機構が創設され、一刻も早く貸与権制度を導入すべきであるとの声が高まったが、まだ完全に実現されてはいない。著作権の海外輸出をさらに促進しようとすれば、副次権の処分と管理に関する権限を、出版社が著作者から委任を受け、そこから発生する印税収入の分配方法と、基準に関する著作者との関係が解決されねばならない。

7.　検認定教科書制度の変遷

1977年3月に発生した、いわゆる「検認定教科書事件」で、教科書の中核である検認定教科書の編纂及び発行制度は大きく変革した。「検認定教科書事件」は、この30年にわたり発展してきた教科書制度を根こそぎにし、新しい規定による教科書の著作、検定、発行と、供給制度を誕生させる教科書政策と制度の転換点となった。この事件の発生直後から文教部は教科書制度の根本的な刷新案を研究・検討し、第3次教育課程が施行中(1973.2～81.12)だったにもかかわらず、1977年7月9日、現行国定教科書と検認定教科書制度をすべて廃止し、代わりに第1種(研究開発型、従前は国定)と、第2種(自由競争型、従前は検認定)教科書に区分した内容を骨子とする、教科書制度改善の原則を確立のうえ公表した。こうした二元的教科書制度の創設は、制度変革の次元を超え、市場規模がさほど大きくない当時の出版産業を振動させる、大規模地殻変動の始発点となった。

新教科書制度の特徴は、第1に、第1種教科書出版の範囲が大幅に拡大された。代わって第2種は、民間出版社が参加できる自由競争型で、辛うじて命脈が保たれる程度に大幅に縮小された。教科書制度の刷新方針で、文教部は初等学校、中学校、そして実業系高校のすべての教科書は、文教部が編纂・発行権を持つ第1種に分類された。人文系教科書27科目のうち11科目が第1種に変更され、16科目だけが民間出版社が文教部の検定を受けて発行する第2種に残った。これまでの国定から第2種に移行した科目は皆無で、教科書点数も合計1338から668点と大幅に減少した*36。これによって第2種教科書の比率は、従来の65.2%から18.2%へと大きく減った。そのため教科書研究者たちは、こうした措置を基準に第3次教育課程の期間を、前期（第1期：1973.2～77.8）と、後期（第2期：1977.8～81.12）に分けている*37。

事実上の国定化に回帰するこれらの教科書政策に対し、一般社会では反対の意向が支配的だった。異口同音に画一的な教科書を用いる教育の問題点を指摘し、多様性ある教育内容を志向すべきだと主張していた。特に大韓出版文化協会は「教科書国定化が教育の画一化を招くことは再言を要しない。教科書著述及び表現の自由に対する重大な制限で、自由な出版活動を縮小させる措置と言わざるを得ない」との要旨の決議文を採択し、これを国会など関係機関に伝達、強く異議の申し立てをした。この決議文は、また「わが国の“教育法”と同施行令及び1977年8月22日付で、国務会議を通過した“教科用図書に関する規定”は、初等・中学・高校の教科目のうち、第1種教科書としての決定権を文教部長官の裁量に任せているが、こうした重大な教育政策は文教部長官の裁量に委ねる性質のものではなく、これを立法事項に転換する教科書関連法令の制定が特段に要請される」と主張し、教科書制度の再調整を求めた。それでも政府は、こうした教科書政策を法的に裏付けるべく「教科用図書の著作・検認定令」（1967.4.17、大統領令第3018号）を廃止し、新たに「教科用図書に関する規定」（以下「規定」）を制定（1977.8.22、大統領令第8660号）した。

第2に、79学年度から5年間使用する高校第2種教科書全体の改編作業を一気に、そして短期間に敢えて断行することで、全出版産業の制作費急騰と新刊の制作難を煽る結果を招来した。教科書制度の刷新案と同時に発表された「検定実施要領」によれば、①必要に応じ発刊してきた教科書別の「教師用指導書」を教科書とともに同じ著者が編纂せよと義務づけることで、ただでさえ短い執筆時間に過重な負担を与え、②科目別1点あたり5冊に合格本の数を制限、教科書市場の過熱競争を誘発し、③検定申請方法もわずか8か月の執筆期間しか与えずに、78年3月31日までに、完全な印刷本を提出することにした。これは

---

*36　新教科書制度の刷新基準によって668冊の教科書は、初等学校は91冊から79冊に、中学校は230冊から52冊に、普通高校は402冊から141冊に、実業系高校は615冊から396冊に、それぞれ縮小している。

*37　「韓国検認定教科書の変遷に関する研究」（韓国教科書研究財団、2002.12）は、第1期、第2期と呼び、李鍾国は『韓国の教科書変遷史』（大韓教科書会社、2008）で、前期と後期に分けているが、名称は異なるが期間は同じである。

制作分量の輻輳とともに、零細な出版界に莫大な資金を一時的に投入することを強要し、一般図書の新刊発行の沈滞をもたらした。検定申請に所要する総費用を出版界は50億ウォン前後と推算し、検定申請本をこれまではプリント本を提出してきた。④検定申請資格も、これまでは３年間、毎年２点以上の出版実績がある出版者に制限していたものを、３年間に毎年５点以上の実績と資格とハードルを高め、検定手数料についても大幅に引き上げた。⑤教科書の価格策定基準は、政府が原価を厳格に管理し、最小限の収益だけを認めるとした。

これらの条件によって翌年３月までに検定申請をした332冊のうち、22科目94冊だけが最終的に合格と発表された。検定結果は極めて衝撃的なものだった。検定を申請した74出版社のうち、合格本を出した出版社は40社で、脱落が34社。この結果が教科書出版業界の版図を完全に変えてしまった。検認定教科書出版の権威を誇っていた伝統的な出版社は、１冊も合格しないほど大きく脱落した。新進出版社が多数の合格本を出し頭角を現したのは、出版界に新たな強者が登場したことを意味する。著名学者が執筆したものも大量に脱落し、検認定教科書著者の世代交代が予想外に迅速に進行した。日本語は認定予定点数（２点）に達しないほど申請が少なく、スペイン語は皆無という具合に、検定申請制度の問題点も明るみになった。

第３に、第２種教科書の発行と供給構造も変わった。40の出版社が「韓国２種教科書発行組合」を設立（1978.8.23）し、この組合に加入した出版社は、教科書の制作及び販売などの発行業務と、組合経営には一切関与しない体制をつくった。この組合は「検認定教科書事件」で解体された検認定教科書（株）の後身のようだが、機能と役割は営利活動を目的とする会社体制ではなかった。後にこの組合は教科書改編過程を経るあいだに、「韓国２種教科書協会」に改編されたが、ふたたび「韓国検定教科書協会」、そして現在は「（社）韓国検認定教科書」（会員69社）となり、傘下に４つの初等、中学、高校の検定教科書発行組合を抱えている。

一方、第１種教科書の発行は、改編されるたびに入札によって民間出版社に代行させてきた。初期には「東亜教科書」「高麗書籍」「東亜書籍」「大韓教科書」「三和書籍」の５社が分担した。2008～12年に使用された幼稚園から初等、中学の国定教科用図書719冊に対する発行代行社は、2009年９月に代わり技術評価と入札によって「大韓教科書」「天才教育」［志學社］「教學社」「金星出版社」が

表6-8　検認定教科書の改編過程（1977～2000）

検定告示日	検定対象 （科目/冊）	科目あたり 合格点数	使用期間	出版 社数	比較
77.7.29 （３次教育課程）	高22種/冊	５点以内	５年（79学年から使用） ２年延長可能 (83.12変更)	40	12年ぶりの検定（１種、２種区分） 78.8.22合格発表
82.4.1 （４次教育課程）	中学6/65 高校22/169	５点以内		36	指導書は合格者に限って別途提出
87.4.6 （５次教育課程）	中学9/45	５点以内		20	英/数/科学１種 １次不合格者、 訴訟提起（88.2）
88.4.20 （５次教育課程）	高校40/273	８点以内		59	５点以内から８点以内に拡大（8.22）
92.8.31（1） （６次教育課程）	中学教科書88/232 指導書80/234	８点以内 （２～８） 点選定		37	95学年から使用、公聴会を通じて検定基準を初めて公開
92.12.21（2） （６次教育課程）	高校59/605 （再検定を含む）			57	96学年から使用、 普通教科54 専門教科５
95.11.23（3） （６次教育課程）	初等英語（３～６年）4/12 高校再検定51	８点以内 点数制限廃止	６年間に延長 ３年以内の延長可能に	8 53	１次合格53社、 締切日延期、97学年から使用、51科目
97.10.30 （７次教育課程）	２点：１ 認定図書：15	点数制限廃止	規制しない		認定図書同時合格
98.12.31 (01.1.31中１) (12.11中２高) (12.10中２高) （７次教育課程）	中学：65/708 　教科書：362 　指導書：346 高校：34/125/188 　普通116 　専門９ 　教科書542 　指導書351 合計893		01年から 年次的開発 使用	中学： 40 高校： 56	検定業務移管、 初等英語、 一種化（2001年から） 報償金支給基準、 年次別（随時検定）、 外形体制改善、 審査基準改善、 検定出願資格強化 （２年間、20点以上）
2006.9.1	高校：科学				２年間、20点以上
2006.10.31	初等中高英数： 43点				2009学年から使用
2007.8.6 （７次改正教育課程）	中学：10/43		５年		指導書/認定図書、 同時認定、同時印刷：発行
2007.11.28 (2007　７次改正教育課程)	高校（普通）：18		５年		２年間20点、 指導書/認定発行、 利益金自動配分方式を検討
2008.8.30 (2007　７次改定教育課程)	中高：52/312 中学：216 高校：96		最初の使用学年から５年		編集人材基準及び出版実績要件提示、専門機関監修制施行及び教科書専門出版社育成

資料：筆者作成

選定された。

1977年に制定された「教科用図書に関する規定」は、2010年になるまで23回も改正されて教科書制度の発展と、漸進的に検定教科書の比重を高める根拠になってきた。「教科用図書に関する規定」の改定により検定教科書が編纂されてきた過程を見ると、前ページの**表6-8**のとおりである。

教科書供給制度も多くの変化を重ねてきた。「検認定教科書事件」が契機となり、政府は1977年から「国定教科書（株）」を供給代行者に指定し、98年まで遂行するようにした。政府の公企業民営化計画により「国定教科書（株）」を吸収した「大韓教科書（株）」が、1990～2000年までは、この業務を引き継いだが、2001年には、教科書出版各社が共同出資して設立された「韓国教科書財団」が受け持つなど、官主導の供給代行体制が25年間も維持されてきた。こうした「供給代行社指定制度」は、教育人的資源部が2002年６月に「規定」を全面改定し、「発行者自律責任制」になった。2004年から検定教科書は、韓国検定教科書協会を通じて供給するように改善されたが、これは発行者の自律性を保障し、供給サービスを向上させるきっかけとなった。

2000年代になると、教科書制度は政府が画一的に統制する規制政策から自律的に転換される方向に向かった。教科書の発展方向が自由発行制を念頭に置き、国定から検定へ、さらに検定から認定制へ向かっている。こうした方針に基づき、教育科学技術部は、2010年１月12日に「2010教科書先進化プラン」を発表した。この案の概要は、①教科書発行体制を、国・検定本位から認定中心に転換（2010年から国・検定184点を認定）させ、②学会や公共機関の検定教科書の出現が可能となるように、検定申請資格の緩和、審査の透明性を高める。教科書選定の公平性を高めるなど、検定制度を根本的に改善し、③未来型教科書のe-教科書を紙の教科書とともに普及させ、④価格自律化を保障し、教科書の質の改善

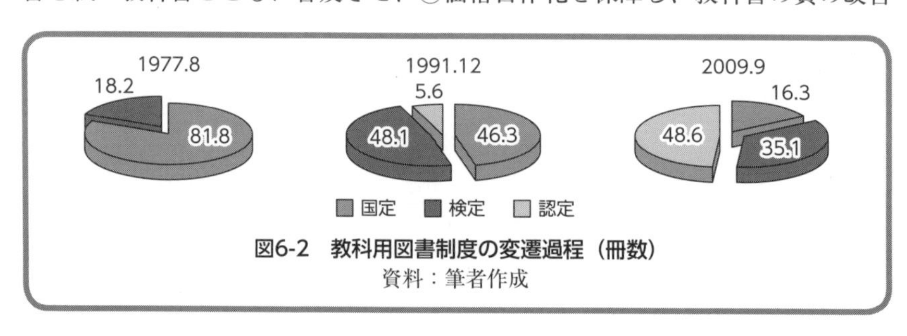

図6-2　教科用図書制度の変遷過程（冊数）
資料：筆者作成

と関係なく価格上昇を抑制のために必要とする場合は、価格調整を勧告するというものである。国定教科書を縮小させる代わりに、検定及び認定図書をさらに拡大する方向に政策基調の変更を目指すもので、もはや認定図書が教科書の中心に位置づけられている。

認定図書はもともと教科書の概念には含められていなかったが（1960.12に廃止）、第４次教育課程期（1981.12〜87.6）に、国樂高校の専門教科書９点と高校の自由選択科目の哲学、教育学教科書などが開発されることになった。第７次教育課程期（1997.12〜2007.2）には、急変する情報を扱う高校の教科目や、個別学校の実情に合わせて柔軟に教材を選定する必要があるとの判断から、高校の一部科目についても「認定図書審議会の審議なしに認定図書制」を導入し、学校単位でより自由に教材を活用するようにした。これによって第７次教育課程では、市・道教育監の認定審査を受けることを要しない「審議なしの認定図書」が78点に達した。認定図書は2001年以後、続いて増加し、最近（2009.1現在、点数基準）では16.3％（国定・検定・認定区分点数基準では45％）＊38と急増している（**図6-2**）。認定図書を発行している出版社も248社（2009.8現在）になった。教科書及び参考書市場で目立つ出版社は、検定教科書開発人材とノウハウを基礎に、認定図書により収益創出をしながら、認定図書業界でも高い占有率を示し、大型出版社中心に市場構造が編成される過程にある。

検認定教科書は、しばしば「黄金の卵を産むガチョウ」に例えられるが、それは違う。原価算定基準が要素別に管理されており、収益が共同配分される制度では、安定的な収入源であっても、収益は大きくはない。不合格になると、莫大な投資額は無になる危険性もある。以前は検定教科書からの収益よりも、教科書を底本に発行する参考書の貢献度が高いと言われたものだという。

参考書の販売部数は、教科書販売量の70〜80％相当と目されてきた。2007年現在、検定教科書の１冊あたり平均価格は2615ウォンで、4231万部の発行なので市場規模は1106億ウォンと見込まれている。同じ年に１億1000万部を発行した国定教科書の販売代金は、1309億ウォン（１冊あたり1182ウォン）だったので、国定と検定教科書を合算した販売代金の総額（2415億5200万ウォン）は、単行本市場の10％前後ということになる＊39。

＊38　李和成「2010教科書先進化方案概要」『教科書研究』第59号、2010.3参照。

8. 「坡州(パジュ)出版都市」、第１段階が竣工

2007年５月４日、坡州出版都市（Paju Bookcity）＊40の象徴で、中枢的な心臓の役割を果たす「アジア出版文化情報センター」の基本施設の一つである、ホテル「紙之郷」の開館と併せて、第１段階の建設工事が完了したことが正式に李起雄理事長によって宣言された。これに先立ち前日には、第１段階の完成記念のセミナーを「この時代、坡州出版都市が残したもの」と題して開催し、出版都市竣工の意味を整理したのだった。

坡州出版都市の公式名称は「坡州出版文化情報産業団地」で、出版文化の発展のために国が支援し、民間が主導して建設した国内唯一の出版産業団地である。坡州出版都市は、この都市が志向する機能と役割を意味するブランド名なのだ。この都市は本をつくる出版人と生のシステムをつくる建築家が意気投合し、これまでの都市開発とは根本的に異なる哲学的理念で建設された。都市建設の論議が始まってから20年、着工から10年という短期間で第１段階の建設目標を達成した。ドイツのライプチッヒやフランスのリヨンのように、長い歳月を費やして自然に性格が固まった本の都市は、世界にいくつかあるが、出版人の自発的な共同化事業により、国指定の戦略産業団地を目標に計画的に建設された事例は、坡州出版都市が世界で最初かもしれない。

坡州出版都市は、京畿道坡州市文発里の総面積150万㎡の敷地に、２段階にわたって建設されている。文発里という行政上の地名は、「文化または文を広くひろげる地」の意味を持ち、昔から名のある学者、文人、行政家たちを大勢輩出したことで知られている。そうした由緒深い地域に建設された出版都市が、自然と相まって「新しい文化を創出する基地」に発展していくとのメッセージが込められているように、地理的にも格別な縁(えにし)を想起させる。

第１段階の地域面積は87万5340㎡、生産施設36万673㎡（35％）、流通施設７万7088㎡（９％）、文化施設１万8017㎡（２％）と、支援施設３万5088㎡（４％）、公園緑地８万7838㎡（10％）、道路17万643㎡（20％）、遊水地と水路12万

＊39　http://collection.nl.go.kr/ dc0104View.do（2014.6.17）
＊40　「坡州出版都市」の建設過程と概要に関しては、出版都市建設20年の歴史を収めた『坡州出版都市の物語』（韓国語、英語、中国語、日本語、フランス語版、2008）と『雨と風の都市日誌』（全２巻）など、何点かの資料があるので、ここでは簡略な言及にとどめるが、この事業が韓国の出版史に占める意味はとても大きい。

3115㎡（14％）、その他5万681㎡（6％）に区画された。そのなかに出版社の社屋と出版物生産設備、先端出版流通センター、ショッピングモール、集合住宅など170棟が建築された。

出版都市は国土交通部や産業通商資源部が管理する産業団地ではなく、ただ、出版行政の主務官庁である文化体育観光部が管轄している。21世紀グローバル時代に合わせて、出版産業の潜在的役割を充分に発揮させる機能として、国がなし得る最も重要な役割は、必需的なインフラを構築することだから、文化産業の重要性を政府が認識した結果といえるだろう。このように出版物の企画、生産、流通など、出版産業の3要素を1か所に集積することで、いっそう良い本をつくろうとする競争意識で緊張感が高まり、一体感が強まる効果がとても大きい。本の生産や普及過程で重要なビジネスインフラの組織と人材、そしてこれをバックアップする設備と技術の集積による費用と時間の節減効果も、極めて大きい事実が体験によって実感されている。こうした効率的な諸条件を基盤に、就業人員3400名、年間売上高2兆2000億ウォン（20億ドル）の文化産業都市に発展しつつある。

その経済的効果は、年間約200億ウォン（1820万ドル）の費用節減効果を生んだと分析されている。しかし、それはさらに科学的な方法で立証されねばならない。なぜならば、子どもの本の祭り、ブックシティ・フェスティバルなど、毎年大勢の市民が集まる各種イベント、毎年開催される国際出版フォーラム、東アジア出版交流シンポジウムなどの国際学術会議、そして多様な公演や展示な

写真6-9　坡州出版団地全景

どが、休む間もなく開催されており、出版文化だけでなく、韓国の文化産業全般を先導する国際出版都市としてブランド価値を高めているからだ。また、出版都市内の出版関係者の経営意識も、ソウルの狭い事務室で働いていた時よりも、事業発想のスケールや幅がいっそう広まるなど、計量化が難しい効果も生まれ、今後も潜在力を生かした発展が期待されている。

出版都市が位置している坡州市は、韓国と北朝鮮の経済交流協力の拠点として浮上し、飛躍的な発展が約束されている都市である。この地域には出版都市の建設を契機に、ともに開発されたヘイリ芸術文化村があり、文化芸術人たちの活動舞台として注目されている。さらに、その周辺には新都市が相次いで開発され、新しい道路が開通するなど躍動的な発展が見られる。1991年には16万人に達しなかった常住人口も、2010年末には36万人を超えた。

出版都市は、現在第2段階地区（約68万5600㎡）の建設が進行している。この地区は第1段階とは異なり、映像関係業種が大挙参加し、出版と映画、活字と映像の幸せな出会いを通じて、効率的な協業を拡大していくだろう。さらに、放送と通信が本と結合した第3段階の事業が完結した頃の出版都市は、総合メディアシティに生まれ変わると見込まれる。

9.　著作権輸出と課題

韓国図書の著作権輸出は手堅く増加傾向にある。これまでは海外からの著作権輸入が圧倒的に多かったが、2000年代になってからは、中国などアジア市場を中心に図書の著作権輸出が増えている。

著作権の輸出は、70年初頭から市場開拓に努めてきた。徽文出版社は72年に『日韓辞典』と『韓日辞典』を、東京の「高麗書林」（朴光洙）から出版し、著作権輸出の歴史に最初のページを開いた。続いて「希望出版社」も『韓国古典文学全集』（全6巻）を、「三省出版社」は「講談社」と柳周鉉の長編小説『朝鮮総督府』（全3巻）の版権を1981年にそれぞれ販売した。1974年には『韓国美術全集』（全15巻）2000セット（27万ドル）が正式LCを開設し、日本に輸出した「同和出版公社」は『韓国美術全集』を、スイスの出版社にフランス語版の版権を販売し、韓国著作権のヨーロッパ輸出の発端となった。さらに、同社は日本の冬樹社と『韓国文学全集』（全5巻）の日本語版の輸出契約を締結した。2000年まではこのように間歇的になされてきた。

出協が構築した「出版著作権輸出データベース」によれば、輸出実績は2001年には約20件に過ぎなかったが、翌02年には284件と１年で14倍に急増した。08年には1054件に達している。続いて09年には1427件、2010年には1477件と順調に増える傾向にある（**図6-3**）。

著作権輸出が最も大きな成長を示しているのはアジア地域である。中国を中心とするアジア地域への輸出件数が、全体の94％と圧倒的比率を占めている。2009〜10年の２年間の実績を国別にみると、最多は中国の1204件（41％）で、次いでタイ（887件）、インドネシア（213件）、台湾（208件）、マレーシア（95件）、ベトナム（87件）、フランス（70件）、日本（63件）、ロシア（14件）の順になる。最近は世界著作権交易の中心である英米圏でも、韓国作家の版権が相次いで取り引きされているのは、著作権輸出に値する内容と評価されているからだろう。

分野別には、「児童書」が1793件と全体の62％を占め著作権輸出の先頭を走っている。これに続くのが「文学」（351件）、「漫画」（347件）、「語学」（190件）となる。特に、欧米で韓国文学が注目されてから、こうした著作権輸出の地形図が新たに描かれており、今後の推移が期待されている。

出協、韓国出版人会議など民間団体の努力と韓国文学翻訳院の活動、そしてこうした活動を政府がバックアップした結果、著作権輸出はいまや本格的な軌道に進入したとみられる。

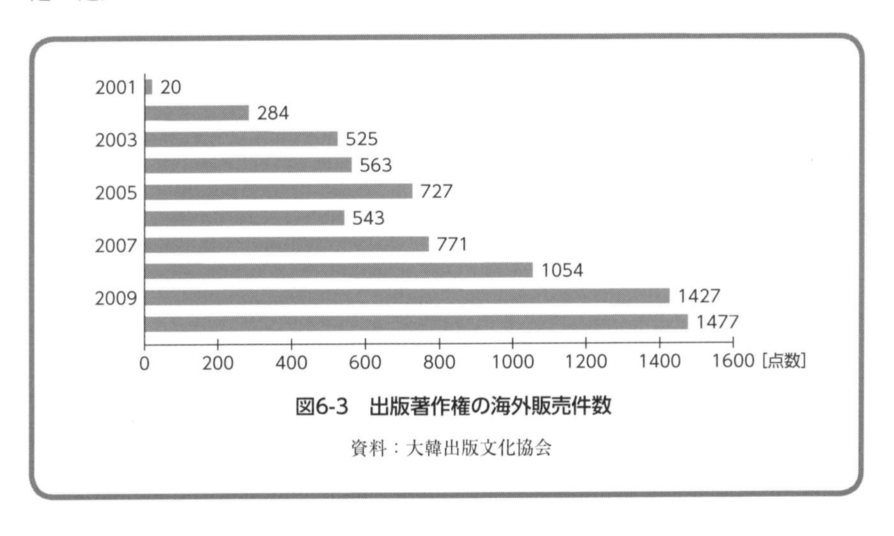

図6-3　出版著作権の海外販売件数

資料：大韓出版文化協会

出版物及び著作権の輸出は、いかなる商品の輸出よりも外貨獲得率が高いばかりか、国のイメージを高めてくれ、位相の向上や経済的支援の効果がとても大きい。外国の先進文化と文学、芸術の交易量が伸びて、アメリカの教科書で学んだエリートたちが、世界経済を支配していることからも分かるように、著作権交易が国家発展に及ぼす影響の持続力は絶対的なものだ。しかし、韓国の出版著作権輸出において、最大の障害物は言語上の限界である。優秀な翻訳者の養成も、以前から唱えられてきた課題だったが、優れた著作権情報を海外に知らせる組織的で、機敏な情報を発信する体制構築が急がれている。いまは韓国文学翻訳院などが、韓国図書の海外紹介に熱心に取り組んでいる。

著作権輸出を本軌道に乗せるためには、輸出対象国の拡大と学術・文化分野に幅を広げる必要がある。海外出版社と企画段階から情報を共有し、共同出版も積極的に推進しなければならない。最も効果的な方法は、アメリカのように市場が大きくて、世界出版市場の窓口になり得る地域に出版社を設立し、出版活動を展開し、著作権輸出市場を積極的に開拓していく現地化戦略だろう。韓国出版の現地化を実践すべき段階はすでに成熟した。コンソーシアムを構成し、アメリカの中堅出版社とのM&Aを通じて、アメリカの出版市場進出の橋頭堡を築くことが、現地化の最も効果的な道という意見は説得力を持っている。

10.　南北出版交流の現状

1988年7月7日、盧泰愚大統領が「民族自存と統一繁栄のための特別宣言」を発表したのを契機に、民間レベルでも南北韓の経済交流協力の歴史が幕を開けた。盧泰愚大統領は、この宣言で「分断の壁を破り、あらゆる部門にわたり南北交流を実現する」と明らかにした。この宣言に続いて「南北交流協力に関する法律」と「南北交流協力基金法」が制定され、南北経済交流及び協力の実質的基盤を整備、「南北基本協議書」の採択など、その後も制度改善が取り組まれてきた*41。

こうして出版交流協力の道も開かれた。南北韓の出版交流は最も進歩的で、イデオロギー的であり、同時に、社会に及ぼす波及効果が大きいため、政治的影響を最も多く受ける分野の一つである。しかし、閉鎖主義を貫いてきた北朝鮮は、こうした出版交流が資本主義思想の流入を許容する結果になり、最終的には体制崩壊を招くと憂慮したためか、拒否的態度を強く堅持していた。

出版交流協力事業はその特性からも、文化交流と経済協力という二つの性格を備えており、内容は人事交流、著作権交流、出版物交易及び搬出入が中心になっている。

南北出版交流は「驪江出版社」(李順東)が、1992年に北朝鮮の社会科学院民族古典研究所と、『李朝実録』(全400巻)の複製出版権設定の契約を締結するため、統一部から住民接触承認を受けたのが、最初の公式記録である。この『李朝実録』によって著作権交流の実績も、「驪江出版社」が最初のテープを切った。その後の人事交流は、著作権契約に関連したものが大部分である。理念性が薄くて専門的な北朝鮮の学術書籍や電子出版物を、公式ルートによって韓国内に持ち込む事例が増えはじめた。まだ一方通行でわずかな件数だが、無断で北朝鮮出版物を複製し、普及させた過去の方法ではなしに、合法的な手続きを踏み、北朝鮮出版物を利用する段階に到達した点に意味がある。

国語情報学会は、北朝鮮との学術交流によって『南北韓コンピュータ用語辞典』を編纂発行し、「ソウル大学出版部」も北朝鮮の『朝鮮遺跡遺物図鑑』を利用することの許諾を受け、『北韓の文化財と文化遺跡』(2000)の書名で出版した。(社)平和問題研究所は北朝鮮の社会科学出版社と共同で、『朝鮮郷土大百科』(全6巻、2003)を、図書出版「ボリ(麦)」は、『朝鮮古典文学全集』(全100巻)

---

*41　1988年の「77特別宣言」を実践するための制度的措置は、以下のようになされた。
1989. 6　「南北交流協力に関する基本指針」作成
1990. 8　「南北交流協力に関する法律」制定公布
1990. 8　「南北協力基金法」制定
1991.12　南北高位会談で「南北間の和解と不可侵及び交流協力に関する基本合意書」採択
1992. 9　「南北間の和解と不可侵及び交流協力に関する基本合意書の第3章南北交流協力の移行と遵守のための附属合意書」採択
1992. 5　「南北交流・協力共同委員会の構成・運営に関する合意書」採択
1997. 4　「搬出搬入承認対象品目及び承認手続きに関する告示」制定
1997. 6　「南北社会文化協力事業処理に関する告示」制定
2000. 6　「南北共同宣言」(金大中大統領、金正日国防委員長会談)
2000.12　「南北間の清算決済に関する合意書」採択
2003. 7　「南北長官級会談共同報道コミュニケ」発表
2007.10　「南北関係の発展と平和繁栄のための宣言」(盧武鉉大統領と金正日国防委員長会談)
2007.12　「南北経済協力共同委員会合意書」発表

の一部を選び、『同胞古典文学全集』(2004) を出版した。

しかし、北朝鮮と直接契約したケースはごく少数で、中国、日本またはアメリカを介した間接交流方式でなされる場合が多かった。ヌリメディアは1998年から2年にわたり、中国を経由して『高麗史』などの古文献の翻訳本を取り寄せ、CD-ROMで発売、大学図書館などに提供した。とりわけ『渤海史研究』は、北朝鮮でも出版されていない原稿を、フロッピーディスクで受け取り、韓国でCD-ROM化した最初のケースだった。

1998年6月17日、出版物も南北交易の対象と告示され、公式手続きを踏んで出版物の直接交易の道が開かれた。こうして間接交易方式だった北朝鮮出版物の韓国搬入ルートは、二つのチャネルで進められることになった。北朝鮮と直接交易される図書、CDなどは「南北交流協力に関する法律」及び「南北韓交易対象物品及び搬出・搬入承認手続きに関する告示」第3条に基づき、統一部長官の承認を受けねばならない品目である。搬入申請→承認の過程で、修正または削除、活用制限などの条件が付くこともある。これに先立ち、1994年からは印刷用紙が北朝鮮に搬出されることになり、2000年代になると、印刷・製本機械も搬出対象品目に含まれることとなった。これとは異なり、第三国を通じる間接交易方式で、韓国内に搬入される北朝鮮出版物は、直接交易が始まる以前から文化体育観光部長官から「特殊資料扱い」の認可を受けた輸入業者を通じて、特定資料扱い認可を受けた機関だけに提供された。

このように出版物は、搬出・搬入承認機関が二つに分かれている。承認機関によって集計方式が異なるため、どのような種類の出版物が、どれほど搬出・搬入されているのか、全体的な交易実態を把握することはできない。もっぱら全交易金額と、物量だけが重さ（kg）で集計されている。南北韓の交易額は2012年に最高潮に達し、19億7100万ドルを記録するほど毎年増勢を示した。

これとは異なり出版物交易量は、年によって増減の幅が大きく全体的規模は不明である。人道的次元からの図書寄贈事業も実施されたが、天安艦被撃事件の後は、それさえも全面的に中断された。全体的な交易額も2013年には、11億3600万ドルと大きく減っている。

出版物の交易がなされても、双方の住民が、直接、相手の出版物に接する機会まで開放されたわけではない。一般人は韓国ですらも北朝鮮出版物への接近が根源的に制限されている状況であり、増して北朝鮮の住民が、韓国の出版物に接する機会を期待することは現実的離れしている。北朝鮮の住民が韓国の出版物を読むのは、生命の危険を冒さねばならない現実からも、北朝鮮当局の方針が画期的に変更しない限り、到底その希望が叶えられることはないだろう。

韓国の出版物の北朝鮮への搬出を促進させるには、理念性と政治色の濃い書籍を除いた残りのものに対して、韓国側がまず一般の人々が自由な購読が可能なように、果敢に規制を解除する方法を検討しなければならなくなった*42。全面的に開放するにしても、いま搬入が可能な北朝鮮出版物の量が、充分にあると見ることはできない。

西ドイツの場合、60年代から分断以後にわたり、東ドイツで発表された文学作品の出版と、搬入が可能な出版物の西ドイツ販売を、いかなる条件も付けずに認めたというが、それは、むしろ西ドイツの人々に、東独生活の具体像を理解させることになったと、ドイツ政府は評価している*43。

出版物への接近を北朝鮮住民に認めるにしても、現実的な問題も少なくない。南北韓の使用言語の差異、意味内容の変質、外来語の使用頻度が多いこと、不慣れで親しみの薄い文体など、韓国の出版物を北朝鮮の住民に読んでもらうのは容易なことではない。同じ問題は韓国側にもある。

言語の異質化はいずれ克服できるかもしれないが、北朝鮮は可処分所得が多いとはいえないし、当面の食糧問題を心配しなければならない状況にある。北朝鮮の困難な経済事情、南北韓の貨幣価値の大きな格差、出版流通システムの不備などからも、北朝鮮住民が韓国の出版物に接近する道は、はるかに遠く制限的と思わざるを得ない現実である。

南北韓の出版交流協力事業は、双方の出版事業の発展を促進させる交流協力方法の多角化を、積極的に試みなければならない。統一の条件をつくり上げるため、交流協力を推進する代表組織の対話チャネルを築くことが、急がれる課

*42　政府各部（省）の次官級で構成。ドイツ統一の直後、統合過程を調査した「統一対備特別政策研究団」は、その報告書において「北朝鮮の出版物、文化芸術作品などの開放を北朝鮮と相互主義の原則によって推進するが、北側が拒否する場合には、韓国側が一方的に断行すること」と建議している（統一対備特別政策研究団報告書『統一統合実態研究』1992、p77）。

*43　『10年間の統一政策：1969〜79年間、東西独の発展関係を中心に（Zehn jahre deutschlandpolitik die Entwicklung der Bezeihunggenzwischen der Bundersrepublik Deutschland unt Deutschland Demokratischen Republik 1969〜79）統一院、1992.7、p232

題だろう。我々の北朝鮮出版の実態に関する情報は、現在、白紙も同然な状態にある。また、北朝鮮の困難な経済事情から、印刷設備や製本機器が老朽化し、印刷用紙さえも不足がちで、出版事業はかなり沈滞していると推測される。けれども北朝鮮は、2001年４月「著作権法」を制定した後、03年４月には「ベルヌ条約」に加盟し、同年、国際標準図書コード（ISBN）にも加入した＊44。

2000年代初頭には国際図書展示会への参加は比較的活発だったが、最近は消極的になっている。この程度の情報を国際機構から間接的に入手しているだけである。出版関係者相互の直接的交流による相互信頼の基礎の上に、双方が受け入れ可能な案を見いだし、優先順位を定め段階的に実現に向かうことが望ましい。

＊44　北朝鮮のISBN国コードは「9946」で、2003年８月現在、26社が出版社コードを付与されていると、国際ISBNセンターが報告書（country report）を提出している。さらにこの報告書は、既刊図書を含む流通図書の約80％にISBN表示があると報告した。しかし、Bar-codeは表示してはいない。（www.isbn-international.org/agencies/koreadpr 2004.11.3）

第5節

情報ネットワーク型出版流通システム

1.　流通システムのパラダイム転換

韓国の出版流通システムは、①零細性、②過多密集性、③資本構造の前近代性、④管理能力の不足とこれによる低生産性、⑤重複取引など取引の無秩序とチャネルの複雑性、⑥非正常的な取引慣行と不合理な商慣習などの問題点が指摘されてきた。これらに由来する、①商品管理の信頼性不足、②過多送品による返品量の増加、③過重な流通費用負担、④販売代金決済の遅延など、多くの問題を引き起こし、出版産業発展の牽引車になるべき流通システムが、むしろ、持続的な成長発展を阻害する桎梏となってきた。

これを打開するため、流通システムの構造改革は、50年代後半から切実な課題だった。より正確に表現すれば、光復以後の出版産業の最も切実な念願が、出版物の大型卸売機構をつくることだった。出版の第１世代は理想的な流通システムのモデルを日本に求めた。トーハンや日販のような大型取次中心の流通システムを羨望の眼で見つめ、いかに日本のモデルを韓国のものにするかと方策を求めて絶え間なく奮闘してきた。卸売機構設立のために、40余年の努力は90年代まで30回あまりも試みられた末に、1996年度になって初めてその夢を成し遂げた。資本金276億ウォン（株主出版関係者134名、書店関係者99名）の出版界最大規模の韓国出版流通（株）（現在の会社名はブックセン、支配株主：尹錫金）の設立に成功し、これを通じて世界屈指の最先端自動化施設を備えた出版物流センターを建設*45、ついに出版流通機構設立の念願に終止符が打たれた。

しかし、80年代からは欧米地域の流通システムが紹介され、続いて流通情報化を中心とする情報ネットワーク型の出版情報システムを、構築すべきという方向に流れが変わってきた。流通システム近代化のパラダイムが、これまで根気強く主張されてきた大型卸売機構の設立方向から、根本的に変わったのだ。

情報ネットワーク型の出版流通システムとは、出版社と卸・小売書店、物流会社、広告業者、金融機関など、出版流通と関連する一連の企業を一つの付加価値通信網（VAN）で連結し、協業体制を構築し、情報を共有することで出版流通4者（出版社、卸売会社、小売書店、保管・配送会社）の利益を極大化するためのシステムである。韓国出版産業の規模は、すでに1、2の卸売会社では流通機能を効率化させられないくらい成長した。また、出版物の形態と内容も多様化し、流通チャネルも今後さらに複雑化すると見込まれる。このように変化していく流通システムを効率的に運用するためには、コンピュータの普及と、情報通信網の発展を基盤とする情報化を成し遂げねばならなくなった。

こうした社会発展の趨勢を背景に、商品情報、受発注、販売、保管、代金決済など、あらゆる取引情報をコンピュータで管理、またはやり取りし、流通過程で発生する情報を収集・加工・活用する未来志向的で、高度化された体制を構築し、出版流通システムを先進化させねばならない。そのためには、汎業界的な公益的機構として「出版流通情報センター」を設立・運営すべきであるというのが、情報ネットワーク型出版流通システムの基本構想であり、流通近代化プランである。

この端緒を提供したのは、出協で刊行した『欧米の出版流通』という調査報告書（李斗暎、1980）だった。その後、韓国社会の情報化が進展し、情報ネットワーク型出版流通システムの構築方向に関する具体的なプランが活発に提示*46され、業界ではこうした方向に構造を改革する作業が推進された。

出協は1999年6月28日、「出版流通近代化及び情報化のためのワークショップ」を開催、出版先進国に跳躍するための標準化された出版流通情報システムを構築することを公式に確定した。2000年2月には「出版産業近代化のための出版流通情報システム構築基本計画」を作成、これを基礎に「出版流通情

*45　韓国出版流通（株）は、2003年3月、社名を「（株）ブックセン（Booxen）」と変更し、2004年6月に出版物総合流通センターを竣工させた。このセンターは敷地面積82500㎡、建物延面積4万9587㎡に、3000万冊を保管することが可能な完全自動化設備を備えた、アジア最大の出版物流通センターである。

報センター設立計画」を政府に提出し、これのための財政支援を要請する。こうした努力の結果、政府から30億ウォンの支援を受け、業界はコンソーシアムを構成し、30億ウォンを調達する計画の「出版流通情報システム構築事業」が、2001年から３か年計画として推進された。この事業は出版界と書店業界など、17名で構成された出版流通近代化推進委員会が中心となり、次のように三段階に分けて進められた。

第１段階の事業（2001）：総合計画樹立及び流通情報化の基盤構築段階
第２段階の事業（2002）：図書流通システムの開発及び拡張段階
第３段階の事業（2003）：流通システムの定着及びサービス体制の確立段階

しかし、計画の推進と管理の未熟さから、事業期間を2005年まで延長し、莫大な資金を投入したが、販売図書目録のデータベース化、汎用POSシステムの開発、取引情報通信網を通じて情報ネットワーク型出版流通システムを構築する事業は、そのうちの一つも実用化できずに失敗してしまった[*47]。民間資金の調達がままならない理由もあった。時を同じくして韓国出版流通（株）は、坡州出版都市のなかに、先端設備を持った大規模物流センターを建設したが、いまだにその機能を充分に発揮できずにいる。

---

*46　李斗暎は引き続き「出版流通情報システムの構築方案に関する研究」（1988）、「出版流通情報システム化方案」（1990）、「韓国出版産業の情報化に関する研究」（1990）、「情報ネットワーク型出版流通システム研究」（1992）、『出版流通論』（1993）など、情報ネットワーク型の出版流通システム構築方案に関する研究を発表している。また、若い研究者たちによって1999年までにこれに関する18篇の研究論文が集中的に発表された。このうち韓国の情報ネットワークに大きな寄与をした主要学術論文を挙げてみると、①李秉権「情報化時代に備えた出版マーケッティング戦略」（1994）、②金鍾洙「ヨーロッパ型図書流通システムを通じて見た韓国図書流通の未来」（1994）、③李相浩「出版流通近代化のためのEDI構築に関する研究」（1994）、④朴成賢「出版流通VAN構築に関する研究」（1995）、⑤尹一権「開放型書店情報システム構築に関する研究」（1995）、⑥金奉模「顧客指向的出版流通経路に関する研究」（1997）、⑦趙炳錫「出版流通情報化の現段階と発展展望」（1997）、⑧李在元「出版物流通のためのISBN情報システム設計に関する研究」（1998）、⑨姜宣英「韓国出版産業の情報化に関する研究」（1999）、⑩韓国出版学会の「韓国出版流通情報化の現況と発展方向に関するセミナー」（1999）と大韓出版文化協會「出版流通情報システム構築基本計画」（2000）などが数えられる。

*47　出版流通近代化推進委員会「出版流通情報システム構築－第２次年度提案要請書」（2002.10）及び『大韓出版文化協会60周年記念10年史、1997～2007』（2007）p78～79参照

業界代表らで構成された推進機構は、2003年6月、社団法人「出版流通振興院」に組織を変更、今日に至っているが、いまでは流通情報化に関する事業を具体的に推進する姿はどこにも見いだすことができない。多くの出版団体がそれぞれ事業プランを提案しているが、誰も流通情報化には関心すら寄せてはいないように見える。当初、この事業を主導した出協も、出版流通振興院も、いまではこれを推進する力量も、意欲も失ったように思われる。

世界の10位圏の出版市場規模と出版量を誇示しながらも、近代化された流通システムを準備できないまま、取引制度を初めとする流通形態は、依然として後進性を克服できずにいる。無原則・無秩序の境地を示す取引制度や、現金を受け取り販売した商品代金を手形で決済する代金決済方式、生産量の30％が売れずに返品される現実を当然視する返品条件の委託販売制度、事実上廃棄された再販制度など、出版流通の懸案課題を振り返って見れば、この70年間、論議ばかり紛々しているだけで、完結したものはほとんどない。むしろ、歴史は後ずさりしている。

農村でも、生産した農産物をインターネットを通じて都市住民と直接取引し、先進国の出版界では、いち早く流通情報システムを活用している。しかし、世界屈指のIT強国のわが国では、多大な資金を費やしながらも、この十数年、実のある成果を挙げていないのは恥ずかしいことだ。

情報ネットワーク型出版流通システムの構築に失敗したため、出版産業の活力は日増しに力を失っており、流通環境が最近はいっそう悪化、または退歩している。このシステムが構築されれば、「買い占め」によるベストセラー操作などを考えることも、起こることもなくなる。そして全国の書名別販売状況を、一瞬のうちに知ることが可能となるため、特定書店の販売実績だけで、ベストセラーの順位を操作しようとの発想はそもそも不可能になる。さらに、いまだに市場規模すらも正確に把握できず、売上額は希望的な数値だけを羅列している現実も、このシステムが構築されれば、明確な資料に基づいて効率的な発展戦略を駆使できるようになる。

他方、流通情報化の基盤事業として、1991年11月1日からは、韓国でも国際標準図書番号制度であるISBN（International Standard Book Number）と、国際標準逐次刊行物番号制ISSN（International Standard Serial Number）及びそのシンボルマークとしてバーコードが「韓国文献番号」の名前で書籍に表記されることとなった。書店では、これを活用した販売時点情報管理システムPOSシステム（Point of Sales System）が、同時に導入・施行された。ISBNとISSNは、コンピュータを利用し、爆発的に増加している各種出版物の単品情報を簡単に識別処理する国際的に標準化された識別コードである。韓国では「図書館法」により「韓国文献番号」の名前で、国立中央図書館の韓国文献番号センターが、発行者記号の付与など管理を担当している。

韓国文献番号は、**表6-9**のように、出版社の積極的な参加で、施行初年度の２か月で、744出版社が発行者記号の付与を受け、この制度は急速に定着していった＊48。翌年、書店に入庫される図書のISBNの表示率は83.8％、雑誌は59.2％と調査されている＊49。これにより施行満２年に満たない短期間に、制度の定着の臨界点（新刊発行出版社の50％が、発行者記号を付与された）を突破したと評価された。日本ではこの制度の実施率を30％に定着させるのに７年を要したのに対し、韓国がこのように短期間に迅速に定着させることができたのは、この制度の施行を前に、積極的な啓蒙活動をするなど、緻密な推進戦略を駆使した結果である。国内ではいまやISBNとバーコードが表示されない本は、本そのものに欠陥があると認識されるほどになった。

韓国文献番号が付与された図書と定期刊行物に関する新刊情報は、データベースを構築し、最初は公衆情報通信網、ナウヌリ、チョリアン、ハイテル、韓

表6-9　韓国文献番号の付与実績

	ISBN（国際標準図書番号）		ISSN（国際標準逐次刊行物番号）	
	当該年度付与	累積付与実績	当該年度付与	累積付与実績
1991.11-12	744	744	463	463
1992	538	1,284	842	1,305
1993	583	1,865	338	1,643
1994	731	2,596	585	2,228
1995	537	3,133	337	2,565
1996	753	3,886	505	3,070
1997	791	4,677	427	3,497
1998.8	527	5,204	331	3,828

資料：「韓国文献番号制度の発展方案に関する研究」国立中央図書館、1997. p19

＊48　李斗暎、玄圭燮、崔健洙『韓国文献番号制度の発展方案に関する研究』（国立中央図書館、1997.12）p8〜27参照
＊49　韓国出版研究所「出版流通情報化推進方向」（文化観光部、1998.12）p100

国出版流通、BNKを通じて一般にも提供された。また、教保文庫など全国90の書店で、韓国文献番号を基盤に、POSシステムの運営を開始した。統計庁の調査によれば、POSシステムを導入・運営する書店は、2006年の478店（全体の8.2%）から09年には788店（15%）へと急激に増えていた*50。

POSシステムの導入で、書店の電算化ないし情報化の基盤が準備され、書店経営の科学化と近代化への道が開かれた。

しかし、POSシステムの活用水準は、いまだに初歩的段階にとどまっている。店舗内で在庫図書検索など単品管理のほかは、ほとんどが現金出納機程度の機能しか発揮していない水準である。当初、目標としたように、各書店のPOSシステムを連結して販売情報を収集、加工し、出版・書店業界が、共同で活用できる情報化段階までには発展していない。進んでPOSテータを経営情報に活用する書店はごく少数である。2009年現在、コンピュータを1台以上保有している書店は全体の50%に迫り、カード照会機も87%が活用しているが、流通情報化はいまだに道遠い感じである*51。

写真6-10　80年代後半、出版流通の近代化事業を進め“ISBN-POS”システムを導入

*50　統計庁『卸小売業統計調査報告書』2007、2010年版参照
*51　統計庁、前掲書、2010年版

2.　書店激減の背景と実態

1990年の半ばまでが、書店の歴史で「発展期」だったとすれば、それ以後から現在までは「変革期」にあると思われる。90年代中半になると、開放化とともに他業種からの参入などで、書店業界は大きな変化の波に覆われはじめた。絶え間なく押し寄せる急激な環境変化に対応し、旧来の書店は厳しい試練に耐えねばならなかった。

当時は「高度成長期から低成長への転換」なる言葉がしきりに使われ、出版の景気も構造的な長期沈滞に陥っていたため、これまでとは根本的に異なる質の体質改善の機会を迎えていた。長期的にみれば、書店業界は朝鮮戦争以後の「再建期」を経て、70年代、80年代の「発展期」は出版産業の高度成長に助けられ、同質性の単純拡大過程だったということができる*52。

言い換えれば、書店業の構造は非効率的な生業型零細書店が、絶対多数を占めており、こうした経営基盤が脆弱な零細書店保護を目的に大型店の参入を規制する流通政策で、大型書店の発展が抑制されたため、零細書店は存続することができた。こうした点が他の出版先進国と比べて、書店密度の過多、規模の零細性、経営体質の前近代性など、韓国書店業の構造的特質をつくりだす要因となった。書店はマーチャンダイジング能力とマーケッティング活動が脆弱で、品揃えとサービスの面でも、自らのポジショニングを正しく確保できずにいた。こうした書店業界の構造的特質がそのまま維持され、同じ類型の個性のない書店ばかりが、数的に増えていた「同質性の拡大過程」が、これまでの発展パターンだった。

書店の発展期は、出版の数的成長が最高潮に達したときから始まり、続いて書店経営に有利な環境が造成されていた。出版物に対する付加価値税の免税措置に続き、「公正取引法」でも「例外的」に“再販売価格維持行為”が認められ、書店は価格競争に対する負担をすることなく、適正な利益を保障されていたため、引き続き増加することができた。再販維持行為が認定された翌82年だけ

*52　韓国書店の発展過程は、ほぼ開拓期（1945.8.15～53）、再建期（1953～80：生業型零細書店拡大）、発展期（1980～93：大型化、複合化、専門化段階）、変革期（1994～現在、書店市場開放と大型割引店など、新業態の出現で書店数が激減）に分けることができる。

でも、592の新規書店が増えており、94年には全国書店数は5683に達した。人口１万人あたりの書店数は2.93だった。これは日本の2.24よりも多いばかりか、アメリカ、イギリス、ドイツに比べると５倍にもなる。国土面積10k㎡に1.28店というのも、日本の0.75店をはるかに上まわる高密度である。

それにもかかわらず、書店売り場の拡大は切迫した状況で、質的改善も必然的に迫られた課題だった。同じタイプの小規模書店ばかり増えているからである。1984年の書店数は3679で、76年に比べて20％も増加したが、売り場面積の平均は52㎡にとどまっていた。同じ期間の図書発行点数が１万3424点から３万3156点と、2.5倍に増加したため、陳列空間は絶対的に不足していた。必要最小限の売り場面積の29％しかない実情だった*53。新刊図書がきちんと陳列されずに、返品される切迫した状況で、売り場の大型化が急がれていた。

事情がこうであっても、数字の上で絶対多数を占めている零細書店は、自らの生存権を盾にし、大型書店の進出を激しく拒絶した。教保文庫は84年と87年の２度にわたり、釜山、大田、蔚山、光州、全州など６都市で、支店開設を企図したが、いずれも地元書店の反対に遭い、結局、白紙化宣言をするに至った。教保文庫だけでなく、他の大型書店も新規開店の過程で、同様の難題を経験することになった*54。

こうなると売り場の大型化を望んでいた出版界は、書店自身が売り場の拡張に努めてくれるよう希望した。売り場拡大の起爆剤になると期待された教保文庫の地方支店開設の試みは挫折したが、全国の主要都市での既存の書店を拡張、そして新規書店の大型化の動きが起こる契機になった。売り場面積330㎡（100坪）以上の書店が、1988年には30店だったものが、94年には85店に増えていた。1000㎡以上の書店（98店）も、同じ期間に全書店数の1.7％から2.4％（122店）に増加している*55。生計維持型書店の一辺倒から、慎重な歩みの大型化とともに、企業型と専門経営体制に転換する書店が現れたのである。

書店の大型化は、書店がたんなる書物販売のレベルを超えて、その機能を拡大させ、書店経営のパラダイムを変化させた。サービス体制の改善、図書情報提供の科学化、地域情報文化空間としての書店機能の拡大という、質的向上の

---

*53　李重漢、李斗暎、梁文吉、梁平『韓国出版100年』玄岩社、2001. P194
*54　「図書流通近代化のための経過報告」大韓出版文化協會、1987.8.5参照。
*55　統計庁、前掲書、1997年版を参照。

新しい課題を浮き彫りにした。本以外に、文房具、ファンシー商品、PC機器、VIDEOテープ、CDなどを備え、ワンストップ・ショッピングの便宜を提供する複合化とチェーン化を促進させた。同時に、書店人材の需給、零細書店との均衡ある共存など、書店側自らが解決すべき現実的問題を提起させた。

書店の専門化傾向を触発したのも、個性化や差別化につながった。コンピュータ、宗教、音楽、芸術専門店など特定分野の図書を、深みのある陳列で販売する小型専門書店の台頭は、現代社会の専門化傾向に見合うもので、新たな市場創出の面からも肯定的に受け入れられた。特に、児童専門書店の全国的な広がりは、書店専門化の動きに点火したと評価されている。書店が地域住民のための文化プログラムを開発運営することで、地域文化や情報交流の場と、エンターティンメントセンター機能を担当する社会的役割を果たすのである。

設備の近代化も迅速に進行した。設備の近代化は電算化、すなわち自動化を意味する。80年代後半からソウルの出版社や書籍卸売商と地方書店のあいだではFAXを設置し、図書の受発注を迅速かつ正確に処理する業務の機械化が開始された。1991年には「図書商品券」制度が復活し、爆発的な人気を集め、本をプレゼントする習慣が定着拡大し、書店業界を大きく鼓舞させた。このように、新しいレベルの質的成長と発展軌道に乗った書店業界だった。しかし、1994年を起点に、書店経営を脅かす変化が連続して起こり、深刻な危機と沈滞局面に入り、収拾できない事態へと局面は反転する。

インターネット書店、大型ディスカウント店、図書貸与店など新しい業態の出現で、一般書店の経営状態が根本的に変化したからである。これまでは同種

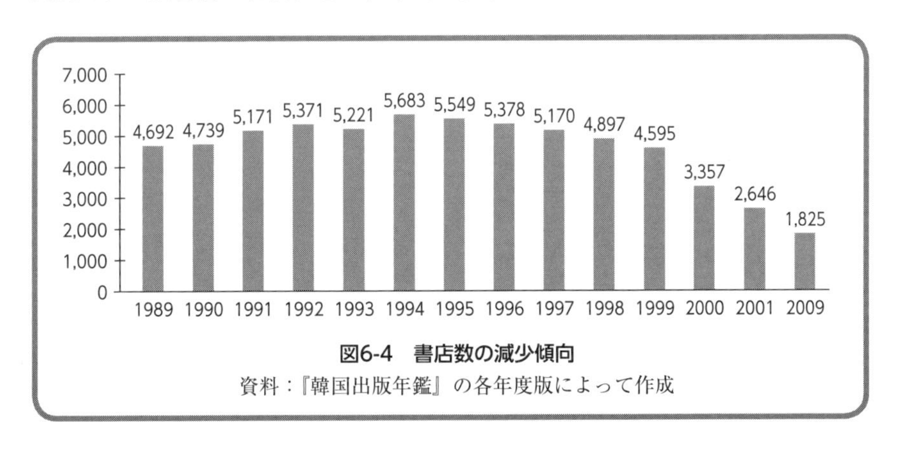

図6-4　書店数の減少傾向

資料：『韓国出版年鑑』の各年度版によって作成

業体の書店同士が競争を繰り広げていたが、出版物販売を担当する新しい業態が、多様な形態で出現したため、書店同士の競争だけでなく、新たな経営技法の“書店”とも競争をしなければならなくなった。こうした他者との限りのない複合競争が激化するなか、書店業の対外開放も秒読み段階に入った。

こうした大きな変化の渦のなかで、長期的な不況と日ごとに激しくなる競争に、耐えられない書店の廃業が相次いだ。これまでは「新規書店」が「退出（廃業）書店」を上まわっていたのに、それが逆になってしまった。あらゆるメディアが競って既存書店の「廃業率」を深刻に報じた。『韓国出版年鑑』によれば、1994年の5683店を頂点とし、急激に減少した書店数は、2009年現在、1825店になった。この期間に年平均で約250店が門を閉ざし、3858店が転廃業している。（**図6-4**参照）。統計庁の『卸小売業統計調査報告書』によれば、1996〜2009年に書店数は、9802店から5253店へと46.4％も減少した。

書店数だけでなく、従事者数も同様に減少している。1996〜2009年に、従事者数は３万7448名から58％も減り、１万5715名だけが残る結果になった。外見的には書店を中心とする出版流通産業が、わずか15年のあいだに半分になってしまったのだ。

書店業界が揺れ動く過程で、唯一、100年の歴史を前にし、韓国を代表する書店の位置が与えられていた鍾路書籍が、2002年６月に倒産した。これに続き、大邱、光州、蔚山、晋州、麗水など主要都市で、その地域の文化拠点で象徴的な役割を果たしてきた代表的な書店が、ほとんど廃業する悲運に遭遇した。

鍾路書籍100年の歴史は、1907年アメリカ長老教系の基督教書会が、鍾路２

写真6-11　写真左は、鍾路書籍の前身、大韓基督教書会（1907年）右は、大韓基督教書会（1969年まで鍾路書籍は１階にあった）

街に木造瓦屋根の家屋を購入、基督教の専門書店を開いたのが始まりである。朝鮮末期から鍾路は鍾閣周辺の繁華街を中心に、紙屋、書籍舗などが軒を並べ、客足が絶えないところだった。

鍾路書籍はその後、教文書館（1931年）、鍾路書館（1948年）、鍾路書籍センター（1963年）と書店名を変えた。京城帝大法文学部出身で、当時、崇実大学の哲学教授だった張河龜が、1963年に入手、張河麟とともに経営に携わり、韓国最初の近代的な大型書店の幕を開いた。植民地時代以降、大きく変わらない旧態同然の書店から脱し、アルミニューム看板、ネオンサイン看板、大理石の床の装飾、天井のシャンデリアと、書店設備をすべて変更した。本はジャンル別に陳列し、内部の各フロアの表示板、さらにBGMまで導入した。開始当時は若い女性を販売スタッフとして採用するなど、果敢で革新的な試みをし、書店の新しいイメージを創出したので歓迎された。このときから名称を書房や書店から“センター”とするようになった。

1969年に道路拡張工事で既存の建物が壊されると、すぐに隣の聖公会ビルを借りて命脈をつなぎ、株式会社体制に変えた。77年12月、書店自律決議で図書定価制を施行する際には、先頭に立ち主導的役割を果たした。読者と著者との出会いのプログラム「作家との対話」、「作家とともに行く文学紀行」「お母さんとともにお出かけ」などを運営した。90年には従業員出身の李徹之を社長に選任、書店経営の近代化を導く専門経営者時代の一翼を担った。97年には国内最初のネット書店（鍾路インターネット書店）を開設、書店経営の先進化をリードしている。不渡りで倒産した頃の売り場面積は5000㎡を超えていた。このように大型書店の嚆矢（こうし）で、知性の産室であり、時には追憶の場所として、一時は出版文化の象徴のように称えられた鍾路書籍だった。それが創立百周年までいくらも残さずに倒れたのは、出版界にとって大きな損失であり、文化界に多大な衝撃を与えた。倒産の理由は、80年代から続いていた労働組合と会社側の激しい対立、これをめぐる経営陣家族間の内部紛争、駐車場・便宜施設など時代が要請する施設の不備、オンライン書店の登場で始まった割引販売競争などが指摘されている。しかし、最大の理由は、知識情報化時代に幅広い知識と情報を必要とする読者の要求に、きちんと適応できなかったからである。

鍾路書籍が倒産すると、単行本出版社を中心に、2002年6月7日、再建を訴える署名活動が起こり、11の出版関連団体が「鍾路書籍再建推進委員会」を結成するなど、さまざまな動きがあったが、再生のための具体的な努力が足りなかったたせいもあり、最後はうやむやに終わってしまった。

書店の減少傾向は今後も続くと予想される。なぜ、再建期以後の発展期を経て半世紀を超えて蓄積されてきた「書店経営」のノウハウが、これほどたやすく崩壊してしまったのか。新しい業態の出現で、在来書店は出版市場でその存在価値を失ったのか。書店経営者らは大量倒産の原因として、①インターネット書店の割引販売（37.8%）、②大型書店の出現（21.3%）、③割引店舗の拡大（19.1%）、④景気沈滞（15.4%）、⑤書店関係者の経営能力不足（6.2%）、⑥その他、不明（0.2%）を挙げている*56。

これらの要因は、つまり、無節制な割引販売行為と経営力量の脆弱な書店体質に、その理由を求めるものである。書店は再販制度に安住し、商品知識の不足とサービスの改善を怠り、個性化・差別化されない千篇一律の形態で存立してきた。それが書店の大量廃業を生み出したのだ。いわゆる「マーケット・スラック・エフェクト（market slack effect）」が消滅して、「適者生存の原理」だけが支配する構造になってしまうと、競争力の弱い書店は倒産する風前の灯状態になってしまったのである。

一般的に市場成長率が高ければ、競争の度合いは弱まり、店舗の対応は遅くなり、市場競争の緩み（slack）が生じるため、生産性が低い店舗でも生存できる機会は広がる。つまり、どんな業種であれ、市場規模が引き続き拡大するなら、非効率的な生業型零細経営でも、さらに多くの市場進入を誘引するのである。高い市場成長率が生み出すこうした効果を、流通論では「マーケットスラック効果」と呼ぶ。

書店にもこの理論がそのまま適用される。70年代から90年代前半に至る長い期間の、かなり高い水準の出版市場の拡大は、流通市場でのスラック現象をつくり出し、その結果、生産性の低い生業型零細書店も数多く存在することができたのである。

こうした環境のもとで、同質性の拡大という成長パターンを維持してきた書店業は、90年代には新しい流通環境の変化に直面した。これまでとは質的にまったく異なる水準に店舗数が減少しながら、売り場面積を拡大せねばならない

---

*56　出版流通振興院『韓国の出版流通実態調査報告書』文化観光部、2004

表6-10　書店業の成長推移

	書店数（文体部）	書店数（統計部）	従業員数	売場面積	売上額	従業員規模別書店売上額			
						1～4名	5～9名	10～49名	50名～
1966	100.0	100.0	100.0	100.0	100.0	40.6	32.4	41.1	39.5
2001	49.2	45.4	43.8	67.2	83.1	15.7	13.4	13.7	16.2
2006	38.4	59.6	48.3	125.5	135.4	32.6	36.0	26.9	28.3
2009	33.9	53.6	40.5	124.8	148.3	11.1	18.2	18.3	16.0

資料：『韓国出版年鑑』及び『卸小売業統計調査報告書』各年版により作成。
書店数は、文化体育観光部の発表と統計部の発表に相違がある。

というジレンマである。

書店数は大きく減ったが、全国書店の売り場面積は、1996年の69万6099㎡から、2009年の99万3669㎡と約43％も増加した。書店あたりの売り場面積は71㎡から189㎡と2.7倍に増えた。同じ期間に売上額も、１兆4561億6300万ウォン（１書店あたり１億4855万ウォン）から、２兆1594億7700万ウォン（４億1109万ウォン）と43.3％も増えている。

設備の自動化と売り場の大型化によって労働生産性と物的生産性も大きく向上した。１書店あたり売上額や、従業員１名あたり売上げ規模が、日本の11％程度に相当するという低い生産性が問題点として指摘されているが、それでも経営効率は大きく改善された。さらに大型と中小型書店、ソウルと地方書店の両極化現象がいっそう鮮明になり、双方の格差は比較が困難なほど広がった。

それでも常時従事者数が４名未満の生計型書店が、絶対多数を占めている業界の構造的特質が、完全に変わったわけではない。従事者数規模別に見ると、1996年に83.3％だった生計型書店の比率は、2009年には89.4％と、むしろ増えているのに対し、売り場面積は58.2％から47.9％へと減少している。代わって、従事者50名以上の大型書店の総売り場面積は、6.7％から18.9％に３倍近く増えた。生計型書店は日増しに減っており、大型書店は相対的に大きくなる「貧益貧、富益富」現象に対する対策が、急がれているゆえんである。

3.　ネット書店の躍進

インターネット書店（オンライン書店）とは、「一般書店で売っている本を店舗の有無とは関係なく、インターネットを通じて販売する仮想書店」を意味する。本を売り買いするのに、既存書店のように時間的・空間的制約はもちろん、国境もない特性を持つ。ネット専門書店とリアル書店が経営するケースの二つがあったが、ネット上取引が活性化するにつれ、オープンマーケットのようなネットショッピングモールなどもあり、その形態がしだいに多様化している。

韓国でのネット書店は、1997年の鍾路書籍が最初で、その後、大型書店を中心に急速な広がりを見せた。大型書店が兼営するケースで代表的なものに、教保文庫（www.kyobobook.co.kr)、永豊文庫（www.ypbooks.co.kr)、ソウル文庫（www.bandinlunis.com）があり、ネット専門書店には、YES24（www.yes24.com)、インターパーク図書（www.://book.interpark/com)、アラディンコミュニケーション（www.aladdin.co）などが、2010年現在、上位企業にランクされている。オープンマーケットとしては、Gマーケット、11番街、アクションなどが代表格である。

1999年は「ネット書店元年」と称された。前年度までネット書店の売上総額は約32億ウォンと推定されていたが、99年にはなんと269億ウォン、前年度の８倍以上に垂直上昇したとの推定である＊[57]。そうした急増の背景には、次の二つを挙げることができる。

第１は、インターネット人口の爆発的な増加である。1997年、全人口の1.5％だった利用者は、99年末には22.4％になった。『韓国インターネット白書』は、99年末現在のネット人口は1086万名と明らかにし、うち男性が631万名を超えると述べている。こうした利用者の拡大は、ネット書店の売上げ増加につながった。99年、青瓦台（大統領府）経済対策会議が電子商取引活性化のために、政府調達部門の電子商取引を義務づける方針を定めたのも、ネット商取引を促進させる要因となった。教保文庫の99年度の売上額は1082億ウォンだったが、うちネット販売額は78億ウォンで、全体の８％を占めることが判明し業界を驚かせた＊[58]。

2000年はネット書店がさらなる躍進を遂げた年だった。インターネット永豊

＊57　『韓国出版年鑑』（2001年版）p138
＊58　梁文吉「書店100年、出版流通の足跡」『韓国出版100年』前掲書、p218

文庫は、前年比850％の成長率を示し、YES24、アラディン、ワウブックなどの売上げも急上昇、第1四半期にはすでに前年1年の売上高を上まわっていた。YES24の2000年売上げは160億ウォンを突破し、前年比1600％も上昇、1日の売上額で教保文庫のネット販売額を追い越した。会員数も30万名を超えて、1日のアクセス数は約6万名になったことが分かった。アラディンも99年7月までの総売上額が3億5000万ウォンだったのが、2000年は11月までに80億ウォンを超えている。

第2は、割引販売によって着実に顧客をつかんだことだ。ネット書店は多くの会員を獲得しているが、初期には割引行為で書店の顧客を奪っていく逆機能的な要素が多かったため強い批判を受けた。「再販制度」のもとで「本の内容は書店で確認し、注文はネット書店でする」のが、定石のようになっていた。「出版及び印刷振興法」が制定されるまで、ネット書店は本を20％前後割引して販売していた。YES24の場合は、ベストセラーを37％も安く売ったりもした。YES24が割引販売で教保文庫のネット販売額を凌駕すると、教保文庫も定価販売を固守した立場を顧みることもなく、ネット上での割引販売を開始した。

「出版及び印刷振興法」はネット書店の割引販売を認定し、この現象は行けばいくほど深刻になった。ネット書店は再販制度の弱点を利用し、マイレージの拡大適用、最低価格保障制、1＋1イベントなど、激烈な割引競争をくり広げた。2003年6月からはインターパークが業界初の1冊無料配送を実施し、04年からは全オンライン書店での無料配送が常態となった。

ネット書店の売上げ推移を見ると、1997年は5億ウォンにすぎなかったが、98年には32億ウォン、99年は269億ウォン、2000年は457億ウォン、01年は731億ウォン、02年には1410億ウォンとハイペースで記録を更新した。その後も市場占有率を拡大し、2000年には全出版市場の3.9％にすぎなかった実績が、10年になると39.0％を記録、10年間で10倍以上になった。(**図6-5**参照) こうした成長の背景には、割引販売が絶対的な力を発揮している＊59。ネット書店が出版産業の発展に尽くした影響は再言を要しないが、図書定価制を崩壊させた主犯との批判からは免れることはできない。

このような売上げ増加を示しているものの、ネット書店の収益構造は良好と

＊59　『韓国出版年鑑』(2001年版) p97

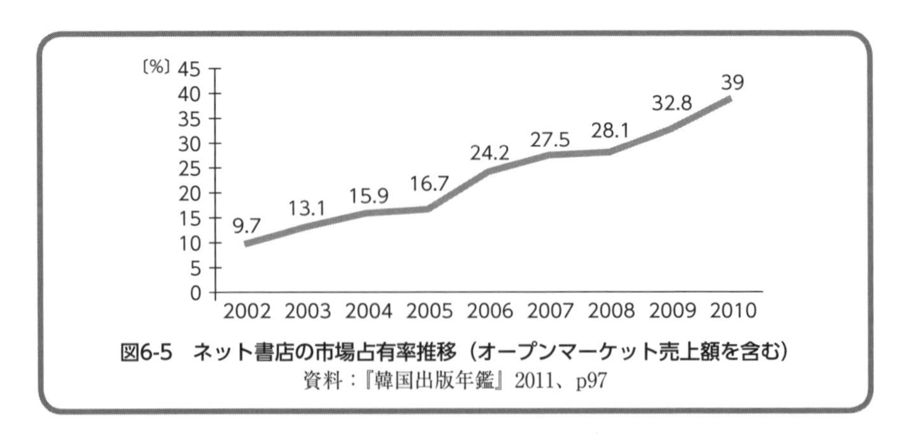

図6-5　ネット書店の市場占有率推移（オープンマーケット売上額を含む）
資料：『韓国出版年鑑』2011、p97

は言えないものだった。業界内の価格競争が激しく薄利多売の戦略と、無料配送による物流費の圧迫が大きかったからである。そのため2000年下半期になると、株式暴落とベンチャー熱気の冷却、全般的な景気沈滞と相まって、経営状態が急激に悪化した。その状態に一部のネット書店の吸収・合併などで淘汰され、業界は整理の過程を経ることになった。YES24は2002年にワウブックを吸収合併し、リブロは累積赤字に耐えかね2010年８月に大教に売却され、ネット書店は「ビック６」の競争体制に移行した。

ネット書店の特徴を今更のように並べる必要はないが、ネット書店の驚異的な成長は流通チャネルの崩壊をもたらした。本を売買する手段が多様化されると同時にリアル書店の廃業が進んだ。ネット書店はリアル書店のように陳列空間の制約がないので、理論上ではあらゆる本の販売が可能である。ネット書店の利用者にとって重要なのは、書店の知名度や質ではなく、網羅的なデータから自分が希望する本を探し出せるかどうかで、それがどれだけ満足できるかで優劣の判断がなされる。サイト上に中古書店を併設する理由もそのためである＊60。

ネット書店は、リアル書店の空間構造にも変化をもたらす、それが書店の大型化の推進である。多数の本を備えるための書店の大型化は、ネット書店に対抗する一つの方法であるが、それは容易なことではなかった。本を買うために書店に行くことは、時間と交通費を費やすことになるとの認識はしだいに大き

＊60　YES24は「本文検索システム」を2005年に開始した。アラディンは2008年２月に「中古ショップ」をオープンし、2014年３月末現在、177の店舗を運営している。

くなっている。

また、本を検索して必要なものを選び出すシステムの発達は、いわゆるロングテイル（The long-tail）現象によって幅広く読者層を発掘、新たな需要を創出する効果もあった。一般的な小売店の場合は、良く売れる上位20％が全売上げの80％を占めるとの「パレット（Paretos）の法則」を重視してきた。

伝統的な書店でも在庫及び商品売り場、陳列空間の制限などで、ベストセラーのように良く売れる本だけを、良く見える所に積んで置き、集中して販売するマーケッティング戦略が採用されている場合が多かった。インターネットと新しい物流技術の発達で、ネット書店の場合、ベストセラーとともに、それまで見逃されてきたあまり人気の無かった本も、買い求められる機会が高まり、全体利益面で多くの利潤を創出する新たな“隙間市場”をつくり出した。

草創期には、システムの優劣がネット書店の競争力を左右したが、現在、システムとサービスのレベルはほとんど平準化された。ネット書店は出版流通の痼疾的な病弊である手形の代わりに、現金で販売代金を決済し、返品量を減少させる結果をもたらした。

4. 書籍卸売業の存立基盤

これまで韓国の書籍卸売業は、生産部門の発展や消費水準の向上に相応する発展を遂げることができなかった。これにより出版社や流通企業が、相互の信頼を基礎とする共生的な関係をきちんと形成できなかった。むしろ「押し付け配本」などは普通で、不公正な行為が誘発されていて、かなり無思慮な取引慣行が日常化しており流通秩序が乱れていた。こうした状況から先進国に比べると、大きく立ち遅れた規模の零細性、低生産性などによる書籍卸売業の高費用、低効率構造が出版産業の発展を阻害する大きな要素と指摘されてきた。

1996年現在、４名以下の卸売企業の比率は50％を超えており、売り場面積も25％を占める家族単位の生計維持型が多くなっている。マクロ的に卸売企業数が増加しても、ミクロ的にみれば零細小規模企業だけが増えているので、機能的には商品力、販売力、物流力、情報力などのすべてが衰退に向かっている。資本力も弱かったが、委託返品制度による多品目少量、多頻度取引を特性としているので、経営効率が極めて低かった。そのうえ1996年以後、書籍卸売業の

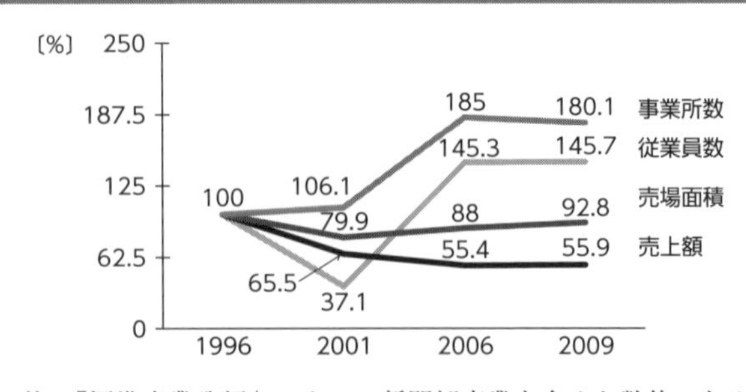

注：「標準産業分類」によって新聞卸売業も含めた数値である。

図6-6　従業員規模別、出版物卸売業の成長推移

資料：統計庁『卸小売業統計調査報告書』各年度版によって作成

動向は、**図6-6**のように、企業数、従業員数、事業場面積のすべてで低下傾向を示してきた。

すなわち、2001年に底を打った後、06年までに徐々に回復の兆しを示したように見えたが、それ以後は停滞状態が続いている。ただ書籍卸売業に関する各種指標のうち売上額だけは引き続き成長を遂げ、06年には最高値を記録し、その後は低減に向かっている。卸売業の発展様相を示す流通迂回図（卸売売上額/小売売上額）も、15年間0.85（1996）から1.03（2009）に、辛うじて0.18ポイント増えているだけで、卸売企業の法人化率は4.5%にとどまっている＊61。こうした不安定な軌道のなかで、書籍卸売業は変動する需要への対応に苦慮していた。そのため同業者相互の競争と駆逐関係だけを強化する側面が見られた。

こうして書籍卸売業界も、1995年１月から出版市場が全面開放されたのを契機に、遅れている出版流通システムを近代化する構造改革に対する関心を高めるようになった。折しも流通市場開放の波に乗り、高度の経営システム、ノウハウ、資本力を備えた海外の先進出版流通企業が、世界10位圏の巨大市場、韓国への進入を検討し始めているときだった。実際に日本などの海外出版流通企業が、進出の可能性を調査したこともあった。こうした動きに備えて国内卸売企業は大型化を目標に統合合併を模索した。

1992年からTFチームを構成し、長期発展計画を構想してきた「韓国出版協

＊61　統計庁、前掲書、1996年版を参照。

同組合」（理事長、李起雄）は、95年の定期総会で組合員363社全員を株主とする「韓国出版流通（株）」の設立を決議し、まず流通体制の改革作業に着手した。出版組合の主導で、「出版文化情報産業団地」の核心施設である出版物流通センターの設立計画と、関連して推進された「韓国出版流通（株）」（現ブックセン）は、出版流通の構造改革に対する期待が集まるなか、出版社・書店239社が株主として参加、1996年1月に設立された。

4月には配送と保管専門企業の「ブリワナルゲ」（姜慶中）と、卸売り（販売と集金）専門企業の「ソウル出版流通」（崔善鎬）が合併し、図書流通を一貫して処理する新たな「（株）ソウル出版流通」を発足させた。ソウルの「普文堂」「青雲書店」など30余の卸売会社も、独自的な領域確保のために「ソウル書籍卸売協会」を創設、共同事業・市場調整など協業化の方向を目指した。

書店の相次ぐ廃業も、こうした卸売業自身が構造改革に向かわせる要因となった。しかし、出版物卸売構造の改革作業が、そこまで進む前に書店の廃業は卸売商の連鎖倒産につながっていった。96年から比較的規模が大きいことで知られるソウルと地方の卸売商が、相次ぎ不渡りを出して倒産した*62。さらに98年2月2日には、39年の歴史をもつ「松仁書林」（宋宅圭、年間売上額250億ウォン）が、110億ウォンもの負債に耐えられず最終不渡り処理で行き詰まる事態になった。売上げ順位第2位の松仁書林の倒産は、大型卸売の連鎖倒産を予告するものだった。

さらに、「高麗ブックス」「ハンソル」などの卸売商の不渡りが続くと、業界は恐慌状態に陥った。ところが事態はそれで終わりではなかった。松仁書林に次いで3月2日には、単行本売上額1位の卸売り「普文堂」（李晶燮）さえも、最終不渡り（不渡り額132億ウォン）を出して倒産した。年間売上額500億ウォンに達する「普文堂」の倒産は、出版・書店業界を麻痺させるのに充分だった。

出版業は急遽対策にあたった*63。出協と書連が中心になり、流通構造改革のための資金支援をはじめ、悪性手形制度の合理的な改善、公共図書館の図書購

---

*62　梁文吉、前掲論文、p210

*63　通貨危機を経験した1997年末から、翌年上半期に至る期間、全国70余の大型書籍卸売商のうち25の企業が倒産し、出版流通網は一瞬に麻痺する流通の大混乱が発生した。新刊発行量と販売量は前年比20～30％も急減し、啓蒙社をはじめ1000余の出版社と1500余の書店が倒産や廃業に追いやられた。（前掲書、李重漢ほか『韓国出版100年』p212。前掲書『大韓出版文化協会60周年10年史』p58参照）

入予算の拡充など、解決策を政府次元で講じてほしいと要請した。これとともに出版・書店業界内部でも、出版流通の全面的な枠を破らねばならないとの認識が広がり、過当競争、割引販売など、取引秩序改善のための改革の声が高まった。

政府当局は、崩壊の危機に直面した出版産業に500億ウォンの緊急資金の支援を決定､対策を用意すると卸売商の不渡り騒ぎは収拾に向かった｡「松仁書林」は「韓高書籍」と合併し、返済が終わるときまで債権団運営委員会が運営を担当し、「高麗ブックス」は「時空社」（全在國）などの資本を引き入れ、「東国出版販売（株）」(崔善鎬）として再出発した｡「普文堂」も「世宗出版販売（株)」と改称し再起を期したが、ままならなかった。新たにスタートした「韓国出版流通（株)」は「ソウル出版流通（株)」「漢陽出版流通（株)」などを順次に統廃合したのに続き、大規模先端流通センターまで整え、名実ともに最上位企業として浮上、卸売構造の改革をしたが、業界に及ぼす影響は期待に沿ったものではなかった。なぜなら、出版流通環境と構造変化で、卸売機構に対する利用条件の変質など、出版物卸売業の存立基盤がかなり弱化していたからである。

伝統的に出版社と書店間の直接取引率が高い状況で、生産面では多品種・少量生産をいっそう発展させた｡消費需要の側面でも､ニーズ(needs)の個性化・多様化・短サイクル化される環境変化に対応し、卸売業者は生産と販売の二つのセクターを結合させる能力が不足していた。その間に出版社、小売書店、配送専門の物流業者など、卸売業者以外の他業種の経営主体が卸売機能を効果的に拡大していたため、卸売機構はさらに力を使う必要がなくなった。

90年代初頭からは、①「文化流通ブックス」(李錫杓)、「現代出版流通」（趙相浩)、「中央日報出版流通」など、出版社が共同で物流センターの建設運営を開始したが､「ナルゲ」（曺魯鉉、坡州出版物流も設立）などの配送専門企業が出現し、物流機能を効果的に遂行していたため、伝統的な卸売業者の既得権の多くは失われた。物流業者やVAN事業者などの異業種企業による物流機能や、情報機能の統合が既存の卸売業者との競争を激化させたのである。

②大規模小売書店は多店舗展開による大量販売力を実現させた。また、POS、EOSなどの情報処理機器によるデータを活用し、良く売れる商品や店頭在庫を的確に把握し不必要な在庫を防ぐなど、緻密なイン・ストア・マーチャンダイ

ジング(in-store merchandising)を駆使し始めた。これら大型書店は、大量の仕入力・購買力(buying power)を背景に、価格、品揃えなどのサービスはもちろん、多品種、多頻度、少量注文、指定時間配送など卸売業者側が受け入れ難い条件を強く要求するようになった。彼らはこれに応じられない卸売業者を排除し、出版社との直接取引の比率を大幅に高めていった。

③高速道路網、情報通信網などインフラの整備・充実が、中央と地方の商圏を融合させ、広域物流活動が円滑になったことも、出版社と書店の直接取引をさらに促進させる要因となった。地域総版の役割が大きくなった。情報通信網の整備は、小売書店と出版社のあいだのオンライン情報ネットワークを通じる受発注情報交換を促し、卸売業者との新しい競争関係を誘発した。

④書店の激減と売上げの減少は、卸売商による出版流通の分業体制の解体を促し、卸売り業者相互の競争を日増しに激化させた。経営不振を予想しながらも、卸売業者たちは出庫価格を競って低下させねばならないので、販売利益は５％前後に低下、資金調達難に苦しめられた。資金不足を解決するために年34%にもなる高金利に耐えて手形を割引し、事業資金を手にするなど悪循環を重ねた。

⑤貸与店、割引売場など新たな業態が急増し、割引販売が横行する出版物再販制度が崩壊したことも、書籍卸売業の沈滞要因として作用した。

これらの変化は、既存の卸売業者に対する新たな競争や代替の次元を超えて、これまで卸売業界を維持発展させてきた垂直的・水平的分業秩序の根本的な解体を意味した。卸売業者が既存の枠のなかで、卸売機能の配分を再編成する程度では、こうした環境変化に積極的に対応し、成長するには骨の折れる競争の局面と需要変動が起きたのである。

(株)ブックセンの場合、出版社や書店の立場では、この会社の先端施設が出版流通市場の生理条件に合致するのは難しい条件だったため、この会社が提示する取引条件に応じられない点があった。ブックセンの先端物流センターを利用するなら、販売と保管、配送、在庫管理などのサービス段階別に区分し、費用を支払うシステムとなるが、その負担はあまりにも大きくて、現行の図書価格構造では耐えられない限界があった。こうした問題を解決することができれば、出版社がこれらの追加負担を経営管理体制や、マーケティング活動の変化を誘導し、ブックセン側からこれを相殺させる効果的なサービスを新たに提供する準備をすべきなのに、そうではなかったので出版社側に背かれてしまった。

卸売商は出版社に対する最も重要な機能である販売の便益提供のほかに、販売費用節減のメリットを提供しなければならない。しかし、むしろ販売費用の負担を加重させている。そして経営管理、図書価格政策、マージンなどの側面において、出版・書店業界が適応できる時間的準備過程が与えられなかった。出版流通センターが半自動を経て完全自動化に発展していく段階的過程を経ながら、漸進的に取引条件の変化を通じて適応できるように誘導すべきだった。先端流通センターの建設というドグマに没頭し、あまりにも急進的な改革を急いだ結果、過大投資をしてしまった。そしてこの会社の商品力、販売力の確保を困難にし、市場での影響力を発揮できない障害物にしてしまった。

韓国の書籍卸売業は、これまでのように単なる卸売業者にとどまっていては、決して書籍卸売業者として存立できない。この逆説的な状況に直面し、ビジネスモデルの根本的な改革が必要になった。卸売商の利用条件の変化に伴う役割と機能発展策を考えるなど、戦略的に対応プランを準備しなければならない。

第1に、書籍卸売業のリテイルサポート（retail support：小売書店支援コンサルティング機能）を強化すべき必要性が大きい。こうした小売店支援機能は大型書店の出店と、ネット書店によって売上げ不振に悩まされている中小書店が、生き残れるように支援することが、卸売業として不可欠な核心的機能といえよう。卸売業者は生産と小売とのあいだで、多様な情報を効果的に収集、データベース機能を発揮できる利点がある。出版社やチェーン化された大型書店で収集できる情報は、自社の取扱う商品に限定されているが、卸売業者はそうした制約を超えてより広範囲な情報を収集することができる。

こうした情報集約効果を生かす小売書店に対して売れる商品の品揃え、新刊情報の提供など、各種指導・支援サービスを積極的に提供できる。さらに、出版社に対しても、新しい出版物の企画・開発と収益率向上を支援できる。このようにするには、情報ネットワーク型出版流通システムが構築されねばならない。

第2に、一元化供給体制の確立によって機能的に卸売業者主導型流通システムを構築するプランをつくる必要がある。これは卸売業の事業コンテンツに関する問題で、卸売機能の高度化による対応プランである。これまで韓国は厳密な意味で取扱商品に対する所有権を持つ書籍卸売商（book wholesaler）は存在しなかった。

卸売業は自己資金で商品を買い入れ、自分の名前で販売する業種である。ただ委託返品制が変形した掛け売り制を活用した仲介商の範囲を出ないレベルで、出版物流通センター（book distribution center）の機能すらも、忠実に担当することはできずにいた。卸売機能強化の方向を明確に確立し、営業方式や販売方法において新しい流通環境に適合した書籍卸売業の業態概念を創出することが、21世紀書籍卸売業が進むべき方向である。一方、書籍卸売業の連鎖倒産は、単行本出版社が共同で自衛策を樹立するための「韓国出版人会議」を誕生させる契機となった。この会議は、1998年11月２日、294の出版社が集まりスタートしたが、創立初期には「出版流通構造の改善ワークショップ、全国卸小売取引書店実態調査、出版・書籍商界共同の“流通発展委員会”の構成、標準卸小売取引契約書の開発」など、活発な活動を展開した。

政府はIMFの余波による出版産業の崩壊を防ぐため、合理化資金500億ウォンを支援した。しかし、惜しまれることに資金を情報ネットワーク型出版流通システム構築に投資するなど、流通構造先進化に効率的に活用できるせっかくの機会を失ってしまった。その資金は一部企業の運営資金に使用されただけだった。

5.　図書定価制と「出版文化産業振興法」

出版産業界が以前から望んでやまなかった「出版及び印刷振興法」（全文７章28条、付則８条）が、2002年８月26日に法律第6721号として公布され、2003年２月27日に施行された。

この法律は、①出版界から民主化以後、規制改革の次元で行政に都合の良い

＊64　公正取引委員会は「公正取引法」第29条第２項に基づき、文化体育観光部と協議し、再販行為に関する告示を発表したことがある。文化体育観光部は「出版及び印刷振興法」施行の際に、この告示どおりに図書定価制の細部指針を発表した。告示の内容は次のとおりである。①2003.3.1～04.12.31：全ての刊行物、②2005.1.1～06.12.31：実用図書を除く全ての刊行物、③2007.1.1以降：実用図書、学習参考書Ⅱ（初等学校生徒用）を除く全ての刊行物

制度に対する改善要求が高まり、②ネット書店、大型割引店など、新たに出現した業体が引き起こした割引販売行為が、書店業界にまで広がっている状況から、③公正取引委員会は、業界の頑強な反対を押し切り、1995年以来の出版物再販制度の縮小方針を、段階的に実行に移していた*64。④出版産業界は再販制度を破壊しようとする、これら一連の動きに対して強硬に反対した。これを防ぐ特段の措置として図書定価制の保障を受けられる法律の制定を求めたことが、この法の制定の背景だった。⑤通貨危機を前後して起こった流通が混乱した事態の再発を防止し、⑥21世紀知識を基盤とする情報社会の進展による出版の機能と役割を高めるためには、強く進取的な出版政策が要求される。これを裏付ける制度的装置を用意することは、時代的要請ともいえる。

文化体育観光部としても、現行の出版関連法律では民主化要求に即応しながら、出版・印刷産業を総合的に振興させる制度としては充分ではないと判断した。そして同部は1999年度の計画の一部に、年内に「出版振興法（案）を制定するための調査研究」を出版文化学会に依頼し、他方、出版界に対しても、これに対する意見集約を要請した。出版界は散発的に意見を開陳するよりは、汎業界的立場から単一案を提示するのが望ましいと判断、これにともなう一時的

---

*65　沈載権議員らが、2001年11月16日に発議し、翌02年7月31日に国会本会議を通過した「出版及び印刷振興法」が制定される以前の図書定価制の立法推進経過は次のようなものだった。

「図書定価制」立法推進過程

1999. 7	書連、「著作物の定価維持に関する法律（案）」を文化観光部に建議
1999.11.22	吉昇欽議員らが「著作物の定価維持に関する法律（案）」の立法を発議したが、文化観光委員会所属の小委員会で、法案上程留保を決議し、立法化は見送り。
2000.6	「図書定価制」を含む「出版及び印刷振興法」を政府立法で推進したが、規制改革委員会の反対で見送り。
2001.3.21	「刊行物定価維持に関する法律（案）」を書連が立法請願をしたが、「出版及び印刷振興法」と統合、修正案として推進する。

*66　「出版及び印刷振興法」の施行を前にして、文化観光部が発表した「“出版及び印刷振興法”及び図書定価制施行指針案内」によれば、この法律が2003年2月27日に施行される予定としながら、「この“出版及び印刷振興法”の制定によって、出版及び印刷産業が従来の“出版社及び印刷所の登録に関する法律”及び“外国刊行物輸入配布に関する法律”など手続法でありながら、規制中心の法体系から振興法に変更することで、全ての多様な文化産業の発展において中心基盤となる知識産業の根幹領域、出版産業を重点的に支援育成しようとするものである」と強調している。（http://www.mct.go.kr.2003.3.20）

写真6-12　図書定価制法制化を求める書店関係者

な機構として「出版文化振興法の正しい制定のための共同対策委員会」（常任共同代表：羅春浩出協会長）を発足させ、法律案を建議していた（1999.11）。

「出版及び印刷振興法」は、３回も立法化の試みが挫折*65した末に、議員立法の形式によって制定された。この法律はこれまでの出版政策の基礎を「規制から振興」に転換させると標榜した*66。しかし、規制的要素を無くし、出版の自由を伸長させるとの立法趣旨とは異なる内容が認められ、以前の法律と大きく異なる点はなかった。

この法律の主要内容をみると、「出版社及び印刷所登録等に関する法律」「外国刊行物輸入配布に関する法律」などを廃棄し、これらの法律の核心的内容を新法にすべて含めさせた。たとえば、出版社と印刷所の登録制度を申告制度に変更し、納本規制など規制的条項はそのままとした。「憲法に規定された出版の自由を最大限保障する画期的な規制緩和措置」としながらも、頑（かたく）なに出版社の申告を受けねばならない理由については一切の説明がない。

また、「青少年保護法」上の韓国刊行物倫理委員会の設置運営の根拠を、この法律に移管させているが、それも規制的性格に属するものだ。全面的に政府の支援金に依存して運営される出版物審議機構の刊行物倫理委員会は、民主化時代には当然ながら解体させ、その役割と機能は市民活動に任せねばならない。電子出版物に関する規定も、新たに入れているが、行政手続き以上の条項が紛れ込んでいる。

唯一、この法律に対する期待を抱かせたのは、３年ごとに出版及び印刷産業の振興施策を検討すると規定したことだ。これに基づき翌年５月に「出版・印刷文化産業振興３か年計画」が樹立された。文藝振興計画に出版振興計画が含まれた歴史はあっても、出版・印刷産業を育成するための中長期計画は、政府樹立以後、最初のことだっただけに意味があった。しかし、図書定価制（再販制）とは立法趣旨が正反対で、完全に図書定価制を破壊する結果を招いた＊67。「出版及び印刷振興法」第22条で規定した、いわゆる図書定価制に関する内容の要旨は、「独占規制及び公正取引に関する法律（公正取引法）」第29条第２項の規定に該当する著作物を販売する者は、定価で販売しなければならないとしながらも、ネット書店だけは発行されてから１年以内の新刊図書については、10％の範囲で割引販売（マイレージ及び景品は含まないが、配送料2000ウォンに該当する部分については追加割引できるように要請している）できるように、例外規定を設けた。

さらに大きな問題は、発売後１年が経過した旧刊図書の場合は、割引率にいかなる制限もなく、思うままに割引販売できることである。もし、これに違反した場合は300万ウォン以下の過怠料を支払わねばならない。つまり、出版流通の中枢的な機能を担当しているリアル書店は依然として出版物に対する再販制度を守り、定価どおりに売るように強制し、最初から再販制度に違反し、割引販売によって成長基盤を固めたネット書店に対しては割引販売を許容する、かなり奇形的な仕組みにしたのである。全国どこでも同じ価格で本を売る、中小書店と大型書店が価格競争をしないという再販制度は、機会平等を本位とするものだったが、国はこれに背いて法律としてネット書店だけにメリットを与える形になった。加えて文化体育観光部はこの法律の施行に際して公正

＊67　文化観光部が2000年９月９日に立法予告した「出版及び印刷振興法制定案」は「全ての刊行物は定価販売を原則とし、定価よりも安く販売する場合は500万ウォン以下の過怠料を課する」と明らかにした。しかし、文化観光部の「“出版及び印刷振興法”及び図書定価制施行指針案内」によれば、第７項「発行１年以内の図書の定価販売の義務化」の項目において、「①出版書籍業界の流通を正常化するため、77年から施行されてきたが、最近、図書の割引販売が拡散し、図書流通市場の混乱が持続されてきた点を考慮し、公正取引委員長が文化観光部長官と協議し、指定する発行されて１年以内の図書に限っては定価販売を義務化し、これに違反した場合は過怠料を賦課することにした。ただし、インターネットを通じて図書の販売がなされる場合には、電子商取引の特性に応じて流通上の利益を読者（消費者）に返すとの判断で、定価の１割の範囲内で割引して販売することを許容、書店と差別化させた。②図書定価制条項（法第22条第２項及び第３項）は、同法施行日から５年間適用することとした。③また、全ての刊行物には、本の表紙に定価を表示することとした。定価制が適用される図書の発行１年の基準は、毎版を基準とし、発行日を適用することとした」と説明している。（http://www.mct.go.kr.2003.3.20）

取引委員会の公示に基づき９項目の「図書定価制細部指針」を発表（2003.2.27）し、2007年からは実質的に再販制度を廃棄するとの「サンセット法（あらかじめ法の失効期限を定めた時限法）」体制を確実にした。

このようにまったく同じ商品を、流通経路に応じて市場で互いに異なる価格体系（一物二価）で運用するように、規定することは政策でも制度でもない。競争を制限する方法も、競争促進となることもない。決して再販制度を弾力的に運営する方法と見ることもできない、もっぱら取引秩序の混乱と書店の存立を危うくする公正取引行為の違反を、国が助長、固着化させる跛行的な構造であることは間違いない*68。むしろ、こうした差別的な待遇は平等権を侵害するものであるため、違憲の素地すらある。割引販売行為による図書定価制の崩壊を防ぐための手段として法律制定を推進した出版・書店業界が、こうした誤った制度に同意する愚を犯したのである。当然ながら、これを破る違反者が続出し、直ちに出版業界は法の補完を強力に要請した。

そして2007年７月19日には、出版と印刷を分離、新たに制定された「出版文化産業振興法」（法律第8553号）は、リアル書店も新刊図書を定価の10％まで割引販売できると規定した。新刊図書の適用期間は12か月から18か月に延長された。10％の範囲で新刊図書を18か月のあいだ割引販売できるようにし、それ以後には無制限に割引販売できるようにしたのである。罰則条項はそのままだった。こうした法改正は、国が公式に図書定価制（再販制度）を撤廃したものにほかならない*69。旧刊図書の無制限割引とともに、新刊図書についても発行日から18か月間は、10％以内で割引販売する行為を認めたのに、どうしてこれを図書定価販売制と言えるだろうか？

「出版文化産業振興法」第22条は、フランスをモデルに選んだように見える

---

*68　たとえば、李斗暎は「割引販売による反射利益で急成長したネット書店には、ローラースケートに乗って走っているが、代わりに書店は足を組んで見守っているのと同じようなもの」とし、「出版物再販制度は、いまこの地から事実上廃棄されたも同然」と批判した。（李斗暎「ネット書店と再販売価格維持制度の実施状況」『本と人生』2002.9参照）

*69　海外では韓国を、イギリスとともに長く再販制度を施行していたが、最近、これを撤廃した国と分類している。たとえば、日本、上智大学の柴野京子氏は「イギリスや韓国のように長い間、定価販売を認定して廃止した国もある」と、明らかに「廃止」としているが、これは誤った表現ではない。（柴野京子『書物の環境論』東京、弘文堂、2012、p47参照）

が、フランスのそれとは運用方法が大きく異なっている。自由価格制を運用している代表的な国アメリカよりも、さらに無原則的な制度を施行する国となった。それでも韓国は、これを図書定価制または再販制度と錯覚している。

新しい制度は混乱をいっそう助長する結果になった。むしろ、1977年12月、業界が自律的に図書定価制を施行する前よりも、さらに無秩序な割引販売が横行するように法的に制度化させ、書店の収益だけを減少させる結果をもたらしたことは明らかである。しかし、これに対する補完対策は無いまま施行されたため、書店経営はさらに疲弊してしまった。そして引き続き市場秩序を乱す要因として作用しているので、非難の声はとどまることがない*70。

「出版文化産業振興法」第22条は、2010年末までに3度も改正されたが、こうした方法によって定価販売制の実現を期待するのは「木によって魚を求む」も同然である*71。

現行第22条の枠では、出版産業の生産→流通→販売部門全体をコントロールするシステムとしての、機能と役割を期待することはできない。本の価格自体も問題であるが、価格制度によってつくられた取引制度も、全体のフレームが根本的に問題だからである。

大部分の図書が、実際に割引販売されている現実において、本の価格は割引きを前提に定められたものなので、泡(バブル)に相当する部分が無くてはどうしようもない。出版社や流通機関の犠牲によって割引販売されていることを、誰でも信じてはいないのだ。それはこれまで出版関係者が終始一貫、法第22条の改正がなされるたびに、本の代金の引き下げ可能性に言及してきた事実からも確認できる。

---

*70　2013年1月9日、崔載千議員が発議した改正案が国会での審議途中、ネット書店と伝統書店のあいだで「新・旧刊の区分なくマイレージと景品を含めて割引き幅を最大15%」で合意し、改正案は合意内容どおりに通過した。新しい図書定価制度は2014年11月23日から施行されている。新制度の施行前からひどく深刻な混乱を引き起こさせただけでなく、今後も相当期間、出版市場規模の縮小（売上額の減少）を招くだろう。出版社は在庫図書の販売機会が減り、読者は本の値段が実質的に引き上げられるので、購買忌避現象が起こると、書店の売上げ及び収益の低下が続くのは火を見るように明らかである。読者の購買力減退減少が、法改正前の現在水準に回復するまでには、どれほどの日時を要するかについては確信が持てない。

*71　「出版及び印刷振興法」は、「印刷文化産業振興法」の制定（2007.6.20）で法律が分かれて、法律の名称を「出版文化産業振興法」となり、今日に至っている。

出版社が策定し、本に表示した価格に対する社会的信頼と、実効性が失われてしまったのである。ところが不思議なことに、本の価格の適正さに関する論議は、これまでいちども提起されたことはなかった。本の価格の適正性も信頼を失ってしまい、価格決定権などの市場支配力は、もはや本を企画・制作・発行する出版社側から、本を売る側に実質的に移っているのである。

そのような問題が生じる理由は、「公正取引法」上、例外的に認められた「再販売価格維持行為」の趣旨と内容を、正しく理解していない韓国の出版・書店業界が幻想を捨てられず、あまりにも法律に依存しようとする固定観念にとらわれているからである。出版界は１日も早くこうした迷妄から脱出しなければならない。

「出版文化産業振興法」第22条は、「公正取引法」に一歩先立ち、すべての出版物の再販行為を実質的に撤廃させる結果を生むことになってしまった。それも当事者の出版・書店業界が強力に希望してそのようになった。出版産業界が本当に定価販売制を望むのであれば、最初から「出版及び印刷振興法」の制定を推進するのではなく、困難であっても「公正取引法」第29条の維持のために全面的に対応すべきだった。

われわれはこうした出版物再販制度、または図書定価（販売）制に対して現在の状況を正確に認識した後に、今後、完璧な制度を徹底的に維持しようとするのか、または撤廃するのか、これに臨む態度を明確にしなければならない。

第6節
マルチメディア時代の読書実態

1．読者は育っている

韓国は本の消費者として図書館の存在を重要視してこなかった。本の消費者はひとえに個人読者だけだった。言うなれば図書館が充分に発達していない韓国では、これまで直接本を買って読む国民だけを出版市場の顧客と見なし、出版活動を展開したのだった。

したがって国民の読書量と図書購買量に執着しないわけにはいかなかった。そうした状況はいまでも大きく変わってはいない。2000年現在、韓国の公共図書館は国民11万8855名に１館で、OECD参加国のうち、最下位に属している*72。だから出版産業は最初から図書館を出版市場として重視してこなかった。

韓国の「読書人口比率」は持続的に伸長してきた。1992年に64％を超えたが2009年現在は62％と報告されている。この読書量は雑誌まで含めて年間17.4冊である*73。数字を見ると「読書先進国」に迫る水準に達しているようだが、１名あたり読書量は、まだ読書先進国国民の３分の１ないし４分の１のレベルにすぎない。

このような事情は図書購入量によっても確認される。統計庁の資料によれば、

*72　『2001年、読書振興に関する年次報告書』（文化観光部）、この報告書によれば、主要国の公共図書館の１館あたりの対象住民数は、アメリカ１万6213名、イギリス4636名、日本2639名、中国2600名、カナダ1620名となっている。

*73　統計庁『2010、韓国の社会指標』2011

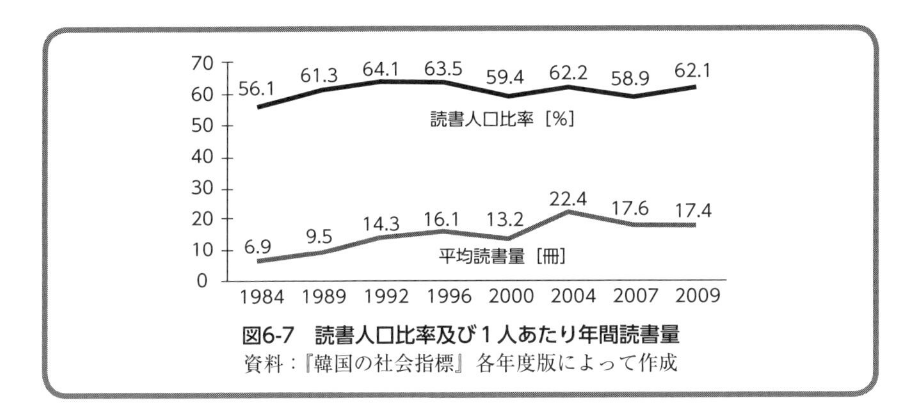

図6-7　読書人口比率及び１人あたり年間読書量
資料：『韓国の社会指標』各年度版によって作成

1996年度には48.2％の国民が年間5.7冊を購入していたが、2001年には2.3冊と大きく減った。この年の都市世帯の家計支出に占める図書購入費は、新聞まで含めて12万ウォンにすぎなかった。平均図書価格は１万2903ウォンだったので、図書購入費の全額をこれに使うと仮定しても、１世帯あたり購入量は、9.3冊にとどまっていた（**図6-7**）。

一方、1993年の都市世帯の蔵書量は78.4冊だった。これは85年の75.5冊に比べて30％ほど増えた計算になる。

これは西欧諸国のデータと比較すると大きな遅れを示している（**表6-11**）。こうした事実は相対的に韓国出版産業がどれほど力強く成長してきたかを語ってくれる一つの指標とも言える。

表6-11　各国の国民１人あたり年間図書購入費比較（2001）

国　名	購入金額［ドル］	換算金額［ウォン］	韓国との比較［%］
中国	7.40	8,684	0.29
フランス	44	51,595	1.72
ドイツ	70	82,080	2.74
デンマーク	86	100,844	3.36
イギリス	88	103,190	3.44
フィンランド	116	136,022	4.54
韓国	25.57	30,000	1.00

注１：ドルとウォンの換算率は１対1172.6
注２：韓国は新聞購読料を含めた金額である。
資料：韓国『都市家計年報』（統計庁、2002.5）、『中華読書報』（2005.1.26）

2.「読書離脱現象」はない

デジタルとネットワーク（D&N）メディアが、わが国の生活空間に大きな席を占めている今日、限定された余暇空間と媒体受容者の変化したライフスタイルをめぐって多媒体間の競争が日増しに熾烈になっている。韓国人の出版媒体への接触時間は、大きな差異が見られるようになった。書籍・雑誌を最も多く読む階層は、男女すべて10代となっており、コンピュータを多く使用している若者たちが本を沢山読むことが、各種社会調査でも確認されている。本からの離脱よりは、テレビ、ラジオから遠ざかる傾向が深まっていることがわかる。

表6-12は、90年代以後、韓国国民の情報接触のライフスタイルが急激に変化していることを実証的に示している。この調査期間に該当する90年代半ば以降は、インターネットをはじめ先端のD&Nメディアが、急速に普及した時期である。インターネットという強力で新しいメディアが出現し、インターネットへの接触時間が飛躍的に増えていった。しかし、メディア接触時間の総量は

表6-12　メディア接触時間の推移

単位：平日/分

<table>
<tr><th colspan="2"></th><th colspan="2">成人</th><th colspan="2">高校性</th><th colspan="2">中学生</th><th colspan="2">初等学校生徒</th></tr>
<tr><th colspan="2">媒　体</th><th>1997</th><th>2010</th><th>1997</th><th>2010</th><th>1997</th><th>2010</th><th>1997</th><th>2010</th></tr>
<tr><td rowspan="5">印刷媒体</td><td>図書</td><td>40</td><td>31</td><td>26</td><td>30</td><td>41</td><td>36</td><td>65</td><td>57</td></tr>
<tr><td>漫画</td><td>4</td><td>3</td><td>20</td><td>11</td><td>44</td><td>16</td><td>55</td><td>—</td></tr>
<tr><td>雑誌</td><td>11</td><td>6</td><td rowspan="2">19</td><td>6</td><td rowspan="2">22</td><td>6</td><td rowspan="2">16</td><td rowspan="2">12</td></tr>
<tr><td>新聞</td><td>34</td><td>18</td><td>12</td><td>10</td></tr>
<tr><td>小計</td><td>89</td><td>58</td><td>65</td><td>59</td><td>107</td><td>68</td><td>136</td><td>69</td></tr>
<tr><td rowspan="4">映像媒体</td><td>テレビ</td><td>134</td><td>102</td><td>192</td><td>85</td><td>153</td><td>104</td><td>118</td><td>76</td></tr>
<tr><td>ビデオ</td><td>14</td><td>—</td><td>42</td><td>—</td><td>23</td><td>—</td><td>22</td><td>—</td></tr>
<tr><td>映画</td><td>—</td><td>13</td><td>—</td><td>31</td><td>—</td><td>25</td><td>—</td><td>—</td></tr>
<tr><td>小計</td><td>148</td><td>115</td><td>234</td><td>118</td><td>176</td><td>129</td><td>140</td><td>76</td></tr>
<tr><td rowspan="3">音響媒体</td><td>ラジオ</td><td>60</td><td>24</td><td>52</td><td>8</td><td>63</td><td>10</td><td>30</td><td>—</td></tr>
<tr><td>音楽</td><td>24</td><td>35</td><td>76</td><td>75</td><td>70</td><td>67</td><td>33</td><td>—</td></tr>
<tr><td>小計</td><td>84</td><td>59</td><td>128</td><td>83</td><td>133</td><td>77</td><td>63</td><td>—</td></tr>
<tr><td rowspan="4">情報媒体</td><td>Web</td><td>9</td><td>59</td><td>8</td><td>59</td><td>11</td><td>62</td><td>8</td><td>51</td></tr>
<tr><td>ゲーム</td><td>—</td><td>16</td><td>42</td><td>43</td><td>50</td><td>56</td><td>46</td><td>—</td></tr>
<tr><td>PDA等</td><td>—</td><td>29</td><td>—</td><td>75</td><td>—</td><td>65</td><td>—</td><td>37</td></tr>
<tr><td>小計</td><td>9</td><td>104</td><td>50</td><td>177</td><td>61</td><td>183</td><td>54</td><td>88</td></tr>
<tr><td colspan="2">総計</td><td>330</td><td>336</td><td>477</td><td>435</td><td>477</td><td>457</td><td>393</td><td>233</td></tr>
</table>

資料：『国民読書実態調査』韓国出版研究所、各年版によって作成

初等学校（小学校）の生徒を除けば、大きく増えてはいない。

限られた余暇時間のなかで、メディア相互の激しい覇権闘争が展開されていることがわかる。にもかかわらず、予想とは異なり、読書時間は大きく減ってはいない。ただ、高齢になるほど読書量が減少する傾向がみられ、高齢化社会を考えると、今後の読書量が憂慮される状況にある。

新しいメディアが出現し、広範囲に普及すれば、多様な媒体への接触時間は各メディアの競争力によって決定される。歴史的に新たなメディアの出現に伴うメディア間の競争は、伝統的なメディアの領域に、新しいメディアが攻め込み、在来のメディアは防御する体勢に追いやられる。

覇権競争での敗退はメディアにとって消滅を意味するため、自らで変身を試みる。その代表的な事例にも周囲から消えたLP盤、公衆電話などが挙げられる。それらに代わり、音楽CDやMP3を経て、最近ではスマートフォンで音楽を鑑賞する時代を迎えている。

こうした構図において、本は挑戦される位置でずっと苦しめられてきた。本は、先端デジタルメディアが出現した60年代以降はオールドメディアと認識され、新たなメディア環境のなかで、守勢に回るしかなかった。過去に占めていた独占的位置の多くを失ったのは、いかんともし難い現実だった。「読書離脱現象」で、出版は斜陽産業化するとの誤った認識が広まるようになったのである。

しかし、急成長しているD&Nメディアとの競争で、「本」をはじめ印刷媒体が守勢に立たされるという我々の常識とは異なり、最も接触時間が減少したのは、意外にもラジオなど音響媒体だった。**表6-12**の調査資料は、印刷メディアが音響メディアや映像メディアよりも、安定的成長を続けていることを確信させてくれる[*74]。

読書傾向は教養主義から実用主義に変わった。本または読書を通じて教養を高め、人格形成を企て、心の平安を得たいとの欲求よりは、新しい知識・情報の習得や娯楽性を求めようとする傾向が一貫して増えている。つまり、過去に

＊74　統計庁が1999年に初めて実施した「生活時間調査」でも、こうした傾向が見て取れる。「10歳以上の平均時間：週行動、全行動」調査によれば、大衆媒体（新聞、雑誌、テレビ、ビデオ、ラジオ、音楽鑑賞、インターネット、読書）の利用時間は、合計153分と報告されているが、このうちテレビの視聴時間は125分、読書は10分を占めるとなっている（『1999、生活時間調査報告書（第１巻、生活時間量篇）』統計庁、2000.12、p54～55参照）

は教養を重視した読書の目的が、次第に実用主義に変わっているのである。

こうした傾向は、いま実用書の販売が活性化している現象と脈を通じている。また、女性よりは男性、20〜30代よりは40〜50代、そして学歴が高ければ高いほど、いっそう明らかになっている。最近、漫画出版の増加や実用書市場の刮目すべき拡大を見ると、興味をかき立てられながら有益な内容の本が求められていると判断される。

また、インターネット利用者が非利用者よりも、読書しているとの社会調査の結果でも再確認できる。これはテレビが出現して、出版産業の衰退が憂慮されたのに、むしろ出版量は増加した事実のように、D&N時代にも本の媒体競争力は依然として強い事実からも立証されるのである。

これら社会統計調査の結果からも、本の媒体競争力の証拠に持ち出された「読書離脱現象」は、媒体間の競争力の側面からは、その根拠が薄いと見なければならない。

3.　本の購入費は減少に

韓国民の読書形態は、望ましい方向に漸進的な変化を遂げているが、こうした読者たちが、しだいに本を買わなくなっている点に問題の深刻性がある。

世帯あたりの図書購入費と購入量が漸進的に減少する傾向にあり、出版の強力なメディア競争力にもかかわらず本に対する購買力は減少し、出版市場は実質的に縮小していることを、いくつかの資料によって確認できる。本の購買力の減少は、出版産業の競争力が他のメディア産業に比べて劣勢にあることを意味する。家計支出に占める図書購入費の割合が毎年減っているなか、平均定価の引き上げ率は図書購入費の割合と正反対の動きをしている。

前述したように、統計庁の資料*75によれば、2001年度、韓国の全世帯家計費のうち、月平均図書購入費は1万ウォンだった。全消費支出に占める比率も、2010年には0.57%に低下した。家計における図書購入費支出額の減少は、帰するところ出版市場の萎縮を意味する。

ところで韓国読者の70%以上は、本の価格が高いと考えており、その不満

*75　統計庁『KOSIS』(http://kosis.kr 2012.6.30)

写真6-13　1960年から始まったマウル文庫の読書運動は、14年目には、３万5000か所の農村に文庫を設置、読書生活に貢献した。

は容易に解消されないと見られる*[76]。日増しに本に対する価値評価が低下し、本の購入に支払われる金額に対する経済的・心理的負担を感じている。そのため購入量が続けて減少してきたのだ。したがって出版市場の景気指標となる本の発行量と、購入量のあいだの不均衡が深まっている。

1992年度の国民１人あたり新刊図書発行量（部数）は6.5冊で、販売量推定値は６冊、発行量と販売量の差は0.5冊で均衡が取れていた。それが2006年になるとそれぞれ4.8冊と同じで、供給と需要が等しくなっており、明らかに下降局面を示している。2006年度の国民１人あたり実質販売部数は、92年に比べて1.7冊も減っているのだ*[77]。販売部数を基準にした市場規模は、同じ期間において約25％も縮小したと推定される。こうした事実が、まさに慢性的な不況から逃れられない構造的現象とみる根拠なのである（次ページの**図6-8**参照）。

商品としての本の寿命も短縮している。一部の図書を除けば、発行日から半年以内でその本の寿命は尽きている。文学作品の場合は発表されたときから、１年以内に80％が、20年以内に99％が読者の記憶の彼方に去って行くとの調査

*76　本の価格に対する読者の意識は、①『第１回、国民読書実態調査』（韓国出版研究所、1993）、②韓国出版研究所『韓国図書流通の問題点及び改善方案研究』（文化体育部、1965）、③韓国出版学会『消費者景品規制廃止に伴う図書定価制政策法案研究』（文化体育観光部、2009）などの調査で、高いとの認識が強く表れている。また、（社）韓国書店組合連合会は、2007年７月３日からソウル駅前広場、鍾路、明洞、江南、三成の地下鉄駅と、地方都市の中心街、書店など全国的に「本の価格引き下げを要求する読者署名運動」を展開したことがある。（「朝鮮日報」2003.7.8付記事）

*77　李斗暎「21世紀書店経営と顧客管理」『書店情報化及び管理』（韓国書店組合連合会、2007、p93）

表6-13　読書量及び図書購入量の推移

		1985	1990	1993	1996	2000	2004	2007	2009
読書実態（1）	読書人口比率［%］	56.1	61.3	64.1	63.5	59.4	62.2	58.9	62.1
	年間平均読書量［冊］	6.9	9.5	14.3	16.1	13.2	13.9	17.8	17.4
図書購入（2）	年間図書購入比率［%］	—	—	47.8	48.2	43.6	38.3	48.7	40.8
	年間平均購入量［冊］(3)	—	—	6.0	5.7	4.2	6.5	7.5	5.6

参考１：15歳以上人口１人あたり基準
参考２：全国平均（雑誌を除く図書のみ）
参考３：年間平均購入量は一般書店とインターネット書店の購入量を合算したものである。
参考４：「—」表示の部分は未集計
資料１：読書実態：『社会統計調査報告書』統計庁、各年度版によって作成
資料２：図書購入：『国民読書実態調査報告書』韓国出版研究所、各年度版によって作成

結果もある。こうした現象が今後改まるようには思えない。文化生活費のうちで、図書・雑誌購入費の支出比率は、現在２位を占めているが、今後支出を増やしたい文化生活費のなかで、図書・雑誌の購入費は３位に追いやられている＊78。

自己実現の欲求や文化生活に対する強い意志は、本や読書に対して肯定的な反応を示しながらも、それが実質的な販売量に現れることはなく、90年代半ばから景気沈滞現象が長く続いている。それでも我々はこれに対する根本的な対策を準備できないまま漂流している。とすれば読書人口比率や読書量が増えながらも、出版市場規模は相対的に縮小している傾向は何を意味するのだろうか。

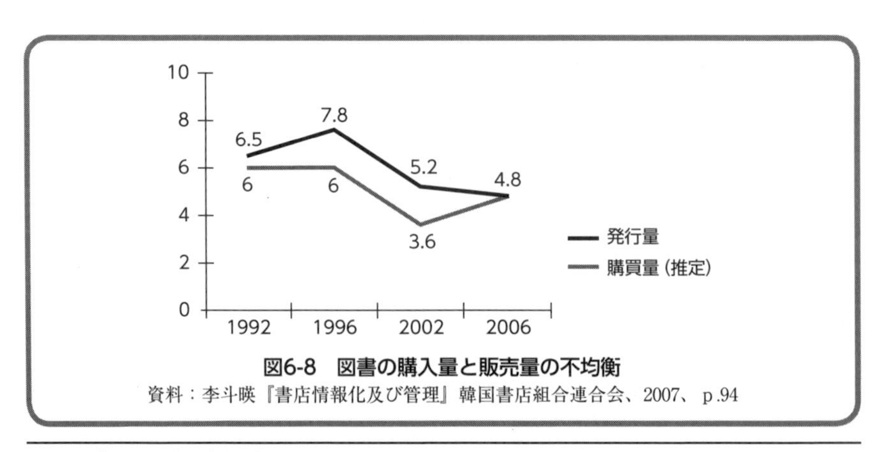

図6-8　図書の購入量と販売量の不均衡

資料：李斗暎『書店情報化及び管理』韓国書店組合連合会、2007、p.94

＊78　『国民読書実態調査2002』韓国出版研究所、2002、p88

表6-14　読むための図書の入手ルート

（単位：％）

		1993	1999	2002	2004	2006	2008	2010
調査標本数［名］		2,700	1,500	1,200	1,000	1,000	1000	703
購入	書店で購入	61.1	35.2*	38.0*	37.1	37.3	41.1	43.7
	通信/訪問販売	2.4	—	—	—	—	—	—
	新聞	4.2	5.6	5.3	6.4	5.3	4.7	8.0
	小計	67.7	40.8	43.3	43.5	42.6	45.8	51.7
貸与	貸与店	1.5	14.7	10.9	12.5	5.5	3.3	8.0
	友だちから借りる	19.1	17.9**	15.7*	13.6	13.7	12.6	13.4
	図書館	5.8	5.8	4.9	7.6	13.0	9.7	15.8
	職場/公共施設の貸与	—	5.5	4.5	3.9	6.2	2.7	10.2
	小計	26.6	43.9	36.0	37.6	38.4	28.3	47.4
その他［％］		0.7	0.2	1.5	0.8	1.1	0.9	0.8
無回答/まったく読んでいない［％］		5.2	15.1	19.1	18.1	18.1	24.9	
合計［％］		100.0	100.0	100.0	100.0	100.0	100.0	100.0

注：1999年度から内容が次のように変わった。すなわち、(*) は直接購入した数の合計、(**) は「周囲の人に借りて読んだ」に変わった。
資料：『国民読書実態調査』韓国出版研究所、各年度版の各項目を再分類して作成

本を買う顧客よりは借りて読む者の数が大幅に増えているからである。

韓国出版研究所が実施した「国民読書実態調査」(**表6-14**) で、「読むための図書の入手ルート」を訊ねたところ、「書店で購入して読む」は1993年には67.7％だったのが、2010年には51.7％と実に17.4％ポイント（縮小率15.4％）も減少している。反面、「買わずに、図書館や貸与店から借りる、友だちから借りて読む」は、同じ期間に26.6％から47.4％に急上昇する衝撃的な動きを示した。

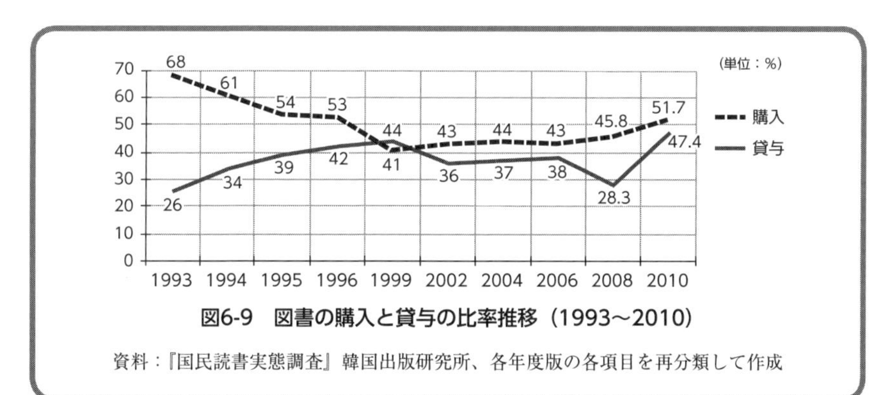

図6-9　図書の購入と貸与の比率推移（1993～2010）

資料：『国民読書実態調査』韓国出版研究所、各年度版の各項目を再分類して作成

この結果は出版産業が追求すべき近未来の経営戦略が、読者がさらに本を多く買ってくれるような方向に、発想を転換しなければならないことを意味する。

4.　公立図書館の充実が急がれる

韓国の図書館の発展は、21世紀に入って本格化されたというのは過言ではない*79。図書館政策は文教部（現在の教育部）が長く担当してきた。そのうちに公共図書館行政の一部が、1991年に新設された文化部（現在の文化体育観光部）に移管され、2004年には、さらに国立中央図書館に移譲された。

文化部は2001年９月から03年10月まで、３段階にわたり全部で343館の公共図書館（2001年144館、02年97館、03年102館）のデジタル資料室構築事業を完了した。「未来型知識情報サービス基盤構築のための図書館発展総合計画（2003～11）」も、2002年８月に準備、「地域内コミュニティーの求心体として図書館の環境改善」案を提示したこともある。その実践事業のなかには「蔵書拡充を通じる図書館の基本コンテンツを充実させ、利用者満足度を高める」との内容が含まれていた。

他方、教育部は2002年８月に「学校図書館活性化総合方案」を樹立し、2007年まで6000の学校図書館に3000億ウォンを投じ、学校図書館環境を大きく改善させた。

地方自治制が実施され、公共図書館網が大きく改善されたのは事実である。公共図書館の利用者は、１館あたり29万4140名（1979年）から５万515名（2010年）と大幅に減った。しかし、先進国に比べると、いまだに図書館は足りないのが実情である。こうした問題点を解決するための基礎地方自治体を中心に、2004年から「小さな図書館設立運動」を積極的に推進している最中である。

同じ期間、公共図書館全体の資料購入費は、２億7000万ウォンから671億ウォンに、なんと248倍以上に拡大した。しかし、１館あたりの資料購入費は8841万ウォンにとどまっているため、強力な出版市場として、または出版文化の質的向上を主導する制度的需要者として図書館の機能を正しく発揮できずにいる実情である。8900万ウォンあまりの年間資料購入費のうち、新聞など定期刊行物と外国図書購入費を除けば、国内図書の購入費はごく小額にすぎない。

＊79　政府が国民の読書増進事業に、本格的に取り組むようになったのは、「読書文化振興法」（法律第8100号、2006.12.28）の施行からである。

表6-15　図書館数の推移（1974～2010）

	公共図書館（＊）	大学図書館	学校図書館	専門図書館（＊＊）	合計
1974	101	163	3,661	154	4,079
1979	120	177	4,416	165	4,878
1989	197	252	5,374	229	6,887
1999	400	416	8,060	591	9,467
2010	759	426	10,937	587	12,709

注：＊国立中央図書館、国会図書館を含む。　＊＊特殊図書館を含む。
資料：韓国図書館協会

こうした実情は、2010年の全国公共図書館の蔵書増加数が、700万冊の事実からも確認できるだろう。地方自治体は図書館利用に対する住民の満足度を高めるため、ベストセラーの購入に力を入れる傾向があるので、学術専門図書市場はいっそう縮小しているのである。1974年以後の約35年間、図書館数の推移を見ると、**表6-15**のとおりである。

5.　出版界が展開した読書運動

大韓出版文化協会は、読書人口を拡大するために図書館界と協力し、1954年から読書週間を設け、さまざまな方法で読書運動をくり広げてきた。そのうち、代表的な定例行事がフェスティバルのような性格の全国図書展示会である。この展示会をきっかけに多様な読書奨励活動が展開された。

全国の主要出版社が刊行した図書を１か所に集め展示することで、図書に対する関心を呼び起こし、健全な読書気風を育成する運動の一環として企画された「本の祝祭」である。この展示会は毎年秋の読書シーズンに開催されてきた。1987年には適当な会場が確保できず中断されたが、91年に再開、95年からは「ソウル国際図書展示会」の名称で再開、現在にいたっている。

ひと頃は、この図書展示会を地方でも開き、大きな成果を収めたこともあった。73年から釜山日報社と共同で釜山展示会を開催、ソウルに偏在していた図書関係行事が地方でも実施された。次いで大邱では毎日新聞社と共同で、76年には全南日報社とともに、光州でも第１回の全国図書展示会を開催した。ソウル、釜山、大邱、さらに光州と連続開催する定例行事になっていたが、79年、最後の開催地だった光州での開幕日、まさにその日に「10・26事件」（朴正熙大統領が腹心の部下に射殺された）の勃発で中止になり、以後、地方における開催はなくなった。

また、全国図書展示会とともに、1976年からソウルと光州で「循環読書講演会」が盛況裡に開催されていた。こうした読書運動の地方への広がりは、新たな潜在読者の開発、読書人口の底辺拡大、そして地方の文化発展に寄与すると評価されてきた。

1976年には出協が中心になり、育英財団の子ども会館の開館、韓国図書館協会とともに児童図書に対する社会の関心を高め、良書を子どもたちに提供する運動として、毎年５月１日～７日を「子ども読書週間」に定め、「子ども読書憲章」が宣布された。

子ども読書週間には、毎年子どもたちの読書活動を奨励するため、子ども図書展示会と全国市道の奨学生を招聘し、「学校読書指導」に関するセミナーを開催し、ポスター２万枚を制作、全国の初等学校、中学校、主要書店、図書館などに配布する事業を展開した。また、全国の書店では懸垂幕を掲げて、児童図書特設コーナーを設置し、学校図書館ではこの期間に読書指導及び図書館利用法を特別指導し、多様な読書感想文の募集もしたが、いつしか読書週間は中止になり、今ではそのような週間があったことさえ知る者は少なくなった。

いま出版産業が成すべきことは、読書運動からさらにマーケッティング次元へと、出版の産業競争力を強化し、新しい需要を創出することである。

70年代までは読書運動に取り組む市民団体がなく、政府でも読書環境改善に目を向ける余裕がなかったため、出版産業が読書運動の先頭に立ってきたが、現在は市民団体主体の読書推進活動が活発に展開されている。お互いの役割を負担し合いながら、出版産業の認識と戦略を転換させるときになった。

出版産業が定着させねばならないのは、図書展示会を多くの市民が参加するフェスティバル形式に発展させるなど、市場規模を実質的に拡大させる業界共同の洗練されたマーケッティング活動へと拡大することである。業界共同のマーケッティング活動を活発に展開し、国民１人あたり図書購入量を増やすように、現実的で切実な課題の解決にも集中しなければならない。読書奨励活動をさらに活発に展開すべきことを否定する者はいない。しかし、読書運動とマーケッティングとは志向する方向が異なっている。

読書環境を改善し読書を振興させることは、文化享受権の拡大・保障という

写真6-14　人波で埋まった「1985全国図書展示会」

文化福祉の次元で、政府がやらねばならない仕事である。政府が出版産業を育成するために、最も確実な出版政策は、国民の読書量を増大させることだ。それは国民の教養水準を高め、先進国に向かう近道にもなる。だからこそ、出版界は読者に魅力的な出版物を、さらに数多く刊行しなければならない。

前述したように、これまでの我々の努力で、現在、読書人口の比率は先進国の水準にかなり接近してきた。しかし、先進国と明らかな差を示しているのは、読書人口１人当たりの読書量である。彼らは１年に40冊以上も読んでいるが、韓国の場合はわずか17冊程度に留まっている。また、１世帯当たりの年間図書購入量15冊（1994年：14.7冊）も、歳月の経過とともに減少し、最近（2009年）では7.6冊しか購入しないと推定されている。こうした事実こそ出版産業が不況から脱出できない要因になっている。若い世代の価値観とライフスタイルに適応し得る、斬新な読者開発の方法を開発しなければならない。

第7章

韓国出版、先進化への道

本章の内容

外形的に世界10位圏に属する韓国は、いま世界出版産業の発展を一定部分担わねばならない。世界最高水準のITインフラストラクチャーと人的資源、すでに蓄積された出版競争力を、新しい成長エネルギーに昇華させ、世界の出版発展に寄与しなければならなくなった。

そのような意味で、この章ではグローバル時代に韓国出版産業が当然備えねばならない形態と文化を創造する進路の模索に力点を置いた。韓国出版産業はこの70年間に目覚ましい発展を遂げたが、現在は低成長基調にある。したがって新たな成長推進力を創出すべき観点から、韓国出版の位相を多角的に点検した。そして現実問題に対する歴史認識の基礎に立ち、先進国に跳躍するための未来の青写真と実践プランを提示した。

歴史こそは前進するための知恵の宝庫である。賢明で偉大な民族は祖先の伝統を大切にしてきた。歴史はいつも教えてくれる。

この70年間、韓国出版発展の軌跡を牽引した原動力は、熾烈な出版精神だった。現代出版を開拓してきた伝統の基底に流れている。このDNAを継承し、もういちど新たな可能性に挑戦しなければならない。

第１節

グローバル時代の国際競争力

1.　出版の新しいビジョン

この章は本書の結論部分である。これまでの歴史的経験を基礎とし、今後の韓国出版産業の進路を眺望している。韓国は果たして出版先進国なのか？我々が出版先進国になるために点検し、超えねばならない課題と進路について論議するのが、この章の目的である。

出版量や市場規模など、外形的に現れた指標だけを見ると、世界第10位圏内の出版国であることは間違いない。しかし、韓国はまだ先進国になっていない。出版量や市場規模は出版先進国として必要条件であるが充分条件ではない。先進化は韓国出版産業が急いで成し遂げねばならない目標である。デジタルとネットワーク時代に、情報化とグローバル化を実現するためには、我々の出版文化と出版産業を世界的水準に高め、世界の出版産業の革新を主導する発展段階に進まなければならない。

出版先進国になるために、いま我々は何をどうすべきなのか。それに先んじて、そもそも出版先進国となるには、どんな条件を備えねばならないのか、我々はその条件をどれほど充足しているのかを、冷静に反省と省察をしてみる必要がある。

先進国とは出版産業が競争優位にある国のことだ。先進国になるには強くなければならない。強いということは出版活動の量と質の両面で、持続的に成長を遂げる力をいう。力とは核心的な競争力であり成長力である。

では、どうすれば名実ともに競争優位を確保できるのか？

それには、①出版環境変化の意味を正しく把握し、パラダイムを転換させ、②これに対応する戦略を樹立し、③その戦略を実現させるのに、最も効率的な戦術を運用するように、④我々の実情に合う独創的な発展モデルを実践することである。P・ドラッカーは、戦略と戦術について「いかなる道を歩まねばならないかを決定するのは戦略で、いかに進まねばならないかは戦術」と簡明に定義している*1。競争優位を決定するのは、究極的には戦略と戦術なのだ。

いまから我々の実情に合う独創的な発展モデルを探し出し、未来発展戦略のフレームを変化させねばならない。業界レベルのビジョンと総合的な戦略を開発し発展させることである。その道は四つの方法によって知恵が授けられる。

第1に、革新的な未来戦略の一つは歴史のなかにある。韓国出版の正体性と出版発展の洞察力を歴史のなかに求めなければならない。過去の歴史を反芻し、成敗を分けた本質的要素のなかから、もういちど跳躍できる肯定的エネルギーを見いだし、凝集させるのである。歴史はいつも正体性の源泉だったのであり、まだ経験していない未来を開拓するのに必要な原動力なのである。歴史に無関心で、現在の状況を正しく認識できなければ、核心的な競争力を育むことはできず、明るい未来の創造もできない。韓国の出版が持続的な成長を通じて先進化するためには、これまでの歴史を振り返り、さらに引き締めねばならないこと、変えねばならないこと、新たに追求しなければならないことを、選び出す努力が極めて意味のあるものとなってくる。我々は、歴史的や社会・文化的考察を通じて競争優位を確保する努力を怠ってきた。

第2に、急速に変化している出版の現実を冷徹に見つめ、正しく認識する必要がある。韓国の出版環境は多様な変化を遂げている。これに応じて総合的な対策を速やかに開発すべきである。

(1) 経済環境：①官主導から市場主導に転換、②知識基盤の経済社会の展開、③物質的価値の重視、④競争力を重んじる、⑤労働市場の構造変化

(2) 社会環境：①人口構造の変化（少子化、高齢化、核家族化、多文化社会、総人口及び生産労働力の減少；市場規模の縮小要因）、②国民の知的水準向上に反比例する精神文化の軽視風潮の蔓延、③狭い国土と高密度社会（全国が一つの都市化、一日生活圏化）、④知識社会の到来、⑤ライフスタイルの変化

＊1　宋丙洛『韓国経済の道』（第5版）ソウル; 博英社、2010、p326

(3) 政治環境：①政策決定過程でのNGOの影響力の増大（利益団体の役割強化）、②民主化（世論重視）
(4) 技術環境：①IT強国、②出版のデジタル化
(5) 自然環境：①自然の枯渇と原資材の需給不均衡、②環境破壊と汚染

第3に、出版産業の未来に対しても、真摯な研究が必要とされる。出版を取り巻く文明史的変化に対する長期的な展望も、決して明らかではない。最近出た『国連未来報告書2040 ―挑戦する未来が行き残る』は、遠からず紙が無くなると予測している。2040年までに紙の新聞はすべて消滅するというのだ。また、2050年代になると、現存する放送も無くなり、数百万の個人放送、個人言論がこれに代わるので、その結果、知的財産権は消滅し、ほとんどの情報は無料化されると衝撃的な展望をしている。雑誌も新聞と同様な道を歩むだろうが、本は別だという。電子媒体では到底活かせない、本固有のメリットがあるからである。ただ、出版社は他のオンライン無料サービスと競争するので、本の価格は低く設定しなければならない。迫り来る未来には、また新たな形態の販売チャネルが発達し、書店のような店舗も、流通も、マーケッティングも、現在の販売形態も消滅する。その代わりに、革新的な低費用の流通機会及びマーケッティングが、その後を埋めるようになるという*2。デジタルとネットワーク技術の発達で、出版産業の性格と形態はすでに変化している。百科事典はCDに収まってしまったが、いまではインターネットによって伝達されている。出版の概念と事業モデルを開拓し、知識集約型情報メディア産業に、速やかに転換させねばならない時代が到来したのだ。

第4に、成長戦略の方向性に対する具体的な模索に先立ち、他の先進国の長所を学ぶことはあっても、模倣するのは好ましくはない。国内外の専門家は競争力の発展段階でいうと、韓国はすでにいち早く模倣段階は通り過ぎ、革新主導型の段階に進入しているという。したがって他国の成功事例を研究することは、現段階においては緊要な課題である。

持続的な成長を図るためには、市場主導の成長戦略を推進するシンクタンクが必要になる。多角的な発想の転換を率いる戦略専門家たちを呼び集め、各界の意見を収斂する体制を用意するなど、政策力量の強化を急がねばならない。

＊2　朴英淑、ジェコム・クレン、テンド・コドン、エリザベスプロレスキュー『国連未来報告書　2040』ソウル; 教保文庫、2014、p80〜81参照

特に、R&D投資を続けて拡大すると同時に、効率性を高めて出版の学問的研究も、出版産業の発展段階に合わせて進展させねばならない。出版学が客観的で論理的な理論によって、出版産業の進路を正確に提示すべきなのだ。

こうした見地から、出版産業の新しいパラダイムと政策方向に対して具体的に論議して見ようと思う。

2.　未来発展戦略の必要性

この20年の韓国出版産業の外形は事実上成長が停滞してきた。現在の状態が続くなら将来の展望は明るいとは言えない。出版を取り巻く環境と与件もすべて不安である。すでに以前から画期的な変化を起こさねば、前途は悲観的との警告灯がともっている状態だった。我々の状態に見合う独創的で革新的な未来戦略を開発し、出版の体質改善をしなければ、このままで崩壊してしまうだろう。

2013年現在の出版実績に基づき2022年まで、今後10年の動向を予測して見たところ、出版量、価格、売上額など、すべてが足踏み状態の結果になった。つまり、2012年と対比した22年の売上額はマイナス4.6％であり、出版産業は下降局面に向かっていることが判明する（**図7-1**）。

これは前述の成長推移を予測する種々の方法のうち、最小自乗法（method of least squares）による趨勢分析方法で算出した結果である。この方法は過去

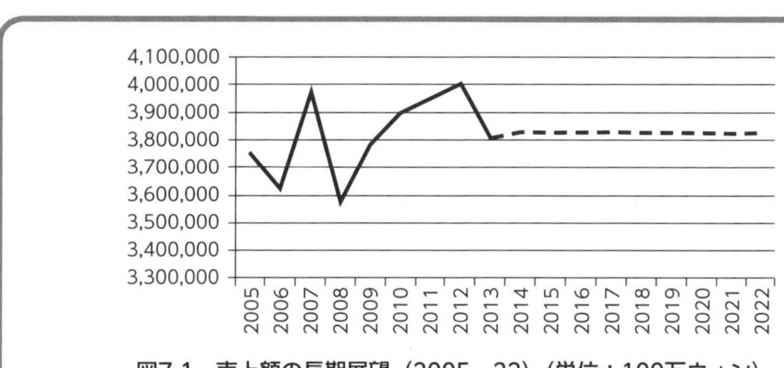

図7-1　売上額の長期展望（2005～22）（単位：100万ウォン）
注：2014年からは予測値
資料：2012年までの売上額は、『2010年基準コンテンツ産業統計』〔文化体育観光部・韓国コンテンツ振興院、2013〕の「書籍出版業と教科書及び学術書籍出版業」を合算して作成した。

の趨勢値が、今後も続くものと仮定し、過去の時系列資料を分析し、その変化方向を計量的に分析することで、未来予測をする分析法である。趨勢分析資料は未来予測への客観的な準拠を提示し、合理的な判断と統制の材料になるので、政策決定者にとっては必須不可欠な情報となる。

PWCも、韓国の出版産業の規模は2013年に21億8700万ドルで、これが2017年には9.2％の成長を遂げ、23億8900万ドル（約2兆4000億ウォン）になると予測値を発表した＊3。これはインド（41.9％）、ブラジル（36.5％）を大きく下回っている。このPWCの展望は、次のように重要なことを気付かせてくれる。

第1に、韓国出版の世界的な位相が漸次低下している点である。世界出版市場の上位グループに入った国々の順位争いは熾烈である。PWCによれば、韓国は世界上位グループ15か国のうち2013年には9位にあった。ところが翌14年にはブラジルが先行して10位になり、15年からはインドにも先を越されて11位に転落するという。ブラジルやインドとの差は、その後も引き続き拡大しており、カナダとオーストラリアは、すぐにも先行する勢いで追撃してきている。

第2に、成長内容の質が大きな問題を抱えている。2017年に9.2％の成長というのは、大部分が電子ブックによるものだった。同年、紙の本の市場は16億1400ドルなのに対し、電子ブックは7億7500万ドルを占めるという。伝統的な出版形式の紙の本は、2011年を頂点とし、以後引き続き減少傾向となるが、代わって電子ブックが同じ期間に2.4倍も増加し、2017年になると電子ブックの比重は32.4％を占めるようになる。ところが問題は、その32.4％がすべて出版産業に開かれた新しい市場ではない事実である。出版産業がこれらの電子ブック市場をどれほど守れるかが今後の課題である。現在の市場状況から推定すると、どれほど守れるかはかなり悲観的である。なぜならば、すでにハードウェア企業、通信社、OS企業、ポータル、電子ブック専門企業などが、電子ブック市場に参加し、激しい争奪戦を展開しているからだ。ハードウェア企業は自社が開発した専用端末機をさらに多く製作供給するため、自前のプラットフォームを提供したり、流通プラットフォーム企業との提携に血眼になっている。通信企業、ポータルなども、自社appの場で電子ブックサービスを提供する。新世界I&Cも電子ブックサービスの「Ododoc（盗み読み）」を始め、CJオート

＊3　PWC『Book、Magazine Publishing、Newspaper Publishing Entertainment Outlook 2008～17』2013。電子ブック市場を含んだものなので、この本の367ページの図6-1を参照。

ショッピングも参加を検討中というが、電子ブック市場の相当部分をこれらに奪われる公算は大きい。どれほど奪われるかの鍵は、もっぱら出版産業がいかなる対応をするかにかかっている。

それならば、活気あふれる成長を遂げてきた韓国出版が、いまのように長期的な沈滞と不振に陥った原因は何なのか。出版産業のこの危機的状況は、本に対する社会的需要の質的変化に、適切に対応できずに現れた一時的な景気沈滞現象だとか、根本的に本の競争力が弱まったとか、出版文化の衰退などに起因するものではない。覇権競争が激しく展開されている今日のメディア環境のなかでも、出版の媒体競争力は依然として屈強な力を発揮している。現在の沈滞の原因は、90年代以後、産業競争力を正しく確保できなかったがために惹起された構造的な現象である。

この20年間、我々は成長本位の売上げ至上主義に陥っていたのは事実だった。さらに、急激な環境変化に対応するため、長期的なビジョンと総合発展戦略を立て、産業構造を革新的に改革する機会を持ち得なかった。量的成長だけに執着するあまり、買い占めのような不正と不当競争など多くの副作用を引き起こした。跛行的な再販制度の運用は読者を本から遠ざける結果を招いた。出版人自身の無責任な行動で、出版の名誉は相次いで失墜し、社会的位相も低下してしまった。

成長だけを強調した結果、出版産業の規模が大きく伸びたのではない。韓国の出版市場の規模は、外国に比べてまだ比較できないほど、大きな格差が存在している。規模の拡大も重視しなければならないが、さらに重要なのは、出版産業の構造革新と核心的な競争力を強化し、競争優位を持続的に確保するべく内実を強めねばならないことである。その重要な鍵は創意性と市場競争力をたゆまず高めることにある。国民に出版産業や本に対する信頼と期待感を植え付けることだ。発展の概念を出版本来の使命である価値創造に置かねばならない。現代社会においては、多様な媒体が重層的で複合的に活用されている。それだけに本の価値を高め、本を多く読む人が社会的に尊敬される社会をつくるために尽力しなければならない。

我々がこの20年間、社会的に肯定的な評価を得た成果としては、坡州出版都市の建設が唯一挙げ得るだけだ。情報ネットワーク型出版流通システムを構築し、読者の変化に対応した流通近代化事業は、失敗に終わってしまった。

世界は漸次、革新が大勢を決定する時代になっている。ドイツ書籍連合会は2010年から特別専門機構を置き、長期発展戦略を研究している。この機構は多分に意図的で刺激的で挑発的な長期展望「2025年―素敵な新世界か？　出版産業の未来のためのシナリオ」(2015-Eine schone neue Welt? Szenarien fur die Buchbranche Zukunft) なる報告書を2011年に刊行し、大きな関心を呼び起こした。この10部門55事項にわたる革新主題別の長期発展策について、現在、熱心な論争と構造改革事業が推進されている＊4。55の主題のなかには、我々にとっての関心事も数多く見受けられる。

オーストラリアの出版産業も、最近、英国とアメリカの出版産業の影響力から脱して、独自的な躍進を続けて注目されている。ここでもデジタル時代の出版産業の競争力を確保するために、出版産業戦略グループ (BISG: Book Industry Strategy Group) という独立民間機構を2010年に設置した。BISGは18か月間、活動した結果を７分野21項目の革新課題に整理し、政府の出版産業育成プランとして提示した。政府はこの勧告事項を全面的に受け入れ、また、別の民間機構の出版産業協力委員会 (BICC: Book Industry Collaborative Council) を設立 (2013.6)、現在、業界主導で発展戦略を推進している＊5。

オーストラリア政府は、こうした一連の事業を推進しながら、財政と行政面でだけは支援するものの、具体的な事業は全面的にこの機構に委ねて干渉して

＊4　出版物の生産（出版）・流通（卸売）・小売（書店）を包括しているドイツ書籍業協会は、この３部門が共同で構成した専門委員会で作成した長期展望報告書を、2011年６月８日から10日までに開催した「ドイツ、本の日シンポジウム」（共通主題：進化の激流のなかで―出版市場とその価値創造の連結の鎖）を通じて発表した。出版・流通・書店の３部門を代表した３名の発表者が、それぞれ提示した内容の要旨は、①すべての印刷媒体は重要性を喪失して書籍、雑誌、新聞の売上高は、おおよそ25％以上減少する。②書籍の流通チャネルでは、売り場を持つ書店の売上額が31％も激減する。③全体市場規模は、ごく僅か成長する。④印刷された本の売上額の減少部門は、デジタル媒体の売上額の増加で相殺される。⑤デジタル媒体の提供者は、必ずしも出版社だけではない。新たなデジタルコンテンツ提供者はこれまで出版市場の分け前を奪い取ると見なされていた。これにともない提示された10部門55個の革新課題は、ほとんど我々も現実的に経験してきたり、苦悶しているものだった。たとえば、出版社、書店、流通会社などの市場縮小と企業集中に伴う出版産業の対応方向から、流通システムの革新、電子出版、図書博覧会まで、あらゆる方面に対して具体的な対案を提示している。ところで、ドイツの電子ブックの市場規模は2010年現在、全出版額の0.4％に相当する3400万ドルで、2017年には11億5400万ドルに増加すると、PWCは予測している。
(http://www.boersenverein.de/ portal/Programm_und_Anmeldung_2011/434189)

はいない。

これとは反対に、中国は出版産業（新聞、雑誌を含む）を国営体制で運営している。中国政府は、出版を国家経済発展の基幹産業に選び、2020年までにGDPの５％を占める産業に育成するとの夢を持っており、デジタル媒体も世界先進水準に発展させる計画を立てている＊6。

出版主務部署の新聞出版総署は、これに伴い「国民経済と社会発展第12次５か年計画期間（2011～15）の、新聞出版業発展計画」（略称“計画”新出政発６号、2011.4.20）を推進中である＊7。

我々も独創的な出版成長モデルをつくり推進しなければならない。韓国はい

＊５　オーストラリアの出版産業発展についての対応戦略に関しては、出版流通振興院が開催した「2012国際出版専門家招聘Book Business Conference-デジタル転換期国際出版界の対応戦略」というセミナー（2012.6.20、COEX）で、オーストラリア出版協会の会長で、BISG副議長のLouise Adler女史が紹介したことがある。BISGは出版協会長をはじめ、著作者、経済学者、図書館員など14名の委員で構成され、18か月間、出版産業の発展方案を研究し、出版産業、学術出版、著作権、流通、輸出、公共貸与権（public landing right)、出版技術などに関して整理した報告書『デジタル環境におけるオーストラリア出版産業』を作成（2010.7）した。また、BICCはBISGの勧告事項に対して優先順位を定め、現在、事業を推進している。2014年現在、「読者満足―オーストラリア出版流通革新」「オーストラリアの新しい図書輸出市場」などの未来戦略計画を樹立、施行中である。(innovation.gov.au/INDUSTRY/BOOKSANDPRINTING/･･･/default.aspx)

＊６　「新聞出版総署明確今後十年建設出版強国発展目標」（2010.1.14）

＊７　12次計画期間中、中国の主要出版産業発展目標は次のとおりである。

指標	単位	2010年実績	2015年目標	増加率（%）
経済指標				
増加値	万億元	0.35	84	19.2
総生産	万億元	1.22	2.94	19.2
出版点数指標				
図書発行点数	万点	32.8	41.9	5.0
図書発行部数	億冊	71.7	79.2	2.0
雑誌発行点数	億点	35.4	42.2	3.6
出版物輸出総点数	万冊、部、版	1,047.5	1,156.5	2.0
版権輸出及び共同出版	点	5,691	7,000	4.2
社会サービス指標				
１名あたり年間在庫図書量	冊/名	5.3	5.8	1.5
１名あたり保有雑誌量	冊/名	2.6	3.1	3.1
１千名あたり出版物販売店数	店	0.125	0.132	1.0
国民総合読書率	%	77.1	80.0	0.7
著作権登録	件	506,700	700,766	6.7

注：一部指標を除外

ま先進国を模倣した段階を経て、革新主導型の発展段階に進入したという。先進国の長点と我々のそれを融合させ、長期的観点から総合的な出版産業の発展戦略を樹立し、一貫性をもって推進しなければならない。出版産業の未来に対するビジョンと強力な戦略目標を提示すべきなのだ。こうした事柄を政府に依存することなく、業界自らの力で推進しなければならない。我々はそれを成し遂げる能力と経験を充分に保有している。

光復直後には、原稿難、印刷難、用紙難の３難を、強靫な突破力で克服し、出版文化の建設に邁進した。そして1949年には、年間発行点数1754点の驚くべき記録を打ち立てた。

60年代半ばには確固たる自立・自強の意志と自信感で、積極的な発展戦略を樹立、自力で世界10位圏に成長させる発展力量と諸条件を蓄積した。

こうした努力を1990年代初頭まで続けてきた。しかし、1993年の「本の年」には、「出版発展10か年計画」を部門別に樹立する計画を立てたが、十分に推進することはできなかった[*8]。その後は、そうした自主的な発展プランを模索する努力すらも見いだせないほど、自立・自強の意志は衰退してしまった。最近では、韓国出版の伝統である不屈の挑戦精神すら弱まったようだ。

熾烈だった60年代の自立・自強の意志の軌跡と面貌を反芻し、その精神をふたたび挑戦と勇気、創造と革新のエネルギーに昇華させ、危機の韓国出版を再起させねばならない。グローバル化の進展とともに、デジタルとネットワークを基盤に、激しく展開されている多様な媒体との覇権競争において、出版の立場と産業競争力を確保するのだ。産業競争力を回復させる方向に成長戦略の新たな座標を設定すべきである。

結論的に言うなら、出版産業はいま危機に直面している。産業構造を革新、変化させなければ、マルチメディアとの競争で衰亡の道を歩むことになる。自信感と独創力、自立の意志と冒険精神を土台に、新たな市場を開拓していく企業家精神を発揮し、多媒体競争時代での出版復興を図らねばならない。

＊8　「本の年」の「出版発展10か年計画樹立」事業は、出版関連団体別に樹立し、総合するとの方針に基づき韓国出版学会と書連の主催で、人材養成と書店育成策を模索するセミナーを一回ずつ開催して中断された。その後は現在まで、業界自体として長期的な総合発展計画を樹立しようとした努力は見られず、もっぱら政府が全面的に出版政策を樹立し、支援をすることを要求する安易な姿だけが見られる。

3.　政府の役割の変化

出版産業の興亡盛衰は国力の伸長と直結される。現在でも出版産業の発展は、国の競争力の重要な指標なのは確かである。それゆえ出版産業の発展は国の政策の重要な課題の一つとなっている。

出版産業の発展課題を樹立、推進する過程で、業界と政府は役割を分担している。互いに指向する政策の目的と目標は異なるからである。政府の役割に対する認識の変化が求められ、時代の変化に合わせて政府の役割を再定立するときになった。政府主導の成長戦略から、市場主導の発展戦略に転換することが望まれている。今後、引き続き発展を遂げるためには、市場主導の成長戦略をさらに強化する必要がある。

政府が前面に出てあらゆる問題に対するのではなく、民間の出版主体が相互に競争原理を働かせ、生産性向上へと導くのである。出版産業の発展はこうした環境を構築するための、制度及び政策の改善によって得られるもので、短期間に政府が無理な市場介入をして手に入れるものではない。創意的な文化と創造的な経済活動を核心とする出版産業は、政府が育成しようとして育てられるものではない。

けれども、政府の役割をすべて縮小せよと主張するものではない。政府は出版産業の革新を誘導し、出版関係者が革新活動に邁進できるための支援など、マクロ環境を全般的に造成するように配慮すべきである。ハーバート大学のマイクル・ポーター(Michael Porter)教授は、政府に求められる役割は市場への挑戦精神を育てることで、「援助」をして挑戦を怠らせてはならないという。彼の主張はインセンティブ、努力、競争などの決定要素を見いだすことで、補助金のような一時的な保護主義的施策は望ましくないと主張している*9。

高生英も、かつて「政府の先導的役割に集中して評価するならば、最近は民間市場機構の躍動性と創意性が、政府がいかに財政または非財政面で支援して成長に結びつけたかに、もっと焦点を合わせねばならない」と指摘している*10。

＊9　マイクル・ポーター『国家競争優位』21世紀ブックス、2000、p974
＊10　高生英『韓国経済の成長と政府の役割：過去、現在、未来』韓国開発研究院、2008、p292

過去、出版産業が発達していない頃は、不幸にも政府が主導的役割を果たすことが絶対的に必要だった。けれど当時の政府の役割は育成よりは規制が中心だった。しかし、現在は規制中心から積極的な支援体制に変わった。積極的な支援体制はより効率的な方法で発展させる必要がある。業界は総合発展計画を樹立し、産業構造革新事業を一貫して推進し、政府はその過程で提起される隘路と問題点の解決に、必要な制度と体制を積極的に後押ししなければならない。坡州出版都市の建設過程で示された多くの措置が、好ましい事例と言えるだろう。政府の出版政策の立場は、次のような方向でなされるべきである。

第１に、出版政策の究極的目標は、国民１人あたり図書供給量を増大させることで、これこそが出版政策の核心的課題である。

ユネスコの出版文化産業局長ガルゾン（A.Garzon）は「ある国の出版政策の基本目標は、国民の本への接近が円滑かつ確実になされること」と定義した*11。読書力は国家の競争力で、歴史的に本を多く読む国は強大国になった。デジタルネットワーク（D&N）時代にも、依然として本は国家発展を効果的に促進させるための、必要な知識と情報を提供する基本的手段である。読書は国の競争力の源泉で、出版産業は国家発展の起動力となる。

韓国が先進国を志向するなら、国民の読書力を増進させ、図書の供給量を増大し、良質の出版文化を享受できるよう努めねばならない。つまり国民の知的能力を高めることである。韓国の読書率は先進国水準に迫っており、読解力（literacy）は98.3％と高く、一面では先進国の水準（97.7％）を上回っている*12。しかし、読書量としてはいまだに先進国の水準に達してはいない。

韓国の国民１人あたりの年間読書量は、17.4冊と発表されている*13。これには雑誌2.5冊とその他5.4冊が含まれているので、教養図書だけでは3.5冊にすぎない。いわゆる“読書強国”のアメリカ、ドイツ、日本、ロシアの１人あたり年間読書量は、韓国の３～５倍に達している。それだけに政府は国民個々人に対する図書供給量の増大に努めるべきである。これは国民の知的教養水準を高め、読書文化の享受権の拡張、そして文化福祉の向上を意味する。ここでいう図書供給量とは、新刊出版量だけを示すものではなく、読者が直接買い求め

---

*11　Alvaro Garzon、*National Books Policy-A guide for users in the field*、UNESCO、1997、p23
*12　国立国語院、2008.9～11月の調査（「朝鮮日報」2008.12.23参照）
*13　統計庁『2010 韓国の社会指標』2011

て読む量なので、概念を拡大して理解しなければならない。

第2に、出版産業の育成に必要な政府各機関の、緊密な協力体制を構築すべきである。

文化的産物であり、経済的商品でもある本の二重性は、出版部門の技術的・経済的特徴であり、教育、科学、文化、情報の通路としての重要性を帯びた統合的接近を必要とする高度の政治的な意志決定の対象である。それだけに出版政策は国の文化的政策を念頭に置き、一方で、図書生産と供給産業の経済的発展を考慮しなければならない。

カルゾンは「政府の出版政策が実効を収めるためには、政府内の一機構の次元を超えて、その国の状況と教育文化政策が、出版部門の産業的発展とのあいだに緻密（ちみつ）な均衡を保たねばならない。それゆえ本と関連した政府の各機関が、互いに可能性の調和をしなければならない」と強調している。

彼は出版の発展と読書推進の政策過程は、文藝創作などの著述活動から、図書生産と分配、図書館ネットワークと読書の習慣に至るまで、多様な本の価値の鎖と関係する各政府組織の最高責任者たち―教育、文化、財務、産業発展、交通、中央銀行、税金、関税、情報通信を含む、国の機関の代表たちが出版政策の遂行過程で、受け持つことは各自の役割を理解し、共同の政策目標を遂行できるように、努力しなければならない点を強調している。

長期総合計画の範疇内で、政策過程別の優先権を定める選択と集中の知恵が必要とされる。「出版及び印刷振興法」の制定以降、政府の長期発展計画が3回も提示されたが、その計画が平面的で、あまりにもデパートみたいに羅列的との批判を受けた。これまでは、こうした計画がどうして推進され、どれほどの成果を収めたかに対する政策評価もされていなかった*14。

第3に、出版振興のための政府の役割は、出版活動に有利な与件と環境を造成することである。その役割はどこまでも支援にとどまるべきで、出版の発展を主導する立場になってはならない。

---

*14　政府の出版政策に関しては、韓国出版学会だけが、2004、2008、2012年に、それぞれ新政府（大統領）の出版政策の方向と内容を提示するセミナーを開催した。この3回のセミナーでは政府に対する支援要請だけをしているが、これに相応する業界としての発展計画提示の必要性とその内容に言及したことはなかった。政府の政策決定に対する評価と今後の政策調整方向についても、いかなる団体においても論議されてはいない。

先進国では政府の出版政策が、政府が意図する方向に出版産業を誘導するようになり、創意的で自由な出版活動を阻害したり、出版の自由を毀損するおそれがあることを警戒している。

ところが、これまで韓国出版界はすべてのことを、政府が先になって導かねばならないとの意識がとても強かった。当然、自らやらねばならないことを、政府に依存しようとする業界の姿勢は、自己責任を放棄する無責任になってしまう。業界が自らの未来を政府にばかり任せてはならないし、またそうしてはいけない。

第4に、これまで出版界の課題が提起されるたびに、新しい機構を設立すべきとの主張が盛んだった。新しい機構をつくり役割の遂行を委ねるのではなく、既存の出版団体別に、それぞれ固有の性格と設立目的に応じて役割を分担するようにすべきである。

そのようにするのが、国内出版産業を振興させ、関連団体育成の機会として活用する方式が、最も確実で速やかな出版振興の道であり、出版産業の基礎体力を強める方策となる。韓国出版文化産業振興院も、すべての事業を振興院で直接執行するよりは、なるべく事業別に出版団体に執行分担をさせ、出版の自生力を育てるように支援する方向に進まねばならない。韓国の出版産業が、今日のように出版大国に躍進できた背景には、各出版団体の役割も大きく寄与したことは誰もが認めている。

出版団体はこれまで、困難な条件のもとでも、構成メンバーに対しては、合理的で公正な競争構造を確立することで、業界全体の体質を改革、強化させる自律指導機能をもつ自治管理団体としての役割を忠実に果たしてきた。他方、政策当局に対しては、出版振興の政策決定と執行に強力な影響力を行使する利益団体として、出版産業が健全な事業展開と出版発展をするのに、必要な環境を造成するように絶え間なく要求してきた業績を軽視してはならない。

4.　出版企業化の課題と展望

韓国の出版社の生存率はとても低い。歴史そのものが短いだけでなく、出版社の規模も零細で、企業形態はかなり前近代的である。出版社数が増加したほどには、出版産業全体の規模は拡大してはいない。統計庁が2012年度に開発した「企業生滅行政統計」基準によれば、情報通信及び金融保険業＊15の新生企業の平均生存率は、1年後が52.9％だが、5年後には25％でしかない。大韓商工会議所の調査結果も、国内中小製造業の平均寿命は12.3年だった。資本力・技術力・情報力などが企業の競争力を左右する現実のなかで、出版業は今日の急変する環境に対応しうる生存能力が脆弱で、有能な人材確保が困難なために、出版社の生存率はこれよりもはるかに低くなっている。

“出版業は勘に頼って経営する”という言葉どおり、不確実性がとても大きい業種である。商品開発、市場などに関する経営戦略や、マーケッティングの結果が目標や期待に外れるのはいつものことだ。出版関係者は他のどんな業種よりも経営者の創造力と直感的判断力、リーダーシップが要求されているのも、このためである。

堅実な出版企業体質の強化の必要性と大型化が急がれている。統計庁の『2009年基準事業所基礎統計調査報告書（全国版）』で、企業形態と規模を見ると、出版業分野の事業所数は3275社で、3万3974名が従事している。このうち書籍出版業が2183社、2万4691名、雑誌及び定期刊行物発行業が1092社、9283名である。これを2001年の調査結果と比較して見ると、事業所数は増加しているのに対し、従事者数は18％も減っている。業種別に見ると書籍出版業は5122名、雑誌出版業は2266名も減ったことになる。

この出版従事者を規模別にうかがうと、**表7-1**のように、「1～4名」規模が54.4％と過半数を占めており、このグループの比率は2001年以来、継続して拡大している。1社あたりの平均従事者数は10.4名であるが、書籍出版社は11.3名、雑誌出版社は8.5名と両業種に多少の差がある。

従事者数は全般的に減少傾向にあるが、規模別に見ると「10～19名」の減少幅が最も大きい。「1～4名」「5～9名」の両者は事業所数が増加した影響で、減少率はあまり大きくはなかった。この期間に書籍と雑誌事業所数は114社増加しただけだったが、従事者数9名以下の企業だけは204社も増えているので、残りのグループに属する出版社数が減少したことになる。零細企業だけが増加しているのであり、ここからも出版業が沈滞局面から脱出できない現実を確認

＊15　「韓国標準産業分類」において「出版、映像、放送通信及び情報サービス業」に属する出版業は、この「企業生滅行政統計」でも、「情報通信及び金融保険業」に分類されている。

することができる。

一方、書籍と雑誌を合わせた出版業のうち、法人企業の比率をみると（2002年）、会社法人は915社（29%）にとどまり、個人が68%と多くを占めた。残りの法人は宗教団体、学校などだった。会社法人とはいえ、資本や売上げ規模が少ないため、株式市場に上場し資本調達する出版社はごく少数である。こうした実態を日本と比較すると、日本では株式会社が全体の65%（2008年）を超えており、アメリカでは、大部分の企業が株式市場に公開している。

出版産業の経営も、依然として不安定な実態を克服できずに悪化の一路にある。韓国銀行が発行する『企業経営分析』の業界平均経営指標を用いて趨勢分析をしてみると、収益性と成長性を示す指標はほとんどが悪化傾向にある。

2001〜08年の成長性を現す指標は、**図7-2**に示されている。出版産業の規模や成長性を判断する代表的な指標は、売上高と純利益率である。売上高よりも利益率の伸長率が、成長率を判断する資料として、いっそう重視される傾向がある。2001年と08年のこの二つの指標を比較してみると、自己資本増加率以外には、すべて経営指標が悪化していた。売上利益率も2.69%から2.03%に、続けざまに低下してきた。売上高基準で見た事業規模は2010年現在、むしろ縮小された。総資産増加率、有形資産増加率、自己資本増加率などとともに、従事者増加率も成長性の指標となるもので、売上高に対する研究開発費の比率も将来を占う鍵になる。出版産業の成長性指標は経済全体の伸長（GDPなど）と比較してみる必要もある。

流通費用と負債比率は、経営の安定性を表す指標の役割をする。安定性を企

表7-1　従事者規模別の企業構成（2008）

		1〜4人	5〜9人	10〜19人	20〜49人	50〜100人	合計
事業所数［社］	出版	1,266	497	217	122	81	2,183
	雑誌	516	354	135	68	19	1,092
	合計	1,782	851	352	190	10	3,275
従事者数［名］	出版	3,208	3,208	2,872	3,719	11,966	24,691
	雑誌	2,926	2,309	1,767	1,908	1,990	9,283
	合計	5,517	5,517	4,639	5,627	13,956	33,974
	指数	2.38	6.48	13.18	29.62	139.56	10.38

資料：『2009年基準、事業所基礎統計調査報告書（全国版）』（統計庁、2010.11）によって作成

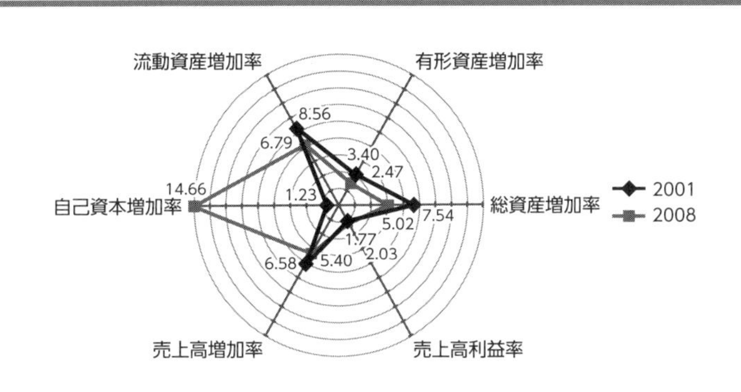

図7-2　2000年代の出版産業経営評価

注：『韓国標準産業分類』から「書籍・雑誌及びその他の印刷物出版業」(J581) の平均指標を基準にした。「書籍・雑誌及びその他の印刷物出版業」とは、書籍、写真、地図、人名及び住所録、新聞、雑誌、年賀状などの各種印刷物を出版する産業活動をいう。

資料：『企業経営分析』(韓国銀行) 各年度版によって作成

業の健全性を示しもする。韓国の出版産業はいつも負債比率が流通比率よりも高くて他人資本依存率と総費用での金利負担が占める比重がとても大きかったため、経営を圧迫する要因となっていた。したがって出版界の信用度が低く評価される最も大きな要因になってきた。

最近では、出版産業のこうした財務構造が次第に改善されているのは、とても幸いなことである。2005年を起点に負債比率と流通比率が逆転し、負債比率が流通比率よりも低く維持されている。その結果、IMF通貨危機を経た1998年にはなんと967.71％まで垂直上昇した負債比率が、2008年からは100％以下に低下した。2004年には106.05％対155.07％だった流通比率と負債比率も、2005年には128.69％対98.61％と反転した後は、その基調が現在まで維持されている。企業経営において健全性を維持するための望ましい負債比率は、自己資本の100％以下が理想的で、流通比率を200％は維持しなければならないとの見解が支配的である。こうした点を勘案すれば、現金創出能力の指標となる流通比率は、いまやっと100％を超える水準で、財務流動性はいまだに低いままになっている。

こうした指標は景気回復の展望が不透明な状況で、収益性と安定性により重点を置き、内実基盤固めの必要性を示唆している。特に、財務比率を持続的に管理し、総合的な危機管理システムを構築し、対内外出版環境及び市場の変化に対する柔軟性を高める中長期的な未来戦略を準備し、出版の企業化を積極的に推進すべきである。

欧米の大型出版社が多国籍複合メディアグループに成長してきた過程や、日本が水平的結合を通じて企業規模を拡大してきた成長過程を調査し、韓国の現実に見合う企業化の育成戦略を研究するとか、出版社の合併、買収、外資誘致など、他人資本を導入するなど、新しい体制を模索しなければならない。中国は1990年代から出版関連産業を垂直統合させる集団化政策を通じて「大きければ強い（做大做強）」出版業を実現させるという。韓国も2000年代に入ってからは、インプリント（imprint）戦略を活発に推進しているが、多角的な成長戦略でグローバル化を促進して持続的な育成策を樹立するときになった。

5.　出版社の栄枯盛衰

文化体育観光部の公式発表によれば、2010年の出版社数は35626である。このなかには虚数もかなり含まれていると思われる。すでに代表者が死亡し事実上廃業して消えた出版社が少なからず発見される。消えた出版社を整理しないまま、2010年末まで申告（登録）した出版社を累積させた数字であるため、このように問題点が発見される。

このように多くの出版社の実態を正確に把握し、出版事業の発展にどれほど寄与しているかを評価する基準はいくつかあるが、現在収集が可能な資料による方法としては、出版社別に、①出版量、②従事者数、③売上高、④企業形態と資本、⑤出版社の名声と歴史などから知ることができる。そのため出版社の数は活動中のものだけを対象に論議しなければならない。活動中の出版社を把握する基準はいくつか考えられる。そのうちの１つは、毎年、出版実績を持つ出版社がいくつあるかを調べることだ。ここでは毎年新刊を出している出版社を把握し、また、それらがどれほどの期間、出版活動を継続してきたかを中心に、生存率と歴史を論議してみたい。

2010年中に出協を通じて年間１点以上の新刊を納本した出版社は、全体の7.3％に相当する2623社に過ぎなかった。2010年を含むそれ以前の３年間に、１点でも納本実績のある出版社数は、正確に3162社と集計されている。これは出協を通じて納本した出版社の集計結果であるが、国立中央図書館に直接納本した出版社を含めても、現在、出版活動をしている出版社数は、この数字の2倍にはならないと推定される。残りは休眠中か、廃業状態の可能性が濃厚である。統計庁の調査結果もこれと同じで、2010年末現在、書籍、雑誌及びその他の書籍出版業の総数は4108社となっている。この数字は雑誌社1092社、教科書及び学習参考書出版社666社、漫画出版社26社を合計したもので、2008年に比べて261社が減少している＊16。

長期的に見れば、出版社総数に対して出版実績を持つ出版社の比率(出協経由分を基準)は、70年の46.5％から2010は7.3％に激減した。70年の出版実績がある478社に対し、2010年は活動中の出版社数は約5.5倍に増えたが、その期間中に出版社総数は1016社から、なんと35倍以上にもなった。2010年以前の10年間、新規出版社の増加率は106.7％だったのに対し、実績のある出版社は69.3％の増加にとどまり、新規出版社の出版産業成長への寄与は微弱なものだった。1社あたり年間平均出版点数も、40年間に5.5点から15.4点と3倍程度しか増えていなかった。ここからも韓国出版社の生存率や成長速度が、どんなに低いかを推測できるだろう。

新規出版社は急速度に増えているが、多くの出版社は短命に終わっている。出版業は創業するのは容易でも、それを維持するのは難しいのが定説になっており、出版企業をめぐる環境変化は激しく、冷酷な競争のなかで果てしない栄枯盛衰を重ねている。新規参入と退出が毎年増加する理由は、①相対的に少ない資本で出版産業への参入が可能で、従事者数に拘束されない企業活動の任意性が挙げられる。②出版産業は個性が強く、アイデアによって事業の成敗が決定されるため、企業合併や株式取得よりは、新たに出版社を設立する方法が広く利用された。③大部分の人々が本の価値を重視し、出版産業をソンビ的な紳士の事業とみなし、社会的な尊敬を受けている。④退去費用が少なくて済むため、廃業するのが容易である。また、⑤望むならいつでも再び参入できる点が参入障壁を低くし、廃業率を高める原因にもなっている。

出版社の寿命を知るために、2010年現在、3年間の実績をもつ3162社の、創業年度別の存続期間を調査してみた。そしてこれを1974年5月に全国1007社を

＊16　統計庁『サービス業調査報告書』2008年、2010年度版を参照

対象に分析した資料＊[17]と比較してみた。結果は、**表7-2**のとおりである。

1949年時点で登録された847の出版社のうち、現在は21社だけが生存している。21社のうち純粋に商業出版社は10社だった。すなわち、「東明社」(1922年創立)、「明文堂」(1923年) だけが、100年の歴史を有している。「章旺社」(1945年) は唯一、創業者がいまも代表者として働いている出版社である。「乙酉文化社」(1945年)、「學園社」(1945年)、「探求堂」(1945年)、「玄岩社」(1945年)、「南山堂」(1946年) も、出版社名と法統を守り、活発に事業を継続しており、「大韓教科書」(1948年) は、このたび「未来N」と社名を変更、事業は続けている。「東亜出版社」(1945年) は経営権を「斗山グループ」に移譲した後、社名を「斗山東亜」と変更、完全に別の企業に変身したが、出版事業は残った。残余の非商業出版社11社の内訳は、基督教系統の出版社が６社、社会団体とメディア系が各２社、大学出版部が１社である。厳密にいえば、これらのうち５社だけが50年以上出版活動を続けている。他の出版機関は母体の設立年度を基準に集計しているので、出版事業を開始したのは、これよりも短くなっている。40年を超えて存続しているのは、せいぜい120社程度と見込まれ全体の４％にも達していない。

1974年５月基準で、59年末以前に設立された社歴15年を超える出版社は合計111社だったが、これらの出版社はいまでは58社に減ってしまった。1960～69年に創業の411社のうち、現在も新刊を出しているのは66社と限られた数にな

表7-2　創業年度別出版社数推移

創業年度	出版社数	
	1974.5現在	2010.12現在
～1949	26（2.6）	21（0.6）
1950～1954	37（3.7）	17（0.5）
1955～1959	48（4.8）	20（0.6）
1960～1964	160（15.9）	34（1.1）
1965～1969	251（24.9）	32（1.0）
1970～1974.5	485（48.2）	—
1970～1989	—	515（16.3）
1990～2009	—	2,523（79.8）
合計	1,007（100.0）	3,162（100.0）

注：(　) 内は構成比
資料：『大韓出版文化協會30年史』及び出協の出版社別納本実績台帳によって作成

＊17　『大韓出版文化協会30年史』p400

った。残りの社歴20年未満の出版社が全体の80％を占めている。韓国の出版産業は、社歴20年以内で構成される若い産業という特徴をもっているのである。

600年の歴史を誇るオックスフォード大学出版部は例外としても、欧米諸国では200年を超える歴史の出版社が少なくない。

日本でも創業100年を超える出版社が、2014年現在127社もあり、1945年以前に創立された出版社だけでも378社と集計されている。創業100年を超える有力出版社が現在まで、このように多数存続しているのは驚くべきことである。これを可能にしたものの一つが、出版社、卸売商（取次）、書店、この生産→流通→販売のシステムが、いち早く堅固に構築されたためだった。

6. 韓国出版の国際的位相

70年代末に韓国は出版量で、世界10位圏に進入することができた。印刷施設も、用紙も不足がちだったが、光復とともにハングル主体の出版を新たに開始、30年余りで「世界10大出版クラブ」の会員となった。全世界の出版量の3.9％が、韓国語で出版されており、出版量としては世界の出版産業の発展に８位で寄与していると、ユネスコが分析（1995年版）したことがある*18（**表7-3**）。

ところが現在はこうした比重が低下し、競争相手国との差が広がっている。出版統計は集計基準と方法が国別に異なっているため、単純な比較は困難であ

表7-3　言語別出版量（1995）

	出版点数	比重（%）
英語	200,698	21.84
中国語	100,951	10.99
ドイツ語	89,986	9.78
スペイン語	81,649	8.88
日本語	56,221	6.12
ロシア語	48,619	5.29
フランス語	44,224	4.81
韓国語	35,864	3.90
イタリア語	34,768	3.78
オランダ語	34,607	3.71
全世界出版点数	918,964	100.0

資料：UNESCO Statistical Yearbook、1999

るが、韓国の過去10年間の新刊出版量は下降局面を推移している（**表7-4**）。

したがって出版産業の規模（売上高基準）は、アメリカの279億ドル、ドイツの128億ドル、中国の117億ドル、日本の100億ドル、イギリスの48億ドル、イタリアとスペインの45億ドル前後、フランス38億ドルなどに比べると、韓国はこの10年間、辛うじて23億ドル前後で足踏み状態にある。アメリカは韓国の12倍、ドイツは5.4倍、中国は4.9倍、日本は4.2倍以上の大きな格差を示している。**表7-5**で見るように、出版産業の成長率が国家経済のそれと相応してはいないため、出版産業が国家経済に占める比重も過去に比べると低下してしまった。それでも総生産（GDP）に出版産業が占める比重は、他の出版大国に比べて高い水準を維持している。

肯定的な側面も少なくはない。韓国の国際的位相は引き続き高まっている。フランスの出版専門雑誌『Livres Hebdo』は、『PW』などと共同で、世界の出版社の売上高を基準に、世界50大出版企業の順位を発表しているが、韓国からは2010年に初めて「熊津グループ」（29位）、「大教」（30位）、「教苑」（49位）が社名を連ねた。「斗山東亜」は57位だった。日本は講談社（16位）を筆頭に6社が中位圏に入っており、中国は高等教育出版社（40位）が1社だけランクインしているのを勘案すれば、韓国の出版産業の世界的位相を推定できるだろう。

表7-4　韓国出版の世界的位相

	出版点数			売上高［億ドル］		
	2000	2010	増減率［%］	2000	2010	増減率［%］
アメリカ	122,108	328,259	168.83	253.23	279.00	10.02
イギリス	116,415	151,959	30.53	49.02	48.20	-1.7
ドイツ	63,021	95,838	52.07	102.22	128.70	25.90
フランス	39,422	79,308	101.18	26.33	37.52	42.50
スペイン	58,893	114,205	93.92	23.25	44.28	90.45
イタリア	48,972	57,558	17.53	37.54	45.18	20.35
日本	67,252	74,714	11.10	94.18	100.57	6.78
中国	84,235	328,387	289.85	52.00	117.58	126.12
韓国	34,961	42,191	20.68	23.19	23.78	2.54

注：売上額は各国通貨基準額を、当該年度末現在の対米ドル交換レートで換算したもの。
資料：各国出版協会が発表した統計資料によって作成

＊18　Sergey Lobachev、*Top languages in grobal information production*、in The Ganadian Journal of Library and Information Practice and Research、Vol. 3、no.2（2008）

表7-5　国内総生産対比、出版産業構成費の変動推移

年度	韓国	ドイツ	スペイン	イギリス	中国	日本	アメリカ	フランス
1999	0.53	0.42	—	0.36	—	0.20	0.35	0.30
2007	0.44	0.39	0.30	0.25	0.23	0.21	0.18	0.15

資料：表6-19によって作成

版権交易においても、一方的な輸入国の立場から、いまは輸出国としての立場に転換しつつある。

国際出版協会（IPA）の総会をソウルで開催し、フランクフルトなど世界の主要国際ブックフェアで、頻繁に主賓国に招かれている事実が、こうした点を立証してくれる。そればかりかIPA、APPA（アジア太平洋出版協会）、FIPP（国際雑誌協会）など、国際出版団体の上位役員に選出される機会はいまも多い。

すでに先進国の出版体制を模倣追従する段階は終わった。いまは戦略的なグローバル経営が必要とされる。出版体制の先進化を通じて名実ともに、世界の檜舞台に進出する積極的な戦略を追求しなければならない。著作権輸出や本の販売をするためには、現在のような状態では海外市場への進出は覚束なくなった。韓国も海外に出版社や書店を開設運営する、いわゆる「現地化」によって韓国出版の発展策を企図すべきである。世界出版産業の発展に先立つ革新主導の姿勢で進まねばならない。グローバル化とは韓国出版の弱点を補完する手段でもある。ところで我々のグローバル化のマインドは、いまだに後進国の水準を脱しきれずにいる。アレクセイ・コチョーモフ（A.Kochowmov）がIPA事務総長の折に、「韓国の出版人たちは国際交流の重要性に対する認識が、あまりにも希薄で残念でならない」と忠告*19したことや、「韓国出版産業は多少閉鎖的だ。他の産業分野は外向的なのに、出版分野はそうではない」*20とのP.バイタス（Peter Weidhaas）の指摘を忘れてはならない。30年近くフランクフルト・ブックフェアの組織委員長を務めた彼は、韓国、日本、台湾を比較し、そう言ったのだった。いまもこの指摘は的を得ていると思われてならない。

*19　「国際出版交流に能動的に対応を」『京郷新聞』1992.10.30

*20　Peter Weidhaasは、日本の「出版文化国際交流会」が創立50周年を迎えて行った記念インタビュー「フランクフルトブックフェアでのこと、日本との出会い」で語っている。『出版文化国際交流会50年史』2003、p34参照

第２節

出版改革の当面の課題

1.　デジタル革命への期待

出版技術の絶えざる発展は、出版領域を拡大させる原動力となった。しかし、出版産業において情報技術革命は両刃の剣のような存在である。こんにち出版はデジタル情報技術革命の影響を、最も大きく受けている代表的産業である。

デジタルメディアに500年も先立ち、ニューメディアの栄光に輝いてきた書物は、いまオールドメディア扱いされ、その権威と出版産業の存立まで脅かされている。そのうちでも特にメディアコンプレックスを経験しているわが出版産業は、危機意識拡散の最中にいる。しかし、本がオールドメディアという意味は、古めかしく値打ちのないメディアというのではなく、人類の歴史とともに発展してきた最も長い歴史を有する、あらゆるメディアの源泉というべきラジカルな性格をもつという意味で、受け入れる必要がある。

“本は直ぐに消えるもの”との、これまでの予言は幸いにも外れてしまった。しかし、我々よりも情報技術が進んでいるアメリカなど先進諸国が、いっそう堅実な出版活動を展開している事実がこれを立証してくれる。全世界で出版される新刊発行量は毎年記録を更新している。人類の歴史上、現在のようにたくさんの本を出版したことは無かった。

いま脚光を浴びているデジタルメディアは、断片的な知識を伝達してくれはするが、本は必要な想像力と論理的思考力を育んでくれ、何よりも生きる知恵を授けてくれる。この点でデジタルメディアの追従を許しはしない。それゆえデジタルメディアが急速に発展する現在でも、文化芸術と文学（知識）を創造・

永続させるには、出版の力に頼らなければならない。人間が「表現したい欲求」を失わない限り、出版は今後も発展していくだろう。最近の表現どおりに、アナログ型読書文化の段階を経なくては、正しいデジタル文化の世界に進入することはできない。そうした意味で本はあらゆるメディアの根源となるラジカルメディアなのである。とりわけ本はコミュニケーションの基本である言語文化の根っこで、源流という点から再評価・再認識しなければならない。

それにもかかわらず、我々がデジタル情報技術の発展に直面し、緊張しないわけにはいかないのは、こうした情報技術が、今後いかなる方向に、どのように発展するかに対して予測が困難なためである。本または出版が決して否定できないデジタル情報技術の長所を直視しながら、これに対する過大な期待と幻想、不安と憂慮を振り捨て、均衡と調和を保ち、ともに発展する道を模索することである。出版産業がどのように、こうしたデジタルとネットワーク技術を受け入れ、活用するかの選択に応じ、出版産業の未来を判断することもできる。

出版のデジタル化とネットワークの進展は、これまで大別して４つの方向で出版産業に変化をもたらし、発展を促してきた。①「ニューメディア」としての電子出版物の出現(商品)、②ネット書店の出現(チャネル)、③出版業務の自動化・情報化(SA/FA)、④制作過程の電算化（DTP)。

第１に、商品としての電子出版物の登場は、グーテンベルグ以後、最も衝撃的な事件と受け入れられた。

電子出版物は、①CD-ROMのようなパッケージ型、②デジタルコンテンツをインターネットによって販売するオンライン型の電子ブック（e-book）と電子ジャーナル、③精製された情報(コンテンツ)をデジタルデータに保管しておき、注文に応じて一冊の本としてつくり提供する注文型出版(POD：publishing/printing on demand)と、三つの形態で展開されている。

1980年の初頭に、開発されたフロッピーデスク（FD）→CD-ROM→CD-I→DVD-ROMと段階を踏んで発展してきたパッケージ型電子出版は、伝統的な出版物と、最も同質な親和性をもつ最初の電子出版物だった。大容量の文字及び画像・音声情報を、同時に収録するのが可能で、内容の改定・補完が自由で、発行の迅速化、検索機能の優越性から、伝統的な本の機能上の弱点を補完・補助している。

また、データフォーマットや、専用プレイヤーが必要な点では電子的であるが、本と同様に近代的な流通システムによって最終消費者（user）に伝達されている点では、本質的には同じ媒体といえるだろう。ところで注目されねばならないのは、様々な利便性にもかかわらず、これまで市場成長の限界を示している事実から、我々は伝統的な本がもつ媒体競争力の利点を、もういちど確認することになる。

90年代末に出現した電子ブックなどの、ネットワークを通じるオンライン型の電子出版物は、出版がもつ既存の生産・流通・消費システムの根源的な変容を求めている、まったく新しいタイプのニューメディアである。有体物としての本は、入手の際に代価を支払う方式、すなわち、「所有」の概念であるが、電子ブックは利用のたびに代価を支払う「賃貸または利用権」の性格が強い点で異なっている。我々がこうした商品価値や消費形態がまったく異なる新しい形態の出版物を、出版産業に編入させるためには、商品の提供形態、代金賦課と決済システム、著作権管理及び無断変更の防止対策、多様な形式に対するソフトウェア及びデバイスの標準化など、様々な条件を備えたビジネスモデルを確立しなければならない。

まったく異なる媒体環境に見合う新しい形態の読書生活を提案し、読者がこれを受容するように説得しなければならない点も、大きな課題になっている。こうした理由が複合的に作用し、これまで電子ブックは緩慢に成長してきた。電子ジャーナルの発行はエルゼビアサイエンス（Elsevier Science）をはじめ学術専門出版社によって展開されているが、一般雑誌もデジタル化のために苦悶しているなど判断が食い違っている。しかし、今後の発展はこれまでとは別の様相を示すと期待と希望的な展望もみられる。

60年代の学術情報データベースから、現在の電子ブックの開発に至るメディア発達史的な側面から、出版媒体のデジタル化は、新しい類型の先端媒体開発が技術的に可能なこと、そうした先端デジタル媒体がメディアとして利用者に受容されることとは、まったく別個の問題という事実を確認させてくれる。出版物の電子化は現在進行形で、今後どんな方向に発展するかについても、予測するのが難しい状況にある。

しかし、PODは新しい出版形態としての機能性において注目されている。PODはIBMが1975年にレーザー・ビーム・プリンターを開発した後に、画像処理技術など持続的な発展に力を得て出現した注文型出版（印刷）である。

1997年に、アメリカの出版流通会社イングラム・ブックス（Ingram Books）が事業化に成功、先進国が競って手を出し始めた。多くの国の出版社や印刷会社でない流通会社が、この事業の主体となっている事実も興味深い現象といえるだろう。PODは出版物寿命の短命化、陳列期間の短縮などで絶版になった出版物の再発行条件を整える（絶版防止）ことで、販売機会の損失防止と読者サービスの向上に寄与する面が大きい。

韓国でのPODは税金や公共料金の告知書の印刷から開始された。PODが出版に活用されたのは1998年前後で、添削指導型学習誌を発行した「大教」（『目が高い博士』）、「教苑」（『赤いペン』）、「才能教育」（『進んで学習』）などが、能力段階別に細分化した学習誌の個別発行のために導入したのが最初だった。PODは新しい商品というよりは出版物制作方法の新たな技法である。出版市場の規模を広げてくれる点で、新しい商品に分類するのが似つかわしい。

第２に、ネット書店の出現で、出版物の流通体制と消費形態にも、根本的な変化が起こった。ネット書店の普及が進むにつれ、流通の概念と企業形態、取引方式、環境が大きな変化を遂げた。インターネットの普及が新たな流通チャネルとなり、近代出版流通システムの根本的な変革をもたらしたのだ。ネット書店はIT技術を充分に活用し、製品情報をはじめ多様なサービスを迅速に消費者に提供した点で、抜群の優位性を発揮している。そうした点で既存のオフライン形態の伝統書店は、ネット書店が持っている革新的な読者サービス技法を、積極的に導入・補完し、経営技法を刷新して競争力を強化することが焦眉の課題となった。

第３に指摘できる変化は、出版活動に情報技術を積極的に導入することで、業務の自動化・情報化が果たせるようになった。出版業務の情報化は膨大な種類の出版物の単品別管理を可能にした。多元化社会の多様な読者の要求を迅速かつ正確に把握し、個別的に対応できる条件が整い、業務の効率性を高める道が開かれた。しかし、韓国は情報ネットワーク型流通システムの構築に失敗したため、これらの技術を充分に活用できる情報システムのインフラはきちんと構築・活用されていない。最近では、こうした情報ネットワーク体制を、構築したい意志さえすらも疑わしいほどだ。

第４は、IT革命による出版産業の変貌である。これが既存の伝統的な本の制作技術にも画期的な発展をもたらした。WPとCTSからWYSIWYG（what you see is what you get）方式が開発され、DTPに連なる技術の進歩は、執筆と編集、制作過程の電子化を果たした。原稿用紙が無くなり、肉筆原稿を目にすることも稀になった。迅速・正確な作業が可能となったことで、制作期間の短縮と商品の品質向上が約束された。

また、制作費用の低廉化で本の価格の引き上げを抑制する効果も生まれた。韓国でも70年代末から制作設備の老朽化と人件費の急騰など、制作環境の変化が憂慮されたときに、電子化された制作設備に即時交替した。急激に膨張した出版市場の需要に対応できた経験を通じて、その効果を確認することができた。

このように見ると、激しい変革の嵐が襲った「出版のD&N化の波」は、威嚇的なものではなく、伝統的な出版活動を補完し、補助する役割をより多く担っている。

デジタルとネットワーク環境の進展は、伝統的な本と共存しながら、新たな市場を開拓し、出版の領域と機能の拡大に寄与する機能性をいっそう高めた。新しい情報技術を出版産業発展の道具として活用するプランを、積極的に模索する努力を続けねばならない。新しい情報技術を出版産業発展の道具として活用するプランを、積極的に模索することである。読者志向の観点から見ると、デジタルという新しい出版環境のもとで、今後の出版産業の位相をいかに確保、発展させるかの問題に対する我々の苦悶がここにある。今後の出版産業は、生まれてからコンピュータと関連機器で遊び育った世代に、いかなる形態のビジネスモデルを提供するか、深刻に苦悶すべき課題を抱えている。

韓国の場合、モバイル機器と無線ネットワークの普及水準が高く、電子ブックに対する関心も高まっている。こうした趨勢に合わせてポータル・端末機メーカー・通信事業社なども、電子ブック事業を拡張、または新たに市場進入している。こうして電子ブック市場に浸透することで、韓国の電子ブック市場はいまや、これらを中心にとする出版産業が“垂直統合”されると憂慮する兆候さえ現れている。そうなると出版社は価格決定権など主導権を奪われ、たんなるコンテンツ提供者に転落するかもしれない。

韓国出版産業がデジタル化とともに、必ずそして早急に成し遂げねばならない課題は情報化（ネットワーク化）である。全国で同時多発に発生している莫大な量の販売情報を即時に収集し、業界が共同活用できる情報ネットワーク型の出版流通システムを構築する。次いで企画―編集―制作―流通（市販されているあら

表7-6　IT革命が出版に及ぼした影響分析

現象の種類	結果としての成果	効用性（インパクト）	伝統出版との相関関係
制作技術の自動化	WP→CTS→DTP→DP（digital printing）	制作期間の短縮、政策費用の節減、製品の質の向上、80年代に急激に増大した出版需要に即応、コンピュータがなくては執筆も出版も不可能な状態	肯定的関係（補助・補完的役割）
新しい商品の開発	パッケージ型EP（FD→CD-ROM→CD-I→DVD-ROM）	大容量及びマルチ化（文字＋映像＋音声） 内容の変更・補完の容易性（自由に） 発行の迅速性と在庫リスク軽減 検索の卓越性（方法の多様性、迅速性） 伝統的な本の補完・補助手段（本の親和性） 既存の出版流通システムを通じて普及 市場制限的	競争的関係 代替機能性希薄 一般特性 媒体特性 内容特性 影響少ない
	ネットワーク型EP（e-book、電子ブックなど）	既存の生産・流通・消費形態の根源的変化 新しい読書行為提案型 ビジネスモデルの未確立	
	オンデマンド出版（POD）	多種目、少量、多頻度消費体制に適合 本の絶版及び販売機会の損失防止 （入手容易性の保障）	肯定的関係（補助・補完的）
新しい出版流通システムの形成	電子商取引（ネット書店）	流通形態・取引方式・環境変化 新規需要創出効果（必要な本の発見） 書店の対応：書店経営の革新必要	肯定・否定的関係（部分的に競争）
流通情報化	SA-OA-FA化（SCM、POSなど）	市場情報の迅速な入手、活用（情報共有） 出版関連産業間の協力体制の強化	肯定的関係（積極的補完）

資料：李斗暎「技術の進歩と出版発展」『出版産業論』（ソウル、メタブックス、2002）

注：主な技術用語

WP：ワード・プロセッサー
CTS：コンピューター・タイプタイズド・システム（電算写植システム）
DTP：デスク・トップ・パブリッシング
DP：デジタル・プリンティング
EP：エレクトロクス・パブリッシング
FD：フロッピー・ディスク
CD-ROM：コンパクト・ディスク・リード・オンリー・メモリー（読み取り専用メモリー）
CD-I：コンパクト・ディスク・インターラクティブ（対話型CD）
DVD-ROM：デジタル多機能ディスク（digital versatile disc）のこと
E-BIZ：電子商取引（e-business）
SA：ストア・オートメーション
OA：オフィス・オートメーション
FA：ファクトリー・オートメーション
SCM：サプライ・チェーン・マネジメント（供給から販売までの一貫システム）
POS：ポイント・オブ・システム（販売時点情報管理システム）

ゆる出版物情報及び物流管理を含む）―販売を統合し、管理する出版産業統合情報システムの運用体制を備えるとき、初めて出版産業の情報化が完成したと見なされるからだ。

出版産業の統合情報システムの運営体制が完成されて初めて、①読者志向の出版活動が可能になり、新たな需要創出と持続的な出版産業の発展の土台が築かれ、②現在の高費用低効率の構造を、低費用高効率体制に転換させ、出版産業の収益性を高めることができ、③他産業からの出版市場への浸透行為の防止も可能になり、出版産業の既存業種の権利を守ることができる。

2. “買い占め”は根絶できるか

単行本出版社を中心とする韓国出版人会議が発足した1998年前後は、流通構造近代化プランが集中的に論議されていた。大型書籍卸売商の相次ぐ倒産で流通システムが崩壊の危機に陥っていたため、合理的で近代化された流通システムの早急な整備が求められていた。しかし、この20余年、いわゆる「ベストセラー順位操作のための買い占め」の根絶策と図書定価制の施行方法など、対処療法ばかりに没入しなければならなかった。したがって流通システムの構造的革新による根源的な出版産業の発展策については、関心を寄せる余力すらもなかった。その間に出版流通が抱いている痼疾的な病巣は日増しに深まった。

噂が広まった“買い占め”問題は、1999年に東亜日報が最初に報じてから、具体的に知られることとなった[*21]。その後『図書新聞』は４つの出版社が５点の図書を“買い占めする”様子を追加報道し、大きな反響を呼び起こした[*22]。読者からかなり信頼されている有名出版社まで、買い占め行為をしたことが明るみに出ると、いっそう深刻な社会問題になった。一部の大型書店だけでなされた買い占めが、2006年にはネット書店にまで拡大された。あげくは販促行事として行われた著者サイン会販売までも、買い占めの温床になっていると告発された。

＊21　「買い占め」の実態を最初に報道したのは『東亜日報』である。同紙は1992年８月24日付の「ベストセラーの大型書店“順位”に疑問多い」の記事で、「一部出版社と著者がアルバイトを雇ってソウルの大型書店で、一日に20～40冊の自社の本を買い求めており、その結果、書店が集計するベストセラー順位で上位を占め、その版図が激しく変わっている」と報じた。

買い占めによるベストセラー順位の操作行為は、全国的な販売情報を収集、活用できる体制が備っていない状況で、ソウルの一部大型書店の販売情報だけに依存していたので、そのように好ましくない事態が起こった。こうした破廉恥な行為が発覚し、社会的問題に飛び火するたびに、出版界は対応策の確立に追われたが、所期の効果を挙げられず現在に至っている。

買い占め根絶策は、これまでに①業界の自律規制と対案の準備、②関係法律の制定など制度的防止策の検討、③法律による行政措置及び制裁、この三つの方向で強化されてきた。

当然ながら、業界の自浄努力も試みられた。出協と書連は1998年から売り場面積660㎡以上の、全国の大型書店35店の協力を得て販売部数を調査、両団体の名義でベストセラー目録を発表することで、ベストセラーの操作行為を防ごうとした。2001年６月からは調査対象を450㎡以上に拡大したが、速報性が劣るため関心を惹くことができなかった。韓国出版人会議は、買い占めがまたしても社会問題になると、2001年６月20日、緊急理事会を開催し、正しい出版環境造成のため対策機構の設立が急がれるとの意見をまとめた。その席で「正しい出版環境のための特別委員会」を設置し、出版人会議の主導による不正行為を調査、当該出版社の除名、メディア公開など、強力な自律規制活動を展開した。一方、これを幇助助長する書店に対しても、厳重に対処することを決議する。こうした内容を骨子に「自社の本の買い占め問題に対する立場」との声明書を発表した。2010年までに出版人会議は、会員出版社６社を除名処分した。そのなかにはいくつかの有名出版社も含まれていて、出版人会議の強硬な意志を読み取ることができた。にもかかわらず、拘束力がないため根絶は難しく、この措置に対する反発も少なくなかった。事実を否認したり、かえって出版人会議を名誉毀損で告発する鉄面皮な出版社もあった。

2006年は、出版・書店業界が共同で「韓国出版流通発展協議会」を結成（2.21）、買い占め根絶と定価販売制の確立案を検討することに合意した。また、2010年

＊22　週刊『図書新聞』は、1997年12月８日付の「出版界、ベストセラー操作」という告発記事で、白樺社の『善と悪を扱う35の方法』と『生きて結婚しましょう』、『女性も猛烈に出世できる』（明進出版社）、『心も明るくしてくれる塩』（動く本）、『誰も一人でない人はいない』（siwa出版社）が買い占めによってベストセラーの順位を操作していたと報じた。

には「出版及び印刷振興法」(2002) によって構成された「出版物不法流通申告センター」の主導で、11の関連団体が「出版流通秩序確立自律協約」を締結した。そしてベストセラー集計ガイドラインの発表をし、ソウルの大型書店も事態改善のための努力をするようになった。

制度的装置としては「出版及び印刷振興法」に、“買い占め“関連制裁条項が入った。同法の第23条第１項は「当該出版社で発行された刊行物の販売量を上げる目的で、当該出版社、またはその刊行物の著者が当該刊行物を不当に購入したり、当該出版社やその刊行物の著者が関連した者をして当該刊行物を不当に購入するようにする行為」と、「書店など小売商が出版社または著者が第１項の行為をする事実を知りながら、当該刊行物の販売量を公表する行為を禁止」している。万一「これに違反した場合は300万ウォン以下の過怠料に処す」との明示もした。

買い占め制裁規定はこのように「出版及び印刷振興法」で明文化されたのは、それだけ買い占め行為が深刻化していたからだった。

これに応じて文化体育観光部は、買い占めをしたと判明した出版社に対する過怠料賦課を決めた。政府はまた次官ら15名で構成する「出版流通審議委員会」に、「買い占め申告センター」を設置 (2007.12.4) し、運営を韓国出版人会議と出協に委託したが、実績は低調だった。しばらく後に出版流通審議委員会も、「政府委員会整備計画」による「出版文化産業振興法」の改正 (2009.3.25) で廃止された。当時の国会の法律改正審査報告書によれば、出版流通審議委員会は、2007年度に４回の会議を開催し、買い占め対策を論議したが、「実効性は少なかった」との評価を受けた。

このように買い占め疑惑で困惑した出版団体は、当該出版社を除名やメディアに社名を公開し、政府は過怠料引き上げや懲役刑にまで処罰を強化するなど、多面的な対策が講じられたが、これまで根絶させるには至っていない*23。買い占めはその手法が進むにつれ、隠密で巧妙な方法になっている。「泥棒一人で十人が食べられなくなる」の韓国のことわざのように、百薬も効果を失ったとみえる。

根源的な対策を準備できずに、原始的で非専門的な対応だけで留まっていたからである。既述したように、コンピュータと情報通信技術を活用した情報ネットワーク型出版流通システムを構築・運営すれば、即時に全国的な販売量を正確に集計できる。科学的で信頼性の高い全国的なベストセラーリストを把握できるので、買い占めなどの不正はそもそも起こりようがない。特定書店のベストセラーリストによる影響は大きく減退し、販売秩序もいっそう明朗になるだろう。買い占め根絶のためにも、情報ネットワーク型出版流通システムを構築しなければならない。

3. 「図書定価制」の変遷

図書定価制の施行も出版社の強い意志さえあれば、簡単に解決できることであるが、事態の進行につれ混乱だけが加重されてきた。固定観念のドグマから逃れずにいるためである。

図書定価制とは、定価販売行為に対して習慣的に使用している業界の慣用語で、法的には「出版物再販売価格維持行為（再販行為または再販制度）」をいう。

一般的に大部分の商品は、需要供給の原理によって小売店が価格を定め、最終消費者に販売している。しかし、出版物再販制度は本の価格の決定権を出版社が行使することを容認し、販売業者にはその価格どおりに販売するように強制する制度である。韓国では「公正取引法」で、例外的に認められた出版物再販制度を根拠に、「出版文化産業振興法」第22条において「読書振興と消費者保護のため」、新刊の場合は定価の10％以内で割引販売ができる旨の規定を定めている。これを「図書定価（販売）制」と称している。厳密な意味で「出版文化産業振興法」の現行規定は宣言こそしなかったが、事実上、定価販売制度（再販制）を破棄したものに相違ない。2010年現在、この法律は新刊については、

＊23　当初300万ウォンだった過怠料は、「出版文化産業振興法」の制定によって1000万ウォン（2012年）に引き上げられたが、2013年12月には懲役２年以下、または2000万ウォン以下の罰金刑に改正、罰則が強化された。このようになっても、その後、買い占めの根絶は困難だった。システム的に行うので法律で解決することはできないからだ。出版流通審議委員会と出版物不法流通センターも、韓国出版文化産業振興院が発足すると内部機構に組み入れられて運営されている。また、2013年10月には、作家と消費者団体も参加し、いっそう強化された自律的な「出版流通秩序確立自律協約」も締結された。買い占めの不法性に対するこの間の経過については、次のものが参考になる。白源根「買い占めベストセラーの波紋とわが出版の自画像」（月刊『文化芸術』韓国文化芸術振興院、2001.9）、『大韓出版文化協會60周年記念10年史』（同協会、2007）、「出版市場買い占め実態及び改善方案研究」（文化体育観光部、2008）、『韓国出版人会議10年、われわれはみんな旗幟だ』（同会議、2008）

本に表示された価格の10%以内の割引販売を認めると規定している。また、追加で価格の10%相当の物品、マイレージ、割引券など経済的利益の提供が可能としたため、最終的に消費者は本の価格の最大19%まで、割引の恩恵を受けることになった。刊行から18か月が経過した旧刊については、こうした割引率さえも一切制限がなくなった*24。これによって「過大な割引競争」と批判された1977年12月以前よりも、さらに無秩序な割引販売行為が横行する事態になった。状況がこうなっても、これを定価販売制度と強弁する二律背反的な制度がいまだに続いている。

このような図書定価制は、光復以後、次のような段階を経て現在に至っている。

① 定価販売施行期（1945.8～50.6）：光復直後は読者が本を渇望し、韓国語になった本が絶対的に不足していたため、売り手市場（sellers market）が形成され、徹底した定価販売がなされていた。植民地時代から定価販売が行われた慣行がそのまま続いていたのである。当時は配送体制も不十分で、一部の地域では本の価格に運送費を加算して販売する場合もあった。販売だけでなく、販売代金も現金決済をするなど、健全な出版流通秩序が確立されていく過度期だった。

② 割引販売の最盛期（1950.6～77.11）：朝鮮戦争ですべての産業施設と流通体制が麻痺し、避難地での困窮と生活苦で出版物に対する需要が激減し、代金の回収も満足にできなくなった。取引秩序が極度に混乱し、全国各地で割引販売が拡大した。還都以後には悪化した経済状態と教科書改編の余波で、出版社の倒産が続出し、在庫図書の投げ売りがはじまった。卸売商は連鎖倒産し、出版社と書店との直接取引の割合が高まり、書店は増えたマージンを悪用し、無分別な割引販売をし、流通秩序の混乱など弊害が少なくなかった。5・16軍事政府が商取引秩序の確立を目指し、正札制を強力に推進したのを契機に、図書も定価制が試みられた。当時の政府は出版社から「不当な定価を記載し、割引販売はしない」と誓約書を受け取り、図書の定価販売の実現を図ろうとしたが、販売不振による壁を乗り超えることはできず失敗に終わった。

---

*24　現行「出版文化産業振興法」第22条の規定は、「新・旧刊の区別なく、マイレージを含めて15%以内の範囲で割引販売」をすると改正され、2014年11月21日から施行されている。

全国の書店でそれぞれ割引販売を慣行的に行っていたが、1972年には韓国出版金庫が中央図書展示館をモデル書店として運営し、試験的に定価販売制を実行した。読者からは期待以上の歓迎を受けると、書店は定価販売の実行に対する勇気と意志を深めることができた。近頃、書店では読者の要求に応じて学習参考書と辞典を、定価の15〜20％程度で割引販売をしており、一般図書（文芸物）は出版社の出庫率が70〜75％であるため、割引幅が最大10％を超えてはいない*25。このときまでは、1950年以前の卸売商５％、小売書店25％のマージン率は守らねばならない、との意識が書店業界を強く支配していた。

③　自律定価制再建期（1977.12〜81.3）：書連が中軸になり単行本出版社で構成された「韓国図書出版協議会」（会長、林義欽）が積極的に後援し、1977年12月１日から全国の書店で一斉に定価販売制の施行に入った。中央図書展示館での定価販売制の成功は捨て石として役立った。「付加価値税」導入で取引が透明化したことも幸いした。「民衆書館」「東亜出版社」「教學社」「時事英語社」など相当数の出版社も、自発的に事典類と学習参考書の価格を引き下げ、自律的な定価販売運動に参加した。

こうして書店は適正マージンの確保が可能となり、経営状態は好転し、書店に対する社会的認識も高まっていった。本に対する付加価値税の免税と、取引秩序の改善で、書店数は増加しはじめた。「同和書籍」「教保文庫」の開店と「鍾路書籍」の拡張など、書店大型化時代の幕が開かれた。書店の活性化は新刊出版量を急激に引き上げる力になり、出版産業の景気が好転する雰囲気が顕著になった。図書定価販売制の確立を通じて出版の産業競争力が強化され、出版産業の格が高まった。

④　法定再販制度の確立期（1981.4〜93.12）：自律的な図書定価制が定着した頃の1980年12月31日、経済憲法ともいえる「独占規制及び公正取引に関する法律（公正取引法）」が制定公布された。

翌年４月１日から施行に入ったこの法律は、再販行為を一切禁止してい

---

*25　1972年に韓国の図書出版及び書籍商界の実態を調査したアメリカのフランクリン・ブック・プラグラムの顧問、M.シワークは「書店で顧客が受ける割引は10〜20％である。価格や割引きに対する売買が絶え間なく続き、その決定は“特別に”なされている」と報告している。（『大韓出版文化協会30年史』1977、p491参照）

るが、出版物だけは例外的に容認し、定価販売制（再販価格維持行為）の正当性に対する法的公認を受けることになった。ただし、取引当事者である出版社と書店が個別的に契約を締結し、実施しなければならない形式上の複雑な手続きが障害物だった。

出協と書連はそれぞれ会員からの包括的委任を受け、「出版物再販売価格維持契約」を施行する方法を認定してほしいと説得したが、経済企画院は「再販をしようとする場合は、個別的に取引対象者（出版社と卸売商または小売商、出版社と再販契約を締結した卸売商と小売商）のあいだに再販契約を締結すべきであり、これに違反したときも取引当事者が個別的に制裁することは可能であるが、集団的に制裁を加えることはできない。また、非再販出版社と再販出版社間の取引禁止など、再販維持行為と関係のない取引当事者に対して、不必要な拘束をする行為をしてはならない」との立場を頑強に固守した。

しかし、出版界は出版社と書籍商が再販制度に対する理解が不足で、多岐化された流通構造に多数の出版社と書籍商が存在しているため、短期間に個別的な再販契約を締結するのは難しいと指摘し、過度期として集団締結を認めてほしいと粘り強く要求し、ついには公取委も個別契約の締結原則を撤回し、二つの団体の包括的な代理契約によって定価販売を実施することを容認した＊26。以後、新学期に文房具店や一部の書店で、一時的に学習参考書を割引販売し、物議を醸したこともあったが、再販制度は比較的忠実に守られ、書店経営も安定に向かった。

⑤　再販制度の崩壊期（1994.1～2003.2）：90年代の半ばの韓国の流通市場には、コンビニエンスストアをはじめ、大型倉庫型量販店、割引マートなど、新しい形態の販売店が大挙進入し、いわゆる価格破壊騒動が起こった。特に流通市場の全面開放とともに海外系の価格破壊企業が韓国市場に進出し、図書定価制を脅かした。1994年を前後してプライスクラブは、一般書店よりも20～30％を割引して本を売りはじめた。続けてイーマート、ガルフなどもこれに加勢した。世界的なベルテルスマン・ブッククラブも上陸し、図書定価制崩壊の危機感を増幅させた。90年代中半には、全

＊26　『大韓出版文化協会30年史』p331～341

集やベストセラーを中心に起こった価格破壊現象は、1997年の通貨危機を経て学習参考書、児童図書、辞典、単行本と、あらゆる出版物に波及し、限りない割引競争が広がった。
雨後の筍のように生まれたネット書店は、こうした割引販売を通じて自己の領域を急速に拡大していった。韓国出版人会議は、2000年10月、臨時総会を召集し、ネット書店への図書供給の中断を宣言し、定価の10％以内の割引と、５％以内のマイレージ適用を認める販売方式に合意(2001.4.10施行) したことは、定価制崩壊の決定的な起爆剤となった。業界が割引販売行為を公式に容認したことで、混乱を加重させた変形図書定価制の出現をもたらす原因になったからだ。こうした合意がなされると、これまで機会をうかがっていた教保文庫、永豊文庫も、インターネットによる割引販売の隊列に加わった。
こうした渦中に、公取委は参考書、事典、全集などを再販適用対象から除外する公正取引法施行令改正案を立法予告するなど、再販対象出版物の範囲を縮小する動きで、出版・書籍業界と鋭く衝突する。出版界は出版社登録証の返納も辞さないと、これに強く反発＊27したが、結局、2003年１月からは、公取委が文化体育観光部などの関係部署との協議を経て、定価販売（再販）を認める著作物(電子出版物を含む)の範囲を定めるように施行令が改正された。
このように、新しい業態の出現と流通環境の変化、これに伴う流通政策の変化で、出版流通の現場での再販制度は事実上崩壊に向かっていた。こうした変化を現実として受け入れ、新しい対案を用意しなければならない。しかし、出版界は相変わらず再販制度を維持することだけに精力を集中し、図書定価販売制の新たな法制化が試図された。1999年７月、「著作物の定価維持に関する法律（案)」が議員立法形式で発議されると、公取委の反対に遭い、法案は紆余曲折を経て廃棄された。やがて2001年11月には「図書定価販売制」施行と関連する条項を含む「出版及び印刷産業振興法（案)」が、議員立法で発議され、修正のうえ国会を通過した。

⑥　再販制度撤廃期(2003.3～現在)：「出版及び印刷振興法」が2003年３月から

＊27　『朝鮮日報』1995.2.25

施行されたことで、図書定価制は新しい局面を迎えるに至った。
最も大きな変化は「出版及び印刷振興法」が図書定価制を施行するが、情報通信網を利用して販売する場合（インターネット書店を示す）に限っては、10％の割引と10％のマイレージを提供できると、但し書き条項を追加し、この法律の施行とともに割引販売を公式に認定したことだった。こうしてネット書店は追い風に乗り、その後は余勢を駆って一気に市場占有率を高めていった。しかし、在来のリアル書店は相変わらず定価販売をしなければばならなかった。
次に「発行されてから１年が経過した刊行物」は、定価販売の対象物から除外され自由な割引販売が認められた。無制限の割引販売が可能になったのである。
第３に、この規定は2008年２月26日までの５年間だけ適用される時限的な「サンセット法」体制だった。
文化体育観光部はこの規定が施行される期間に、「公正取引法」の枠のなかで、出版物に応じて「再販売価格維持行為が許容される範囲」を、段階的に縮小させる内容の公取委の告示「再販売価格維持行為が許容される著作物の範囲」(2002.12.24）どおり、「図書定価制細部指針」（2003.2.27）を「出版及び印刷振興法」の施行とともに文化観光部令として発表した*28。「出版及び印刷振興法」施行当時に出た「図書定価制細部指針」は、公取委の方針（告示）を事例ごとに具体的に説明したものである。

公取委の再販制度縮小方針に反発し、「公正取引法」の出版物に対する例外的措置を続けて保障されるように、特別法を要求した業界向けに制定された「出版及び印刷振興法」は、かえって1995年以来再販制の適用範囲を縮小させたい公取委の意志を先立たせて貫徹させることになった。
また、この法律はネット書店とリアル書店との、互いに譲ることのできない極限的対立が、妥協と調整の過程を経て不安定で非正常的な状態になった結果であるため、同一商品が流通チャネルによって「一物二価格体制」になったのだった。これに違反すれば過怠料300万ウォンに処せられる強制規定も用意された。当初の立法趣旨*29を完全に変質させた制度を招き、出版物再販制度は事実上、形骸化した制度と化し、名称だけが残っている。

「出版及び印刷振興法」は、2007年に出版と印刷を分離、「出版文化産業振興法」として新たに誕生し、第22条の「図書定価制」は発行後18か月を超過した刊行物（旧刊図書）を適用対象から除外させた。他方、リアル書店もネット書店と同じ条件で割引販売が可能なように拡大させた＊30。割引販売対象と適用範囲の制限は、完全に取り除かれたのである。こうして図書定価制は撤廃されたも同然の状態になってしまった＊31。

すでに40％の市場占有率を掌握したネット書店の、競争相手になり得ないほど市場構造が固まった状態で、書店はこうした措置で収益減少という新たな負担だけを背負った。こうして20年以上もの期間、読者も業界もすべて割引販売体制に馴染んできた。いつのまにか1977年12月以前の割引販売が横行した時期

＊28　「独占規制及び公正取引に関する法律」第29条第２項及び同法施行令第43条の規定による公正取引委員会の告示内容は「再販売価格維持行為が許容される著作物の範囲」を、次のように定めている。「図書定価制細部指針」は、この告示内容をそのまま反復している。現在、公正取引委員会の告示は「出版文化産業振興法」の改正にともない2007年10月20日から「発行日から18か月が経過した刊行物は除外する」旨の内容が追加され施行されている。（第2007-9号、2007.10.10）

期間	2003.1.1～2004.12.31	2005.1.1～2006.12.31	2007.1.1～2007.12.31
許容範囲	全ての刊行物（但し、発行日から１年が経過した刊行物を除外）	実用図書を除外した全ての刊行物（但し、発行日から１年が経過した刊行物を除外）	実用図書と学習参考書Ⅱを除外した全ての刊行物（但し、発行日から１年が経過した刊行物を除外）

＊29　2000年９月９日、文化観光部が立法予告した「出版及び印刷振興法制定案」で明らかにした図書定価制に対する趣旨において「全ての刊行物は定価販売を原則とし、定価よりも安く販売する場合は300万ウォン以下の過怠料を賦課する」旨の内容で、徹底した定価販売制の意志を明らかにしていた。すなわち、第22条第２項は「刊行物を販売（情報通信網を利用する場合を含む。以下同じ）する者は、刊行物に表示された定価どおりに販売しなければならない」となっていた。沈載権議員ら32名が2001年11月16日に発議した同名の方案もこれと同じだった。これに対してネット書店の反発と公取委の反対などで、国会の審議過程で利害関係者の意見調整を要求し、第５次小委員会（2001.12.13）において関連業界の意見聴取した内容を賛成多数で採択、意見条項に「情報通信網を利用し、当該刊行物を販売する場合には、定価の１割の範囲内で割引して販売することができる」との文言が挿入された。

＊30　2014年４月29日には、出版界の要求を反映し、最大15％（本代10％＋５％は物品、マイレージ、割引券などの経済的利益の提供）以内の割引を可能と認めた「出版文化産業振興法」改正案が国会を通過、2014年11月21日から施行に入った。施行直前には旧刊に対する無制限の割引き競争が激しく展開され、本に表示された定価は信頼を完全に喪失し、読者は本の定価の引き上げと見なした。

＊31　李斗暎「ネット書店と再販売価格維持制度の実施状況」月刊『本と人生』汎友社、2009.9、p100～103

に相当する歳月が流れた。こうした構造を80年代の状態に戻らせることは決して容易ではない。公取委の「公示」をそのまま存続させ、新法の規定のなかで図書定価制施行の枠を変えるにも根本的な限界がある。

図書定価制とは、本に表示された定価どおりに最終購買者（読者）に販売することを義務化する制度である。「出版文化産業振興法」の制定で、たとえ割引率のガイドラインは提示されはしたとはいえ、割引販売を明示的に規定した法令を施行することで、1977年以前よりさらに激しい割引競争体制を助長し、出版市場を荒廃化させ、関連業界を塗炭の苦しみに追いやった。それでも、これを現実的な最善の制度と錯覚させ、図書定価制だと主張するのは、一種の欺瞞行為といわざるを得ない。こうした虚偽意識から一日も早く抜け出すことで、韓国出版は正しい価格政策を見いだすことができる。

定価（販売）制施行が困難な業界構造をそのまま放置しておき、法に頼って図書定価制を施行しようとする態度は、批判を受けても仕方がない。割引販売を認める図書定価制なるものはあり得ない。「割引販売＝図書定価制」という誤った認識を直ちに改めねばならない。この制度が廃棄された現実を率直に認め、様々な方法を想定し、シミュレーションもして解決案を模索するのが望ましい。いまのように「見てみないふり」するようなことが続いていては、業界の荒廃化だけを招く状態になるだけだろう。

4.　専門人材の養成プログラム

出版人材の養成システムは民間私設の教育プログラムによって開始されたが、続いて大学課程の公教育と政府主導による技能人材養成においてなされた。1958年、ソウル新聞學院に「出版論」が開設されたのが、韓国における出版教育の嚆矢である。正規の大学では翌年から安春根が梨花女子大学大学院の図書館学科で、「出版概論」を講義したのが最初だった。1967年には出協が「ソウル大学校新聞大学院に出版学科を設置し、出版関係の人材を養成する件」を政府に建議した。この建議では、諸外国では出版人材養成の重要性に鑑み、どのように養成しているのか、代表的な教育システムの事例なども紹介し、出版人材養成の制度化を力説している。

大学課程の出版人専門教育は、まず、専門大学（短期大学）から始まった。1980年、新丘専門大学の印刷科に、出版技能人材の養成を目標に出版専攻が設置された。これを発展させ89年には出版科を独立させた。これに先立ち82年には、彗田専門大学が出版科なる学科名で、本格的な専門大学としての出版人養成教育を実施したと記録されている。大学院では、1981年から中央大学校が新聞放送大学院の開設とともに、碩士（修士）課程の出版専攻コースを設けた。

こうして開始された専門大学以上での出版関連課程は、競って開設されて99年末までに専門大学13校、大学院８校に開設された。４年制大学では時期は異なるが、光州大学校出版広告学科、圓光大学校文芸編集科、耽羅大学校出版学科、世明大学校メディア創作学科などが学生募集を行った。

しかし、これらの学科では、いくらも経たずに学科名から“出版”を外したり、廃科にしたりした。90年代半ばからは、コンピュータを基盤とする新たなテクノロジーが出版産業に本格的に導入され、出版教育のパラダイムも先端技術を中心に変化し、学科名称も学生が好む内容に代わった＊32。そしていまでは、出版専攻課程が開設された大学院や専門大学は、命脈だけが維持される程度になってしまった。そうなった背景には、出版産業の沈滞も一因であるが、出版教育の目標と教育内容が確固たるものとして定立していなかった点も無視できない。

出版人材は出版に関する技能的な力量も重要であるが、基本的には、まず社会の変化の方向を認識し、知識と情報を総合できる創意力と想像力が豊富な人文学的素養と資質が必要とされる。

これまでの出版人養成教育システムの最も大きな問題点は、出版産業の現場と教育機関の緊密なパートナーシップで、産業現場の人材需要と教育機関の養成・供給が相互有機的に連携していなかったため、人材需給の量的・質的不均衡（mismatch）が固着していた点にある。

①　教育界と産業現場で希望する一致した出版人像を導き出せないため、教育内容において現場実務者として、必ず身に付けねばならない必須の知識、やらねばならない技能に対する認識と合致させようとする努力が足りなかった点

②　現場で必要な人材の類型別需要が正確に把握され、適期に伝達され需要

＊32　編纂委員会『韓国出版学の史的研究』韓国出版学会、2000、p211～328参照

されなければならない点

③　需要中心の出版人材支援を開発するためには、長期的な需要分析（展望）によって人的資源開発戦略の樹立、職務能力に対する国家標準の制定及び資格制度の導入が必要とされる。そして、これに符合する教育訓練基準の策定と教育プログラムの開発など、マクロ的な枠がまず構築されねばならないのに、それができなかった点が挙げられる。

マルチメディア時代を迎えて、科学技術の発展、グローバル化、変化する情報環境のなかで、出版の媒体的・産業的競争力を強化させる革新主導勢力として望ましい出版人材の精鋭化と新人養成は急がれている。

70年というこれまでの出版の歴史のあいだに、企画、編集、制作、デザイン、マーケッティング、版権取引、著作権管理など、業務分野で抜群の業績を挙げた伝説的な人物も大勢登場した。現在もベテランが大勢布陣している。しかし、汎業界水準での出版政策、流通、経営、税務などに関する専門家（expert）を体系的に養成する機会を持つことはできなかった。グローバル時代を迎えて主要先進国専門のエキスパートも養成する必要がある。

中国は改革開放の初期、80年代にすでに出版専門家の養成を目標に、ヨーロッパだけでも30数名の留学生を派遣していた。彼らが今日の中国出版界を動かしている。我々も短い期間だったが、出版金庫の予算で海外に研修生派遣事業に取り組んだが、２度で終わってしまった。80年代末には出協で、テクノクラートの資質を備えた事務局職員を養成しようと努力したが、無為に終わってしまった。

5.　少子高齢化時代の読書推進

韓国は急速に少子高齢化が進行している。2010年現在、総人口4858万名のうち、65歳以上の高齢者は545万名で、その比率は11.3％を超えた。高齢化率が７～14％になると「高齢化社会」、14～21％を「高齢社会」、そして21％を超えると「超高齢社会」と呼ぶ。

現在の趨勢どおりならば、2030年には65歳以上の人口は24.3％（1269万名）、2010年の２倍以上に増加した「超高齢社会」となり、2040年には32.3％（1650

万名）に達すると見込まれている。85歳以上の超高齢人口も、今後30年で現在よりも4.5倍の増加が予想される。世界でも類例のない急速な高齢化が進んでいるのである。

反面、少子化によって0～14歳の幼少年人口は798万名（16.1％）から、2020年には679万名（13.2％）と100万名以上も減り、2040年には572万名（11.2％）にまで急減すると見込まれている。6～21歳の学齢人口も2010年現在の1001万名から、15年の887万名と114万名も減るという。人口増加率が0.52％（2005～10年）から0.48％（10～15年）、0.32％（15～20年）と続けて低減すると予想されているからだ*33。

こうした世代間の人口構造の変化は、今後の経済活性化に深刻な問題を提起すると憂慮されている。出版産業の立場からすると、何よりも読書を多くする階層が漸次減っており、相対的に読書をあまりしない階層が増加する傾向なので、長期的展望はかなり悲観的である。他の先進国に比べて韓国は、高齢になればなるほど、読書人口や1人あたりの読書量が急激に低落する傾向を示している。

金均らの調査によれば*34、高齢層が1週間に一般図書を読んだ比率は35.7％で、メディア10種類のうち「読書」の利用順位は第4位、利用量では平均2.1冊（標準偏差は7.1）だった。「雑誌」(13.3％）は、「スマートフォン」「VIDEO/DVD」の次に位置し、最後から3番目の低い利用率であり、最も多く利用するメディアは「テレビ」(98.3％)、「携帯電話」(88.3％)、「新聞」(44.0％）だった。

この調査では「55歳～64歳未満（準高齢層）」と、「65歳以上の高齢層」の二つの集団に分け、一般図書を読んだ経験を持つ利用者を対象に年間の読書量についても調べている（**表7-7**）。この結果、前者は平均2.65冊、後者は1.47冊となった。ここからも高齢化するにつれ、読書量が急減していることが分かる。

こうした傾向は、2010年度「国民読書実態調査」の結果とほぼ一致してい

---

*33　社会統計局人口動向課、報道資料「将来人口推計2010～40」統計庁、2012.6.27、p16。この資料は2010年人口住宅総調査の結果を基礎に、今後30年間の将来人口を展望した結果である。一方、2010年現在の総人口は4858万名から増加し、2030年の5216万名をピークに減少しはじめ、2040年には5109万名になると展望している。

*34　金均ほか、「高齢化時代、老人層のメディア利用形態及び支援方案」韓国言論振興財団、2011

表7-7　高齢層の年間単行本読書量

	集団別	N	平均［冊］	標準偏差
年間単行本利用量	55～64歳	152	2.65	9.141
	65歳以上	148	1.47	4.006
	合計	300	3.3	7.100

資料：金均ほか「高齢化時代老人層のメディア利用状態及び支援方案研究」2011

る＊35。この調査によれば、成人は年齢が高まるにつれ読書率が低下しており、20代の82.9％は読書をしているが、60歳以上は34.8％にとどまっている。年間読書量は50代では6.2冊だったが、60代は5.4冊に減っている。統計庁が発表した60代の読書人口比率は、23.9％（2009）に過ぎない＊36。

「暮らしの質の向上」という文化福祉の次元から高齢化社会に備え、この階層に対していまから有効適切な方策を樹立しなければ、出版市場は急激に縮小すると憂慮される。高齢者と児童を明確に意識した集中的な読書推進活動が大きな課題になっている＊37。

児童は学校教育を通じて読書の習慣が身に付き、その成果を期待することができるが、高齢者向けのコンテンツの開発、大活字本出版の奨励など、読書環境の改善に格別な配慮を必要とする。1981年６月に「老人福祉法」が制定されてから、各種老人福祉施設などでの高齢者向けの文化プログラムは数多く運営されているが、読書生活を豊かにするためのプログラムは、公共図書館ですら探しだすのが困難な状態になっている＊38。

＊35　韓国出版研究所『2010年国民読書実態調査』文化体育観光部、2010、p99～114参照
＊36　統計庁『社会調査』各年度版
＊37　毎日新聞社は、日本全国の学校図書館と毎日新聞社が実施した「第59回学校読書調査」の結果を基礎に、家庭と学校での本の読み聞かせが子どもたちの読書に、どのような影響を及ぼしているかの特集記事を掲載した。この調査によれば、過去15年間に家庭と学校で読み聞かせを着実に実施した後、幼児期の読み聞かせと数年経過した後の読書量との関係を分析してみると、幼児期の読み聞かせの重要性が確認されたと報じている（『毎日新聞』2013.10.27）。

表7-8　性別及び年齢集団別の読書率

（単位：％）

		2000	2004	2007	2009	2011	2013
全　体		59.4	62.2	58.9	62.1	61.8	62.4
性別	男性	60.2	62.0	58.5	62.4	60.9	61.5
	女性	58.6	62.4	59.3	61.7	62.6	63.3
年齢	20歳未満	82.1	81.5	78.1	78.3	80.1	80.9
	20～29歳	83.0	82.1	78.7	81.6	76.9	79.8
	30～39歳	73.0	78.1	74.8	78.9	75.8	75.8
	40～49歳	56.6	63.5	61.0	67.6	68.0	69.5
	50～59歳	38.2	42.9	43.5	48.7	51.9	52.4
	60歳以上	19.2	20.5	21.4	23.9	26.6	28.9

資料：統計庁『社会調査』各年度

6.　統一志向の南北出版交流へ

韓国出版産業の未来を考えるとき、統一という変数を排除することはできない。南北関係は緊張と対決、和解と協力を反復しながら、漸進的に発展を遂げてきた。現在は核開発、金剛山での韓国観光客殺害事件、天安艦被撃などで膠着状態が続いている。あらゆる交流協力事業が中断した状態にあるが、統一がいつ、どのようになされるかについては、誰もまったく予測できない状況である。

統一がどうなされるかで、出版産業への影響も大きく異なってくる。南北の経済力格差にもかかわらず、統一は出版産業が新たな成長力を準備し、慢性的

＊38　韓国の公共図書館で、高齢者を対象とする図書館サービス政策は、2003年に発表された「韓国図書館基準」で初めて言及されたが、具体的には「図書館法」を全面改正（2006.10.4）して「情報格差解消に関する法律」によって「知識情報社会的弱者」の知識情報格差解消を支援する規定（第44条）を新設し、この法律の施行令（2007.3.27）第21条は「知識情報の弱者階層」の定義の一つに「65歳以上の老人」を最初に明示することから始めている。こうした図書館サービス政策にともない、高齢者のために一部の地方公共図書館で拡大鏡の設置、老人読書大学の運営、ブックフィニッシュ（book finish）運動を展開している。しかし、大統領直属機関の「図書館情報政策委員会」が作成した「図書館発展総合計画（2009～15）」によれば、「公共図書館の老人人口情報格差解消と文化共有のため、プログラム運営の必要性」を提起しながらも、2010～12年間に「大活字本を36点、約１万1936冊を購入・配布」にとどまっているだけで、具体的な読書振興プログラムの運営実績が充分と見ることはできない。（国立中央図書館図書館研究所『情報格差解消のための図書館の情報弱者階層サービス拡大戦略開発研究』文化体育観光部、2011）参照

不振から逃れる契機となることは確かである。統一がもたらす出版産業のシナジー効果に対する期待はとても大きい。ゴールドマン・サックス（世界有数の資産運営会社）は、「統一韓国のGDPは30〜40年後、フランス、ドイツばかりか日本さえも追い越す」とし、「2050年、統一韓国の規模は、アメリカを除いたほとんどのG7国家と同等か超えるだろう」と主張した。

けれども統一の過程には、不確実性も少なからず内在しているため、中長期的には出版発展が期待されるにしても、経済力格差の負担がもともと大きいので、初期段階では北側住民の体制や市場経済への不適応、政治不安の深化、不安感の拡大もあり得る。統一の衝撃とその後の陣痛をいかに克服していくかで、望ましい統一国家の出版産業像に到達する時間と費用は異なってくる。それゆえ南北交流の出入り口を開き、北を実質的に変化させる方式の統一の大長征の偉大な礎を築かねばならない。

いまから統一以後の異質的な南北の出版体制と市場を迅速に効率的に統合するために、予め緻密なシナリオを研究し準備しなければならない。時間と費用の問題だけでなく、北側も多方面にわたる優秀な人材を養成し、著述、編集技能などの出版活動に必要な力量を蓄積してきたのだ。こうした見えない資産を統一過程で失わないように備えねばならない。それなのに、統一に備えた南北出版交流協力の必要性と方法に対する研究は充分になされてはいない。

東西ドイツでは、分断の初期から統一に備えて緊密な出版交流協力と、相手側に対する研究も多く蓄積してきた。しかし、1990年の再統一以後、東ドイツの出版産業が保有していた優秀な知的資源を殆どすべて喪失してしまった。78社に達した東ドイツの出版社と、四つの流通機関も門を閉ざし、東ドイツの出版システムは完全に解体された＊39。

出版交流協力は出版関係者の交流と、これを通じる両側の出版活動を促進させることだけを意味するものではない。南北出版交流協力が追求しなければならない究極的な目標は、双方で発行された出版物を、双方の住民が自由に読むことのできる環境をつくることだ。南北の出版交流協力は深まった文化的・精神的異質化を解消し、民族の統一と社会統合の基礎を形成するための基本的な

＊39　Habil S. Lokatis「ドイツ統一過程で見た旧東独出版の理解」、汎友出版文化財団編『ドイツの統一と出版市場統合研究』汎友社、2006、p17〜33参照

作業である*40。

韓国と北朝鮮の出版は、理念と体制、発展過程と背景が本質的に異なる。現在の出版水準も厳格な格差を示している。北朝鮮の立ち遅れて劣悪な出版産業のインフラを改善し、統一に備えることが統一費用を減らす道なのだ。こうした差異を克服しながら、双方の長所を活かし、弱点を補強し、共同発展の道を模索するには、段階的接近が必要である。理念と体制が異なる双方が、統一以前に相互補完的な立場から共同の発展を図るために、実現可能な出版交流、協力基盤を造成できるように、双方がともに努力しなければならない。

こうした作業は文化的同質性を確保することに目標を定め、相互の立場と状況を考慮した接近方法、作業分野の設定と推進方法などを、長・短期的な事業に分けて模索することである。

長期的な方向としては、第１に、交流協力を活性化する枠をつくらねばならない。これまでの出版交流は政治的状況に全面的に左右された。当該出版社が個別的に推進してきただけで、代表性を持つ公式の出会いは一度もなかった。東西ドイツの例で見るように、南北の出版関連機構や団体を中心に、「南北出版交流協定」を締結、相互理解の増進と和解協力の雰囲気を醸成させた後に、具体的な交流協力事業を推進するのである。最も重要なことは、南北出版の交流協力に責任を持って推進し得る代表性を持つ出版人が出会い、実践的で実質的な協力方案を模索し、統一国家の単一出版市場に統合できる基盤を持続的に造成することである。

第２に、具体的な出版交流協力は経済的側面を考える必要がある。東ドイツが経済発展と外貨獲得のために、西ドイツとの交流協力に応じたように、経済的困難に陥っている北朝鮮に、出版交流協力事業を経済的・商業的な利用可能性を具体的に認識させることで、出版交流の活性化を誘導するプランを前向きに研究することである。出版物の取引は相互の出版状況と出版物の現況を把握

*40　統一前、西ドイツ政府による「新東方政策」は、「統一与件の造成次元で両独関係の実質的な改善が重要という現実主義的観点から出発し、「接近を通じる変化」を通じて長期的に統一を追求する」原則を核心とした。こうした原則に立脚し、交流協力が多方面で不断に追求され、出版の場合、ベルリンの壁が築かれた以後にも、図書、雑誌の交易が根気強くなされてきた。こうした出版交流が「東西ドイツ間の文化共同体の形成に寄与することで、統一の基盤となるものと評価されている」（統一対備特別政策研修団）『ドイツ統合実態研究』統一院、1992、ｐ68

し、非政治的、非理念的な専門学術図書の交流を、優先的に促進することが望ましい。

第3に、出版交流協力事業を活性化させるために、韓国内部で出版当事者と政府が緊密に協力できる仮称「南北出版交流協力共同委員会」を構成し、制度と機構設置を制度化して運営される。南北の交流協力事業の主体はこの事業に対する経験と知識も不足し、場合によっては業界が担当するのは困難な財政負担も予想されるので、政府は民間に必要な情報を積極的に提供するとか、南北協力基金などを活用し、財政的に支援する協力体制を構築し、体系的に執行しなければならない。対北出版交流協力事業は、現実的に営利的事業性格を持つことは難しい。むしろ公共的事業の性格が強い。また、産業的性格を基盤としているため、印刷機や用紙など北朝鮮が必要とする設備投資などの物的基盤の支援事業は財政基盤が確保されていなければ、安定的に推進するのは困難なため、財政支援が必須である。

短期的には韓国出版の経済的利得の実現よりは、経済的困難で設備不足と原資材難にある北朝鮮の出版環境の改善と、出版活動を支援することで、南北間の深まった出版格差を解消させるため、これらが優先的に推進されねばならない。

第1、初期事業として南北間の著作権取引の活性化を図ることである。これまで効率的な体制が構築できなかったため、非正常的に行われた著作権交易を促進させる体制を構築運営し、双方の信頼回復を増進させねばならない。

第2、北朝鮮には出版与件の荒廃で、出版できずに死蔵されている優れた著作物が、相当量存在することが知られている。こうした優れた学術著作物を、双方の出版社が共同で出版する案が実現されるなら、韓国の知的資源と出版の多様性はいっそう豊富になるだろう。編集と制作を南側の出版社が受け持ち、北側地域への普及は北朝鮮の出版社が責任を負う役割分担が機能することになる。北朝鮮地域に配布される図書は、南北交流基金が実費で購入し、図書館などに寄贈する案も考えられる。西ドイツ政府は東独地域に寄贈する図書価格の40％を負担した。

第3、北側の閉鎖的な社会構造上、出版実態に関する情報が皆無である。新刊図書をはじめ出版情報の有機的な交換をするには、ISBNを共同で運営する件について論議してみることだ。これを土台に主要図書館の蔵書目録を相互交換できる環境をつくり、さらには代表図書館同士の相互交換（納本）ないし貸借制度を運営する計画も検討してみたらどうだろう。

第４、人的交流が誘発する出版物の生産協力事業及び技術伝授などができれば、南北の資本と技術及び労働力を結合させ、賃加工形式の海外出版物の制作輸出事業を共同で推進することができる。ロシアではモスクワとサンクトペテルブルクが全出版量の90％以上を占めている。航空便を利用して極東地域に図書を供給する比重が大きく、莫大な物流費用負担で頭を悩ましている。これを解消する方法として、北朝鮮に韓国の印刷設備を移転させ、共同でロシアの出版物の制作を代行し、極東地域への供給を担当する事業開発を検討してみることである。

第５、国際図書展示会に南北の共同ブースを設置運営や、海外開拓用の図書の共同開発事業も検討してみたい。

ドイツは出版交流協力事業が、統一を促進させる「壁のなかの穴」の役割を果たしただけでなく、統一以後には「積もりに積もった在庫図書が、統一直後には別の一方の超過需要に出会い、消費者市場が供給市場を超過する現象」が起こったと、ドイツの出版人ハンス・アルテンハイン（Hans Altenhein）は証言している*41。こうして統一後の２年間は、二桁の売上げ市場が形成された。こうした現象は、東ドイツ住民が本に対する渇望を強く感じていたために現出した統一効果である。統一はそれほど重要なのだ。我々にも統一は、2400万名に達する新出版市場を手に入れる機会となる。

このためには、①北朝鮮の出版実態の把握、②東ドイツなど分断を経験した国々での分断当事者同士、出版交流協力事業の発展過程と統合過程で経験した問題点の調査、③統一指向的な南北出版交流協力の政策開発推進、④統一以後の南北出版体制と市場統合事業計画の樹立などを綿密に準備しなければならない。

＊41　Habil S. Lokatis 前掲書p17

7. 知識情報産業への転換

統計庁は2007年末に「韓国標準産業分類」を全面的に改正し、出版業を再分類した（第9次改正、統計庁告示2007-53号）。出版業は標準産業分類が制定（1963.3.1）されたときから、印刷業とともに「製造業」に分類されていたが、今回の改正では出版を「映像、放送通信及び情報サービス業」と一つに括って大分類の項目を新設、独立させた＊42。

新設された大分類「出版、映像、放送通信及び情報サービス業」には、出版業、映像、オーディオ記録物制作・配給業、放送業、通信業、コンピュータプログラミング、システム統合及び管理業、情報サービス業などを含めている。韓国の知識基盤サービス業の国内総生産に対する比重は、1985年の22.8％から2000年に42.8％と急増している。知識基盤サービス業の成長を導いたのは、標準産業分類の大分類に設定されたこれらの産業だった。これらの産業が先進国では独立しているが、韓国ではこれまで製造業に編入されてきたため、専門性が低く評価され零細だった。

だから、こうした標準産業分類の変更は出版産業の機能と役割、そして位相

＊42　『韓国標準産業分類』（第9次改正）統計庁、2008、p703参照
「韓国標準産業分類」は「統計法」に基づいて制定された経済活動の種類に応じて産業分類の標準として全ての統計調査の基準となる。今回の改正を通じて出版業の位相を中分類に格上げされ、小分類と細分類及び細細分類の項目も、具体的に細分化された。出版業には既存の出版領域以外のプログラミング（注文型）を除外したソフトウエア出版（パッケージ型）を含ませ、従前の印刷業と記録媒体複製業は除外された。しかし、書籍出版業のうち、最も大きな比重を占めている一般図書（単行本）が「58119その他書籍出版業」に分類されるなど、非現実的な部分の調整、補完が求められている。書籍販売業は書籍、雑誌及び新聞卸売業（46453）、書籍及び雑誌類小売業（47611）にそれぞれ分類している。

J. 出版、映像、放送通信及び情報サービス業

<table>
<tr><th>中分類</th><th>小分類</th><th>細分類</th><th>細細分類</th></tr>
<tr><td rowspan="7">58　出版業</td><td rowspan="7">581
書籍、雑誌及びその他印刷物出版業</td><td rowspan="3">5811
書籍出版業</td><td>58111 教科書及び学習書籍出版業</td></tr>
<tr><td>58112 漫画出版業</td></tr>
<tr><td>58119 その他書籍出版業</td></tr>
<tr><td rowspan="3">5812
新聞、雑誌及び定期刊行物出版業</td><td>58121 新聞発行業</td></tr>
<tr><td>58122 雑誌及び定期刊行物発行業</td></tr>
<tr><td>58123 定期広告刊行物発行業</td></tr>
<tr><td>5819
その他印刷物出版業</td><td>58190　その他印刷物出版業</td></tr>
</table>

が変わったことを強調する意味が大きい。デジタル環境に合わせて出版産業を新たに認識、情報メディア産業の一つとして認めたのだ。標準産業分類を制定し50年になって、出版業を印刷業と分離させたのは、こうした趣旨をいっそう明らかに表現したものと理解される。

経済、社会、技術、制作環境及び産業構造、読者の認識とライフスタイルが急激に変化している。現代社会で出版産業はまさに徹底した自己革新を通じて出版の概念と様式を新たに定立すべき時代的状況に直面している。

こうした時代状況と環境変化に対応し、新たな出版様式を開発、21世紀に適合した価値を創造しなければならない。何よりも21世紀社会に適合する出版産業の概念を新たに定立し、出版マーケッティングの力量を高めることが、早急で緊要な課題として台頭している。

歴史的にみれば、テレビなど新たな媒体の登場は、いつも出版産業の発展を促進させる契機となってきた。出版産業は新たな媒体の出現で、変化した知識・情報生産と活用様式に見合う体制を開発し、みずからの発展を図りながら、人間の暮らしの質を向上させようと献身してきた。

たとえば、教科書という形態の開発は、教育に対する価値理解と関心の増大、教師の体系的な訓練の機会を提供することで、いかなる教育理論よりも大衆教育を実現するのに大きな貢献をしてきた。こうして結果的に出版市場の規模を拡大させ、安定的な発展を率いる機会を提供した。また、文庫版の出現は、大量生産と大量消費を求めてきた産業社会に、適合した出版様式だったという点で、20世紀出版産業の構造革新の成果のうち、最も「革命的」な業績に数えられる。文庫は高速印刷機の発明、製紙産業の発展による用紙生産量の増大など、当時の産業の力量を結集させた最良の出版ビジネスモデルとして、読者のライフスタイルに適合した出版様式だった。文庫の出現で出版の可能性も、マスメディアの領域に進入することができた。割賦販売制度の導入も、新たな需要を積極的に開発し、購買力の増大に裨益した。自動植字機の発明もグーテンベルク以後400年間の変化が稀だった出版技術を迅速・低廉・容易に改善させる効果をもたらした。

現在の先端情報技術の発達が、我々に新たな道を開いてくれることは確かである。21世紀は知識基盤の情報時代である。知識基盤情報時代とは情報の価値の創造性を重視する社会で、その源泉は知識の創造と運用にあると言える。こうした知識基盤の情報社会を率いる基本的な媒体である書籍は、人類が開発し蓄積してきた最も長く知恵の結晶体で貴重な文化的資産である。

21世紀の知識基盤である情報社会の出版は、先端デジタルネットワーク技術を効果的に活用している。変換した価値体制が要求する出版の社会的役割を発揮し、現代人の情報的ライフスタイルをリードできる新しいビジネスモデルと需要を創造しなければならない。そのためには、出版関係者だけでなく、経済学、経営学、社会学、心理学など、多様な学問分野と科学技術者及び広告専門家の経験とアイデアを幅広く活用することである。そして新たな発想、多様な意見、斬新な接近方法で、次世代の若者たちに魅力的なメディアとしてアピールできる戦略を駆使すべきである。

韓国の出版産業は短期間に急成長したが、成熟期に入ったいまは新しい成長の推進力を見いださねばならない。新たなパラダイムを開発し、成長を迅速に進める道を模索することが、21世紀の出版産業が当面する最大の課題になる。

韓国の現代出版産業の歴史は、それ自体が変化と革新の歴史だった。出版環境の変化に果敢に対応してきた熱情と闘志が、今日の出版産業をこれほど成長させた成功要因だった。我々が本当に関心を持たねばならないのは、歴史から学ぶことである。過去にどのような方式で対応してきたのかを知るならば、いま変化した環境でいかに革新をすべきかについての、知恵と勇気を得られるからである。

また、歴史は人間がつくっていくものだ。いまの時代はどんな時よりも、長期的に将来を見通す能力が求められている。今後迫り来る新しい段階は不確実的で安定性を欠いているので、未来を見つめる洞察力が必要とされる。こうした時に歴史の主体である我々が、いかに対処するかによって韓国出版の未来は決定されるのである。ハーバート大学の経済史学者ディビット・ランズ（David S. Landes）は、著書『国家の富と貧困』で「国家発展に欠かせないものは、資源ではなく資本でもない。未知の世界に挑戦する冒険心と経営能力」と書いた。「文化がすべてのものをつくる」とも述べた。彼が特に強調したかったのは「挑戦する冒険心」だった。

未知の世界を開拓する創意力と、大いなる未来確信戦略は、歴史のなかにあることを、改めて強調しておきたい。

◇　翻訳者あとがき

ソウルでの著者李斗暎氏との最終確認、最終校正も終えて、この翻訳出版作業もやっとゴールテープが見えてきた。思い起こせば、著者から本書の原稿を示され、日本での翻訳出版の可能性を打診されたのが昨年７月、幸い出版メディアパルの下村昭夫氏の快諾を得て、翻訳作業はスタートした。以来、いくつかの紆余曲折はあったものの、著者・出版社・翻訳者の“絶妙な”チームワークも幸いして、やっとゴールインが迫ったのである。

本書『韓国出版発展史（1945〜2010）』は、1945年８月15日の光復（日本の植民地支配からの解放）から、自力で逞しく成長し、出版先進化への道を歩む韓国の出版活動65年の歴史を丹念に辿ったものだ。

光復を迎えて出版活動の社会的使命を自覚し、それを忠実に果たした第１世代から、現在の第３、第４世代にいたる出版社の創立者たちの人物像、アメリカ軍政期と軍事政権時代における出版統制の諸相、朝鮮戦争の戦禍から回復する苦闘の過程、さらに出版大衆化時代の制作・流通・翻訳・法規制（再販制度）上の諸問題などは、これまでほとんど知られていなかっただけに、同時代の日本の出版状況と比較しながら読み進めると、興味はいっそう募っていくことだろう。

李斗暎氏は、1964年に出版界に入り、以来半世紀にわたり大韓出版文化協会、韓国出版協同組合、（株）Booxenなどの要職を歴任してきた。

同時に、出版の学術的研究にも専念され、中央大学新聞放送大学院招聘教授などを務め、総数30点に達する著作を執筆されるなど、韓国出版界を熟知した実践的研究者である。

本書が韓国出版の発展過程についての理解を深め、同時に、韓国の出版物と出版界の人々に対する親しみが深まるきっかけになってほしいと願っている。

2015年６月25日

舘野　晳

人名索引

◇ **人名索引の配列順序** （人名を日本語読みして50音順に配列にした）

ア行	安（あん）、李（い）、尹（いん）、温（おん）
カ行	郭（かく）、韓（かん）、咸（かん）、吉（きち）、許（きょ）、姜（きょう）、金（きん）、具（ぐ）、桂（けい）、呉（ご）、洪（こう）、黄（こう）、孔（こう）、権（ごん）
サ行	崔（さい）、朱（しゅ）、沈（しむ）、徐（じょ）、秋（しゅう）、申（しん）、成（せい）、芮（ぜい）、千（せん）、全（ぜん）、曺（そ）、孫（そん）
タ行	池（ち）、丁（てぃ）、超（ちょう）、張（ちょう）、鄭（てぃ）、田（でん）
ナ行	任（にん）
ハ行	裵（はい）、白（はく）、閔（びん）、夫（ふ）、文（ぶん）、邊（へん）方（ほう）、朴（ぼく）
マ行	毛（もう）
ヤ行	楊（よう）
ラ行	羅（ら）、柳（りゅう）、梁（りょう）、林（りん）、廉（れん）、呂（ろ）、盧（ろ）

出版社・出版関係団体索引

＜サ行＞

＜タ行＞

雑誌名索引

事象索引

●著者略歴　**李斗暎**（Lee Doo-young）
韓国ソウル生まれ、中央大学校新聞放送大学院卒業（出版専攻）。大韓出版文化協会常務理事兼事務局長、韓国出版協同組合専務理事、（株）Booxen専務理事、metaBooks,inc代表理事、韓国文献番号（ISBN、ISSN）運営委員、坡州出版都市文化財団企画委員・情報図書館長、中央大学新聞放送大学院招聘教授などを歴任。
◆主な著書
『欧米の出版流通』(1982)、『出版状況論』(1990)、『世界の出版』(共著、1991)、『出版流通論』（1993）、『韓国出版100年』（共著、2001）、『ドイツの統一と出版市場の統合研究』（編著、2007）など28点。

●翻訳者略歴　**舘野晳**（TATENO Akira）
中国大連生まれ。法政大学経済学部卒業、東京都庁勤務（定年退職）。現在は韓国関係出版物の企画・編集・執筆・翻訳に従事。K-BOOK振興会理事、日本出版学会会員。
◆主な著書・翻訳書
『韓国式発想法』（単著、NHK出版）、『韓国の出版事情ガイド』（共著、出版メディアパル）、『分断時代の法廷』（翻訳、岩波書店）、『本でつくるユートピア』（翻訳、北沢図書出版）、『ソウルの人民軍』（共訳、社会評論社）、『朝鮮引揚げと日本人』（翻訳、明石書店）、『韓国の文化遺産巡礼』（翻訳、CUON）など。

普及版 **韓国出版発展史＝その夢と冒険**
韓国の出版が歩んだ道

オリジナル版　2015年8月15日　第1版　第1刷発行
普及版　2021年9月10日　第1版　第1刷発行

著者：李斗暎　　翻訳者：舘野晳

発行：**出版メディアパル**
〒272-0812　千葉県市川市若宮1の1の1
Tel & Fax：047-334-7094　　e-mail：shimo@murapal.com
URL：http://www.murapal.com/

編集：出版メディアパル　　カバーデザイン：あむ　荒瀬光治
オリジナル版組版：今井印刷　　オリジナル版印刷・製本：今井印刷
普及版（改装版）印刷・製本：平河工業社

---

printed in Japan　ISBN：978-4-902251-59-3